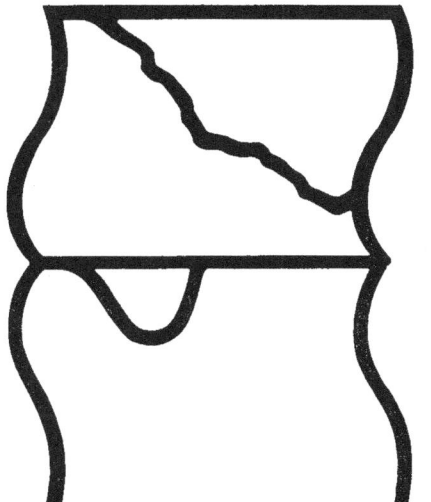

Le Théâtre de la Monnaie

DEPUIS SA FONDATION JUSQU'A NOS JOURS

PAR

Jacques ISNARDON

Préface de Arthur POUGIN

Illustrations de DARDENNE

Phototypies AUBRY. — Photogravures MALVAUX
Photographies DUPONT.

SCHOTT FRÈRES, ÉDITEURS, BRUXELLES
PARIS. — LONDRES. — MAYENCE. — SIDNEY.
LEIPZIG, OTTO JUNNE.
1890.

Bruxelles. — Imprimerie A. Lefèvre.

BRUXELLES. — IMP. A. LEFÈVRE, 9, RUE SAINT-PIERRE.

LE THÉATRE
DE LA MONNAIE

Depuis sa Fondation jusqu'à nos Jours

PAR JACQUES ISNARDON

Préface de Arthur POUGIN

ILLUSTRATIONS DE DARDENNE

PHOTOTYPIES AUBRY.

PHOTOGRAVURES MALVAUX. — PHOTOGRAPHIES DUPONT.

SCHOTT FRÈRES, ÉDITEURS, BRUXELLES

PARIS. — LONDRES. — MAYENCE. — SIDNEY.

LEIPZIG, OTTO JUNNE.

1890.

A

Sa Majesté

La Reine des Belges

PROTECTRICE DES ARTS

Comme un humble témoignage de reconnaissance et de respect

JE DÉDIE CE LIVRE

J. Isnardon.

AVANT-PROPOS

A Monsieur Félix DELHASSE.

BRUXELLES.

Cher Monsieur Delhasse,

Autre chose est de réciter des phrases apprises par cœur, autre chose de composer un ouvrage en prose dans notre belle langue française que les critiques, ces « hommes qui savent lire, et qui apprennent aux autres à lire », ont, tant de fois, si spirituellement maniée autour de nous. Je ne vous dissimulerai pas que je tremble plus aujourd'hui qu'à mes débuts sur la scène, quand je m'essayai dans un art longuement étudié...

A mon arrivée au Théâtre de la Monnaie, *je fus surpris de son importance, du zèle consciencieux qui toujours y accompagne l'exécution de toutes les œuvres, de la valeur de ceux qui président aux destinées de la Maison. J'ai constaté,* de visu, *le favorable accueil que réserve aux artistes l'hospitalière*

Belgique *(dont les théâtres peuvent rivaliser avec les premiers de l'Europe).
J'ai vu avec quelle assiduité jalouse le public s'intéresse à l'Opéra de
Bruxelles, — point de mire des compositeurs comme de leurs interprètes, —
et combien, pour tout ce qui a trait à la musique, les Belges sont de l'avant-
garde!*

*Et nul ouvrage n'avait été spécialement écrit sur le Théâtre de la
Monnaie!*

*Quoi? pensais-je, voici des murs entre lesquels, depuis près de deux siècles,
tous les soirs, pendant plusieurs heures, hommes et femmes de toutes conditions,
de tout esprit, de tout âge, — la Reine comme son soldat, — toute une ville est
venue pleurer, rire, trembler en commun! C'est là qu'un peuple entier — chaque
jour — entend Mozart le charmer par la grâce de Chérubin, Rossini prêter
son rire à Figaro, Meyerbeer sangloter avec Valentine, Wagner faire tonner
Wothan, Gounod soupirer pour Marguerite, — tous les genres, toutes les
écoles, — toute la musique! Et pas un « didactique » n'a songé à révéler à
tant de monde les métamorphoses successives de ce théâtre! Comment? ce livre
n'existe pas? — Il existera! Audentes fortuna juvat!*

« *Public* », *m'écriai-je, en marchant tout seul, très agité,* « *tu ne m'en
voudras pas de ma présomption, tu me pardonneras ma hardiesse,*

> Et, si de t'agréer je n'emporte le prix.
> J'aurai du moins l'honneur de l'avoir entrepris. »

*C'était un âpre travail, une tâche bien lourde pour mes faibles épaules. En
dépit des conseils d'Horace, de Boileau, de Vida, et si chargé que fût cet
autre char de Thespis, je m'y attelai.*

Je pensais accomplir une œuvre utile...

*Mais je veux tout de suite proclamer que, partout, m'ont secondé les encou-
ragements.*

*Auprès de vous, d'abord, cher Monsieur Delhasse, qui m'avez proposé si
spontanément vos précieuses collections, et qui, le premier, m'avez soutenu,
conseillé, aidé, dans mon rude labeur; vous, l'érudition incarnée en semblable
matière, vous qui êtes, autant que moi-même, le père de cet ouvrage.*

Je tiens encore à m'acquitter du tribut de la reconnaissance,

*Envers : M. Gevaert, le grand artiste et le grand savant, mais aussi
l'homme affable, par excellence;*

*M. Wauters, cet autre érudit, si modeste, si bon, qui a ouvert devant moi
les salles des archives, et dont le personnel dévoué — M. Van Malderghem en*

tête — m'a permis de bouleverser des montagnes de paperasses jaunies par la poussière de plus d'un siècle, et de ne pas entasser sans résultat Ossa sur Pélion;

M. Fétis, l'éminent directeur de la Bibliothèque Royale;

M. Letellier, le digne fils de l'ancien directeur de la Monnaie, qui avait su conserver dans ses cartons plus d'une page originale, plus d'un document fort utile;

M. Mertens, brave choriste, qui a eu la louable patience d'annoter, jour à jour, depuis vingt-cinq ans, les moindres faits qui se sont produits dans le théâtre;

MM. Dupont et Lapissida, dont les bons conseils et... la mémoire m'ont été d'un secours si avantageux, etc., etc.

Puis, quand il s'est agi de l'édition, la maison Schott et son habile successeur, M. Yunne, se sont emparés du livre, pour ne pas laisser à d'autres le soin de présenter un travail qui avait rapport à la Musique et à Bruxelles. Ils n'ont reculé devant aucuns frais. Qu'ils agréent l'expression émue de ma plus profonde gratitude.

C'est alors que j'ai eu la chance — une bonne fortune n'arrive jamais seule — de rencontrer des artistes tels que mon ami Léon Dardenne, dont le crayon fantaisiste a décoré la couverture de cette Histoire d'une si originale figure allégorique; Mme Dupont, qui depuis nombre d'années reproduit avec tant de goût, à la Monnaie, les traits des artistes ravis, et qui a très aimablement fourni à ce volume les clichés de toutes les planches photographiques; M. Aubry, à qui je suis redevable des phototypies dont le lecteur appréciera le fini.

Comment n'être pas en reste, d'autre part, avec la presse, toujours si bienveillante envers moi, et qui m'a prouvé, une fois de plus, ce que peut attendre de sa puissance un modeste comédien que « double » un écrivain bien novice; avec M. Arthur Pougin, dont l'indulgente préface contient à mon égard, au milieu de la trame savante de ses opinions magistrales, des éloges d'autant plus flatteurs qu'ils émanent d'un maître ès critique et d'un expert dans l'histoire de la musique.

Pour rien au monde je n'omettrais le nom de M. le Marquis de la Boëssière-Thiennes qui, après m'avoir honoré, à diverses reprises, de sa haute bienveillance, a si délicatement encouragé mes débuts de... compilateur.

Décidément, je n'avais à mon baptême que de bonnes fées.

Aussi, j'ai reçu de tous le plus généreux accueil. Que tous sachent bien que je ne suis pas un ingrat.

L'ouvrage qui suit n'a point de prétention littéraire. Ce n'est, je le répète, qu'une compilation, où n'a rien à voir l'amour-propre de styliste. J'ai compulsé des documents, mis en ordre des renseignements cueillis un peu sur tous les buissons, glané, de ci, de là, et, selon le mot célèbre « pris mon bien partout où je le trouvais ». Le plus possible, au courant du texte, j'ai indiqué les sources, et mieux que personne vous saurez vous convaincre de leur multitude, vous, Monsieur Delhasse, qui avez l'habitude de ces travaux.

Ici, nul système philosophique, aucun préjugé de critique, pas de théories. Je n'ai voulu que relater des faits. Si, par hasard, il passe un bout d'oreille, la responsabilité en incombe à l'histoire, et non à l'historien.

Dans les derniers chapitres, j'ai tenté d'initier un peu le lecteur à l'existence de derrière le rideau, à cette vie de coulisses, que si souvent le public ignore, et dont il est toujours friand.

Je n'ai pas résisté au plaisir d'emmener avec moi quelques visiteurs.

C'est la partie la plus délicate, la plus dangereuse. J'aurais dû peut-être brûler ces feuillets, où j'ai mis en scène des personnages vivants, avec qui je suis en rapports quotidiens. Tant pis! Je n'ai voulu louer, blâmer ni juger personne, dans le griffonnage de mes modestes croquis. A défaut de talent, j'ai dessiné avec sincérité ces silhouettes qui rient, pleurent ou grimacent. Vous le remarquerez, mon cher Monsieur Delhasse, je n'ai tracé que les grandes lignes en biographie; soucieux de rester indemne du crime de lèse-galanterie, j'ai souvent passé sous silence quelques dates, qui se fussent dressées dans la vie des dames-artistes comme le « Mane, Thecel, Pharès » du Festin de Balthazar. Trop de scrupule confinait au manque de savoir-vivre. D'ingénieuses hypothèses suppléeront, pour qui voudra, à une réserve que je crois de bon aloi.

Et maintenant, je sais que tout lecteur est un juge. Je m'incline.

Quelques « camarades » charitables insinueront peut-être que je fusse resté mieux dans mon rôle en songeant à jouer l'opéra comique qu'en essayant de tailler sans esprit la plume de Figaro. Je subirai quantité de remontrances qui se résumeront toutes en ces quelques mots, démarqués de Boileau :

Soyez plutôt chanteur, si c'est votre talent.

Il est probable qu'on m'appellera « jeune présomptueux ». Encore une fois, tant pis! Je ne suis qu'un enfant en littérature, et j'invoque humblement le
Maxima debetur puero reverentia...

Si l'on m'estime coupable, les criminels sont inviolables près de l'autel des dieux : je me réfugie sous votre patronage, mon cher Monsieur Delhasse; vous ne me refuserez pas un asile que vous m'avez si cordialement offert.

Agréez les remerciements et le respect de celui qui vous porte un cœur filial.

JACQUES ISNARDON.

Bruxelles, 1ᵉʳ Septembre 1889.

PRÉFACE

C'est une chose assez singulière qu'après une existence presque deux fois séculaire, un théâtre aussi important, aussi intéressant, aussi vivant et aussi brillant que celui de la Monnaie, de Bruxelles, n'ait pas jusqu'à ce jour trouvé d'historien. Dieu sait cependant si la mode est au théâtre, et si, aujourd'hui surtout, on s'en occupe plus que jamais! Critiques et chroniqueurs, écrivains sérieux ou légers, philosophes chagrins, annalistes scrupuleux, tous ont chaque jour la plume à la main pour retracer, analyser, enregistrer, commenter, envisager à leur point de vue non seulement les hauts faits, mais jusqu'aux plus menus incidents qui se produisent quotidiennement dans ces établissements artistiques auxquels la civilisation actuelle fait une si grande place et donne une si grande importance. De tous côtés, en France, en Italie, en Allemagne, en Angleterre, on s'occupe des théâtres et de leur histoire on cherche, en ce qui les concerne, à percer les voiles du passé, on retrace leurs premiers pas, on établit leurs répertoires, on rappelle le souvenir des grands artistes qui les ont illustrés, des auteurs, des musiciens de génie qui ont fait leur fortune et leur gloire.

Je vois qu'en Italie, depuis un certain nombre d'années, surgissent de tous côtés des publications relatives à l'histoire des théâtres les plus importants, de ceux qui ont joué un rôle dans l'existence artistique de ce noble pays. Pour Milan, c'est le *Teatro alla Scala*, de M. Luigi Romani (1862), et le livre très intéressant de M. Pompeo Cambiasi sur la Scala et la Canobbiana (1872); pour Venise, c'est *la Fenice*, de M. Luigi Lianovosani (1878), et *i Teatri musicali di Venezia nel secolo XVII*, de M. Livio Nisio Galvani (1879); pour Bologne, c'est *Intorno al Gran Teatro del Comune e ad altri minori in Bologna*, de Gaetano Giordani (1855); pour Gênes, c'est *il Teatro Carlo Felice*, de M. Cesare da Prato (1875); pour Padoue, c'est *Dell'Arte e del Teatro di Padova*, de M. C. Leoni (1873), etc. En Allemagne, les travaux historiques relatifs aux théâtres ne sont guère moins nombreux. En France, il devient difficile de les pouvoir compter, car chaque année en voit naître de nouveaux, et il serait malaisé, à l'heure présente, d'en dresser une bibliographie exacte et complète.

Et ce ne sont pas seulement les grands théâtres qui excitent la sollicitude des écrivains français. Si l'Opéra et la Comédie-Française, si l'Opéra-Comique et l'Odéon ont trouvé des historiens en foule, les autres scènes parisiennes moins importantes n'ont pas manqué de chroniqueurs pour retracer les péripéties de leur existence plus ou moins agitée. Et ce sont souvent des littérateurs en renom qui se sont attachés à portraiturer les plus infimes. N'a-t-on pas vu Jules Janin écrire l'*Histoire du Théâtre à quatre sous*, et Champfleury jeter au vent ses *Souvenirs des Funambules?* On a été plus loin, et l'on ne s'est pas borné aux théâtres, grands ou petits; un flâneur a percé pour nous *les Petits Mystères de l'Ecole lyrique*, un chansonnier nous a gratifiés d'une *Histoire des cafés-concerts*, tandis qu'un pseudo-moraliste nous faisait connaître *les Bals publics de Paris* et qu'un autre nous ouvrait *Bouis-bouis*,

Bastringues et Caboulots. Arrêtons-nous! Ceci ne touche plus à l'art. Mais la province, relativement au théâtre, n'a pas voulu être en reste sur Paris, et Bordeaux, Rouen, Saint-Quentin, le Mans, dix, vingt autres villes nous ont donné des histoires de leurs théâtres.

Il y a donc lieu de s'étonner qu'en Belgique, où l'on est fou de spectacle presque autant qu'en France, que surtout dans cette aimable, accueillante et charmante ville de Bruxelles, si intelligente et si foncièrement artiste, il ne se soit pas trouvé jusqu'ici un amateur, un lettré, un érudit pour remuer les documents et recueillir tout ce qui avait trait à la longue et brillante existence de ce Théâtre de la Monnaie, de façon à en retracer l'histoire exacte et complète. Remarquez que cela s'est fait, en Belgique même, pour d'autres villes que Bruxelles et pour d'autres théâtres que celui de la Monnaie. M. Jules Martiny a publié une *Histoire du Théâtre de Liége*, à laquelle on peut joindre les trois volumes du *Répertoire dramatique belge*, de feu Alexandre Dupont; M. Albin Body a donné, en 1872, *Histoire anecdotique du Théâtre de Spa*, et, en 1885, l'opuscule plus complet *le Théâtre et la musique à Spa;* on doit à M. Clément Bovie des *Annales du Théâtre d'Anvers*, qu'avait précédé *l'Opéra à Anvers de 1673 à 1834,* de M. Edouard Gregoir. Le plus ancien ouvrage de ce genre est celui du *Théâtre de Gand de 1750 à 1828,* par A. Neuville. Peut-être existe-t-il d'autres écrits de ce genre, que j'ignore ou que j'oublie. Et rien, rien, rien sur la Monnaie, dont l'histoire est autrement intéressante, originale, active et mouvementée!

Eh bien, pour ma part, je ne le regrette pas, puisque cette histoire, qui existe maintenant, que voici, et pour laquelle on m'a demandé comme une sorte de petit chapitre préliminaire, puisque cette histoire est due à un des miens, à un de mes compatriotes, à un Français, qui, après avoir charmé par son double talent de chanteur et de comédien le public si difficile et si connaisseur de la Monnaie, lui offre aujourd'hui les annales vivantes et pittoresques de ce théâtre qu'il a appris à connaître de près — d'aussi près que possible, puisqu'il en a foulé les planches, touché les murs, et qu'il s'y est fait applaudir. L'histoire du plus grand théâtre de Bruxelles écrite par un Parisien de Marseille, c'est un lien de plus, si léger qu'il soit, entre la Belgique et la France, entre ces deux pays qui s'aiment, qui s'estiment, et que l'emploi d'une langue commune, joint à un fréquent et naturel voisinage, ne pourra jamais qu'attacher davantage l'un à l'autre. Il me plaît, je le confesse, qu'il en soit ainsi.

Un chanteur qui se fait l'historien du théâtre auquel il a appartenu, où il a fait apprécier ses rares qualités artistiques, où il a obtenu de vifs et nombreux succès, le fait est nouveau (je n'en sache pas, pour ma part, d'autre exemple) et ne manque ni de saveur ni d'originalité. Mais comment cette pensée est-elle venue à M. Isnardon d'écrire l'histoire du Théâtre de la Monnaie? C'est là une question à laquelle je ne pourrais répondre, car je n'en sais absolument rien, et peut-être ne le sait-il pas lui-même davantage. D'ailleurs, qui pourrait dire quand et comment nous vient, à nous autres écrivains, l'idée de traiter tel ou tel sujet? Cette idée germe à notre insu dans notre esprit, sans que la plupart du temps nous puissions nous en rendre compte.

Il est vrai que M. Isnardon n'est pas un écrivain de profession. Mais c'est là qu'est précisément le côté intéressant et curieux de sa tentative — tentative singulièrement heureuse, car il a réussi du premier coup à faire un livre à la fois utile et attrayant, ce à quoi nous autres, qui avons l'expérience et la pratique des choses, ne réussissons pas toujours. Du monceau de papiers et de documents divers qu'il a dû chercher, découvrir, soulever, colliger, mettre en ordre, pour choisir et réserver ensuite ceux qui lui pouvaient être utiles, pour en prendre le suc et la moëlle, pour les présenter au lecteur dans un ordre rationnel et logique, dédaignant ceux-ci, émondant ceux-là, les éclairant tous d'une réflexion piquante, d'un rapprochement curieux, d'une idée ingénieuse, il a su tirer le meilleur, le plus complet et le plus heureux parti.

Ce n'est pas, et il faut bien le constater, que tout fût absolument inconnu dans ce qu'il a su réunir ici. Quand j'ai dit qu'il n'existait point d'histoire du Théâtre de la Monnaie, je n'ai pas voulu dire qu'il n'existât rien *sur* l'histoire de ce théâtre. Tous ceux, en effet, qui s'intéressent à ces questions, connaissent le bel ouvrage que le regretté Frédéric Faber publiait il y a quelque quinze ans sous le titre d'*Histoire du théâtre français en Belgique*, ouvrage si fertile en pièces originales et en documents jusqu'alors ignorés. Faber avait lui-même puisé, dès lors, dans une publication précédente, le *Panthéon musical*, de M. Edouard Gregoir, où il avait trouvé, au tome VI, un chapitre fort important sur *l'Opéra de Bruxelles*, auquel je crois bien que mon vieil ami M. Félix Delhasse n'était pas complètement étranger, et qui, lui aussi, abondait en révélations curieuses. Mais quoi? on n'invente pas les documents, cela est certain. En se servant de ceux-ci, ce qu'il ne pouvait ne pas faire, M. Isnardon n'a pas laissé que d'en découvrir d'autres, fort nombreux, et il a eu l'habileté de savoir les employer, et il a su enfin construire avec eux un livre solide et brillant, attrayant et instructif, et, qui plus est, un livre neuf, que personne avant lui n'avait osé entreprendre et qu'il a la gloire d'avoir mené à bien.

Tracer cette histoire d'un théâtre justement célèbre comme celui de la Monnaie, la reconstituer jour à jour, mois par mois, année par année, n'eût été certainement chose facile pour personne. Mais je me demande comment l'auteur a pu trouver le temps et la patience de l'exécuter. Est-ce donc que, tenant à ce théâtre un emploi si important que celui des basses chantantes, il courait aux archives ou à la Bibliothèque royale, ou dans le cabinet d'un collectionneur émérite au sortir d'une répétition, pour dépister, déterrer et découvrir les pièces si curieuses qu'on rencontre en foule dans ce volume, affiches, portraits, programmes, répertoires de toutes sortes? Est-ce donc que le soir, venant de jouer *les Contes d'Hoffmann* ou *le Médecin malgré lui*, au lieu de prendre en rentrant au logis un repos bien mérité, il passait les nuits à sa table de travail, mettant en ordre ses paperasses, les choisissant, les dépeçant, les classant, les piquant à la place qu'elles devaient occuper, procédant à la rédaction de son récit et se disant :
— « Vous chantiez, j'en suis fort aise, eh bien ! écrivez

maintenant »? Où trouvait-il, ce chanteur que la scène réclamait toujours, le loisir nécessaire pour se livrer à son œuvre d'érudit et de lettré? Faut-il donc croire que pendant son séjour relativement court à Bruxelles, il s'est dispensé complètement de manger, de boire et de dormir? Ceci est invraisemblable. Et pourtant, comment expliquer cette étonnante activité, cette double et continuelle tension d'esprit, ce travail tout ensemble divers et incessant? Ma foi, j'y renonce.

Une remarque à faire à l'avantage de M. Isnardon écrivain, c'est que tout en faisant un livre d'un caractère sérieux quant au fond, il ne s'est pas cru, quant à la forme, autorisé à prendre la plume d'un pédant pour écraser le lecteur sous le poids d'une érudition aussi profonde qu'insupportable. Son sujet comportant de la variété, il en a su tirer profit et, se souvenant du précepte d'Horace, il a joint habilement l'agréable à l'utile. Il a donc agrémenté son récit de digressions aimables, d'anecdotes piquantes, par lesquelles il a rendu facile la lecture d'un ouvrage qui, en d'autres mains, eût pu devenir aisément lourd, compassé et, tranchons le mot, ennuyeux. Sa plume alerte et vive s'est même exercée d'une façon toute particulière, avec finesse, avec légèreté, dans la gracieuse série de portraits qu'il a, d'une main courante, tracés de tous les artistes, ses camarades, qui faisaient en même temps que lui partie de la troupe de la Monnaie. Par une modestie dont on pourrait le blâmer s'il ne fallait l'en louer, dans cette galerie très curieuse il n'a oublié que lui-même. Comblerai-je cette lacune et tenterai-je d'esquisser le profil de cet artiste si bien doué, qui, ne se bornant pas à être le chanteur et le comédien expert que l'on sait, s'avise aujourd'hui de manier la plume comme un écrivain de profession, se jugeant apte à toutes choses et briguant toutes les couronnes? Je ne m'en sens pas le talent. Et d'ailleurs, à quoi bon? S'il n'a pas voulu lui-même reproduire sa physionomie, comme il l'a fait pour tous les compagnons qu'il avait trouvés à la Monnaie, son éditeur a eu la bonne idée de placer son portrait en tête de ce volume, où tous ceux qui l'ont vu le pourront facilement reconnaître. C'est bien lui en effet, avec son front large et développé, son œil vif et brillant, son regard pénétrant et un peu gouailleur, sa bouche sensuelle, son sourire engageant, tout l'ensemble enfin de sa physionomie essentiellement originale et mobile... Mais je m'arrête, car un peu plus, j'allais refaire ce portrait, et le crayon que j'en donnerais ne supporterait pas la comparaison avec ceux que lui-même a tracés.

Et maintenant, que me reste-t-il à dire? Rien, sinon que je souhaite au livre que voici tout le succès qu'il mérite. Mais j'aurai la franchise d'avouer que ce souhait me paraît superflu, le succès étant assuré d'avance, et par le sujet même de ce livre, et par la façon dont il est traité. Je le constatais au début de cette préface : *l'Histoire du Théâtre de la Monnaie* n'existait pas, et il semblait que nul jusqu'à ce jour n'eût songé à l'entreprendre. M. Isnardon l'a osé, il est sorti victorieux de la tâche si difficile qu'il s'était imposée, et l'œuvre à laquelle il a attaché son nom est une œuvre accomplie. *L'Histoire du théâtre de la Monnaie* est faite aujourd'hui, et bien faite. Tout l'honneur lui en revient, et je n'hésite pas à me porter garant de l'accueil flatteur et sympathique que lui fera le public belge, pour qui elle a été écrite.

ARTHUR POUGIN.

Origine de l'Opéra à Bruxelles

(1531-1700)

Au xvie siècle, existait en face la rue des Chevaliers (ou des Fripiers), l'hôtel des d'Ostrevant, descendants des comtes de Hainaut et de Hollande. Vers 1531, ce bâtiment — qui servait d'*atelier monétaire* — fut démoli, le terrain qu'il occupait déblayé; on combla un vaste étang que formait, derrière l'ancien hôtel, le fossé de la ville et qui était passé entre les mains des religieux d'Afflighem, et l'on fonda la rue ou place de la Monnaie. En réalité, ce n'était qu'une voie assez irrégulière, qui servit pendant quelque temps de Marché-au-Bois.

C'est sur cet emplacement que furent construites successivement les trois salles de spectacle dont nous avons entrepris d'écrire l'historique et qui constituèrent le *Théâtre de la Monnaie*.

L'origine de l'opéra à Bruxelles doit être portée vers la fin du xviie siècle. A cette époque, la Cour — jalouse de ce qui se passait à l'étranger en matière de spectacles scéniques, surtout en France, où l'opéra se jouait depuis 1645 — voulut se mettre au niveau de Paris et n'eut bientôt rien à lui envier, car elle donna des représentations où tout était réuni : musique, danses, costumes, décors, machines, etc. C'est certainement là que se forma le noyau de l'Opéra bruxellois. Mais il prit ses éléments de vie dans les représentations qui avaient lieu aux divers collèges dirigés par des religieux et notamment par les jésuites. « En général, les jésuites peuvent être considérés comme ayant contribué largement à la fondation et à la propagation du drame lyrique dans les Pays-Bas. » (1)

Jusqu'à l'établissement des théâtres réguliers, le public ne connut que les mystères et pièces mythologiques qu'on représentait dans les couvents et les farces jouées par les chambres de rhétorique. Le vrai spectacle populaire se donnait dans la rue, le jour de la sortie de l'*Ommegang*.

Les représentations musicales, données au théâtre de la Cour, avaient longuement éveillé la curiosité publique, d'autant qu'on y admettait les seules personnes attachées à la famille souveraine et les dignitaires, et que ces fêtes étaient connues par de vagues récits. On désirait ardemment posséder un théâtre où le peuple fût admis. Aussi, à peine l'opéra venait-il de naître au Palais de Bruxelles, qu'on sentit la nécessité de construire une salle spéciale pour les représentations publiques.

En 1681, deux étrangers, Jean-Baptiste Petrucci et Pierre Farisseau, louèrent un terrain situé près du Quai au Foin et y firent construire un théâtre qu'ils décorèrent du nom pompeux d'*Académie de Musique*.

On y joua l'opéra italien, — fort en vogue alors ; mais l'entreprise ne réussit pas et, en 1688, le matériel fut saisi et vendu à la requête des créanciers.

Une autre salle de spectacle avait été élevée dans le voisinage de la montagne Sainte-Élisabeth. Il en est resté le nom de la rue des Comédiens.

On avait aussi songé à percer une rue, de l'hôpital Saint-Jean à la Madeleine et à ériger une salle de spectacle sur ce vaste emplacement. « Les instances des religieuses, qui redoutaient ce voisinage profane, firent échouer ce projet. » (2)

---

(1) Edmond Van der Straeten.
(2) Henne et Wauters.

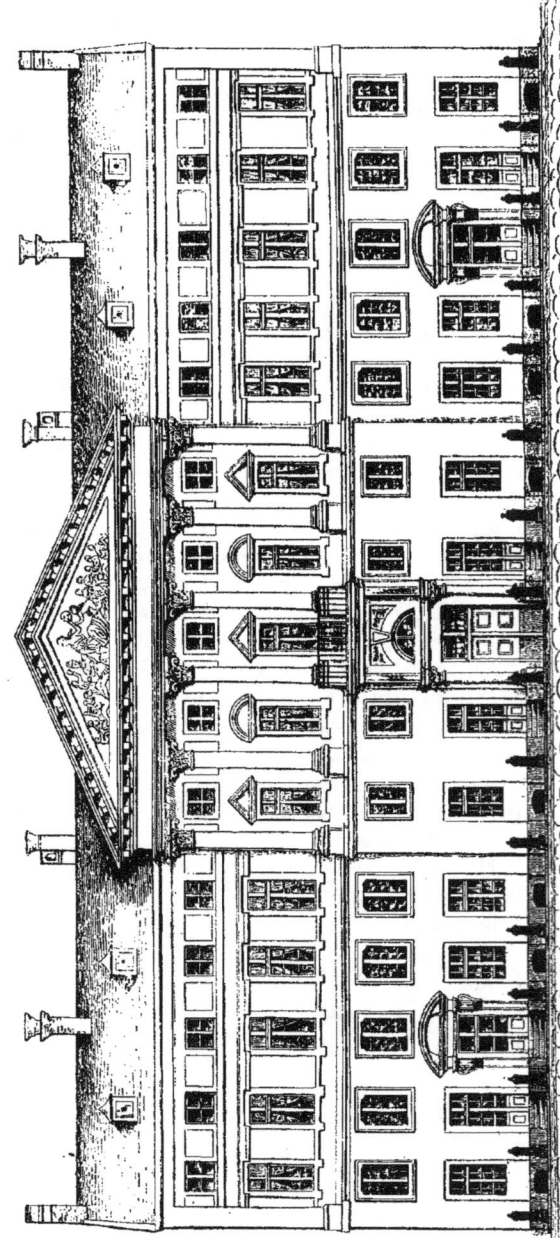

LE THÉATRE DE LA MONNAIE EN 1700.

Plus tard, un théâtre s'ouvrit dans l'estaminet du *Coffy*, à la Grand'Place ; un sieur Martin y faisait représenter des farces italiennes, par une troupe de comédiens amateurs.

La déconfiture de Petrucci et Farisseau fut cause qu'on attendit plusieurs années avant de rien tenter ; mais, après le bombardement de 1695, qui détruisit une partie de la ville, « une véritable fièvre de bâtir s'était emparée de Bruxelles. » (1)

En 1700, l'Électeur de Bavière — sur la demande d'un architecte italien, Paul de Bombarda — décréta la construction d'un théâtre sur la place de la Monnaie.

Les travaux furent poussés avec une rare activité, car, dès l'hiver 1700, on y donnait des représentations.

L'emplacement qu'occupait l'Opéra n'était pas exactement celui du théâtre actuel : la façade se trouvait beaucoup plus en dehors et flanquée de maisons des deux côtés. La place de la Monnaie n'était donc qu'un simple passage de la rue des Fripiers à la rue Neuve, appelée alors rue Notre-Dame.

« La rue Léopold actuelle était fermée aux deux bouts par des maisons. Le pâté formé par la Montagne-aux-Herbes-Potagères, la rue du Fossé-aux-Loups, la place de la Monnaie et la rue de l'Écuyer n'offrait aucune solution de continuité. Le centre qu'occupent aujourd'hui le nouveau théâtre et les rues adjacentes était un vaste terrain où paissaient des chèvres et des ânes et où les ménagères étendaient du linge parmi les décombres de l'ancien couvent des Dominicains et les hangars servant de magasin de décors. »

Les terrains nécessaires à l'édification du théâtre avaient coûté 18,000 florins argent fort ou 21,000 florins argent courant. Si la façade offrait un aspect banal, en revanche, l'intérieur de la salle avait un certain caractère de distinction. Point de colonnes, sinon à l'avant-scène ; le pourtour en forme de guitare, les loges assez basses et sans séparation apparente. Les décorations étaient de Servandoni, célèbre artiste de Paris. Enfin, l'ensemble des dépenses s'éleva au delà de 100,000 écus, chiffre considérable à cette époque.

Sur l'emplacement du *Café des Mille Colonnes*, se trouvait le *Café de la Monnaie;* puis, dans le bâtiment du théâtre, la porte des voitures, l'estaminet de la *Lunette* et — tout comme aujourd'hui — la « *Sortie des piétons* ».

Bombarda donna à son théâtre la dénomination de GRAND-OPÉRA.

---

(1) Louis Hymans. *Bruxelles à travers les âges.*

Octroi Bombarda

(1700-25)

1705 - DE FONPRÉ — 1706 - DE PESTEL
1709 - D'ANGELIS ET GRIMBERGS
1712 - Mme DUJARDIN — 1715 - MOLIN

ES représentations qui eurent lieu dès 1700 furent données par des troupes de passage, ainsi que le prouve suffisamment le document suivant :

ARCHIVES GÉNÉRALES DU ROYAUME — CONSEIL D'ÉTAT.
(*Carton n° 113, intitulé : Comédies, Théâtres.*)

A Son Excellence,

Remontre avec respect la compaignie des comediens dans cette ville de Bruxelles, que non obstant qu'elle est passagere, sans fixe résidence ou domicile, logeant dans des cabarets comme font les estrangers, estant venue en ville pour donner le divertissement à la noblesse et autres inhabitants, il se trouve a present, qu'on l'a mis et tauxé dans la capitation, et quelqu'unes d'entre eux a de grosses et considerables sommes, mesme sans vouloir considérer que leur proffit est si mediocre qu'elle est au contraire fort arriérée, mais comme il est porté par l'acte d'agreation de Votre Excellence qu'elle a le pouvoir et faculté de declarer franc et libre tous ceux, qu'il trouvera convenir, cause que ladite compaignie se iette aux pieds de Votre Excellence.

La suppliant très-humblement que son bon plaisir soit de déclarer que ladite compaignie est franc, libre et exempt de ladite capitation, ordonnant à tous ceux, a qui il pourroit appartenir dé se regler a l'advenant, quoy faisant, etc.

Adresse : *Au Magistrat de la ville*. — 20 janvier 1703.

Nous trouvons dans le précieux volume de Félix Delhasse : l'*Opéra de Bruxelles*, les lignes suivantes :

> « Il nous est tombé sous la main une petite plaquette de 16 pages, imprimée à Bruxelles, chez George de Backer (le millésime a été coupé sur notre exemplaire), et qui ne paraît pas avoir été connue des bibliographes. Elle a pour titre : « *Vers d'un ballet à l'honneur de Philippe V, roi d'Espagne*, représentez sur le theatre de l'Opéra de Bruxelles devant Son Altesse électorale de Bavière. »
>
> A la suite de ce ballet il y a cette note : « Les dances de ce balet sont de la façon du sieur Deschars, la musique est de la composition du sieur Fiocco, si celebre par ses airs italiens, et qui en fait de si beaux sur les paroles françoises que si nous avons jamais un digne successeur de Lulli, nous le devrons encore à l'Italie. »
>
> La proclamation de Philippe V, comme roi d'Espagne, étant du 24 novembre 1700, c'est vers cette date que fut représenté à l'Opéra de Bruxelles le ballet en question. Nous n'en avons trouvé trace nulle part. »

Cette spéculation fut aussi peu lucrative que celle de Petrucci, car, en 1703, dans une requête adressée au magistrat, les comédiens criaient famine.

Afin d'assurer son exploitation, Bombarda demanda un octroi lui permettant d'exploiter *seul* l'opéra à Bruxelles. Il lui fut accordé, le 20 janvier 1705, « pour trente années consécutives et moyennant une reconnaissance annuelle de 50 florins, pour faire représenter les *opéras, comédies et donner des bals avec réserve des droits de l'amman et non compris les comédies des bourgeois, danseurs de cordes et marionnettes* ».

Le premier directeur à qui Bombarda livre le théâtre est de Fonpré, qui en fait la véritable inauguration avec sa troupe. Le nom de cet impresario figure sur la liste des artistes nomades qui jouèrent en 1700.

Des représentations, qui durent être nombreuses pendant l'année 1705, les *Relations véritables* ne mentionnent que celles données dans les circonstances solennelles. On joua, le 11 juillet, *Acis et Galathée* et, le 19 décembre, *Alceste*, de Lully, sous la direction de Fiocco. C'est la deuxième fois que le nom de cet artiste est mentionné. Il est probable qu'il fut chef d'orchestre à l'Opéra de Bruxelles, après avoir été maître de musique à la chapelle royale de la Cour. On l'avait surnommé le *Trop bon*, et il excellait « dans les productions de son art » ; il fut l'objet de nombreuses admirations et l'un de ses contemporains en parle avec le plus grand enthousiasme. Pierre-Antoine Fiocco mourut le 8 novembre 1714 ; ses descendants habitent encore la Belgique.

Un opuscule, le *Parnasse Belgique*, donne des notes biographiques sur les artistes qui composèrent la troupe de l'Académie de Musique pendant l'année 1705-1706. Elles sont tellement curieuses, elles ont une telle couleur archaïque, que, pour faire connaître les comédiens qui ont occupé le théâtre tout à fait à son origine, nous n'hésitons pas à en reproduire quelques-unes, avec leur crudité naïve, à seul titre documentaire :

L'ARBITRE PERNICIEUX. — *Brochet*.

Ecolier du *Trop bon*, et l'un des flatteurs en titre. Il s'est trouvé dans plusieurs Académies, et a de la capacité, dont il est tellement persuadé que par des discours étudiez, et dans le fond intéressez, il prétend avoir un discernement infaillible ; ce qu'il n'a jamais pu prouver en produisant *le Capricieux* et *la Bacchante*, dont nous parlerons ci-après. Cet homme, dis-je, s'est rendu tellement nécessaire, que le *Trop bon* a préféré de mauvais sujets à de médiocres, à sa persuasion, parce que ceux-ci n'étoient pas gens de bonne chère et de jeu. Sa manière de persuader est d'un fin connoisseur ; ce qu'il ne fut jamais non plus que sa femme qui cent fois s'est trouvée seule dans le parterre à applaudir une mauvaise actrice pour en imposer contre la vérité. Cet homme n'a rien de distingué ni dans sa taille, ni dans sa mine. Ce qui fait le plus bel endroit de son histoire, c'est l'appui de la Synagogue ; ce qu'il ne prouve que trop, lorsqu'il parle de religion.

LA GOTHIQUE. — *La Barbier*.

Ainsi nommée par son ancienneté aux théâtres, et par son chant ; comme par les longs et pénibles voïages qu'elle a faits dans les Païs les plus éloignez sans en rapporter ni profit, ni soulagement. Elle est d'une médiocre taille, d'une apparence aussi noble que son nom. La voix assez nette, mais des plus fausses. Mauvaise actrice ; elle ne s'est fait connoître dans le monde, que par des endroits funestes à la trop grande crédulité de quantité de jeunes gens. Toujours équippée en coquette ridicule et mal propre ; affamée d'amans, qui l'ont toujours füie avec beaucoup d'empressement.

LA DOUCETTE. — *La Poirier*.

Est d'une taille ordinaire, assez bien faite, ni belle, ni laide, qui ne manque pas de bonne volonté de s'avancer dans son art ; mais qui par son indolence naturelle n'a pas l'air d'y parvenir jamais. Assez modeste dans ses entretiens, ne se piquant pas de dire de bons mots ; recevant avec plaisir les avis que l'on lui donne ; au reste disant assez juste. Bonne à ses amies, passablement libérale de ce qui ne lui coûte rien, et fort ménagère de ce qu'elle n'a même pas beaucoup de peine à acquérir. Propre dans ses habillemens, ménageant avec art ses intrigues.

L'EMPORTÉE. — *La Cocheval*.

Morte par l'excès de ses débauches. Elle étoit petite. Autrefois belle, bien prise dans sa petite taille, une apparence et une manière de s'énoncer fort douce. Soutenant bien pendant un certain tems les plaisirs de table, mais devenant furieuse et terrible même sur la fin du repas, dans lequel celui qui lui frappoit d'avantage l'imagination étoit l'amant fortuné pour cette nuit-là ; méprisant intrigues et de cœur et pécuniaires. Sachant les rattraper par un enjoüement dont elle disposoit à sa volonté, aïant toujours poussé toutes sortes de plaisirs aux derniers excès, dont plus d'un curieux se sont repentis longtemps.

LA BALAFFRÉE. — *La Guillet.*

Est d'une moïenne taille, ni belle ni laide, un peu gatée de petite vérole, et encore plus par un bouton suppuratif sur la joüe droite, qui a toujours exigé d'elle une mouche à laquelle le public a trouvé à propos de donner le nom d'emplâtre pour sa largeur ; d'une humeur assez douce, entendant la raillerie sans pourtant se piquer de la repousser finement. Avouant facilement son peu d'expérience pour le Théâtre, et par conséquent se rendant fort justice ; étant très désagréable actrice ; heureuse d'ailleurs de s'être acquise les bonnes grâces d'un riche Financier, dont les libéralités la peuvent mettre à l'abri des censeurs inexorables des spectacles.

LA BRILLANTE. — *La Chateaulion.*

Est grande, assez bien faite, tous les traits du visage fort aimables, chantant aussi bien qu'elle sait ménager à propos peu de voix, possédant le Théâtre dans la perfection, beaucoup de bon sens, bonne à tout le monde, furieuse dans la colère, mais pardonnant aisément les injures ; ne refusant rien à son plaisir, aimant la bonne chère et la durée, soutenant fort bien les plaisirs de table, y paraissant toujours fort enjouée, ne se refusant rien des commoditez de la vie, protectrice outrée des plus grands fourbes.

LA LUBRIQUE. — *La Voilier.*

Est entre deux tailles, ni grande ni petite, grosse de sa personne, dont la beauté consiste en deux gros yeux bleus. La première à soupirer, toujours abstraitte, même en présence de ceux qui croient seuls posséder son cœur. Si affamée de plaisir, qu'un Amant ne lui suffisant pas avec son Époux . . . .
Ne croïant personne au-dessus d'elle pour l'esprit, ne disant jamais quatre paroles suivies, médisante en titre d'office, bornée dans son geste en deux mouvements, chantante en chèvre, possédant beaucoup de Rolles, mais les exécutant sans art ; d'une avarice sordide.

LA BACCHANTE. — *La Cazal.*

Est d'une moïenne taille, bien faite par le défaut d'embonpoint, le regard toûjours effaré, la tête petite et maigre, libérale à s'incommoder envers ses Amans Disant plus d'ordures que de bonnes choses, ce que l'on appelle en bon françois *forte-en-gueule*, bête, mauvaise actrice, aïant deux voix dont elle n'en peut faire une bonne ; présomptueuse dans son ignorance, aimant la bouteille au-dessus de tout, modeste en ses habits, son mérite ne pouvant la mettre mieux.

L'INDOLENTE. — *La Choiseau.*

Est de la taille ordinaire, assez bien faite, ni belle ni laide, aimant fort les ajustements dont elle ne peut posséder le parfait usage ; son génie est médiocre ; fière, se croïant plus de mérite qu'elle n'en a ; aimant assez les plaisirs de table, son ambition est bornée à aimer tantôt l'un, tantôt l'autre de ses camarades ; très-froide actrice, son chant ne dément point sa phisionomie.

LA VIEILLOTTE. — *La Clément.*

Est plus petite que grande, les yeux vifs, le teint assez brillant, l'art y surpassant la nature ; bien faite naturellement, l'esprit fort enjoué, fière, médiocre actrice, la voix fine et déliée, chantant un peu en vieille, son œconomie rigide et plus d'un talent l'ont mise en état de se passer du Théâtre, ne le fréquentant plus que pour ses menus plaisirs ; connüe à Paris et à Bruxelles par l'excès de ses débauches, dont plus d'une personne distinguée prouveroient en cas de besoin des certificats authentiques.

L'IMPERTINENTE. — *La Montfort.*

Est d'une moïenne taille, dont la Phisionomie est le vrai miroir de ses actions, avide et ambitieuse de tout. De toutes les langues la plus pernicieuse, fort carressante en apparence, mais dans le fond traître, très-mauvaise actrice, chantant fort mal, et assez souvent faux; dont le mérite essentiel consiste au commerce infâme, qu'elle entretient depuis très-longtems avec *le Scélérat*, dont elle a des enfans, le préférant à son mari légitime.

LA RIDICULE. — *La Honoré.*

. . . .

LA MÉDISANTE. — *La Renaud.*

. . . .

LA GRATIEUSE. — *La Guyart.*

. . . .

LE PRÉSOMPTUEUX. — *Bonnel.*

Est d'une fort médiocre taille, gâté de la petite vérole, sçavant dans son art, chantant bien, quand il y pense; dont le génie est borné à rire à chaque période, croïant avoir dit un bon mot. Parlant toujours mystérieusement, et ne s'entendant pas le plus souvent. Trop propre en habits; voulant y égaler les personnes de rang, magnifique en cela seul. Regardant ses égaux au-dessous de lui. Bon acteur, sa fortune lui a donné le moïen de païer ce qu'il voudroit faire passer pour faveur deûes à son mérite, passionné joueur et toûjours duppe. Foible ami depuis son établissement, vérifiant le proverbe qui dit, que l'honneur change les mœurs.

LE CAPRICIEUX. — *Arnaut.*

Est d'une bonne taille, l'air vieux et toujours inquiet. Chantant à l'antique, ignorant et voulant disputer de ce qu'il n'a jamais connu. Médiocre acteur. Il croit avoir la voix fort étendüe, et le ton n'est jamais assez bas pour lui. Jamais content d'aucun acteur. Difficile à connoître, médisant de son meilleur ami, il médiroit de lui-même, s'il doutoit qu'il fût. Ses assiduitez auprès de quelques belles n'ont jamais pû prouver de bonnes fortunes. Répétant cent fois, et riant d'une pauvreté qu'il croit un bon mot. Son génie est borné à parler de l'Opéra de Lion, tirez-le de là, il faut disputer. Ne convenant jamais de rien; heureux d'être dans une société, qui a connu ses défauts, ce qui sans cela lui aurait attiré beaucoup de chagrin.

LE CIRCONSPECT OUTRÉ. — *De Heuqueville.*

Est d'une taille ordinaire, la phisionomie assez avantageuse, possédant passablement son art, la voix belle et étendüe. Acteur froid, bon dans les caractères, chantant dans le goût moderne, plaisant dans la conversation, à charge à ses meilleurs amis par une attention perpétuelle du sçavoir-vivre, ennemi mortel des âmes basses. Toujours prêt à servir ses amis. Exact dans ses promesses. Fort emporté dans la colère mais à l'instant meilleur ami que jamais; sensible aux injustices jusqu'à reprocher les services qu'il a rendus. Simple en apparence, mais se défiant de tout. Ecrivant d'un stile bouffon.

LE RIDICULE. — *Roussel.*

Est d'une belle taille, bien fait au Théâtre, dont le nombre d'années a diminué le mérite. Gêné dans son geste, chantant à la mode de son tems, froid acteur. Peu sçavant dans son art, et aïant la voix fausse ; opiniâtre dans ses idées, qui tiennent plus de la chimère que du solide ; peu médisant, se récriant toujours contre le nombre des années, et parlant beaucoup de ses anciennes fortunes, dont le profit l'a mis en état de se passer du Théâtre, s'il ne se croioit encore capable d'y plaire. Ménager jusqu'à l'avarice, amateur passionné des bons repas, les mendiant aux personnes, auxquelles il n'est pas obligé de les rendre. Beau joueur dans le gain, mais brutal dans la perte. Très foible ami.

LE DOCILE — *Drot.*

. . . .

LE PACIFIQUE. — *Choiseau.*

. . . .

LE SCÉLÉRAT. — *La Plante.*

Est petit et rempli. Fourbe dans sa phisionomie, encore plus fourbe dans ses actions : rempli de lui-même au point de mépriser tout le monde. Mauvais acteur, détestable chanteur, et fort ignorant, présomptueux dans toutes ses démarches, toujours inquiet, ne convenant de rien que de ses propres idées, semant la discorde partout. S'apropriant sans scrupule tout ce qu'il croit lui convenir. Avide de bons repas jusqu'à la friponnerie, docile aux coups de bâton. Le plus bel endroit de sa vie est, d'avoir répudié sa femme pour entretenir un commerce honteux avec *l'Impertinente*, à laquelle il a fait quitter son mari et de laquelle il a des enfans. Menteur outré, médisant à ne pas épargner les têtes couronnées. Il n'y a pas d'Académie, où il ne soit connu pour un fripon.

LE TEMPÉRÉ. — *Honoré.*

Est petit, d'une assez bonne phisionomie, sçavant dans son art, chantant bien tout, peu de voix, mais jolie et la ménageant très bien, meilleur acteur de Cathédrale que de Théâtre, toujours d'accord avec tout le monde non pas par bêtise, mais par principe de probité. Autant libéral, que *le Ridicule* est avare ; son seul défaut est la colère, mais sans ressentiment. Sa trop grande crédulité lui a causé plus d'une infortune.

L'ORGUEILLEUSE. — *La Deschars.*

. . . .

LA FIÈRE BÊTE. — *La Le Fèvre.*

. . . .

LA MASSE INFORME. — *La Boulogne.*

. . . .

LA SOTTE. — *La Clément.*

. . . .

L'IMPUDIQUE. — *La Minette.*

Est d'une taille moïenne, assez bien faite, autrefois jolie, l'esprit fort enjoué dans la conversation, entendant la raillerie et la repoussant finement. L'excès de ses débauches a diminué de sa beauté. Médiocre danseuse, plus sçavante au lit et à la table qu'au Théâtre. Longtemps duppe de ses amans par excès de générosité, de toutes nations dans la débauche.

Elle est la troisième de ladite Académie, que la curiosité des belles étoffes n'a rien épargné à les faire venir de Judée Bonne amie. Elle seroit encore dans le grand monde, si elle en avoit la force. Quand le diable ne sçut plus que faire, il se fit hermite.

LA MESSALINE. — *La Duplessis.*

Est d'une médiocre taille, laide, maigre et très-bien faite, peu sçavante dans son art, sans politesse. Au contraire harangère, de toutes les femmes la plus malpropre dans ses habillemens. Un singe vêtu en homme est pour elle un Adonis pourvu qu'il ait de l'argent, elle n'aima jamais par tendresse de cœur. Assez fine. Cependant pour amuser un mari brutal et un amant duppe par ses débauches publiques, un scélérat et sa suite partagent ses faveurs, comme un honnête homme qui les paie. Elle n'a que deux défauts, l'yvresse et la lubricité.

LA FAUSSE PRUDE — *La Paillard.*

Est assez grande, médiocrement bien faite, laide et bête, dansant par routine, d'un assez bon tempérament, affectant fort un air sévère dans les conversations un peu libres, faisant beaucoup valoir une prétendüe sagesse, dont le public a été détrompé par un coup de rasoir sur la préférence de ses amans. Elle voudroit suivre les modes, mais les amans puissans la fuient; elle est réduite à aimer ses égaux.

L'IGNORANTE. — *La Quincy.*

Est grande et jolie, passablement bien faite, le pié d'un porteur de chaises plutôt que d'une danseuse; la protection seule d'un commis l'a installée au Théâtre, ne sçachant qu'à peine faire la révérence. Elle a toujours passé pour une Vestale aux yeux de ceux auxquels la longue expérience de sa chère bonne a sçeu cacher son intrigue avec un gros seigneur. Le fort des Armes a borné ses entreprises, et un peu diminué de l'orgueil de sa naisssante fortune. Ce qui pourra revenir un jour. Elle est à bonne école.

LA STUPIDE. — *La Choisy.*

Est petite, assez bien faite et jolie de sa personne, autant de mérite pour le chant que pour la danse. Inspirant plutôt la tristesse que la joie au Théâtre par un air refrogné. La Chronique scandaleuse lui a attribué quelques intrigues, qui n'ont pu être avérées. D'un assez bon tempérament.

L'EFFRONTÉE. — *La Clément.*

Est d'une médiocre taille, le blanc et le rouge lui donnent les deux tiers de ses charmes ; jolie, bête, sérieuse à contre-tems, possédant en perfection la vertu générative quoique fille, chantant médiocrement bien, et dansant très-mal. Elle se montre toujours au parterre et aux loges d'un air affecté, et négligé dans les coulisses pour se faire connoître, prévenue qu'elle a un mérite infini. Aisée à connoître pour être du théâtre par ses ajustements mal arrangés, fort avare, toutes sortes de gens lui conviennent l'argent en main.

LE DISEUR DE RIEN. — *Deschars.*

. . . .

LE FAT. — *Carillon.*

. . . .

LE FLEGMATIQUE. — *Baouïno.*

. . . .

LE DÉBAUCHÉ. — *Dumay.*

Est de la taille ordinaire, assez rempli, la physionomie fourbe, très-caressant, passablement de bon sens ; entêté de ses propres idées, qui lui font regarder tout du mauvais côté, possédant son art, l'exécutant assez bien suivant ses caprices. Mille petits soins l'ont fait aimer des femmes, leurs jouissances l'ont rendu brutal. A l'une a succédé l'autre, sa vie n'est qu'un tissu perpétuel d'un pareil commerce. Jamais personne n'a plus menti, ni plus hardiment que lui ; les sermens ne lui coûtent rien quelque exécrables que l'on puisse se les imaginer.

LE TURBULENT. — *Mercier.*

Est petit, laid, médiocre danseur. Il croit être le premier de son art pour avoir été quelque tems à la tête d'un nombre de mauvais sujets. Présomptueux de son propre mérite à ne pouvoir vivre longtemps paisiblement dans aucune Académie. En apparence ennemi de la médisance. Faisant l'esprit fort. D'un assez bon tempérament, plaisant en compagnie ; sa tendresse ne paroit que par une jalousie et une brutalité extraordinaire ; libéral avec ses amis et peu avec ses maîtresses ; il croit que les femmes doivent l'acheter.

LE MAITRE JACQUES. — *Valentin.*

Est petit, la phisionomie bête ; parlant peu crainte de dire des sottises, sage en cela ; meilleur poète pour les Vaudevilles que pour le Théâtre, fade railleur De poète devenu homme d'affaires, dont il s'acquitte aussi bien que de la poésie. Prétendu compositeur de musique, aussi fin dans ses productions musicales que poétiques. Son dernier métier fut celui d'inspecteur de ladite Académie : Fonction dans laquelle il n'a pas mieux réussi que dans les précédentes, qui cependant lui devoit être plus lucrative, par beaucoup de promesses de coups de bâton. Heureux que l'on lui a toujours manqué de parole.

Il nous a semblé que ces extraits trouvaient bien leur place dans ce volume, car outre qu'ils édifient le lecteur sur les mœurs, le caractère et le genre de talent des artistes, ils indiquent de quelle importance était la troupe de Bruxelles et combien on pouvait déjà apporter de soins dans les représentations des opéras les plus difficiles de l'époque.

L'entreprise de Fonpré fut très heureuse. Un nouvel octroi lui est accordé le 18 mars 1706, pour lui et sa troupe, qui comprenait alors les nommés Prévost et sa famille, Prefleury et sa femme, Ducormier et sa femme, Depressoir, etc. (1). Les *Relations véritables* ne mentionnent, pour cette campagne, que la représentation d'*Alceste*, donnée — en gala — le jour du Mardi-Gras, 16 février.

Le 3 juillet 1706, la direction du Grand-Théâtre passe entre les mains d'un sieur de Pestel, qui en avait obtenu l'octroi de

---

(1) Archives Générales du Royaume : *Octroi de Maximilien-Emmanuel.*

Churchill. Dès que la domination autrichienne fut établie, de Pestel adressa, pour la faire ratifier, une requête qui resta longtemps sans réponse. A cette époque, on ne tolérait pas la présence, dans la troupe, d'acteurs étrangers et *surtout de Français*. Enfin, le 8 novembre 1706, l'octroi royal lui fut accordé. Comme il avait été persécuté, il poursuivit à son tour le petit théâtre du *Coffy*, dont les comédiens étaient de nationalités diverses et finit même par le ruiner.

Nos recherches ne nous apprennent que peu de choses sur la direction de Pestel. On trouve la première représentation de *Persée*, « qui réussit à la satisfaction de tous ceux qui s'y trouvèrent », et, pour 1707, deux représentations d'opéras non désignés, la première, le 11 mars, jour du Mardi-Gras, et la seconde, le 1ᵉʳ octobre, jour de la naissance du Roi. L'exploitation ne dut pas être heureuse et il est probable que de Pestel l'abandonna au commencement de 1709.

Un nouvel entrepreneur, Francisco d'Angelis, prend alors la direction du Grand-Théâtre et s'associe avec Jean-Baptiste Grimbergs, riche bourgeois de Bruxelles (1).

Le 15 octobre, Eugène de Savoie, retour de l'armée, assiste à la deuxième représentation d'*Amadis*. On signale encore la présence du Prince, accompagné cette fois du duc de Malborough, à une représentation de *les Saisons* (2). Il est évident que le retour de l'armée et de ces seigneurs favorisa l'exploitation du Grand-Théâtre ; ils assistaient presque tous les soirs au spectacle « avec un grandissime concours de noblesse ».

En 1711, d'Angelis meurt. Grimbergs adresse alors au Roi une requête, dans laquelle il demande l'obtention d'un nouvel octroi de six années — ce qui lui fut accordé — (15 octobre). Grimbergs, possesseur d'une grande fortune, donna beaucoup d'éclat à sa nouvelle entreprise et plaça le théâtre au premier rang. Mais la chance ne seconda pas ses efforts ; il se ruina et, l'année suivante, passa en Angleterre.

D'après un petit almanach rarissime : *Spectacle français à Bruxelles ou Calendrier historique du théâtre pour l'année 1767* (J.-J. Boucherie), le Grand-Théâtre fut exploité par une dame

---

(1) Archives Générales du Royaume.

(2) On donna encore une tragédie lyrique en 5 actes : *Hésione* (paroles de Danchet, musique de Campra), qu'on avait représentée à Paris dix ans avant. On prit aussi à la capitale française un ballet : *les Muses*, des mêmes auteurs, donné à Bruxelles en 1711, ainsi qu'*Amadis de Grèce*, opéra de Destouches, qui obtint le plus grand succès.

Dujardin à partir de l'année 1712. Les documents manquent absolument, mais nous croyons savoir que cette entreprise se termina encore par une banqueroute, vers 1714.

On donna plusieurs représentations importantes (1), entre autres un spectacle gala, le 2 octobre 1714, « jour de la naissance de Sa Majesté Impériale et Catholique », où l'on représenta les *Fêtes de Thalie*, opéra de Lafont et Mouret, qui venait d'être joué à Paris, sous le titre de *Triomphe de Thalie*. On y vit des confidents en robe de ville et des soubrettes du ton de la comédie. Le public fut dépaysé. « On accourut en foule, non sans censurer l'innovation. »

La Bibliothèque Royale de Bruxelles a conservé le libretto d'une pièce jouée *d'origine* à Bruxelles vers cette époque, et qui a pour titre : NOUVELLES FÊTES VÉNITIENNES *et divertissements comiques représentés par l'Académie de Musique*. Il est probable, comme on va pouvoir en juger, que tout le personnel jouait dans cette pièce; les entrées et la distribution des personnages, que nous croyons intéressant de reproduire, vont donner le tableau à peu près complet de la troupe :

LE TRIOMPHE DE LA FOLIE, *comédie*. — Première entrée.

PERSONNAGES CHANTANTS :

La Folie	Mlles HUCQUEVILLE.
Colombine	AUBERT.
Arlequin philosophe	MM. ANDRÉ.
Le Docteur	L'ABBÉ.
Un Espagnol	DEMORE.
Un François	CRÉTÉ.
Un 2me Espagnol	FIEUVÉ.
Une Espagnolette	Mlle POTIER.

PERSONNAGES DANSANTS :

Un Allemand	M. BAUWENS.
Une Allemande	Mlle ROBERT.
Chinois	MM. BAX l'aîné, BAX cadet, Mlles BEAUFORT, CREMERS.
Le Docteur	M. FONSECQ.
Colombine	Mlle AUBERT.

(1) 1er janvier 1713, reprise de *Thésée* avec un prologue nouveau. M. Faber, dans le *Théâtre français en Belgique*, déclare avoir en sa possession un livret d'opéra qui doit avoir été représenté à l'Académie de Musique de Bruxelles; il a pour titre : le *Carnaval et la Folie*, comédie-ballet. Il fut édité en 1714. C'est donc à cette époque que doit être reportée sa représentation. Cette pièce est de La Motte pour les paroles et de Destouches pour la musique. Elle fut jouée pour la première fois à Paris le 27 décembre 1703. Malheureusement, le libretto ne donne pas les noms des acteurs de la troupe de Bruxelles, il se borne à la distribution des personnages.

L'année suivante : *Omphale*, de Destouches, et *Issé*, du même auteur.

Pierrot	M. Van Wichel.
Femme de Pierrot	Mlle Waubins.
Le Fol	M. Pérès.
La Folle	Mlle Desclaux.

LA MÉPRISE, *divertissement*. — Seconde entrée.

Mis en musique pour l'opéra de Bruxelles.

Les paroles sont de M. Demore, la musique de M. André.

PERSONNAGES CHANTANTS :

Eléonore, amoureuse de Licidas	Mlles Aubert.
Licidas, François habillé en Vénitien, amoureux d'Eléonore	Demore.
Céphise, amoureuse de Licidas	Hucqueville
Léandre, jaloux, amant d'Eléonore	Crété.
Clorine, confidente de Céphise	André.
Eraste, valet de Licidas	M. L'Abbé.

PERSONNAGES DANÇANTS :

Paysan	M. Pigeon.
Paysanne	Mlle Dimanche.
Bergers	MM. Bauwens, Bax.
Bergères	Mlles Robert, Beaufort.
Paysans	MM. Van Wichel, Bax cadet, Pérès, Fonsecq ; Mlles Waubins, Cremers, Desclaux, Aubert.

LE BAL. — Troisième entrée.

Les paroles sont de M. Danchet, la musique de M. Campra.

(C'est un acte des *Fêtes vénitiennes*.)

PERSONNAGES CHANTANTS :

Alamir, prince polonois	MM. Crété.
Thémir, gentilhomme à la suite d'Alamir, déguisé en prince polonois	La Vigne.
Iphise, Vénitienne	Mlle Hucqueville.
Un Maître de musique	MM. Demore.
Un Maître de dance	Pigeon.

Chœurs de Vénitiens et de Vénitiennes masqués.

PERSONNAGES DANÇANTS :

Vénitienne	Mlle Hucqueville.
Espagnols	MM. Bauwens, Bax.
Espagnolettes	Mlles Beaufort, Robert.
Vénitiens	MM. Van Wichel, Bax cadet.
Vénitiennes	Mlles Waubins, Cremers.
Mores	MM. Pérès, Fonsecq.
Moresques	Mlles Desclaux, Waubins.

LE DOCTEUR BARBACOLA. — Quatrième entrée, augmenté.

Les paroles par M. Demor, la musique par M. André.

PERSONNAGES CHANTANTS :

Barbacola, amoureux de Calixte	MM.	L'Abbé.
Clitidas, François		Demore
Calixte, Vénitienne, amante de Clitidas	Mlle	Lambert.
Valère, domestique de Clitidas	MM.	La Vigne.
Lisandre, philosophe, ami de Barbacola.		Crété.
Un Magicien.		
Une Vénitienne qui chante un air italien	Mlle	Aubert.

Troupe d'écoliers de Barbacola.
Troupe de magiciens et de sorcières.
Troupe de génies sous diverses figures comiques.

PERSONNAGES DANÇANTS :

Le Fol	M.	Pigeon.
La Folle	Mlle	Dimanche.
Scaramouche	M.	Bauwens.
Scaramouchette	Mlle	Beaufort.
Vieux	M.	Van Wichel.
Vieille	Mlle	Robert.
Polichinelles	MM.	Pérès, Fonsecq,
	Mlles	Waubins, Cremers.
Arlequin	M.	Bax.
Arlequine	Mlle	Aubert.
Matassin	M.	Bax cadet.
Matassine	Mlle	Desclaux.

A Mme Dujardin succède le sieur Molin. Son premier soin, en arrivant à Bruxelles, est d'augmenter le prix des abonnements. Le public proteste, les abonnés se fâchent et, finalement, on lui refuse l'autorisation d'élever les tarifs établis. Molin prend alors une mesure énergique — et simple : il supprime l'abonnement. Les habitués obligés de prendre leur place au bureau, chaque soir, se consultent et décident de déserter le théâtre, ce qui n'était pas une privation étant donné les fortes chaleurs. Cette décision laisse Molin absolument indifférent; il s'obstine à jouer quand même, invitant gracieusement ses amis aux représentations qu'il donne trois fois par semaine, et pendant lesquelles il se prélasse lui-même aux premières places. Cependant, l'hiver venu, le public, privé de spectacles, se décide enfin à demander au directeur ce qu'il lui avait refusé d'abord, c'est-à-dire l'abonnement avec l'augmentation du prix. Mais

Molin le prend, à son tour, de très haut, disant qu'il était parfaitement heureux ainsi, qu'il faisait jouer la comédie pour lui seul, qu'il n'avait jamais tant apprécié le spectacle que depuis qu'il pouvait choisir ses places, et, qu'habitué à ces douceurs, il lui serait maintenant trop pénible de les perdre. Le public fut obligé de payer à la porte ; ce qui fit — nous dit le petit almanach cité plus haut — un gain de 8,000 florins que Molin emporta de Bruxelles, tandis que ses prédécesseurs s'y étaient ruinés......

A partir de ce moment, il est très difficile d'avoir des renseignements précis sur le répertoire, les artistes et les directeurs, jusqu'en 1725, époque à laquelle expire l'octroi de Bombarda. On sait qu'à certain moment l'opéra, qui avait été très en vogue, fut détrôné par la comédie et que Mme Dujardin se mit pendant quelque temps à la tête de l'exploitation.

LISTE DES OUVRAGES REPRÉSENTÉS JUSQU'À L'EXPIRATION DE L'OCTROI BOMBARDA.

1695. — 11 novembre, *Acis et Galathée*, de Lully, avec un prologue de P.-Ant. Fiocco ; — 25 novembre, *Amadis*, de Lully, avec un prologue de P.-Ant. Fiocco.
1696. — 8 novembre, *Bellérophon*, de Lully, avec un prologue de P.-Ant. Fiocco.
1697. — 31 décembre, *Thésée*, de Lully, avec un prologue de P.-Ant. Fiocco.
1700 — 23 novembre, *Atys*, de Lully.
1705. — 19 décembre, *Alceste*, de Lully.
1711. — 2 janvier, *Amadis de Grèce*, de Destouches.
1715. — 4 novembre, *Omphale*, de Destouches ; — 22 décembre, *Issé*, de Destouches.
1719. — 8 novembre, *Soirées d'été*, comédie de X...
1721. — 21 novembre, *Roland*, de Lully ; — 9 décembre, *Callirhoé*, de Destouches.
1722. — 6 novembre, Idylle composée et mise en musique par Romagnesi.
1723. — 10 décembre, *Ajax*, de Bertin.

BALLETS.

1698. — 5 décembre, *les Saisons*, opéra-ballet en 4 actes, de Lully et Colasse.
1703. — 19 décembre, en présence de la Cour, *Divertissement-Ballet*, musique de Brochet (Snoeck).

Octroi Meeus

(1725-43)

MEEUS père — 1725-30

(PERRUZI-LANDI)

E 20 mars 1725, Jean-Baptiste Meeus obtient la concession du Grand-Théâtre, aux mêmes conditions que Bombarda, vingt ans plus tôt.

Pendant la première année de cette exploitation, on signale une représentation du BOURGEOIS GENTILHOMME avec *tout son apparat*.

La distribution de *Pirithoüs* nous renseigne sur une partie importante du personnel :

Pirithoüs, Roi de Thessalie	MM. BEAUFORT.
Eurite, Roi des Centaures	MUSEUR.
Thésée	CRÉTÉ

On donna en 1726 : 14 mai, *Thétis et Pelée*, de Colasse ; — 13 août, *Iphigénie en Tauride*, de Campra ; — 3 septembre, *Pirithoüs*, de Mouret ; — 17 septembre, *Médée et Jason*, de Salomon ; — 4 octobre, *le Jugement de Pâris*, de Bertin ; — 5 novembre, *l'Europe galante*, de Campra ; — 14 novembre, *Armide* ; — 22 novembre, *Télégone*, de la Coste ; — puis, un opéra italien ; — une tragédie lyrique en 5 actes de Lamotte et Destouches : *Marthésie, première Reine des Amazones* ; — un ballet : *les Amours de Vénus*, joué d'origine à Bruxelles.

Hipodamie, Amante de Pirithoüs	Mlles Rousseau.
Hermilis, sœur d'Eurite, et fameuse Enchanteresse	du Jardin.
Acmène, Confident de Pirithoüs	MM. Delsart.
Le Grand Prêtre de Mars	Vidy.
Un songe	Mlles de Velois.
Une Bergère	St Germain.
La Discorde	MM. Fievet.
Un Centaure	Renaud.
L'Oracle	De Bret.

CHŒURS :

Mlles Fievet, De Camp, Choisi cadette, Ketel, Dandane, De Velois, Du Pré mère, Brochet.
MM. Vidy, Autro, Olivier, Renault, Van Halen, De Velois, Weynincx, Guette, Scouteten, Michault.

ACTEURS ET ACTRICES DE LA DANSE :
(Premiers sujets.)

Mlle Mimi Le Poste. — M. De Camp.
Mlles Robert, Pontrolland, Vilabelle, Florence, Choisi l'aînée, Du Pré fille.
MM. Bayre, Pery, Van Winckel, Tillier, Du Fresne, Partouche.

Le 29 avril 1727, nous voyons la représentation de *Orlando*, traduction du *Roland* de Lully, donnée par une troupe italienne sous la direction du sieur Perruzi (1). Cet impresario chantait lui-même et avait, dans sa troupe, sa femme Maria Perruzi, cantatrice célèbre.

C'est pendant son entreprise qu'eut lieu l'apparition d'un ouvrage indigène : la *Passion de N.-S. Jésus-Christ*, « tragédie sainte, ornée de musique et de tous ses spectacles, tirée des quatre évangélistes ». Cette pièce, dont l'auteur est un nommé Kraff, était du style des anciens mystères et certains personnages y parlaient en vers, d'autres en prose. Elle fut jugée d'une *édification si touchante* qu'on crut nécessaire de la rendre publique par l'impression.

La troupe de Perruzi fut complétée par Joachim Landi, qui s'adjoignit d'autres artistes de renom : *Pasi, Rosa Ungarelli, Antonia-Maria Ristorini*. Plus tard, il y en eut d'autres encore : *Giuseppe Galetti, Antonio Pasi, Girolama Valeschi Madonis, Giuseppe Rossi* (de Mantoue), *Andrea Galetti, Luigi Antinori* (de Bologne), *Giustina Eberard* (de Venise), *Allessandro Veroni* (de Bologne), *Margherita Staggi* (de Mantoue), *Anna Dotti* (de Bologne). Leur directeur s'appelait *Gio-Sebastiano Brillandi*.

Cette période du théâtre de Bruxelles fut exceptionnellement brillante, et le succès obtenu par la troupe italienne tel, que, sur

---

(1) On avait donné le 10 janvier de la même année *Philomèle*, de La Coste.

l'invitation du prince de Carignan, elle quitta Bruxelles et débuta avec éclat à l'Opéra de Paris.

Cependant Landi, n'ayant pas été heureux, dut quitter la ville pour échapper à ses créanciers. Il paraîtrait même qu'il fut arrêté et emprisonné à la Tour Emberg *(Treurenberg)*. Plus tard, voulant embrasser l'état ecclésiastique et ne possédant pas la pension nécessaire pour entrer dans les ordres, il s'adressa à l'archiduchesse Marie-Elisabeth, gouvernante des Pays-Bas, qui lui octroya une rente viagère de 250 florins.

MEEUS sœurs — 1730-43

1730-33 — DURARD — BRUSEAU DE LA ROCHE

1734 - FRANCISQUE MOLIN — 1735 - HUOT

1739 — RIBOU et PLANTE — RIBOU, FIERVILLE et DESCHAMPS

1743-45 — PLANTE et la demoiselle BELHOMME

Jean-Baptiste Meeus, malgré son privilège, n'avait pu se soutenir ; en juillet 1730, il fut saisi dans ses biens et remplacé par ses filles.

Le premier directeur qui se présente est un nommé Durard ; il occupe le théâtre jusqu'en 1731 et sa succession est prise par Bruseau de la Roche. Celui-ci y demeure deux années, subit la loi commune et termine sa gestion par une faillite. Il avait inauguré son règne par une pièce dont il était l'auteur : le *Jugement comique ou la revue des spectacles de Bruxelles*, vaudeville en un acte, en prose, « orné de musique et de danses ». Fievet, bisaïeul du bibliothécaire actuel de la Monnaie, en était le compositeur.

Cependant, la musique prit peu de place dans ces trois premières années du nouvel octroi, pendant lesquelles l'opéra fut délaissé pour la comédie et la tragédie.

Parmi les représentations qui se succédèrent jusqu'en 1730, citons :

1727. — *La Constanza combattuta in amore*, de Jean Porta ; — *Faramondo* ; — *Alba Cornelia*.

1728. — *Ernelinda* ; — *Archelao* ; — *Lucio Papirio* ; — *Griselda* ; — *La Merope*.

1729. — *Farnace*, d'Antonio Cartona ; — *Temistocle*.

1730. — *Armide* ; — *Alessandro Severo*, de Lotti ; — *Attale*

Le successeur de Bruseau de la Roche est Francisque Molin, probablement ce même Francisque qui comptait parmi les célébrités de la Foire Saint-Germain, où il jouait les *Arlequins*. En effet, Francisque obtint un énorme succès avec ces mêmes rôles, dans la troupe d'acteurs italiens qu'il avait amenés de Paris. Malgré cela, il ne reste qu'un an au Grand-Théâtre, reprend le chemin de la France et est remplacé par un certain Huot qui, à son tour, ne demeure qu'une année à Bruxelles et part avec ses comédiens pour la Hollande.

Jusqu'en 1739, il n'existe plus de documents établissant la reprise de la direction, mais il est certain qu'on donna la tragédie et la comédie, car on trouve les traces des représentations régulières dans les journaux de l'époque (1).

Pour la saison 1739-1740, Jacques Ribou et Plante prennent la direction de l'Opéra. Puis, de 1740 à 1742, Ribou reste seul, pour s'associer, l'année suivante, avec Pierre Fierville et Deschamps.

Pendant le cours de sa troisième année d'exploitation, Ribou fit faillite. Dans le dossier qui est relatif à la liquidation de ses dettes, se trouvent des documents excessivement curieux ; nous y avons rencontré, entre autres, l'inventaire des *parties d'opéra*, contenant : *Rolland*, *l'Europe galante*, *les Festes de Thalie*, *les Talens lyriques*, *Atis*, *les Festes grecques et romaines*, *les Amours des dieux* et *Philomeles* ; ces œuvres constituaient probablement la majeure partie du répertoire.

Mais la pièce la plus intéressante est celle qui nous fournit les

---

(1) 23 janvier 1736 : *Gryselide*, pièce italienne, mise en vers flamands par J.-F. Caunaert et enrichie de nouveaux chœurs par Charles-Joseph Van Helmont.

Nomenclature des pièces jouées de 1730 à 1733 :

Tragédies		Comédies
Hipermnestre	*Andromaque.*	*Le Nouveau monde.*
Rodogune	*Mithridate.*	*Le Festin de Pierre.*
Comte d'Essex.	*Athalie.*	*Timon le Misanthrope.*
Rhadamiste et Zénobie.	*Medée.*	*Le Philosophe marié.*
Geta.	*Les Horaces.*	*Esope à la Ville.*
Saül.	*Polyeucte.*	*Esope à la Cour.*
Phèdre.	*Andronie.*	*Le Glorieux.*
Amasis.	*Iphigénie.*	*L'Embarras des Richesses.*
Nicomède.	*Pirrhus.*	
Brutus.	*Alcibiade.*	
Britannicus.	*Absalon.*	

noms des comédiens avec le montant de leurs appointements respectifs. La voici :

Raymond	Fl. 2,400
Terodak	1,800
Barier	1,600
Plante	1,200
Prevost	1,050
Dartenay	900
Manneville	440
La demoiselle Bonnelle	400
Bonnelle	700
La Motte	800
La demoiselle Belhomme	800
La demoiselle Audigé	175
Mme Ribou	1,575
Ribou de Ricard	953 - 15^s

Dans cette nomenclature, nous voyons figurer le mot *Terodak*, qui n'est que l'anagramme de *Cadoret*, nom véritable de cet acteur. A son talent de comédien, il joignait celui d'auteur, et nous lui sommes redevables d'une pièce qu'il fit jouer d'origine au théâtre de Bruxelles : *les Fourberies d'Arlequin ou le double dénouement*, comédie en un acte.

Il paraîtrait que Terodak, après avoir quitté Bruxelles, lors de la faillite de Ribou de Ricard, se rendit à Paris, où il s'engagea dans la troupe de l'Opéra-Comique, à la foire Saint-Germain. Cet acteur possédait un tel talent d'imitation, qu'il parodiait d'une façon remarquable les acteurs de la Comédie-Française : dans le rôle du *Métromane*, l'illusion était si complète qu'on défendit aux acteurs de l'Opéra-Comique de dire le texte « parlé ». Mais les auteurs notèrent la déclamation, et cette fameuse scène rappelait tellement, comme inflexions, la voix des acteurs tragiques, que la ressemblance en devint parfaite. Aussi cette défense, loin d'entraver le succès de l'Opéra-Comique, y ajouta un élément de plus. Ceci se passait en 1744, année qui suivit le désastre de Ribou de Ricard.

On a remarqué, dans l'énumération ci-dessus, le sieur Plante et la demoiselle Belhomme; ce sont eux que l'on suppose avoir repris le Grand-Théâtre de Bruxelles, après la faillite du dernier directeur, en 1743.

Les différentes directions qui se succédèrent jusqu'à ce jour furent aussi malheureuses les unes que les autres ; aucune ne parvint à se maintenir longtemps.

Il en sera de même dans la suite, en dépit des subsides accordés aux directeurs. Il ne faut donc pas en vouloir aux *impresarii* de cette époque, qui n'avaient à leur disposition que des ressources personnelles.

Nous arrivons maintenant à une période qui, sans amener de meilleurs résultats pécuniaires, donna, du moins, plus d'éclat au Théâtre de la Monnaie.

Favart et le Maréchal de Saxe

(1745-49)

D'HANNETAIRE — LE CLAIR

EN 1745, la direction fut accordée à Jean-Nicolas Servandoni d'Hannetaire, qui venait d'Aix-la-Chapelle, avec une bonne troupe. La nouvelle exploitation durait à peine depuis quelques mois, lorsque les Français envahirent la Belgique. Après la bataille de Fontenoy, le maréchal de Saxe fit son entrée à Bruxelles, à la tête de son armée (28 janvier 1746). Il avait à sa suite une troupe de comédiens, sous la direction de Parmentier. Le premier soin du Maréchal fut d'ordonner la fermeture de la Monnaie, et le malheureux d'Hannetaire se trouva expulsé de son théâtre. S'étant rendu à Gand, pendant l'occupation de cette ville par les Français, il chercha à enrôler quelques acteurs de la troupe du Maréchal; celui-ci le fit enfermer, mais « sa femme était aimable et jolie, on le délivra » (1).

De Saxe, peu satisfait de ses comédiens et ayant appris la suppression de l'Opéra-Comique, à Paris, fit venir Favart, accom-

(1) Chevrier, *l'Observateur des Spectacles*.

pagné de sa troupe, qui se confondit bientôt avec celle de la Monnaie ; d'Hannetaire devint pensionnaire de son propre théâtre.

La direction des spectacles n'était pas une sinécure. Il s'agissait de suivre l'armée, d'installer à la hâte un théâtre et d'y donner des représentations, en quelque sorte improvisées. Favart sut s'attirer de suite les bonnes grâces de son maître, en composant devant le public des couplets qui chantaient la gloire de l'illustre guerrier. Il fut, en retour, comblé de largesses. Ces deux coqs vivaient donc en paix... La poule qui survint fut la femme de Favart. Celui-ci, pour donner plus d'éclat à ses représentations, lui fit quitter Paris, où elle jouait sous le nom de Mlle de Chantilly et obtenait des succès par son talent et sa beauté. Les charmes de Mme Favart touchèrent le Maréchal, qui en devint follement épris. La jolie comédienne résista d'abord, ce qui augmenta la passion du conquérant, plus heureux avec Mars qu'avec Vénus. Mais la chronique scandaleuse affirme qu'un jour la belle s'humanisa...

Toujours est-il que le pauvre Favart tomba en disgrâce et devint bientôt la victime de son bienfaiteur même. Mlle de Chantilly ayant quitté Bruxelles, les représentations perdirent leur principal attrait et aboutirent à un déficit considérable. Les demoiselles Meeus commencèrent des poursuites et le Maréchal de Saxe, rentrant en France, laissa le malheureux directeur aux prises avec ses créanciers et sur le point d'être emprisonné.

On trouverait, certes, le sujet d'un roman, tour à tour comique et poignant, dans les infortunes financières et conjugales du pâtissier-poète.

Liste des principaux artistes qui ont joué, sous la direction de Favart, au Théâtre de la Monnaie :

MM. d'Hannetaire.	Mlles de Chantilly (Mme Favart).
Durancy.	d'Hannetaire et ses deux filles.
Parent.	du Rancy.
Dreuillon.	Beaumenard dite Gogo
Dubois	Jacmont.
Bercaville	Bercaville.
Moly.	Fleury.
Lecluse.	Arnaud.
Desormes.	Verrière.
Rebours.	de Navarre.
Alexandre.	Bline.
Beaumont.	Auguste.
	La petite Evrard.

Le répertoire se composa surtout de pièces de Favart (1).

En 1747, on joua la *Répétition interrompue*, opéra-comique, dans lequel il existe une scène où le souffleur se prend de querelle avec l'acteur; l'officier général qui commandait en l'absence du Maréchal de Saxe, trouvant que le *scandale* était exagéré, finit par s'élancer de sa loge, appela la garde et fit conduire les deux champions au cachot, sans vouloir écouter leurs explications (2).

Nous donnons ci-contre deux pièces satyriques, tirées du *Recueil-Maurepas* (3), où l'on trouvera nos comédiennes en compagnie de « filles de joye ». Mlle Chantilly figure dans l'une avec le titre de Major-Général; l'autre a pour Généralissime la demoiselle de Navarre, qui était aussi favorite du Maréchal. Ces curieuses productions sont datées de juillet 1747.

Les Français quittant les Pays-Bas au commencement de l'année 1749, la ville allait se trouver sans spectacles, lorsqu'arrive Le Clair avec une troupe, et, pour l'entrée à Bruxelles du prince Charles de Lorraine, on donne, entre autres réjouissances, la représentation d'une pièce de circonstance : le *Retour de la paix dans les Pays-Bas*. Le Clair en avait écrit la musique sur le livret de Bruseau de la Roche. Puis, une autre production sur le même sujet : le *Retour désiré, divertissement pour la paix*, de Charles-Joseph Van Helmont.

La Compagnie de Le Clair, qui ne séjourna pas longtemps à Bruxelles, comprenait comme sujets principaux :

Les sieurs LE CLAIR le jeune.	Les demoiselles BOCARD LE CLAIR.
VILLENEUVE.	BOCARD LE CLAIR la jeune.
LE MOYNE.	ROLAND.
	VILLENEUVE

---

(1) On cite de lui : *Les Nymphes de Diane*, opéra-comique représenté d'origine à Bruxelles; *Cythère assiégée*, opéra-comique en un acte; *Acajou*. On donna aussi *Ragonde*, opéra-comique en 3 actes.
(2) Fournel, *Curiosités Théâtrales*.
(3) Bibliothèque Nationale de Paris.

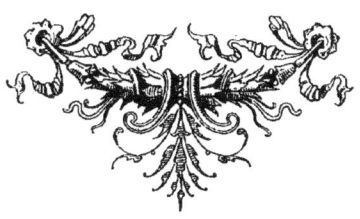

CORPS DÉTACHÉ

AUX ORDRES DE Mlle MORTAGNE.

1747
Juillet

Lieutenants-généraux	Mlles DE VILLENEUVE	⎧ Tanne.
	Mlles ESTHER	⎪ Bertonville.
Maréchaux de camp	Mlles PRÉVOST	⎨ Marigny.
		⎪ Comtesse.
		⎪ Megrigny.
		⎪ Macé.
		⎨ De Lonce.
		⎪ Butin.
		⎪ Seguin.
		⎩ La Haye.

	FAUNE	⎧ De Lisle.
	LE SAGE	⎪ Mevenot.
	LE GRAND	⎨ Duchesse.
		⎪ Normande.
Brigadiers		⎪ Ruelle.
		⎨ Le Blanc
		⎪ Chambery.
		⎩ Many.

	⎧ Du Breuil.
	⎪ Girardin
	⎪ Damin.
	⎨ Giroux.
	⎪ Coroline.
	⎪ Rousselle.
	⎪ Guimbelle.
	⎩ Beaufort.

	VILLIERS
	CARON
	VALLOIS

TROUPES DE RÉSERVE

AUX ORDRES DE Mlle FLORENCE.

⎧ Voisvre.
⎪ Pernon.
⎪ Sourdis.
⎪ Rivoiron.
⎪ Le Clerc.
⎨ Armand.
⎪ Pichard
⎪ Garnier.
⎪ Artaud.
⎪ Troguette.
⎪ St-Georges
⎪ Amée.
⎩ Raton.

TROUPES DE RENFORT

AUX ORDRES DE Mlle LA CROIX.

⎧ Madelonski.
⎪ Georgeski.
⎪ Elisabethski.
⎪ Miniski.
⎨ Marioneski.
⎪ De Lauriski.
⎪ Epontanski.
⎪ Fortuneski.
⎪ Augustini.
⎩ Plautini.

ÉTAT-MAJOR

Mademoiselle CHANTILLY, *Major général.*
Mlle VERRIÈRE aînée ⎫
Mlle LA COMBE, ⎬ *Aides-Majors.*

1747
—
JUILLET

ORDRE DE BATAILLE
DE L'ARMÉE FÉMININE EN FLANDRES

Noms des Filles de joye qu'on fit être à la suite de l'Armée du Roy en Flandres, appartenantes aux différents officiers, tant généraux qu'autres.

Mlle DE NAVARRE, Généralissime

Lieutenants-généraux	LA DROUILLON	
	JULIE	Félicité.
	CANDACHE	Julienne
Maréchaux de camp		Christine.
		L'Anglaise.
		Justine.
		Thérèse.
Brigadiers		Ursule.
		Marotte.
		Elizabeth.
		Catin.
		Cumberland

	LA BLINE	La Bretonne
	DAUCOURT	La Lionnaise.
	BLANSE	La Française.
	D'ARIMATE	La Riout.
	ARMAN	Marion.
	IRIS	Colette.
		Margueritte.
		Seurette.
		Suchon.
		Fanchon.

	DEUVERTENNE, FLEURY	
	COMMARTIN,	
	CARTIER.	

SECONDE LIGNE. — Mlle DE NEMON

	CORÉE	La Coutare.
	COMMARTIN	Catherine.
	LA BARONNE	Margot.
	LA VERRIÈRE	Perrette.
	LA COMBE	Mimi.
	LA CHATEAU	Jeannette.
		Flamande.
		Dorothée.
		Monique.
		Rose.
		Claudine.

Lieutenants-généraux	DÉSIRÉE	Lisette.
	CÉRÉ	Suzanne.
	MASSONNEAUX	Bassette.
Maréchaux de camp		Louise.
		Augustine.
		Nicolle.
Brigadiers		Angélique.
		La Ressource.

		Toinon
		Simonne.
		Gertrude
		Scholastique.
		Madelaine.
		Nanette.
		Iris
		Constance.

RÉSERVE. — Mlle AUGUSTE.

	LA VALETTE
	RECLUZE

Maréchaux de camp	Claudinette.
	Lauze.
	Ferette.
	La Tourelle
	Légère.
	Vandine.
	Animoine.
	Blize.

	LESCLUZE	Tonton.
	AUDERNE.	Fuvianne
	VEVERE.	Barberine.
	JACQUEMON	Rosalie.
	EXAUDE	Geneviève.
	ROUAS	Guillemette.
		Adier.
		Caille.

FLOQUON	Auguste La Cat
	La Rieuse.
	La Riemenie.
	Rivelle.
	La Cendrée.
	Frant.
	Verde
	La Rousse.

PARC D'ARTILLERIE.

Cent mille pièces de canons et le double de bombes.

Octroi d'Arenberg - Dursel - Deynse

(1749-63)

GROSA - HUS frères - M' et Mme DURANCY - GOURVILLE
D'HANNETAIRE

LE 21 juin 1749, un octroi est accordé à trois seigneurs bruxellois : le duc d'Arenberg, le duc d'Ursel et le marquis Deynse. Ils font venir une troupe d'opéra italien, dirigée par Grosa, et dont faisait partie le célèbre bouffon Lasky. La compagnie fait à Bruxelles deux mois de séjour, puis retourne à Londres, où elle avait eu beaucoup de succès.

La troupe des frères Hus, de Rouen, arrive ensuite, débute en novembre, se disperse à la fin de l'hiver 1750 et est remplacée par différents sujets, sous la direction des trois mêmes seigneurs.

Cet état de choses dure trois ans, après lesquels le théâtre se trouve entre les mains de M. et Mme Durancy, qui ne l'exploitent que dix mois, mais qui marquent brillamment leur passage. Les représentations avaient lieu les dimanche, mardi, jeudi et quelquefois le samedi ; les autres jours étaient consacrés aux opéras-comiques italiens ou aux concerts, dont l'innovation date de ce moment.

ÉTAT DES COMÉDIENS :

Noms des actrices.

Mesdemoiselles

DURANCY, Directrice, les rôles de caractères.
GOURVILLE, } Premier rôle.
DESTRELLE,   }
LEONICE, Reine.
LE BRUN,   } Seconde et troisième amoureuses.
DESCHAMPS,   }
LA CHAUSSÉE, Seconds rôles de caractère et première confidente.
D'HAINETAIRE (sic), Première soubrette.
AGATHINE, Seconde soubrette.
SOPHIE (Lothaire), Confidente et rôles rompus.
ROSALIDE, Rôle de jeune fille.
CELESTE DURANCY,   } Rôle d'enfans.
EUGENIE D'HAINETAIRE, }

Noms des acteurs.

Messieurs,

DURANCY, Directeur et premier comique.
GOURVILLE, premier rôle en chef.
DERIGNI, second rôle en chef.
DUBOIS, Rois, raisonneurs et pères nobles.
D'HAINETAIRE, Rôles à manteaux, Crispins et grands troisièmes rôles.
VILLENEUVE, Financiers, paysans et confidents.
DUFRESNE, Troisièmes amoureux et confidents.
BABRON, Arlequin, seconds comiques et confidents.
JULIEN, les rôles de niais et confidents.
D'ARGENS, Chantant la basse-taille, et jouant la comédie.

PERSONNAGES DANSANS DANS LES BALLETS.

Maîtres de ballet.

Messieurs

LA COMME, premier danseur et maître des ballets en chef.
LA MAIRE, } Danseurs seuls, et maîtres de ballets en second.
JULIEN,   }

Danseuses seules.

Mesdemoiselles

CHATEAUNEUF, } Premières danseuses.
GOURVILLE,   }
GREGOIRE, dansant seule.

ORCHESTRE.

M. DE LANGELLERY, maître de musique.

Le répertoire comprend les comédies de Molière, Regnard, Dancourt, Marivaux, Racine, Corneille. L'opéra-comique fut quelque peu négligé (1). On donna un spectacle *gratis* pour l'anniversaire

---

(1) On ne désigne guère que : *Le Poirier*, 1 acte de Saint-Amans ; *Les Troqueurs*, 1 acte de Dauvergne ; *Les amours de Bastien et Bastienne*, parodie du *Devin du Village*, par Mme Favart et M. Harny. Les rôles d'hommes étaient tenus par Mlles Dustrel et Durancy, celui de Bastienne par M. Durancy.

de la naissance de Charles de Lorraine. Il se composait de la *Ceinture magique*, le *Bal bourgeois*, l'*Entrée gratis*.

En 1754, d'Hannetaire, qui avait débuté avec éclat à la Comédie-Française, est rappelé à Bruxelles, à la grande joie du public, et reprend la direction du théâtre, auquel il donne une nouvelle impulsion.

Servandoni d'Hannetaire était un descendant de Servandoni, fameux peintre de Louis XIV, le même qui avait décoré l'Opéra de Bruxelles. Il se destinait d'abord à l'état ecclésiastique et avait reçu une brillante éducation, ce qui lui permit de se placer au premier rang, lorsqu'il embrassa la carrière dramatique. Il publia plusieurs écrits, possédait 80,000 livres de rente, fortune considérable pour l'époque, se laissait volontiers décorer du titre de *Monsieur le baron*, ou de *Monseigneur*, et recevait le Prince de Ligne et la société d'élite dans son salon, dont les honneurs étaient faits par ses filles et une prétendue nièce : Eugénie, Angélique et Rosalide, appelées à Bruxelles les *Trois Grâces*. Ces aimables demoiselles devinrent célèbres, grâce surtout à leurs exploits amoureux ; on affirme qu'un haut personnage avait plus que de l'amitié pour l'une et que l'heureux Sigisbée de l'autre fut, plus tard, le comédien Dazincourt, qui se consola avec elle des faveurs perdues de la maîtresse en titre de Richelieu ; elles eurent, au reste, bien d'autres aventures, s'il faut en croire certains écrits de l'époque.

A la mort de leur père, en 1780, les deux sœurs disparurent. On ignorait ce qu'elles étaient devenues, lorsque dans ces derniers temps, on apprit qu'elles avaient fini leurs jours en France, l'une en 1806, l'autre en 1822. Eugénie avait demandé le divorce contre son mari, le comédien Larive ; Angélique, mieux partagée, avait hérité d'une fortune considérable que le père de ses deux filles,

---

Le répertoire de cette période est composé surtout de comédies et tragédies. On cite comme opéras-comiques :

1754. — *Il était temps* ou l'*Ecuyer téméraire*, 1 acte.

1755. — *Le Maître de Musique*, 2 actes ; — *le Trompeur trompé*, 1 acte de Vadé ; — *la Servante maîtresse*, de Pergolèse.

1756. — *Ninette à la Cour* ou le *Caprice amoureux*, 3 actes de Favart et Saint-Amans ; — *les Chinois*, parodie *del Binese ;* — *les Amants trompés*, 3 actes de Marcouville ; — *le Triomphe de la Musique italienne*, prologue écrit pour présenter la troupe au public et qu'on joua le jour de l'ouverture de la saison 1756.

ARMOIRIES
QUE S'ÉTAIT ATTRIBUÉES D'HANNETAIRE.

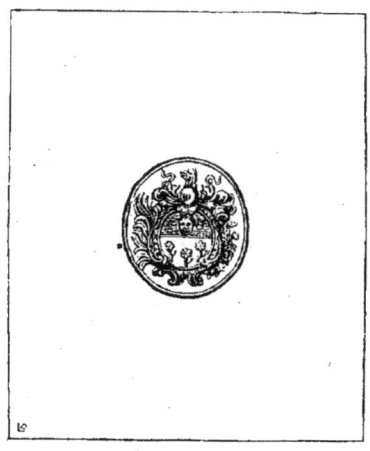

Au chef d'azur chargé d'un masque d'Or ou d'Argent en abîme, trois fleurs sans émaux indiqués au champ également non indiqué. — L'Écusson est sommé d'un heaume liseré, surmonté d'une tête d'animal.

SIGNATURES DE D'HANNETAIRE ET DES « TROIS GRACES »

le vicomte des Androuin, lui laissa. Pendant longtemps le monde parisien a conservé le souvenir des deux charmantes femmes.

D'Hannetaire dirigea l'opéra pendant trois ans, s'associa ensuite avec un de ses acteurs, Gourville, pour une quatrième année, après laquelle celui-ci resta seul.

Gourville est donc à la tête du Grand-Théâtre, en 1759; il y demeure jusqu'à l'expiration de son contrat, — 1763.

L'*Observateur des Spectacles* va nous donner, sous la signature de Chevrier, la liste des artistes et leur physionomie :

Le sieur *Gourville*, directeur, il a quitté la *Nonancour* et vit actuellement avec la demoiselle *Dalilo*.....

Dubois joüe les rois et les pères, toujours mauvais, mais toujours applaudi par les sots.

Neuville, les seconds amoureux dans les deux genres, vos feuilles l'ont fait connaître assés, sans que j'aille charger le tableau.

D'Hannetaire, les rôles à manteau et quelques financiers.

Des Marets, vous avés prédit dans le Gazetin qu'il acquereroit des talens, et vous avés eû raison, il joüe des peres nobles et quelques autres rôles avec vérité.

Monfleuri, double *Neuville*, vaut moins que lui, quoiqu'il ait la manie de faire de l'esprit.

Durancy, les comiques en chefs, excellent acteur et d'un caractère honnête.

Caron double *Durancy*, c'est l'ombre au tableau ; il est on ne peut pas plus foible.

MESDEMOISELLES,

Dalilo, premier rôle, elle n'est pas sans talent, mais elle est trop *déclamatrice*, pour ne pas dire *chanteuse*.

Rosalie..... Je m'arrête, personne ne sachant mieux cette histoire que vous.

Valcour, les secondes amoureuses à la glace, continüe toujours de se monter sur le ton de la virginité dont elle n'a pas cependant la tendre pâleur.

Sophie, joue indifféremment toutes sortes de rôles, elle partage par économie, le lit du sieur *Durancy*.

Rang, les rôles de caractère.

Elle ne m'aigrit (sic) point de l'embonpoint d'autrui.

Eugénie d'Hannetaire, joue les soubrettes en chef ; malgré tout le mal que vous avés pû en dire avec raison, elle auroit mérité hier vos éloges, si vous l'aviés vû représenter la Dorine du *Tartuffe*.

Nonnancourt, veuve du directeur : les secondes soubrettes ; le public continue à la détester, elle entretient modestement et avec tempérance un *Chevalier François*, à qui elle vient de donner une de ses robes pour servir de doublure à un habit d'été.

Malgré cet illustre favori, le sieur *Desmarets* voit cette actrice avec des yeux sacramentaux, et on prévoit que les nœuds de l'himen si souvent salis par les amours clandestins de la comédie, vont lier ces deux cœurs ; le beau coup de filet ?

PARTIE DU CHANT.

Les sieurs :

Godard, belle voix, vous l'avés dit, mais vous avés oublié d'ajouter qu'il étoit gauche au théâtre, et que droit à la ville, il n'étoit supportable, que lorsqu'il faisoit le Devin au village ;

3

vous n'avés pas dit non plus qu'il avoit joüé de la guitare, qu'il a été hué, et que pour se vanger du public, il a dit qu'il faisoit froid au parterre ; le thermomètre étoit cependant ce jour-là, au soixante-unième degré.

Chatillon, joli sujet, mais il faudroit qu'il vécut en Turquie où la prudence du prophète a deffendu cette liqueur traitresse qu'on vend si cher à Bruxelles, une marchande d'eau chaude qui demeure sur le Gré (Gracht, Fossés-aux-Loups), l'enchaîne au grand et notable préjudice de la belle *chrétienne*, qui est toujours ferue pour lui.

Mademoiselle *Lucile*, dont vous avés déjà parlé, passe sa vie à disputer la préséance des rôles à la demoiselle *Nonancour*, le spectacle devient languissant par ses tristes querelles.

Partie de la danse

Les sieurs :

Felicini, premier danseur, excellent corégraphe et pantomime admirable.

La Rivière, premier danseur, il a 4,000 livres d'appointements, il gagneroit son argent, s'il se bornoit à la danse, mais il a la fureur de faire des Ballets auxquels le public n'entend rien.

Hus, premier danseur dans le genre sérieux, il fait bien de composer des programes pour les Ballets qu'il donne, c'est un *Fiat lux* très-nécessaire aux spectateurs.

Figurans.

Jourdain, Vanderlin, Correti, Caron, Rang, Verdier, Delfir, Corrang, Michûe.

Mesdemoiselles :

Victoire, fille de la demoiselle *Agathine*, sœur du sieur *D'Hannetaire* et nés tous deux des œuvres galantes du fameux *Servandoni;* danse très-joliment dans le sérieux où elle occupe le premier rang.

Grenier, première danseuse, elle a la manie du sérieux qui n'est pas son genre, nos dames qui portent l'austérité de la décence jusques dans leurs coups d'œil lui ont fait dire en dernier lieu qu'elle ouvroit trop ses jambes en dansant, mais la demoiselle *Grenier* a répondù que *dansant uniquement pour les hommes, elle n'avoit point de conseil à prendre des femmes*, la réponse a fait rire, et les rieurs ont été de son côté.

Eugénie, mise, je ne sais trop pourquoy, au rang des premières danseuses.

Figurantes.

Mesdemoiselles :

Bibi, maîtresse du sieur *Hus*, cette danseuse qui fait des pas et des enfans est accouchée en dernier lieu : la belle Chrétienne et le comte de *** ont nommé l'enfant de l'amour, c'étoit un spectacle bien majestueux de voir une fille publique conduite à l'autel par un Cordon bleu, mais que ne fait-on pas pour la religion ?

Des Cœurs, se trainant toujours au char brisé du petit *Neuville*.

La belle Chrétienne, (nous venons de la faire connaître).

Nogrand, paysanne lionnoise, ci-devant balayeuse de l'Opéra-Comique, à Paris; intriguante adroite elle arrangeoit tous les soupés de six francs ; depuis la translation de ce spectacle au Théâtre Italien, elle s'est rendüe dans les Pays-Bas où elle a trouvé un homme de nom qui en prend un charitable soin, la princesse n'en est pas moins infidèle, quoiqu'elle soutienne que sa grossesse soit un garant certain de son unique attachement à son tendre amant.

L'oracle a cependant été consulté pour savoir qui a fait cette mauvaise plaisanterie à la demoiselle *Nogrand*, mais la crainte de compromettre quantité d'innocens, l'a empêché de

s'expliquer sur une parenté aussi équivoque ; s'il est important que vous sachiez que la demoiselle *Nogrand* ne sait ni lire ni écrire, je vous garantis ce fait.
Valcour, Catherine, Emilie, Vanderberg, Duront.
Ces quatre dernières sont des savantes parvenües par leur honnêteté.
Et pour ne rien vous omettre, je finirai par le *souffleur* nommé *Jeannot.*

Voilà qui pourrait rendre quelque peu philosophes les comédiens de nos jours et consoler ceux qui se plaignent des rigueurs de la presse contemporaine. Ce n'est pas, du reste, la première fois que des pamphlets relatent le « manque de pudeur et de moralité » parmi les artistes et plus particulièrement chez les femmes. Mais, au théâtre, celles-ci se rachetaient, paraît-il, par le soin qu'elles mettaient dans la composition de leurs rôles, et on conte que Rosalide, accompagnée de d'Hannetaire, fit, tout exprès, un voyage à Paris pour entendre Clairon dans *Zelmire*, qu'elle devait jouer elle-même à Bruxelles. C'était un témoignage éclatant de son amour pour l'art, à une époque où le voyage était autrement rigoureux que depuis l'innovation des chemins de fer.

A cette époque, un évènement douloureux vint attrister les comédiens et le public : Mme d'Hannetaire, née Marguerite Huet, mourut à l'âge de 33 ans, le 30 janvier 1761, en pleine possession de son talent, laissant des regrets unanimes.

A Pâques 1763, Gourville abandonna la direction du théâtre, dont il avait su élever grandement le niveau artistique, et partit à la tête d'une troupe nomade.

En 1792, il jouait à Nantes les rôles de financiers, dans lesquels il était très apprécié. L'effervescence révolutionnaire était alors à son paroxysme et Gourville avait été nommé capitaine des grenadiers. Ayant appris qu'il se tramait un complot dans le but d'égorger 400 prêtres enfermés dans un château, il obtint, par un subterfuge, le commandement de la compagnie chargée de surveiller les détenus. Là, pendant plusieurs heures, il tint tête à la foule, recevant injures et horions, mais sauva les prêtres qu'il fit embarquer et qu'il ne quitta qu'après les avoir mis hors de danger. Le soir, les applaudis-

---

Voici les principales pièces que Gourville a fait représenter :
1759. — *Les Aveux Indiscrets*, 1 acte de Montigny ; — *le Déguisement Pastoral*, de Bret et Van Malder.
1760. — *L'Impromptu du Cœur*, ballet donné à l'occasion du mariage de l'archiduc Joseph ; — *Blaise le Savetier*, 1 acte de Philidor.
1761. — *L'Hypocondre ou la Femme qui ne parle point*, comédie de J.-B. Rousseau.

sements avec lesquels on avait l'habitude de l'accueillir, furent couverts par les sifflets....

A quelque parti que l'on appartienne, on ne peut s'empêcher d'admirer un pareil trait de courage et d'humanité — et le récit de cette anecdote, terminant dignement l'histoire de Gourville, montre qu'il était non seulement un artiste de talent, mais encore un homme de cœur.

1761. — 7 janvier, *la Fille mal gardée*, opéra-bouffon, de Duni ; — 29 janvier, *le Maître en droit*, de Montigny ; — 7 février, *les Troqueurs*, de Dauvergne ; — 13 mai, *le Soldat Magicien*, de Philidor ; — 9 juin, *les Ensorcelés ou Jeannot et Jeannette*, de Harni ; — 27 septembre, *le Peintre amoureux de son modèle*, de Duni ; — 27 septembre, *Gilles, garçon peintre, z'amoureux et rival*, de de Laborde ; — 25 octobre, *Arlequin en deuil de lui-même* ; — 25 octobre, *la Fausse esclave*, opéra-comique ; *les Caprices de Galathée*, ballet ; — 4 novembre, *l'Éloge de la vertu ou le tribut des cœurs*, pièce écrite pour le prince Charles de Lorraine qui assistait à la représentation et dont les paroles étaient de Compain Despierrières et la musique de Vitzthumb ; — 16 décembre, *la Fête de l'amour*, 1 acte.

1762. — 16 janvier, *le Diable à quatre*, 4 actes, de Philidor ; — 14 février, *l'Ile des fous*, 2 actes, de Montigny ; — 25 février, *On ne s'avise jamais de tout*, 1 acte, de Montigny.

Octroi Guillaume Charliers

(1763-66)

GUILLAUME Charliers de Borghravenbroeck, surintendant du Canal, obtient une concession de six ans, s'adjoint Gamon et le musicien Van Malder et se rend acquéreur de la propriété des demoiselles Meeus.

Cette nouvelle période offre plusieurs innovations importantes. D'abord, le principe des *subventions* : en effet, l'octroi dit qu'on payera à Charliers la location du théâtre; mais, en même temps qu'on accordait cette faveur, on imposait des règlements pour la discipline du théâtre. C'est la première apparition du *cahier des charges*.

Les directeurs eux-mêmes imaginèrent, — pour leur service intérieur, — un règlement, qui a sans doute donné naissance au *tableau des amendes* actuel.

Il parut encore un décret interdisant, d'après la requête de l'archevêque de Malines, l'exhibition des enfants sur la scène « afin d'arrêter un pareil penchant dans d'aussi jeunes gens et prévenir qu'un pareil exemple ne les entraîne ».

Les directeurs avaient obtenu la permission du *jeu de Pharaon*, mais les abus qu'il provoqua en firent décréter la suppression.

Le prince Charles de Lorraine, à peine remis d'une maladie grave, assiste à une représentation de la *Partie de chasse de Henri IV*, et au moment où l'un des personnages dit : « *C'est lorsqu'un prince est bien malade, qu'on peut connaître jusqu'à quel point il est aimé de ses sujets,* » la salle entière se lève et lui fait une ovation spontanée.

Sur la gestion des trois associés, on ne peut fournir de longs renseignements ; on sait qu'ils donnèrent beaucoup de relief à leurs représentations, dont les frais, les entraînant à un déficit considérable, les forcèrent à abandonner l'octroi trois ans avant son expiration, — c'est-à-dire en 1766.

C'est à ce moment-là que le théâtre fut appelé officiellement GRAND OPÉRA ou GRAND THÉATRE DE LA MONNAIE, et que la compagnie porta le titre de : *Comédiens ordinaires de Son Altesse Royale le Prince Charles de Lorraine.*

1763. — 10 février, *la Bagarre*, opéra-comique en 1 acte de Van Maldere.
1766. — 29 avril, *les Ananées ou Fêtes de Bacchus en l'honneur d'Ariane*, ballet de St-Léger ; — 7 mai, *Isabelle et Gertrude*, de Blaise ; — 19 mai, *la Rencontre imprévue*, de Gluck ; — 26 juillet, *Tom Jones*, opéra en 3 actes, de Philidor ; — 15 octobre, *le Couronnement de Roxelane*, ballet, de Saint-Léger ; — 4 novembre, *le Soldat par amour*, opéra-bouffe en 2 actes, de Vitzthumb ; paroles de François Bastide qui fit représenter une comédie en 5 actes en vers : *Gezoncourt et Clémentine;* — 12 décembre, *la Fée Ursule ou ce qui plaît aux dames*, opéra en 4 actes de Duni, paroles de Favart.

Les Comédiens Ordinaires

DE S. A. R. LE PRINCE CHARLES DE LORRAINE.

Gestion des Sociétaires.

(1767-71)

DAZINCOURT

APRÈS la retraite des trois directeurs, la ville étant exposée à se trouver sans spectacles, les comédiens se réunissent et décident d'imiter le mode d'association en usage à la Comédie-Française et de reprendre en commun l'exploitation du théâtre.

OCTROI du 25 juillet 1766.
De Sa Majesté impériale, royale et apostolique, pour la
continuation du spectacle à Bruxelles.

MARIE-THÉRÈSE, par la grâce de Dieu, impératrice douairière des Romains, reine d'Allemagne, de Hongrie, de Bohême, etc.; archiduchesse d'Autriche, duchesse de Bourgogne, de Lothier, de Brabant, de Limbourg, de Luxembourg, de Gueldre, etc.; princesse de

Souabe et de Transilvanie; marquise du Saint-Empire-Romain, etc.; comtesse de Habsbourg, de Flandres, de Hainaut, de Namur, etc.; landgrave d'Alsace, dame de Malines, etc.; duchesse de Lorraine et de Bar; grande duchesse de Toscane. A tous ceux qui ces présentes verront. SALUT : Nous avons reçu l'humble supplication et requête de N. D'Hannetaire, tant pour lui que pour ses deux filles, *Eugénie* et *Angélique*, ainsi que pour *Rosalide, Compain-Despierrières, Prevost, Le Petit, Dubois, Durancy, de Rosely, Sophie l'Hotaire, Granier femme, de Foye, Jerville* et *Grégoire*, acteurs et actrices de la troupe des comédiens ordinaires du sérénissime duc CHARLES DE LORRAINE et de BAR, Notre lieutenant, gouverneur et capitaine-général des Pays-Bas, contenant, qu'étant instruits de l'intention où étoient les directeurs actuels des spectacles, de quitter leur direction, ils Nous supplioient très-humblement, de vouloir bien accorder le privilège exclusif des Spectacles de cette ville de Bruxelles, et de leur faire expédier en conséquence l'octroi requis et nécessaire. Nous, inclinant favorablement à la très humble demande des supplians, leur avons, de l'avis de nos très-chers et féaux, les chef et président et gens de Notre conseil privé, et à la délibération dudit sérénissime DUC, Notre lieutenant, gouverneur et capitaine-général des Pays-Bas, accordé et octroyé, accordons et octroyons, la permission exclusive de former, sous NOTRE-PROTECTION, une troupe de comédiens, pour faire représenter en cette ville de Bruxelles, toutes sortes de spectacles, pendant le terme de vingt années consécutives (et à renouveler à l'expiration de ce terme) à compter du jour que finira la direction annuelle ; laquelle troupe continuera à porter le nom de *Comédiens ordinaires de S. A. R.* comme étant destiné à ses plaisirs et à ses amusements.

. . . .

Signé avec paraphe NE-SR

Par l'impératrice douairière *et* Reine *en son conseil*

(Signé) DE REUL.

La société, fondée à base de 15 parts, était administrée par les artistes qui remplissaient, à tour de rôle, l'emploi de semainier.

On débuta le 20 avril 1767. A cette occasion, d'Hannetaire prononça un discours dont le « haut goût » fut très apprécié et qui servit à présenter la nouvelle compagnie au public.

Par suite de deuils à la Cour, le théâtre fut fermé du 2 au 30 juin, puis du 24 octobre au 5 novembre.

On profita de ce dernier intervalle pour ajouter à la salle un amphithéâtre — nommé aujourd'hui *galerie* ou *balcon*.

Pendant une grande partie de l'année, le théâtre était occupé — les jours de relâche — par des spectacles étrangers de différents genres. Les comédiens flamands de la ville de Bruxelles y donnaient des tragédies et des comédies traduites en leur langue. Une troupe de chanteurs, venant de Bruges — sous la direction des sieurs et dames Neyts — y joua les opéras-bouffons traduits en flamand.

Le Spectacle Français à Bruxelles donne la nomenclature importante des sociétaires de la Monnaie; la voici, *in extenso :*

ÉTAT
DES COMÉDIENS ORDINAIRES
DE
SON ALTESSE ROYALE
Établis à Bruxelles en vertu de l'octroi signé le 30 juin 1766, suivant leur rang d'ancienneté.

Acteurs à part.

D'HANNETAIRE,

a débuté pour la première fois à Bruxelles en 1745 par le rôle du *Comte d'Essex*, et a continué d'y remplir les premiers rôles tragiques jusqu'en 1746. Depuis s'étant borné au seul comique, il a tenu longtemps l'emploi des rôles à manteau et de Financiers, auquel il joignit l'emploi de Poisson. Il a chanté aussi les rôles de basse-taille dans les commencements de l'Opéra-Bouffon ; actuellement il s'en tient aux seuls Financiers, et rôles à manteau caractérisés. Il a . . . . *Part entière.*

DUBOIS,

a débuté en l'année 1745 par le rôle de *Tartufe*. Il joue présentement les rôles des Rois et de Pères-Nobles. Il a. . . . . *Part entière.*

DURANCY,

a débuté en l'année 1746. Il était de la troupe du Maréchal de Saxe. Il chantait alors les rôles d'Amoureux dans l'Opéra-Comique ; depuis il a changé d'emploi. Il joue maintenant les rôles de Valets et chante dans l'Opéra-Bouffon. Il a . . . . *Part entière.*

COMPAIN DES PIERRIÈRES,

a débuté l'année 1757 par le rôle du Prince dans *Ninette à la Cour*. Il a longtemps chanté les rôles d'Amoureux dans les Opéras Sérieux Comiques et Bouffons. Il a changé d'emploi et joue présentement les rôles de Paysans, chante les mêmes rôles et autres de basse-taille dans l'Opéra-Bouffon. Il a . . . . *Part entière.*

JERVILLE,

a débuté l'année 1758 par le rôle de *Crispin* des *Folies amoureuses*. Il continue de jouer les mêmes rôles et autres de caricature, ainsi que les Arlequins. Il a . . . . *Part entière.*

PRÉVOST,

a débuté l'année 1763 par le *Jaloux désabusé*, il a continué son début par le rôle de Gengiskan dans l'*Orphelin de la Chine*. Il joue toujours les forts premiers rôles, tant dans la tragédie que dans la comédie. Il a . . . . *Part entière.*

GRÉGOIRE,

a débuté l'an 1763 par le rôle d'*Hortensius* dans la *Surprise de l'amour*, il joue des rôles à manteau, des confidents et autres rôles de différents caractères. Il a . . . *Part entière.*

LE PETIT,

a débuté l'année 1764 par *Colin* dans le *Devin du village*. Il joue des rôles d'amoureux et chante les mêmes rôles dans les Opéras-Bouffons. Il a . . . . *Part entière.*

D'ROZELY,

a débuté l'année 1765 par le rôle du *Menteur* et celui de *Desronnais*. Il continue de jouer les premiers rôles d'amoureux Il a . . . . *Part entière*.

Acteurs à pension.

MAINVILLE,

joue des seconds rôles dans la Tragédie, les amoureux dans la Comédie et chante les mêmes rôles dans l'Opéra-Bouffon.

LOUIS,

joue les grands confidents et des rôles de rois dans la Tragédie, des raisonneurs et des pères dans la Comédie.

CHATILLON,

chante dans l'Opéra-Bouffon, des rôles de paysans et autres de différents caractères ; il joue des confidents dans la Tragédie.

LISIS,

joue et chante des rôles accessoires.

Actrices à part.

Mesdames et Demoiselles :

ROSALIDE,

parente et élève du sieur D'Hannetaire, a commencé dès l'enfance à jouer des petits rôles sur ce théâtre où elle remplit actuellement les forts premiers rôles, tant dans le tragique que dans le comique. Elle a . . . . *Part entière*.

D'HANNETAIRE (Eugénie).

née à Bruxelles, a succédé à sa mère dans les rôles de soubrette qu'elle tient en chef. Elle a. . . . . *Part entière*.

SOPHIE (Lothaire),

a débuté l'année 1754 par le rôle de *Fatime* dans *Zaïre*. Elle continue de jouer les grandes confidentes dans la Tragédie et les soubrettes dans la Comédie. Elle a . . . *Demi-part*.

D'HANNETAIRE (Angélique),

a commencé dès l'enfance à représenter sur ce théâtre. Elle joue les rôles d'amoureuses et chante ceux de duègnes dans les Opéras-Bouffons. Elle a . . . . . . *Part entière*.

GRANIER,

danse les premières entrées ; elle a débuté l'année 1762. Elle a . . . . . *Part entière*.

DEFOY,

a débuté l'année 1766 par la *Servante Maîtresse ;* elle continue de chanter les premiers rôles d'amoureuses dans l'Opéra-Bouffon. Elle a . . . . *Part entière*.

Actrices à pension.

Mesdames et Demoiselles :

MARCHAINVILLE,

joue les confidentes dans la Tragédie et les rôles de mères et de caractère dans la Comédie.

BORDIER,
chante les rôles d'amoureuses dans l'Opéra-Bouffon.

M. JANNOT, souffleur.

M. BERCAVILLE, inspecteur, est nommé des acteurs à part, pour régir en leurs noms, veiller à leurs intérêts, au bon ordre et au service du spectacle.

ÉTAT DE LA DANSE.

M. ST-LÉGER, maître des ballets et premier danseur.
Mme GRANIER, première danseuse.

Figurants.

Messieurs :
VINCENT, danse les secondes entrées. — LISIS. — JOUARDIN. — L'ORANGE. — VANDERLINDE. — VAUTIER. — NORMAND. — LAURE.

Figurantes.

Mesdames et Demoiselles :
COMPAIN. — LASIS. — JAMES. — VERNEUILLE. — DURANCY. — MASSEIN. — ARTUS. — NOGENTOLLE.

ORCHESTRE.
L'orchestre est composé de 28 à 30 musiciens.
M. GRANIER, maître de musique.

La troupe avait été composée avec soin et, si nous ajoutons que les écrits de l'époque mentionnent la richesse et l'exactitude des costumes et des décors, on verra que le Théâtre de Bruxelles pouvait être apprécié déjà comme l'un des premiers et des plus considérables de l'Europe.

Les tragédies et comédies furent tirées du répertoire classique. Quant aux autres pièces, en voici la nomenclature :
Le Tonnelier, opéra-comique en 1 acte, d'Audinot; — *la Fête chinoise*, grand ballet héroïque, de St-Léger; — *le Ballet turc*, de d'Aigueville; — *les Iroquois*, ballet de St-Léger; — *le Petit Maître en Province*, opéra-comique en 1 acte, d'Alexandre ; — *la Pantomime du Marché-aux-Herbes*, ballet, de St-Léger ; — *les Peintres*, ballet, de St-Léger ; — *les Pêcheurs*, opéra-comique en 1 acte, de Gossec ; — *Ballet des Chasseurs*, de St-Léger ; — *la Nouvelle Annette*, opéra-bouffe en 1 acte. (Cette pièce, considérée comme trop légère et d'un style trop libre, ne fut donnée qu'une fois) ; — *Nanette et Lucas*, opéra-comique en 1 acte, du chevalier d'Herbain ; — *Arlequin fait magicien*, ballet, de St-Léger.
Pour compléter cette liste, donnons le catalogue des opéras qui composaient le répertoire

Outre le règlement élaboré par les sociétaires pour leur service intérieur, le Gouvernement nomma un commissaire chargé de veiller au service du spectacle, Charliers de Borghravenbroeck, l'ancien directeur.

Cette première année d'exploitation fut très brillante; les comédiens associés étaient pleins d'ardeur, l'accord régnait et le répertoire se ressentit de ces heureuses dispositions.

En 1768, la troupe subit quelques changements : Jerville n'en fit plus partie; les acteurs à pension, sauf Louis et Lisis, furent remplacés par Belnos, du Feuille et d'Aubercourt; les actrices à pension par les demoiselles d'Aubercourt, de Rufosse, Durancy.

Mais bientôt la discorde surgit dans la compagnie : d'Hannetaire, fort de sa situation, de son ancienneté, de ses succès, de sa fortune, voulait commander en maître, s'accaparant les beaux rôles et maintenant ses filles dans les premiers emplois, quoique le mince talent de ces demoiselles eût dû les reléguer au second plan; les comédiens, lassés de cette autocratie, fatigués des intrigues amoureuses des *Trois Grâces,* de leur insolence, des protections qu'elles s'attiraient par leurs relations avec de hauts personnages, se révoltèrent.

Il parut une brochure, que l'on attribue à d'Hannetaire, sous le titre de : *Mémoire ou observations sur l'état actuel du spectacle.* Il y

---

des Comédiens ordinaires de S. A. R. et qui nous est fourni encore par *Le Spectacle Français à Bruxelles* :

Æglé, de Blavet; — *Annette et Lubin*, de Blaise; — *les Amans trompés*, de Marcouville; — *les Aveux indiscrets*, de Monsigny; — *Baiocco et Serpilla*, de Sodi; — *la Bohémienne*, de Clément; — *le Bûcheron*, de Philidor; — *Bertholde à la ville*, du marquis de La Salle; — *Blaise le savetier*, de Philidor; — *les Chasseurs et la laitière*, de Duni; — *le Cadi dupé*, de Monsigny; — *Cendrillon*, de Laruette; — *le Diable à quatre*, de Philidor; le *Docteur Sangrando*, de Duni et Laruette; — *le Devin du Village*, de J.-J. Rousseau; — *l'École de la jeunesse*, de Duni; — *la Fortune au village*, de Gilbert; — *la Fausse Aventurière*, de Laruette; — *la Fée Urgèle*, de Duni; — *Georget et Georgette*, d'Alexandre; — *Isabelle et Gertrude*, de Blaise; — *l'Isle des foux*, de Duni; — *le Jardinier et son Seigneur*, de Philidor; — *le Maître de musique* (parodié de l'italien); — *Mazet*, de Duni; — *le Milicien*, de Duni; — *le Magasin des modernes*, de Pannard (musique parodiée); — *le Maître en droit*, de Monsigny; — *le Maréchal-ferrant*, de Philidor; — *Ninette à la Cour*, de Saint-Amans; — *On ne s'avise jamais de tout*, de Monsigny; — *le Prétendu*, de Guvinies; — *le Peintre amoureux de son modèle*, de Duni; *les Précautions inutiles*, de Chrestien et Van Malder; — *le Roi et le Fermier*, de Monsigny; — *Rose et Colas*, de Monsigny; — *Sancho Pança*, de Philidor; — *le Serrurier*, de Kohault; — *la Servante maîtresse*, de Pergolèse; — *les Sœurs rivales*, de Desbrosses et Van Malder; — *le Sorcier*, de Philidor; — *le Soldat magicien*, de Philidor; — *les Troqueurs*, de Dauvergne.

était longuement parlé de deux questions principales : la mauvaise constitution de la troupe, le tapage que faisait le public au spectacle. Pour la première de ces questions, l'auteur prétend que si la troupe ne donne pas de bons résultats artistiques, c'est qu'elle est mal gouvernée, et il propose de nommer un administrateur, préconisant ainsi le système adopté de nos jours au Théâtre-Français. Pour le second inconvénient, il ajoute :

Y a-t-il rien de désagréable et de plus décourageant pour un acteur, qui a quelques talens, que de s'égosiller en pure perte vis-à-vis d'une assemblée tumultueuse qui ne l'écoute pas. Peut-il alors, faute de s'entendre lui-même, ne pas sortir des bornes du naturel et de la vérité, et ne perd-il pas toute l'impression, tout le feu qui doit l'animer dans le caractère qu'il a à représenter. Enfin, si l'on n'est pas tout entier à soi-même, est-il possible de saisir l'empreinte des choses et de les reproduire aux yeux du spectateur, avec autant de force et d'énergie qu'on est capable de les concevoir. J'en appelle à ceux qui ont joué la comédie pour leur plaisir, car ce sont de ces choses qu'il faut avoir éprouvées, pour les sentir.

Or, de cette attention du public une fois établie, naitroit bientôt cette chaleur des applaudissemens si nécessaires pour échauffer le comédien et pour ajouter à son jeu plus de force et de vérité. Enfin il ne se verroit plus frustré de cette douce récompense si légitimement due aux talens et même aux seuls efforts qu'on fait pour en acquérir, et l'unique peut-être capable de dédomager un acteur de ses peines et de ses travaux. Si je parois m'appesantir un peu sur cet objet, c'est que je le sens vivement, et qu'enfin c'est ma propre cause que je deffens.

L'auteur demande ensuite un décret du Gouvernement. Les comédiens répondirent à cet écrit par un mémoire qui le combat de point en point — prouvant que le mode d'administration adopté ne peut être meilleur — tombant à bras raccourcis sur d'Hannetaire et sur ses filles, qui font monter des cabales à leurs camarades et empêchent l'engagement d'actrices de talent, dans la crainte d'être éclipsées — enfin, demandant la retraite de d'Hannetaire.

Voici ce que dit la dernière partie de cet écrit, faisant sans doute allusion aux *Trois Grâces* :

Neuvième proposition.

Qu'il soit ajouté aux reglements de la comedie un nouvel article conformement à celui des comédiens de Paris qui est que lorsqu'une actrice de la société qui ne sera point mariée, sera dans le cas de manquer le devoir par raison de grossesse, elle perdra le quart de sa part, qui sera réversible sur les autres en forme de dedomagement, et si elle reste plus de deux mois sans paroitre sur la scène, elle en perde la moitié.

Pour remédier à cet état de choses, le gouvernement délégua, avec tous pouvoirs, le comte de Maldeghem, afin d'assurer le bon ordre au théâtre, empêcher les négligences, les excès, les abus, etc.

Mais un vent de fronde avait soufflé et, quelques mois après cette nomination, les artistes rédigèrent la requête suivante :

> Les comédiens directeurs associés du spectacle de cette ville, offrent de se désister de leur octroi, en faveur de quiconque voudra s'en charger, moyennant les conditions suivantes :
> Les dits comediens s'obligent à faire une cession entière et absolue, non-seulement du magasin, en total, pour lequel ils auront déjà compté, à M. Charliers, quarante-cinq mille livres à la fin de l'année; mais encore de tous les effets quelconques, dont, depuis cinq ans, ils ont enrichi le dit magazin, et dont les déboursés montent à près de trente mille livres, tant en décorations, qu'en habillemens et autres dépenses nécessaires au spectacle : c'est-à-dire : que lesdits comediens proposent de substituer, à leur lieu et place, tel successeur, qu'on jugera à propos de nommer, moyennant :
> 1° Qu'en à-compte des sommes ci-dessus spécifiées, il leur soit compté un capital de vingt-quatre mille livres à partager entre eux ;
> 2° Que, pour l'excédent, ledit successeur s'engage à payer à chacun des douze membres de la Société, une pension annuelle et viagère de trois cents livres hypothéquée sur ledit octroi; ce qui formeroit un objet annuel de trois mille six cens livres, lesquelles viendroient à s'éteindre successivement, par le décès de chaque tête pensionnée. En foi de quoi, ils ont tous signé la présente à Bruxelles, le 20 juin 1771.
> Signé : ANGÉLIQUE. — COMPAIN DESPIERRIÈRES. — SOPHIE LHOTAIRE. — J. VITZTHUMB. — DE GRAND-MÉNIL. — ROSALIDE. — D'HANNETAIRE, *tant pour moi que pour* EUGÉNIE. — DUGUÉ — GRÉGOIRE. — DEFOY. — DUBOIS (1).

La Cour accepta ce désistement et accorda un octroi de dix années à Vitzthumb, chef d'orchestre du théâtre, et à Compain Despierrières, ancien sociétaire (17 août 1771).

Plusieurs décrets intéressants avaient paru dans ces dernières années :

On prit la coutume de faire débarrasser la place de la Monnaie pendant le spectacle, et on donna l'ordre aux cochers de ranger leurs voitures le long du Fossé-aux-Loups.

Un placard dévoila la fraude commise par les laquais qui — ayant le droit de venir gratuitement au théâtre, pour accompagner leurs maîtres — abusaient de ce privilège en venant seuls.

La même année, le Gouvernement avait autorisé un imprimeur très connu, Jean de Boubers, à établir une librairie dramatique dans le vestibule du théâtre.

Cette période fut marquée par les débuts de Dazincourt, qui s'appelait de son véritable nom d'Albouy et était le fils d'un négociant de Marseille. Celui-ci l'envoya à Paris et lui fit obtenir les fonctions de secrétaire du Maréchal de Richelieu. C'est en jouant — avec quelque succès — la comédie de salon qu'il prit goût au théâtre. Menant joyeuse vie, faisant des dettes, il ne tarda pas à être traqué

---

(1) Archives Générales du Royaume.

par ses créanciers. Il prend alors le parti de mettre ses talents à profit, arrive à Bruxelles avec une recommandation de Monvel pour d'Hannetaire, qui le reçoit froidement, essaye d'abord de le dissuader de son projet, et consent, enfin, à l'entendre réciter une scène. Ce fut une révélation ; d'Hannetaire, enthousiasmé, l'admit chez lui, l'aida de ses conseils, et le fit débuter dans Crispin des *Folies amoureuses*, où il obtint le plus éclatant succès. Dazincourt était un homme spirituel, instruit, de bonne éducation ; il a écrit des *Mémoires* qui ont eu beaucoup de retentissement. Au moment de ses débuts, il venait de se battre avec un camarade insolent, Dubois, qu'il avait grièvement blessé. Dazincourt était, du reste, très brave, et il est allé plusieurs fois sur le terrain. Il se battit plus tard avec Dugazon, son rival de la Comédie-Française dans l'emploi des valets ; il s'agissait de leurs prétentions exclusives à la *grande casaque*, c'est-à-dire à la camisole rouge qui recouvrait — au théâtre — les chefs de file de la livrée. Ce duel se termina par de légères blessures reçues de part et d'autre, et... par un déjeuner (1). Il conservait cette même bravoure devant le public, et s'est trouvé dans quelques bagarres d'où il a su toujours se tirer, grâce à son sangfroid et son esprit d'à-propos. Dans le rôle de Pasquin, de l'*Homme à bonnes fortunes*, il inondait son mouchoir d'eau de Cologne, le tordait et en exprimait le contenu sur la tête du souffleur, qui faisait le plongeon. Un jour, quelques spectateurs, trouvant qu'il exagérait, le sifflèrent. Dazincourt arrête le dialogue, s'avance sur le bord de la scène, et dit : « Messieurs, lorsque Préville jouait ce rôle, il faisait ce que je viens de faire, et il était applaudi par tout ce qu'il y a de mieux en France. » (2) Cette réponse n'était peut-être pas suffisante, mais bien peu d'artistes eussent eu le courage de la faire. Dazincourt avait un talent fin, distingué — un peu froid, et Dugazon, qui lui gardait rancune, l'appelait « un excellent comique, plaisanterie à part ».

(1) *Mémoires* de Dazincourt.
(2) Lemazurier, I, 223.

Vitzthumb et Compain Despierrières

(1771-77)

Les charges des nouveaux directeurs sont considérablement augmentées : on leur impose un orchestre plus complet et mieux composé qu'il ne l'avait été jusque là, — l'obligation de donner des nouveautés et, trois fois par semaine, des ballets, — de n'admettre ou renvoyer des sujets qu'avec la ratification du Gouvernement, — de faire connaître, tous les samedis, le répertoire de la semaine suivante. De plus, ils se trouvent en face d'une dette de 72,600 livres de France, en dehors des frais généraux.

Nous avons eu l'occasion de citer déjà Vitzthumb qu'on appelait plutôt Fiston, sobriquet simplifiant, sans doute, la prononciation difficile de son nom. Il était né en Allemagne; arrivé en Belgique à l'âge de 15 ans, il entra comme enfant de chœur dans la chapelle de l'archiduchesse Marie-Élisabeth, et, plus tard, devint maître de musique à la Cour. Il composa plusieurs oratorios et cantates et dirigea une troupe d'enfants, auxquels il fit exécuter un opéra-comique : *la Fausse Esclave*. Il fit ensuite construire un théâtre en planches, sur la place St-Michel (place des Martyrs), et réunit une troupe — formée d'éléments exclusivement belges, — qui inquiéta

un moment celle du Grand-Théâtre. C'est là qu'il produisit Henri Mees, plus connu sous le nom de *Heintje Mees*, ce gamin des rues, vivant de rapines, et qui, d'aide-machiniste, devint chanteur célèbre.

Jusqu'à l'âge de douze ans, Heintie courut les rues pieds nus accompagnant au bruit du tambour un autre gamin déguenillé comme lui, qui, armé d'une longue perche d'où pendait une raie ou une flotte, criait par la ville l'état du marché aux poissons. Mais si Heintje battait bien du tambour, il avait, sans s'en douter, un instrument beaucoup plus harmonieux dans la gorge Il allait donner de temps en temps un *coup de main* au machiniste de la Rhétorique, la *Fleur de lis*, et cela lui permettait d'entendre chanter ou parler les acteurs du lieu. Bientôt sa vocation se révéla. Ne pouvant plus modérer son ardeur, il demanda et obtint la permission d'apprendre à lire, à écrire, à solfier, à jouer la comédie aux frais de la Société. Ses progrès furent si rapides qu'en fort peu de temps il se plaça au premier rang parmi ses camarades. Tout se réunissait en lui pour plaire : belle physionomie, taille élevée, manières distinguées, voix de basse admirable. Vitzthumb lui donna sa fille (1).

L'opéra flamand eut un grand succès, et Popeliers dit que :

L'entreprise de Fiston ayant été couronnée de succès, et fier d'avoir réuni tant de talents, il voulut les faire admirer ailleurs. A cette fin, il fit construire deux navires, un pour les artistes, les musiciens, les malles, l'autre pour les gens de service, la baraque, le matériel de la scène. Tous les ans, après Pâques, ces navires quittèrent Bruxelles, et la troupe alla cueillir des lauriers dans nos principales villes et dans toute la Hollande.

L'associé de Vitzthumb faisait partie des troupes précédentes, et joignait à des qualités remarquables de comédien un véritable talent d'auteur.

Sous cette direction, le théâtre ne pouvait que prospérer ; il s'éleva, en effet, à un tel niveau artistique qu'il rivalisa avec ceux de Paris. Plusieurs écrits du temps nous apprennent « qu'on chantait mieux en Belgique qu'en France ».

TABLEAU DE LA TROUPE

NOMS DES ARTISTES	APPOINTEMENTS
MM. DE LARIVE, rôles de Le Kain et de Bellecour.	Liv. 6,000
DE GRAND MENIL, grande livrée.	5,000
FARGÈS, jeunes premiers, emploi de Clairval.	6,000
CHEVALIER, jeune premier rôle	6,000
DAZINCOURT, Armand, Poisson, les Crispins	3,000
DUBOIS, rois, pères nobles	3,000
FLORENCE, troisièmes amoureux.	2,000

(1) Félix Delhasse.

MM. Louis, deuxièmes rois, troisièmes amoureux	Liv.	2,400
Lambert, premier et deuxième rôle d'opéra		1,600
Grégoire, grandes utilités		2,200
Denis Dubus, utilités, rôles accessoires		1,600
Caneel, accessoires		1,500
Lisis, utilités		800
Bocquet, maître de ballets		1,200
D'Humainbourg, souffleur		1,000
Mmes Verteuil, jeune première et rôles de Mlle Clairon		8,000
Ang. D'Hannetaire, première amoureuse		5,000
Eug. D'Hannetaire, première soubrette		5,000
Sophie Lothaire, confidentes		2,000
Gontier, première soubrette		2,400
Defoye, première amoureuse opéra		5,000
Eul. Durancy, deuxième et troisième amoureuse		1,800
De la Bernardière, deuxième amoureuse opéra		1,200
Beauménard, utilités		600
Ros. D'Humainbourg, utilités opéra		300
VAN MALDERE aîné, violon pour conduire l'orchestre	Fl.	760

D'Hannetaire s'était retiré définitivement du théâtre, y laissant toutefois ses deux filles.

Trois de ces comédiens étaient des artistes de la plus grande valeur : d'abord Dazincourt, que l'on connaît déjà.

Puis, Jean Mauduit, dit de Larive, venu de la Comédie-Française, où florissait Lekain, et qui y retourna à la mort de celui-ci, dont il prit l'emploi. A son sujet on rapporte un fait assez singulier : Il excellait, paraît-il, dans le rôle de *Bayard;* à l'une des représentations de cette pièce, au Théâtre-Français, un descendant du célèbre guerrier, enthousiasmé par le jeu de Larive, lui fit présent d'une chaîne d'or ayant appartenu à Bayard. Le tragédien la donna, peu de temps après, au marquis de la Fayette, commandant de la garde nationale parisienne. On ignore ce qu'elle est devenue à la mort de ce général. Larive épousa, à Bruxelles, la fille aînée de d'Hannetaire et divorça quelques années plus tard.

Ensuite, Fauchard, dit de Grand Menil, qui avait été tour à tour avocat au Parlement de Paris, conseiller de l'amirauté et membre du conseil de la Comédie-Française. Il obtint des succès flatteurs à Bruxelles et entra au Théâtre-Français, en 1790.

Malgré les plus riantes perspectives, il y eut un léger déficit à la fin de l'année. La saison suivante (1772-73) fut moins heureuse encore au point de vue financier. Les dépenses augmentaient sans cesse et, cependant, les appointements des artistes n'étaient pas en proportion de leur talent, ainsi que le prouve le tableau suivant :

Emplois de la comédie.

Premier rôle tragique et comique. — *St-Fal* (1)	Liv.	6,000
Fort premier, rois, raisonneurs, etc. — *Bursai*		4,000
Père noble, rois, etc. — *Vanhove* (1)		4,000
Jeune premier. — *X.* (2)		3,000
Premier comique. — *Bultos*		7,000
Manteau, financiers, etc. — *Pin*		5,000
Crispin, marquis ridicules et Poisson. — *X.*		3,600
Troisième rôle et à récits. — *X.*		2,000
	Liv.	34,600

Mesdames :

Premier rôle tragique et comique. — Mme *Bursai*	Liv.	4,000
Premier rôle en partage et grande coquette. — Mme *Goault*		6,600
Reine, mère noble. — *X.*		4,000
Première soubrette. — *X.*		3,600
Premier caractère et deuxième duègne. — *X.*		3,600
Deuxième soubrette. — *X.*		1,500
Seconds caractères. — *X.*		1,500
	Liv.	24,800

Opéra.

Première haute-contre — *X.*	Liv.	6,000
Seconde haute-contre et Colins. — *X.*		3,000
Première basse-taille. — *Chenaud*		4,000
Première en partage. — *Mees*		4,000
Premier Laruette. — *Bultos*		—
Second Laruette. — *Berger*		2,000

Mesdames :

Première chanteuse. — *Rogier.*	Liv.	5,000
Première en double. — *Schettiens*		2,400
Rôles de Beaupré et Dugazon. — *Mees*		3,000
Première duègne. — *Goault*		
Total général	Liv.	88,800

Aujourd'hui, ces chiffres rendraient rêveurs bon nombre d'artistes. Nous voyons, en effet, dans cette nomenclature, que l'acteur le plus largement payé gagnait *par an* 7,000 francs, somme équivalant à celle allouée *par mois* aux artistes qui tiennent aujourd'hui les premiers emplois dans les grands théâtres comme celui de la Monnaie.

(1) St-Phal et Vanhove devinrent sociétaires de la Comédie-Française.
(2) Les noms des titulaires marqués *X* sont restés en blanc sur le document des Archives.

La troupe de comédie coûtait 59,400 francs; la troupe d'opéra 29,400 francs. En y ajoutant la dépense pour les chœurs, l'orchestre et les frais d'exploitation, on arrive à cette conclusion que le budget *annuel* du Théâtre de la Monnaie, en 1772, était à peu près égal au budget *mensuel* de cette même scène, un siècle plus tard.

Il convient de placer ici le *fac-simile* d'une affiche dont le rapprochement avec le modèle adopté aujourd'hui sera aussi curieux que la comparaison que nous venons d'établir. Cette reproduction a les dimensions exactes de l'original.

LES COMEDIENS ORDINAIRES DE S. A. R.

Donneront aujourd'hui DIMANCHE, 10 Mai 1772,

NINETTE A LA COUR,

Opéra en deux Actes, précédé de

L'ECOLE DES MARIS,

Comédie en trois Actes de MOLIERE.

On prendra aux premières Loges & Parquet une Couronne neuve ; aux secondes Loges une demi-Couronne; aux Loges du Parterre quatre Escalins, ou vingt Escalins en louant la Loge pour six personnes; & à la grande du fond trois Escalins par personne; aux troisiemes Loges & Parterre deux Escalins ; à l'Amphithéatre & aux Loges du quatrième Rang un Escalin, & six Escalins pour la Loge entiere.

Ceux qui voudront retenir des Loges ou s'abonner, pourront s'adresser au Sieur JANEAU, Receveur, rue des Boiteux, près la Blancherie.

Par ordre de S. A. R. la Livrée n'entrera pas, même en payant.

ON COMMENCERA A SIX HEURES PRECISES.

De l'Imprimerie de J. L. DE BOUBERS.

Ce programme eût été difficilement plus laconique. Pas de détails sur la richesse de la mise en scène, des décors, des costumes, des ballets. Pas même de distribution de rôles. Cette disposition avait du moins l'avantage de n'humilier personne. La Comédie-Française n'a-t-elle pas pris la sage mesure de composer ses affiches en ne tenant compte ni du succès d'un artiste, ni de l'importance de son rôle dans la pièce et en plaçant les comédiens d'après l'ordre d'ancienneté? Et, en 1888, n'a-t-on pas vu à ce même Théâtre de la Monnaie, la troupe du duc de Saxe-Meiningen mettre tout le monde au même rang et pousser le scrupule jusqu'à retirer à un artiste le rôle dans lequel son succès arrivait à éclipser celui de ses camarades?

Cette affiche annonce le spectacle pour six heures. Selon les dispositions en vigueur, on devait commencer à 6 h. 1/4 au plus tard, et on ne pouvait finir avant 8 h. 3/4 ni au delà de 9 h. 1/4. « Alors, les *honnêtes gens* rentraient chez eux pour souper. Les autres allaient au foyer rejoindre les actrices et passer une partie de la nuit au jeu. »

Les directeurs, découragés sans doute par l'état financier du théâtre, ne se gênaient guère pour enfreindre sans scrupule ces règlements et le spectacle finissait tantôt avant, tantôt après l'heure. Ils n'eurent plus aucun souci de leurs engagements et demandèrent même à se désister; autorisation qu'ils n'obtinrent pas. On leur accorda cependant la suppression du ballet, dont les frais étaient assez considérables; mais ce ne fut qu'un allègement peu sensible.

Malheureusement, l'année suivante (1773-74) n'est guère plus florissante.

Voici, d'après le compte du receveur Maisier, le relevé des appointements du personnel. Les chiffres représentent des florins de Brabant, et le florin valait fr. 1.81 de notre monnaie :

Opéra. — Compain et Fargès, chacun fl. 3,266; Bultos, fl. 2,177; Lecomte, fl. 1,333; Dubus, fl. 610; Debatty, fl. 980; Lambert, fl. 762; d'Humainbourg, fl. 163; Caneel et Bergé, chacun fl. 600; Henri Mees, fl. 200.

Mme Defoye, ensuite Mlle Olivier, fl. 2,495; Angélique d'Hannetaire, fl. 2,722; Durancy, fl. 980; d'Humainbourg, fl. 163; Borremans, fl. 600; Bouly, fl. 400.

Vitzthumb, chef d'orchestre, fl. 3,266.

Total, fl. 21,317.

BALLET. — Bocquet, fl. 650; Lisis, fl. 367; Vincent, fl. 326; Normand, Vanderlinden, Jourdain et Wauthier, chacun fl. 245; Mmes Lucile, Gambier et Julie, chacune fl. 163; James et Rosalie, chacune fl. 122; Marie, ensuite Mme Picardeaux. fl. 95. — Total fl. 3,151.

Pour l'orchestre la somme à payer était de fl. 11,020; elle se répartissait entre 33 musiciens.

Ajoutons les noms des comédiens :

Les sieurs	CHEVALIER aîné et jeune.	Les demoiselles	DUMARAND.
	DAZINCOURT		GONTHIER.
	BROQUIN		LOTHAIRE.
	DUBOULEIS		MAUROY.
	BOCQUET		STÉPHANIE.
	Etc.		DROUIN.
			VERTEUIL
			THIEBAUT.

Les recettes de cette année théâtrale furent de fl. 115,735, les dépenses de fl. 121,553, d'où un déficit de fl. 5,818.

Le 4 avril 1774, ouverture avec la troupe suivante :

Messieurs :

CHEVALIER *aîné*, premier rôle	Liv.	6,000
DAZINCOURT, Crispins, Armand, Poisson		4,000
BIGOTTINI, Arlequins		5,000
PIN, financiers, manteaux		4,000
ALEX. BULTOS, deuxième comique, La Ruette		5,000
DE SOLIGNY, Clairval dans l'opéra		5,000
DE FLORENCE, jeune premier		2,600
DUBOIS, rois, pères nobles		2,400
CALMUS, grandes utilités		1,500
CHEVALIER, *jeune*, deuxième et troisième rôle		1,200
GRÉGOIRE, utilités		2,200
LAMBERS *aîné*, Laruette		1,500
LECOMTE, rôles accessoires		1,500
CANNEEL, rôles de convenance		1,600
DE BATTY, id.		1,800
H. MEES, id. et pour battre la caisse	Fl.	500
BERGER, utilités		600
KEYSER, id.		300
VINCENT, figurant et danseur seul	Liv.	800
FISC, id.		900
BOCQUET, maître de ballets		1,200
D'HUMAINBOURG, souffleur		1,000
JACOBS, copiste	Fl.	333 — 6 s. — 8 d.

Mesdames et Mesdemoiselles :

Le Clair, premier rôle	Liv.	6,000
Calmont, reines, mères nobles		6,000
Ang. D'Hannetaire, première chanteuse		5,000
Gontier, première soubrette, et duègne dans l'opéra		4,000
Dumorand, jeune premier rôle		3,500
Sophie Lhotaire, caractères		2,300
Saint-Quentin, deuxième amoureuse		1,800
De Clagny, id		1,800
D'Humainbourg *cadette*, grandes utilités		1,000
Borremans *aînée*, duègnes dans l'opéra	Fl.	400
Borremans *jeune*, première amoureuse d'opéra		600
Rogier, deuxième amoureuse d'opéra		350
D'Humainbourg *aînée*, danseuse seule	Liv.	800
M. G. VAN MALDERE, violon et pour conduire l'orchestre	Fl.	760

Pour l'inauguration de la statue du Prince Charles de Lorraine, on donna une comédie héroï-pastorale en 3 actes et en vers : *Berthe;* paroles de Reynard de Pleinchesne, musique de Philidor, Gossec et Botson.

« Toute la musique, écrivit Vitzthumb à Gossec, en a été trouvée charmante, et la pièce eût remporté un succès complet, si le poème, que l'on a trouvé un peu froid, avait été goûté du public.... Je suis on ne peut plus content des morceaux dont vous êtes l'auteur, et ils ont été parfaitement accueillis du public, ainsi que ceux de Philidor. Il n'y en a pas un dans toute la pièce qui n'ait été applaudi. » (1)

Compain, dans le rôle de Rainfroi, et la séduisante Angélique d'Hannetaire, dans celui de Berthe, contribuèrent énormément au succès de la pièce.

La recette, le premier jour, fut une des plus fortes de l'année; elle s'éleva à fl. 1,417.

C'est à ce moment-là que le prince de Ligne, dans ses *Lettres sur*

(1) Piot. — *Particularités inédites concernant les œuvres musicales de Gossec et Philidor.*

Voici encore quelques-unes des pièces qui furent jouées pendant cette saison :
1774. — 20 mai, *la Rosière de Salency*, de Grétry ; — 4 juillet, *Aline, reine de Golconde*, de Monsigny ; — 2 septembre, *l'Amoureux de quinze ans*, de Martini ; — 30 septembre, *le Faucon*, de Monsigny ; — 4 novembre, *Ernelinde*, de Philidor.
1775. — 17 janvier, *la Fête du cœur*, divertissement, à l'occasion de l'inauguration de la statue du duc Charles de Lorraine. Personnages : Compain (le magister), Mlle Angélique (la mariée), Bultos (le bailli). Trois rondes, dont la dernière était de la composition du sieur Balbâtre, furent chantées par De Soligny, Mmes Gontier, Rogier d'Azincourt et Saint-Quentin.

les spectacles, vida toute une corbeille de fleurs aux pieds de la belle Angélique. Et, au milieu, ce petit compliment gentiment tourné :

> Elle fait l'ornement du spectacle; ses sons enchanteurs, sa méthode à présent et son goût lui attirent la plus brillante réputation. Sa négligence même a des grâces ; et avec son air honnête et distingué, elle fait un grand tort à toutes ces actrices qui jouent, chantent et mâchent tout, qui s'avancent avec la cadence du grand opéra, qui font des bras partout, et qui ont l'air de ne chanter que pour le parterre.
> ... La douleur d'Angélique s'embellit encore s'il est possible ; et je l'aime autant désolée dans Louise (du *Déserteur*), que très gaie et malicieuse sans indécence dans Colombine (du *Tableau parlant*). Les *ils sont passés* deviennent souvent dégoûtants dans quantité de troupes de province, son maintien, son naturel charment, par exemple, dans l'*Ami de la maison*. Il est heureux pour elle de ne pas plus détonner en parlant qu'en chantant. Elle peut se livrer à tout. Ses cris dans la prose sont justes comme ses airs : et tous ses tons parfaits ainsi que sa prononciation.

Après la représentation de *Berthe* il y eut, au théâtre, le même soir, un bal masqué. Le prince Charles y parut et Compain chanta des couplets de sa composition sur l'air : *Vive Henri IV*.

Compain s'étant retiré pour aller débuter à la Comédie-Française, Vitzthumb fit l'ouverture tout seul, en avril 1775.

Acteurs et chanteurs.

Messieurs :

Van Hove, rois, pères nobles	Liv. 6,000
Pin, financiers, paysans, manteaux	5,000
Dazincourt, Armand, Poisson, Crispin	5,000
Bigottini, Arlequins	5,000
Compain, basses-tailles	5,000
Petit, Clairval	5,000
Alex. Bultos, Laruette, niais, comiques	5,000
Callais, deuxièmes basses-tailles	4,000
Soligny, deuxièmes amoureux	3,000
Dubois, rois, pères nobles, raisonneurs	2,400
Dorfeuille, Lekain, Bellecour, Molé	6,000
Fleury, jeunes premiers rôles, forts seconds	4,000
Florence, id.	3,000
Calmus, rois, pères nobles, raisonneurs	1,800
Lambert, grandes utilités	2,200
De Batty, id.	1,800
Lecomte, id.	1,500
Bergé, id.	600
Caneel, id.	600

H. Mees, accessoires et battre la caisse	Fl	600
Keyser, accessoires		330
Dumoulin, coryphée	Liv.	600
Bocquet, maître de ballets		1,200
Fisse, second maître de ballets		1,000
Vincent, danseur seul		800
D'Humainbourg, souffleur et copiste		1,000

Artistes et chanteuses.

Mesdames et Mesdemoiselles :

Le Clair, premier rôle	Liv.	6,000
Calmont, reines, mères nobles		6,000
Gontier, soubrettes, duègnes dans l'opéra		5,000
Ang. D'Hannetaire, premier rôle d'opéra		5,000
Regnault, premières amoureuses		4,000
Pezey de Fonrose, jeune première, deuxième amoureuse		3,000
Sophie Lothaire, première confidente		2,400
Saint-Quentin, deuxième amoureuse		2,400
De Clagny, id.		2,400
D'Humainbourg jeune, grandes utilités		1,500
J. Borremans, première amoureuse d'opéra	Fl.	600
Anne-Marie Vitzthumb, jeune première d'opéra		500
Marie-Françoise Vitzthumb, jeune première d'opéra		500
Rogier, jeune première d'opéra		500
D'Humainbourg aînée, danseuse seule	Liv.	800
Fisse, deuxième danseuse		600
M. VAN MALDERE, chef d'orchestre	Fl.	760

Anne-Marie et Marie-Françoise Vitzthumb étaient les filles du directeur. Parmi les nouveaux venus, nous remarquons l'Arlequin Bigottini qui devait être un acteur de grand talent ; du reste, ses appointements le prouveraient — si cela prouvait quelque chose — car il était payé comme un premier sujet. Fleury fut probablement le même qui obtint plus tard un grand succès à la Comédie-Française.

A cette époque, Grétry était le musicien à la mode ; on avait donné presque tout son répertoire (1). Le 12 mai eut lieu la « première » de son opéra-comique : *La Fausse Magie*. Cette représentation obtint le plus chaleureux accueil du public et valut au directeur une lettre de Grétry, qui le félicitait et lui exprimait son grand désir de venir à Bruxelles.

---
(1) *Lucile* ; *le Tableau parlant* ; *l'Ami de la Maison* ; *Sylvain* ; *les Deux Avares* ; *l'Amitié à l'épreuve* ; *Zémire et Azor* ; *le Magnifique* ; *la Rosière de Sabucy*.
A ce répertoire il faut ajouter les « premières » de :
Les Femmes vengées, opéra-comique, en 1 acte, de Philidor (12 juillet 1775).
Henri IV ou la bataille d'Ivry, drame lyrique en 3 actes de Philidor (20 septembre).
La Colonie, opéra-comique en 2 actes, parodié sur la musique de Sacchini (10 janvier 1776).
La Belle Arsène, opéra-féerie en 4 actes de Monsigny (19 février 1776).

Une formule d'*engagement d'artistes*, qu'on trouve aux Archives Générales du Royaume, nous paraît assez intéressante, dans sa simplicité naïve, pour que nous la donnions *in extenso*. Il serait curieux d'en faire la comparaison avec les *imprimés* actuels, espèces de longs mémoires, sortes de condamnation pour l'artiste, qui se livre à l'entière merci des directeurs :

> Par décret et privilège exclusif de S. A. R. Monseigneur le duc Charles de Lorraine et de Bar, Grand-Maître de l'illustre Ordre Teutonique, Gouverneur-Général des Pays-Bas Autrichiens, etc., etc.
>
> Nous soussignés, Directeurs et Entrepreneurs des Spectacles de Bruxelles, déclarons engager en qualité de notre pensionnaire, et sous le titre de COMÉDIEN DE S. A. R. pour le terme d'*une année, qui commencera le lendemain de Pâques mil sept cent soixante-quinze, et finira la veille du Dimanche des Rameaux mil sept cent soixante-seize,* M. COMPAIN DES PIERRIERER *(sic) actuellement à Bruxelles pour tenir en chef ou en partage de convenance à notre option l'emploi de Cailleau et d'Audinot ainsi que toutes les Basses-Tailles quelconques.*
> moyennant la somme de *cinq mille livres de France* pour son année théâtrale, qui lui sera payée par portions égales de mois en mois. Bien entendu que le dit sieur Pensionnaire sera obligé de se fournir des Equipages convenables à son emploi, de suivre la Troupe en tout ou en partie, en quelqu'endroit qu'on la conduise, de se trouver exactement, sous peine d'amende, aux Répétitions et autres Assemblées, et enfin de prêter tous ses talens, et de se conformer aux arrangements pris ou à prendre pour le bon ordre et le bien être du Spectacle.
>
> Conditionné très-expressément, que le présent engagement aura la même force que s'il étoit passé devant Notaires, et qu'il ne pourra y être renoncé de part ni d'autre, sous la clause spéciale de tous dépens, dommages et intérêts. Fait en double sous seings privés et sans intervalle de poste, à Bruxelles ce vingt-cinq février mil sept cent soixante-quinze.
>
> COMPAIN DESPIERRIERES.

La campagne 1776-77 s'ouvre avec la troupe suivante :

Messieurs :

CHEVALIER, premier rôle	Liv. 6,000
VAN HOVE, rois, pères nobles	5,000
DAZINCOURT, Armand, Poisson, Crispin	5,000
PIN, financiers	5,000
GUITEL, seconds rôles comiques	3,000
FLORENCE, jeunes premiers rôles	3,000
BEAUVAL, premiers amoureux d'opéra	5,000
ALEX BULTOS, comiques, La Ruette	5,000
DUPONT, premier et deuxième amoureux	4,000
DUBOIS, pères nobles	2,400
DU SAINT-PREUX, seconds rôles	2,000
GRÉGOIRE PATRAS, grande utilité	2,200
LAMBERT, id.	2,200

Durand, seconde basse-taille	Fl.	2,500
Lecomte, grande utilité		1,500
De Batty, id.		1,800
H. Mees, accessoires et pour battre la caisse		600
Canneel, accessoires	Liv.	600
Gillis, id.	Fl.	400
Berger, id.		600
Keyser, id.		330
Fisse, premier danseur et maître de ballets	Liv.	1,000
Bocquet, maître de ballets		1,000

Mesdames et Mesdemoiselles :

Sainville, premier rôle	Liv	6,000
Calmart, reines, mères nobles		6,000
Gontier, soubrettes		5,000
Pezey de Fonrose, jeune premier		3,000
De Clagny, seconde amoureuse		3,000
Dufour, première amoureuse		4,000
Sophie Lothaire, caractères		2,400
Saint-Quentin, deuxième amoureuse		2,400
Coche, épouse Van Hove, confidentes, caractères		2,000
D'Humainbourg cadette, deuxième soubrette		1,500
Anne-Marie Vitzthumb, jeune première d'opéra	Fl.	500
Marie-Françoise Vitzthumb, id.		500
Roussion, id.		400
Rogier, utilités		600
D'Humainbourg, première danseuse	Liv.	800
Fisse, seconde danseuse		600

Grétry, qui avait manifesté plusieurs fois le désir d'assister à une représentation de la Monnaie, profita des répétitions de son opéra *les Mariages Samnites* pour venir à Bruxelles.

Il arrive au théâtre au moment où on exécutait l'une de ses œuvres. Tout à coup, il entend des sons étranges, des phrases musicales inconnues — des corrections enfin ! Une main téméraire, une plume sacrilège avait introduit des changements à la partition...

Vivement irrité de ce procédé, Grétry écrivit de Bruxelles (21 août 1776) une lettre dans laquelle, après avoir chaleureusement remercié son hôte, il ajoutait :

> Que ne puis-je vous en dire autant de ma musique, Monsieur, mais elle est loin d'être aussi satisfaite de vos prétendues corrections..... Ne comptez plus sur mon retour. Vous m'avez banni à jamais du Théâtre de Bruxelles.

En effet, Grétry ne revint plus ; dans ses *Mémoires* il ne mentionne même pas son voyage en Brabant, et le nom de Vitzthumb n'y est pas relaté.

Pendant cette saison, des représentations flamandes, très suivies, avaient été données chaque mois par une troupe qui s'intitulait *Spectacle National*.

Le 15 février 1777, le théâtre est fermé par suite de la faillite de Vitzthumb, succombant, comme ses prédécesseurs, sous les lourdes charges de cette entreprise, mais non sans avoir lutté jusqu'au bout. Son passage eut une heureuse influence sur le théâtre, où tout se ressentit du talent et de l'habileté du maître. Nous allons, dans quelques années, le retrouver à la Monnaie, en qualité de chef d'orchestre.

Outre *les Mariages Samnites* on donna :
Toinon et Toinette, opéra-comique en 2 actes, de Gossec; — *Orphée*, de Gluck; — *les Souliers Mordorés*, opéra-comique en 2 actes, de Fridzeri; — *Céphalide ou les autres mariages Samnites*, opéra-comique en 3 actes, musique de Vitzthumb et Cifolelli, paroles attribuées au prince de Ligne, qui avait écrit le principal rôle pour Angélique.

Pin et Bultos

(1777-82)

UN privilège de dix ans fut accordé, le 8 août 1777, aux acteurs Louis-Jean Pin et Alexandre Bultos, qui s'adjoignirent, comme associés, Painget et Sophie Lothaire (Marguerite-Louise Odiot de Montroty). Angélique d'Hannetaire répondit, pour cette dernière, de la caution qu'exigeait le Gouvernement.

ARCHIVES GÉNÉRALES DU ROYAUME — CONSEIL PRIVÉ

Troupe des Comédiens du Théâtre de Bruxelles. Année 1779-1780.

La demoiselle *Ancé* . . . . Fl.	1,800
La demoiselle *Angélique*	6,000
Le sieur *Baland* et sa femme	1,600
Le sieur *Bellecour* et sa femme	6,000
Le sieur *Bercaville*	1,200
Le sieur *Berger*	1,200
Le sieur *Brevel*, souffleur	1,000
Le sieur *Bultos*	6,000
La demoiselle *Cenas*	3,000
Le sieur *Champville*	3,000
Le sieur *Chardini*, cond. des chœurs	800
Le sieur *Chateaufort*	2,400
Le sieur *Chaubert*	5,000
Le sieur *Chevalier*	2,000
Le sieur *Darcourt* et sa femme	960
Le sieur *D'Egreville*	2,000
Le sieur *Grégoire*	2,000

La demoiselle *Hubair*, figurante . . . . Fl.	400
La demoiselle *Leemans*, idem	400
La demoiselle *Lorraine*, idem	300
Le sieur *Jouardin* père, figurant	500
Le sieur *Jouardin* fils, idem	300
Les demoiselles *Laurent*, mère et fille	5,000
Le sieur *Le Jeune*, figurant	200
Le sieur *Mauvilliers*	1,500
Le sieur *Menu*, accessoire et utilité	600
Le sieur *Pichot*, choriste	600
Le sieur *Pin*	6,000
Le sieur *Riou*, figurant	600
Le sieur *Rogier*	1,836
Le sieur *Saint-Fal*	5,500
Le sieur *Saint-Léger*	4,000
Le sieur *Second* fils, figurant	600
Le sieur *Second* père, idem	260
La demoiselle *Sophie*	4,000
Le sieur *Vanhove*	1,944
Le sieur *Walville*	5,000
Total . . . . . . Fl.	85,500
A ajouter : Créance de Vitzthumb	4,000
Ensemble . . . . Fl.	89,500

Le répertoire se composa des pièces classiques et des nouveautés de Paris.

La première année de cette exploitation fut heureuse et se solda par un bénéfice de *130 florins et 10 sous*. Mais il n'en est pas de même pour les suivantes, et, en 1780, les directeurs demandent à être remplacés, se plaignant de la défection de leurs meilleurs sujets, du départ d'artistes emportant leurs *avances*, et accusant Saint-Léger de leur avoir volé 900 florins.

A cette époque Bultos crée le Waux-Hall, qui n'était alors qu'un simple bâtiment propre seulement aux concerts, et où l'on construisit, quelques années plus tard, une salle de spectacle.

Ici se place un fait unique dans ces annales : le Gouvernement, fatigué sans doute de cette mauvaise gestion, ordonna la fermeture du théâtre pour Pâques 1782.

Voici le tableau de la troupe à cette période :

Directeurs : MM. PIN et BULTOS, et Mlle SOPHIE.

Acteurs.

Messieurs :

Saint-Fal, premiers rôles tragiques et comiques.
Van Hove, père noble, rois et paysans.

Bursai, premier rôle marqué, raisonneurs et rois.
Moilin, second amoureux.
Bultos, premier comique, premier Laruette.
Armand, Crispin, marquis ridicule.
Pin, manteaux, financiers et grimes
Grégoire, seconds manteaux et utilités.
Vallière, première haute-contre.
Montrose, seconde haute-contre et troisième rôle.
Mees, première basse-taille.
Calais, première et seconde basse-taille.
Berger, second Laruette et niais
Mouton, confidents et utilités.
Darcourt, souffleur et second comique.

Actrices.

Mesdames et Mesdemoiselles :

Bursal, premiers rôles tragiques et comiques.
Goault, premier rôle, grande coquette et première duègne.
Montrose, première soubrette.
Murson, caractère et seconde duègne.
Armand, soubrettes en partage.
Rogier, première chanteuse.
Scheltjens, première chanteuse en double.
Mees, emploi de Dugazon et Beaupré.
Lochon, seconde chanteuse et seconde amoureuse
Devienne, seconde soubrette.
D'Humainbourg, confidentes et second caractère.

Ballet

Gambu, maître de ballet et premier danseur.
Perolle, premier figurant et premier danseur.

VITZTHUMB, maître de musique et de l'orchestre.

Alexandre et Herman Bultos

(1782-87)

En même temps qu'on révoquait la direction, l'Empereur Joseph II accordait un octroi de dix ans aux frères Alexandre et Herman Bultos, sauf le droit de résiliation après cinq années.

Les obligations des nouveaux directeurs étaient plus grandes, et les conditions qu'on leur imposait formaient déjà un véritable *cahier des charges*.

Ils établirent au Waux-Hall une sorte d'école dramatique, où ils faisaient jouer des enfants de sept à quatorze ans, en dépit des réclamations de l'Archevêque de Malines. On y donna même des opéras. Les directeurs, encouragés par le succès qu'obtenait ce petit Conservatoire, demandèrent l'autorisation de produire leurs élèves sur la scène du Grand-Théâtre -- ce qui leur fut accordé.

Mais toutes ces entreprises honorifiques manquèrent de ruiner les frères Bultos, qui se virent dans l'obligation de s'allier avec une société dirigée par Cupis de Camargo.

La nouvelle combinaison fut tout aussi malheureuse, et accusa, la première année, une perte de 2,795 florins.

Un document assez curieux — le relevé des abonnements — nous permet d'établir le prix des places :

Loges de premier rang	112 florins par an.
» de second rang	84 » »
	et 112 florins pour le balcon et les lorgnettes
» de troisième rang	70 florins par an.
» de quatrième rang	31-6 » »
Basses-Loges	63 » »

Un rapprochement entre ces chiffres et les sommes perçues aujourd'hui montrerait que les appointements des artistes ne sont pas seuls augmentés.

TABLEAU DE LA TROUPE (1784).

Tragédie et Comédie.

Acteurs.

Messieurs :

DUFRESNEL, roi, père noble.
GARNIER, }
JULIEN, } premiers et jeunes premiers rôles.
BURSAY, seconds rois, raisonneurs, rôles de caractère et de convenance.
BERVILLE, seconds rôles.
DU SAUZIN, des amoureux, des troisièmes rôles
BULTOS, premiers comiques et rôles de caractère
SAINT-VAIR, premier et second comique.
CALAIS, les financiers, paysans, manteaux.
GREGOIRE, rôles dans les mêmes emplois et grandes utilités
MOUTON, confidents et utilités.
DARCOURT, seconds comiques, utilités, souffleur.

Actrices.

Mesdames et Mesdemoiselles :

CALMONT, reines, mères nobles et caractères.
BURSAY, premiers et jeunes premiers rôles.
BERVILLE, des premiers rôles, les grandes coquettes.
BERGNÉ, jeunes premiers et seconds rôles.
LEEMANS, seconds rôles.
DEVIENNE, première soubrette
D'HUMAINBOURG, seconds caractères, confidentes.
DUBUISSON, des soubrettes.
FLAVIER, des amoureuses.
DARCOURT, des rôles d'utilités.
FOLLY mère, des accessoires.
FOLLY fille, des rôles d'enfants.

Opéra
Chanteurs.

Mees,
Du Sauzin, } premières basses-tailles.
Saint-Léger, première haute-contre.
Defonds, premier et second rôle de haute-contre.
Bultos, premiers rôles de taille et autres.
Calais,
Desbatty, } secondes basses-tailles.
Grégoire, basse-taille accessoire.
Mouton, taille accessoire. } et chœurs.
La Rivière, basse-taille accessoire.
Canel, haute-contre accessoire.

Chanteuses.

Mesdames et Mesdemoiselles :

Rogiers,
Clairville, } premières chanteuses.
Le Roi, première duègne.
Mees,
Begué, } jeunes premières et secondes chanteuses.
Darcourt, seconde duègne
Leemans,
Canel, } rôles accessoires } et chœurs.
Keyser,
Folly, } dans les chœurs.

Ballet.

Messieurs : Devos et Gambu, maîtres des ballets et premiers danseurs dans les deux genres.
Mademoiselle : D'Humainbourg, première danseuse.
Madame Devos, danseuse seule.

Orchestre : M. VITZTHUMB, maître de l'orchestre et de musique.

ABONNEMENTS AUX LOGES AVEC LES NOMS DES TITULAIRES
Relevé établi, le 26 décembre 1785, par le caissier L'Ortye.

Premier rang.

Arg. cour. de Brabant

Loges 1 et 2. LL. AA. RR. 10,000
3. M^{de} la C^{sse} de Cruykenbourg. 672
4.
5. } Service de la Cour . . . . { —
6. Le Baron de Hop 672
7. Milord S. Alban 672
8. M^{de} Povis 672
9. Loge à feu Prin^{ce} de Ligne p. 8 p. 896
10. Le Baron Van Werde. 672

A reporter. . . Fl. 14,256

Le Théâtre de la Monnaie. — 1782-87.

	Report	Fl.	14,256
Loges 11. La Baronne de Celles			672
12. M^de de Bartenstein			672
13. Le Baron de Cazier			672
14. M^de Hancho			672
15. M^de de Bustancy			672
16. M. de Sansberg			672
17. Loge à feu la D^sse D'Arenberg, 8 p.			896
Balcon à droite et S. E. le Ministre — Lorgnette			1,953
Id. à gauche le prince de Gavre, 8 p.			896
Lorgnette, la Duchesse d'Ursel, 4 p.			448
	Total	Fl.	22,481

Second rang.

Arg. cour. de Brabant

Loges 1. Loge à feu la P^sse Stolberg, 8 p.	896
2. Service de la Cour	—
3. Mad. Termere	504
4. Mad. Fraumendinst	504
5. D^sse du Chastelair	504
6. La Baronne de Renette	504
7. Mad. Walckiers	504
8. La Vicomtesse de Pret	504
9. A feu M. de Wœstenraedt, 8 p.	896
10. La Comt^sse de Wargemont	504
11. Mad. Vanden Broeck	504
12. M. le Chancelier	504
13. M. Vandermeulen	504
14. M. de Ribeaucourt	504
15. M. de Roust	504
16 La Comtesse Vandernoot	504
17. A feu la Comt^sse de Lanoy, 8 p.	896
Balcon à droite. M. Torrington, 8 p.	896
Lorgnette à droite. M. Fierlant, 4 p.	448
Balcon à gauche. Le duc d'Arenberg	896
Lorgnette à gauche. M. de Proli.	448
Total. . . Fl.	11,928

Troisième rang.

Arg cour. de Brabant

Loges 1. Mad. Helin	420
2. Mad. de Wouman	420
3. Mad. Kerrenbroeck	420
4A. M. Huys de Thy, 3 p.	210
4B Mad. de Fine, 3 p.	210
5A. Mlle de la Salle	210
5B. Marquis de Chasteler	210
6. M. de Rynegom	420
7A. Mlle de Rynegom, 3 p.	210
7B. M. le Comte Duras	210
A reporter . . Fl.	2,940

	Report. . . Fl.	2,940
Loges 8A. Le Cte Despinoy		210
8B. M. De Vaes		210
9A. Le Cte de Maldeghem, 4 p.		280
9B. M. Preud'homme d'Aily, 4 p.		280
10. M. de Limpens		420
11. M. de Bucher		420
12A. Chev^r de Celles		210
12B. Mad. d'Aspin		210
13A. Mlle Calten		210
13B. M. Roelants		210
14. N.		420
15A. M. Hodister		210
15B. M. Cruybeck		210
16. M. Pangaert		420
17. M. Van Castel		420
Balcon à droite. M. Foricourt, 8 p.		560
Lorgnette à droite. Comte Vanderdilft		210
Balcon à gauche. M. Schouten		560
Lorgnette à gauche. Mlle Agatine		210
	Total. . . Fl.	8,820

Quatrième rang.

Arg. cour. de Brabant

Loges 1A. M. De Nez, 3 p.	94—10
1B. M. Delfosse	94—10
2A. M. De Moor	94—10
2B. M. De la Close	94—10
3A. M. Cautem	94—10
3B. N.	94—10
4A. N.	94—10
4B. M. Hipolite	94—10
5. M. Weemals, 6 p.	189—0
6A. Mlle Borremans	94—10
6B. M. Perrety	94—10
Loge à la disposition des directeurs	—
Loge des figurans	—
Loge des valets de pied de la Cour	—
Loge des parents d'acteurs	—
Total. . . Fl.	1,134—0

Basses-Loges.

Arg. cour. de Brabant

Loges 1. Le Vicomte de Sandrouin, 4 p.	334—16
2. Le Duc d'Ursel, 4 p.	410—
3 et 4. Loges des Comédiens	—
5. N. . . 6 p.	378—0
6. N. . . 3 p.	189—0
7. N. . . 3 p.	189—0
8. A la direction	—
9. A l'av^t de la direction	—
A reporter. . . Fl.	1,501—0

Report. Fl.	1,501 - 0
Loges 10. M. Griez, 4 p.	252—0
11. N. . . 4 p	252—0
12. N. . . 4 p.	252 - 0
13. N . . 4 p.	252—0
14. N. . . 4 p.	252—0
15.	—
16. M. Verjau, 3 p.	189—0
17. N. . . 3 p.	189—0
18. N. . . 6 p.	378—0
19. M. Bos. 3 p.	189—0
20. M Serclas, 3 p.	189—0
21. M. Knops, 3 p.	189—0
22. N. . . 6 p.	378—0
23. Mad. Clement, 4 p.	252—0
24. Mad. Robiano, 3 p.	150 0
25. Baron de Feltz, 6 p.	378—0
26. Dillon, 4 p.	334—16
Total. Fl.	5,576—16

Récapitulation.

Total des Premières Loges	Fl.	22,481—0
Id. de Secondes Loges	—	11,928—0
Id. des Troisièmes Loges	—	8,820—0
Id. des Quatrièmes Loges	—	1,134—0
Id. des Basses Loges de parquet et parterre	—	5,576—16
Total général.	Fl.	49,939—16

Signé : L'Ortye.

(ARCHIVES GÉNÉRALES DU ROYAUME. — *Secrétarerie d'État et de Guerre.* — Portefeuille n° 447.)

Le 17 mai 1784, un nouveau règlement, très complet cette fois, fut décrété, et on nomma le sieur Chavée, officier de police, pour le service intérieur du théâtre. Il recevait des directeurs l'ordre *d'emprisonner les artistes récalcitrants.* C'est ainsi qu'il eut à interner, à la porte de Laeken, Châteauneuf, qui avait refusé de jouer le rôle de Fabio.

Vers cette époque on résolut de reconstruire le théâtre. L'architecte de Wailly avait élaboré des plans. On en renvoya l'exécution, et, quelques années plus tard, il demanda la nomination d'un comité chargé d'étudier son projet. Mais aucune suite n'y fut donnée.

> Aujourd'hui samedi 24 février 1786, grand concert spirituel, au bénéfice des pauvres, à l'occasion de l'heureuse arrivée de leurs Altesses royales à Vienne.
> On y exécutera :
> Le *Te Deum* de la composition du sieur Gossec.
> Un motet à trois voix du même auteur.
> La *Nativité*, oratoire du même auteur.
> Les parties récitantes seront chantées par les chanteurs et chanteuses de la troupe de LL. AA. RR., et ces morceaux seront coupés par différentes symphonies.
> On prendra aux premières loges et parquet une demi-couronne; aux secondes loges, trois escalins, aux troisièmes loges, parterre et loges de parterre, trois plaquettes et au quatrième rang, 5 sols.
> N. B. Il sera délivré à toutes personnes qui prendront des billets de parquet et de premières loges, trois cartes à distribuer aux pauvres.
> A celles qui prendront des billets de secondes loges deux cartes.
> A celles qui prendront des troisièmes loges, parterre et loges au parterre, une carte.
> Il sera pareillement délivré une carte à toutes personnes qui prendront deux billets de quatrième rang.
> Le dimanche 26 février 1786, à 8 heures du matin, il sera distribué à la porte du grand spectacle, pour chacune des cartes qui y seront représentées, un pain blanc de trois sols et deux livres de viande.
> C'est au grand théâtre de la Monnaie.
> On commencera à six heures précises.
> De l'imprimerie d'Emmanuel Flon, rue des Frippiers.

TABLEAU DE LA TROUPE (1786-1787).

Acteurs.

Messieurs :

De Champmélé, rois et pères nobles.
Adam, premier rôle.
Bursay, seconds rois, raisonneurs, rôles de caractère et de convenance.
Riquier, jeunes premiers et seconds rôles.
Du Sauzin, des amoureux et des troisièmes rôles.
Saint-Vair, premier comique.
De la Sozelière, les rôles à manteaux, financiers et paysans.
Calais, rôles dans les minces emplois et grandes utilités.
Vernet, des seconds et troisièmes amoureux.
Maréchal, seconds comiques et utilités
Le Jeune, les confidents et utilités.
Grégoire, des grimes et la grande utilité.
La Rivière, des rôles accessoires.
Bursay fils, les rôles d'enfants.
Virion, souffleur.

Actrices.

Mesdames et Mesdemoiselles :

Bursay, les premiers et jeunes premiers rôles.
Fleury, seconds rôles.

BERTHEAS, première soubrette
DUQUESNOIS, les rôles d'ingénuités.
DE LA SOZELIÈRE, les caractères, mères nobles.
ADAM, des premiers caractères.
D'HUMAINBOURG, les secondes soubrettes, seconds caractères, confidentes et utilités.
D'HUMAINBOURG nièce, les rôles d'enfants.

Opéra.

M. VITZTHUMB, maître de musique et de l'orchestre.

Chanteurs.

MEES,
DU SAUZIN, } premières basses-tailles.

DU QUESNOIS,
RIQUIER, } premières hautes-contres.

CALAIS,
DESBATTY, } secondes basses-tailles.

GRÉGOIRE,
LA RIVIÈRE, } basses-tailles accessoires.

PAUWELS, haute-contre accessoire.
FONTAINE, taille accessoire.

Chanteuses.

Mesdames, Mesdemoiselles :

RIQUIER,
CRETU, } premières chanteuses.

FLEURY-DELIGNIE, des premières et secondes amoureuses.
MEES, emplois de première dugazon et seconde chanteuse.
LE ROY, première duègne.
BLONDEL, seconde duègne.

Ballet.

Messieurs :

LE FÈVRE, maître des ballets et premier danseur.
JOUARDIN,
VAN HAMME, } seconds danseurs.

Mesdemoiselles :

MERCIER,
D'HUMAINBOURG, } premières danseuses

Voici, d'après M. Delhasse, celles des pièces portées au répertoire, antérieurement au temps où nous sommes arrivés et qui n'ont pas été indiquées déjà :
Alceste, de Gluck ; — *Alexis et Justine*, de Dezède ; — *l'Amant corsaire*, du marquis de Lasalle ; — *l'Amant déguisé*, de Philidor ; — *l'Amant Jaloux*, de Grétry ; — *l'Amant statue*, de Dalayrac ; — *les Amours de Gonesse*, de Laborde ; — *l'Anneau perdu et retrouvé*, du même ; — *l'Aveugle de Palmyre*, de Rodolphe ; — *Aucassin et Nicolette*, de Grétry ; — *le Baiser*, de Champein ; — *la Belle Esclave*, de Philidor ; — *la Bergère des Alpes*, de Kohault ; — *Blaise et Babet*, de Dezède ; — *le Bon Fils*, de Philidor ; — *la Caravane du Caire*, de Grétry ; — *Castor et Pollux*, de Rameau ; — *la Clochette*, de

En 1787, Alexandre Bultos mourut. Il fut très regretté pour son talent et « ses belles manières ». Herman termina seul la saison théâtrale, et ainsi s'acheva la direction des deux frères.

L'année suivante, le survivant s'adjoignit le comédien P. A. Adam.

Duni ; — *Colinette à la Cour*, de Grétry ; — *le Comte d'Albert*, du même ; — *la Coquette de village*, de St-Amans ; — *le Dépit généréux*, de Laruette ; — *le Déserteur*, de Monsigny ; — *les Dettes*, de Champein ; — *les Deux Compères*, de Laruette ; — *les Deux Cousines*, de Desbrosses ; — *les Deux Jardiniers*, de Chapelle ; — *les Deux Talents*, de d'Herbain ; — *les Deux Tuteurs*, de Dalayrac ; — *Didon*, de Piccini ; — *le Directeur dans l'embarras*, de Cimarosa, pastiché de l'italien ; — *la Dot*, de Dalayrac ; — *le Double déguisement*, de Gossec ; — *l'Epreuve villageoise*, de Grétry ; — *l'Erreur d'un moment*, de Dezède ; — *l'Esprit du jour*, d'Alexandre ; — *les Evénements imprévus*, de Grétry ; — *la Fausse Peur*, de Darcis ; — *la Fausse Veuve*, de St-Amans ; — *le Faux Lord*, de Piccini ; — *Félix*, de Monsigny ; — *les Femmes et le secret*, de Vachon ; — *le Fermier cru sourd*, de Martini ; — *Fleur d'épine*, de Mme Louis ; — *le Fleuve de Scamandre*, de Barthélemon ; — *Guy de Chêne*, de Laruette ; — *l'Indienne*, de Cifolelli ; — *l'Infante de Zamora*, parodiée sur la musique de *la Frascatana* de Paisiello ; — *Iphigénie en Aulide*, de Gluck ; — *Iphigénie en Tauride*, du même ; — *Isabelle de Rosalvo*, de Propiac ; — *le Jardinier de Sidon*, de Philidor ; — *le Jugement de Midas*, de Grétry ; — *Julie*, de Dezède ; — *l'Huître et les Plaideurs*, de Philidor ; — *le Huron*, de Grétry ; — *le Mariage par capitulation*, de Rodolphe ; — *la Mélomanie*, de Champein ; — *les Moissonneurs*, de Duni ; — *la Négresse*, de Lescot ; — *Nicaise*, de Bambini ; — *le Nouveau Marié*, de Baccelli ; — *la Nouvelle Ecole des femmes*, de Philidor ; — *les Nymphes de Diane*, de Moulinghem ; — *l'Olympiade*, de Sacchini (de l'italien) ; — *Orphée*, de Gluck ; — *Panurge*, de Grétry ; — *Perrin et Lucette*, de Cifolelli ; — *la Pipée*, de Clément, opéra parodié sur *Il Paratajo*, de Jomelli ; — *le Porteur de chaises*, de Dezède ; — *Psyché et l'Amour*, de St-Amans ; — *le Retour de Tendresse*, de Méreaux ; — *le Rendez-vous*, de Duni ; — *le Rendez-vous bien employé*, de Monsigny ; — *la Ressource comique*, de Méreaux ; — *Richard Cœur-de-Lion*, de Grétry ; — *Roland*, de Piccini ; — *les Sabots*, de Duni ; — *Sara*, de Vachon ; — *Silvie*, de Berton et Trial ; — *Sophie*, de Kohault ; — *le Stratagème découvert*, de Dezède ; — *Thémire*, de Duni ; — *les Trois Fermiers*, de Dezède ; — *le Trompeur trompé*, de Blaise ; — *l'Union et l'amour des Arts*, de Floquet ; — *la Veuve indécise*, de Duni ; — *Zélie et Lindor*, de Rigade.

H. Bultos et P. Adam

LA MONTANSIER

(1787-96)

La nouvelle association commence son règne alors que les préludes de la Révolution se font déjà sentir. C'est la période tourmentée de Bruxelles, qui reçut le contre-coup du mouvement révolutionnaire français.

Les trois premières années de cette entreprise furent les trois dernières où la troupe porta le titre de :

LES COMÉDIENS ORDINAIRES
DE S. A. R. LE PRINCE CHARLES DE LORRAINE

Voici la nomenclature de ces artistes :

Régisseur : M. LA CROIX.

Tragédie et Comédie.

Acteurs.

Messieurs :

Champmêlé, rois et pères nobles.
Adam, les premiers rôles et forts jeunes premiers.
Dupont, les jeunes premiers.

FLORIBEL, les jeunes premiers.
BURSAY, seconds rois, raisonneurs, rôles de convenance.
DUSAUZIN, les troisièmes rôles.
SAINT-VAIR, premier comique.
MARCHAL, second comique.
DE LA SOZELIÈRE, les rôles à manteaux, financiers et paysans.
CALAIS, rôles dans les mêmes emplois.
VERNET, des seconds et troisièmes amoureux et des confidents.
BURSAY fils, les rôles d'enfants.
VIRION, souffleur.

Actrices.

Mesdames et Mesdemoiselles :

BURSAY, les premiers et forts jeunes premiers rôles.
GUÉRIN, jeune première et seconds rôles.
DUQUÉNOY, des secondes amoureuses et ingénuités.
PIERSON, des secondes amoureuses.
BERTHEAS, première soubrette.
DE LA SOZELIÈRE, des mères nobles, les caractères et confidentes.
ADAM, des caractères.
D'HUMAINBOURG, les secondes soubrettes, des confidentes et seconds caractères.
D'HUMAINBOURG nièce, rôles d'enfants.

Opéra.

Chanteurs.

Messieurs :

MEES, première basse-taille.
DUSAUZIN, les secondes basses-tailles et des Laruette.
DUQUÉNOY, première haute-contre.
DE MOLIÈRE, seconde haute-contre.
SAINT-FAR, les Laruette et Trial.

Chanteuses.

Mesdames et Mesdemoiselles :

MEES, emploi de première dugazon et seconde chanteuse.
DUQUÉNOY, des secondes et jeunes amoureuses.
GUIRARDY, utilités.
M. BORREMANS, répétiteur des chœurs.

Ballet.

M. LE DAIT, maître des ballets et premier danseur.
Mlle MERCIER, première danseuse.
M. LANGLOY, répétiteur des ballets.

M. VITZTHUMB, maître de musique et de l'orchestre.

Principales nouveautés du répertoire : *Nina ou la Folle par amour*, de Dalayrac ; — *Renaud d'Ast*, de Dalayrac ; — *Ozemia ou les Sauvages*, de Dalayrac ; — *Œdipe à Colonne*, opéra en 3 actes, de Sacchini ; — *le Roi Théodore à Venise*, 3 actes, de Païsiello ; — *le Droit du Seigneur*, opéra-comique en 3 actes, de Martini ; — *le Corsaire*, de Dalayrac ; — *le Mystificateur mystifié*, 3 actes, de Duquesnoy ; — *les Deux petits Savoyards*, de Dalayrac ; — *le Maître généreux*, opéra en 3 actes, de Païsiello.

RÉGLEMENT

Pour le maintien de la Police et du bon ordre au grand Théatre de Bruxelles, prescrit par les Messieurs du Magistrat de la même Ville.

Le 29 Mars 1790.

ARTICLE PREMIER.

Aucune personne, étrangère au Spectacle ne pourra, sous aucun prétexte, être admise aux Répétitions, ni assister à la formation du Répertoire, qui devra se faire le Vendredi de chaque semaine, à dix heures du matin précises; sauf cependant l'intervention des personnes qui pourroient se rendre soit aux Répétitions, soit à la formation du Répertoire par ordre ou par commission du Magistrat.

II.

Tous les Acteurs et Actrices, sans distinction, devront se trouver à la formation du Répertoire, et ne pourront se retirer avant la distribution des Piéces, à peine d'une Couronne d'amende.

III.

Les Directeurs devront présenter le Samedi ou le Dimanche au matin leur Répertoire aux Echevins Commissaires députés pour les affaires du Spectacle, et ces Répertoires ne pourront ensuite jamais être changés sans leur permission, et en cas qu'il survienne quelque changement après que la piéce aura déjà été annoncée, les Directeurs devront faire annoncer ce changement au Théatre avant que de commencer la Réprésentation.

IV.

Les Acteurs et Actrices ne pourront en aucune maniere réclamer quelque régle ou usage de Théatre étrangers, pour se dispenser de jouer aucuns Rôles, sous prétexte qu'ils ne seroient pas de leur emploi, mais ils devront se conformer à ce qui sera déterminé à cet égard par la Direction.

V.

La Direction ne sera tenue de fournir les piéces, et de faire copier les Rôles, que pour les piéces nouvelles.

VI.

En cas de changement du Répertoire, aucun Acteur ou Actrice ne pourra refuser les piéces qui auront été jouées par eux dans le courant du mois, ou deux fois dans l'année, à peine de dix Couronnes d'amende.

VII.

Aucun Acteur ou Actrice ne pourra faire doubler son Rôle par quelque autre, sans l'aveu et le consentement exprès de la Direction, à peine de quatre Couronnes d'amende.

A

Le Théâtre de la Monnaie fut, pour ainsi dire, un foyer de manifestations révolutionnaires : chaque fois que le public trouvait dans une pièce quelque situation rappelant les événements du jour, il soulignait bruyamment l'allusion.

Après les premiers combats, en pleins troubles, Van der Noot fait son entrée à Bruxelles. Le soir, il se rend au théâtre, où on lui fait une ovation, et Henri Mees chante, en son honneur, des couplets qui devinrent bientôt populaires.

Plus tard, Van der Mersch assiste à une représentation où il est l'objet de démonstrations enthousiastes. On fait recommencer pour lui *Brutus*, la tragédie de Voltaire, qui contenait plusieurs passages tout à fait en situation.

On joua aussi des pièces de circonstance : *La Récompense patriotique*, opéra-comique en un acte — *L'Ombre de Joseph II*, à l'occasion de la mort de cet empereur — une parade portant le titre : *Quel parti faut-il prendre ?* dont le thème était l'établissement d'un Gouvernement constitutionnel et représentatif, comme l'indique assez le couplet suivant :

> Le parti le plus sûr que l'on puisse adopter,
> Pour notre État naissant qu'il faut consolider,
> C'est d'éviter la guerre et de fuir tous extrêmes.
> Libres et réunis, gouvernons-nous nous-mêmes,
> Mais, sans avoir un Maître, ayons un Souverain.

Puis, en l'honneur de LL. AA. RR., rentrant à Bruxelles — après le règne de Van der Noot, — on trouve une pièce intitulée : *L'Impromptu du Cœur* et renfermant plusieurs épigrammes qui furent saisies au vol.

Enfin, une satire dirigée contre Van der Noot : *Les Nourrissons de Schaerbeek*.

Voici, dans son originalité, un écrit du temps, publié par *l'Ami des Hommes* (de Beaunoir) :

...Les feus héros Brabançons ont fait un arrêté dans les cafés, de ne plus souffrir de cocardes blanches, mais malheureusement M le général Bender a été d'un autre avis, et a non-seulement protégé les cocardes blanches, mais a même donné l'ordre que les comédiens la portassent quand ils joueraient des rôles en uniforme. Cet ordre a privé la ville de Bruxelles de voir sur son théâtre le fameux capitaine Beaulieu, non le héros Autrichien, digne frère d'armes des Bender et des Keul, mais le héros de la garde nationale parisienne, et le rival de Bordier le pendu. Les directeurs du spectacle de Bruxelles, grands amis, et grands protégés de Van der Noot, qui leur avait accordé l'octroi de la comédie, pour payer à sa cendre un tribut patriotique, avaient fait venir à grands frais, de Paris, le capitaine Beaulieu, acteur des Variétés, pour donner aux bons Brabançons les charmantes pièces de *Jean-Bête* et de

Nicodème, chefs-d'œuvre dramatiques de la révolution, et dans lesquelles le capitaine français est, dit-on, sublime. Toute la jeunesse bruxelloise se faisait fête de claquer l'histrion patriote : mais hélas ! le capitaine s'étant permis en public des plaisanteries sur la cocarde blanche, et ayant voulu faire l'apôtre de la propagande, a reçu l'ordre de M. de Bender d'aller dans les vingt-quatre heures faire *Jean-Bête* et *Nicodème* à Paris En vain les directeurs ont employé tous les ressorts démocratiques pour le faire rester ; le héros qui craint le *Knout*, est parti en poste, et a emporté l'argent des directeurs, et les regrets des lionceaux.

En 1790, la troupe porte le nom de :

LES COMÉDIENS ORDINAIRES DE LA VILLE DE BRUXELLES

Dans un nouvel octroi, pour un terme de vingt années, accordé à Bultos et Adam (24 mars 1791), on rencontre les clauses suivantes, qui démontrent clairement une intention persistante de construire un nouveau Théâtre.

Art. 1. — Ils rebâtiront et construiront dans le terme d'un an à compter de la date du présent octroi une salle de spectacle dans le bâtiment qui est actuellement destiné à cet usage ou dans tel autre emplacement que notre gouvernement trouvera bon d'agréer.

Art. 2. — Et comme les suppliants ont présenté un plan de cette nouvelle salle, ce plan devra être soumis à l'examen de l'architecte Wuilli, pour être corrigé et amélioré et ensuite agréé par notre gouvernement.

L'architecte de Wailly, qui ne se décourageait pas, présenta de nouveaux dessins, d'après lesquels le Théâtre aurait été construit sur l'emplacement occupé par l'ancien Palais de Justice ; ce projet fut repoussé.

COMÉDIENS DE LEURS ALTESSES ROYALES

Régisseur : M. LA CROIX.

Tragédie et Comédie.

Acteurs.

Messieurs :

Champmèlé, rois et pères nobles.
Adam, les premiers rôles, fort jeunes premiers.
Massein (*sic*), les jeunes premiers.
Bursay, seconds rois, raisonneurs, premiers rôles de caractère et de convenance.
Dusauzin, les troisièmes rôles.
Saint-Vair, premier comique.

Maréchal, second comique.
Calais, les rôles à manteaux, financiers et paysans.
Vernet, les seconds et troisièmes amoureux, et des confidens.
La Rivière et Desbaty, les rôles accessoires et utilités.
Bursay fils, les rôles d'enfans.
Virion, souffleur.

Actrices.

Mesdames :
Bursay, les premiers et fort jeunes premiers rôles.
Brulot, jeunes premières et seconds rôles.
Duquesnoy, les secondes amoureuses et ingénuités.
Pierson, des secondes amoureuses.
Bertheas, première soubrette.
Camille, des mères nobles, les caractères et confidentes.
Adam, des caractères.

Opéra.

Acteurs.

Messieurs :
Mees, première basse-taille.
Dusauzin, les secondes basses-tailles et des Laruette.
Duquesnoy, première haute-contre.
Mausot et Mélangez, secondes hautes-contres.
Calais, Maquatre et Desbaty, secondes basses-tailles.
Bergamini et Guilmino, les Laruette et Trial.
La Rivière, basse-taille accessoire.
Borremans, taille accessoire.
Gilis et Pauwels, hautes-contres accessoires.

Actrices

Mesdames :
Guilmino et Bocquet, premières chanteuses.
Mees, emploi de première dugazon et seconde chanteuse.
Duquesnoy, des secondes, et jeunes amoureuses.
Le Roy et Saint-Vair, Duègnes.
Guérardy, utilité.
M. BORREMANS, répétiteur des chœurs.

Ballet.

MM. Ledait, maître de ballet et premier danseur.
Jouardin, second danseur.
Langloy, répétiteur des ballets.
Mlle Mercier, première danseuse.
M. PARIS, maître de musique et directeur de l'orchestre.

C'est pendant cette année que Mlle Thenard, de la Comédie-Française, vint donner des représentations à Bruxelles.

Pièces nouvelles :
1791. — 4 février, *Raoul sire de Créqui*, 3 actes, de Dalayrac; — 8 juin, *la Soirée orageuse*, opéra-comique en 1 acte, de Dalayrac; — 29 août, *les Prétendus*, grand opéra en 1 acte, de Lemoyne; — 30 juin, *la Fête flamande ou le Prix des Arts*, de Duquesnoy.

Catalogue alphabétique des tragédies, comédies, opéras-bouffons et comédies mêlées d'ariettes, qui sont successivement représentées sur le Théâtre de Bruxelles jusqu'en 1791.

Tragédies et Drames.

Andromaque, de Racine. — Ariane, de Th. Corneille. — Andronic, de Campistron. — Athalie, de Racine. — Atrée et Thieste, de Campistron. — Alzire, de Voltaire. — Adelaïde du Guesclin, de Voltaire. — Aristomène, de Marmontel. — Amalazonte, du Mis de Ximenès. — Amélie et Montrose, d. 4 a. — Bajazet, de Racine. — Beverley, de Saurin. — Le Bienfait anonyme, d. 3 a. (?). — Britannicus, de Racine. — La Brouette du vinaigrier, d. de Mercier. — Brutus, de Voltaire. — Le Cid, de P. Corneille — Cinna, du même. — Clémentine et Desormes, d. de Monvel. — Coriolan, de La Harpe. — Criminel (l'honnête), d. de Fenouillot de Falbaire. — Clarisse, de Colardeau. — Didon, de Le Franc. — Le Déserteur, d. 5 a. de Mercier. — Essex (le comte d'), de T. Corneille. — Electre, de Crébillon — Eugénie, d. de Beaumarchais. — Esther, de Racine. — Gustave, de Piron. — Gaston et Bayard, de Du Belloy. — Guillaume Tell, de Lemierre. — Hérode et Marianne, de Voltaire. — Les Horaces, de P. Corneille. — Hypermnestre, de Lemierre. — Hamlet, de Ducis. — L'Habitant de la Guadeloupe, d. de Mercier. — Inès de Castro, de Lamotte. — Iphigénie en Aulide, de Racine. — Iphigénie en Tauride, de La Touche. — Ino et Mélicerte, de La Grange-Chancel. — Jenneval, ou le Barnevelt français, d. de Mercier — Lear (le roi), de Ducis. — Manlius, de La Fosse. — Médée, de Longepierre. — Merope, de Voltaire. — Mithridate, de Racine. — Mélanie, d. 3 a. de La Harpe. — Mérinval, d. de d'Arnaud. — Le Négociant de Lyon, ou les Deux Amis, d. de Beaumarchais. — Nadir ou Thamas-Kouli-Khan, de Dubuisson — Œdipe chez Admète, de Ducis. — Œdipe, de Voltaire. — Olympie, de Voltaire. — L'Orphelin de la Chine, de Voltaire. — L'Orphelin anglais, d. 3 a. (?). — Phèdre et Hyppolite, de Racine. — Pirrhus, de Crébillon. — Polyeucte, de P. Corneille. — Pierre-le-Grand, de Dorat. — Philoclète, de La Harpe. — Rhadamiste et Zénobie, de Crébillon. — Rodogune, de Corneille. — Roméo et Juliette, de Ducis — Le Siège de Calais, de Du Belloy. — Sémiramis, de Voltaire. — Tancrède, de Voltaire. — Titus, de Du Belloy. — La Veuve de Malabar, de Lemierre. — Venceslas, de Rotrou. — Waltron, ou la Discipline du Nord (?). — Warwick, de La Harpe. — Zaïre, de Voltaire. — Zelmire, de Du Belloy.

Comédies.

L'Andrienne, de Baron, en 5 a. — L'Avare, de Molière, en 5 a. — Amphitrion, de Molière, en 3 a. — L'Avocat Pathelin, de Brueys, en 3 a. — L'Amour diable, de Le Grand, en 1 a. — L'Anglois à Bordeaux, de Favart, en 1 a. — L'Amant auteur et valet, de Cérou, en 1 a. — L'Aveugle clairvoyant, de Le Grand, en 1 a. — L'Amateur, de Barthe, en 1 a. — Les Amans généreux, de Rochon, en 5 a. — Auguste et Théodore, ou les Deux Pages, en 2 a. — Les Arts et l'Amitié, en 1 a. — L'Assaut de fourberies, de Dumaniant, en 5 a. — Les Amis du jour, de Beaunoir, en 1 a — Le Bourgeois gentilhomme, de Molière, en 5 a. — Les Bourgeoises à la mode, de Dancourt, en 5 a. — Les Bourgeoises de qualité, de Dancourt, en 3 a. Belphégor, de Legrand, en 3 a. — Le Bourru bienfaisant, de Goldoni, en 3 a. — Le Barbier de Séville, de Beaumarchais, en 4 a. — Le Bienfait rendu, ou le Négociant, de Dampierre, en 5 a. — La Bergère des Alpes, de Desfontaines, en 1 a. — Le Bon Père, de Florian, en 1 a. — Le Bon Ménage, de Florian, en 1 a. — Le Chevalier sans peur et sans reproche, de Monvel, en 5 a. — Le Connoisseur, de Marsollier, en 3 a. — Le Célibataire, de Collin d'Harleville, en 5 a. — Céphise, de Marsollier, en 2 a. — Le Chevalier français à Turin, de Dorat, en 3 a — Le Cercle, de Poinsinet, en 1 a. — Crispin médecin, de Hauteroche, en 5 a. — La Coquette corrigée, de Lanoue, en 5 a. — Le Curieux impertinent, de Destouches, en 5 a. — La Coupe enchantée, de La Fontaine, en 1 a. — Les Carosses d'Orléans, de La Chapelle, en 1 a — Le Cocher supposé, de Hauteroche, en 1 a. — Le Cocu imaginaire, de Molière, en 1 a. — Le Consentement forcé, de Merville, en 1 a. — Crispin rival, de Lesage, en 1 a. — Les Châteaux en Espagne, de Collin d'Harleville, en 5 a. — Le Distrait, de Regnard, en 5 a. — Démocrite, de Regnard, en 3 a. — Le Dépit amoureux de Molière, en 3 a. — Le Dissipateur, de Destouches, en 5 a. — Le Droit du Seigneur, de Voltaire, en 5 a. — Les Dangers de l'absence, en 2 a. — Dupuis et Desronais, de Collé, en 3 a. — Le Deuil, de Hauteroche, en 1 a. — Le Dragon de Thionville, de Dumaniant, en 1 a. — Le Duel, en 1 a. — Les Deux Figaros, de Martelly, en 5 a. — L'Écossaise, de Voltaire, en 5 a. — L'Etourdi, de Molière, en 5 a. — Esope à la Cour, de Boursault, en 5 a. — L'Enfant prodigue, de Voltaire, en 5 a. — L'École des femmes, de Molière, en 5 a. — L'École des pères, de Pieyre, en 5 a. — L'École des mères, de La Chaussée, en 5 a. — L'École des maris, de Molière, en 5 a. — L'École des amis, de La Chaussée, en 5 a. — L'École de l'adolescence, de Dantilly, en 2 a. — L'Embarras des richesses, de l'Allainval, en 3 a. — L'Épreuve réciproque, d'Alain, en 1 a — L'Époux par supercherie, de Boissy, en 2 a. — L'Esprit de contradiction, de Dufresny, en 1 a. — Les Étourdis, d'Andrieux, en 3 a. — Les Épreuves, de Forgeot, en 1 a. — L'Entrevue, de Vigée, en 1 a. — Les Embarras du père de famille, en 3 a. — Les Femmes savantes, de Molière, en 5 a. — Le Festin de Pierre, de T. Corneille, en 5 a. — La Fille capitaine, de Montfleury, en 5 a. — La Force du naturel, de Piron, en 5 a. — Les Fâcheux, de Molière, en 3 a. — Les Fourberies de Scapin, de Molière, en 3 a. — Les Folies amoureuses, de Regnard, en 3 a. — Les Fausses Confidences, de Marivaux, en 3 a. — La Famille extravagante, de Legrand, en 1 a. — Le Français à Londres, de Boissy, en 1 a. — Le Fat puni, de Pont-de-Vesle, en 1 a. — Le Florentin, de La Fontaine, en 1 a. — Le Flatteur, de Rousseau, en 5 a. — Fanfan et Colas, de Mme de Beaunoir, en 1 a. — La Femme jalouse, de Desforges, en 5 a. — La Folle Journée, de Beaumarchais, en 5 a. — Les Fausses Infidélités, de Barthe, en 1 a. — La Fausse Agnès, de Destouches, en 3 a. — Georges Dandin, de Molière, 3 a. — Le Grondeur, de Brueys, 3 a. — Le Glorieux, de Destouches, 5 a. — Le Galant Coureur, de Le Grand, 1 a. — Guerre ouverte, de Dumaniant, 3 a. — Le Galant Escroc, de Collé, 1 a. — La Gageure imprévue, de Sedaine, 1 a. — L'Homme à bonnes fortunes, de Baron, 5 a. — L'Homme singulier, de Destouches, 5 a. — Heureusement, de Rochon, 1 a. — L'Homme généreux, de Mme de Gouges, 5 a. — L'Heureuse Erreur, de Patrat, 1 a. — L'Homme de Cour, de Chaveau, 5 a. — L'Homme personnel, de Barthe, 5 a. — L'Homme de ma connaissance, de Mercier, 2 a. — L'Heureuse Rencontre, 2 a. — Le Joueur, de Regnard, 5 a. — La Joueuse, de Lebrun, 5 a. — Les Jeux de l'amour et du hasard, de Marivaux, 3 a. — L'Impromptu de campagne, de Poisson, 1 a. — L'Important de la Cour, de Brueys, 5 a. — L'Indiscret, de Voltaire, 1 a. — L'Impertinent, de Desmahis, 1 a. — Le Jaloux désabusé, de Campistron, 5 a. — Les Jumeaux de Bergame, de Florian, 1 a. — Le Jaloux, de Rochon, 5 a. — L'Inconstant, de Collin d'Harleville, 5 a. — Julie, ou le bon père, de Monvel, 3 a. — L'Incertitude maternelle, ou le Choix impossible. — Le Légataire universel, de Regnard, 5 a. — Le Legs, de Marivaux, 1 a. — Le Médisant, de Destouches, 5 a. — Le Méchant, de Gresset, 5 a. — Le Menteur, de Corneille, 5 a. — La Métromanie, de Piron, 5 a. — Le Malade imaginaire, de Molière, 3 a. — Le Médecin malgré lui, de Molière, 3 a. — Le Misanthrope, de Molière, 5 a. — Le Mercure galant, de Boursault, 5 a. — La Maison de Molière, de Mercier, 5 a. — Le Marchand de Smyrne, de Chamfort, 5 a. — Le Mort marié, de Sedaine, 2 a. — Montesquieu à Marseille, de Mercier, 3 a. — La Mère jalouse, de Barthe, 3 a. — Le Magnifique, de Lamotte, 2 a. — Nanine, de Voltaire, 3 a. — La Nuit aux aventures, de Dumaniant, 3 a. — L'Obstacle imprévu de Destouches, 5 a. — L'Oracle, de Saint-Foix, 1 a. — L'Optimiste, de Collin d'Harleville, 5 a. — L'Officier, 3 a. — Le Paysan magistrat, de Collot-d'Herbois, 5 a. — La Partie de chasse de Henri IV, de Collé, 3 a. — Le Philosophe sans le savoir, de Sedaine, 5 a — Le Persifleur, de Sauvigny, 3 a. — La Pupille, de Fagan, 1 a. — Les Plaideurs, de Racine, 3 a. — Les Rivaux amis, de Forgeot, 1 a. — Le Somnambule, de Legrand, 1 a. — La Sérénade, de Regnard, 1 a. — Le

Souper de Henri IV, de Bouteiller, 1 a. — Le Soldat prussien, de Dumaniant, 3 a. — Le Sourd, de Desforges, 3 a. — Le Siège de Barcelone, ou les Coups de l'amour et de la fortune, de Quinault, 3 a. — Le Tuteur trompé, 1 a. — Le Tartufe, de Molière, 5 a. — Turcaret, de Lesage, 5 a. — Le Tambour nocturne, de Destouches, 5 a. — Tom-Jones à Londres, de Desforges, 5 a. — Tomes-Jones et Fellemar, de Desforges, 5 a. — Les Trois Jumeaux Vénitiens, de Colatto, 4 a. — La Veuve de Collé, 1 a. — Les Valets maîtres de la maison, de Rochon, 1 a. — Verseuil, ou l'heureuse extravagance, de Berard, 1 a. — Zéné, de Fagan, 1 a.

Opéras-comiques et Comédies mêlées d'ariettes.

Alceste, de Gluck. — Alexis et Justine, de Dezède. — L'Amant corsaire, de Lasalle. — L'Amant déguisé, de Philidor. — L'Amant jaloux, de Grétry. — L'Amant statue, de Dalayrac. — Les Amours de Gonesse, de Laborde. — L'Anneau perdu et retrouvé, de Laborde. — L'Aveugle de Palmyre, de Rodolphe. — Aucassin et Nicolette, de Grétry. — Le Baiser, de Champein. — La Belle Esclave, de Philidor. — La Bergère des Alpes, de Kohault. — Blaise et Babet, de Dezède. — Le Bon Fils, de Philidor. — La Caravane du Caire, de Grétry. — Castor et Pollux, de Rameau. — La Clochette, de Duni. — Colinette à la Cour, de Grétry. — Le Comte d'Albert, de Grétry. — La Coquette de village, de Saint-Amans. — Le Dépit généreux, de Laruette. — Le Déserteur, de Monsigny. — Les Dettes, de Champein. — Les Deux Compères, de Laruette. — Les Deux Cousines, de Desbrosses. — Les Deux Jardiniers, de Chapelle. — Les Deux Talents, de d'Herbain. — Les Deux Tuteurs, de Dalayrac. — Didon, de Piccini. — Le Directeur dans l'embarras, de Cimarosa. — La Dot, de Dalayrac. — Le Double Déguisement, de Gossec. — L'Epreuve villageoise, de Grétry. — L'Erreur d'un moment, de Dezède. — L'Esprit du jour, d'Alexandre. — Les Evénemens imprévus, de Grétry. — La Fausse Peur, de Darcis. — La Fausse Veuve, de Saint-Amans. — Le Faux Lord, de Piccini. — Félix, de Monsigny. — Les Femmes et le secret, de Vachon. — Le Fermier cru sourd, de Martini. — Fleur d'Épine, de Mme Louis. — Le Fleuve Scamandre, de Barthélemon. — Le Guy de Chêne, de Laruette. — L'Indienne, de Cifolelli. — L'Infante de Zamora, de Païsiello. — Iphigénie en Aulide, de Gluck. — Iphigénie en Tauride, de Gluck. — Isabelle de Rosalvo, de Propiac. — Le Jardinier de Sidon, de Philidor. — Le Jugement de Vidas, de Grétry. — Julie, de Dezède. — L'Huître et les Plaideurs, de Philidor. — Le Huron, de Grétry. — Le Mariage par capitulation, de Rodolphe. — La Mélomanie, de Champein. — Les Moissonneurs, de Duni. — La Négresse, de Lescot. — Nicaise, de Bambini. — Le Nouveau Marié, de Bacelli. — La Nouvelle École des femmes, de Philidor. — Les Nymphes de Diane, de Moulinghem. — L'Olympiade, de Sacchini. — Orphée, de Gluck. — Panurge, de Grétry. — Perrin et Lucette, de Cifolelli. — La Pipée, de Clément. — Le Porteur de chaises, de Dezède — Psyché et l'Amour, de Saint-Amans. — Le Retour de tendresse, de Méreaux. — Le Rendez-vous, de Duni. — Le Rendez-vous bien employé, de Monsigny. — La Ressource comique, de Méreaux. — Richard Cœur-de-Lion, de Grétry. — Roland, de Piccini. — Les Sabots, de Duni. — Sara, de Vachon. — Silvie, de Berton et Trial. — Sophie, de Kohault. — Le Stratagème découvert, de Dezède. — Thémire, de Duni. — Les Trois Fermiers, de Dezède. — Le Trompeur trompé, de Blaise. — L'Union de l'amour et des arts, de Floquet. — La Veuve indécise, de Duni. — Zélie et Lindor, de Régade.

ÉTAT DES COMÉDIENS (1792)

Acteurs et Actrices.

MM. ADAM, premier rôle.
    MASSIN, jeune fort premier.
    DE CHAMPMESLÉ, roi et père noble.
    BURSAY, les raisonneurs et troisièmes rôles.
    VERNET, jeune amoureux et troisièmes rôles.
    CALAIS, des manteaux, paysans et joue dans l'opéra.
    SAINT-VAIR, premier comique.
    MARÉCHAL, des comiques et troisièmes rôles.
    HESIDOR, utilité dans la comédie et l'opéra.
    DUQUESNOY, première haute-contre.
    BELANGER, } deuxièmes hautes-contres.
    MANCEAU, }
    MEES, première basse-taille.
    MACQUAIRE, basse-taille doublante.
    DUSAUZIN, deuxième basse-taille, troisième rôle.
    BERGAMIN, trial, Laruette et des seconds comiques.
    GUILMINOT, deuxième Laruette et trial.
    BOIRFMANS, chanteur et utilités.
    PIERSON, confident et accessoires.
    DEBATTY, utilités et chanteur.
    VIRION, souffleur.

Mmes BURSAY, les premiers rôles tragiques et comiques.
    BRULO, jeune première.
    BERTHEAS, première soubrette.
    CAMILLE, premiers caractères, confidentes et rôles de convenance.
    LEROY, première duègne.
    ADAM, des seconds caractères et deuxième soubrette.

Nouveau répertoire :

1792. — 23 janvier, *Paul et Virginie*, opéra-comique en 3 actes, de Kreutzer ; — 8 mars, *le Magnifique*, de Grétry ; — 25 avril, *Camille ou le Souterrain*, opéra-comique en 3 actes, de Dalayrac ; — 29 juin, *le Nouveau Don Quichotte*, opéra-comique en 2 actes, de Champein ; — 8 août, *Pierre le Grand*, opéra-comique en 3 actes, de Grétry ; — 10 octobre, *Euphrosine et Coradin*, grand-opéra en 3 actes, de Méhul ; — 7 novembre, *les Pommiers et le Moulin*, grand-opéra en 1 acte, de Lemoyne ; *le Faux Lord*, opéra, de Piccini.

1793. — 16 janvier, *Mutius Scévola*, tragédie en 5 actes, de Luce de Lancival ; — 22 janvier, *Guillaume Tell*, tragédie en 5 actes, de Lemierre ; — 23 janvier, *Mélanie, ou la religieuse malgré elle*, comédie en 3 actes, de La Harpe ; — 11 février, *les Victimes cloîtrées*, drame en 4 actes, de Monvel ; — 11 février, *l'Apothéose de Beaurepaire*, comédie en 1 acte, de Lesur ; — 22 février, *la Liberté conquise*, comédie en 5 actes, à grand spectacle, de (?) ; — 1er mars, *les Rigueurs du cloître*, opéra en 2 actes, de Fiévée et Berton.

A ce répertoire, il faut ajouter, pour compléter la liste des pièces jouées pendant l'année :
Opéras nouveaux :

1793. — 21 janvier, *Panurge dans l'Ile des lanternes*, de Grétry ; — 1er mars, *les Rigueurs du cloître*, 2 actes, de Berton ; — 20 mars, *le Siège de Lille*, 1 acte, de Kreutzer ; — 15 avril, *les Lois et les Rois*, scène lyrique de Paris ; — 19 juin, *Lodoïska*, opéra-comique en 3 actes, de Kreutzer ; — 8 novembre, *le Barbier de Séville*, opéra-bouffe de Païsiello.

Mmes SAINT-VAIR, deuxièmes duègnes.
PIERSON, troisième amoureuse.
BOQUET, première chanteuse.
GUILMINOT, première chanteuse en partage.
MEES, dugazon ou deuxième amoureuse.
GERARDI, chanteuse et coryphée.

BALLET.

MM. LEDET, premier danseur et maître de ballet.
JOUARDIN, deuxième danseur.
ANDRÉ, danseur et accessoire.
Mmes MERCIÉ, première danseuse.
PROFT, deuxième danseuse
M. PARIS, maître de musique et directeur de l'orchestre.

Le 8 mars, on jouait *le Magnifique*, de Grétry. A peine le spectacle était-il commencé, que l'acteur Bursay vint annoncer la mort de l'Empereur Léopold II. La représentation fut arrêtée sur-le-champ. Deux mois après on faisait encore relâche pour la mort de l'Impératrice.

Le 13 novembre — les Autrichiens avaient quitté Bruxelles — le spectacle est brusquement interrompu par la nouvelle de l'arrivée des Français. Le lendemain la Compagnie s'appelait :

LES COMÉDIENS BELGIQUES

A partir de ce moment, le répertoire ne se compose plus que de pièces révolutionnaires. Ces spectacles électrisaient tellement le public, qu'une partie des assistants montaient sur le théâtre pour « danser *la Carmagnole* et chanter *la Marseillaise* ».

Au commencement de décembre, plusieurs artistes du Grand Opéra de Paris : Lays, Chéron et sa femme, Renaud, Rey, Adrien entreprennent — sous la direction de Gossec — une tournée en Belgique. Ils chantent les airs de *la Victoire*, *l'Hymne sacré de la Liberté*, c'est-à-dire *la Marseillaise* et *l'Offrande à la Liberté*. Ce dernier chant fut éxécuté cinq fois au Théâtre de la Monnaie.

Le 8 janvier 1793, l'affiche porte :

LES COMÉDIENS RÉUNIS
DES RÉPUBLIQUES FRANÇAISE ET BELGIQUE.

pour se modifier, deux jours après, par ce titre :

> LES COMÉDIENS DE LA RÉPUBLIQUE FRANÇAISE
> *sous la direction de la citoyenne* MONTANSIER
> RÉUNIS AUX COMÉDIENS DE LA RÉPUBLIQUE BELGIQUE.

La Montansier avait été installée au théâtre avec l'appui de l'autorité militaire et sans souci des directeurs.

Elle s'appelait, de son véritable nom, Marguerite Brunet. Internée dans un couvent, à Bordeaux, elle eut, toute jeune, des idées romanesques et des goûts d'indépendance. Elle imagine de se faire enlever, et passe aux colonies avec son ravisseur, qu'elle ne tarde pas à abandonner, pour s'engager dans une troupe nomade. Après un échec à la Comédie-Française, elle prend la direction du Théâtre de Nantes, puis, d'une petite salle à Versailles et mène ces deux affaires de front avec les théâtres de Caen, du Havre et de Rouen. Son activité devait être dévorante. Très protégée par la reine Marie-Antoinette, elle obtient la salle des *Beaujolais*, au Palais-Royal. Au moment de la révolution, on la voit à la tête d'une compagnie de quatre-vingts hommes, dont le but était, en suivant les armées françaises, de jouer la comédie et de faire le coup de feu au besoin. C'est ainsi qu'elle arriva à Bruxelles.

Elle y fit représenter les pièces en vogue à Paris.

Le 21 janvier — jour de l'exécution de Louis XVI — on donne *Panurge dans l'Ile des Lanternes,* de Grétry. Coïncidence lamentable : l'un des auteurs du poème est le comte de Provence, le frère de l'infortuné monarque.

La Liberté conquise, tel est le titre d'une comédie affichée le 24 février, en célébration de l'ouverture de l'Escaut et de la réunion du Hainaut, de la Flandre et du pays de Liège à la République. Il y eut aussi un cortège, et on distribua au peuple « du pain blanc et du saucisson ».

Le 26 du même mois, grandes réjouissances pour la réunion de toute la Belgique. — Voici ce que dit, à ce propos, un journal de l'époque, *le Courrier de l'Égalité :*

L'arbre de la liberté a été planté ; la plus touchante fraternité a régné parmi les citoyens. Ils formaient un nombreux cortège, qui s'est porté à l'hôtel où logent les commissaires. Une

musique. La citoyenne Montansier, directrice du spectacle, a saisi cette occasion pour donner une représentation gratis. Le civisme de cette bonne patriote a été récompensé par le plaisir qu'a fait la pièce, souvent interrompue par les cris de *Vive la nation! Vive la réunion!* Les armes de l'archiduchesse, qui étaient encore dans la salle, ont été abattues et remplacées par le bonnet rouge, épouvantail de l'aristocratie...

L'armée quitte Bruxelles le 23 mars, et les Autrichiens rentrent le lendemain.

La Montansier une fois partie, Bultos et Adam sont réinstallés à la direction du théâtre, et la troupe prend le nom de :

COMÉDIENS DE SON ALTESSE ROYALE

L'acteur Bursay fait représenter une œuvre de sa composition, *les Lois et les Rois ou le bonheur des peuples*, signalée déjà ; puis, une traduction de l'allemand, *Misanthropie et Repentir*.

Le 30 avril, l'archiduc Charles de Lorraine d'Autriche, frère de l'Empereur, qui venait de faire son entrée à Bruxelles, assiste à la représentation de *l'Hommage de Bruxelles*, scène lyrique de De Beaunoir, musique de Duquesnoy. Cette soirée souleva un grand enthousiasme. On voit que les idées populaires avaient subi un singulier revirement.

Du 21 au 25 octobre, le théâtre fut fermé en signe de deuil : Marie-Antoinette, à son tour, venait de monter sur l'échafaud.

Il nous reste à signaler les débuts de Clairville dans *Paul et Virginie* (4 décembre).

L'année 1794 commence par les débuts de Mmes Derville, Courtois et Horan.

François II — avec toute la Cour — assiste à un spectacle de gala, le 24 avril.

C'est à une représentation d'*Azemia ou les Sauvages*, opéra de Dalayrac, qu'a lieu l'explosion la plus vigoureuse des sentiments

---

Opéras nouveaux :
La Reprise de Toulon par les Français, de Lemière de Corvey ; — *les Visitandines*, de Devienne (23 août 1794) ; — *le Médecin et l'Apothicaire*, traduit de l'allemand par De

populaires en faveur de la maison d'Autriche. A la fin du second acte, l'acteur Mees chante le couplet suivant :

> Armons-nous, il faut nous venger,
> Même soin nous presse ;
> Par la force ou par l'adresse,
> Malgré leur fureur traîtresse
> Il faut nous unir tous, et braver le danger,
> Il faut périr ou nous venger.

Les spectateurs ne le laissent pas achever. Ils se lèvent aux cris formidables de : Vive l'Empereur, et le couplet est bissé au milieu de bravos énergiques.

Toutefois les événements que l'on sait s'accomplirent :

Les troupes partent le 25 juin pour la Hollande.

L'armée de François II abandonne Bruxelles, et, le 9 juillet, les Français plantent sur la place de l'Hôtel-de-Ville l'arbre de la liberté surmonté du bonnet rouge.

Au milieu de tous ces troubles — la révolution, la guerre — il était difficile au Théâtre de la Monnaie de se maintenir avec quelque éclat. Du reste, Bultos venait d'être déclaré en faillite.

Une représentation fut annoncée deux jours après l'arrivée des Français :

Le 11 juillet 1794, **les Jeunes Comédiens** donneront, à la salle du théâtre de la Monnoie, une représentation de : *Jeannette, ou les battus ne payent pas toujours l'amende*, comédie-proverbe en un acte, ornée d'un divertissement, suivie de : *On fait ce qu'on peut et non ce qu'on veut*, proverbe à deux acteurs, en un acte ; terminé par un divertissement (1).

On ne sait au juste quels sont ces *jeunes comédiens*.

Voici un programme interprété par la troupe du Théâtre de Tournai, qui prit la simple dénomination de : *les Artistes Dramatiques*.

Les Artistes dramatiques donneront aujourd'hui 28 messidor (mercredi 16 juillet, vieux style), une représentation de *Sargines, ou l'élève de l'amour et de la liberté*, opéra républicain en 4 actes, des citoyens Monvel et d'Alayrac, orné de tout son spectacle, et de **la Bataille mémorable de Fleurus gagnée par les Républicains sur les despotes coalisés**; le spectacle sera terminé par *l'Offrande à la Liberté*, scène lyrique du citoyen Gossec, orné de tout son spectacle.

Les représentations se composèrent le plus souvent de pièces de circonstance. Quelquefois on exécutait dans les entr'actes la symphonie du *Ça ira*, à grand orchestre. Cet état de choses persista ainsi jusqu'à la fin de 1795.

(1) *Magasin historique, politique et littéraire.*

La troupe comprenait alors les artistes dont les noms suivent :

Messieurs :
RENALDY. — DELORME. — DUMOUCHEL. — ANSOULT. — DEYRIS. — FERROUILLAT. — MARIAGE. — LABOURET. — DALLINVAL. — NIQUET. — DELEUZE. — CIZOS. — EMMANUEL. — CALMUS.

Mesdames et Mesdemoiselles :
DERVILLE. — BEAULIEU. — COURTOIS. — FLORIAN. — HARAN. — BROCHTIN. — JULIE BOURCIER. — CHEVALIER. — PAULINE JOLY. — SCHELTJENS. — SAINT-ALBIN. — MARSILLAC. — LABOURET. — CAROLINE. — GAUDIN. — SAINTE-MARIE — GONTEUIL.

Des manifestations jacobines s'étant produites au théâtre, l'autorité fait afficher un décret, dans lequel il est dit qu'on arrêtera toute personne interrompant le spectacle, ou employant les qualifications de *muscadin* et de *carmagnole*. Ce placard ordonne en même temps de chanter dans les entr'actes un ou plusieurs airs patriotiques approuvés par les Représentants du peuple, et défend aux acteurs d'ajouter quoi que ce soit à leurs rôles, sous peine de perdre un mois de leurs appointements — (17 floréal, an III).

En janvier 1795, un physicien nommé Olivier s'était montré dans quelques représentations; déjà avait eu lieu un concert, par deux instrumentistes, Tobie Gossens et Schafner, sans compter les séances *équestres* de Franconi.

Outre les spectacles révolutionnaires, on donna les ouvrages suivants :
1794. — 6 août, *l'Épreuve villageoise*, opéra de Grétry ; — 14 novembre, *Jeannette, ou les battus ne payent pas toujours l'amende*, comédie de Dorvigny ; — 30 décembre, *le Jeu de l'amour et du hasard*, comédie de Marivaux; *Sylvain*, opéra de Grétry.
1795. — 3 février, *la Fausse Magie*, opéra de Grétry ; — 13 février, *le Tableau parlant*, opéra du même ; — 23 février, *l'Amant bourru*, comédie de Monvel ; — 9 mars, *Blaise et Babet*, opéra de Dezède ; — 10 avril, *le Jardinier de Sidon*, opéra de Philidor; — 22 avril, *les Deux Chasseurs et la Laitière*, opéra de Duni ; — 8 mai, *Camille ou le souterrain*, opéra de Dalayrac ; — 9 mai, *le Procureur arbitre*, comédie de Poisson ; — 18 mai, *l'Amant jaloux*, opéra de Grétry ; — 11 juin, *Nanine*, comédie de Voltaire ; — 17 juin, *Azémia ou les Sauvages*, opéra de Dalayrac ; — 21 juillet, *Tartufe*, comédie de Molière ; — 16 septembre, *la Métromanie*, comédie de Piron ; — 2 novembre, *la Dot*, opéra de Dalayrac.
Opéras nouveaux :
1795. — 8 juin, *Philippe et Georgette*, opéra-comique en 1 acte, de Dalayrac ; — 29 juin, *l'Amour filial ou la jambe de bois*, opéra-comique en 1 acte, de Gaveaux ; — 27 juillet, *Arabelle et Vascos*, opéra-comique en 3 actes, de Marc ; — 24 août, *la pauvre Femme*, opéra-comique en 1 acte, de Dalayrac ; — 11 novembre, *le Mensonge officieux*, opéra-comique en 1 acte, de Lemoyne ; — 18 décembre, *la Caverne*, opéra-comique en 3 actes, de Lesueur.
1796. — 2 janvier, *le Marquis de Tulipano*, de Païsiello ; — 18 janvier, *la Vieillesse d'Annette et Lubin*, de Chapelle ; — 8 février, *le Savoir faire*, opéra-comique de Gresnick ; *les Petits Commissionnaires*, opéra-comique du même ; — *la Famille indigente*, 1 acte, de Gaveaux ; — 15 février, *Ambroise ou voilà ma journée*, de Dalayrac ; — 16 mars, *le Club des bonnes gens*, de Beffroy de Reigny.

Galler aîné

LES ARTISTES EN SOCIÉTÉ

(1796-98)

E 28 mars 1796, l'affiche portait :
Sous la surveillance et la protection de la loi
Les Artistes dramatiques de l'entreprise du citoyen Galler aîné.

Messieurs :

DEMARTHE. — MERIEL. — VERTEUIL. — LINSEL. — PAVIER. — BUSSY. — FIEVEZ. — BRANCHU. — DORSAN. — ROUSSEAU. — MASILLY. — CELIER.

Mesdames et Mesdemoiselles :

OLIER. — DOURDÉ. — LINSEL. — LAGARENNE. — DUQUERRIER. — GAUDIN. — GOOSSENS. — DUMONT. — RENAN. — ADÉLAÏDE.

Répertoire nouveau (1796-97).

1796. — 13 mai, *Ariane abandonnée* ; — 29 juin, *Toberne ou le Pêcheur suédois*, opéra-comique, de Bruni ; — 3 août, *la Maisonnette dans les Bois*, 1 acte, de Jean Englebert Pauwels ; — 15 août, *Stratonice*, grand opéra en 1 acte, de Méhul ; — 28 septembre, *le Petit matelot*, 1 acte, de Gaveaux ; — 10 octobre, *le Secret*, opéra-comique en 1 acte, de Solié ; — 26 octobre, *Marianne*, opéra-comique en 1 acte, de Dalayrac ; — 14 novembre, *l'Embarras du choix*, opéra-comique en 1 acte, de Théodore Lefebvre ; *les Sabotiers*, 1 acte, de Bruni ; *la Nuit aux méprises*, opéra-comique.

1797. — 13 janvier, *la Fête de la Cinquantaine*, opéra-comique en 2 actes, de Dezède ; — 20 mars, *les deux Frères*, opéra de Cambini ; *Cécile*, opéra-comique en 3 actes, de Dezède ; — 22 mars, *les Suspects*, opéra-comique en 1 acte, de Lemière de Corvey.

Avant les débuts de cette troupe, signalons la première arrivée à Bruxelles de Jean-François de Bremond de la Rochenard, dit *Beaulieu*. Cet acteur eut une carrière des plus aventureuses : Lieutenant de la première compagnie du bataillon Saint-Honoré, il prend part au siège de la Bastille. Puis, il entre aux Variétés-Amusantes, y fait un séjour de douze années, après lesquelles il entreprend une tournée. C'est alors qu'il se présente à Bruxelles, en pleine révolution brabançonne ; on refuse de l'entendre à cause de ses opinions républicaines. Mais il y revient en 1796 et se produit dans *Ricco*. Dix ans plus tard, après des déboires directoriaux, Beaulieu se fait sauter la cervelle.

M. F. Delhasse possède une affiche dont voici la reproduction :

Liberté.   PAR PERMISSION.   *Égalité.*

Les Artistes dramatiques

Donneront aujourd'hui 27 nivôse, 4ᵉ année Républicaine, Dimanche 17 janvier 1796 (vieux style), par abonnement courant.

LE SOURD, OU L'AUBERGE PLEINE,

Comédie en prose et en 3 actes, de Desforges ; suivie par

LE MARQUIS DE TULIPANO,

Opéra en 2 actes, Musique de Païsiello.

Entre les deux Pièces on exécutera **l'Offrande à la Liberté**, scène patriotique.

En attendant la Vieillesse d'Anette et Lubin, Opéra ; Iphigénie en Tauride, le Sacrifice aux Grâces, ou Anaximandre, Comédie ; les Femmes, Comédie ; les Trois Déesses Rivales, Opéra ; les Coups de l'Amour et de la Fortune, ou le Siège de Barcelone, Tragi-Comédie ; et Ambroise, ou Voilà ma journée, Opéra.

On prendra aux premières Loges, *six Escalins* ; aux secondes et Parquet, *un petit Écu* ; aux Loges du Parterre, *trois Escalins* ; aux troisièmes Loges, *cinq Plaquettes* ; au Parterre, *deux Escalins* ; aux Loges du quatrième rang, *trois Plaquettes* ; au quatrième rang, *un Escalin* ; le tout en *Numéraire Métallique.*

La demeure du Citoyen Devitz, est présentement dans la rue aux Fleurs.

C'est a la salle du Théâtre de la Monnoie.

Par ordre exprès du Général Commandant, on commencera à cinq heures et demie très-précises.

Ici se place l'apparition d'un arrêté qui obligeait le directeur à donner tous les mois une représentation au profit des indigents. C'est le principe du *droit des pauvres*. A la fin de l'année, cette dîme reçut une consécration officielle :

ART. 1er.

Il sera perçu *un décime par franc* (deux sous par livre), en sus du prix de chaque billet d'entrée, *pendant six mois*, dans tous les spectacles où se donnent des pièces de théâtre, des bals, des feux d'artifice, des courses et exercices de chevaux pour lesquels les spectateurs paient. La même perception aura lieu sur le prix des places louées pour un temps déterminé.

Le 4 avril, Linsel, de son vrai nom Pierre-Claude Peguchet, débute dans Crispin de *la Mélomanie*.

Cet artiste, né à Reims, le 19 juin 1775, fut le chef d'une famille qui aurait pu constituer à elle seule une véritable troupe. Nous retrouverons plus tard les noms populaires de Fanny (Mme Delos), de Betsy (Mme Jannin) et de Caroline Linsel (Mme Henry Monnier).

Peguchet est mort à Laeken, le 25 septembre 1826.

Mme Candeille, artiste de l'Opéra, puis du Théâtre-Français, donne le 17 août un concert. Elle obtient un immense succès, et revient le 14 novembre de la même année avec Garat, le célèbre chanteur, qui soupirait alors des romances sentimentales fort à la mode, et dont la minutie avait tant d'exigences que, lorsqu'il chantait dans un salon, il faisait préalablement retirer les tapis et les tentures, et, sur le point de commencer, arrêtait lui-même les pendules, dans la crainte qu'elles ne vinssent à sonner pendant le morceau.

Mme Amélie-Julie Candeille avait plus d'une corde à sa lyre : musicienne, comédienne, harpiste, pianiste, auteur dramatique, plus tard romancière, elle se fit connaître à Bruxelles dans une de ses comédies, *la Belle Fermière*, où elle chanta plusieurs airs de sa composition, s'accompagnant tour à tour sur le piano et la harpe. Tant de talents réunis troublèrent la cervelle d'un riche carrossier de Bruxelles, Jean Simons, qui épousa la belle actrice, déjà divorcée d'un premier mari. Bientôt le nouveau ménage se sépara, et, à la mort de son deuxième mari, Mme Simons-Candeille convola en troisièmes noces avec le peintre Perié. Elle mourut à Paris, le 4 février 1834. Un chroniqueur irrévérencieux a dit : « Elle est ampoulée dans la diction, compassée dans ses gestes, et nous l'avons toujours vue comme un mannequin fardé. On ne peut néanmoins lui refuser des talents dans la musique et une voix agréable. » Après avoir pratiqué si largement le mariage et... le divorce, elle écrivit, sous le voile de l'anonyme, des pièces de théâtre et des romans. On assure qu'elle représenta la Déesse de la Liberté et celle de la Raison dans les fêtes républicaines.

Le 31 janvier 1797, la municipalité fit fermer le théâtre; voici dans quelles circonstances : la veille, le spectacle devait commencer par *le Souper des Jacobins*, comédie en un acte, d'Armand Charlemagne. Au dernier moment, arrive l'ordre de ne pas jouer cette pièce. On essaye de la remplacer par *Janot ou les battus payent l'amende*, de Dorvigny, mais le public se fâche et empêche les comédiens de continuer. Ceux-ci se trouvaient fort embarrassés, lorsque le général-commandant ordonne de jouer la pièce défendue. La municipalité fait alors fermer le théâtre, mais, deux jours après, en autorise la réouverture. Le spectacle commençait par *Janot*; le public ne voulant pas entendre d'autre pièce que *le Souper des Jacobins*, on fut obligé de faire une nouvelle substitution. Enfin, l'autorité militaire, pour éviter les troubles, ordonna la représentation de cette comédie pour les 3 et 4 février. Cette mesure rétablit le calme, et *le Souper des Jacobins* passa aux oubliettes, d'où personne n'eût probablement songé à le tirer, sans le rigoureux décret qui lui servit de publicité.

La saison 1797-98 s'ouvre avec la troupe suivante :

Acteurs.

Messieurs :

MACRET. — COUTURE. — MARTIN. — QUINIÉ. — MARIDO. — DUMONCY. — MANCEAU. — DEYRIS. — DUVAR. — ROUSSEAU. — JELLIOTE. — BELLECOUR. — DACOSTA. — DURAND.

Actrices.

Mesdames et Mesdemoiselles :

HYPOLITE. — DECROIX. — CLAIRMONDE. — DESTIVAL. — BRUCK. — DUMONCY. — RAYMOND. — MERIEL. — GUERIN. — LINSEL. — FERTON. — BELLECOUR. — CHAUDRINE.

Mme Decroix, qui débuta dans la fée Aline de la *Belle Arsène*, était citée comme l'une des plus belles femmes de son temps. « Elle fit tourner bien des têtes », mais resta fidèle à son camarade Eugène aîné. Leur histoire est touchante, et la mort seule a séparé les deux amants.

Le 15 mai, la célèbre Dugazon vient donner une représentation du *Tableau Parlant*. Elle avait été précédée par Mme Renaud-d'Avrigny, du Théâtre-Italien, qui s'était fait entendre dans *la Fausse Magie*, de Grétry, et *l'Amant Statue*, de Dalayrac.

Le fait capital de cette campagne fut la première apparition à Bruxelles de Talma. Il était accompagné d'artistes, parmi lesquels se trouvaient Vanhove, Joanny et Mlle Vanhove, qu'il épousa plus tard. Talma se montra dans *Abufar*, tragédie de Ducis, le 30 août 1797, continua sa tournée jusqu'en Hollande et, à son retour, donna une deuxième représentation, 26 janvier 1798.

Cependant les affaires de la direction n'étaient guère brillantes. Le 26 mars, on devait jouer, avec *le Consentement forcé*, un opéra de Cimarosa, *le Directeur dans l'embarras* ; jamais titre ne fut plus en situation. Au moment de commencer, les musiciens, qui n'avaient pas été payés depuis longtemps, refusent de jouer, et la représentation n'eut pas lieu.....

Cependant, le 19 avril 1798, la réouverture du théâtre est faite par la même direction.

Pendant les premiers jours, la scène est occupée par une troupe de danseurs de cordes! Et ce n'est pas la première fois qu'on voit pareil spectacle à la Monnaie. Le public en devait être friand, car, jusque-là, bon nombre de directeurs l'en avaient régalé.

Quelques jours après, Vellut — dit Perceval — débute dans *Alexis et Justine*. Il devait rester trente-quatre ans à Bruxelles, dans l'emploi des *laruettes*.

Ce n'est pas le seul comédien dont le séjour à la Monnaie se prolongea pendant un temps si invraisemblable. Ces exemples font l'éloge de l'artiste, mais aussi celui de son fidèle public.

Cependant, Galler, à bout de ressources, abandonne la partie et, le 30 août, les artistes se réunissent en société. Ils exploitent le Théâtre pendant une période de peu de durée, au cours de laquelle il n'y a à mentionner que les représentations de Baptiste.

1797. — 16 octobre, *Lise et Colin*, opéra-comique en 2 actes, de Gaveaux ; — 10 novembre, *le Major Palmer*, opéra-comique en 3 actes, de Bruni ; — 22 novembre, *la Famille suisse*, opéra-comique en 1 acte, de Boieldieu ; — 18 décembre, *la Maison isolée*, opéra-comique en 2 actes, de Dalayrac.

1798. — 19 janvier, *l'Heureuse nouvelle*, opéra-comique en 1 acte, de Boieldieu.

Oberny et de Champmeslé

(1798-99)

E 2 septembre 1798, la direction, « sous la surveillance et la protection de la loi, » passe à Marc d'Oberny et Cussy de Champmeslé.

Acteurs.

Messieurs :

MASSIN. — BLONVAL. — DURAND. — PERCEVAL. — VALPOLE. — VOIZEL. — CAMPENHOUT. — DELIS. — CHAMPMESLÉ. — DUPERCHE — JULESKY. — LEBRUN. — GAUX.

Actrices.

Mesdames et Mesdemoiselles :

LANQUE. — ATHALIE. — CHEVALIER. — BERVILLE. — SOLIÉ. — DUJARDIN.

Campenhout (François Van) est le chanteur-compositeur qui écrivit *la Brabançonne*, l'hymne national de la Belgique, et son nom est lié à l'histoire du pays. — Il aborda la scène par le rôle d'Alvar dans *Azémia*.

Les artistes en représentation furent :

Juillet, de l'Opéra-Comique, Schruers, de l'Opéra-Italien, et Raguet, un habitant de Bruxelles, qui s'essaya dans *le Dépit amoureux*.

Le 4 novembre, un commissaire vint lire sur la scène un arrêté déclarant en état de siège les départements de la Dyle, des Deux-

Nèthes et de Jemmapes (Bruxelles, Anvers, Mons) et ordonnant aux habitants de se munir de lanternes après l'heure de la retraite.

Nomenclature des artistes qui finirent la saison :

Acteurs.

Messieurs :

Joanni. — Courtois. — Lanau. — Leborne. — Dalainval. — Quinci. — Ansoult. — Deyris. — Marido. — Dacosta. — Perceval. — Borremans.

Actrices

Mesdames et Mesdemoiselles :

Destival. — Renan. — Clairmonde. — Guerin. — Olier. — Dumont. — Decroix. — Lanoue.

Le théâtre ferme le 5 avril, pour réparations.

Réouverture, le 27 avril, avec quelques artistes nouveaux :

MM^{es}	Belval.	MM.	Lagarenne.
	Julien mère.		Eugène aîné
	Julien fille.		Linsel.
	Malherbe.		Rousseau
			Marci

Antoine Chamorin, dit Lagarenne, né en 1770, à Herbisse-sous-Villiers (Aube), mourut à Bruxelles, le 10 octobre 1808. Il avait pour le théâtre une passion réelle, un culte véritable; son emploi

---

De l'ouverture jusqu'à la direction nouvelle :

1798. — 4 juin, *le Mariage secret*, opéra-bouffe en 2 actes, de Cimarosa ; — 25 juin, *le Prisonnier ou la ressemblance*, opéra-comique en 1 acte, de Della Maria ; — 17 juillet, *Alexis ou l'erreur d'un bon père*, opéra-comique en 1 acte, de Dalayrac ; — 22 août, *les Rêveries renouvelées des Grecs*, parodie de deux *Iphigénie*, musique de Prot.

Depuis la nouvelle direction :

1798. — 19 septembre, *le Traité nul*, opéra-comique en 1 acte, de Gaveaux ; — 30 septembre, *Macbeth*, opéra (?) ; — 2 octobre, Mme Schruers, du Théâtre-Italien de Paris : *Euphrosine et Coradin* (Euphrosine), et *Marianne* (Marianne); — 18 octobre, *la Rencontre en voyage*, opéra-comique en 1 acte, de Bruni ; — 4 novembre, *Azemia et Pourceaugnac* ; — 17 novembre, *l'Opéra-Comique*, opéra-comique en 1 acte, de Della-Maria.

1799. — 11 janvier, début de Delis : *Paul et Virginie* (Paul) ; — 16 janvier, *Gulnare*, opéra-comique en 1 acte, de Dalayrac ; — 28 janvier, *la Dot de Suzette*, opéra-comique en 1 acte, de Boieldieu ; — 1er mars, *le Jeune Sage et le vieux Fou*, opéra-comique en 1 acte, de Méhul, deux représentations; — 17 mars, *Roméo et Juliette*, opéra-comique en 3 actes, de Steibelt ; — 28 mars, Lebrun, rôle de Thomas dans *Blaise et Babet* (Louis-Sébastien Lebrun, acteur médiocre du théâtre Feydeau de Paris, ne paraît pas avoir réussi sur la scène bruxelloise; plus tard, en 1816, une de ses productions, *le Rossignol*, que tant de gosiers ont roucoulé avec accompagnement de flûte, a accolé le nom de Lebrun aux succès obtenus dans cet opéra par Tulou, Mmes Albert Hymm, Damoreau, etc.); — 31 mars, *les Deux Ermites*, opéra-comique en 1 acte, de Gaveaux.

consistait à chanter les hautes-contre et à jouer les premiers rôles, et il était heureux de pouvoir se produire — le même soir — dans ces deux genres. Jusqu'à ses derniers moments, il parut sur la scène ; on l'avait surnommé *l'infatigable*.

Eugène aîné (Claude-Antoine-Eugène Ordinaire), né à Besançon, le 12 janvier 1764, mort à Molenbeek-lez-Bruxelles, le 19 décembre 1842. Sa vie a été des plus aventureuses ; avocat, militaire, secrétaire, puis aide de camp du général Narbonne-Lara — le dernier ministre de la guerre de Louis XVI, — emprisonné à l'Abbaye, témoin des terribles massacres de septembre 1792, auxquels il échappa par miracle, réfugié à Hambourg, où il s'engagea dans la troupe dramatique émigrée de Bruxelles, il ne quitta plus le théâtre, et, après des pérégrinations sans nombre, chantant l'opéra, jouant la comédie et la tragédie, il revint constamment à Bruxelles, ayant fait de la Belgique son pays d'adoption. La veille de ses débuts, il avait endossé sa robe d'avocat pour faire acquitter un réfractaire traduit devant une commission militaire ; circonstance unique, qui ne devait plus se reproduire, car la destinée d'Eugène le poussait vers le théâtre.

Le 21 mars de cette année, le Directoire avait rendu un arrêté prescrivant certaines mesures contre l'incendie, et aux termes duquel les directeurs étaient tenus d'avoir un magasin de décors indépendant du théâtre, de maintenir dans la salle un réservoir d'eau, de solder une compagnie de pompiers. C'est le premier décret de ce genre qui parut.

Palma ou le Voyage en Grèce, 2 actes, de Plantade ; — *l'Oncle valet*, 1 acte, de Della Maria ; — *Léonore ou l'amour conjugal*, 2 actes, de Gaveaux ; — *Sophie et Moncars*, 3 actes, de Gaveaux ; — *la Leçon ou la tasse de glace*, 1 acte, de Dalayrac ; — *Adolphe et Clara ou les deux prisonniers*, 1 acte, de Dalayrac

Direction Ribié

LES ARTISTES EN SOCIÉTÉ

(1799-1801)

Après une fermeture de quelques mois, nous voyons, le 2 octobre, apparaître à la tête du théâtre un personnage qui marqua dans l'histoire du boulevard du Temple : Ribié, l'impresario-auteur-comédien. C'est lui qui composa, avec Martainville, le célèbre *Pied de Mouton*, dont le succès est légendaire.

Cette nouvelle administration ne fut pas heureuse ; le 20 août suivant, les musiciens, faute de paiement, empêchèrent le spectacle, et le théâtre dut fermer.

Les artistes se constituent alors en société et poursuivent l'exploitation, donnant asile à tout ce qui se présente, même à des danseurs de corde.

Cependant Ribié, que son insuccès n'avait pas découragé, reprend, le 22 septembre, la direction, qu'il ne garde que quelques jours, pour aboutir à une déconfiture finale. Il avait produit les sujets dont les noms suivent :

Acteurs.

Messieurs

Emanuel. — Deassy. — Jusky. — Mariage. — Borremans. — Huet. — Margery. — Granval. — Floribel. — Genty. — Ribié. — Delisse. — Linsel. — Champmeslé. — Francville. — Derville. — Patrat. — Langlade. — Roland. — Gamot.

Actrices

Mesdames et Mesdemoiselles :
Emilie Lequien. — Renau. — Genty. — Roussellois. — Dubreuil — Lacroix. — Boquet. — Chéry (Mme Bursay).

Le seul début important de l'année fut celui de Mme Roussellois, dans *Didon*, le 2 octobre.

Marie-Wilhelmine de Roussellois (née à Vienne en 1765, décédée à Bruxelles, le 8 novembre 1850), avait commencé sa carrière à l'Opéra de Paris (1789), d'où elle s'éloigna, parce qu'elle portait ombrage à Mlle Maillard, son chef d'emploi. « Sa figure était peu agréable, sa taille trop massive, mais ces deux défauts semblaient disparaître aux yeux du public, quand elle avait déployé l'étendue de sa voix, l'une des plus belles qui existaient. »

Après Bruxelles, Mme Roussellois se rendit à Marseille, à Rouen, à Paris (théâtre Feydeau), puis, de retour en Belgique, en 1815, elle s'y implanta pour toujours. L'opéra, la comédie, le vaudeville, tous ces divers genres lui étaient familiers; elle y apportait un entrain, une verdeur, un naturel qui défiaient le temps et les orages. Peu d'années avant sa retraite, la cantatrice quasi-septuagénaire s'entendait fréquemment appliquer ces vers de la *Fausse Magie* :

> Et, voilà, voilà ; de ces femmes,
> On n'en fait plus ; c'est du bon temps.

Mme Roussellois quitta définitivement le théâtre, en 1838.

Le répertoire se composa de :
Palma ou le Voyage en Grèce, 2 actes, de Plantade ; — *l'Oncle Valet*, 1 acte, de Della Maria ; — *Léonore ou l'Amour conjugal*, 2 actes, de Gaveaux ; — *Sophie et Moncars*, 3 actes, de Gaveaux ; — *la Leçon ou la Tasse de glace*, 1 acte, de Dalayrac ; — *Adolphe et Clara ou les deux prisonniers*, 1 acte, de Dalayrac ; — *les Comédiens ambulants*, 2 actes, de Devienne ; — *Adèle et Dorsan*, 3 actes, de Dalayrac ; — *Zoraïme et Zulnare*, 3 actes, de Boieldieu ; — *les Deux Grenadiers*, 3 actes, de Grétry ; — *Lisbeth*, 3 actes, de Grétry ; — *Léon ou le Château de Montenero*, drame lyrique, 3 actes, de Dalayrac ; — *Clémentine ou la belle-mère*, 1 acte, d'Étienne Fay (une seule représentation) ; — *le Valet de deux maîtres*, 1 acte, de Devienne ; — *l'Auteur dans son ménage*, 1 acte, de Bruni ; — *Montano et Stéphanie*, 3 actes, de Berton ; — *les Deux journées*, comédie lyrique en 3 actes, de Cherubini.
1800. — 18 mars, concert de Maisonville, « violoniste de naissance » ; — 19 avril, on exécute l'ouverture du *Jeune Henri*, de Méhul ; — 21 avril, concert historique et harmonique de Manfredi.
1801. — 26 janvier, *les Deux petits Savoyards*, 1 acte, de Dalayrac ; — 8 février, *Lisbeth et Gessner*, 3 actes, de Grétry ; — 9 février, *Philippe et Georgette*, 1 acte, de Dalayrac ; — 19 février, *la Mélomanie*, 1 acte, de Champein.

A partir de ce moment, le premier théâtre belge est livré aux acrobates, aux écuyers de cirque, aux jongleurs.

En octobre, Franconi donne une série de représentations équestres. Les chanteurs se joignent même aux gens du cirque, et on représente *la Caravane du Caire*, opéra de Grétry, « où la troupe Franconi fit de grandes évolutions ».

Quelques jours après, le placard suivant était affiché dans la ville :

<blockquote>
Aujourd'hui 3, par abonnement courant, spectacle extraordinaire. Le citoyen *France Blondin*, natif de Bruxelles, arrivant de Londres, et ses associés donneront, en passant dans cette ville, une représentation de leurs exercices qui n'ont jamais paru en France, le citoyen *France Blondin* étant le premier sauteur de l'Europe (1).
</blockquote>

En décembre, « le citoyen Bienvenu, professeur et démonstrateur de physique expérimentale », donne « une séance tellement goûtée qu'on le retient plusieurs jours dans la ville ».

Puis, le comédien Volange, très connu à Paris, accompagné d'un grimacier nommé Thiemet, paraît dans une espèce de représentation foraine annoncée en ces termes :

<blockquote>
Aujourd'hui 25 (frimaire an IX), pour les débuts des citoyens *Volange* et *Thiemet*, le *Sculpteur ou la Femme comme il y en a peu*, comédie en 2 actes ; *les Derviches, ou les Moines gourmands*, scène du citoyen. Thiemet qu'il jouera seul, dans laquelle il changera de figure et de voix 8 fois, et imitera celle d'un moine pleurant d'un côté du visage et riant de l'autre en même tems ; le spectacle sera terminé par *l'Intendant comédien malgré lui*, comédie épisodique ; on commencera par *le Divorce*, comédie en 2 actes (1).
</blockquote>

Écoutons maintenant le *boniment* par lequel ces banquistes annoncent leur troisième spectacle :

<blockquote>
... La 1re représentation de *l'Assemblée départementale*, scène du citoyen Thiemet, dans laquelle il contrefera, lui seul, l'assemblée entière ; précédée de la première représentation de *l'Embarras comique*, proverbe du citoyen Thiemet, dans lequel il jouera 4 rôles, imitera différens instrumens de musique, plusieurs acteurs célèbres de Paris, exécutera une scène de Ventriloque, dans laquelle il jettera sa voix de manière qu'elle sera entendu de 4 endroits à la fois (1).
</blockquote>

Enfin, pour mettre le comble à ces témoignages de mauvais goût, le public applaudit à outrance une troupe de danseurs de corde, que dirigeait un certain Dupuis.

(1) *L'Oracle.*

Association d'Actionnaires

(1801-18)

RÉGIE DUBUS — 1801-10.

Nous voici heureusement arrivés à un moment où le Théâtre de la Monnaie entre dans une phase nouvelle. Une ville comme Bruxelles devait produire autre chose que des saltimbanques, et, pour donner à son théâtre un rang plus élevé, des efforts devaient être tentés. Les membres de la noblesse et de la bourgeoisie, émus de cette décadence, voulant rendre à leur première scène son ancienne splendeur, s'assemblent et forment une association. Vingt-cinq d'entre eux, dont suit la liste, s'engagent à verser une somme de mille livres tournois chacun, comme fonds de l'entreprise. (Il faut remarquer qu'à cause de l'esprit du moment on avait supprimé toutes les appellations nobiliaires.)

MM. CHARLES VANDER FOSSE. — CHARLES D'ARBERG. — GOD. WALKIERS. — CORNET DE GREZ. — DE PAPE. — LA BOULLAYE. — SAUVAGE. — CH. ROHAN. — DE LATOUR. — DE PAUW. — EM. MEYER. — CHARLES BERGEYCK. — LÉONARD VANDEVELDE. — PAUL D'ARCONATI. — VANDERMEERE. — L. TIBERGHIEN. — VANDERDILFT. — GRANDRY fils. — FRANÇOIS DE LALAING. — (D'OVERSCHIE DE) NEERISCHE. — LE BAILLY. — GRIMBERGHE. — DE LA PUENTE. — VISCHER DE CELLES. — PLOWITZ (1).

(1) Brochure intitulée : *Théâtre de la Monnaie sous la régie du citoyen J. Dubus.*

On nomma une administration composée de :

    J. Dubus, régisseur et fondé de pouvoirs.
    Laute, commissaire et sous-régisseur.
    J Debonne, caissier et receveur

La troupe réunie par cet aréopage était assez complète :

Acteurs et chanteurs.

Messieurs :

Eugène (Ordinaire), première basse-taille	Liv. 4,800
Desfossés, premières hautes-contre, Elleviou, etc.	5,500
Perceval, Crispins, marquis ridicules, seconds comiques, Trial	5,000
Linsel, id. id.	3,600
Campenhout, premières hautes-contre, Colins, Elleviou	2,400
Dubreuil (Gamet dit), financiers, manteaux, grimes	4,200
Champmêlé, pères nobles	4,200
Ansoult, premières basses-tailles nobles et comiques	4,200
Lagarenne, premiers rôles, Philippe, Gavaudan	4,600
Garnier, deuxièmes rôles, troisièmes amoureux	4,000
Alexandre, grands accessoires	1,500
Calland, premier comique	4,000
Borremans, ⎫	2,600
Grandval, ⎬ grands accessoires.	720
Larivière, ⎭	1,200
Mariage, secondes basses-tailles (1)	2,400
Armand, premier comique (2)	3,000
Dorsan, haute-contre (3)	4,800
Jusky, jeunes premiers (4)	2,400

Actrices et Chanteuses.

Mesdames et Mesdemoiselles :

Roussellois, mères Dugazon, premières duègnes	Liv. 4,800
Hyacinthe, St-Aubin	3,600
Dumont, première soubrette (5)	3,600
Goossens, seconde amoureuse	2,000
Lohé, premiers rôles, grandes coquettes	4,000
Dubus, rôles de convenance	4,000
Decroix, duègnes, caractères comédie	3,600
Gouget, secondes et premières duègnes en double, mères nobles	2,700
Beffroy, première amoureuse (6)	3,600
Saint-Albin, secondes et troisièmes amoureuses, St-Aubin et Dugazon-corsets	2,400
Perceval, rôles de convenance (7)	»

(1) Cet artiste ne figure pas dans la nomenclature donnée par la brochure intitulée : *Théâtre de la Monnaie, etc.*
(2 à 4) Ces artistes n'y sont pas signalés non plus. Ils n'ont fait partie de la troupe que pendant deux mois. *Dorsan* a débuté le 13 ventôse an IX, dans *Alexis, ou l'Erreur d'un bon père*.
(5) Elle n'a fait partie de la troupe que pendant deux mois et demi.
(6) Cette actrice n'est entrée que le 30 frimaire an X.
(7) Ses appointements sont inscrits avec ceux de son mari : 416 liv. 13-4 par mois.

CLAIRMONDE, seconde amoureuse (1)	Liv. 2,400
RENAU, jeunes premiers rôles (1)	2,400
BOCQUET, première et deuxième amoureuse	2,400
ANGELLIER, rôle de convenance	1,200
DEVAUX, souffleur	900
PELLERIN, copiste	600
VANDENBORRE, peintre	1,200

ORCHESTRE.

PAUWELS, maître de musique	Liv. 3,600
NEYTS, second maître de musique	Fl. 600

Augustin Desfossés, né à Royes, département de la Somme, le 27 août 1771, a tenu pendant 25 ans les rôles de ténor avec un succès ininterrompu. C'était une des plus belles voix que l'on eût jamais entendues à Bruxelles, et à ce précieux don de la nature Desfossés joignait toutes les ressources de l'art le plus raffiné. Depuis sa retraite, en 1826, et, jusqu'à l'époque de sa mort, le 22 novembre 1839, il était devenu l'un des chanteurs les plus brillants et les plus assidus du jubé de l'église Sainte-Gudule. Il avait obtenu l'indigénat en 1831.

Les représentations avaient lieu tous les jours, et le répertoire était très varié. Mais toutes les pièces venaient de Paris, dont Bruxelles était une véritable succursale dramatique, et les auteurs du pays ne parvenaient guère à se faire représenter.

Un nommé Barafin, après plusieurs tentatives auprès du préfet, du maire, etc., au sujet d'un manuscrit, reçut une lettre contenant ce passage :

... Il existe une résolution dans notre administration, qui nous prescrit positivement de ne laisser représenter sur notre théâtre que les pièces qui auraient déjà obtenu un

(1) Ces deux artistes ne séjournèrent que pendant deux mois à Bruxelles.

COMÉDIES : *Les Mœurs du jour*, 5 actes, par Collin d'Harleville ; — *Duhautcours*, 5 actes, par Picard ; — *la Petite ville*, 4 actes, par Picard ; — *l'Entrée dans le monde*, 5 actes, par Picard ; — *les Provinciaux à Paris*, 4 actes, par Picard ; — *l'Enfant du malheur*, 5 actes, par Cuvelier ; — *le Juge bienfaisant*, 3 actes, par Chastenet de Puységur ; — *le Premier venu*, 3 actes, par Vial ; — *la Mort de Turenne*, 3 actes, par Bouilly et Cuvelier ; — *Don Quichotte*, 3 actes, par Hapdé ; — *Défiance et malice*, 1 acte, par Dieulafoi ; — *le Meunier de Saspach*, 2 actes, de Cuvelier.

OPÉRAS : *Chimène*, 3 actes, de Sacchini ; — *d'Auberge en auberge*, 1 acte, de Tarchi ; — *Ponce de Léon*, 2 actes, de Lebreton (Berton) ; — *le Calife de Bagdad*, 1 acte, de Boieldieu ; — *Maison à vendre*, 1 acte, de Dalayrac ; — *Une matinée de Catinat*, 1 acte, de Dalayrac ; — *le Trompeur trompé*, de Gaveaux ; — *Marcelin*, de Lebrun ; — *le Trente et Quarante*, de Tarchi ; — *le Délire*, 1 acte, de Berton ; — *l'Auteur malgré lui*, de J.-E. Pauwels, chef d'orchestre du théâtre (cet opéra n'eut qu'une seule représentation) ; — *le Grand deuil*, 1 acte, de Berton.

succès marqué sur ceux de Paris, ou de quelqu'autre capitale. Cette mesure générale a pour but d'éviter l'inconvénient des études inutiles qui résultent quelquefois du peu de succès des pièces; quoique persuadé de celui que la vôtre pourrait obtenir, je me trouve dans l'impossibilité de pouvoir faire en faveur de votre ouvrage une exception à la règle établie...

Pas de commentaires.

Parmi les représentations extraordinaires, il faut citer :

25 avril, concert donné par Mme Roussellois; — 7 et 11 mai, le sieur Garelli, chanteur comique italien, dans *la Prova del opera* et *le Maître de musique italien* ; — du 14 juin au 13 juillet, série de représentations par le ballet national d'Amsterdam ; — 14 juillet, 5 et 6 août, Mlle Le Sage du Théâtre Feydeau de Paris.

Puis, la troupe équestre de Franconi reparaît de nouveau dans les mimodrames : *Le Meunier de Saspach,* — *Mort et apothéose de Don Quichotte.*

Par cet extrait des Archives, on va pouvoir juger des résultats pécuniaires :

Du 19 pluviose an IX au 30 germinal an X.

La recette depuis la dite date jusqu'au 10 avril 1802, a été comme suit :

1° La mise de fonds des 26 actionnaires . . . . Liv.	26,000 — 0 — 0
2° Les recettes journalières pour l'année	196,620 — 7 — 9
3° Les recettes d'abonnemens	73,287 — 17 — 1
4° D'une avance faite à la fin de l'année par le caissier . .	1,326 — 7 — 2
Total de la recette de l'année . . Liv.	297,234 — 12 — 0

Les dépenses depuis la même date et jusqu'à la même époque du 10 avril 1802 :

1° Pour payement de la troupe . . . . Liv.	150,020 — 8 — 10
2° Tous autres frais quelconques	147,214 — 3 — 2
Liv.	297,234 — 12 — 0

Il en résultent (*sic*) que la mise de fonds des actionnaires a été absorbée pendant la première année et que les actionnaires devaient au caissier : Liv. 1,326 — 7 — 2.

Cela conste d'un état général du caissier, signé par lui le 6 messidor an XIII (25 juin 1805), approuvé par M. Delatour, l'un des actionnaires, et vérifié par lui.

1802-1803. — Malheureusement, l'année suivante amène un résultat négatif.

Elle s'ouvre avec cette troupe :

Acteurs.

Messieurs :

Desfossés, première haute-contre, Elleviou, etc. . . . . Liv.	5,500
Linsel, trial, Juliet, etc.	3,600
Dubreuil, financiers, manteaux, grimes	3,600

Champmélé, pères nobles	Liv. 4,200
Eugène (Ordinaire), première basse-taille	4,800
Perceval, Crispins, marquis, ridicules, Trial	5,000
Lagarenne, premiers rôles, Philippe, Gavaudan	4,600
Calland, premier comique	4,000
Garnier, deuxièmes rôles, troisièmes amoureux	2,600
Eugène (Dessessarts), première basse-taille	2,400
Rochon, les Colins	3,300
La Vilette, seconde basse-taille	4,400
Brion, des premiers rôles et forts jeunes premiers	4,500
Laurin, pères nobles, trois rôles, raisonneurs	2,400
Lizys, deuxième haute-contre	4,200
Borremans, grands accessoires	2,400

Actrices.

Mesdames et Mesdemoiselles :

Roussellois, mères Dugazon, premières duègnes	Liv. 6,600
Fay (Mlle Roussellois, femme Bachelier), première chanteuse	5,400
Caron-Fémilly, Dugazon	4,500
Ribou, premiers rôles, forts jeunes premiers	4,000
Burger, St-Aubin	3,500
Dubus, rôles de convenance	2,000
Hyacinthe, St-Aubin	3,600
Gouget, caractères, mères nobles	2,700
Lobé, premiers rôles, grandes coquettes	4,000
Decroix, duègnes, caractères comédie	3,600
Perceval, rôles de convenance	1,200
Lequien, id.	1,200
Chevalier, utilités	1,200
Lance, jeunes rôles (1)	300

PAUWELS, maître de musique.

Cette campagne fut fertile en événements dramatiques.

Le sieur Bianchi, chanteur italien, se disant premier comique de la Cour de Prusse, vient se produire dans deux intermèdes (5 et 7 mai).

Puis, la fille de Mme Roussellois : Mme Baron, dite Fay, débute dans *Roméo et Juliette*. Elle avait abordé la scène en 1797, à l'Opéra-

---

(1) Mlle Lance était la fille du concierge de la Monnaie.

Léhéman ou la tour de Neustadt, 3 actes, de Dalayrac; — *Une folie*, de Méhul; — *le Trésor supposé*, 1 acte, de Méhul (une seule représentation); — *Ariodant*, 3 actes, de Méhul; — *la Famille américaine*, 1 acte, de Dalayrac; — *Anacréon chez Polycrate*, grand opéra en 3 actes, de Grétry; — *Ma tante Aurore*, 2 actes, de Boieldieu (grand succès); — *Michel-Ange*, 1 acte, de Nicolo-Isouard.

Comique de Paris; elle se montra ensuite à l'Opéra d'où les intrigues de coulisses la firent partir. Elle donna le jour à la célèbre Léontine Fay.

Martin, de l'Opéra-Comique, dont la voix tenait du baryton et du ténor, et qui a légué son nom à l'emploi, se fait applaudir dans : *L'Épreuve Villageoise, Zoraïme et Zulnar, le Jugement de Midas, Maison à vendre, la Colonie, Philippe et Georgette, le Trente et Quarante, d'Auberge en Auberge, l'Irato, le Secret, les Visitandines, Panurge.*

La présence à Bruxelles d'un ancien artiste de la Monnaie, Henri Mees et de sa fille, Mme Bonnet, fut l'occasion d'une œuvre de charité :

> La représentation au bénéfice du citoyen Garnier, qui lui a été accordée d'après l'évènement malheureux dont il est victime, et qui était annoncée dans le journal *l'Oracle*, aura lieu samedi prochain, 5 thermidor (An X, 25 juillet 1802). L'on jouera *Marianne*, opéra, de Dalayrac, et *le Directeur dans l'embarras*, opéra de Cimarosa; dans la première pièce, Madame *Bonnet*, née *Mees*, remplira le rôle de *Marianne*, et dans la seconde, le citoyen *Mees* remplira le rôle du *Poète*, ces deux artistes estimables ont bien voulu se réunir aux talents de ceux du grand théâtre pour donner à ce spectacle tout l'intérêt et l'agrément dont ils sont susceptibles. Entre les deux pièces, Madame *Bachelier*, née *Roussellois*, exécutera un concerto sur le forte-piano.

En octobre, on signale la présence de Mme Thénard et de son fils, qui parurent tous deux dans onze représentations successives.

Puis, arrivent Jean Ellmenreich, chanteur allemand, Mlle Contat, Mlle Dugazon qui joue dans *l'Étourdi* et *les Originaux*, Étienne Baron, dit Fay, gendre de Mme Roussellois et ténor du théâtre Feydeau.

Le 1er avril, on entend Platel dans un concert avec Mme Berteau. Ce violoncelliste fut, plus tard, nommé professeur au Conservatoire de Bruxelles. Ses élèves, tels que Servais, Alex. Batta, Demunck, etc., sont devenus des maîtres.

Mais l'évènement le plus important de l'année fut le retour de Talma. Tout ce qui touche ce grand artiste prend de telles proportions littéraires que nous allons reproduire l'appréciation de *l'Oracle* sur le célèbre tragédien.

Iphigénie en Aulide.

La première pièce jouée sur notre théâtre depuis l'arrivée de Monsieur et Madame Talma, a été *l'Andromaque* de Racine, ainsi que nous l'avons annoncé ; n'ayant point assisté à cette représentation, je n'ai pu en rendre compte ; mais, d'après l'opinion des connoisseurs, Talma a parfaitement joué le rôle d'*Oreste* ; il a été surtout sublime dans la dernière scène du dernier acte. Madame Talma a montré également le talent le plus distingué dans le rôle difficile et superbe d'*Andromaque*. Ces deux artistes ont recueilli, dans cette occasion, les applaudissemens les plus nombreux et les plus mérités d'un public juste appréciateur des talens.

La seconde représentation a eu lieu avant-hier : c'étoit *l'Iphigénie en Aulide*, de Racine, chef-d'œuvre qui n'a rien d'égal chez aucun peuple et dans aucune langue : Monsieur Talma y a rempli le rôle d'*Achille*. On sait que ce héros est fortement dessiné dans Racine et que son caractère est un mélange continuel de fierté, d'orgueil et d'emportement difficile à bien saisir, et encore plus à bien rendre. Ce genre ne nous a pas paru être le plus favorable aux talens de l'acteur, et nous sommes, à cet égard, de l'avis des journaux littéraires de Paris. Larive avoit un genre particulier; Talma en a un autre ; le seul Lekain étoit sublime dans tout. Ce n'est pas à dire que le rôle d'*Achille* a été mal rendu ; mais Talma n'y a pas été tout ce qu'il auroit dû être ; il y a déployé les connoissances d'un acteur consommé dans son art, mais il ne fut sublime que par élan. Lorsqu'à la fin du troisième acte, *Achille* se retire en fureur, et dit à *Clytemnestre* les vers qui terminent cet acte :

> *Votre fille vivra, je puis vous le prédire,*
> *Croyez du moins, croyez que, tant que je respire,*
> *Les dieux auront en vain ordonné son trépas.*
> *Cet oracle est plus sûr que celui de Calchas,*

ce moment a été du plus grand effet, et l'acteur a recueilli de vifs applaudissemens ; l'illusion a été complète ; l'on a cru revoir le fougueux *Achille* d'Homère et de Racine.

Malgré tous ces attraits, les résultats pécuniaires furent désastreux, et les pertes s'élevèrent à 8,667 livres.

1803-1804. — L'année suivante amène le déficit énorme de 64,707 livres.

Le public semble avoir déserté quelque peu le théâtre; un écrit du temps rapporte qu'un étranger, allant passer sa soirée à la Monnaie, « fut étonné de voir une grande partie des loges vides et le parterre très clair-semé », et ajoute : « L'ouverture était à peine commencée, qu'on n'entendait que tousser, cracher, babiller, ouvrir et fermer les portes des loges de haut en bas. » (1)

Cette troisième campagne de la gestion Dubus commença le 1ᵉʳ floréal an XI (21 avril 1803).

Acteurs.

. Messieurs :

LAGARENNE, premier rôle . . . . Liv.	4,600
BOURSON, jeunes premiers rôles et petits-maîtres	3,300
DUBREUIL, financiers, manteaux, grimes	4,000
CHAMPMÊLÉ, pères nobles	4,200
FOLLEVILLE, troisièmes rôles, grands raisonneurs, pères nobles.	4,000
EUGÈNE (ORDINAIRE), première basse-taille	4,800

(1) *Coup d'œil sur Bruxelles*. Stapleaux.

Desfossés, première haute-contre, Elleviou . . . . Liv.	5,500
Perceval, Crispins, marquis ridicules	5,000
Eugène (Dessessarts), premières basses-tailles, nobles et comiques . . .	2,700
Verteuil, premier comique, livrées	5,000
Dumouchel, Trial, Laruette	10,000
Rolland, Martin, Lays	5,000
Théodore, seconde haute-contre	2,000
Lacroix, raisonneurs	3,000
Durant, premiers rôles	6,000
Brochard, Crispins, marquis ridicules	4,000
Borremans, grands accessoires	2,000

Actrices.

Mesdames et Mesdemoiselles :

Ribou, premiers rôles, forts jeunes premiers . . . . Liv.	4,300
Saint-Albin, jeunes Saint-Aubin, Dugazon-corsets	3,600
Berteau, première chanteuse, Philis, fortes Saint-Aubin	4,500
Dumouchel, premier rôle tragique	—
Morland, jeune première, ingénuité	3,600
Dollé-Verteuil, Dugazon	2,400
Gouget, caractères, mères nobles	3,000
Vanloo, premières soubrettes	4,300
Folleville, ingénuité, jeunes rôles	—
Burgin, Saint-Aubin	4,200
Lequien, rôles de convenance	1,800
Decroix, duègnes, caractères	3,600
Tanquerelle, deuxième soubrette, première en double	5,000

Devaux, souffleur . . . . . Liv.	900
Pellerin, copiste	720
Spaak, peintre	2,688

Orchestre.

PAUWELS, maître de musique . . . . Liv.	3,600

Si nous avons signalé les témoignages de mauvais goût que donna quelquefois le public en applaudissant des saltimbanques, nous saisissons l'occasion de constater que ces habitudes ne se sont pas maintenues. Le jour de l'ouverture, la direction exhibe une espèce de prestidigitateur, avec son spectacle fantasmagorique : *Palingénésie ou danse des morts.* Il fut absolument hué et partit sans rien dire — pas même son nom, sans doute pour faire une niche aux historiographes...

Mais on attendait à Bruxelles l'arrivée du Premier Consul et de Madame Bonaparte. Des fêtes se préparaient, auxquelles le Théâtre devait naturellement contribuer dans une large mesure. On fit venir de Paris Talma et sa femme, Monvel, Mlle Raucourt; puis, Rodolphe

Kreutzer, F. Duvernoy, Dalvimare, instrumentistes du Grand-Opéra. Tous ces artistes se firent entendre avant l'arrivée du Consul. Enfin, Bonaparte fit son entrée à Bruxelles, le 21 juillet, à 9 heures 1/2 du soir. Le Théâtre avait affiché « relâche ».

Le lendemain, Joséphine se rend à la Monnaie, où l'on représente *Cinna*, et, le 8 thermidor, Bonaparte, accompagné de Lebrun et de Joséphine, vient y voir jouer *Britannicus*.

Deux jours après, la veille de son départ, le Premier Consul assiste à la représentation d'une pièce de circonstance : *La Joyeuse Entrée*, de Jouy, où il est l'objet de manifestations sympathiques, notamment au couplet suivant :

> Si j'ai bien servi ma patrie,
> Mille autres ont eu ce bonheur ;
> De la France l'heureux génie,
> Nous guidait aux champs de l'honneur.
> Se peut-il que l'on s'en écarte,
> En suivant le même sentier,
> Toujours après lui Bonaparte
> Laisse une trace de laurier.

Nous avons cité Brochard et Perceval parmi les artistes dramatiques. Il paraîtrait qu'à leur talent de comédien ils joignaient des qualités chorégraphiques — ce qui ne manque pas d'originalité. Pour faciliter les débuts du danseur Giraud et de la ballerine Étienne, ils secondèrent ceux-ci et parurent dans *la Fille mal gardée* :

Brochard a enlevé tous les suffrages par la légèreté et la perfection de sa danse, la finesse de sa pantomime et le comique qu'il a répandu sur ce personnage, et quant à Perceval, il serait difficile de décrire avec quelle supériorité il s'en est acquitté ; il excelle dans la danse comique et y mérite d'autant plus d'éloges, que jamais il ne s'était voué à cette sorte d'exercice (1).

Un début important fut celui de Pierre Bourson. La passion du théâtre s'était manifestée subitement chez cet artiste, la première fois

(1) *Esprit des Journaux*. Nivôse an XII.

Les Confidences, 2 actes, de Nicolo-Isouard ; — *le Jockey*, 1 acte, de Solié ; — *le Concert interrompu*, 1 acte, de Berton ; — *Picaros et Diego*, 1 acte, de Dalayrac ; — *Beniowski*, 3 actes, de Boieldieu ; — *Aline, reine de Golconde*, 3 actes, de Berton ; — *Léontine et Fourose*, 4 actes, de Pauwels ; — *le Médecin turc*, 1 acte, de Nicolo ; — *l'Habit du chevalier de Grammont*, 1 acte, d'Eler.

qu'il alla au spectacle; Larive jouait *Pygmalion*, de Rousseau. Bourson apprend le rôle en une nuit, et se fait présenter à Larive, qui, émerveillé de ses aptitudes, facilita les commencements de sa carrière.

Le 22 août, Louis Drouet joue un concerto de flûte entre deux pièces. Cet artiste acquit une grande renommée. Il était dans les bonnes grâces de la reine Hortense, mère de Napoléon III, et écrivit la musique de : *Partant pour la Syrie*, dont on voulait se servir pour faire échec à *la Marseillaise!*

Cette saison se termine par la première de *Léontine et Fonrose*, opéra-comique en 4 actes, de Jean-Englebert Pauwels. Le maëstro, couronné sur la scène, est ramené chez lui en triomphe. Mais c'était son chant du cygne, car il expirait six semaines après.

1804-1805. — Les membres nommés pour un terme de trois ans ayant terminé leur gestion, une nouvelle commission est installée par acte notarié.

L'ouverture a lieu le 21 avril.

Acteurs.

Messieurs :

LAGARENNE, premiers rôles . . . . Liv.	5,300
BOURSON, jeunes premiers, jeunes premiers rôles et petits-maîtres . . .	3,300
DESCHAZELLES, second et troisième amoureux (1)	8,000
PAULIN, premiers comiques, grandes livrées	5,000
DUBREUIL, financiers, manteaux, grimes	3,600
CHAMPMÊLÉ, pères nobles	4 200
FOLLEVILLE, troisièmes rôles, grands raisonneurs, pères nobles (2) . . .	4,000
LECATTE, seconds pères, grandes utilités	1,800
BROCHARD, Crispin, marquis ridicules, second comique	3,000

(1) Cet acteur touchait avec sa femme une somme de 8,000 livres annuellement.
(2) Folleville touchait cette somme avec sa fille.

La Romance, 1 acte, de Berton; — *le Diable couleur de rose*, 1 acte, de Gaveaux; — *Une heure de mariage*, 1 acte, de Dalayrac; — *Héléna*, 3 actes, de Méhul; — *la Jeune Prude*, 1 acte, de Dalayrac; — *le Petit Page*, 1 acte, de Gresnich; — *I Viaggiatori comici*, de XX.; — *le Clapperman ou le crieur de nuit d'Amsterdam*, de J Borremans; — *Nephté*, tragédie lyrique en 3 actes, de Lemoyne; — *Corali ou la lanterne magique*, 1 acte, de Bianchi; — *Un quart d'heure de silence*, 1 acte, de Gaveaux; — *le Bouffe et le tailleur*, 1 acte, de Gaveaux; *Henri de Bavière*, 3 actes, de Deshayes; — *l'Avis aux femmes*, 1 acte, de Gaveaux; — *Milton*, 1 acte, de Spontini; — *l'Orage*, 1 acte, de Foignet.

Desfossés, première haute-contre, Elleviou . . . . Liv.	6,000
Campenhout, première haute-contre, Colin, Elleviou, Martin	5,000
Ansoult, première basse-taille noble et comique	5,500
Eugène (Dessessarts), première basse-taille	3,000
Darius, première basse-taille, Lays, Martin	6,000
Perceval, Crispin, marquis ridicules, Trial	5,000
Linsel, Crispin, marquis ridicules, Trial	4,000

Actrices.

Mesdames et Mesdemoiselles :

Ribou, premiers rôles, forts jeunes premiers. . . . . Liv.	5,000
Deschazelles, première chanteuse en tous genres	—
Morland, jeunes premiers rôles, ingénuités	3,600
Saint-Albin, seconde et troisième amoureuse	3,600
Berteau, première chanteuse, Philis, fortes St-Aubin	5,500
Ribou mère, mères nobles.	1,800
Gouget, caractères, mères nobles	3,000
Roussellois, mères Dugazon, premières duègnes	6,000
Folleville, ingénuités, jeunes rôles (1)	—
Spinagotta, première soubrette (2)	4,000
Van Loo, première soubrette.	4,300
Tanquerelle, deuxième soubrette, première en double	2,200
Devaux, souffleur	900
Pellerin, copiste	900
Spaak et fils, peintres	2,688

Orchestre.

PAUWELS, maître de musique. . . . . Liv.	3,600
Platel, second maître de musique	1,200

Le chef d'orchestre Pauwels, malade depuis le commencement de la saison, mourut le 4 juin, à l'âge de 36 ans; ses funérailles eurent lieu à Laeken, et le Théâtre fit relâche. Jean-Englebert Pauwels était non seulement un violoniste de premier ordre, mais encore un compositeur de grand talent; il avait fondé, rue Ducale, la société du Grand-Concert. Ch. Borremans le remplaça au pupitre.

Cette mort fut suivie, à quelques mois de distance, de celle d'Ansoult, la basse-taille. Il laissait une veuve et une fille, au profit desquelles une représentation fut organisée. On perdait « un citoyen dont la probité et la moralité étaient sans taches ». Son camarade Eugène cadet (Dessessarts), joua plusieurs mois au bénéfice de la veuve, lui consacrant ses appointements tout entiers. Un tel trait de générosité se passe d'éloges : — il suffit de le constater.

---

(1) Ses appointements étaient compris dans ceux de son père.
(2) Elle a résilié son engagement le 30 prairial.

Ansoult fut remplacé par Jean Darius, de la Comédie-Italienne. Cet artiste offre un cas de longévité rare : il mourut à l'âge de 103 ans.

Il faut encore signaler, parmi les débutants, Paulin (Jean-Paulin Goy), élève de Préville, qui excellait dans les valets de Molière, et Mme Deschazelles, venant de l'Opéra-Comique où, « pour une cause inconnue, elle ne contracta pas d'engagement » (1).

Fleury, de la Comédie-Française, donne une série de représentations, dont la première a lieu le 29 août. M. et Mme Miarteni, artistes italiens, jouent, le 1er octobre, un opéra intitulé : *I viaggiatori comici*.

Un petit prodige, Mlle David, fut annoncé en ces termes :

Mademoiselle David, âgée de 12 ans, venant de Paris, où elle a exécuté, sur divers théâtres et dans les grands concerts de la capitale, différens morceaux de musique des meilleurs compositeurs, en présence de Leurs Majestés Impériales, du conservatoire et des amateurs de la bonne musique, annonce qu'elle donnera un concert dans cette ville, dans lequel elle jouera des concertos des plus grands maitres. Parmi les instrumens dont cette jeune personne joue, *soit à vent, soit à cordes*, elle exécutera des concertos de cor et de flageolet, comme étant ceux qui lui ont attiré l'admiration générale des artistes et amateurs des villes où elle a paru, telles que Toulouse, Bordeaux, Tours, Orléans et Paris. Son âge semblerait inspirer des doutes sur ses talens ; mais elle peut se flatter d'avoir obtenu, partout, les applaudissemens unanimes de tous ses auditeurs. La grande affiche annoncera les concertos, pièces de musique qui y seront joués, le local où le concert sera exécuté.

Le 30 mars et le 7 avril, concerts de Steibelt. Une représentation de *Roméo et Juliette* avait été donnée le 5 avril en l'honneur de ce grand artiste. Le ténor Desfossés étant malade, Campenhout le remplaça à l'improviste. Le soir du second concert, Campenhout, encore tout ému par le merveilleux talent du célèbre pianiste, aborda le maëstro, et, d'un accent pénétré, lui dit : « Monsieur, vous avez été merveilleux ce soir ! » A quoi Steibelt répondit : « C'est vous, Monsieur, qui avez fait merveille dans ma pièce, l'autre soir. » Le rôle de Roméo, appris en très peu de jours, fut, en effet, chanté avec un abandon, une sensibilité révélant chez Campenhout un talent dramatique qu'on ne lui soupçonnait pas. Jamais triomphe ne fut plus complet. Campenhout était alors un ténor au timbre généreux ; sa voix de poitrine s'étendait depuis l'*ut* grave jusqu'à l'*ut* 2me octave, sa voix de tête atteignait aisément le *fa* suraigu. Il contribua à introduire au théâtre le style fleuri et brodé dont on ne se faisait guère une idée auparavant, car les chanteurs ne brillaient point par une

(1) Valleran. *L'Opinion du parterre.*

JEAN ENGLEBERT PAUWELS
Directeur de l'Orchestre du Spectacle de Bruxelles

exécution vocale fort remarquable. Il abusait parfois des fioritures, mais son excuse était dans son habileté. Campenhout jouissait, en outre, d'une taille élancée, d'une figure distinguée, mobile et expressive. Tous ces avantages avaient frappé Pauwels, son professeur de violon, qui lui conseilla le théâtre.

Voici maintenant un spécimen de réclame, qui laisse poindre le principe des procédés tant en faveur aujourd'hui. Il est de ce même Steibelt qui, « *cédant aux nombreuses et pressantes sollicitations des amateurs de cette ville* », voulut bien consentir à se faire entendre :

> *Programme du concert que M. Steibelt donnera à la salle du spectacle, aujourd'hui samedi, 30 mars (9 germinal an XIII).*
>
> PREMIÈRE PARTIE. — Ouverture manuscrite du ballet de *la Belle Laitière*, donné à Londres, au grand théâtre du roi, et de la composition de M. Steibelt. — M. Genssse exécutera un concerto de Viotti. — Scène du *Sacrifice d'Abraham*, par Cimarosa, chantée par Madame Roussellois. — M. Steibelt exécutera sur le piano-forte un nouveau concerto manuscrit de sa composition. Le sujet de l'*adagio* est tiré d'un air chanté par Marie Stuart, reine d'Écosse, lorsqu'elle était prisonnière au chateau d'Édimbourg. Celui du *rondeau* est une imitation de chasse.
>
> SECONDE PARTIE. — Scène champêtre du ballet de *la Belle Laitière*. Le calme de la nuit, le réveil de la nature, le concert harmonieux que forment les habitans de l'air, le lever du soleil, le mugissement des troupeaux, le chalumeau du berger, les chants du chasseur forment le sujet de cette scène, qui se termine par une espèce de bacchanale villageoise. — M. Steibelt exécutera sur le piano-forte, une fantaisie, et prendra pour thème un air de *la Flûte enchantée*. — Madame Roussellois chantera un rondeau de Martini. — M. Steibelt terminera le concert, en exécutant sur le piano-forte un rondeau pastoral, avec un orage, morceau à grand orchestre.

Le 31 octobre, apparaît une pièce du crû. Le fait est assez rare pour que nous ne le laissions pas passer inaperçu. Il est vrai que cet ouvrage n'eut qu'une seule représentation. C'est *le Clapperman ou le crieur de nuit d'Amsterdam*, opéra en un acte, de Joseph Borremans, deuxième chef d'orchestre à la Monnaie, maître de chapelle à Sainte-Gudule, organiste de Saint-Nicolas et auteur de scènes lyriques, messes, *Te Deum* et motets.

Nivôse de l'an XIII vit la discorde surgir entre deux actrices que la jalousie avait mal conseillées. Il s'agissait du rôle de Roxelane, dans *les Trois Sultanes*, qu'on avait distribué à Mme Deschazelles, et que Mlle Ribou réclamait comme appartenant à son emploi. Récriminations, visites aux directeurs, cris, tumulte. La situation s'envenimant, l'administration crut terminer le différend par le retrait de la pièce. Mais Mlle Ribou, dont l'amour-propre n'avait pas eu satisfaction, demanda à résilier, ce qui lui fut accordé. Cette prédilection pour Roxelane était, dit-on, motivée par la conduite de l'actrice, qui rappelait celle de la sultane. Des bruits malveillants s'étant répandus, elle écrivit une lettre accompagnée d'un long mémoire justificatif, et fit sa rentrée le 18 ventôse.

En février 1805, il fut question de remplacer le préfet de la Dyle, Doulcet de Pontécoulant, appelé au poste de sénateur. Tout le monde regrettait son départ. Ces sentiments se manifestèrent avec la plus grande énergie à la représentation du 5 de ce mois L'administration du théâtre ayant appris, quelques instants avant le lever du rideau, que le préfet allait assister au spectacle, fit éclairer la salle comme pour les grandes circonstances. On jouait *Iphigénie en Aulide*. Dès que M. de Pontécoulant parut, tout le public se leva et lui fit une ovation enthousiaste. L'orchestre joua l'air du chœur de Lucile : *Où peut-on être mieux qu'au sein de sa famille*, ce qui doubla les applaudissements. Peu après, il fit entendre l'air d'*Œdipe*, si bien en situation : *Je ne vous quitte pas sans répandre des larmes.* Enfin, Mlle Roussellois, jouant Clytemnestre, souligna, avec autant d'esprit que de grâce, la phrase suivante :

> Que j'aime à voir ces hommages flatteurs
> Qu'ici l'on s'empresse à vous rendre.

L'allusion fut parfaitement saisie, et le public ratifia l'intention de l'artiste. M. de Pontécoulant fut reconduit jusqu'à sa voiture avec de grands témoignages de reconnaissance et de respect.

Cependant les affaires du théâtre devenaient de plus en plus inquiétantes, et, depuis la nouvelle gestion, le déficit s'élevait à la somme de liv. 107,566.

Les directeurs, désireux d'abandonner la partie, écrivirent une lettre au Préfet :

Bruxelles, le 20 ventôse an XIII (11 mars 1805).

*Les Actionnaires du Théâtre de Bruxelles
à Monsieur De Chaban,
Préfet du Département de la Dyle.*

Monsieur le Préfet,

Vous avez eu la bonté de témoigner à quelques-uns d'entre nous l'intérêt que vous voulez bien prendre au soutien du Spectacle de Bruxelles, et l'intention où vous êtes d'interposer vos bons offices auprès du gouvernement, pour en obtenir des moyens de conserver un établissement aussi nécessaire aux bonnes mœurs et à la police.

Nous nous permettons, en conséquence, de vous présenter nos réflexions et nos désirs sur cet objet.

Bruxelles était ci-devant une ville de Cour, et son spectacle, après ceux de Paris, était peut-être le meilleur de l'Europe. L'Archiduchesse Marie-Christine y avait une loge qu'elle payait 24,000 francs par an : le Ministre de l'Empereur donnait 12,000 francs pour la sienne, et la première dame d'honneur de l'Archiduchesse en avait une troisième au prix de six mille livres.

Ces trois loges formaient ainsi à l'administration du théâtre, un revenu assuré et une espèce de préciput de 42,000 francs.

Outre cela, cette administration jouissait du privilège exclusif de tous les spectacles et divertissemens de la ville, ce qui peut être estimé au moins à 12,000 francs par an.

D'abord après l'occupation de la Belgique par les armées françaises, tous ces avantages ont cessé, et il en est résulté la désorganisation totale du spectacle. Des bateleurs et des fripons se sont succédé rapidement comme entrepreneurs ; ils ont escamoté des abonnemens, produit des acteurs insoutenables, et ont fait tous banqueroute au bout de peu de mois.

Enfin, dix propriétaires de Bruxelles se sont sacrifiés pour la ville : ils ont fait des fonds, formé une bonne comédie, un bon opéra, et rétabli le spectacle dans l'état où il était du tems de Marie-Christine.

Mais, n'ayant aucun des avantages de ce tems-là, étant de plus obligés de payer le droit des indigens et le droit d'auteurs, vous ne vous étonnerez pas que la perte qu'ils éprouvent monte à environ 150,000 francs, et que se devant à leurs familles beaucoup plus qu'au public, ils ayent dû prendre la résolution de finir et dissoudre leur association, pour la fin de la prochaine année théâtrale.

Cependant, si par votre puissante entremise, ils pouvaient obtenir du gouvernement les moyens de ne plus augmenter leurs pertes, ils continueraient volontiers pour l'avantage de leur ville et de leurs concitoyens.

Ces moyens sont :

1° Que le théâtre de Bruxelles, vu le voisinage du château impérial de Laeken, soit déclaré *Théâtre Impérial*, et que Sa Majesté y réserve une loge.

2° Que le Gouvernement accorde à l'administration actuelle, le privilège exclusif des spectacles et divertissemens publics quelconques, ainsi que cela était du tems de la Cour.

3° Que la ville de Bruxelles, à l'exemple de plusieurs villes de Belgique, se charge du payement du loyer de la salle de spectacle.

Avec ces moyens, les actionnaires actuels courront de nouveau une chance qui leur a été si ruineuse jusqu'aujourd'hui ; mais, sans eux, ils seront forcés d'abandonner le théâtre aux spéculateurs qui ont été avant leur association les fléaux du bon goût, des bonnes mœurs et de la confiance publique.

Nous vous prions d'agréer l'assurance de notre respectueux dévouement.

De Pauw. — C. Vanderfosse. — De La Tour. — Cornet de Grez. — Emanuel Meyer. — F. Van Malder. — E d'Overschie de Neerische

On ne donna guère suite à cette demande; le Théâtre ne prit pas de nouvelle dénomination, et les directeurs persistèrent néanmoins à se maintenir.

1805-1806. — C'est la cinquième année des actionnaires — la deuxième de la nouvelle entreprise. Ouverture, le 21 avril, par *Zemire et Azor*.

Acteurs.

Messieurs :

Desfossés, première haute-contre	Liv. 6,000
Perceval, Crispins, marquis ridicules, Trials	5,000

DUBREUIL, financiers, manteaux, grimes . . . . Liv. 3,600
CHAMPMÊLÉ, pères nobles 4,200
LAGARENNE, premiers rôles 5,300
EUGÈNE (DESSESSARTS), première basse-taille 4,500
FOLLEVILLE, troisièmes rôles, grands raisonneurs, pères nobles (1) . . . 4,300
PAULIN, premiers comiques, grandes livrées 5,000
LINSEL, Crispirs, marquis ridicules, Trial 4,000
TANQUERELLE, basse-taille (2) 2,800
MADINIER, jeunes premiers 4,500
HURTEAUX, première haute-contre 3,600
BOURSON, jeunes premiers, jeunes premiers rôles, petits-maîtres 3,300
GONTIER, seconde basse-taille (3) 3,000

Actrices.

Mesdames et Mesdemoiselles :
GOUGET, caractères, mères nobles . . . . Liv. 3,000
RIBOU, premiers rôles, fortes jeunes premières 5,000
MORLAND, jeunes premiers rôles, ingénuités 3,600
SAINT-ALBIN, seconde et troisième amoureuse 3,600
BERTEAU, première chanteuse, Philis, forte St-Aubin 6,000
ROUSSELLOIS, mères Dugazon, premières duègnes 6,000
TANQUERELLE, deuxième soubrette, première en double 2,200
FOLLEVILLE, ingénuités, jeunes rôles (4) . . . . —
ROSINE, jeunes rôles 288
DE LA SALLE, deuxième amoureuse (5) 1,000
DEVAUX, souffleur 900
PELLERIN, copiste 900
SPAAK et FILS, peintres 2,688

ORCHESTRE.

BORREMANS, CH., maître de musique . . . . Liv. 2,400
PLATEL, second maître de musique 1,200

16 *violons.* — 2 *altos.* — 5 *violoncelles.* — 2 *contre-basses.* — 2 *cors.* — 2 *trompettes.* — 2 *hautbois.* — 2 *flûtes.* — 2 *clarinettes.* — 2 *basses.* — 1 *timbalier.*

(1) Folleville touchait cette somme avec sa fille.
(2) Il résilia son engagement le 30 prairial.
(3) Il fut engagé le 20 février 1806.
(4) Appointements compris dans ceux de son père.
(5) Elle fut engagée le 10 fructidor an XIII.

L'Intrigue aux fenêtres, 1 acte, de Nicolo-Isouard (14 représentations) ; — *le Diable en vacances,* 1 acte, de Gaveaux ; — *Julie, ou le pot de fleurs,* 1 acte, de Spontini et Étienne Fay ; — *l'Officier Cosaque,* 1 acte, de Gianella et Dumonchau ; — *Une aventure de Sainte-Foix,* 1 acte, de Tarchi ; — *Télémaque,* tragédie-lyrique en 3 actes, de Lesueur ; — *la Jeune femme colère,* 1 acte, de Boieldieu ; — *la Ruse inutile,* 2 actes, de Nicolo ; — *l'Intrigue sur les toits,* 1 acte, de XX ; — *le Grand-Père,* 1 acte, de Jadin ; — *les Prisonniers Espagnols,* 1 acte, de XX (une seule représentation) ; — *Léonce, ou le fils adoptif,* 2 actes, de Nicolo ; — *Gulistan, ou le hulla de Samarcande,* 3 actes, de Dalayrac.

Cette campagne n'est pas fertile en événements dramatiques : 25 et 31 mai, 4 juin, concerts d'Alexandre Boucher, premier violon solo de la Cour d'Espagne, accompagné de Mme Gallyot, harpiste, et de Navoigille, chef d'orchestre. Ce Boucher, auquel on n'accordait qu'un talent discutable, avait eu l'idée, au moins bizarre, de prendre le prénom de Napoléon, à cause de sa ressemblance avec « le grand homme », ce dont il avait la faiblesse de tirer vanité.

Cussy de Champmeslé, autrefois directeur, puis comédien, reparaît dans *le Déserteur,* sous le nom de Crevel, qu'il avait pris, on ne sait pourquoi.

Ici se place l'apparition inattendue, inexplicable, de danseurs de corde, sous la direction Forioso. Le séjour de ces acrobates, dont la réputation était européenne, se prolongea pendant quinze séances! Fils d'un colporteur, Forioso était *né en sabots,* dans une ferme. On ignore comment ses goûts funambulesques le prirent, mais en 1801 il était au Théâtre Louvois avec toute sa famille : le père avait quitté le colportage pour l'acrobatie; le frère faisait des tours sous le nom de *Mustapha;* la sœur avait abandonné ses dindons. Forioso joignait à son talent de sauteur la gloire d'être l'amant de la Montansier, alors âgée de soixante-dix automnes.

Ces saltimbanques emplirent pendant quelque temps la caisse directoriale.

Le 17 frimaire an XIV, parut un décret sur la police des spectacles, d'après lequel tout ce qui concernait les ouvrages à représenter devait être soumis aux commissaires-généraux. C'est le principe de la censure.

Cependant, le résultat final ne fut pas rassurant, en dépit du subside que Napoléon Ier avait accordé — très probablement — si l'on appuie cette hypothèse sur le relevé des frais occasionnés par *l'installation de la loge impériale.* Les comptes se clôturèrent par un déficit général de 79,000-1-6 florins.

Dans cette saison, Lagarenne joua 244 fois; Desfossés, 120; Hurteaux, 220; Eugène, 261; Perceval, 247; Linsel, 260; Mmes Berteau, 169; Roussellois, 151; Saint-Albin, 246; Gouget, 193; Folleville, 188 fois.

---

30 avril, début de Hurteaux, première haute-contre, dans *Adolphe et Clara.* Peu après, les violonistes Bertin père et fils donnent un concert. Saint-Fal, de la Comédie-Française, paraît dans neuf représentations, et Mlle Lesage, du Théâtre Feydeau, dans huit opéras où elle obtient un énorme succès.

1806-1807. — Décidément, les directeurs ne se découragent pas, puisqu'ils sont encore à la tête du théâtre pour l'ouverture de la nouvelle campagne (18 avril).

Acteurs.

Messieurs :

DESFOSSÉS, première haute-contre, Elleviou, Martin	Liv. 6,000
PERCEVAL, Crispins, marquis ridicules, Trial	5,000
DUBREUIL, financiers, manteaux, grimes	4,200
CHAMPMÊLÉ, pères nobles	3,600
LAGARENNE, premiers rôles, Philippe	6,000
EUGÈNE (DESSESSARTS), première basse-taille	5,000
FOLLEVILLE, troisièmes rôles, grands raisonneurs, pères nobles	4,600
PAULIN, premiers comiques, grandes livrées	5,000
HURTEAUX, seconds rôles, première haute-contre	3,600
BOURSON, jeunes premiers, jeunes premiers rôles, petits-maîtres	3,600
BROCHARD, Crispins, marquis ridicules, second comique	4,000
HUET, haute-contre	3,600
NONNIER, première basse-taille, Lays	5,000
LEGRAND, basse-taille	2,400
BRICE, seconde haute-contre	2,400

Actrices.

Mesdames et Mesdemoiselles :

BERTEAU, première chanteuse, Philis	Liv. 6,000
DUCAIRE, mères Dugazon, première duègne	4,500
MORLAND, jeune première, ingénuité	3,600
BAYER, première chanteuse	4,500
DAUBIGNY, première soubrette	4,000
GOUGET, duègnes	3,000
FOLLEVILLE, jeunes rôles (1)	—
SAINT-LAURENT, deuxième soubrette	1,600
HENRY, troisième amoureuse	1,200

(1) Appointements compris dans ceux de son père.

1806. — 15-29 mai, *Monsieur Deschalumeaux*, 3 actes, de Gaveaux ; — 23 juin, *les Faux monnayeurs*, 3 actes, de Gresnich ; — 3 octobre, *les Maris garçons*, 1 acte, de Berton ; — 15 octobre, *les Trois Hussards*, 2 actes, de Champein ; — 19 novembre, *le Déjeuner de garçons*, 1 acte, de Nicolo ; — 1er décembre, *les Deux aveugles de Tolède*, 1 acte, de Méhul ; *Deux mots, ou une nuit dans la forêt*, 1 acte, de Dalayrac ; — 26 décembre, *Gabrielle d'Estrées*, 3 actes, de Méhul ; — 17 mars, *Uthal*, 1 acte, de Méhul ; — 1er avril, *Don Juan*, grand opéra en 3 actes, d'après Mozart ; *l'Avis au public*, 2 actes, d'Alexandre Piccinni, fils.

COMÉDIES : *Le Naufrage* ; — *Agnès Sorel* ; — *Un jeu de la fortune* ; — *le Testament de l'oncle* ; — *les Confidences* ; — *la Jeunesse d'Henri IV* ; — *Frédéric à Spandau* ; — *les Ricochets* ; — *les Deux Sires* ; — *le Mari d'emprunt* ; — *les Frères à l'épreuve* ; — *le Voyageur fataliste* ; — *les Dupes* ; — *Frosine* ; — *le Généreux vindicatif* ; — *la Laitière de Bercy* ; — *la Forteresse du Danube*.

Rosine Lequien, jeunes rôles	Liv.	416
La Salle, deuxièmes amoureuses		2,000
Renau, jeunes premiers rôles (1)		3,000

CHOEURS.

Douze hommes.   Douze femmes.

ORCHESTRE.

BORREMANS, maître de musique	Liv.	2,400
Platel, sous-chef		1,200

16 *violons*.— 2 *altos*. — 5 *violoncelles*. — 2 *contre-basses*. — 2 *cors*. — 2 *trompettes*. — 2 *hautbois*. — 2 *flûtes*. — 2 *clarinettes*. — 2 *bassons*. — 1 *timbalier*.

Parmi les artistes nouveaux se trouve Brice, qui fit sa première apparition sur la scène, à Bruxelles. Ses débuts eurent lieu dans *Maison à vendre*.

Linsel écrit une lettre, parue dans *l'Oracle*, pour faire ses adieux au public bruxellois.

Mme Roussellois quitte également Bruxelles. Après un séjour de deux ans à Gand, elle débute à l'Opéra-Comique, puis à Rouen, où elle manque de périr dans l'incendie qui dévora le théâtre, et ne parvient à se sauver qu'en sautant par une fenêtre.

Un événement assez important est la promulgation d'une loi qui réduisait au nombre de deux les théâtres des grandes villes, n'en laissant même qu'un aux autres. Or, Bruxelles n'était plus considéré comme capitale et tombait sous l'application de ce règlement. C'était, du reste, avec Gand et Anvers, la seule ville qui pût avoir une troupe stable.

Parmi les attractions, citons : un chanteur (?) italien, Antoine Moldetti, doué de *quatre voix différentes*, que le public eut la naïveté d'aller entendre deux fois (on fit un succès d'artiste à ce phénomène de ventriloquie), puis la petite Cécile David, alors âgée de 14 ans, qui joua des morceaux sur le cor et le flageolet.

(1) Engagée le 31 août 1806.

---

23 avril, concert de M et Mme Fournier ; — 16 juin, le Roi et la Reine de Hollande (Louis-Bonaparte et Hortense Beauharnais) : *le Barbier de Séville*, *les Prétendus* ; — 15 et 19 juin, divertissements par Gigel et Mlle Guerri, premiers danseurs du Roi de Prusse ; — 15 août, spectacle gratis pour la fête de Sa Majesté l'Empereur et Roi ; — 3 septembre, concert de Mme Cianchettini, pianiste, et de son fils Pio, surnommé « le Mozart anglais » ; — 5 et 23 mars, concerts de Lafont, violoniste, et Gabriel Lemoyne, pianiste.

8 et 10 mai : Moreau, surnommé le *Petit Nain*, vient donner *les Deux billets* et *la Bonne mère*, de Florian, où il joue le rôle d'Arlequin. Ce Moreau avait eu son heure de célébrité. Pour tirer parti de ses proportions lilliputiennes, il se produisit dans les salons de la noblesse; à l'âge de 13 ans, il eut le singulier honneur d'être servi tout vif sur la table de Louis XV, enfermé dans un pâté, duquel il sortit au milieu de l'ébahissement général. Lorsque Audinot ouvrit son théâtre de marionnettes au boulevard du Temple, Moreau figura parmi les artistes en bois. Il était le seul comédien vivant de la troupe. Il créa ensuite au Palais-Royal un spectacle appelé : *Les Comédiens de bois*, dirigea plusieurs petites scènes, parcourut la province, et en fut réduit dans sa vieillesse à se montrer comme curiosité sur les places publiques (1).

Signalons, pour terminer, la mort de Cussy de Champmeslé, qui était à la Monnaie depuis nombre d'années, et la représentation d'une pièce du crû : *Le Généreux vindicatif*, « d'un habitant de cette ville ». Cet habitant, c'était Bourson.

1807-1808. — Ouverture, le 21 avril.

Acteurs.

Messieurs :

LAGARENNE, premiers rôles, Philippe	Liv. 6,000
DESFOSSÉS, première haute-contre	6,000
MONNIER, première basse-taille, Lays	5,000
PERCEVAL, Crispins, marquis ridicules, Trial	5,000
DUBREUIL, financiers, manteaux, grimes	4,200
HURTEAUX, première haute-contre	3,600
PAULIN, premier comique, grandes livrées	3,600
BRICE, troisième amoureux, seconde haute-contre	3,000
FOLLEVILLE, père noble, grand raisonneur	2,600
HURTEAUX cadet, seconde haute-contre	1,600
CORIOLIS, première basse-taille	5,000
HUET, haute-contre	3,600
BOURSON, jeunes premiers et jeunes premiers rôles	3,300
FLORICOURT, troisièmes rôles, seconde basse-taille	3,000

Actrices.

Mesdames et Mesdemoiselles :

BERTEAU, première chanteuse en tous genres	Liv. 8,500
DESBORDES, jeune première	4,800
BAYER, première chanteuse	4,000
DUCAIRE, mères Dugazon, première duègne	4,000

(1) De Maine et Ménétrier. — *Galerie historique des acteurs français mimes et paradistes.*

Gouget, duègnes	Liv. 3,000
St-Albin, secondes amoureuses, Dugazon-corsets	2,400
Daubigny, première soubrette	2,700
Folleville, jeunes rôles	2,000
Renau, jeunes premiers rôles	3,000
Rosine Lequien, rôles d'enfants	432

Chœurs.

Douze hommes.   Douze femmes.

Orchestre.

M. Charles BORREMANS, maître de musique	Fl. 1,306 — 13 — 4	
M. Joseph Borremans, sous-chef d'orchestre	526 — 13 — 4	

16 *violons*. — 2 *altos*. — 5 *violoncelles*. — 2 *contre-basses*. — 2 *cors*. — 2 *trompettes*. — 2 *hautbois*. — 2 *flûtes*. — 2 *clarinettes*. — 2 *basses*. — 1 *timbalier*.

L'usage d'accorder, par engagement, des *bénéfices* aux artistes était déjà connu. Ces représentations avaient lieu généralement au Théâtre du Parc.

Le 21 septembre, Théodore Mozin, pianiste, donne un concert. Outre une sonate de sa composition, l'affiche annonçait « un nouveau pot-pourri, d'un nouvel effet, dans lequel il ferait entendre une conversation et un bruit de guerre ». *Horresco referens !*

1808-1809. — Les actionnaires avaient recruté le personnel suivant :

Acteurs.

Messieurs :

Lagarenne, premiers rôles, Philippe	Liv. 6,000
Desfossés, première haute-contre, Elleviou	6,500
Juclié, premiers rôles, Philippe	4,800
Bourson, jeunes premiers, jeunes premiers rôles	3,600
Hurteaux, seconds rôles, petits-maîtres, Colins	3,600

---

*François I*er, 2 actes, de Kreutzer ; — *les Artistes par occasion*, 1 acte, de Catel ; — *les Rendez-vous bourgeois*, 1 acte, de Nicolo ; — *le Vieux château*, 1 acte, de Della Maria ; — *l'Auberge de Bagnères*, 3 actes, de Catel ; — *le Franc Breton*, 1 acte, de R. Kreutzer et Solié ; — *Owinska*, 3 actes, de Gaveaux ; — *Lina, ou le mystère*, 3 actes, de Dalayrac ; — *Joseph en Égypte*, 3 actes, de Méhul ; — *Point de bruit*, 1 acte, de Doche ; — *Koulouf*, 3 actes, de Dalayrac ; — *Bion*, 1 acte, de Méhul ; — *M*lle *de Guise*, 3 actes, de Solié ; — *Délia et Verdikan*, 1 acte, de Berton.

4 mai, début de Mlle Desbordes dans *la Femme jalouse*, comédie, et dans *Une heure de mariage*, opéra. Il sera fait mention plus tard de cette aimable actrice qui, sous le nom de Desbordes-Valmore, s'est rendue célèbre par ses poésies ; — 17 mai, début de Hurteaux cadet, *le Secret*, de Solié ; — 27 juillet, début de Floricourt, *Alexis et Justine*, de Thomas.

Brice, troisièmes amoureux, seconde haute-contre	Liv. 3,600
Dubreuil, financiers, manteaux grimes	4,200
Folleville, pères nobles, grands raisonneurs	3,000
Eugène (Ordinaire), première basse-taille	5,000
Coriolis, première basse-taille	6,000
Paulin, premier comique, grande livrée	4,200
Linsel, Crispin, second comique, Trial	4,200
Perceval, id.	5,000
Guilleman, paysans, seconde basse-taille	2,200
Tirpenne, troisièmes rôles	2,200
Bourson fils, rôles d'enfants	—

Actrices.

Mesdames et Mesdemoiselles :

Berteau, première chanteuse	Liv. 8,500
Richard, premiers rôles, grandes coquettes (1)	4,800
De Sainte-Suzanne, premiers rôles (2)	3,600
Tirpenne, forte St-Aubin, Dugazon-corsets	3,000
Morland, jeunes premières, ingénuités	3,600
Saint-Albin, secondes amoureuses, rôles travestis	2,400
Adélaïde (Mesplon), secondes et troisièmes amoureuses	2,000
Juclié, mères nobles, mères Dugazon	4,200
Sabatier, première soubrette	3,600
Gouget, premiers caractères, duègnes	3,000
Clément, utilités	1,000
Linsel, idem	1,500
Rosine Lequien, rôles d'enfants	432

Chœurs.

Douze hommes.   Douze femmes.

Orchestre.

C. Borremans, maître de musique	Fl. 1,306 — 13 — 4
J. Borremans, sous-chef	576 — 13 — 4

16 violons. — 2 altos. — 5 violoncelles. — 2 contre-basses — 2 cors. — 2 trompettes. — 2 hautbois. — 2 flûtes. — 2 clarinettes. — 2 bassons — 1 timbalier.

Un triste événement vint frapper le monde du théâtre : la mort de Lagarenne. Jamais le décès d'un artiste ne souleva autant de marques de sympathie. Lagarenne était à la Monnaie depuis plus

---

(1) Cette actrice a quitté le 30 avril 1808.
(2) Elle a remplacé Madame Richard, le 5 juillet 1808.

L'Amant légataire, 1 acte, de Joseph Van Helmont ; — *Un jour à Paris*, 3 actes, de Nicolo ; — *Cimarosa*, 1 acte, de Nicolo ; — *Ninon chez Mme de Sévigné*, 1 acte, de Berton ; — *Neptali*, grand opéra en 3 actes, de Blangini ; — *Jadis et aujourd'hui*, 1 acte, de R. Kreutzer ; — *la Femme impromptue*, de Borremans.

de dix ans. Il joignait aux qualités d'un galant homme celles d'un acteur intelligent, laborieux, infatigable. Une représentation fut organisée au bénéfice de la veuve et des enfants ; *Joseph*, de Méhul, y précédait la première audition de *Mademoiselle de Guise*, opéra en 3 actes, de Dupaty, musique de Solié. Une « dame de la société » publia, sous le voile prudent de l'anonyme, les strophes suivantes :

Stances sur la mort de La Garenne.

La Garenne n'est plus, son zèle, ses talens,
Son amour pour son art, sa rare intelligence,
N'ont pu le garantir de perdre l'existence
    A la fleur de ses ans.

En dépit de la mort, la chaleur de son âme,
Ses belles qualités, vivent dans tous les cœurs ;
Et peignant cet acteur avec des traits de flamme,
    Commandent à nos pleurs.

L'amour de son état, les beaux-arts et la gloire,
L'animaient chaque jour pour charmer nos loisirs,
Il vécut bien assez pour laisser sa mémoire,
    Trop peu pour nos plaisirs.

Muses qui gémissez de sa perte cruelle,
Placez son nom chéri parmi les bons acteurs :
Rien ne pourra faner la guirlande immortelle
    Que lui tressent nos cœurs.

Lagarenne fut remplacé, le 30 décembre, par Juclié, dont la femme faisait déjà partie de la troupe.

En août, la scène de la Monnaie est, de nouveau, livrée aux acrobates. Cette fois, ce fut le tour de Ravel, dit l'*Incomparable*, rival de Forioso comme danseur et comme sauteur. Celui-ci se trouvait un jour au Théâtre de la Montansier pendant les exercices de Ravel ; il le provoqua et mit comme enjeu 25 napoléons ; l'assaut eut lieu, avec Vestris et Paul Duport, danseurs de l'Opéra, comme juges. La palme fut décernée à Ravel, et les spectateurs lui jetèrent une couronne qu'il offrit de partager avec son antagoniste ; Forioso refusa brutalement et provoqua une seconde fois le vainqueur. Mais, ce tournoi menaçant de tourner en bagarre, l'autorité s'en mêla et fit défendre la représentation (1).

Le 13 janvier suivant, une exhibition de ce genre se produit

---

(1) De Manne et Hillemacher. — *Troupe de Nicolet*.

encore. Une séance est donnée par Charles Roussel, surnommé l'*Hercule européen !*

Glissons rapidement sur ces exploits acrobatiques, et arrivons à la première d'une pièce indigène : *L'Amant légataire,* opéra en 1 acte, d'Adrien-Joseph Van Helmont. Malheureusement, cette œuvre n'eut qu'une représentation, racontée d'une manière fort plaisante par le malicieux baron de Reiffenberg (1).

L'Amant légataire était une pièce du cru, une pièce détestable. L'auteur s'adressa à Van Helmont, qui de sa vie n'avait travaillé pour le théâtre et qui s'excusa sur ce qu'il n'avait jamais composé que de la musique d'église. Mais l'auteur voulait être joué. Il fit tant d'instances, il flatta si bien le bon homme, qu'à la fin celui-ci consentit à faire quelques motets, de maints fragments de *messes* et de *vêpres* une espèce d'opéra, travail profane sanctifié par son origine .. L'ouverture composée dans le genre d'un *Veni Creator,* avec force trompettes et timbales, enlève de vifs applaudissements. Tous les Van Helmont, femmes, enfants, neveux et nièces, étaient dans l'ivresse. Le père, lui, battait la mesure sur le bourrelet de la loge avec ses deux mains tout étincelantes de pierreries ; quand, ô douleur ! le premier air, par son étrangeté savante, provoque un coup de sifflet. Les mains de Van Helmont abandonnent précipitamment le bourrelet comme si elles avaient touché un fer chaud ; c'en était fait ; l'envie était éveillée. Un second, un troisième, des milliers de coups de sifflets partent sans interruption. Tout le monde, dans la loge, frappé de consternation, se jette à quatre pattes : on ouvre clandestinement la porte et l'on descend les escaliers comme Rousseau veut que marche l'homme de la nature : mais les sifflets attendaient sous le perron. Ce fut l'enterrement de *l'Amant légataire.*

1809-10. — Nous voici à la neuvième année de la gestion Dubus. La troupe qu'il réunit était composée en grande partie d'artistes déjà connus.

Acteurs.

Messieurs :

Juclié, premiers rôles . . . . Liv.	4,200
Hurteaux, Philippe, Gavaudan	4,250
Desfossés, première haute-contre, Elleviou	6,500
Bourson, jeunes premiers, petits-maîtres	4,000
Dubreuil, financiers, manteaux, grimes	4,200

(1) *Recueil encyclopédique belge.*

Françoise de Foix, 3 actes, de Bertou ; — *le Maître de chapelle, ou le souper imprévu,* 3 actes, de XX ; — *le Petit Courrier,* 2 actes, de XX ; — *Menzikoff et Fœdor,* 3 actes, de Champein ; — *la Rose rouge et la rose blanche,* 3 actes, de Gaveaux ; — *le Mariage par imprudence,* 1 acte, de Dalvimare ; — *Brama,* 1 acte de XX ; — *le Charme de la voix,* 1 acte, de Berton (l'opéra *la Romance,* remanié) ; — *la Vestale,* grand opéra en 3 actes, de Spontini ; — *la Prova d'un opera seria,* de Gnecco ; — *Lantara,* 1 acte, de XX.

Bousigue, seconde haute-contre, Colins	Liv. 4,000
Paulin, premier comique, grandes livrées	4,200
Rolland, Martin, Lays	5,000
Coriolis, première basse-taille	6,000
Folleville, pères nobles, grands raisonneurs	3,400
Eugène (Ordinaire), première basse-taille	5,000
Perceval, Crispins, Trial	5,000
Linsel, id.	4,200
Marchand, troisièmes rôles, seconde basse-taille	2,800
Bourson *fils*, rôle d'enfants	—

Actrices.

Mesdames et Mesdemoiselles :

Berteau, première chanteuse	Liv. 9,400
Letellier, premiers rôles, grandes coquettes	4,500
Bousigue, fortes Saint-Aubin, Dugazon-corsets	4,500
Morland, fortes premières, ingénuités	3,600
Saint-Albin, jeunes Saint-Aubin, travestis	2,400
Dubreuil, jeunes premières, secondes amoureuses	2,400
Juclié, mères Dugazon	4,200
Sabatier, premières soubrettes	4,000
Gouget, duègnes à caricatures	3,000
Linsel-Mosso, mères nobles, rôles de convenance	1,800
Rosine Lequien, troisièmes amoureuses	600

Chœurs.

Douze hommes. Douze femmes.

Orchestre.

C. BORREMANS, maître de musique	Fl. 1,306 — 13 — 4
J. Borremans, sous-chef	576 — 13 — 4

16 *violons*. — 2 *altos*. — 5 *violoncelles*. — 2 *contre-basses*. — 2 *cors*. — 2 *trompettes*. — 2 *hautbois*. — 2 *clarinettes*. — 2 *flûtes*. — 2 *basses*. — 1 *timbalier*.

Rolland venait de l'Opéra-Comique, où il n'avait obtenu qu'un médiocre succès. Il y retourna cependant, après un an de séjour à la Monnaie.

Philippe Bourson était le fils de l'un des meilleurs comédiens du

---

9 juin, bénéfice de la veuve Ansoult, victime d'un vol important ; — du 13 au 17 juillet, série de représentations par deux artistes de l'Opéra-Comique, M. et Mme Huet (Mlle Lesage) ; — 30 novembre, débuts de Mlle Saint-Hilaire, qui n'avait paru sur aucune scène ; — 23 et 29 janvier, Pierre Rode, l'un des premiers violonistes français ; — 15 février, concert donné par le pianiste hollandais, Charles Mansuy ; — 15 mars, reprise de *la Vestale* avec Mme Berteau dans le rôle principal ; — 4 et 6 avril, la troupe du vice-roi d'Italie interprète *la Prova d'un opera seria* (Bertini, Pedruzzi, Mme Dalmanic).

Théâtre de Bruxelles. Il avait joué les rôles d'enfants jusqu'au jour où commencèrent ses études en médecine, qu'il acheva à la Faculté de Montpellier. Sa sœur Pauline, rivale de Léontine Fay, ne fut pas moins admirée en Belgique que la « petite merveille parisienne ». Né le 10 mai 1801, à Blaye, Bourson a été naturalisé belge en 1831. Il est mort à Bruxelles, le 21 mars 1888, après avoir dirigé le *Moniteur Belge.*

Les représentations de cette année n'offrent rien de remarquable.

Parmi les pièces jouées pour la première fois nous trouvons : *Le Maître de chapelle, ou le souper imprévu,* opéra comique en 3 actes, de XX. C'est ce même livret, d'Alexandre Duval, que Sophie Gay arrangea en vue de l'Opéra-Comique, que Paër mit en musique, et dont le premier acte, joué seul maintenant, obtient le succès que l'on sait.

Les actionnaires du théâtre étaient loin de s'enrichir, mais ils persévéraient dans leur tâche, évitaient la faillite, si commune jusque-là, et maintenaient les spectacles à Bruxelles Ce n'est pourtant pas la richesse de la mise en scène qui devait produire le déficit ; car, si nous en croyons *le Courrier des spectacles,* les cortèges qui défilaient sur la scène n'avaient rien de majestueux :

Françoise de Foix, opéra en trois actes de Berton, vient d'être joué avec succès à Bruxelles (le 5 juin 1809). On a beaucoup ri de voir les gardes de François Ier sous le costume de pompiers ; à la 2º représentation, ils ont paru avec des souguenilles *(sic)* usées, que portent indifféremment les exilés dans *Beniowski,* les soldats de *la Reine de Golconde* et les gardes de *Pierre-le-Grand.*

Clôture, le 19 avril.

1810-11. — Cette dixième campagne est la dernière de la régie Dubus. Elle commence le 21 avril.

Artistes.

Messieurs :

Desfossés, première haute-contre . . . . Liv.	7,000
Massin, jeunes premiers	6,500
Coriolis, première basse-taille	6,000
Brice, troisièmes amoureux, seconde haute-contre	5,400
Eugène (Ordinaire), première basse-taille	5,500
Perceval, Crispins, Trial	5,000
Paulin, premier comique, grandes livrées	4,600
Chapus, premier amoureux	2,000

Hurteaux, Philippe, Gavaudan . . . . Liv.	4,500
Linsel, Crispins, Trial	4,200
Dubreuil, financiers, manteaux, grimes	4,200
Bousigue, seconde haute-contre, Colins	4,000
Bourson, jeune premier, petits-maîtres	4,000
Folleville, pères nobles, grands raisonneurs	3,600
Marchand, troisième rôle, seconde basse-taille	2,800

Actrices

Mesdames et Mesdemoiselles :

Berteau, première chanteuse . . . . Liv.	9,400
Bousigue, fortes Saint-Aubin, Dugazon-corsets	5,000
Chapus, première amoureuse	4,500
Laborie, première Dugazon	4,000
Sabatier, première soubrette	4,000
Morland, forte jeune première, ingénuité	3,600
Gouget, duègnes à caricatures	3,600
Fossier, seconde amoureuse	2,200
De Remival, première duègne	4,500
De Poix, première amoureuse	4,200
Linsel-Mosso, mères nobles, roles de convenance	2,000
Lequien, troisièmes amoureuses	1,200
Waukier, utilités	288
Donzel, rôles d'enfants	72

Chœurs.

Douze hommes.   Douze femmes.

Orchestre.

C. BORREMANS, chef de musique . . . . Fl.	1,306 — 13	— 4.
J. Borremans, sous-chef	576 — 13	— 4.

16 *hautbois.* — 2 *altos.* — 5 *violoncelles.* — 2 *contre-basses.* — 2 *cors.* — 2 *trompettes.* — 2 *hautbois.* — 2 *clarinettes.* — 2 *flûtes.* — 2 *bassons.* — 1 *timbalier.*

Il se préparait pour la Belgique, et plus particulièrement pour Bruxelles, un important événement. L'arrivée de l'Empereur Napoléon Ier, accompagné de sa nouvelle épouse Marie-Louise, était attendue.

On organisa de grandes réjouissances, parmi lesquelles le théâtre passait encore en première ligne. Borremans avait d'abord été chargé d'écrire la musique d'une pièce de circonstance, mais ce projet fut écarté; on s'adressa alors à Bourson pour le prier de composer et de réciter lui-même une pièce de poésie en l'honneur des hôtes impériaux. Bourson était essentiellement républicain ; il avait admiré Bonaparte, mais il reniait Napoléon : il refusa. Enfin, le spectacle arrêté comprit tout simplement *les Prétendus*, de Lemoygne, et *les Deux prisonniers*, de Dalayrac. Mais, écoutons le récit de cette journée :

> Dès le matin, une foule considérable assiégeait les portes du théâtre. Aussi, à l'ouverture, le parterre, ainsi que les loges de deuxièmes, troisièmes et quatrièmes rangs, furent-ils envahis en un clin d'œil. Les autres parties de la salle avaient été réservées aux autorités.
>
> Pour établir une loge digne des souverains, on avait enlevé la séparation des deux premières loges à droite, que l'on avait magnifiquement ornées de draperies en velours rouge, parsemées d'abeilles d'or et portant au milieu l'aigle impérial : le fond était entièrement tapissé de glaces.
>
> Les loges attenantes, également fort ornées, étaient réservées au Roi et à la Reine de Westphalie, au prince Eugène, aux ministres et aux maréchaux de l'Empire, aux ambassadeurs d'Autriche, le comte de Metternich et le prince de Schwarzenberg, aux conseillers d'État, aux chambellans, etc., etc., en un mot, à toute la Cour.
>
> Leurs Altesses Impériales arrivèrent de Laeken au théâtre de la Monnaie, au milieu d'une foule immense pressée le long du parcours et entassée aux fenêtres de toutes les maisons. A leur entrée dans la salle, à huit heures du soir, d'immenses acclamations les accueillirent, pendant que l'orchestre entonnait l'air obligé : *Que de grâce, que de majesté!* Quand le calme fut rétabli et que tous ces grands personnages eurent occupé leurs places, on joua l'ouverture du premier opéra : *les Prétendus*.
>
> Le rideau se lève et, du fond, entrent en scène madame Berteau, Desfossés et madame Bousigue. Tout-à-coup paraît, par une des coulisses de droite, un homme en simple habit de ville, les bottes encore poudreuses, le visage pâle aux feux de la rampe, la marche brusque et précipitée.
>
> Cette étrange apparition frappe tout le monde d'étonnement. Les acteurs quittent la scène, les instruments se taisent, un silence complet s'établit : on ne sait ce qui se passe, on se demande si un malheur est arrivé. Enfin, cet homme, qui n'avait salué ni les souverains ni le public, dit d'une voix quelque peu altérée :
>
>> Messieurs, je vous demande un moment d'audience !
>
> A ces mots, l'on reconnaît Bourson, mais on se demande encore ce qu'il veut. Lui, sans se déconcerter, continue. Aux rimes, à la mesure, on reconnaît que ce sont des vers qu'il débite, mais on ne comprend pas où il veut en arriver : il raconte qu'il vient d'échapper à une grande aventure ; que, tombé par la malice d'un maudit lutin au fond d'un trou, il y a trébuché jusque dans les Champs-Elysées, qu'il a eu l'honneur d'y voir Minos, Eaque et Rhadamante, les grands juges, lesquels lui avaient sévèrement demandé ce qu'il venait faire dans ce tranquille séjour. Bourson, ne sachant trop que répondre, leur dit qu'il venait parler à Trajan, ou à Marc-Aurèle, et les priait de lui apprendre
>
>> En quel quartier logeait le terrible Alexandre.
>
> Jusque-là l'auditoire restait muet, mais attentif : on aurait entendu une mouche voler. On commençait à croire qu'il y avait quelque chose, mais on ne se rendait pas bien compte de ce que ce serait. Quand l'acteur continuant, dit :
>
>> Ils ne sont plus ici, répondit Calchus. (1)
>> Eux, Achille, Henri IV et Solon et Cyrus
>>   Purifiés par une sainte flamme
>> Réunis en un corps et ne faisant qu'une âme,
>> Pour gouverner des Francs l'auguste nation,
>> Revivent sous les traits du grand NAPOLÉON !!!

(1) Ce vers est faux. Quel en est le coupable ? Bourson, ou le journaliste à qui nous empruntons cet extrait ? Saluons l'auteur, au passage.

A ces mots, éclata un enthousiasme indescriptible : toute la salle se leva et salua l'Empereur de *vivats!* mille fois répétés. Bourson dut s'arrêter. Quand le calme fut un peu rétabli, il continua Modulant son œuvre, il arriva à Marie-Louise ; il fit allusion à son aïeule, Marie-Thérèse ; et, représentant l'hymen de la jeune Impératrice comme l'heureux gage d'une profonde paix, il s'écria :

Que par le monde entier Louise soit bénie!!!

De nouveau la salle fut transportée. Marie-Louise se leva pour saluer la foule, mais l'émotion avait été trop forte : elle tomba évanouie. L'Empereur s'empressa autour d'elle, ainsi que Mmes de Montebello et de Lucay. Grâce à la prévoyance d'un des courtisans, qui avait eu la précaution de se munir d'un flacon d'essence, la souveraine revint assez vite à elle et put de nouveau saluer le public, qui l'accueillit par d'unanimes bravos

Après ce court épisode, Bourson reprit le fil de son récit et termina l'apologue qui avait soulevé toute la salle. Quand il se fut retiré, les cris reprirent de plus belle, et il fallut plus d'un quart d'heure avant que l'émotion fût calmée et qu'on pût commencer *les Prétendus*.

On attribua le revirement subit de Bourson à sa verve artistique, qui prima chez lui tout autre sentiment, et fit passer le poète avant l'homme. N'est-ce pas, plutôt, que le courage, dont il avait fait preuve à la première heure, l'abandonna ensuite, qu'il craignit les conséquences de son acte de rébellion contre une *puissance*, se rappelant à propos la fable du *Pot de terre et du Pot de fer*? Une telle scène se peut-elle improviser, et ne demande-t-elle pas une préparation assez longue? Quoi qu'il en soit, Bourson obtint un immense triomphe et devint, pendant quelque temps, le *lion* de Bruxelles.

Une bourse contenant 3,000 francs lui fut remise par l'Empereur, qui fit aussi distribuer 6,000 francs aux artistes et 20,000 francs aux pauvres de la ville. La « bourse à Bourson » eut autant de succès que son monologue.

Au moment de partir, Napoléon décréta plusieurs projets d'embellissement, parmi lesquels se trouve *la construction d'une salle de spectacle*.

Après quelques soirées données par des artistes étrangers, et qui alternaient avec les représentations ordinaires, nous voyons le théâtre retomber dans ses anciens errements.

La troupe Franconi, après une installation de quelques jours dans un manège établi derrière la préfecture (aujourd'hui Palais du Roi) reparaît à la Monnaie, où elle joue plusieurs mimodrames, et se montre dans deux opéras : *La Caravane du Caire* et *la Maison isolée*.

Puis, la saison se termine par trois séances de l'aéronaute Fondard, qui avait singulièrement choisi le champ de ses expériences.

THÉATRE DE LA MONNAIE

SPECTACLE EXTRAORDINAIRE

L'Administration fera donner, jeudi prochain, la première représentation des expériences hydro-aéro-pyriques, hydrauliques, automates, animées, métamorphoses, chefs-d'œuvre mécaniques, combat au feu avec le bélier hydraulique de Montgolfier, récréations, tours d'adresse, d'agilités extraordinaires et magie, exécutés par l'aéronaute Fondard, venant des pays étrangers; en attendant le voyage aérien qui aura lieu à l'air libre par l'aéronaute Fondard, qui montera dans sa nacelle et fera l'expérience du parachute pour sa dixième ascension aérostatique.

Dubus était parti en décembre. Jusqu'à la fin de la campagne, son emploi n'eut pas de titulaire. Les artistes remplissaient à tour de rôle les fonctions de régisseur.

RÉGIE LECATTE-FOLLEVILLE — 1811-15.

1811-12. — Le successeur de Dubus, Benoît Lecatte, dit Folleville, avait fait partie de la troupe en 1802, en qualité de premier rôle; il était né à Paris, le 14 mai 1765. Son père, pelletier de Louis XVI, le destinait à la marine royale, où il fut même aspirant de 1re classe.

Voici la troupe qu'il eut d'abord sous ses ordres :

Acteurs.

Messieurs :

Desfossés, première haute-contre	Liv. 7,000
Massin, jeunes premiers	6,500
Guhiant, première basse-taille	6,000
Camoin, id.	4,500
Coriolis, id.	6,000

11 mai, De Lamare, violoncelliste français; — 29 mai, Giorgi, 1er violon; Fenzi, violoncelliste; Lamparelli, chanteur; Mme Giorgi, cantatrice; — 15 juin, André Robberechts, violoniste âgé de 12 ans; — 5 novembre, Mlle Longhi, harpiste et pianiste de Naples; — 15 novembre, Mme Remival, *Sylvain* et *le Calife de Bagdad*; — 19 novembre, Clozel, du Théâtre de l'Impératrice (Odéon); — 29 novembre et 3 décembre, Louis Drouet, flûte du roi de Hollande; — 9 janvier, Iwan Müller, clarinettiste allemand.

Francisque, premiers rôles	Liv. 5,500
Bousigue, seconde haute-contre, Colins	4,000
Chapus, jeune premier	2,000
Perceval, Crispins, Trial	5,000
Paulin, premier comique, grandes livrées,	4,600
Hurteaux, Philippe, Gavaudan	4,500
Dubreuil, financiers, manteaux, grimes	4,500
Brice, troisième amoureux, seconde haute-contre	5,400
Bourson, jeune premier, petits-maîtres	4,000
Folleville, pères nobles, grands raisonneurs (*régisseur*)	3,600
Marchand, troisième rôle, seconde basse-taille	2,800
Linsel, Crispins, Trial	4,200

Actrices.

Mesdames et Mesdemoiselles :

Frechon, premier rôle	Liv. 4,000
De Remival, première duègne	4,500
Francisque, première amoureuse	6,000
Bousigue, fortes Saint-Aubin, Dugazon-corsets	5,000
Chapus, première amoureuse	4,500
Linsel-Mosso, mères nobles, rôles de convenance	2,000
Clarisse Liédet, première soubrette	3,500
Gouget, duègnes à caricatures	3,600
Gillotte, forte jeune première, ingénuité	3,600
Fossier, seconde amoureuse	2,200
Lequien, troisième amoureuse	2,500
Waurier, utilités	288
Donzel, rôles d'enfants	72

Chœurs

Douze hommes. Douze femmes.

Orchestre.

C. BORREMANS, chef de musique	Fl. 1,306 — 16 — 4
J. Borremans, sous-chef	546 — 16 — 4

16 *violons* — 2 *altos.* — 5 *violoncelles.* — 2 *contre-basses.* — 2 *cors.* — 2 *trompettes.* — 2 *hautbois.* — 2 *clarinettes.* — 2 *flûtes.* — 2 *bassons.* — 1 *timbalier.*

L'année théâtrale commence, le 25 avril, par un spectacle forain : une nouvelle exhibition du ventriloque Moldetti, annoncée en ces termes :

> M. Moldetti de Florence, en Toscane, chanteur, qu'on peut considérer comme un phénomène lyrique, possédant quatre voix naturelles, d'une force étonnante, savoir : *la taille, le dessus, la haute-contre et la basse-taille,* connu avantageusement en cette ville, donnera jeudi prochain, 25 avril, une séance académique, vocale et instrumentale dans le genre comique.

Parmi les soirées qui marquèrent, il y en eut une où se produisit un évènement d'une certaine gravité. Le 28 mai, on devait jouer *Lodoïska*. Voici le rapport de cette représentation :

Bruxelles, le 29 mai 1811.

LES COMMISSAIRES DE POLICE DE SERVICE AU SPECTACLE,
A MONSIEUR DE LATOUR-DUPIN, BARON DE L'EMPIRE,
PRÉFET DU DÉPARTEMENT DE LA DYLE.

Monsieur le Préfet,

La représentation d'hier soir ayant été retardée, et le public commençant à s'impatienter, le sieur Folleville, régisseur, fit lever la toile, et annonça qu'en suite d'ordres supérieurs le rôle de *Titzikan*, qui d'après l'affiche, devait être rempli par le sieur Gubiant, acteur nouvellement arrivé de Rouen, le serait par le sieur Coriolis.

Cette annonce faite, même avant que la Comédie commençât, excita le mécontentement des officiers de la garnison notamment du régiment de cuirassiers, qui manifestèrent, de la manière la plus prononcée, qu'ils entendaient que le rôle dont il s'agit, fut joué par Gubiant, en annonçant que si Coriolis se présentait en scène, ils le siffleraient, et ne permettraient pas que la représentation continuât ; des propos indécents furent tenus par ces officiers, contre l'autorité qui avait donné l'ordre, et tout annonçait qu'une scène orageuse allait se passer.

Pendant la première pièce, messieurs les officiers avaient envoyé chercher à la foire, un grand nombre de sifflets, et aussitôt que Coriolis se présenta, un sifflement continuel couvrit sa voix, au point que cet acteur ne put se faire entendre ; le désordre étant à son comble et des provocations commençant à avoir lieu entre ceux qui demandaient à grands cris Gubiant, et ceux qui voulaient que la pièce fut jouée, nous crûmes prudent de faire baisser la toile et d'ordonner que la pièce fut statée *(sic)*.

Ces mesures ne purent calmer la fermentation qui alla toujours en augmentant ; messieurs les officiers de cuirassiers voyant qu'ils insistaient inutilement pour que le sieur Gubiant se présentât, plusieurs d'entre eux escaladèrent l'orchestre, et montèrent au théâtre. Ce mouvement fit fuir les personnes qui s'y trouvaient, alors ces officiers ne gardant plus de mesures, se servirent de leurs sabres pour hacher le rideau, qui en un instant fut mis en lambeaux ; dès ce moment le plus grand désordre a régné, ces messieurs se mirent debout sur les bancs, renversèrent les pupitres des musiciens, et par les propos violents qu'ils tenaient, firent craindre qu'ils ne se portassent à briser les décorations, et tout ce qui se trouvait dans la salle.

Le trouble se prolongeat (1) jusqu'à 10 heures et un quart, alors voyant qu'ils ne pouvaient parvenir à faire jouer le sieur Gubiant, messieurs les officiers se retirèrent, en s'invitant réciproquement à la représentation de ce soir.

Les officiers auteurs du désordre sont les mêmes qui, lors de la représentation de dimanche dernier, ont escaladé la séparation du parterre au parquet, et se sont ensuite portés dans les loges, pour y rechercher et provoquer les jeunes gens qui sifflaient.

Il est à remarquer que contre l'usage vingt à trente sous-officiers et soldats du régiment de cuirassiers, se trouvaient au parterre et ont soutenu ouvertement leurs officiers.

(1) On a dû remarquer déjà que, dans tous nos extraits tirés de documents, et imprimés en petits caractères, l'orthographe et la ponctuation sont scrupuleusement respectées.

Rien de trop, ou les deux parents, 1 acte, de Boieldieu ; — *le Poète et le Musicien*, 3 actes, de Dalayrac ; — *le Billet de loterie*, 1 acte, de Nicolo ; — *le Magicien sans magie*, 2 actes, de Nicolo ; — *l'Homme sans façon*, 3 actes, de Kreutzer.

Tel est, monsieur le Préfet, le récit exact de ce qui s'est passé au spectacle dans la soirée d'hier, et nous avons de fortes raisons de croire que le désordre recommencera, à moins que l'autorité militaire n'agisse, à l'égard des officiers de la garnison.

Nous avons l'honneur d'être avec respect, Monsieur le Préfet,

Vos très-humbles et très-obéissants serviteurs,

GUERETTE. — PETIT. — J. CARTREUX.

Cependant les esprits se calmèrent. Gubiant fut remplacé par Camoin, et ces scènes ne se renouvelèrent plus.

Après huit représentations de Louis Nourrit, de l'Opéra, père d'Adolphe Nourrit, nous retombons encore dans les gymnasiarques. Le sieur Coppini fait une ascension sur la corde, *avec une brouette chargée, du fond du théâtre au paradis.* Voici comment fut jugé cet acrobate :

Après ces fameux danseurs de corde, M. *Coppini* tient encore une place distinguée ; il a de l'aisance, de la grâce, beaucoup d'adresse, et ce qu'il y a de remarquable, c'est qu'il est seul de sa troupe ; il remplit avec beaucoup de succès les personnages de femme, d'homme, de Scapin ; son ascension sur une corde tendue avec une brouette, est un tour audacieux qui m'inspire plus d'effroi que de plaisir. Mais c'est ici le cas de déplorer le sort des destinées humaines : *Forioso* et *Ravel*, précédés d'une grande renommée, attiroient constamment la foule sur leurs pas, tandis que le danseur *Coppini*, avec un talent plus varié peut-être, est réduit à danser dans le désert. *Ainsi va le monde!*

Le 25 septembre, Napoléon assiste à un spectacle composé de : *le Calife de Bagdad*, par la troupe ordinaire, et *Andromaque*, par un ensemble d'artistes de premier ordre : Talma, Damas avec Mmes Duchesnois et Bourgoin, venus tout exprès de Paris. La recette s'éleva à la somme de 3,144 francs en dehors de l'abonnement.

Bourson, qui avait reçu une éducation très distinguée, s'était créé à Bruxelles de belles relations. Chez le premier président de la Cour Impériale, où il rencontrait des substituts et des avocats, il avait pu constater la diction incorrecte, l'accent fortement accusé et les intonations parfois douteuses des membres du barreau. Avec l'aide de son camarade Hurteaux, il fonda un cours de diction, « à l'usage des orateurs », dans les appartements de l'*Hôtel du Prince*

---

7 mai, début de Mlle Gillotte, *le Prisonnier* (Rosine); *Blaise et Babet* (Babet); — 8 mai, début de Mlle Francisque, *la Fausse Magie* (Lucette); *le Calife de Bagdad* (Kesie); — 9 mai, concert de Piantanida, se disant chanteur de Napoléon; — 17 mai, début de Gubiant, *Œdipe à Colone* (Œdipe); — 17 juin, début de Camoin, *Ambroise* (François); *la Fausse Magie* (Dorimont); — 23 septembre, l'Impératrice assiste à la représentation de *Félix* et de *la Mélomanie*.

de Galles. L'innovation obtenait le plus grand succès, lorsque la guerre dispersa la plupart des jeunes élèves. Cet épisode est un témoignage des bons rapports qui existaient déjà entre le monde et les artistes.

On sait que Boieldieu était l'un des *fournisseurs* les plus en vogue du Théâtre de la Monnaie. Mais s'imagine-t-on ce que lui rapportait cette situation? Il va nous l'apprendre lui-même :

Paris, le 8 décembre 1811.

MESSIEURS LES ADMINISTRATEURS DU GRAND THÉATRE DE BRUXELLES.

Messieurs,

J'ai l'honneur de vous adresser le relevé de mon compte avec vous, par lequel il résulte que vous me devez la somme de 153 fr. 80 c. Comme nous touchons à la fin de l'année, veuillez pour l'ordre des écritures m'envoyer pour solde un mandat de cette somme.

En attendant vos nouveaux ordres, j'ai l'honneur d'être,

Messieurs, votre serviteur,
BOIELDIEU.
Rue de Richelieu, n° 80.

1811. Juin	20, mon envoi	Fr.	56.85 c.
— Septembre	16, mon envoi		53.15 c.
— Novembre	19, id		43.80 c.
		Total. Fr.	153.80 c.

Comparez cette somme avec les droits de nos compositeurs actuels!

1812-13. — Des vingt-cinq actionnaires, il ne reste plus que MM. Vanderdilft, Cornet de Grez, d'Overschie de Neerische, de Pauw. Ils continuent néanmoins leur exploitation, et recrutent, pour la nouvelle saison, la troupe que voici :

Acteurs.

Messieurs :

DESFOSSÉS, première haute-contre	Liv. 7,000
MASSIN, jeunes premiers	6,500
CORIOLIS, première basse-taille	6,000

---

5 décembre, concert de Mlle Berreyter, cantatrice du Théâtre Italien, et du pianiste Mansui ; — 8 décembre, Joseph-François Snel exécute un concerto de violon ; — 15 février, concert de Mlle Louise Gerbini, violoniste; — 8 mars, concert de L. Mann, premier basson du ci-devant roi de Hollande.

Francisque, premiers rôles	Liv. 5,500
Bousigue, seconde haute-contre, Colins	4,000
Hurteaux, Philippe, Gavaudan	5,400
Paulin, premier comique, grandes livrées	4,600
Brice, troisième amoureux, seconde haute-contre	5,400
Bourson, jeune premier, petits-maîtres	4,000
Micallef, Trial	5,000
Floricourt, troisième rôle, seconde basse-taille	4,500
Dubreuil, financiers, manteaux, grimes	4,200
Linsel, Crispins, Trial	4,200
Folleville, pères nobles, grands raisonneurs	3,600
Gilliotte, troisième amoureux	1,600
Lemoigne, troisième amoureux	1,500

Actrices.

Mesdames et Mesdemoiselles :

Francisque, première amoureuse	Liv. 6,000
Bousigue, fortes Saint-Aubin, Dugazon-corsets	5,000
D'Auteuil, premiers rôles	4,800
Drouville, première amoureuse	4,500
Clarisse Liedet, première soubrette	4,000
Borremans, première duègne	3,600
Bossant, première Dugazon	3,600
Linsel-Mosso, mères nobles, rôles de convenance	2,000
Gasse, première amoureuse	4,200
Jeault (Mlle Micallef), seconde amoureuse	1,800
Pauline Lequin, jeunes rôles	1,200
Coriolis, rôles d'enfants	600

Chœurs.

Douze hommes.   Douze femmes.

Orchestre.

C. BORREMANS, maître de musique	Fl. 1,306 — 43 — 4
J. Borremans, sous-chef	576 — 13 — 4

16 violons. — 2 altos. — 5 violoncelles. — 2 contre-basses. — 2 cors. — 2 trompettes. — 2 hautbois. — 2 clarinettes. — 2 flûtes. — 2 bassons. — 1 timbalier.

Parmi les représentations importantes, il faut citer celle de Fleury, du Théâtre-Français, et d'Elleviou, de l'Opéra-Comique.

Fleury recueillit un véritable tribut d'éloges, et joua douze fois. A son sujet, on conte une anecdote assez piquante : dans *Auguste et Théodore, ou les deux pages*, il interprétait le rôle du grand Frédéric, roi de Prusse. Un jour, le prince Henri, frère de ce monarque,

---

Lulli et Quinault, 1 acte, de Nicolo ; — *Ninette*, d'après Favart, 2 actes, de Berton fils ; — *Ida ou l'Orpheline de Berlin*, 2 actes, paroles et musique de Mme Simons-Candeille ; — *Jean de Paris*, 2 actes, de Boieldieu, un des grands succès de l'époque.

vint le voir jouer, et fut tellement charmé du soin qu'il avait apporté, non-seulement dans la composition du rôle, mais encore dans la ressemblance du personnage, qu'il le fit appeler, le complimenta et lui offrit, comme souvenir, un uniforme qui avait été porté par Frédéric lui-même.

Quant à Elleviou, dont le nom est resté à l'emploi, et qui était dans la plénitude de ses moyens, il ne parvint pas à attirer la foule. Il donna douze représentations très brillantes comme succès, mais médiocres au point de vue des recettes. Aussi ne revint-il plus jamais à Bruxelles.

La saison théâtrale se termine par des concerts :

> GRAND CONCERT SPIRITUEL donné par M. *Fémy aîné*, ayant remporté le premier grand prix de violon au Conservatoire impérial de Paris ; par *Fémy jeune*, premier violoncelle de S. A. R. le prince Ferdinand, ayant également remporté le premier grand prix sur son instrument, et M. *Gensse*, premier violon du grand théâtre de Bruxelles ; dans lequel on entendra un chant sur la mort du célèbre Haydn par Cherubini, morceau qui n'a jamais été exécuté à Bruxelles, et qui a obtenu le plus grand succès à Paris ; M. *Mengal*, jeune élève du Conservatoire, exécutera sur le cor un concerto de Frédéric Duvernoy, son maître.

La plupart des artistes prêtèrent leur concours à cette représentation.

Le 20 avril, clôture.

1813-14.   TABLEAU DE LA TROUPE :

Acteurs.

Messieurs :

DESFOSSÉS (1), première haute-contre, Elleviou	Liv. 7,000
MASSIN, jeunes premiers	6,500

(1) Desfossés a quitté le 30 décembre 1813.

3 mai, début de Micallef, *le Bouffe et le Tailleur* (Barbeau) ; — 4 mai, débuts malheureux de Mlle Drouville ; — 3 juin, début de Mme Jeault, née Micallef, *Cendrillon* (Angélique), et *Lulli et Quinault* (Cécile) ; — 7 juillet, concert de Mme Paschal, harpiste de la princesse Borghèse ; l'acteur Francisque y exécute un concerto de violon ; — 14 et 15 septembre, Cœuriot, de passage, *Visitandines* (Frontin), *Tableau parlant* (Pierrot), *Zemire et Azor*, (Azor) ; — du 19 octobre, huit représentations de Huet, de l'Opéra-Comique ; — 14 décembre, début de Théodore, *Amour filial* (Félix), *Blaise et Babet* (Blaise), sifflé. — 28 décembre, concert de Marie-Alexandre Guénin, violoniste, premier alto du roi Charles IV d'Espagne ; — du 29 janvier, vingt-neuf représentations de la famille Hobler, composée de deux danseurs pour le genre grotesque, et de deux danseuses pour le genre sérieux.

Coriolis, première basse-taille . . . . Liv.	6,000
Bousigue, seconde haute-contre, Colins	4,000
Hurteaux, Philippe, Gavaudan	5,400
Paulin, premier comique, grandes livrées	4,600
Brice, troisième amoureux, seconde haute-contre	5,400
Bourson, jeune premier, petit-maître	4,000
Floricourt, troisième rôle, seconde basse-taille	4,500
Dubreuil, financiers, manteaux, grimes	4,200
Linsel, Crispins, Trial	4,200
Folleville (1), pères nobles, grands raisonneurs	3,600
Adolphe, première haute-contre	6,000
Jalliot (2), premier rôle	4,000
Marchand, troisième rôle, seconde basse-taille	2,700
Lemoigne, troisième amoureux	2,000

Actrices.

Mesdames et Mesdemoiselles :

Goria, première chanteuse . . . . Liv.	8,000
D'Auteuil, premiers rôles.	5,200
Bousigue, forte Saint-Aubin, Dugazon-corsets	5,000
Bossant, première Dugazon	4,200
Thenard, première chanteuse	4,800
Clarice Liedet, première soubrette	4,000
Gasse, jeune première	4,200
Buglel, première amoureuse	3,600
Borremans, seconde amoureuse	3,600
Linsel-Mosso, mères nobles, rôles de convenance	2,000
Lequien, jeunes rôles	1,600
Ternaux, id.	1,200
Wauquier, utilités, rôles accessoires	288
Donzel, rôles d'enfants	72

Chœurs.

Douze hommes. Douze femmes.

Orchestre.

C. Borremans, chef de musique . . . . Fl.	1,306	—	13	— 4
J. Borremans, sous-chef	576	—	13	— 4

16 *violons.* — 2 *altos.* — 5 *violoncelles.* — 2 *contre-basses.* — 2 *cors.* — 2 *trompettes.* — 2 *hautbois.* — 2 *clarinettes.* — 2 *flûtes.* — 2 *bassons.* — 1 *timbalier.*

(1) Il touchait, en outre, 1,200 livres, en qualité de régisseur.
(2) Il a quitté en mai 1813.

Les Aubergistes de qualité, 3 actes, de Catel ; — *la Chambre à coucher*, 1 acte, de Guenée ; — *le Nouveau Seigneur du village*, 1 acte, de Boieldieu ; — *le Mari de circonstance*, 1 acte, de Plantade ; — *les Deux Jaloux*, 1 acte, de Mme Gail ; — *le Prince Troubadour*, 1 acte, de Méhul ; — *Médée*, grand opéra en 3 actes, de Cherubini ; — *le Diable à quatre*, 3 actes, de Solié.

Les débuts de Jalliot furent orageux. A sa première apparition, les sifflets l'empêchèrent de continuer.

La basse-taille, Henri-Étienne Derivis, de l'Opéra, donne, à partir du 17 juin, une série de représentations. Le fils de cet artiste, Prosper Derivis, a chanté aussi les basses au même théâtre, et sa femme, Constance Janssens, de Gand, a eu de brillants succès dans la carrière italienne sous le nom de Maria Corini. Leur fille, Marie Derivis, a tenu à la Monnaie l'emploi de première chanteuse. *Le Guide Musical* a, du reste, donné la généalogie artistique de toute cette famille.

Après Derivis, arrive un certain Zanini, *artiste-équilibriste-philharmonique*. Il abusait vraisemblablement de la qualification d'artiste, et on se demande avec effroi quel rapport peut exister entre l'équilibre et l'harmonie. A la vérité, ce Vénitien était doué d'une force herculéenne, et à sa cinquième représentation, car il parut cinq fois, il porta un âne sur son menton ! ! !

Le 24 septembre, les comédiens célébrèrent une messe à la mémoire de Grétry. Ils étaient tous vêtus de deuil. Les hommes, en frac, portaient l'épée à poignée d'acier : c'était un dernier vestige des coutumes de l'ancien régime, sous lequel les artistes avaient ce droit, interdit à d'autres classes de la société. Le soir, on couronna le buste de Grétry ; Bourson déclama une poésie de sa composition.

Après une représentation de la *Vestale*, avec le concours de Mme Berteau, un nourrisson des Muses (il s'appelait J. Lignian) adressa à l'actrice ces petits vers de caramel :

> Quand d'une Vestale touchante
> Tu nous peins les combats, le sort des malheurs.
> Ta voix flexible nous enchante,
> Tous les cœurs sont émus, tous les yeux sont en pleurs.
> Si les lois de Vesta t'arrachent la couronne
> Pour te punir de céder à l'amour,
> Le spectateur charmé te la rend, te la donne,
> Pour prix de tes talents, qu'il admire en ce jour.

---

2 mai, début de Mme Thénard, *Aline, reine de Golconde* (Aline) et *Nina* (Nina); — 7 mai, exécution d'une ouverture de Campenhout ; — 18 mai, début de Jalliot, *Mélomanie ;* — 14 juillet, début de Mlle Goria, *Concert interrompu* (Cécile), et *Billet de loterie* (Adèle); — 25 juillet, début d'Adolphe, *le Déserteur ;* — du 25 septembre, huit représentations de Mlle Émilie Leverd, du Théâtre-Français, qui attire la foule ; — du 9 novembre, onze représentations de Mme Berteau, retour de Rouen ; — 8 décembre, début de Mlle Ternaux, *le Prisonnier* (Rosine), et *Rose et Babet* (Babet) ; — du 9 décembre, trois représen-

Voici encore un spectacle forain. Un nommé Cornillot inaugure l'année 1814 par deux séances de *tours de physique et de jeux hydrauliques*. Il est vraiment regrettable qu'on manque de détails sur les talents de ce Cornillot, plus particulièrement au point de vue *hydraulique*.

Mais les événements qui amenèrent la chute du premier Empire ont commencé à se produire. Les troupes françaises ont évacué Bruxelles le 1ᵉʳ février, et les alliés pénètrent dans la ville.

Le théâtre ne fit pourtant pas relâche, et les représentations continuèrent. Desfossés, qui était un ardent patriote français, s'était enfui dès la première alarme, pour ne pas assister à l'entrée des troupes étrangères.

Aux premiers jours de cette campagne théâtrale, le gouvernement français avait délégué Roucourt, afin d'établir à Bruxelles une école de chant, succursale du Conservatoire de Paris. Jean-Baptiste Roucourt était Bruxellois et élève de Garat. Ces titres lui valurent la confiance dont il fut investi. L'ouverture eut lieu, le 20 octobre 1813, au local du Musée. Roucourt s'était adjoint Van Helmont. Telle est l'origine du Conservatoire Royal de Bruxelles, qui devait plus tard acquérir une si grande importance, et, quoique ce fait ne se rattache pas directement à notre sujet, il nous a paru utile de le signaler.

Voici un tableau comparatif des appointements depuis la gestion des actionnaires. On jugera de la progression dans les traitements alloués aux artistes :

Messieurs :

Desfossés, première haute-contre.	1801-1814.	Liv.	5,500 à 7,000
Perceval, Crispins.	1801-1812.		5,000 à 5,000
Linsel, Crispins.	1801-1814.		3 600 à 4,200
Dubreuil, financiers.	1801-1814.		4,200 à 4,200
Bourson, jeune premier.	1803-1814.		3,300 à 4,000
Folleville, père noble.	1803-1814.		3,600 à 3,600

---

tations de Mᵐᵉ Huet-Lesage, du Théâtre Feydeau de Paris; — 28 janvier, concert de Giorgi, premier violon du roi de Westphalie; — 14 mars, Mˡˡᵉ Danteuil, âgée de 10 ans, élève de Joseph Borremans, exécute une sonate pour le piano, avec un talent rare à cet âge; — 9 avril, concert spirituel, *O Salutaris*, de Gossec, chanté par Brice, Bousigue et Adolphe; duo de Jomelli, par Mᵐᵉˢ Goria et Bossant; fantaisie sur le violon, par Gensse, et solo de cor, par Artot. Ce dernier est le père de Désiré Artot, professeur pensionné du Conservatoire de Bruxelles, et père lui-même de la célèbre cantatrice, Mᵐᵉ Padilla-Artot.

Mesdames :

ROUSSELLOIS, première duègne.	1801-1805	Liv. 4,800 à 6,000
GOUGET, duègne.	1801-1811	2,700 à 3,600
BERTEAU, première chanteuse.	1803-1810	4,500 à 9,300

Ces chiffres étaient encore loin de laisser prévoir ceux d'aujourd'hui. Nous les donnons d'autant plus volontiers que nous allons arriver à une période plus rapprochée et que nous nous dispenserons souvent d'indiquer les appointements.

1814-15. — Les actionnaires n'étaient plus que trois : le comte Cornet de Grez, le comte Vanderdilft, le baron de Neerische.

Acteurs.

Messieurs :

DESFOSSÉS, première haute-contre, Elleviou	Liv. 6,500
CORIOLIS, première basse-taille	5,500
MASSIN, jeunes premiers	5,500
BRICE, troisième amoureux, seconde haute-contre	5,400
THÉODORE DE LAUNAY, première basse-taille	4,500
HURTEAUX, Philippe, Gavaudan	5,000
FOLLEVILLE, pères nobles, grands raisonneurs	4,500
LINSEL, Crispins, Trial	4,600
FLORICOURT, troisième rôle, seconde basse-taille	4,200
PAULIN, premier comique, grandes livrées	4,600
DUBREUIL, financiers, manteaux, grimes	4,000
FAVRE, deuxième haute-contre	3,600
MARCHAND, troisième rôle, seconde basse-taille	2,600
BOURSON, jeune premier, petits-maîtres	3,800

Actrices.

Mesdames et Mesdemoiselles :

SAINT-JAMES, première chanteuse	Liv. 6,000
FAURE, premiers rôles	4,000
CLARISSE LIEDET, première soubrette	3,800
MOULIN-LESAGE, duègne	3,800
BORREMANS, seconde amoureuse	3,500
GOUGET, duègnes à caricatures	3,600
BELVAL, seconde chanteuse	3,600
TERNAUX, jeunes rôles	2,370
LEQUIEN, id.	1,200

Les Visitandines, opéra de Devienne, interdit le 11 mai ; — *le Prince de Catane*, 3 actes, de Nicolo ; — *les Héritiers Michau*, 1 acte, de Bochsa ; — *l'Héritier de Paimpol*, 3 actes, de Bochsa ; — *Joconde*, 3 actes, de Nicolo, grand succès ; — *Roméo et Juliette*, de Steibelt (reprise).

Bossant, première Dugazon	Liv. 4,200
Wauquier, utilités, rôles accessoires	288
Donzel, rôles d'enfants	72
Duquesnoy, id.	69
Cordemans, receveur	3,600
Maluin, second receveur	1,000
Laute, concierge	1,800
Bourson *père*, souffleur	900
Spaak, peintre-décorateur	2,000
Hus, régisseur	2,400

ORCHESTRE.

C. BORREMANS, chef de musique	Fl. 1,306	— 13 — 4
J. BORREMANS, sous-chef	536	— 0 — 0

La Belgique et la Hollande forment maintenant *les Provinces Unies des Pays-Bas*, sous la domination du prince Guillaume-Frédéric d'Orange, Guillaume Ier. La monarchie n'était cependant pas encore constituée. Le Prince Souverain assiste, le 7 août, à un spectacle composé de *Jean de Paris* et de *le Nouveau Seigneur du Village*. Il y reçoit les marques d'une grande sympathie.

Pour plaire aux officiers de la garnison anglaise de Bruxelles, on fit venir de Londres une troupe d'acteurs placés sous la direction de Jonas et Perleu. Elle débuta, le 15 août, par « *John Bull or an english man's fireside* » et « *Of age to Morrow* ». Après trois représentations à la Monnaie, elle s'installa au Théâtre du Parc, qui prit la dénomination de *Théâtre Anglais du Parc*.

Le 9 novembre, Mme Saqui, *première funambule de France*, nous ramène les spectacles forains. Marguerite-Antoinette Lalanne, épouse Saqui, a été une *célébrité* parisienne. Elle dansait sur la corde au jardin de *Tivoli*. En 1816, elle prend, au boulevard du Temple, un théâtre, auquel elle donne son nom. Dans les entr'actes, elle endossait une pelisse, et se promenait dans la salle pour y maintenir le

---

3 mai, début de Mme Faure ; — 11 mai, début de Mme Moulin Lesage, *Euphrosine et Coradin* (la comtesse) ; — 12 mai, Campenhout, une représentation, *Richard Cœur-de-Lion*, et *Maison à vendre* ; — 14 mai, début de Théodore Delaunay, première basse-taille, *Lodoïska* (Tisikan) ; — 17 mai, début de Mlle Belval, *Blaise et Babet* (Babet) ; — 18 mai, début de Fabre, *Paul et Virginie* (Paul) ; — 30 mai, Mme Saint-James ; — du 19 juillet, cinq représentations de Fleury, de la Comédie-Française ; — du 22 août, trois représentations de Darancourt, du Théâtre Feydeau, *le Déserteur*, *Ambroise*, etc.; — du 15 septembre, vingt représentations du ballet de la Porte Saint-Martin (Paris), MM. Petipa, Rhenon, Pierson, Mmes Pierson, Darcourt, Marinette ; — du 28 septembre, cinq représentations de Perceval.

bon ordre, sa force musculaire lui permettant de se passer des *municipaux*. Elle avait huit valets costumés en Turcs. Un jour, à Londres, au moment où elle s'élance sur la corde, habillée d'un simple maillot qui accusait *violemment* ses formes, le public, mécontent, se met à murmurer. Ne voulant pas froisser plus longtemps la pudeur britannique, elle fait signe à l'un de ses Turcs, lui retire sa culotte, qu'elle revêt elle-même, et commence ses exercices.... A 75 ans, elle dansait encore à l'Hippodrome de Paris.

Le 1er décembre, Eugène Hus est nommé régisseur, en remplacement de Lecatte-Folleville. La première fois qu'il parut devant le public dans ses nouvelles fonctions, ce fut pour annoncer la réunion de la Belgique et du *Pays de Liége* à la Hollande.

Un mois plus tard, Bruxelles est proclamé capitale de la monarchie. Pendant que la ville se pavoisait et qu'on illuminait les façades, les comédiens préparaient des couplets qu'ils chantèrent le soir, à tour de rôle, au milieu de l'enthousiasme général.

Guillaume Ier, Roi des Pays-Bas, fait son entrée à Bruxelles, le 30 mars. Il assiste, avec la Reine, le Prince héréditaire et une nombreuse suite, à la représentation d'une pièce de circonstance : *Je l'aurais gagé*, d'Eugène Hus, précédée d'*Œdipe à Colone*.

Pour cette année théâtrale, la recette aux portes fut de 124,203 fr., celle de l'abonnement de 87,063 francs, et les recouvrements divers de 22,968 francs. Total : 234,234 francs.

RÉGIE HUS — 1815-16.

Acteurs.

Messieurs :

Desfossés, première haute-contre, Elleviou . . . . Fr.	7,500
Coriolis, première basse-taille	7,000
Massin, jeunes premiers	6,500
Brice, troisièmes amoureux, seconde haute-contre	6,000

15 octobre, concert d'André Ashe, première flûte de l'Opéra Italien, à Londres ; de Mme Ashe, tous deux attachés aux concerts de S. A. R. le Prince Régent d'Angleterre, et de Mlle Ashe ; — 9 décembre, Louise Mars, sœur de la célèbre tragédienne, se produit dans *le Philosophe marié* et dans *la Fausse Agnès* ; — du 1er avril, quatre représentations de Huet, du Théâtre Feydeau (*Richard Cœur-de-Lion*, *le Roi et le fermier*, *Zémire et Azor*, *le Tableau parlant*, *Félix*, *Roméo et Juliette*).

Auguste, basse-taille . . . . Fr. 5,600
Linsel, Crispins, Trial 4,600
Hurteaux, Philippe, Gavaudan 5,400
Paulin, premiers comiques, grandes livrées 4,600
Dubreuil, financiers, manteaux, grimes 4,200
Perceval, Crispins, Trial 5,000
Lemonnier, haute-contre 4,500
Folleville, pères nobles, grands raisonneurs 3,600
Bourson (aîné), jeunes premiers, petits maîtres 4,000
Marchand, troisième rôle, seconde basse-taille 3,000
Bourson (jeune), jeunes premiers 2,400
Calais, seconde basse-taille 4,800

Actrices.

Mesdames et Mesdemoiselles :

Morel-Lemaire, première chanteuse . . . . Fr. 10,000
Roussellois, duègne 6,000
Ribou, jeune première 6,000
Juliette Frisard (1), première chanteuse 3,600
Bossand, première Dugazon 4,800
Durand (2), première chanteuse 4,200
Clairval (3), jeune première 6,000
Clarice Liedet, première soubrette 4,000
Ternaux, jeune Dugazon 3,600
Desbordes (4), premiers rôles 5,000
Borremans, seconde amoureuse 3,200
Descours, deuxième amoureuse 2,600
Duquesnoy, jeunes rôles 900
Wauquier, rôles d'enfants 284
Donzel, id. 71

Chanteurs et Chanteuses des chœurs.

Messieurs :

Borremans, fr. 1,250. — Grandval, fr. 1,000. — Cuvelier, fr. 750. — Timmermans, fr. 1,000. — Reinders aîné, fr. 900 — Mailly, fr. 800. — Fargès, fr. 900. — Margery, fr. 720. — Bourgeois, fr. 650. — Smets, fr. 600. — Reinders cadet, fr. 600. — Beghin, fr. 700. — Brems, fr. 400.

Mesdames et Mesdemoiselles :

Sophie Mouton, fr. 1,000. — Victoire, fr. 900. — Kerckhoven, fr. 720. — Lise, fr. 720. — Bourson, fr. 720. — Beaude, fr. 720. — Murat, fr. 720. — Louis, fr. 720. — Émilie, fr. 720.

(1) N'a séjourné à Bruxelles qu'en septembre 1815.
(2) Madame Durand a quitté en juin 1815.
(3) Mademoiselle Clairval ne fit partie de la troupe qu'en janvier 1816.
(4) Mademoiselle Desbordes ne fut engagée qu'à dater du 15 août 1815.

Félicie, ou la Fille Romanesque, 3 actes, de Catruffo ; — *Jeannot et Colin*, 3 actes, de Nicolo ; — *le Procès*, 1 acte, du comte d'Estourmel ; — *Nourma, ou le règne de douze heures*, 2 actes, de Bruni, chute ; — *Manquinados (le nouveau Don Quichotte*, de Champein).

MM. Cordemans, receveur, fr. 3,600. — Maluin, second receveur, fr. 1,000. — Laute, concierge, fr. 1,800 — Bourson père, souffleur, fr. 900. — Spaak, peintre, fr. 2,000. — Hus, régisseur, fr. 2,400.

ORCHESTRE.

M. C. BORREMANS, maître de musique, fl 1,306 - 13 - 4 — M. J. BORREMANS, sous-chef, fl. 576 - 13 - 4.

Premiers violons : MM. Gensse, fl. 661-10. — D'Aubigny, fl 500. — Keym, fl. 300. — Bannelly. fl. 200. — Durand, fl. 250. — Creytsaert, fl. 100.

Seconds violons : MM. Spaak, fl 450 — Fauquette, fl. 375. — Neyts fl 275. — Vadder, fl. 275. — Roelants. fl. 250. — Antor, fl. 250.

Altos : MM. Baudewyns, fl. 250. — Zeghers, fl. 200.

Flûtes : MM. Cardon, fl. 500. — Vandoom, fl. 300.

Hautbois : MM. Teniers, fl. 500. — Gorecharle, fl. 300.

Clarinettes : MM. Debrouw, fl. 400. — Blaes, fl. 275.

Cors : MM. Artot, fl. 500. — Baumann, fl. 350.

Bassons : MM. Lintermans, fl. 400 — Jacobs, fl 300.

Violoncelles : MM. Beeckman, fl. 500. — De Waegeneer, fl. 450. — Sola, fl. 300.

Contre-basses : MM. S. Hanciau, fl. 360. — Dewewe, fl. 360.

Trompettes : MM. Wirth, fl. 200. — Lefrancq, fl. 200.

Timbalier : M. Vitzthumb *fils*, fl. 200.

Pour la première fois, le 22 août, l'affiche porte :

THÉATRE ROYAL
LES COMÉDIENS ORDINAIRES DE S. M. LE ROI DES PAYS-BAS

On donnait un spectacle gratis pour l'anniversaire du Roi, *les Précieuses Ridicules* et *Rome sauvée*, « fait historique pour honorer la bataille de la Sainte-Alliance, dû à la plume d'un Bruxellois ».

Décidément, cette année devait être fertile en spectacles de gala. Le 22 septembre, *Joconde*, représentation gratuite, à laquelle assiste

---

23 avril, rentrée de Mme Perceval, présence de la Reine des Pays-Bas et de son fils ; — 30 avril, rentrée de Mme Roussellois, qui remplaçait Mme Lesage-Moulin ; — 4 mai, début de Mme Durand, *Euphrosine et Coradin*, tumulte et chute ; — 9 mai, début de Mme Morel-Lemaire, chanteuse légère, *la Fausse Magie* (Lucette) ; — début d'Auguste, basse-taille, *l'Opéra-Comique* ; — 23 mai, Bourson jeune débute avec succès, *Bourru bienfaisant*; il meurt deux mois après ; — 9 juin, début de Calais, *la Dot*; — 14 juin, début de Ternaux aîné, *Paul et Virginie* ; — 18 juin, jour de la bataille de Waterloo, second début de Ternaux aîné, *Œdipe à Colone*; — 12 juillet, début de Saint-Ernest, *Adolphe et Clara*; — 17 et 22 juillet, concerts de Mme Catalani, le flûtiste Cardon, prix des places doublé; — 31 juillet, reprise des *Pêcheurs*, de Gossec ; — 14 août, Lemonnier, ténor, *Paul et Virginie* (Paul) ; — 19 septembre, début de Mlle Juliette, *Françoise de Foix*, chute.

la Famille royale. Quelques jours plus tard, le Roi Guillaume, la Reine, et Alexandre, Empereur de Russie, viennent voir jouer *Félicie*, opéra de Catruffo, ainsi que *Défiance et Malice*, comédie de Dieulafoi. Pour cette soirée, Bourson avait *improvisé* une pièce en 3 actes, et en vers, *l'Hymen se fera-t-il ou ne se fera-t-il pas?* Une indisposition de Paulin en empêcha l'exécution. Elle ne passa que le lendemain, et Bourson fut obligé de jouer lui-même, au « pied levé », le rôle de son camarade. Et, pour en finir, enregistrons le spectacle-gala donné le 10 novembre, en l'honneur de Guillaume III, roi de Prusse.

C'est en cette année 1815-16 qu'on rétablit les fonctions de *Suisse Théâtral*, existant au commencement du siècle et supprimées par mesure d'économie. Le Suisse était habillé aux frais de la Cour, dont il portait la livrée : écharpe, épée et canne. Il *figurait* dans le péristyle du théâtre, et occupait ses loisirs à la police de la salle. Ce fonctionnaire devait disparaître peu de temps après.

Depuis quelques mois, de nombreuses plaintes avaient été formulées contre l'administration, à qui on reprochait, entre autres griefs, de ne pas annoncer régulièrement les spectacles, de laisser s'asseoir des habitués à l'orchestre, de permettre même l'accès de la scène à certains spectateurs, de distribuer plus de places que le théâtre n'en pouvait contenir. D'un autre côté, quelques malheureux débuts avaient fatigué le public, qui saisit la première occasion pour manifester son mécontentement.

La représentation d'hier (23 novembre 1815), au Théâtre-Royal, a été troublée par l'une de ces scènes orageuses qui, depuis le commencement de cette année, se sont si souvent représentées à ce théâtre.

Mlle Ternaux remplissait dans l'opéra de *Joseph* un rôle de l'emploi de Mme Bossant ; de nombreux sifflets ont témoigné la mauvaise humeur du public ; la jeune actrice s'est retirée et la toile est tombée immédiatement après le commencement du second acte : alors le mécontentement du parterre n'a plus connu de bornes : le théâtre a été pris d'assaut, la toile déchirée, et on a voulu forcer les acteurs à continuer la pièce.

Du 5 octobre, cinq représentations de Derivis, première basse de l'Opéra de Paris ; 31 octobre, concert des frères Bohrer, violoniste et violoncelliste, Mme Morel-Lemaire chante un air de la composition de Joseph Borremans ; — 31 décembre, Mlle Adélaïde Ternaux, âgée de 11 ans, chante un air de bravoure ; — 15 janvier, reprise de *la Fête de la Cinquantaine*, de Dezède ; — 22 janvier, début de Mlle Clairval, *Ninon chez Mme de Sévigné*, et *le Diable à Quatre* ; — 15 février, deuxième concert des frères Bohrer ; — 3 avril, représentation de M. et Mme Fay, *Gulnare, les Prétendus, Raoul Barbe-Bleue* ; — 5 avril, concert de Charles Mayer, pianiste de Saint-Pétersbourg ; — 17 avril, début de Grandvallet, deuxième basse-taille, *Blaise et Babet*, et le *Maréchal-ferrant*.

Sans prétendre approuver la manière dont le parterre a voulu se faire justice, nous ne pouvons dissimuler que les excès auxquels il s'est livré depuis quelque temps, ne soient en quelque sorte excusés par la mauvaise administration du théâtre de Bruxelles ; cette administration a mis à de rudes épreuves la patience des habitués du spectacle, tant par le choix des acteurs qu'elle offre au public, que par le peu de variété du répertoire ; on accuse MM. les acteurs-régisseurs Hurteaux et Folleville ; et le public a, pendant la représentation d'hier, fortement et unanimement demandé le renvoi de ces deux artistes.

Il est à désirer que l'administration du spectacle, plus disposée à satisfaire aux désirs des amateurs de la bonne comédie, et mieux éclairée sur ses propres intérêts, prenne enfin des mesures pour offrir aux habitans de Bruxelles une troupe digne d'une capitale et du titre dont S. M. a permis qu'elle s'honorât.

Le 25 décembre, la Régence prit un arrêté menaçant « tout individu qui se permettrait de troubler le bon ordre au théâtre » d'être appréhendé au corps et puni selon la rigueur des lois.

RECETTES 1815-16.

Aux portes	Fr. 126,244-79
Abonnements	102,330-21.
Divers	11,255-15.
Total	Fr. 239,830-15.

Ce chiffre est supérieur à celui de l'année précédente.

RÉGIE DUBUS — 1816-18.

1816-17. — En vertu d'un arrêté royal, MM. le comte Vanderdilft, le baron d'Overschie de Neerische et le comte Cornet de Grez, prennent en mains l'administration du théâtre pour trois ans. Dubus retourne à ses fonctions de régisseur.

Acteurs.

MM. Desfossés, première haute-contre.
    Massin, jeunes premiers.
    Coriolis, première basse-taille.
    Paulin, premier comique.
    Brice, seconde haute-contre.
    Dubreuil, financiers, manteaux.
    Belfort, Philippe, Gavaudan.
    Dangremont, jeunes premiers, petits-maîtres.
    Auguste, première basse-taille.
    Linsel, Crispins, Trial.
    Lemoigne, troisième amoureux.
    Lemonnier, haute-contre.

MM. Perceval, Crispins, Trial.
Folleville, pères nobles.
Marchand, troisième rôle.
Mercier, seconde haute-contre
Bougnol, seconde basse-taille.
Folleville, pères nobles.

Actrices.

Mmes Cazot, première chanteuse à roulades.
Ribou, premiers rôles.
Clarice Liedet, première soubrette.
Thénard, première chanteuse.
Bossant, première Dugazon.
Linsel-Mosso, mères nobles.
Ternaux, seconde chanteuse.
Roussellois, caractères, mères nobles.
Desbordes, jeune première.
Duquesnoy, jeunes rôles.
La petite Linsel, rôles d'enfants.

Choeurs.

Douze hommes.   Douze femmes.

Orchestre.

MM. Ch. BORREMANS, maître de musique.
J. Borremans, sous-chef.
16 *violons*. — 2 *altos*. — 5 *violoncelles*. — 2 *contre-basses*. — 2 *cors*. — 2 *trompettes*. — 2 *hautbois*. — 2 *clarinettes*. — 2 *flûtes*. — 2 *bassons*. — 1 *timbalier*.

MM. Dubus, régisseur.
Eugène Hus, second régisseur.

Le 29 juin, paraît Marianne Sessi, cantatrice italienne, dans *Pimmaglione*, de Cimadoro. C'était l'aïeule de Mlle Sessi qui, en décembre 1871, joua le rôle d'Ophélie dans *Hamlet*, au Théâtre de la Monnaie.

Marianne Sessi joignait « à un magnifique talent de comédienne une voix admirable » (1). Mais, comme elle chantait en italien, ses représentations ne furent pas du goût général, et un journal insèra l'entrefilet suivant :

Question. — De quel droit l'administration du Théâtre de la Monnaie prétendrait-elle, en contravention formelle à ses engagements contractés envers le public de Bruxelles, nous imposer, pour notre argent, l'obligation de nous résigner à un spectacle auquel nous ne comprenons, ni entendons absolument rien, tandis que, sans compter les jours d'abonnemens suspendus, elle conserve ici une autre salle à son entière disposition ?

Un abonné belge, pour lui et au nom de tous les autres.

(1) Fétis. *Biographie Universelle des Musiciens.*

Un corps de ballet, comprenant Henri Jacotin, Oudart et les dames Soissons et Adeline, donne une représentation à la Monnaie, le 18 septembre. Les administrateurs retiennent par engagement ces danseurs, qui firent, dès lors, partie de la troupe. C'est l'origine du ballet permanent.

Au nombre des artistes qui furent entendus extraordinairement, nous voyons Gavaudan, de l'Opéra-Comique. Ce ténor avait préalablement joué la tragédie à côté de Talma, et avait accompagné l'illustre artiste pendant son séjour en Belgique. Gavaudan s'acquit une véritable célébrité comme acteur et comme chanteur, car il arriva à élever ces deux talents au même degré — perfection rare. On ne lui connaissait pas d'égal dans les rôles de *Montano*, d'*Ariodant*, de *Stephano*. Il balança même la réputation d'Elleviou, dans *le Délire*. On l'avait surnommé le *Talma de l'Opéra-Comique*, et le nom de Gavaudan est resté à son emploi. Il fut, plus tard, appelé à la direction de la Monnaie. Né à Salon (Provence), le 8 août 1772, Gavaudan mourut à Paris, le 10 mai 1840.

Une journée du Czar, opéra-comique en 1 acte, apparut le 26 octobre, à l'occasion des fêtes données par le corps municipal pour le mariage de S. A. R. le prince héréditaire; cet ouvrage était composé et dédié à S. A. R. et I. Mme la Grande-Duchesse de Brabant (sic), princesse d'Orange, par H. Berton, membre de l'Institut, chevalier de la Légion d'honneur, surintendant de la musique du Roi, pensionnaire de Sa Majesté, du Conservatoire et de l'Académie Royale de Musique, etc., etc.

La Bibliothèque Royale possède la partition manuscrite de Berton. Le parolier n'est pas nommé; il s'appelait Claparède.

Les Bruxellois n'ont pas eu la primeur de cette œuvre à deux, quoiqu'elle eût été expressément commandée, écrite — et payée, sans doute, — pour le cas particulier d'un *auguste* mariage. *Une journée du Czar*, jouée à Bruxelles, le 26 octobre 1816, et *Féodor, ou le Batelier du Don*, joué à Paris, au théâtre de l'Opéra-Comique, onze jours auparavant (15 octobre), sont identiquement semblables, et quant au sujet, et quant à la musique; les titres seuls diffèrent.

Le Rossignol, grand opéra en 1 acte, de Lebrun; — *la Lettre de change*, 1 acte, de Bochsa; — *la Fête du village voisin*, 3 actes, de Boieldieu; — *l'Une pour l'autre*, 3 actes, de Nicolo; — *Elisca*, 3 actes, de Grétry.

Jamais une affluence aussi prodigieuse de monde ne s'était portée au Théâtre royal de la Monnaie qu'à la représentation donnée hier (26 octobre 1816). A deux heures, les bureaux étaient ouverts, et à trois heures, la salle était pleine : on a offert jusqu'à vingt francs pour un billet de parquet, sans pouvoir l'obtenir. A six heures et un quart, LL. AA. RR. et II. sont entrées dans la loge qui leur était destinée ; aussitôt l'orchestre a exécuté l'air national de *Guillaume de Nassau* et le célèbre quatuor de Grétry : pendant plus d'un quart d'heure, les acclamations et les applaudissemens se sont prolongés avec un enthousiasme tel que la salle en était ébranlée. Vers sept heures, LL. MM. le Roi et la Reine sont arrivés : on avait déjà commencé *la Bonne Mère*, de Florian, dont la représentation fut interrompue pour prodiguer à nos augustes souverains les applaudissemens les plus unanimes et les plus prolongés. Dans la représentation de la pièce de circonstance, intitulée : *Une journée du Czar*, toutes les allusions ont été saisies avec une sorte de transport. Les couplets du vaudeville, qui ont terminé cette pièce, furent redemandés, répétés et applaudis : cette scène touchante a paru faire une vive impression sur les augustes personnages qui en étaient l'objet. La famille royale n'a quitté la salle de spectacle qu'après que le rideau fut baissé, et les mêmes applaudissemens qui l'avaient accueillie à son entrée l'ont accompagnée à sa sortie. La place de la Monnaie était couverte d'une foule immense. Cette belle soirée fera époque dans les annales de la ville de Bruxelles ; elle montrera à nos princes ce qu'ils peuvent attendre de ces Brabançons, si justement fiers de leur liberté, mais loyaux et fidèles sujets du monarque, lorsqu'il se déclare le protecteur de leurs droits.

Berton avait réchauffé de ses accords les vers de mirliton de ce vaudeville. Quant au rimailleur, il s'est prudemment caché sous les initiales de son nom. *Une journée du Czar* ne fut donnée que deux fois.

A la mort de Monsigny, une représentation fut organisée pour honorer sa mémoire. On y donna *la Belle Arsène*, opéra du maître, et tous les chanteurs de la troupe parurent dans une apothéose finale.

20 avril, début de Mme Bourson, seconde amoureuse dans l'Opéra ; — 24 avril, début de Dangremont ; — 5 mai, début de Mme Thénard, *Raoul Barbe-Bleue* (Isaure) ; — 12 mai, début de Mercier, *le Déserteur ;* — 21 et 23 mai, concerts de Garat, Mme Garat, cantatrice, G. Dugazon, pianiste ; — 22 mai, début de Bougnol, *l'Amour filial* (Félix), et *Ma Tante Aurore* (Valsain) ; — 27 mai, début de Mme Mercier, *Calife de Bagdad* (Késie), et *Zémire et Azor* ; — 3 juin, début de Belfort, *Montano et Stephanie* (Montano) ; — du 12 juillet, dix représentations de Paul, sociétaire de l'Opéra-Comique, *Montano et Stephanie, Stratonice, Richard Cœur-de-Lion, Joconde, Sargines, les Rendez-vous bourgeois,* etc ; — 22 juillet, concert de Mlle Gallo ; — du 5 août, cinq représentations de Mme Boulanger, du Théâtre Feydeau ; — 13 et 29 août, débuts de Mme Cazot, née Joséphine Armand, de l'Opéra de Paris ; — 15 septembre, Julien Pauwels s'essaye sans succès dans *le Nouveau Seigneur du village ;* — 23 septembre, début de Mme Mercier, *Fausse Magie* (Lucette) ; — 30 octobre, début de Darboville, *Martin, Laïs, Solié,* succès ; — 31 octobre, à l'occasion du mariage de S. A. R. le Prince d'Orange, *l'Offrande à l'hymen ;* — 23 décembre, début de Bordes, *Héléna* (Constantin) ; — 15 janvier, concert de Guillou, première flûte de la chapelle du Roi de France ; — 1er mars, Mlle Saint-James, de passage, *les Prétendus* (Julie) ; — du 16 avril, quatre représentations de Mme Foulquier, première chanteuse du Théâtre de Nantes, *la Fausse magie, le Nouveau Seigneur du village.*

Quelque temps après, la princesse d'Orange donna le jour à un fils, le Roi actuel, Guillaume III des Pays-Bas. Le lendemain, le Prince héréditaire se rend au spectacle, où il est accueilli avec enthousiasme, et Mme Cazot chante des couplets d'à-propos :

> Belges, que dans cette journée
> Nos chants s'élèvent jusqu'aux cieux !
> Le fruit d'un auguste hyménée
> Comble notre espoir et nos vœux.
> Les faveurs de la providence
> Vont descendre sur son berceau ;
> Il aura franchise et vaillance :
> C'est l'héritage des Nassau.
>
> Qu'il suive à jamais pour modèle
> Celui qui lui donna le jour ;
> Qui d'un peuple brave et fidèle
> Sait comment on obtient l'amour.
> Nous jurons, ainsi qu'à son père,
> A l'héritier d'un nom si beau,
> Tendresse et dévoûment sincère :
> C'est le partage des Nassau (1).

Victor, du Théâtre-Français, donne onze représentations à partir du 5 mars. La critique du temps dit qu'il a rappelé « aux vieux connaisseurs le superbe Larive qui n'avait jamais été remplacé depuis sa retraite ». Ce tragédien, qui a eu son heure de célébrité et que, plus tard, nous allons voir sur la scène de Bruxelles, avait mené une existence assez orageuse. C'est un des nombreux exemples de vocation contrariée. Il était issu d'une famille de jurisconsultes : les Lerebours, de Pontarlier. Il étudia le droit ; mais, la profession de ses pères convenant peu à sa nature, il entra au ministère des finances, à Paris. Là, il désertait son bureau pour suivre les cours du Conservatoire. Lorsque le père apprit la terrifiante nouvelle, il le fit rayer du tableau des élèves, et l'incorpora dans la garde d'honneur. Revenu sain et sauf des désastreuses campagnes de Dresde et de Leipzig, Victor rentre encore au Conservatoire, obtient un second prix de tragédie, et débute avec éclat à la Comédie-Française. Puis, en attendant sa nomination de pensionnaire, il va s'exercer sur d'autres scènes, ce qui l'amène à Bruxelles. A son retour dans la maison de Molière, il eut des démêlés sans fin, à travers lesquels nous ne le suivrons pas. « Il mourut à

---

(1) *Gazette Générale des Pays-Bas.*

Neuilly-sur-Seine, le 16 juin 1864, dans la situation la plus misérable. » (1)

Nous retrouverons Victor en 1819, jouant, le 1er mai, sur cette même scène, et, quelques jours plus tard, sur celle du nouveau Théâtre de Bruxelles. Car on avait enfin compris la nécessité de construire une salle de spectacle plus digne de la capitale. Le Roi Guillaume Ier fit reprendre les études commencées précédemment par de Wailly, sous le gouvernement autrichien, et poursuivies par les ordres de Napoléon Ier. On confia à l'architecte Damesme l'exécution des plans définitifs qui édifiaient le théâtre juste derrière le bâtiment construit par Bombarda. C'était l'emplacement de l'ancien couvent des Dominicains, choisi par de Wailly.

Le premier coup de pioche fut donné le 9 mars 1817.

1817-18. — Ouverture le 20 avril.

Acteurs.

MM. Desfossés, première haute-contre.
    Massin, jeunes premiers.
    Coriolis, première basse-taille.
    Paulin, premier comique.
    Valmore, premiers rôles.
    Delos, seconde haute-contre.
    Auguste, première basse-taille.
    Perceval, Crispin, Trial.
    Dubreuil, pères nobles.
    Linsel, Crispins, Trial.
    Marchand, troisième rôle.
    Darboville, Martin.
    Rambert, deuxième basse-taille.
    Lemoigne, troisième amoureux.
    Bordes, rôles de convenance.
    Folleville, pères nobles.

Actrices.

Mmes Cazot, première chanteuse à roulades.
    Desbordes-Valmore, premiers rôles.
    Clarice Liedet, première soubrette.
    Montano, seconde soubrette.
    Roussellois, caractères, duègnes.
    Linsel-Mosso, mères nobles
    Ternaux *aînée*, seconde chanteuse.

(1) De Manne et Ménétrier. *Galerie historique de la Comédie-Française.*

Mmes TERNAUX (*Adelaïde*), rôles de convenance.
BETZY LINSEL, } rôles d'enfants.
FANNY LINSEL, }

CHOEURS.

Douze hommes.   Douze femmes.

BALLET.

MM. HUS, maître de ballets.
JACOTIN, } premiers danseurs.
OUDART,   }
CALAIS, danseur comique.
Mmes CAROLINE SOISSONS, première danseuse.
ADELINE, seconde danseuse.
FELTMANN, mime.
SARRETTE, troisième danseuse.

Dix figurants.   Dix figurantes.   Huit enfants

ORCHESTRE.

MM. CH. BORREMANS, maître de musique.
J. BORREMANS, sous-chef.

16 *violons*. — 2 *altos*. — 5 *violoncelles*. — 2 *contre-basses*. — 2 *cors*. — 2 *trompettes*. — 2 *hautbois*. — 2 *clarinettes*. — 2 *flûtes*. — 2 *bassons*. — 1 *timbalier*.

MM. DUBUS, régisseur.
EUGÈNE HUS, second régisseur.

Le ballet était définitivement organisé, et, dès ce moment, il fait partie de toutes les troupes — prenant plus de développement, d'année en année.

Valmore (François-Prosper Lanchantin), qui figure en qualité de premier rôle, avait joué au Théâtre Français, à côté de Talma et de Mlle Raucourt. Il devint, en 1846, directeur de la Monnaie en association avec Hanssens et Van Caneghem. Après avoir été employé à la Bibliothèque Nationale de Paris, il est mort à Clamart, le 26 octobre 1881, laissant un nom des plus respectés, non seulement comme homme, mais comme érudit. Son fils, Hippolyte Desbordes-

---

Les Rosières, 3 actes, d'Herold ; — *la Journée aux aventures*, 3 actes, de Méhul. Artistes : Bordes, Delos, Perceval, Coriolis, Grandvalet, Raymond, Cavalier, Timmermans, Margery, Mmes Landier, Ternaux, Léonore Laloi ; — *la Corbeille aux fleurs, ou la fête des maris*, divertissement allégorique ; — *Zélima ou la belle esclave*, ballet-pantomime en 2 actes, d'Oudart ; — *Wallace, ou le ménestrel écossais*, 3 actes, de Catel ; — *Saül*, opérabiblique en 3 actes, musique arrangée par Kalkbrenner et Lachnitz, d'après Haydn, Mozart, Cimarosa et Paisiello.

Valmore, chevalier de la Légion d'Honneur, ancien chef de bureau au Ministère de l'Instruction Publique, est un linguiste très distingué. Il a traduit des poésies d'auteurs madgyars, flamands, polonais, etc.

Valmore épousa, en arrivant à Bruxelles, sa camarade Mlle Desbordes. Celle-ci, dont nous avons signalé la première apparition sur notre scène pendant la campagne 1807-1808, n'est autre que la célèbre Desbordes-Valmore, qu'Alexandre Dumas appelait « la plus femme des femmes-poètes ». Elle avait commencé par chanter à l'Opéra-Comique, sous les auspices de Grétry, dont elle avait reçu des conseils ; puis, ayant perdu la voix, elle se consacra à la comédie et c'est dans ce dernier genre qu'elle se produisit à Bruxelles. Marceline-Félicité-Josèphe Desbordes, née à Douai, le 24 février 1786, est morte à Paris, le 23 juillet 1859.

Delos, qui avait parcouru la province avant d'aborder la scène de la Monnaie, chanta les ténors jusqu'en 1827, époque à laquelle il perdit aussi la voix. Mais, ses aptitudes scéniques ne lui permettant pas d'aborder la comédie, il se vit bientôt à bout de ressources, et la bienfaisance publique lui offrit un refuge pour le reste de ses jours. Il est mort à Bruxelles, le 25 décembre 1872.

Parmi les représentations intéressantes, citons celle du 11 juin, au bénéfice de la petite Betzy Linsel, fille du comédien de ce nom. On y donnait, entre autres pièces : *Le Petit Chaperon Rouge*, opéra-vaudeville en un acte, de Gouget. Les rôles étaient remplis par

30 avril, début malheureux de St-Ernest, *Adolphe et Clara* et *Une heure de mariage* ; — du 1er mai, série de représentations de Saint-Félix, des Variétés, de Paris ; — 6 mai, début de Rambert, deuxième basse-taille, *la Belle Arsène* ; — 10 mai, début de Mlle Montano, *les Prétendus*, et *les Deux jaloux* ; — 17 mai, début de Valmore ; — du 15 juin, sept représentations de Ferdinand, premier danseur de l'Opéra de Paris ; — 6 août, début de Mlle Landier, *le Tableau parlant*, et *le Petit matelot* ; — 21 août, début de Delos, ténor, *Blaise et Cadet* ; — du 25 août, treize représentations de Mme Gavaudan, de l'Opéra-Comique ; — du 24 septembre, cinq représentations de Mme Th. Genetti, danseuse italienne ; — 2 octobre, début de Mlle Auguste, élève du Conservatoire de Paris, n'ayant jamais joué ; — 5 octobre, concert de Laura Prosperini, chanteur italien ; — du 28 octobre, trois représentations de Mme Giacomelli, première chanteuse, *Aline, reine de Golconde*, *le Billet de loterie*, *le Rossignol*, *Gulnare* ; — 16 décembre, reprise du *Trésor supposé*, de Méhul. Artistes : Auguste, Delos, Linsel, Mmes Landier, Ternaux ; — 24 décembre, Armand, des Variétés de Paris, et Mairet du Théâtre de Bordeaux, commencent une série de représentations, qui dure un mois ; — 30 décembre, reprise des *Dettes*, de Champein ; — 7 janvier, quatrième représentation d'*Aristippe*, grand-opéra en 2 actes, de R. Kreutzer ; — 21 janvier, rentrée de Mme Bousigue, *Adolphe et Clara*, *le Diable à quatre* ; — 3 avril, Lays, de l'Opéra, *Anacréon* ; — 14 avril, Saint-Charles, de passage, joue François Ier dans *Françoise de Foix*.

les enfants de la troupe, le petit Bordas (Derville), Betzy Linsel (le Chaperon Rouge), et Fanny Linsel (Mère-Grand). Ces jeunes acteurs dansèrent un pas de deux et une *allemande*.

Betzy Linsel (Marie Péguchet) naquit à Lyon, le 29 novembre 1807. Elle avait donc neuf ans et demi. Elle épousa, à Bruxelles, en 1825, Louis-Michel Jannin, chanteur à la Monnaie.

Fanny Linsel (Françoise Péguchet) était née à Lyon, le 3 octobre 1804. Nous la trouvons à Anvers (1827) et à Bruxelles (1828) en qualité de première chanteuse. Elle épousa, le 3 octobre 1822, le ténor Delos, et mourut à Molenbeek-Saint-Jean (faubourg de Bruxelles), le 6 juillet 1830.

Compte-rendu de la représentation du 7 septembre :

> Hier, LL. MM. le Roi et la Reine, accompagnés de S. M. le Roi de Prusse, voyageant sous le nom de COMTE DE RUPPIN, et arrivé la veille au palais de Laeken, se sont rendus au spectacle, où sont arrivés successivement LL. AA. RR. le prince et la princesse d'Orange, le prince Frédéric des Pays-Bas et le prince royal de Prusse. Tous ces illustres personnages ont été accueillis par des applaudissements vifs et prolongés. Dans *le Roi et le fermier*, M. Darboville, qui remplissait le rôle de *Richard*, s'étant tourné vers la loge de LL. MM., à l'instant où il porte à son hôte la santé du roi, cette allusion a été saisie avec enthousiasme, et le public a fait répéter ces mots, qui ont été suivis d'acclamations redoublées.

La Reine, le Prince et la Princesse d'Orange assistent, le 23 octobre, à la première représentation de Joanny, de la Comédie-Française, dans *Coriolan*. Ce tragédien joua son répertoire jusqu'au 11 décembre. Lors de son départ, il reçut du prince d'Orange un rouleau de cinquante pièces de vingt francs, « comme marque du plaisir qu'il lui avait fait éprouver », et donna son adhésion à un spectacle de bienfaisance, qui eut lieu le 6 février, et pour lequel il revint de Hollande.

Le 4 janvier 1818, première représentation d'une pièce indigène : *le Jeune satyrique*, comédie en trois actes, et en vers, de M. Roucher. En voici la distribution :

Emile (*le satyrique*)	MM. VALMORE.
Le comte de Valmont	FOLLEVILLE.
Le marquis de Choisy	MARCHAND.
Damis, *poète*	PERCEVAL.
Victor, valet d'Emile	PAULIN.
Julie, fille de M. Valmont	Mme VALMORE
Mme Granville, sœur de M. Valmont	Mlle LINSEL.

Le champ était ouvert aux œuvres de terroir. Quelques jours après, le 19, nous en voyons paraître une nouvelle : *La Fête des dames, ou la journée du 19 janvier*, comédie lyrique historique en un acte, d'Eugène Hus, « dédiée aux dames de Bruxelles ». Presque tous les artistes y parurent; malgré une réussite complète, elle ne fut jouée que cette fois-là.

Cependant, les trois administrateurs du théâtre avaient abandonné leurs prérogatives :

De Bruxelles, le 7 août 1817. — La société qui, pendant les quinze dernières années, a dirigé notre théâtre, vient de renoncer au privilége que S. M. lui avait accordé. Les pertes essuyées pendant cette période de temps, motivent, paraît-il, cette renonciation. Quoique cette société n'ait pas toujours répondu à ce qu'on pouvait attendre d'elle, il est juste d'avouer cependant qu'elle a quelque droit à notre reconnaissance ; nous lui devons depuis quinze ans une troupe permanente qu'elle n'a conservée qu'au prix de sacrifices que la fortune des actionnaires permettait, mais que des directeurs ordinaires n'auraient pu soutenir. S. M. qui, dès l'année dernière, avait permis que le théâtre de Bruxelles prît le titre de Théâtre Royal, et les comédiens celui de Comédiens ordinaires du Roi, a chargé une commission, présidée par le maréchal de la Cour, de recevoir les soumissions qui seront faites pour obtenir le privilége de la direction du Théâtre Royal Si cette commission ne juge pas convenable d'admettre quelqu'une de ces soumissions, elle dirigera par elle-même, à dater du 20 avril 1818, l'administration de ce théâtre, et dans ce cas, les bénéfices seront partagés entre les artistes au *prorata* et en sus de leurs appointemens ordinaires ; ces dispositions ont été réglées par S. M. dans un arrêté spécial, qui donne de plus à la commission royale les pouvoirs nécessaires pour contracter dès à présent des engagemens avec les artistes. Les lumières et le goût des membres de cette commission sont connus et offrent une garantie suffisante des soins qu'ils prendront pour s'acquitter dignement d'une mission qui intéresse si vivement nos plaisirs Nous pouvons donc espérer de voir bientôt le Théâtre de Bruxelles reprendre l'éclat et la réputation dont il brillait autrefois.

Le 20 avril, le comte Cornet de Grez, le comte Vanderdilft et l'avocat Deswert aîné pour feu le baron d'Overschie, renoncent définitivement à la gestion qu'ils avaient prise, au nombre de 25 — le 8 février 1801.

Avec cette administration se terminait également la régie de Dubus qui voulut se maintenir, mais qui ne put y parvenir, malgré l'appui de la presse.

Répertoire des Théâtres de Bruxelles, de 1801 à 1818, pendant la direction des actionnaires.

ABRÉVIATIONS.

Amb. Ambigu-Comique. — C. Cité. — G. Gaîté. — G. O. Grand-Opéra. — Ital. Italiens. — J. El. Jeunes-Élèves. — Mar. Marais. — Mol. Molière. — O. Odéon. — O. C. Opéra-Comique. — Pte S. M. Porte-St-Martin. — Th. Fr. Théâtre-Français. — Var. Variétés. — Var. Étr. Variétés-Étrangères. — Vaud. Vaudeville. Nota. — La date qui précède la pièce est celle de la première représentation à Bruxelles; celle qui la suit est la date de la première à Paris.

Comédies en quatre et en cinq actes.

1801. — 19 août, *les Mœurs du jour*, 5 a. v. Collin d'Harleville (Th. Fr. 26 juillet 1800) ; — 27 octobre, *Duhautcours*, 5 a. pr. Picard (O. 6 août 1801); — 8 décembre, *la Petite Ville*, 4 a. pr. Picard (O. 9 mai 1801).

1802. — 21 janvier, *l'Entrée dans le monde*, 5 a. v. Picard (O. 15 juin 1799); — 5 avril, *les Provinciaux à Paris*, 4 a. pr. Picard (O. 11 janvier 1802).
1803. — 25 novembre, *le Vieillard et les jeunes gens*, 5 a. v. Collin d'Harleville (O. 4 juin 1803).
1804. — 25 avril, *la Suite du menteur*, 4 a. v. P. Corneille, ret. Andrieux (O. 16 avril 1803); — 20 juillet, *la Prison militaire*, 5 a. pr. Dupaty (O. 18 juillet 1803); — 20 novembre, *les Tracasseries*, 4 a pr. Picard (O. 25 juin 1804)
1805. — 11 avril, *le Trésor*, 5 a. v. Andrieux (O. 28 janvier 1804); — 29 avril, *le Tyran domestique*, 5 a. v. A. Duval (Th. Fr. 16 février 1805); — 5 août, *le Tartuffe de mœurs*, 5 a. v. Chéron (Th. Fr. 4 avril 1805).
1806. — 27 janvier, *la Noce sans mariage*, 5 a. pr. Picard (O. 11 septembre 1805); — 25 juillet, *les Marionnettes*, 5 a. pr. Picard (O. 14 mai 1806).
1807. — 13 janvier, *le Généreux vindicatif*, 5 a. v. Bourson.
1808. — 5 juin, *l'Assemblée de famille*, 5 a. v. Riboutté (Th. Fr. 26 février 1808).
1809. — 31 juillet, *le Présomptueux*, 5 a. v. Fabre d'Églantine (Th. Fr. 7 janvier 1789); — 3 décembre, *le Fils par hasard*, 5 a. pr. Chazet, Ourry (O. 7 septembre 1809).
1810. — 17 avril, *le Faux Stanislas*, 5 a pr. A. Duval (O. 28 novembre 1809); — 31 mai, *l'Arcade de Molorido*, 5 a. pr. Picard (O. 18 janvier 1810); — octobre, *le Vieux fat*, 5 a. v. Collin d'Harleville (Th. Fr. 6 juin 1810); — 13 décembre, *les Deux gendres*, 5 a. v. Etienne (Th. Fr. 11 août 1810).
1811. — 3 janvier, *la Nouvelle Cendrillon*, 4 a. pr. Rougemont, Périn (O. 6 novembre 1810); — 27 octobre, *la Vieille tante*, 5 a pr. Picard (O. 28 mai 1811).
1816. — 27 novembre, *le Chevalier de Canolle*, 5 a. Souques (O. 27 mai 1816).
1817. — 21 août, *le Méfiant*, 5 a. v. Dauberval.
1818. — 9 mars, *la Manie des grandeurs*, 5 a. v. A. Duval (Th. Fr. 21 octobre 1817).

Comédies en trois actes.

1801. — 8 septembre, *le Premier venu*, pr. Vial (O. 1ᵉʳ juin 1801); — 18 novembre, *le Juge bienfaisant*, pr. Puységur (O. 13 octobre 1797).
1802. — 16 février, *les Conjectures*, v. Picard (Th. Fr. 7 mai 1795); — 2 décembre, *le Portrait de Michel Cervantes*, pr. Dieulafoi (O. 16 octobre 1802).
1803. — 9 novembre, *Hermann et Verner*, pr. Favières (O. 17 mai 1803).
1805. — Janvier, *la Leçon conjugale*, v. Sewrin, Chazet (Th. Fr. 5 novembre 1804); — juin, *le Menuisier de Livonie*, pr. A. Duval (O. 9 mars 1805); — 7 juillet, *le Vieux cousin*, v. Léger (O. 10 février 1798); — septembre, *Madame de Sévigné*, pr Bouilly (Th. Fr. 6 juin 1805); — 26 décembre, *Grimaldi*, pr. Hoffmann (O. 29 juin 1805).
1806. — Mars, *les Filles à marier*, pr. Picard (O. 11 décembre 1805); — 15 mai, *l'Avocat*, v. Roger (Th. Fr. 12 mars 1806); — août, *le Testament de l'oncle*, v. Charlemagne (O. 15 mars 1806); — 3 octobre, *la Jeunesse de Henri V*, pr. A. Duval (Th. Fr. 9 juin 1806); — décembre, *le Voyageur fataliste*, v. Charlemagne (O. 19 août 1806).
1807. — 25 janvier, *la Manie de briller*, pr. Picard (O. 23 septembre 1807); — août, *l'Espiègle et le dormeur*, pr. Dumaniant (O. 28 juin 1806); — novembre, *le Volage*, pr. Caigniez (O. 24 septembre 1807); — décembre, *Aurore*, pr., trad. Saaûdem, par Boursault (V. Etr. 26 février 1807).
1808. — Mars, *le Portrait du duc*, pr. Pain, Metz (O. 21 mai 1805); — mai, *Plaute*, v. Lemercier (Th Fr. 20 janvier 1808); — 7 juin, *Ordre et Désordre*, v. Sewrin, Chazet (O. 26 mars 1808).
1809. — Janvier, *les Querelles des deux frères*, v. Collin d'Harleville (O. 17 novembre 1808); 25 août, *le Secret du ménage*, v. Creuzé de Lesser (Th Fr. 25 mai 1809); — novembre, *la Revanche*, pr. Roger, Creuzé de Lesser (Th. Fr. 15 juillet 1809).
1810. — Août, *Jeunesse et Folie*, pr. Pigault-Lebrun (O. 31 mai 1810).

1811. — 29 juin, *le Coureur d'héritages*, v. Gensoul (O. 4 mai 1807).
1812. — 23 janvier, *la Femme de vingt ans*, v. Dumaniant (O. 22 octobre 1811).
1814. — 9 janvier, *la Nièce supposée*, v. Planard (Th. Fr. 22 septembre 1813).
1815. — 9 février, *Une journée à Versailles*, G. Duval (O. 8 octobre 1814) ; — 30 septembre, *l'Hymen se fera-t-il ou ne se fera-t-il pas?* v. Bourson.
1817. — 3 janvier *le Médisant*, v. Gosse (Th. Fr. 23 septembre 1816) ; — 19 janvier, *les Deux Philibert*, Picard (O. 10 août 1816) ; — 29 avril, *la Comédienne*, v. Andrieux (Th. Fr. 6 mars 1816) ; — 25 juin, *le Capitaine Belronde*, Picard (O. 4 mars 1817).
1818. — 4 janvier, *le Jeune satyrique*, v. Roucher ; — 13 avril, *l'Homme gris*, Daubigny, Poujol (O. 23 septembre 1817).

Comédies en un et en deux actes.

1802. — 10 mars, *Défiance et malice*, 1 a. v. Dieulafoi (Th. Fr. 4 septembre 1801) ; — 31 mai, *le Pacha de Suresnes*, 1 a., Etienne, Nanteuil (O 31 mai 1802).
1803. — 17 avril, *le Duel impossible*, 1 a pr. Martainville (O. 26 février 1803).
1804 — 8 janvier, *le Père d'occasion*, 1 a. pr. Pain, Vieillard (O. 25 janvier 1803) ; — 21 janvier, *M. Musard*, 1 a. pr. Picard (O. 23 novembre 1803) ; — février, *le Vieux comédien*, 1 a. pr. Picard (O. 19 septembre 1803) ; — février, *l'Amour et la raison*, 1 a. pr. Pigault-Lebrun (Th. Fr. 30 octobre 1790) ; - 1er avril, *Il veut tout faire*, 1 a. v. Collin d'Harleville (O. 11 février 1804) ; — 19 avril, *Helvétius*, 1 a. v. Andrieux (O. 17 juin 1802) ; — septembre, *Molière avec ses amis*, 1 a. v. Andrieux (Th Fr. 5 juillet 1804) ; — mai, *la Cloison*, 1 a pr. Luribarlière (O. 19 avril 1803) ; — juin, *les Questionneurs*, 1 a. v. de Latresne (O. 28 avril 1804).
1805. — 1er avril, *l'Acte de naissance*, 1 a. pr. Picard (O. 21 octobre 1804) ; — décembre, *Une heure d'absence*, 1 a. v. Loraux (O. 3 octobre 1801).
1806 — 5 janvier, *le Projet singulier*, 1 a. v. Gensoul (O. 23 mars 1805) ; — février, *le Mari juge et partie*, 1 a. v. Ourry, Chazet (O. 21 avril 1808), (cette pièce fut représentée à Bruxelles, d'origine).
1807. — 15 avril, *les Ricochets*, 1 a. pr. Picard (O. 15 janvier 1807) ; — juillet, *le Parleur contrarié*, 1 a. v. De Launay (Th. Fr. 3 janvier 1807) ; — 23 août, *M. Beaufils*, 5 a. pr. Jouy (O. 14 octobre 1806).
1808. — 3 janvier, *le Paravent*, 1 a. v. Planard (Th. Fr. 12 décembre 1807) ; — janvier, *les Souvenirs des premières amours*, 1 a. pr. Caigniez (O. 26 octobre 1807) ; — 29 janvier, *Brueys et Palaprat*, 1 a. v. Étienne (Th. Fr. 28 novembre 1807) ; — 3 novembre, *Shakespeare amoureux*, 1 a v. A. Duval (Th. Fr. 2 janvier 1804).
1809. — 29 janvier, *Marton et Frontin*, 1 a. pr. Dubois (O. 16 janvier 1804) ; — 21 décembre, *les Oisifs*, 1 a pr. Picard (O. 30 octobre 1809).
1810. — 19 février, *Molière chez Ninon*, 1 a. v. Chazet, Dubois (O. 27 mars 1808) ; — juillet, *Chambre à louer*, 1 a. pr. Varez (Amb. 5 novembre 1808).
1811. — Mai, *la Tapisserie*, 1 a. pr. A Duval (O. 1er mars 1808).
1813. — 25 avril, *le Retour d'un croisé*, 1 a. v. A. Duval (O. 27 septembre 1810).
1815. — 9 avril, *les Deux voisines*, 1 a. v. Desaugiers, Gentil (Th. Fr. 4 février 1815).

Drames et Mélodrames.

1801. — 26 septembre, *l'Enfant du malheur*, 4 a. pr Cuvelier (Amb. 29 mars 1797).
1802. — 1er janvier, *la Mort de Turenne*, 3 a. pr. Bouilly, Cuvelier (C. 17 juin 1797) ; — 24 février, *le Meunier de Saspach*, 3 a. pr. Cuvelier (Amb. (?) 1800).
1803. — 4 février, *le Pèlerin blanc*, 3 a. pr. Pixérécourt (Amb. 6 avril 1801) ; — 20 février, *la Femme à deux maris*, 3 a. pr. Pixérécourt (Amb. 24 septembre 1802) ; — septembre, *Clémence et Waldémar*, 3 a. pr. Volméranges (Pte S. M. 15 décembre 1806) ; — 16 octobre, *Gustave en Dalécarlie*, 5 a. pr. La Martelière (Mar. 10 décembre 1802).

1804. — 20 janvier, *Abelino*, 3 a. pr. Chazel (M. (?) 1802); — 20 janvier, *la Mort du capitaine Cook*, 4 a. Arnould (Amb. (?) octobre 1788); — 20 mai, *Paméla mariée*, 3 a. pr. Volmérange, Cubières (P¹ᵉ S. M. 9 avril 1804).

1805. — Août, *la Fausse marquise*, 3 a. pr. Dubois, Gobert (P¹ᵉ S. M. 28 juin 1805).

1806. — 3 mars, *Tékély*, 3 a. pr. Pixérécourt (Amb. 29 décembre 1803); — novembre, *les Frères à l'épreuve*, 3 a. pr. Volmérange (P¹ᵉ S. M. 6 septembre 1806).

1807. — 9 février, *la Forteresse du Danube*, 3 a pr. Pixérécourt (P¹ᵉ S M. 3 janvier 1805); — avril, *Frédéric à Spandau*, 3 a. pr. Dorvo (P¹ᵉ S M. 1ᵉʳ février 1806).

1808. — Janvier, *les Libellistes*, 4 a. pr. Söden, trad. par de Beaunoir (Var. Étr. 14 janvier 1807).

1809. — 21 septembre, *Monval et Sophie*, 3 a. v. Aude (O. 12 juin 1869).

1811. — 21 mars, *les Ruines de Babylone*, 3 a. pr. Pixérécourt (G. 30 octobre 1810); — 7 avril, *la Servante de qualité*, 3 a. pr. Volmérange (O. 11 décembre 1810).

1812. — 23 mars, *Robinson Crusoé*, 3 a. pr. Pixérécourt (P¹ᵉ S. M. 2 octobre 1805); — septembre, *Cælina*, 3 a. pr. Pixérécourt (Amb. 2 septembre 1800); — 21 septembre, *Célestine et Faldoni*, 3 a. pr. Hapdé (O. 16 juin 1812); — octobre, *Fitz-Henri*, 3 a. pr. R. Périn (J. El. 13 octobre 1803).

1814. — 29 décembre, *Édouard en Ecosse*, 3 a. par Duval (Th. Fr. 18 février 1802).

1815. — 22 août, *Rome sauvée*, 3 a. par « un habitant de cette ville ».

1816. — 5 janvier, *la Pie voleuse*, 3 a. pr. Caigniez, Daubigny (P¹ᵉ S. M. 29 avril 1815); — 15 mars, *le Chien de Montargis*, 3 a. pr. Pixérécourt (G. 18 juin 1814).

1817. — 3 mars, *la Famille d'Anglade*, 3 a. pr. Fournier, Dupetit-Méré (P¹ᵉ S. M. 11 janvier 1816); — 8 octobre, *le Pont du coupe-gorge, ou l'héroïsme de l'enfance*, 3 a. pr. ***.

Vaudevilles.

1803. — 13 avril, *Pataquès*, 1 a. pr. Martainville (Var. 30 septembre 1802); — 14 septembre, *Fanchon la vielleuse*, 3 a. pr. Bouilly, Pain (Vaud. 19 mars 1803).

1804. — 18 mars, *la Tapisserie de la reine Mathilde*, 1 a. pr. Barré, Radet, Desfontaines (Vaud. 14 janvier 1804).

1806. — 7 février, *l'Intrigue sur les toits*, 1 a. pr. Dumersan (Var. 1ᵉʳ avril 1805); — octobre, *les Deux pères*, 2 a. pr. Dupaty (Vaud. 4 juin 1804).

1807. — Janvier, *la Laitière de Bercy*, 2 a. pr. Sewrin, Chazet (Vaud. 23 février 1805); — 25 février, *Agnès Sorel*, 3 a. pr. Bouilly, Dupaty (Vaud. 19 avril 1806); — avril, *Frosine*, 1 a. pr. Radet (Vaud. 15 décembre 1800); — 19 juillet, *les Chevilles de maître Adam*, 1 a. pr. Francis, Moreau (Var. 28 décembre 1805); — octobre, *la Jeune mère*, 2 a. pr. Dupaty. (Vaud. (?) octobre 1805); — 21 octobre, *la Famille des Innocents*, 1 a. pr. Sewrin, Chazet (Var. 26 janvier 1807); — 23 novembre, *l'Ile de la Mégalantropogénésie*, 1 a. pr. Barré, Radet, Desfontaines, Dieulafoi (Vaud. 26 mai 1807).

1808. — Février, *les Petites marionnettes*, 1 a. pr. Sewrin, Chazet (Var. 27 septembre 1806); — mars, *Madame Favart*, 1 a. pr. Moreau, Dumolard (Vaud. 22 décembre 1806); — 11 mars, *Monsieur Vautour*, 1 a. pr. Radet, G Duval, Tournay (Var. 13 juin 1805); — mai, *le Jaloux malade*, 1 a. pr. Dupaty (Vaud. 29 janvier 1805).

1809. — 3 avril, *M. et Mᵐᵉ Denis*, 1 a. pr. Désaugiers, Rougemont (Var. 23 juin 1808); — 5 juillet, *le Petit courrier*, 2 a. pr. Bouilly, Moreau (Vaud. 20 avril 1809); — 13 septembre, *Haine aux femmes*, 1 a pr. Bouilly (Vaud. 23 février 1808).

1810. — 9 avril, *Lantara*, 1 a. pr. Barré, Picard, Radet, Desfontaines (Vaud. 2 octobre 1809); — août, *la Marchande de modes*, 1 a. pr. Jouy (Vaud. 13 janvier 1808); — 25 octobre, *le Procès du Fandango*, 1 a. pr. Barré, Radet, Desfontaines (Vaud. 8 mai 1809).

1811. — Février, *Coco Pépin*, 1 a. pr. Sewrin, Chazet (Var. 29 décembre 1809); — mars, *la Belle au bois dormant*, 2 a. pr. Bouilly, Dumersan (Vaud. 20 février 1811); — mai, *la*

Cendrillon des écoles, 1 a. pr. Chazet, Dubois (VAUD. 10 novembre 1810); — 11 août, *Rien de trop*, 1 a. pr. Pain, Bouilly (VAUD .4 janvier 1808); — 21 octobre, *Grivois la malice*, v. 1 a. pr. Sewrin (VAR. 14 août 1810).

1812. — 9 janvier, *les Habitants des Landes*, 1 a. pr. Sewrin (VAR. 21 octobre 1811); — 23 janvier, *l'Exil de Rochester*, 1 a. pr. Moreau, Dumolard (VAUD. 5 octobre 1811); — 7 février, *la Tasse de chocolat*, 1 a. pr. Dieulafoi, Gersin (VAUD. 9 novembre 1811); — 15 mars, *le Petit pêcheur*, 1 a. pr. Dumersan, Sewrin (VAR. 8 août 1810); — octobre, *le Mariage de Dumollet*, 1 a. pr. Désaugiers (VAR. 18 janvier 1812); — 29 octobre, *la Maison des fous*, 1 a. pr. Desaugiers (VAR. (?) 1812); — novembre, *la Petite Cendrillon*, 1. a. pr. Désaugiers, Gentil (VAR. 12 novembre 1810); — 9 décembre, *Ida*, 2 a. pr. Radet (VAUD. 19 décembre 1801).

1813. — 17 janvier, *Au feu*, 1 a. pr. Dieulafoi, Gersin (VAUD. 27 décembre 1808); — 17 mars, *les Pages du duc de Vendôme*, 1 a. pr. Dieulafoi, Gersin (VAUD. 17 juin 1807); — 9 octobre, *le Petit Chaperon rouge*, 1 a. pr. Dumersan (VAR. 16 mars 1811).

1814. — 9 janvier, *la Chevalière d'Eon*, 1 a. pr. Ourry, Moreau (VAUD. 21 novembre 1812).

1815. — 9 février, *Pierrot, ou le diamant perdu*, v. 2 a. pr. Désaugiers, Gentil (VAUD. 11 mars 1813); — 30 mars, *Je l'aurais gagé*, v. 1 a. pr. Hus.

1816. — 27 décembre, *le Dîner de Madelon*, v. 1 a. pr. Désaugiers (VAR. 15 mars 1816).

1817. — 17 mars, *les Anglaises pour rire*, v. 1 a. pr. Sewrin, Dumersan (VAR. 12 octobre 1816); — 17 juillet, P. *Momus au Parc, ou nous aussi*, v. 1 a. pr. ***; — 3 août, *Un tour de Colatto*, v. 1 a. pr. Moreau, Dumolard (VAR. 15 juillet 1809); — 3 août, *le Petit Chaperon rouge*, v. 1 a. pr. Dumersan. (VAR. 16 mars 1811); — 17 août, *le Solliciteur*, v. 1 a. pr. Scribe, Dupin (VAR. 7 avril 1817); — 15 octobre, *Encore un Pourceaugnac*, v. 1 a. pr Scribe, Delestre (VAUD. 18 février 1817); — 7 décembre, *le Comte Ory*, v. 1 a. pr. Scribe, Delestre (VAUD. 16 décembre 1816); — 31 décembre, *les Trois Fanchon*, v. 1 a. pr. Bonel, Jorre fils (G. (?) 1803).

1818. — 16 janvier, *Lagrange-Chancel*, v. 1 a. pr. Sewrin, Chazet (VAR. 22 novembre 1808); — 20 février, *la Maison en loterie*, v. 1 a. pr. Picard, Radet (O. 8 décembre 1817); — 25 février, *le Petit enfant prodigue*, v. 1 a. pr. Désaugiers, Gentil (VAR. 31 décembre 1813); — 26 février, *la Robe de noce*, v. 1 a. pr. Dieulafoi, Gouffé, Chazet (12 octobre 1817); — 9 mars, *M. Sans-Gêne*, v. 1 a. pr. Désaugiers, Gentil (VAUD. 13 mai 1816); — 29 mars, *le Petit dragon*, v. 2 a. pr. Scribe, Delestre, Mélesville (VAUD. 18 septembre 1817).

Opéras.

1801. — 6 mars, *le Calife de Bagdad*, 1 a. pr. Saint-Just. Boieldieu (ITAL. 16 septembre 1800); — 24 mars, *Maison à vendre*, 1 a. pr. A. Duval, Dalayrac (ITAL. 23 octobre 1800); — 24 avril, *le Délire*, 1 a. pr. Révérony de St-Cyr, Berton (O. C. 7 décembre 1799); — 3 mai, *Chimène*, 3 a. v. Guillard, Sacchini (O. 9 février 1804); — 20 juillet, *le Trompeur trompé*, 1 a. pr. Bernard-Valville, Gaveaux (O. C. 2 août 1800); — 20 juillet, *le Trente et quarante*, 1 a. pr. A Duval, Tarchi (O. C. 19 mai 1800); — 2 septembre, *Ponce de Léon*, 2 a. pr. Berton (P. et M.) (ITAL. 15 mars 1797); — 2 novembre, *l'Auteur malgré lui*, 1 a. pr. ***. Pauwels; — 16 décembre, *le Grand deuil*, 1 a. pr. Vial, Étienne, Berton (O. C. 21 janvier 1801); — 26 décembre, *les Pommiers et le moulin*, 1 a. v. Forgeot, Lemoyne (G. O. 22 janvier 1790).

1802. — 9 avril, *D'auberge en auberge*, 3 a. pr. Dupaty, Tarchi (ITAL. 26 avril 1800); — 14 juin, *Léhéman*, 3 a. pr. Marsollier, Dalayrac (O. C. 12 décembre 1801); — 6 juillet, *l'Irato*, 1 a. pr. Marsollier, Méhul (O. C. 18 février 1801); — 6 septembre, *Une folie*, 2 a. pr. Bouilly, Méhul (O. C. 5 avril 1802).

1803. — 1er janvier, *le Trésor supposé*, 1 a. pr. Hoffmann, Méhul (O. C. 29 juillet 1802); — 27 janvier, *Ariodant*, 3 a. pr. Hoffmann, Méhul (ITAL. 10 octobre 1798); — 2 mars, *la*

Famille américaine, 1 a. pr. Bouilly, Dalayrac (O. C. 20 février 1796); — 10 mars, *Anacréon chez Polycrate*, 3 a. v. Guy, Grétry (G. O. 17 janvier 1797); — 18 mars, *Ma Tante Aurore*, 3 a. pr. Longchamps, Boieldieu (O. C. 15 janvier 1803); — 28 mars, *Michel-Ange*, 1 a. pr. Delrieu, Nicolo (O C. 12 décembre 1802); — 11 avril, *la Suite de la Mélomanie*, 1 a. pr. *** ; — 2 octobre, *les Confidences*, 2 a. pr. Jars, Nicolo (O. C. 31 mars 1803); — 20 octobre, *le Jockey*, 1 a. pr. Hoffmann, Solié (O. C. 6 janvier 1796); — 9 novembre, *le Concert interrompu*, 1 a pr. Marsollier, Favières, Berton (O. C. 31 mai 1802); — 25 novembre, *Picaros et Diégo*, 1 a. pr. Dupaty, Dalayrac (O. C. 3 mai 1803); — 11 décembre, *Béniowski*, 3 a. pr. A. Duval, Boieldieu (O. C. 8 juin 1800).

1804. — 4 janvier, *Aline, reine de Golconde*, 3 a. Vial, Favières, Berton (O. C. 2 septembre 1803); — janvier, *le Locataire*, 1 a. pr. Sewrin, Gaveaux. (Ital. 6 juillet 1800); — 21 février, *le Médecin turc*, 1 a. pr. A. Gouffé, Villiers, Nicolo (O. C. 19 novembre 1803); — 1er avril, *l'Habit du chevalier de Grammont*, 1 acte d'Eler; — 13 avril, *Léontine et Fonrose*, 4 a. pr. Verteuil, Pauwels ; — 8 juin, *la Romance*, 1 a. pr. Loraux, Lesur, Berton (O. C. 26 janvier 1804); — 24 juin, *le Diable couleur de rose*, 1 a. pr. Levrier Champ-Rion, Gaveaux (Mol. 23 octobre 1799); — 1er août, *une Heure de mariage*, 1 a. pr. Étienne, Dalayrac (O. C. 20 mars 1804); — 19 août, *Héléna*, 3 a. pr. Bouilly, Méhul (O C. 1er mars 1803); — 25 septembre, *la Jeune Prude*, 1 a. pr. Dupaty, Dalayrac (O. C. 14 janvier 1804); — 1er octobre, *le Petit page*, 1 a pr. Pixérécourt, Kreutzer (O. C. 14 février 1800); — 31 octobre, *le Clapperman*, 1 a. pr. ***, J. Burremans; — 12 novembre, *Nephté*, 3 a. v. (?), Lemoyne ; — 4 décembre, *Corali*, 1 a. pr. Grétry neveu, Bianchi. (Mol. 7 juillet 1804).

1805. — 3 janvier, *un Quart d'heure de silence*, 1 a. pr. Guillet, Gaveaux (O. C. 9 juin 1804); — 7 janvier, *le Bouffe et le tailleur*, 1 a. pr. Villiers, A. Gouffé, Gaveaux (Var 21 juin 1804); — 18 janvier, *Henri de Bavière*, 3 a. pr. Léger, Du Tremblay, Deshayes (Mol. 22 août 1804); — 8 février, *Avis aux femmes*, 1 a. pr. Pixérécourt, Gaveaux (O. C. 27 octobre 1804); — 1er avril, *Milton*, 1 a. pr. Jouy, Dieulafoi, Spontini (O. C. 26 novembre 1804); *l'Orage*, 1 a. pr. Monnet, Foignet (Ital. (?) 1798); — 24 juin, *l'Intrigue aux fenêtres*, 1 a. pr. Dupaty, Nicolo (O. C. 7 janvier 1804); — 8 juillet, *le Diable en vacances*, 1 a. pr. Désaugiers, Bosquier-Gavaudan, Aubertin, Gaveaux (Var. 16 février 1805); — 15 août, *Julie, ou le pot de fleurs*, 1 a. pr. Jars, Fay, Spontini (O. C. 12 mars 1805); — 6 septembre, *l'Officier cosaque*, 1 a. Cuvelier, Barouillet, Gianella, Dumonchau (Pte S. M. 8 avril 1803); — 27 septembre, *Une aventure de Saint-Foix*, 1 a. pr. A. Duval, Tarchi (O. C. 28 janvier 1802); — 8 décembre, *Télémaque*, 3 a. v. Dercy, Lesueur (O. C. 10 mai 1796); — 22 décembre, *la Jeune femme colère*, 1 a. v. Étienne, Boieldieu (O. C. 12 octobre 1812).

1806. — 9 février, *la Ruse inutile*, 2 a. pr. Hoffmann, Nicolo (O. C. 30 mai 1805); *l'Intrigue sur les toits*, 1 acte de XX ; — 21 février, *le Grand-Père*, 1 a. pr. Fuvières, Jadin (O. C. 14 octobre 1805); — 3 mars, *les Prisonniers espagnols*, 1 acte de XX; — 17 mars, *Léonce*, 2 a. pr. Marsollier, Nicolo (O. C 18 novembre 1805); — 11 avril, *Gulistan*, 3 a. pr. Étienne, Lachabeaussière, Dalayrac (O. C. 30 septembre 1805); — 29 mai, *M. Deschalumeau*, 3 a. pr. Creuzé de Lesser, Gaveaux (O. C. 17 février 1806); — 23 juin, *les Faux monnayeurs*, 3 a. pr. Cuvelier, Gresnich (Var. 1er mai 1797); — 3 octobre, *les Maris garçons*, 1 a. pr. Gaugiran-Nanteuil, Berton (O. C. 15 juillet 1806); — 15 octobre, *les Trois hussards*, 2 a. pr. Favières, Champein (O. C. 26 juillet 1804); — 19 novembre, *le Déjeuner de garçons*, 1 a. pr. Creuzé de Lesser, Nicolo (O. C. 24 avril 1806) ; — 1er décembre, *les Deux aveugles de Tolède*, 1 a. pr. Marsollier, Méhul (O. C. 28 janvier 1806); — 7 décembre, *Deux mots*, 1 a. pr. Marsollier, Dalayrac (O. C. 9 juin 1806) ; — 26 décembre, *Gabrielle d'Estrées*, 3 a. pr. Saint-Just, Méhul (O. C. 25 juin 1806).

1807. — 17 mars, *Uthal*, 1 a. v. Saint-Victor, Méhul (O. C. 17 mai 1806); — 1er avril, *Don Juan*, 3 a. Thuring, Baillot, Mozart (G. O. 17 septembre 1805); — 15 avril, *Avis au public*, 2 a. pr. Désaugiers, Piccini (O. C. 22 novembre 1806); — 31 mai, *les Artistes par occasion*, 1 a. pr. A. Duval, Catel (O. C. 22 février 1807); — 15 juin, *François I*er, 2 a. v. Sewrin, Chazet, Kreutzer (O. C. 14 mars 1807); — 9 août, *les Rendez-vous bourgeois*, 1 a pr. Hoffmann, Nicolo (O. C. 9 mai 1807); — septembre, *l'Opéra au village*, 1 a. pr. Sewrin, Solié (O. C. 30 juillet 1807); — 17 septembre, *le Vieux château*, 1 a. pr. A. Duval, Della Maria (O. C. 16 mars 1798); — 7 octobre, *l'Auberge de Bagnères*, 3 a. pr. Jalabert, Catel (O. C. 16 avril 1807); — 15 octobre, *le Franc Breton*, 1 a. pr. Dejaure, Kreutzer, Solié (ITAL. 2 mars 1799); — 23 novembre, *Ovinska*, 3 a. pr. Villemontez, Gaveaux (O. C. 20 décembre 1800); — 17 décembre, *Lina*, 3 a. pr. Révérony de St-Cyr, Dalayrac (O. C. 8 octobre 1807).

1808. — 6 janvier, *Joseph*, 3 a. pr. A. Duval, Méhul (O. C. 17 février 1807); — 29 janvier, *Point de bruit*, 1 a. pr. Tournay, Thesigny, Doche (O C. (?) 1807); — 9 février, *Koulouf*, 3 a. pr. Pixérécourt, Dalayrac (O. C. 18 décembre 1806); — 11 mars, *Bion*, 1 a. v. Hoffmann, Méhul (O. C. 27 décembre 1800); — 23 mars, *Delia et Verdikan*, 1 a. pr. Elleviou, Berton (?); — 1er mai, *les Époux avant le mariage*, 1 a. pr. Désaugiers, Piccini (7 janvier 1808); — juin, *le Nouveau marié, ou les importuns*, 1 a. pr. Cailhava, Ots; — 3 novembre, *l'Amant légataire*, 1 a. pr. ***, Van Helmont; — 17 novembre, *Mlle de Guise*, 3 a. pr. Dupaty, Solié (O. C. 17 mars 1808); — novembre, *les Fourberies, finesses et subtilités de maître Pathelin, avocat*, 3 a. pr. Patrat, Chartrain; — 23 novembre, *Un jour à Paris*, 3 a. pr. Etienne, Nicolo (O. C. 24 mai 1808); — 15 décembre, *Nephtali*, 3 a. Aignan, Blangini (G. O. 15 avril 1806); — décembre, *l'Échelle de soie*, 1 a. v. Planard, Gaveaux (O. C. 22 août 1808).

1809. — 5 janvier, *la Femme impromptu*, 1 a. pr. Villiers, Borremans; — 9 janvier, *Cimarosa*, 2 a. pr. Bouilly, Nicolo (O. C. 28 juin 1808); — 19 janvier, *Ninon chez Mme de Sévigné*, 1 a. v. Dupaty, Berton (O. C. 26 septembre 1808); — 2 février, *Jadis et aujourd'hui*, 1 a. pr. Sewrin, Kreutzer (O. C. 3 octobre 1808); — 5 juin, *Françoise de Foix*, 3 a. pr. Bouilly, Dupaty, Berton (O. C. 2 février 1809); — 23 juin, *le Maître de chapelle*, 3 a. pr. A. Duval, Strunz; — 5 juillet, *le Petit courrier*, 2 a. XX; — 9 août, *Menzikoff et Feodor*, 3 a. pr. Lamartelière, Champein (O. C. 30 janvier 1808); — 3 septembre, *la Rose blanche et la rose rouge*, 3 a. pr. Pixérécourt, Gaveaux (O. C. 20 mars 1809); — 29 septembre, *le Mariage par imprudence*, 1 a. pr. Jouy, Dalvimare (O. C. 4 avril 1809); — 23 novembre, *Brama*, 1 a. XX; — 29 novembre, *le Prix de la beauté*, 1 a. XX; — 5 décembre, *la Paix*, 1 a. XX.

1810. — 24 janvier, *le Charme de la voix*, 1 a. pr. Gaugiran-Nanteuil, Berton (O. C. 24 janvier 1811); — 15 mars, *la Vestale*, 3 a. v. Jouy, Spontini (G. O. 11 décembre 1807); — 9 avril, *Lantara*, 1 a , XX; — 13 juin, *Cendrillon*, 3 a. pr. Etienne, Nicolo (O. C. 22 février 1810); — 21 novembre, *Jean et Geneviève*, 1 a. pr. Favières, Solie (O. C. 10 novembre 1792).

1811. — 5 mai, *le Baiser et la quittance*, 3 a. pr. Picard, Longchamps, Dieulafoi, Méhul, Kreutzer, Nicolo, Boieldieu (O. C. 1er mai 1810); — 11 août, *Rien de trop, ou les deux paravents*, 1 a. pr. Pain, Boieldieu (O. C. 19 avril 1811); — 27 décembre, *le Poète et le musicien*, 3 a. v. Dupaty, Dalayrac (O. C. 30 mai 1811).

1812. — 23 janvier, *le Billet de loterie*, 1 a. pr. Roger, Creuzé de Lesser, Nicolo (O. C. 14 septembre 1811); — 27 février, *le Magicien sans magie*, 2 a. pr. Roger, Creuzé de Lesser, Nicolo (O. C. 4 novembre 1811); — 15 avril, *l'Homme sans façon*, 3 a. pr Sewrin, Kreutzer (O. C. 7 janvier 1812); — 31 mai, *Lulli et Quinault*, 1 a pr. Gaugiran-Nanteuil, Nicolo (O. C. 27 février 1812); — 25 octobre, *Ninette à la Cour*, 2 a. v. Favart, Berton fils (O. C. 21 décembre 1811); — 9 décembre, *Ida, ou l'Orpheline de Berlin*, 2 a. pr. Mme Simons-Candeille (P. et M.); — 21 décembre 1812, *Jean de Paris*, 2 a. pr. Saint-Just, Boieldieu (O. C. 4 avril 1812).

1813. — 13 juillet, *les Aubergistes de qualité*, 3 a. pr. Jouy, Catel (O. C. 17 juin 1812); — 19 septembre, *la Chambre à coucher*, 1 a. pr. Scribe, Guenée (O. C. 29 avril 1813); —

13 octobre, *le Nouveau Seigneur de village*, 1 a. pr. Creuzé de Lesser, Favières, Boieldieu (O. C. le 29 juin 1813); *le Mari de circonstance*, 1 a. pr. Planard, Plantade (O. C. 18 mars 1813); — 27 décembre, *les Deux jaloux*, 1. a pr. Vial, Mme Gail (O. C. 27 mars 1813).

1814. — 9 janvier, *le Prince Troubadour*, 1 a. pr. A. Duval, Méhul (O. C. 24 mai 1813; — 31 mars, *Médée*, 3 a. Sacchini; — 13 avril, *le Diable à quatre*, 3 a. Sedaine, Solié (O. C. 30 novembre 1809); — 7 juillet, *le Prince de Catane*, 3 a. Castel, Nicolo (O. C. 4 mars 1813); — 17 juillet, *les Héritiers Michau*, 1 a. Planard, Bochsa (O. C. 30 avril 1814); — 21 décembre, *l'Héritier de Paimpol*, 3 a. Sewrin, Bochsa (O. C. 29 décembre 1813).

1815. — 9 janvier, *Joconde*, 3 a. Etienne, Nicolo (O. C. 28 février 1814); — 9 août, *Félicie*, 3 a., Dupaty, Catruffo (O. C. 28 février 1815); — 7 décembre, *Jeannot et Collin*, 3 a Etienne, Nicolo (O. C. 17 octobre 1814); — 31 décembre, *le Procès*, 1 a. Duval, comte d'Estourmel (O. C. 3 juin 1815).

1816. — 27 mars, *le Règne de douze heures*, 2 a. ***, Bruni (O. C. (?) 1815); — 26 octobre, *Une journée du Czar*, 1 a. Claparède, Berton; — 31 octobre, *l'Offrande à l'hymen*, D'Auberval, J. Borremans; — 15 novembre, *le Rossignol*, 1 a. Etienne, Lebrun; — 21 novembre, *la Lettre de change*, 1 a. Planard, Bochsa (O. C. 11 décembre 1815); — 27 décembre, *la Fête du village voisin*, 3 a. Sewrin, Boieldieu (O. C. 5 mars 1816).

1817. — 3 mars, *l'Une pour l'autre*, 3 a. Etienne, Nicolo (O. C. 11 mai 1816); — 17 mars, *Elisca*, 3 a. Favières, Grétry (O. C. 5 mai 1812); — 17 juillet, *les Rosières*, 3 a. Théaulon, Herold (O. C. 27 janvier 1817); — 27 novembre, *la Journée aux aventures*, 3 a. Capelle, Mézières, Méhul (O. C. 16 novembre 1816).

Direction Gavaudan

(1818-19)

 AVAUDAN est nommé directeur-gérant sous la surveillance de la Commission Royale. La troupe qu'il réunit est ainsi composée :

Comédie et Tragédie.

Acteurs.

Messieurs :
MASSIN, premiers rôles.
LEMOIGNE, jeune premier.
DUBREUIL, père noble.
PERLET, premier comique.
VALMORE, premiers rôles.
FOLLEVILLE, financiers.
MARCHAND, troisièmes rôles.
PERCEVAL, } seconds comiques.
LINSEL, }
FRADIER, utilités.

Actrices.

Mesdames et Mesdemoiselles :
RIBOU, premier rôle.
DESBORDES-VALMORE, jeune première
CLARICE, soubrette.
ROUSSELLOIS, caractères.
DARBOVILLE, deuxième soubrette.
LINSEL-MOSSO, deuxièmes caractères.
LALOI, rôles de convenance.

Opéra.

Chanteurs

Messieurs :
DESFOSSÉS, première haute-contre.
BOUSIGUE, *jeune*, } deuxièmes hautes-
COUSIN FLORICOURT, } contre.

Chanteuses.

Mesdames et Mesdemoiselles :
CAZOT, première chanteuse à roulades.
LEMESLE, première chanteuse.
MICHELOT, première Dugazon.

BERNARD, première basse-taille.
DARBOVILLE, Martin.
PERCEVAL, Laruette.
LINSEL, trial.
HUBERT, troisième basse-taille.

TERNAUX, aînée, seconde chanteuse.
ROUSSELLOIS, première duègne.
LINSEL.-MOSSO, deuxième duègne.

Chœurs.

Douze hommes.   Douze femmes.

Ballet.

Danseurs.

Messieurs :
OUDART, premier danseur, maître de ballets.
LÉON, premier danseur.
JACOTIN, deuxième danseur.
CALAIS, danseur comique.
JOSSE, deuxième danseur.
Dix figurants.

Danseuses.

Mesdames et Mesdemoiselles :
ADELINE, première danseuse.
LÉON, première danseuse.
OUDART, deuxième danseuse.
FELTMANN, mimes.
SARRETTE, troisième danseuse.
Dix figurantes.   Huit enfants.

Orchestre.

MM. CH. BORREMANS, maître de musique.
J. BORREMANS, sous-chef.

16 violons. — 2 altos. — 5 violoncelles. — 2 contre-basses. — 2 cors. — 2 trompettes. — 2 hautbois. — 2 clarinettes. — 2 flûtes. — 2 bassons. — 1 timbalier.

29 avril, Mme Saqui et sa troupe; — 6 mai, début de Mlle Michelot, jeune première Dugazon;— 11 mai, début de Mme Lemesle, première chanteuse; — 14 mai, début d'Édouard Lafitte, *Adolphe et Clara* (Adolphe), et *Ma Tante Aurore* (Valsain); cinq représentations sans succès; — 18 mai, début de Léon et de sa femme, premiers danseurs; — 23 mai, Alexis Coleuille, de passage, *Un jour à Paris* (Germeuil); — 31 mai, Bernard, première basse-taille et futur directeur du théâtre, *Œdipe à Colone* (OEdipe); — 12 juin, début de Hubert, basse-taille, *le Diable à quatre*; — 24 juin, début de Cousin-Floricour, deuxième haute-contre, *Zoraïme et Zulnare* (Alamir); — 29 juin, Henry « désirant se faire connaître », *le Nouveau Seigneur du village* (Colin); — 3 juillet, concert de Mlle Borghesi, cantatrice italienne; — 8 juillet, concert de C. Buttinger, de Hurt, Raudenkolb, Deutz et Zaiser, artistes allemands « violoncelle, basson, flûte et chant »; — 10 juillet, *le Frère Philippe*, 1 acte, de Dourlen; — du 7 août, sept représentations de Juillet, du Théâtre Feydeau de Paris, *Alexis*, *Ma Tante Aurore*, etc; début de Bousigues dans les hautes-contre, *Cendrillon* (Ramire); — du 8 septembre, sept représentations de Louis Nourrit, premier chanteur de l'Académie Royale de Paris, *Iphigénie en Aulide*, *la Vestale*, *la Caravane du Caire*, *le Devin de village*, *Didon*, *Richard Cœur-de-Lion*, *Orphée*, *Œdipe à Colone*, *Alceste*; — 27 septembre, *Belfort et Frontin, ou les coureurs d'aventures*, 2 actes, de Devienne; c'est l'ancienne pièce interdite : *les Visitandines*, et maintenant transformée pour les paroles; elle reparaîtra plus tard sous le titre de *Pensionnat de jeunes demoiselles*, puis sous celui-ci : *les Français au Sérail*; — du 27 octobre, cinq représentations d'Anatole, de sa femme, née Gosselin et de Mlle Gosselin cadette, danseurs de l'Académie royale de musique; — 1er décembre, début de Léon, premier danseur, dans le ballet *Almaviva et Rosine*; — 7 et 11 décembre, concerts de Fabry-Garat, professeur de chant de Paris; — 23 décembre, *la Sérénade*, un acte, de Mme Sophie Gail; artistes : Perceval, Bousigues,

Mlle Michelot (Zélie-Marie-Thérèse), née à Nancy, le 2 février 1801, morte à Ixelles, le 3 mai 1822, avait révélé tout d'abord un talent des plus gracieux. Elle devint l'enfant gâtée du public, et sa fin prématurée affligea tout le monde. C'était la sœur des Michelot, dont l'aîné a été professeur au Conservatoire de Bruxelles.

La première chanteuse, Mme Lemesle, seconde fille de Mme Roussellois, fit sa première apparition dans *Didon*, par le même rôle qui avait servi de début à sa mère, et y obtint un succès éclatant (11 mai 1818). Elle fut pendant douze ans, de 1818 à 1830, l'idole du public bruxellois, et lorsque Mlle Dorus lui succéda dans les premières chanteuses légères, Mme Lemesle prit l'emploi des fortes chanteuses. Plus tard, elle joua les duègnes à l'Opéra-Comique de Paris. Elle est morte à Rouen, le 6 juin 1848, à l'âge de 63 ans.

Le 3 juin, Mlle Mars, de la Comédie-Française, soulève un véritable enthousiasme : on l'accable de pièces de vers. La célèbre tragédienne joua douze fois au prix — énorme, à ce moment-là, — de 1,000 francs par cachet.

Le mois suivant, Mlle Georges donne neuf représentations, et ne parvient pas à faire oublier sa devancière. Elle voulait, avant de partir, consacrer une soirée au bénéfice des indigents, et elle écrivit à l'hospice de Sainte-Gertrude une lettre pour exprimer ce désir. En voici la réponse :

L'Administrateur-Secrétaire de l'établissement de charité de SAINTE-GERTRUDE, *à mademoiselle* GEORGE WEIMER.

Bruxelles, le 1er août 1819.

Pardon ! mille fois pardon, estimable demoiselle ! *Le désagrément que nous avions essuyé de Mlle Mars, qui, quoiqu'emportant une douzaine de mille francs de Bruxelles,*

Darboville, Bernard, Linsel, Mmes Roussellois, Ternaux, Lemesle ; — du 12 janvier, deux représentations de Mme Genetti, première danseuse ; — du 15 au 21 janvier, quatre concerts de Lafont, premier violon de la chambre de S. M. le roi de France; Mme Lafont chante des duos avec son mari ; les deux artistes avaient déjà donné un premier concert au Théâtre du Parc (8 janvier); — 17 janvier, reprise de *Léhéman ou la tour de Neustadt*, 3 actes, de Dalayrac ; artistes : Bousigues, Bernard, Darboville, Perceval, Linsel, Dupuis, Margery, Mme Lemesle ; — 27 janvier, *le Petit Chaperon rouge*, 3 actes, de Boieldieu ; artistes : Darboville, Bousigues, Bernard, Perceval, Mmes Michelot et Cazot ; — 12 et 19 février, concerts d'Antoine-Nicolas-Marie Fontaine, violoniste (voir *Biogr.* Fétis, T. III, p. 288); cet artiste est mort à Saint-Cloud, à la fin d'avril 1866; — 4 mars, concert d'Hippolyte Larsonneur, violoniste âgé de 8 ans ; — 9 mars, nouvelle apparition de Victor, accompagné de Mme Charton, 10 représentations ; — 30 mars, *les Deux Créoles*, ballet en 3 actes, de Darondeau, pour les débuts des jeunes élèves du premier ballet formé à Bruxelles par Eugène Hus ; — du 13 avril, huit représentations de Mme Gavaudan, du Théâtre Feydeau.

n'avait pas trouvé dans ses vues de répondre à l'appel que nous lui avons adressé pour la prier de vouloir donner une représentation au bénéfice de nos deux établissemens de charité, nous avait, votre honorable lettre nous le fait sentir, fait commettre une injustice à votre égard.

Nous avions pensé que les actrices célèbres de la capitale de la France ne partageaient pas les sentimens de bienfaisance dont ses acteurs, justement estimés, nous avaient donné des preuves à différentes époques, tout en embellissant notre scène. Veuillez, Mademoiselle, en recevoir nos excuses bien sincères et croire que nous et nos compatriotes en général, saurons apprécier votre louable et charitable action. Quant à l'ouvrage que votre bon cœur destine au soulagement des indigens, nous devons le laisser à votre choix.

Agréez l'assurance des sentimens de gratitude et de respect de celui qui a l'honneur d'être, mademoiselle, votre très-humble et très-affectionné serviteur.

MICHIELS DE HEYN.

Paulin fait ses adieux au public dans le rôle de Crispin du *Légataire Universel*, le 20 juillet 1818. Cet artiste était considéré comme le doyen des comédiens de son emploi ; il était depuis 54 ans au théâtre, et depuis quatorze, à la Monnaie. Ses qualités personnelles et ses longs succès justifient les regrets solennels que lui a témoignés le public de Bruxelles (1).

Le surlendemain, début de Perlet dans *les Fourberies de Scapin*. Adrien Perlet, fils d'Étienne Perlet, artiste, et d'Anne-Marie Bertrand, naquit à Marseille, le 27 janvier 1795. Il débute à la Comédie-Française, parcourt la province, et entre au Théâtre du Gymnase. Toutes les années il allait jouer à Londres, où il était largement rétribué, et il mourut très riche, le 20 décembre 1850.

Le danseur Jacotin, ayant quitté furtivement Bruxelles, en dépit de ses engagements, l'administration lui intenta un procès. Jacotin fut condamné, par défaut, à payer toutes les avances qui lui avaient été faites, plus une année d'appointements et les frais. Mais Jacotin court encore...

Mees, la basse-taille, venait de mourir à Varsovie, âgé de 61 ans. La nouvelle affligea longuement le personnel et les amateurs du théâtre. Ses obsèques avaient eu lieu avec la plus grande pompe ; tout ce que la capitale de la Pologne comptait de notabilités y avait assisté, — en tête, le Grand-Duc Constantin. On rapporte même que ce dernier avait donné l'ordre à l'un de ses aides de camp de le prévenir à la fin du service funèbre ; qu'à ce moment il monta en voiture, joignit le cortège, et, passant près du cercueil, se découvrit, *afin*, disait-il, *de faire un dernier adieu à un brave homme*, ce qui montre la haute considération dont jouissait Mees,

---

(1) *Indicateur général des Spectacles.* Paris 1819.

M.lle Michelot.
Dans L'opéra du petit Chaperon Rouge.

D.' Arboville

Dans l'opéra du petit Chaperon Rouge

dans la société polonaise. Le Théâtre-Français de Varsovie, dont il était directeur, et le Théâtre-Polonais furent fermés le jour des obsèques.

Le 6 novembre, avait eu lieu une représentation de gala en l'honneur de l'Impératrice douairière de Russie. Toute la famille royale accompagnait ses hôtes. Plus de quinze cents personnes restèrent à la porte du théâtre, n'ayant pu trouver de places — *inde iræ*.

> Lorsque LL. MM. passent la soirée dans une loge d'avant-scène, le directeur du théâtre croirait manquer aux convenances, s'il ne placardait dans les rues que *la salle doit être éclairée en bougies par ordre;* sur-tout si cet éclairage en cire, *ordonné*, se réduisait à vingt-quatre bougies, usées avant la fin d'un second acte, fixées dans de mal-propres bobèches, et dont les fumerons incommodent successivement toutes les loges, tandis que des gouttes de suif tachent les habits et les schales aux parties latérales du parterre. Le charlatanisme d'annonces déplacées n'est point nécessaire pour attirer le public au spectacle, quand il sait que le chef de l'Etat et le prince, espoir de sa grande famille, doivent s'y rendre. Un temps d'été, qui caractérise cette automne, favorisait l'empressement des amateurs, dont la foule était extraordinaire. Ils pouvaient, sans le moindre inconvénient, attendre à l'ignoble entrée d'un théâtre indigne des grands personnages qui venaient lui donner de l'éclat, qu'il plût à MM. les régisseurs d'ouvrir un battant de la porte contre laquelle les dames et les curieux s'écrasaient à l'envi. En vérité, on est tenté de croire qu'il y a *anathème contre tout ce qui tient à ce pauvre théâtre*. La police même, dont les moindres agens ont leurs entrées au spectacle, encore qu'ils soient assez nombreux, et qu'un seul commissaire de quartier pût suffire pour veiller au maintien de la tranquillité publique, en un lieu où se réunissent d'honnêtes gens, la police n'aurait-elle pas dû veiller à ce que le désordre n'empoisonnât point nos plaisirs. Est-il ici hors de ses attributions de faire qu'on ne s'écrase et qu'on ne s'assomme à l'entrée des lieux publics ? A Paris, où, quoiqu'on en dise, il faut chercher le modèle de tout ce qui a rapport au *spectacle*, la police est rendue de bonne heure à l'entrée des théâtres où l'on suppose que se portera la foule ; elle y dispose le public de façon à ce que les avenues des bureaux ne soient pas encombrées. C'est une chose merveilleuse que de voir jusqu'à six mille personnes à la porte de l'Opéra, dans des rues assez embarrassées, arriver, prendre place à la queue, recevoir un billet à leur tour, s'écouler et se placer en fort peu de temps, sans qu'il y ait de robes déchirées, de chapeaux perdus, ni de montres volées, ce qui est arrivé *avant-hier soir* sous nos yeux...

On choisissait mal le moment pour récriminer ainsi, quand le nouveau théâtre était en construction.

Le 10 mai, avait paru un arrêté fixant les conditions de l'emprunt fait au sujet de l'édification du monument.

> Art. 3. Nul ne pourra obtenir la concession du droit d'abonnement d'une loge, à moins qu'il ne souscrive l'obligation de verser dans la caisse communale, à titre de prêt, savoir :
> *Pour une loge de huit personnes, au premier ou deuxième rang, 2000 florins.*
> *Pour une loge de huit, au troisième rang ou au rez-de-chaussée, 1000 florins.*
> *Pour une loge de huit, au quatrième rang, 500 florins.*
> Ces sommes seront versées en quatre termes égaux, au 30 juin, 31 août, 31 octobre et 31 décembre 1818.

Elles porteront intérêt à 4 p. c. et seront remboursables, par sixièmes, au 1ᵉʳ décembre de chacune des années 1819 à 1825 inclusivement.

Les travaux se poursuivaient avec ardeur. Les espérances fondées sur la nouvelle salle vont bientôt se réaliser, et Bruxelles sera doté d'un théâtre plus digne de la capitale.

Direction Bernard

(1819-23)

 AVAUDAN a quitté la direction. Bernard, la basse-taille, est mis à la tête du théâtre, sous la surveillance de la Commission Royale.
Ouverture, le 21 avril.

Comédie.

Acteurs.

Messieurs :
MASSIN, premiers rôles.
BOUCHEZ, jeunes premiers.
LEMOIGNE, deuxièmes et troisièmes amoureux.
FOLLEVILLE, pères nobles.
DUBREUIL, financiers.
BOURDAIS, des financiers et des comiques.
PERLET, premiers comiques.
LINSEL, deuxièmes comiques.
BOSSELET, troisièmes rôles.
CAUVIN, deuxièmes pères et utilités.

Actrices.

Mesdames et Mesdemoiselles :
RIBOU, premiers rôles.
PETIPA, jeunes premières.
ROUSSELLOIS, caractères et mères nobles.
CLARICE, soubrettes.
LINSEL-MOSSO, deuxièmes caractères
DARBOVILLE, deuxièmes soubrettes.
DUTRIEUX, } troisièmes amoureuses.
LALOI,

Opéra.

Chanteurs.

Messieurs :
DESFOSSÉS, premières hautes-contre.
BOUZIGUE, *jeune*, deuxièmes hautes-contre.

Chanteuses.

Mesdames et Mesdemoiselles :
LEMESLE, première chanteuse.
CAZOT, première chanteuse à roulades.

VIDAL, Philippe.
DARBOVILLE, Martin, Lays
BERNARD, première basse-taille.
CHAUDOIR, basses-tailles comiques, tabliers.
HUBERT, deuxièmes basses-tailles.
PERCEVAL, Laruette.
LINSEL, Trial.
CHATELAIN, Philippe et seigneurs.
DUVERNAY, FURVILLE, MICHELOT, KERCKHOVEN
  et MARGERY, coryphées.

MICHELOT, jeune Dugazon.
ROUSSELLOIS, rôles à baguette, duègnes.
LINSEL-MOSSO, deuxièmes duègnes.
DUTRIEUX, }
SIMONNET, } deuxièmes amoureuses.

Chœurs.

Quinze hommes.   Quinze femmes.

Ballet.

Danseurs

Messieurs :

PÉTIPA, premier danseur, maître de ballets.
EUGÈNE HUS, deuxième maître de ballets
DESPLACES, deuxième danseur.
CALAIS, danseur comique.
JOSSE, troisième danseur.

Douze figurants.

Danseuses.

Mesdames et Mesdemoiselles :

LESUEUR, première danseuse en tous genres.
ADELINE, première danseuse, demi-caractère.
FELTMANN, deuxième danseuse.
SARRETTE, troisième danseuse.
OUDART, coryphée.

Douze figurantes.   Douze enfants.

Orchestre.

MM. CH. BORREMANS, maître de musique.
J. BORREMANS, sous-chef.

6 *premiers violons.* — 6 *seconds violons.* — 2 *altos.* — 2 *flûtes.* — 2 *hautbois.* — 2 *clarinettes.* — 2 *cors.* — 2 *bassons.* — 3 *violoncelles.* — 2 *contre-basses.* — 2 *trompettes.* — 1 *timbalier.*

M. BROCHARD, régisseur.

Marin Bosselet, père de Charles Bosselet, se destinait d'abord à l'état ecclésiastique; mais 89 arriva, qui le mit dans l'obligation de se rendre sous les drapeaux. Quatre ans plus tard, ses goûts avaient changé, et il entra au théâtre. Il buvait volontiers, et un journaliste le félicitait un jour de passer avec tant d'aisance du grave au doux, faisant allusion à l'estaminet de la rue de l'Écuyer appelé : *Au Doux*.

---

30 avril, début de Bosselet et de Cauvin dans *Tartuffe* ; — du 1ᵉʳ mai, sept nouvelles représentations de Victor et Mᵐᵉ Charton ; — 2 mai, début de Bousigues cadet, des seconds ténors, *Cendrillon;* — 6 mai, début de Chaudoir, basse-taille, *la Fausse magie;* — 11 mai, début de Mˡˡᵉ Simonet, *Tableau parlant, la Mélomanie;* — 13 mai, début de Vidal, des seconds ténors, *Richard Cœur-de-Lion, le Prisonnier;* — 20 mai, début de Mˡˡᵉ Lesueur, de Petipa et de Desplaces, danseurs, dans le ballet *Almaviva et Rosine;* début de Mˡˡᵉ Dutrieux, *le Prisonnier* (Rosine).

Mlle LESUEUR,
1re danseuse du théâtre Royal de Bruxelles.

A

MADEMOISELLE LESUEUR

après l'avoir vu jouer le rôle

de Cendrillon, dans le ballet de ce nom,

le 29 août 1823.

C'est en vain qu'opérant cent miracles divers,
    La *Cendrillon* des rives de la Seine, (*)
Par un charme enchanteur trompe, séduit, entraine,
Et fixe sur ses pas les yeux de l'univers ;
Une autre Cendrillon, mais non moins séduisante,
Plus aimable cent fois et plus intéressante,
En ces lieux par sa grâce, à nos regards surpris,
Sur sa fière rivale a remporté le prix.

Oui, pour ravir nos yeux, l'adroite Terpsichore,
    Nous offre ici ce qu'elle a d'enchanteur ;
    Mais, sous les traits de LESUEUR,
    Son art s'embellit encore !

O LESUEUR ! comme tu sais charmer !
Tu donnes à la danse une grâce nouvelle !
Tout change autour de toi, tout semble s'animer,
    Et d'une façon naturelle
Tu peins les sentiments que tu veux exprimer !
    Parais-tu ? le public admire
Et ta démarche aisée et ton noble maintien ;
Chaque pas que tu fais a l'art de le séduire :
    A ta gloire il ne manque rien.

Achève, LESUEUR, mérite les hommages
D'un public éclairé qui semble te chérir ;
    Sur ton chemin t'attendent les suffrages ;
    Ta riante carrière est belle à parcourir !
        Mais, quoi que ton talent nous donne,
    Quoi que ton art acquière encore d'attrait,
Aimable LESUEUR, ton triomphe est complet,
Tu ne peux ajouter de fleurs à ta couronne.
                ROMAINVILLE.

(*Journal de Bruxelles*, N° 247. Jeudi 4 septembre 1823.)

N. B. Cette photogravure, d'après un dessin du peintre J.-J. Eeckout, représente Mlle Lesueur sous le costume de Vénus.
(*) Mlle Bigottini.

Mlle Lesueur (de son vrai nom Marie Lesieur) naquit à Paris en 1800. Sa fortune a été doublement brillante : au théâtre d'abord, puis dans le monde, par son mariage avec M. Van Gobbelschroy, ministre de l'Intérieur sous le roi Guillaume Ier des Pays-Bas. La danseuse avait une grâce séduisante et une certaine crânerie, qui faisait dire d'elle ce qu'on appliquait autrefois à la Raucourt : « *encore un peu, et la nature en faisait un homme* ». La tête n'était pas absolument belle, mais le corps était une perfection ; aussi le fameux peintre David en fit-il son modèle pour le tableau de *Mars désarmé par Vénus*. Devenue veuve depuis quarante ans, Mme la douairière Van Gobbelschroy, aujourd'hui nonagénaire, vit retirée, à Bruxelles, se livrant à des œuvres de propagande religieuse, avec non moins d'ardeur qu'autrefois la danseuse en mettait dans ses pirouettes et ses *jetés-battus*.

Mlle Sophie-Euphrosine Dutrieux était née à Dunkerque, le 26 mai 1805. Elle abandonna l'opéra pour la comédie, et se maria, à Bruxelles, avec le jeune premier Pierre-Honoré Lemoigne, qui devint directeur du Théâtre de la Monnaie en 1838.

Enfin, nous arrivons au grand événement qu'on attendait avec tant d'impatience.

L'INAUGURATION DU NOUVEAU THÉATRE

De Bruxelles, le 26 mai 1819. — L'inauguration de notre nouveau Théâtre-Royal s'est faite hier avec toute la pompe et l'éclat que commandait cette solennité théâtrale. Dès quatre heures, les bureaux étaient assaillis par la foule empressée et impatiente de jouir de ce beau spectacle ; cependant, lorsque les plus pressés eurent trouvé place, il en restait encore pour ceux qui, n'éprouvant pas la même impatience, sont venus plus tard. La salle était pleine sans encombrement ; sa vaste étendue offre d'ailleurs la ressource d'admettre un nombre considérable de spectateurs. Le spectacle se composait d'un prologue inaugural, intitulé : *Momus à la nouvelle salle*, de la composition de M. Bernard, orné de danses et de chant, et de *la Caravane du Caire*, opéra de Grétry. L'administration avait choisi pour cette circonstance un opéra dont la musique fût de la composition d'un artiste belge. A sept heures, S. A. R. le prince d'Orange et S. A. I. son auguste épouse sont entrés dans leur magnifique loge ; S. M. le roi a paru bientôt après dans la sienne, avec S. M. la reine et S. A. R. le prince Frédéric des Pays-Bas. A l'arrivée de ces augustes personnages, la salle a retenti des plus nombreuses et des plus vives acclamations. La toile étant levée, le théâtre a présenté une décoration charmante, représentant l'intérieur d'un palais, orné de colonnes figurant le marbre, et parfaitement en harmonie avec la salle. Le public a exprimé toute sa satisfaction par ses applaudissements réitérés et en appelant à grands cris l'architecte Damesme, pour lui payer un juste tribut d'éloges ; mais M. l'architecte, sans doute par cette modestie qui accompagne toujours le vrai mérite, n'a pas cru devoir se prêter aux désirs du public, dont l'attention a été bientôt captivée par d'autres objets. Le prologue, dont toutes les parties et les détails semblaient rivaliser pour exciter l'enthousiasme national, a produit le plus grand effet. Cette petite pièce de circonstance est semée de couplets pleins

FAC-SIMILE DE L'AFFICHE DU 25 MAI.

THEATRE ROYAL.

OUVERTURE
DE LA NOUVELLE SALLE.

REPRÉSENTATION EXTRAORDINAIRE.

M

LES COMÉDIENS ORDINAIRES DU ROI

Donneront, aujourd'hui Mardi, 25 Mai 1819 (billets et entrées de faveur généralement supprimés),

LA CARAVANE
DU CAIRE,

Grand-Opéra en 3 actes, et à grand spectacle, de Morel, musique de Grétry, orné d'

UN DIVERTISSEMENT,

Dont les principales entrées seront exécutées par les premiers sujets de la danse.

Le spectacle commencera par

MOMUS
A LA NOUVELLE SALLE,

Prologue d'inauguration en un acte et en vaudeville, terminé par

UN DIVERTISSEMENT NOUVEAU,

Composé par Mr. PETIPA.

DISTRIBUTION.

Momus,	Mrs. Bourdais.
L'Opéra-Comique,	D'Arboville.
Le Mélodrame,	Perceval.
Un Directeur de spectacle,	Bernard.
Deux Acteurs,	Linsel et Chaudoir.
Thalie,	Mad. Lemesle.

Suite de Thalie, de l'Opéra-Comique, Jeux, Ris et Plaisirs, etc.

LE THÉÂTRE ROYAL, EN 1819.

d'esprit, de sel, et quelques-uns même d'une fine plaisanterie, qui a beaucoup égayé le public. La plupart de ces couplets ont été redemandés avec transport et répétés au milieu des plus bruyants applaudissements ; tels sont ceux qui expriment si bien l'amour que les Belges portent à leur auguste monarque et à la famille royale, et dont les refrains se terminent par *vive le roi! vive la reine! vivent le prince et la princesse! vive le prince grand-maître!* On a remarqué un charmant couplet adressé à Grétry et un autre à l'architecte ; ils ont également obtenu les honneurs du *bis*. Des danses, exécutées par M. Petipa et les premiers sujets, ainsi qu'un ravissant coup de théâtre, ont terminé cette fête inaugurale, qui a enlevé tous les suffrages. Le public n'a pas été moins satisfait de la représentation de *la Caravane du Caire* : M. Petipa y a ajouté un divertissement nouveau, dont le charme était encore rehaussé par le prestige de changemens fréquens et à vue des décorations.

Quant à la salle, qui, comme nous l'avons dit dans notre numéro du 17, est d'une extrême beauté, elle est aussi favorable à la voix qu'à la musique. Nous nous étions réservé alors de juger de son effet à la première représentation à salle pleine : celle d'hier a décidé la question. Quelques personnes ont cru observer, cependant, qu'elle n'est pas aussi avantageuse au dialogue qu'au chant et à la musique. Du reste, elle n'est pas exempte de quelques défauts, parce que rien de parfait ne sort de la main des hommes. On lui reproche la hauteur excessive des loges, surtout celles du premier rang. Il en résulte un vide fâcheux, qui jettera du froid sur le spectacle, quand même la salle serait bien garnie : on se demande s'il n'eût pas été plus convenable de ménager l'espace de manière à faire un rang de loges de plus, en supprimant la galerie, ou bien si, en la conservant, il n'eût pas mieux valu donner moins d'élévation aux loges ; ce qui aurait donné aux spectateurs des troisièmes et quatrièmes l'avantage de mieux voir et de mieux entendre. On croit aussi que les décorations sont un peu courtes pour la hauteur de la scène et qu'on est obligé de remplir le vide au moyen d'amples draperies. Au surplus, ces imperfections, fussent-elles bien réelles, ne nuiraient point à l'ensemble, qui est vraiment magnifique et digne de la capitale d'un royaume florissant ; c'est un monument qui fait le plus grand honneur à son architecte.

Après le spectacle d'inauguration, on retourne à l'ancien théâtre, où l'on joue encore le 26, le 28 et le 29 mai. Le 27 et le 31, il y eut deux représentations extraordinaires à la nouvelle salle, et le 1ᵉʳ juin on s'y installa définitivement.

On s'empressa de démolir le théâtre Bombarda, que les propriétaires cédèrent au prix de 200,000 francs, et dont les matériaux

---

23 et 28 juillet, concert de Baermann, première clarinette de S. M. le roi de Bavière ; — du 17 août, cinq représentations de Mˡˡᵉ Delatre, ex-pensionnaire de la Comédie-Française ; — 8 septembre, concert de François Czerwenka, premier hautbois de l'empereur de Russie ; — 14 octobre, Mˡˡᵉ Chapuis « désirant se faire connaître » débute dans Louise des *Rendez-vous bourgeois*; — 22-25 novembre, concert des frères Bohrer, qui avaient déjà paru à Bruxelles en 1815 ; — 13 janvier et 3 février, concert d'Alexandre Boucher, se disant premier violon « *a solo* » du feu roi Charles IV, et de sa femme Céleste Boucher, pianiste et harpiste ; — 26 janvier, Louis Spohr, violoniste, et sa femme, harpiste ; — du 3 mars, six représentations de Louis Nourrit et Prévost, artistes de l'Opéra de Paris : *Iphigénie en Aulide, la Vestale, Alceste, les Bayadères ;* — 6 avril, une représentation de Victor ; — 7 avril, Mᵐᵉ Petit, de l'Odéon, dans *Mérope ;* — 9 avril, rentrée de Perlet ; — 17 avril, dernière représentation de Mˡˡᵉ Ribou.

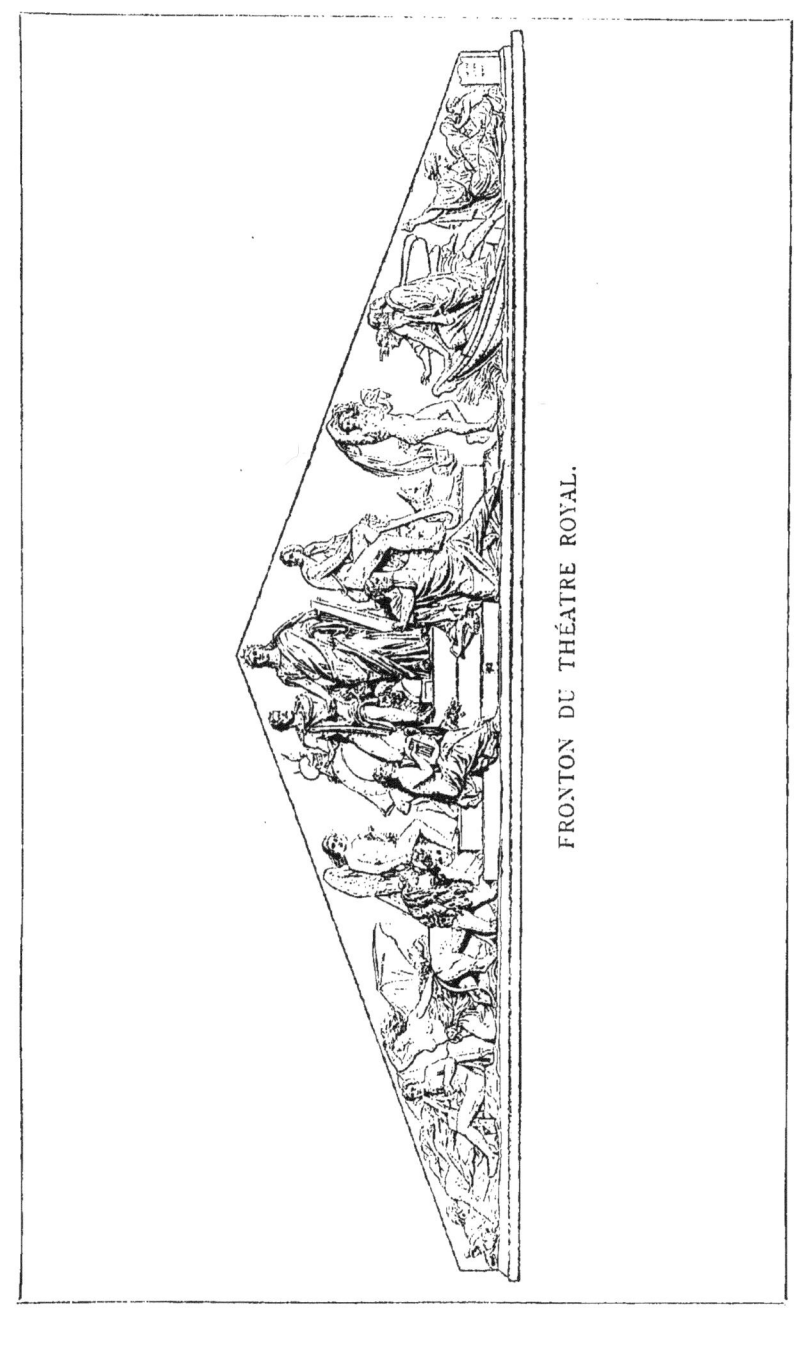

FRONTON DU THÉATRE ROYAL.

LA PLACE DE LA MONNAIE EN 1810.

produisirent la somme de 26,100 florins des Pays-Bas, soit 55,238 francs.

En même temps, un nouveau règlement sur le spectacle fut élaboré. Il comprenait, entre autres prescriptions, celles de commencer du 1ᵉʳ avril au 1ᵉʳ octobre à sept heures du soir, et du 1ᵉʳ octobre au 1ᵉʳ avril à six heures et demie, pour finir invariablement à dix heures et demie ; de remettre à la Régence, tous les samedis, le spectacle de la semaine suivante ; d'afficher les représentations la veille du jour où elles devaient avoir lieu ; en outre, il était défendu de *jeter et de lire des billets sur la scène.*

Parmi les soirées qui inaugurèrent la nouvelle salle et terminèrent la saison, il faut encore citer celle d'un prestidigitateur : Chalou-Maffry. Après la séance, « *il arrêta avec la main un boulet de canon lancé par une pièce de quatre !* »

Dubus avait été en butte aux insinuations les plus malveillantes. Afin de se disculper, il écrivit une lettre que nous n'hésitons pas à reproduire *in extenso*, car elle est d'une importance considérable pour l'histoire du Théâtre de la Monnaie.

J.-A. Dubus a ses concitoyens,

Messieurs, à ma grande surprise, et bien innocemment de ma part, on m'a fait intervenir, il y a cinq semaines, dans les différends qui paraissent depuis quelque temps agiter le théâtre royal.

Malade depuis près de cinq mois, je le suis encore, mais alors assez dangereusement, je n'ai pu repousser qu'avec des armes affaiblies l'attaque inconsidérée dirigée contre moi, dans laquelle on semblait infirmer à la fois et ma gestion, et même, si j'ose le dire, ma probité.

Me justifier à la fois de ces deux inculpations simultanées me sera chose facile ; il me suffira pour cela d'invoquer simplement les faits et de faire parler en ma faveur les témoignages de ces mêmes organes qui, lorsque j'étais en fonctions, s'exprimaient ainsi sur mon compte :

Extrait du premier volume, page 305, du *Mercure belge* (décembre 1817), imprimé chez Weissenbruch, éditeur-propriétaire dudit *Mercure belge* et du *Journal général des Pays-Bas*, où se trouve inséré, en date du 6 août dernier, l'article signé H..., auquel je réponds.

M. Dubus, en reprenant les rênes du gouvernement qu'il avait administré à la satisfaction générale, durant dix années consécutives, a cru qu'il se devait à lui-même, ainsi qu'au public, un exposé franc des moyens qu'il allait mettre en œuvre pour opérer sur notre théâtre royal les changemens les plus nécessaires. La lettre imprimée, qui contenait le sommaire de ces promesses, était à peine sous les yeux des amateurs, qu'une foule d'ouvrages depuis longtemps délaissés, ont reparu sur les affiches. M. Dubus a crié : *Fiat lux*, comme l'Être puissant qui figure d'une manière sublime au chapitre premier de la Genèse, et à la voix de M. Dubus, la lumière fut faite aussitôt ; le résultat inattendu, produit par le zèle et la bonne volonté du nouveau régisseur, est propre à rassurer les esprits chagrins qui, sans la foi de nos observations précédentes, auraient cru le théâtre de Bruxelles à son déclin. Que sera-ce donc quand M. Dubus, revenu du voyage qu'il entreprend dans l'intérêt du public, lui ramènera, selon ses propres expressions « un sujet d'un talent agréable, et qui sera au courant du répertoire ». Si j'ai porté l'alarme chez les amis de Thalie par un tableau fidèlement tracé de l'état actuel des choses, si j'ai menacé de l'animadversion générale les mandataires de nos plaisirs, il est de mon devoir de consoler aujourd'hui les uns et de rendre justice aux autres, etc.

Etat des principaux artistes engagés par moi pendant ma gestion.

Messieurs LAGARENNE, MADINIER, DURAND, BRION, JUCLIÉ, MASSIN, GARNIER, BOURSON, FOLLEVILLE, DUBREUIL, CALLAND, ARMAND-VERTEUIL, PAULIN, DESFOSSÉS, FAY, ROLLAND, BRICE, HURTAUX, CAMPENHOUT, DARIUS, ANSOULT, EUGÈNE *aîné*, EUGÈNE *cadet*, CORIOLIS, PERCEVAL, LINSEL, FLORICOURT, BROCHARD *père*.

Mesdames ROUSSELLOIS, FAY, DESCHAZELLES, BERTEAU, HYACINTHE, BURGER, BOUSIGUE, SAINT-ALBIN, DECROIX, GOUGET-BORREMANS, JUCLIÉ, RIBOU, DESBORDES-VALMORE, MORLAND, LOBÉ-CHAPUS, VANLOO, SABATIER, SAINTE-SUZANNE, LETELLIER.

Artistes de Paris, venus en représentation à Bruxelles.

Messieurs FLEURY, TALMA, MONVEL, SAINT-FAL, DUGAZON, CLOZEL, JOANNY, MARTIN, LAYS, HUET.

Mesdames CONTAT, TALMA, RAUCOURT, THÉNARD, LESAGE-HAUBERT.

Artistes-musiciens.

Messieurs GARAT, STEIBELT, FRÉDÉRIC DUVERNOY, DALVIMARE, DELCAMBRE, RODE, KREUTZER, LAFONT, BOUCHEZ, LEMOINE *fils*, MOZIN, DROUET.

Permettez-moi d'ajouter à l'appui de ces faits irrécusables, l'honorable attestation de messieurs les actionnaires, laquelle répond, je pense, beaucoup mieux que je ne pourrais le faire moi-même, aux diverses inculpations dont on s'est plu à me gratifier, j'ignore dans quelle intention.

Honoré, pendant ma longue gestion, de l'indulgence publique, ce n'est pas depuis que j'en ai été éloigné que j'ai pu démériter de ceux qui me dénigrent aujourd'hui. Les faits parlent; qu'ils soient mes juges; je ne crois pas devoir ajouter autre chose à ma justification.

Je suis avec respect,

J.-A. DUBUS, natif de Bruxelles,
Ex-régisseur du théâtre royal sous l'ancienne administration.

Bruxelles, le 29 septembre 1819.

Suit l'attestation des actionnaires qui vantent la probité, le zèle, l'intelligence, l'activité de Dubus.

La clôture de l'année théâtrale eut lieu le 20 avril. Bernard, par un retour aux anciennes traditions, adressa un compliment au public.

1820-21. — Bernard forme, pour sa deuxième année, une troupe spéciale destinée à desservir le théâtre du Parc, et il la place sous la gestion d'Armand. Voici celle de la Monnaie.

Comédie et Tragédie.

Acteurs.

Messieurs :
CHARLES RICQUIER, premier rôle.
BOUCHEZ, jeunes premiers.
LEMOIGNE, seconds amoureux.
BERNARD, premiers rôles tragiques.
FOLLEVILLE, pères nobles.
DUBREUIL, financiers.
BOSSELET, troisièmes rôles, raisonneurs.
PERLET, premier comique.
BOURDAIS, premier comique et des financiers.
LINSEL, second comique, Poisson.
CAUVIN, seconds pères, grandes utilités.
GONDOUIN, utilités, seconds pères.
LEGRAND, second comique, grandes utilités.

Actrices.

Mesdames et Mesdemoiselles :
CHARLES RICQUIER, premiers rôles en tous genres.
PETIPA, jeune première.
LINSEL, mère noble.
ROUSSELLOIS, caractères.
CLARICE, première soubrette.
DARBOVILLE, secondes amoureuses, secondes soubrettes.
DUTRIEUX, troisièmes amoureuses, utilités.

Opéra.

Chanteurs.

Messieurs :
DESFOSSÉS, première haute-contre.
DELOS, seconde haute-contre.
EDOUARD BRUILLON, Philippe, Gavaudan.
DARBOVILLE, Martin, Lays, Solié.
BERNARD, } première basse-taille.
CHAUDOIR, }
GONDOUIN, seconde et troisième basse-taille.
PERCEVAL, Juillet, Laruette.
LINSEL, Trial.
LEGRAND, jeune Trial, troisième amoureux.
DUPUIS, grands coryphées, utilités.

Chanteuses.

Mesdames et Mesdemoiselles :
LEMESLE, forte première chanteuse.
CAZOT, première chanteuse à roulades.
MICHELOT, Dugazon, Saint-Aubin.
ROUSSELLOIS, première duègne, mère Dugazon.
DUTRIEUX, troisièmes amoureuses.
MARIÉE, deuxième chanteuse.

Chœurs.

Quinze hommes,   Quinze femmes.

Ballet.

Danseurs.

Messieurs :
PETIPA, maître de ballets, premier danseur.
HUS, second maître de ballets, mimes.
DESPLACES, second danseur.
JOSSE, troisième danseur.
CALAIS, danseur comique.

Danseuses.

Mesdames et Mesdemoiselles :
LESUEUR, première danseuse.
ADELINE, seconde danseuse.
FELTMANN, troisième danseuse.
SARRETTE, coryphée.

Douze figurants.   Douze figurantes.   Douze enfants.

Orchestre.

MM. CH. BORREMANS, maître de musique.
DAVRIL, sous-chef.

6 *premiers violons*. — 6 *seconds violons*. — 2 *altos*. — 2 *flûtes*. — 2 *hautbois*. — 2 *clarinettes*. — 2 *cors*. — 2 *bassons*. — 3 *violoncelles*. — 2 *contre-basses*. — 2 *trompettes*. — 1 *tambalier*.

M. Brochard, régisseur.

Chaudoir rompit son engagement, le 24 avril, et fut remplacé par Margaillan. Celui-ci parut à différentes reprises sur la scène de la Monnaie, dirigea ensuite le théâtre de Gand, où il fit exécuter une pièce dont il était l'auteur, et mourut à Anvers (février 1846).

Les représentations extraordinaires furent nombreuses. Au commencement de la saison, Talma, après une absence de neuf ans, reparaît — cette fois, avec Mme Gros. Il est inutile d'ajouter que cet événement artistique attira la foule.

Pendant le mois d'août, Monrose, le célèbre *valet* du Théâtre-Français, vient à Bruxelles pour la première fois. Il joue *le Mariage de Figaro*, *les Originaux*, *le Barbier de Séville*, *l'Etourdi*, *les Fausses Confidences*, *le Grondeur*. Le grand comédien fut l'objet d'une ovation triomphale.

Mlle Leverd, de la Comédie Française, donne, à dater du 14 septembre, cinq représentations. Pour ses adieux, elle dansa une *allemande* avec Petipa et Mlle Lesueur, dans un divertissement ; ses débuts modestes comme coryphée de la danse, à l'Opéra, expliquent ce fait bien caractéristique pour un premier sujet de comédie. Elle avait *chanté*, le 17, le rôle de Clara dans l'opéra de ce nom. C'était, certes, une artiste merveilleusement douée.

---

21 avril, Mlle Mariée débute dans l'emploi de troisième et deuxième chanteuse, *les Deux Savoyards* ; — 27 avril, début de Gondouin, deuxième et troisième basse-taille, dans la *Belle Arsène* ; — 2 mai, première apparition d'Edouard, les Philippe, les Gavaudan, *Montano et Stéphanie* ; — 8 mai, rentrée de Delos dans les Colins, Elleviou : Valsain de *Ma Tante Aurore* ; — première apparition de Mlle Franville, forte seconde chanteuse ; *Ma Tante Aurore* ; — 15 mai, Charles Ricquier et sa femme, premiers rôles, débutent dans *le Misanthrope* ; — 25 juin, Mlle Linsel, aînée, « désirant s'essayer », débute dans Tisbé de *Cendrillon* ; début de Ricquier, jeune, troisième danseur ; — 4 juillet, Leroux, du Théâtre-Feydeau, dans *Joseph* ; — du 15 au 22 juillet, quatre représentations de Mlle Duchesnois, de la Comédie-Française, succès ; — 8 août, Liboras, élève du Conservatoire de Paris, passant à Bruxelles, joue Polynice dans *Œdipe à Colone* ; — 24 août, Invocation en l'honneur de la fête du Roi, paroles de Mme Desbordes-Valmore, musique de Cardon, première flûte de l'orchestre ; ce morceau fut chanté par Desfossés, Margaillan et Bernard ; le spectacle était complété par : *Catherine, ou la belle fermière*, comédie, *Laurenzo et Floretta*, ballet, et *le Bouffe et le Tailleur*, opéra ; — du 1er au 10 septembre, cinq représentations de Lafont, du Théâtre-Français de Paris, qui donna successivement les pièces suivantes : *Zaïre* (1er septembre), *le Cid* (3 septembre), *Adelaïde du Guesclin*

Relâche, le 29 décembre : incendie au palais du prince d'Orange. Le théâtre reste encore fermé du 10 au 14 janvier : décès de la Reine douairière, mère du Roi.

A l'anniversaire de la naissance de Grétry (11 février), une magnifique soirée comprenait : *L'Épreuve Villageoise* — 1ᵉʳ acte de *Richard Cœur-de-Lion* — 1ᵉʳ acte de *la Fausse Magie* — 2ᵐᵉ acte de *la Caravane du Caire*, et couronnement du buste de l'aimable compositeur par tous les artistes de la troupe.

Cet hommage suggéra à Roucourt l'idée d'une souscription pour élever un monument à la mémoire de Grétry, mais ce projet ne fut pas mis à exécution.

Le 19 mars, « première » de *Guillaume Iᵉʳ*, tragédie en 5 actes, du crû, en l'honneur de la Maison d'Orange. Cette pièce, dont l'auteur est M. Alvin, et qui obtint un immense succès, présente une particularité : elle ne comporte aucun rôle de femme.

Guillaume Iᵉʳ, prince d'Orange et de Nassau, premier stathouder de Hollande	MM. BERNARD.
Terranova, ambassadeur d'Espagne	CHARLES.
Marnix de Sainte-Aldegonde, ami de Guillaume	BOUCHEZ.
Barnevelt, grand-pensionnaire, membre des États	FOLLEVILLE.
Maurice, fils de Guillaume	LEMOIGNE.
Alvar, général espagnol	BOSSELET.
Hormidas, ami de Barnevelt, membre des États	CAUVIN.
Alfrénus, membre des États, du parti espagnol	HUBERT.
Hitman, membre des États, du parti des républicains purs	ALPHONSE.
Devos, membre des États	GONDOUIN.
Gérard	EDOUARD.

(5 septembre), *Tancrède* (7 septembre), *l'Amant bourru* (7 septembre), *Iphigénie en Aulide* (10 septembre), *Pygmalion* (10 septembre); — dans cette dernière pièce, Mˡˡᵉ Lesueur remplit le rôle de Galathée. — Mazilly, premier comique, débuta, le 6 septembre, dans *le Billet de Loterie* (Frontin); son second début eut lieu le 8, dans Strabon de *Démocrite amoureux*, et le troisième, le 11, dans *les Fourberies de Scapin* (Scapin). — Gavaudan, ancien directeur de la Monnaie et acteur célèbre de l'Opéra-Comique de Paris, vint, avec Mᵐᵉ Perrin, du Vaudeville, à dater du 18 octobre, donner quatre spectacles composés des pièces tirées du répertoire de ces deux scènes. — Lavigne, artiste du Grand-Opéra, joue à la Monnaie, à dater du 21 novembre : *Œdipe à Colone* (Polynice), 21 novembre, *la Vestale* (Licinius), 23 novembre, *Didon, reine de Carthage* (Énée), 27 novembre, *le Devin de village* (Colin), 29 novembre, *les Prétendus* (Valère), 29 novembre, *Iphigénie en Aulide* (Achille), 1ᵉʳ décembre ; en outre, dans chaque soirée, il chanta plusieurs romances; — 29 janvier, pour le bénéfice de Mˡˡᵉ Lemesle, Lavigne, de l'Opéra, joue Admète, d'*Alceste*, et chante deux romances ; — 13 février, Vobaron, du Conservatoire de Paris, exécute, pendant les entr'actes, plusieurs morceaux de sa composition sur le violon et le trombone.

Edelman, capitaine des gardes de Guillaume	MM. DARBOVILLE.
Sturman, messager d'État	DUPUIS.
Un officier	LEGRAND.

C'est pendant cette brillante saison que mourut, à Paris, Mlle Montansier, l'ancienne directrice du Théâtre de la Monnaie.

Clôture, le 30 mars.

1821-22. — Pour cet exercice, Bernard désigne une partie du personnel qui devait jouer, le samedi, au Théâtre du Parc.

Ouverture, le 24 avril, par *le Secret du Ménage*, comédie, et *Œdipe à Colone*, opéra.

Comédie et Tragédie.

Acteurs.

Messieurs :

CHARLES RICQUIER, premier rôle.
BOUCHEZ, jeunes premiers.
LEMOIGNE, seconds amoureux.
BERNARD, premiers rôles tragiques.
FOLLEVILLE, pères nobles.
DUBREUIL, financiers.
BOSSELET, troisièmes rôles.
MAZILLY, premier comique.
LINSEL, seconds comiques
CAUVIN, seconds pères.
CHAPUIS *fils*, utilités.

Actrices.

Mesdames et Mesdemoiselles :

CHARLES RICQUIER, premiers rôles.
PETIPA, jeune première
LINSEL-MOSSO, mères nobles
ROUSSELLOIS, caractères.
CLARICE, soubrette.
DARBOVILLE, deuxième amoureuse.
DUTRIEUX, troisième amoureuse.

Opéra.

Chanteurs.

Messieurs :

DESFOSSÉS, première haute-contre
DELOS, deuxième haute-contre.
EDOUARD BRUILLON, Philippe.
DARBOVILLE, Martin
EUGÈNE (ORDINAIRE), première basse-taille.
MARGAILLAN, première basse-taille.
HUBERT, deuxième basse-taille
PERCEVAL, Laruette.
LINSEL, Trial.
PRUDHOMME, jeune Trial.
DUPUIS, coryphée.

Chanteuses.

Mesdames et Mesdemoiselles :

LEMESLE, forte première chanteuse.
CAZOT, première chanteuse à roulades.
MICHELOT, première Dugazon.
FANNY LINSEL, deuxième chanteuse.
ROUSSELLOIS, première duègne.
DUTRIEUX, troisième amoureuse

Chœurs.

Quinze hommes.   Quinze femmes.

Ballet.

Danseurs.	Danseuses.
Messieurs :	Mesdames et Mesdemoiselles :
PETIPA, maître de ballets, premier danseur.	LESUEUR, première danseuse.
HUS, second maître de ballets, mimes.	ADELINE, } deuxièmes danseuses.
DESPLACES, deuxième danseur.	BATTIER,
ANTOINE RICQUIER, troisième danseur.	FELTMANN, } troisièmes danseuses.
CALAIS, danseur comique.	LAVANCOUR,
GOURIER, mimes.	
Douze figurants.	Douze figurantes. Douze enfants.

Orchestre.

MM. CH. BORREMANS, maître de musique.
DAVRIL, sous-chef.

6 *premiers violons*. — 6 *seconds violons*. — 2 *altos*. — 2 *flûtes*. — 2 *hautbois*. — 2 *clarinettes*. — 2 *cors*. - 2 *bassons*. — 3 *violoncelles*. — 2 *contre-basses*. — 2 *trompettes*. — 1 *timbalier*.

M. BROCHARD, régisseur.

Les pièces indigènes commençaient à apparaître. Le 15 juillet, « première » de *l'Heure du rendez-vous*, opéra en un acte, paroles et musique du baron de Peellaert, sous le voile de l'anonyme.

Le 3 janvier suivant, *la Toison d'or, ou le duc de Bourgogne*, opéra-comique en 3 actes, paroles du baron de Reiffenberg, musique de H. Messemackers.

---

24 avril, Eugène (Ordinaire), qui avait précédemment fait partie de la troupe, débute par le rôle d'Œdipe ; — du 3 mai au 6 juillet, vingt-deux représentations de Talma ; — 14 et 18 mai, *les quatre chanteurs de Vienne* exécutent des morceaux sans accompagnement ; — 10 juillet, Benoni débute en qualité de premier et deuxième danseur, dans *les Jeux d'Eglé* ; — du 17 juillet, onze représentations de Mlle Mars, la célèbre comédienne du Théâtre-Français ; — 28 juillet, un chanteur nommé Bultel, passant par Bruxelles, joue le rôle d'Alibour dans *Euphrosine*, opéra de Méhul ; il parait encore, le 1er août, dans *Œdipe à Colone* (Thésée) ; cet artiste, qui tenait l'emploi des Martin, avait appartenu aux théâtres de Lille et d'Amsterdam ; — 21 août, *Il maestro di capella*, par Darboville, Fontaine et Peronnet ; — 6 septembre, Darboville joue seul l'intermède bouffe italien : *El Calzolare innamorato*; — du 19 septembre, six représentations de Mme Volnais, actrice du Théâtre-Français ; elle joue successivement : *la Mère coupable* (comtesse Almaviva), le 19 septembre ; Madame de Sévigné, dans la pièce de ce nom, le 23 septembre ; *Tancrède* (Aménaïde), le 25 septembre ; *le Dissipateur* (Julie), le 27 septembre ; *le Mariage de Figaro* (Suzanne), le 30 septembre ; Esther dans la tragédie de Racine, le 2 octobre ; — 26 septembre, Rosambeau, dans *Camille* (Marcelin), opéra de Dalayrac, et *le Rossignol* (Mathurin), opéra de Lebrun ; — du 4 octobre, quatre représentations de Saint-Eugène, sociétaire de la Comédie-Française ; — 30 novembre, début, comme trial, de Prudhomme, comédien de la troupe ; — 24 février, *Monsieur Deschalumeaux*, de Creuzé de Lesser et Gaveaux, est transformé en ballet par Petipa ; — 26 mars, concert des sœurs Corri, cantatrices à l'Opéra de Londres.

Ces deux pièces ne furent jouées qu'une fois.

La Naissance de Vénus et de l'Amour : tel est le titre d'un ballet composé par Petipa. M{{lle}} Lesueur représentait *Vénus*, et le fils de l'auteur, âgé de 5 ans, jouait le rôle de l'*Amour*.

L'une des plus belles recettes de l'année fut celle que produisit le spectacle du jeudi 7 mars : Léontine et Élisa Fay, après quelques représentations, faisaient leurs adieux au public dans *Cendrillon*, opéra de Nicolo, et *le Mariage enfantin*, vaudeville de Scribe. On atteignit le chiffre de 2,600 francs, ce qui arrivait rarement, et les deux charmantes actrices furent l'objet de flatteuses démonstrations.

Depuis la domination française, il existait sur les recettes un droit prélevé au profit des pauvres. Il fut supprimé, le 24 août, par un arrêté royal décrétant cet article :

> Le droit d'indigents actuellement perçu sur toutes les représentations théâtrales et autres divertissements, sera considéré comme étant supprimé, aussitôt qu'il aura été remplacé par les impositions locales ci-dessous désignées, et, dans tous les cas, au plus tard, le 1er avril 1822.

C'était un allégement considérable pour les frais généraux du théâtre.

Le 26 octobre, M{{lle}} Petit faisait son troisième début dans *Jeanne d'Arc*. Des sifflets violents se firent entendre, au lever du rideau. Un témoin a fait le récit de cette soirée :

> Mademoiselle Petit devait paraître hier soir pour sa troisième représentation, dans la tragédie de *Jeanne d'Arc à Rouen*. Jamais plus belle cabale n'avait été concertée. Aussitôt que le directeur, qui jouait un rôle dans la pièce, parut sur le théâtre, des sifflets partirent de tous les points de la salle ; sans s'effrayer de ce bruit aigu, il voulut, mais vainement, prendre la parole et faire tête à l'orage. De toute part, on criait : *Plus de tragédies; des comédies, des opéras ; un bon répertoire ; que le Grand-Théâtre ne soit point sacrifié aux spéculations de la salle du Parc.* La plus vive agitation régnait dans la salle ; enfin, on s'est vu forcé de souscrire aux vœux des spectateurs : la comédie de *l'Avocat* a été jouée en remplacement de *Jeanne d'Arc*. Il est juste d'ajouter que ce n'est point contre mademoiselle Petit, cause bien innocente de ce trouble, que le mécontentement a éclaté ; en effet, cette actrice est tout à fait étrangère aux petites intrigues des coulisses.

Au reste, les soirées tumultueuses n'étaient pas rares ; une représentation de *Phèdre* amena les plus grands désordres ; la presse était hostile à la direction, et, comme toujours, les malheureux acteurs supportaient ces témoignages de mauvaise humeur dont ils étaient innocents.

En cette année, S. Exc. Van Gobbelschroy, ministre de l'intérieur, fut chargé de présenter un projet de pension pour les comédiens qui, par leur talent et leurs qualités sociales, s'en seraient montrés dignes, après un certain séjour au théâtre de la Monnaie, le chiffre de la pension étant proportionné aux appointements et aux années de service. Les premiers fonds de réserve devaient être formés par une augmentation imposée sur les prix de l'abonnement ; tous les ans, on donnerait des concerts et des spectacles au bénéfice de la caisse de retraite. La gérance des fonds était confiée à la Commission Royale chargée de les recueillir et de les faire fructifier, sous la direction générale du Gouvernement.

Il faut dire que les comédiens de Bruxelles jouissaient, à juste titre, du plus grand crédit, et ne rappelaient en rien, dans leur vie privée, leurs devanciers du xviiie siècle. La presse étrangère s'occupait même d'eux dans les meilleurs termes :

> Les arts y trouvent (*à Bruxelles*) une protection dégagée de toute prévention politique, et, par conséquent, plus impartiale, plus encourageante et plus glorieuse que celle qu'ils obtiennent dans les villes les plus renommées de l'Europe. L'art théâtral y jouit d'une considération qui rejaillit sur les comédiens, *dont la conduite privée justifie cette honorable exception* Un acteur, et même une actrice, dont les mœurs vicieuses seraient d'un mauvais exemple, ne demeureraient pas longtemps parmi les comédiens (1).

1822-23. — Ouverture, le 24 avril.

La troupe exploita les deux théâtres, sans personnel distinct pour chacun d'eux :

Comédie et Tragédie.

Acteurs.

Messieurs :

CHARLES RICQUIER, premier rôle.
BOUCHEZ, jeunes premiers.
LEMOIGNE, deuxième amoureux.
BERNARD, premier rôle tragique.
FOLLEVILLE, père noble.
DUVAL, } financiers.
DUBREUIL, }
BOSSELET, troisièmes rôles.
TISTE, premier comique.
LINSEL, second comique.
CAUVIN, seconds pères.
CHAPUIS, utilités

Actrices.

Mesdames et Mesdemoiselles :

CHARLES RICQUIER, premier rôle.
PETIPA, jeune première.
LINSEL, mère noble.
ROUSSELLOIS, } caractères.
DUVAL, }
CLARICE, soubrette.
DARROVILLE, } secondes amoureuses.
DUTRIEUX, }

(1) *Les Archives de Thalie.*

Opéra.

Chanteurs.

Messieurs :

Desfossés, première haute-contre.
Moreau, Elleviou.
Delos, seconde haute-contre.
Edouard Bruillon, Philippe, Gavaudan.
Darboville, Martin.
Eugène (Ordinaire), } premières basses-
Camoin, } tailles.
Leroux, } deuxièmes basses-tailles.
Hubert, }
Perceval, Laruette.
Linsel, Trial.
Prudhomme, jeune Trial.
Dupuis, utilités.

Chanteuses.

Mesdames et Mesdemoiselles :

Cazot, première chanteuse à roulades.
Lemesle, forte première chanteuse.
Madinier, Dugazon.
Fanny Linsel, seconde chanteuse.
Roussellois, première duègne.
Dutrieux, troisième amoureuse

Chœurs.

Quinze hommes.   Quinze femmes.

Ballet.

Danseurs.

Messieurs :

Petipa, premier danseur, maître de ballets.
Benoni, premier danseur.
Desplaces, deuxième danseur.
Antoine Ricquier, } troisièmes danseurs.
Gourier, }

Douze figurants.   Douze figurantes.   Douze enfants.

Danseuses.

Mesdames et Mesdemoiselles :

Lesueur, } premières danseuses
Adeline, }
Battier, deuxième danseuse.
Feltmann, } troisièmes danseuses.
Lavancour, }

Orchestre.

MM. Ch. BORREMANS, maître de musique.
Davril, sous-chef

6 *premiers violons.* — 6 *seconds violons.* — 2 *altos.* — 2 *flûtes.* — 2 *hautbois.* — 2 *clarinettes.* — 2 *cors.* — 2 *bassons.* — 3 *violoncelles.* — 2 *contre-basses.* — 2 *trompettes* — 1 *timbalier.*

M. Brochard, régisseur.

Le 2 mai, première apparition de la basse-taille Hippolyte Duchesne dans Maître Jacques du *Diable à quatre*.

A Ixelles, décéda, le 3 mai, Zélie-Marie-Thérèse Michelot, âgée de 22 ans. Le jour de ses funérailles, qui furent fort belles, les artistes se cotisèrent pour lui élever un monument dans le cimetière.

Mme Paul-Loth, qui prenait son emploi, composa une pièce de vers, dont nous ferons grâce au lecteur. La pauvre artiste-*poète* (?)

ne se doutait guère de l'accueil qui l'attendait à ses débuts. Elle fut sifflée, et, à sa troisième épreuve, le public refusa même de l'entendre.

La mort de Mlle Michelot est suivie de près par celle d'Hubert, ancienne basse-taille ; de Genßse, premier violon de l'orchestre, professeur de mérite et soliste dans la musique particulière du roi ; d'Antoine Ricquier, danseur, et enfin d'Eugène Hus (Louis Stapleton), directeur du Conservatoire de Danse.

Le lundi 24 juin, « première » d'un nouveau ballet de Petipa : *La Kermesse, ou la fête villageoise*.

Du 4 au 12 juillet, Lafeuillade, de l'Académie Royale de Musique (Paris), donne cinq représentations ; c'est la première fois que paraît sur la scène de Bruxelles ce chanteur, qui devait tenir tant de place dans l'histoire du Théâtre de la Monnaie.

Nous voyons figurer la danseuse Lesueur dans le programme du « bénéfice » de Dubreuil, où elle *chanta* avec succès le rôle de Clara dans *Adolphe et Clara*. Cette soirée avait été organisée par la *Société des Beaux-Arts*, pour dédommager Dubreuil, qui, prenant sa retraite après d'innombrables services rendus au théâtre, avait vu la salle de la Monnaie presque déserte pour sa représentation d'adieu.

Il faut signaler, en date du 25 septembre, l'arrivée de Ponchard, célèbre ténor de l'Opéra-Comique. Il joua quatre fois, et obtint tout le succès qui était dû à son aimable talent.

C'est dans le mois d'octobre de cette année que fut inauguré l'éclairage au gaz de la salle. On profita des travaux à exécuter pour établir, au-dessus de chaque galerie, des draperies dont le but était d'en masquer la hauteur.

---

24 avril, débuts des nouveaux sujets ; — 29 avril, Mlle Putrat, jeune première, *Paméla :* — 30 avril, Moreau, haute-contre, *les Deux prisonniers, Jean de Paris ;* Mme Paul-Loth, sifflée ; — 3 mai, Duval, financier, *Arnolphe* de *l'Ecole des femmes ;* cet artiste devint directeur à Rouen, où il mourut de chagrin par suite de pertes d'argent ; — 9 mai, Tiste, premier comique, *les Fourberies de Scapin ;* — 12 mai, Leroux, seconde basse-taille ; — 22 mai, Victor reparaît et joue deux fois ; — 29 mai, Juillet fils, *les Deux journées* et *les Rendez-vous bourgeois*, il eut un tel succès que l'administration le retint pour la saison ; — 30 mai, début de Mlle Madinier, dugazon ; — 27 juin, concert : Wolfram, flûtiste, Troplong, violoniste, Darboville, Mme Lemesle ; — en août, nouvelle arrivée de Mlle Duchesnois, accompagnée de Mlle Dupré ; — 30 septembre, David, jeune premier de l'Odéon ; — 22 novembre, Tausch, première clarinette de la chapelle du Roi de Prusse, exécute un *adagio* et une *polonaise* de sa composition, pendant un entr'acte ; — 30 décembre, M. Holst, harpiste ; — du 19 décembre, représentations de Talma et de Mme Charton.

La Société des Amis des Beaux-Arts

à

Mesdames Lemesle et Lesueur.

D'une scène plus vaste, aimables souveraines,
Vous daignez de nouveau vous plaire parmi nous ;
Telles que loin du trône, on voit parfois des reines
Chercher le frais gazon et danser dans les plaines,
Sacrifiant le faste à des plaisirs plus doux.
Mais *Armide* ou *Didon*, foule en vain la fougère,
La couronne la suit, elle règne toujours;
Comme sous le corset de la simple *Laitière*,
Mille fois se trahit la mère des Amours.

Venez donc cette fois, à l'abri des orages,
    Entre le dais et les bocages,
Des Beaux-Arts embellir le modeste séjour,
Et, voyant tous les cœurs briller dans nos hommages,
Oubliez un instant les ennuis de la cour.

L'innovation surprit le public, qui fut dépaysé, et, comme tout progrès doit fatalement donner prise à de vertes critiques, celui-ci trouva des détracteurs — qui étaient loin de soupçonner, dans un temps relativement si proche, l'installation de la lumière électrique.

> ... En entrant dans la salle, j'avoue que j'ai été frappé, ébloui même, par l'effet que produit cet immense foyer répandant sur tout ce qui l'entoure des flots de lumière et de chaleur. Ce réseau de cristal dont le lustre est maintenant entouré lui donne assez l'apparence d'un soleil d'opéra, et son éclat est tel qu'il est également difficile et dangereux d'y arrêter quelque tems les yeux. *On dit que le soleil éclaire bien des sottises; au bout de quelques minutes, j'ai jugé que son Sosie ne serait pas dans les exceptions.* D'abord ce lustre est beaucoup trop haut : il éclaire la seconde moitié de la salle et laisse dans un demi-jour les deux premiers rangs de loges... Un second inconvénient qui résulte de ce grand éclat du lustre, c'est de fatiguer les yeux de la partie des spectateurs placés en face de la scène, et même dans tout le haut de la salle... Le résultat le plus fâcheux du nouveau système, c'est d'obscurcir entièrement la scène, et de laisser dans l'ombre toute la partie des décorations qui doit paraître la plus éclairée... Au total, si le nouveau lustre présente quelques avantages et principalement celui de l'économie, ils ne peuvent balancer les inconvénients qui résultent de son trop grand éclat, de la chaleur qu'il répandra nécessairement, de son action sur les yeux des spectateurs, sur les poumons des chanteurs, enfin sur le jeu de la scène et celui des décorations. Le remède est facile à indiquer : ou diminuer le foyer de lumière dans la salle, ou, *ce qui serait mieux encore, remettre les choses telles qu'elles étaient auparavant...* (1)

Une nouvelle pièce indigène fait son apparition (17 octobre) : *Le Méfiant*, comédie en 5 actes et en vers, de Tiste, acteur de la Monnaie. L'auteur joua lui-même le rôle d'un valet, et sa comédie eut trois représentations, — ce qui est presque un succès.

Tiste, encouragé, fit exécuter quelques mois plus tard un opéra comique dont la musique était de H. Messemaekers : *Les Deux pièces nouvelles*. On donna le même jour une autre production du terroir : *Marie de Bourgogne*, tragédie en 5 actes et en vers, d'Edouard Smits, une œuvre sérieuse de la littérature dramatique, qui valut les plus grands éloges à son auteur. Le prince et la princesse d'Orange, le prince Frédéric et la princesse Marianne, assistaient à cette représentation, le mercredi 5 mars 1823.

Et, pour terminer la série des pièces du crû, signalons, pour le 15 avril, *l'Intrigue de bureau*, comédie en 5 actes et en vers, de M. Roucher, que l'on joua deux fois.

Darboville, qui était à la Monnaie depuis 1816, fit ses adieux au public, le 20 avril. Il était appelé au Théâtre Feydeau, de Paris, où on le considérait comme « le seul chanteur français capable de remplacer le célèbre Martin ». Au moment de son départ, il circulait un

(1) *L'Aristarque.*

écrit assez singulier, qui montre à quel point Darboville laissait des regrets.

PETITE LEÇON DE GRAMMAIRE FRANÇAISE A L'OCCASION DU DÉPART DE DARBOVILLE

L'Aristarque.	J'en suis fâché.
Darboville	Tu en es fâché.
Mme Darboville.	Elle en est fâchée.
Les abonnés et le public.	Nous en sommes fâchés.
Les membres de la commission	Vous en êtes fâchés
Tous les acteurs	Ils en sont fâchés.

Enfin, Bernard, qui s'était montré pour la dernière fois le 17 avril, dans *Valentine de Milan* (rôle de sir Albert), cesse ses fonctions de directeur-gérant, et clôture l'année théâtrale (20 avril).

Direction Langle

(1823-30)

OUVERTURE, le lundi 21 avril.

Le successeur de Bernard est M. Langle, qui conserve ses fonctions jusqu'en 1830.

Voici la composition de sa première troupe :

1823-24.   **Comédie et Tragédie.**

Acteurs.

Messieurs :

CHARLES RICQUIER, premier rôle.
BOUCHEZ, jeunes premiers.
LEMOIGNE, deuxième amoureux.
FOLLEVILLE, pères nobles.
DUVAL, } financiers.
DUBREUIL, }
BOSSELET, troisièmes rôles.
ROUSSEL, premier comique.
LINSEL, } seconds comiques.
PERCEVAL, }
CAUVIN, seconds pères.
DUPUIS, rôles de convenance.
ALPHONSE, utilités.

Actrices.

Mesdames et Mesdemoiselles :

CHARLES RICQUIER, premier rôle.
PATRAT, jeune première.
LINSEL, mère noble.
ROUSSELLOIS, caractères.
RASCALON, soubrette.
LEMOIGNE, deuxième amoureuse.
DUBUISSON, grandes utilités.

Opéra.

Chanteurs.

Messieurs :
Desfossés, première haute-contre.
Delos, seconde haute-contre.
Édouard Bruillon, Philippe, Gavaudan.
Batiste, Martin.
Eugène (Ordinaire), } premières basses-
Camoin, } tailles.
Leroux, deuxième basse-taille.
Perceval, Laruette.
Linsel, trial.
Jannin, Colin.
Juillet, jeune trial.
Dupuis, utilités.

Chanteuses.

Mesdames et Mesdemoiselles :
Cazot, première chanteuse à roulades.
Lemesle, forte première chanteuse.
Madinier, Dugazon.
Delos (Fanny Linsel), deuxième chanteuse.
Roussellois, première duègne.
Dubuisson, grandes utilités.

Chœurs.

Quinze hommes. Quinze femmes.

Ballet.

Danseurs.

Messieurs :
Petipa, premier danseur, maître de ballets.
Benoni, premier danseur
Berthotto, deuxième danseur.
Laurençon, danseur comique.
Calais, mimes.
Hamel, troisième danseur.

Danseuses.

Mesdames et Mesdemoiselles :
Lesueur, } premières danseuses.
Adeline, }
Battier, deuxième danseuse.
Benoni (Mlle Feltmann), } troisièmes dan-
Lavancour, } seuses.

Douze figurants.   Douze figurantes.   Douze enfants.

Orchestre.

MM. Ch. BORREMANS, maître de musique.
Davril, sous-chef.

6 *premiers violons*. — 6 *seconds violons*. — 2 *altos*. — 2 *flûtes*. — 2 *hautbois*. — 2 *clarinettes*. — 2 *cors*. — 2 *bassons*. — 3 *violoncelles*. — 2 *contre-basses*. — 2 *trompettes*. — 1 *timbalier*.

M. Monnier, régisseur.

Pour remplacer Tiste, on engagea Verteuil, qui avait joué à la Monnaie en 1796, y tenant une place distinguée. Son premier début eut lieu au milieu d'un morne silence; mais, à sa deuxième épreuve, le public — qui ne lui pardonnait pas son grand âge et ses infirmités — le siffla sans pitié. Le malheureux artiste n'avait plus de dents, ce qui rendait sa prononciation difficile; il marchait avec peine, et paraissait trop âgé, même pour ses rôles les plus *marqués*.

Était-ce la nostalgie des planches, si commune chez les vieux artistes, qui l'empêchait de quitter la scène? Peut-être la misère le forçait-elle à chercher là le pain qu'il ne pouvait gagner ailleurs... Le pauvre Verteuil mourut à la Guadeloupe, âgé de 75 ans.

Deux mois plus tard, Jausserand, ex-sociétaire de l'Opéra-Comique — qui se trouvait dans un cas semblable — subit le même sort. Il jouait Joseph dans l'opéra de ce nom; on lui reprocha de ressembler plutôt à Jacob, son propre père, et on le siffla outrageusement. Il ne reparut plus.

Roussel, premier comique, débuta, le 22 mai, dans Sganarelle du *Festin de Pierre*. Il était né à Paris en 1789. Après s'être essayé au Théâtre des Jeunes-Élèves, il passa à l'Odéon; puis séjourna cinq ans à Amsterdam, d'où il partit pour Rouen. C'est dans cette dernière ville qu'il reçut les propositions d'engagement pour Bruxelles. Il retourna ensuite à Paris (Théâtre du Panthéon), et mourut en 1842.

Un artiste, venant de Saint-Pétersbourg et Varsovie, passant par la Belgique, se fait entendre plusieurs fois. C'était Genot, le mari d'Elisa Fay, petite-fille de Mᵐᵉ Roussellois, et sœur de la célèbre

---

29 avril, le violoniste Lafont exécute des morceaux de sa composition, et chante deux romances; — 30 avril, début de Batiste dans l'emploi de Martin, *Ma Tante Aurore*; — 8 mai, Laurençon, danseur comique, débute dans *le Carnaval de Venise*; — 9 juin, concert de Mme Deville-Quagliarini, du Théâtre Italien ; — 25 juin, premier début de Charles Jannin, dans *les Colins* ; — du 3 juillet, Aniel, premier danseur du Théâtre de Bordeaux; — 9 juillet, début de Mlle Dubuisson, grande utilité, dans *Laurette*, rôle de Camille ; — du 4 août, huit représentations de Dumas, premier rôle et sociétaire de la Comédie-Française; — 7 septembre, retour de Talma : *Sylla* (7 septembre), *Hamlet* (9 septembre), *Britannicus* (12 septembre), *Manlius Capitolinus* (15 septembre), *Mahomet* (18 septembre), *Athalie* (21 septembre et 1er octobre), *Falkland* (28 septembre), *Misanthropie et Repentir* (25 septembre), *Régulus* (28 septembre), *Cinna* (30 septembre), *Nicomède* (3 octobre); — 18 septembre, à la cinquième représentation de Talma, le jeune Artot, âgé de 8 ans, exécute sur le violon un concerto de la composition de Snel ; — 4 et 6 novembre, le fils de Laporte, dernier Arlequin, qui tenait l'emploi des premiers comiques, donne deux représentations, dans lesquelles il joue *les Originaux*, de Fagan, et *le Menuisier de Livonie*, d'Alex Duval; il a été directeur du Théâtre de la Reine, à Londres; — du 10 novembre, Vestris fils, premier danseur, paraît huit fois; — 18 décembre, concert de Mlle Montano, première chanteuse de l'Odéon; — 13 janvier, Mlle Bertrand, harpiste de la Cour de France ; — 14 janvier, premiers débuts d'Amélie Margery, âgée de 15 ans, fille d'un ancien coryphée ; — 4 mars, un artiste, nommé Octave, « désirant se faire connaître », joue le rôle d'Alfred dans *le Célibataire et l'homme marié;* — 17 mars, Télémaque, danseur du Théâtre de la Porte Saint-Martin de Paris, paraît dans Alexis, du *Déserteur*; — 5 et 8 avril, concerts donnés par Lafont et sa femme, lesquels s'étaient déjà fait entendre fréquemment.

Léontine Fay. Genot prêta son concours à Mᵐᵉ Lemonnier, née Regnault, première chanteuse et sociétaire de l'Opéra-Comique, qui donnait une série de représentations.

Mᵐᵉ Genot (Elisa Fay) se produit ensuite dans *Euphrosine*, *le Petit Chaperon Rouge* et *Joconde*. Son premier essai ne fut pas heureux. La pauvre petite n'avait que dix-sept ans, et le rôle d'Euphrosine compte parmi les plus difficiles de l'emploi. Mais *le Petit Chaperon* fut pour elle l'occasion d'un véritable triomphe.

On sait que la figuration avait été l'objet de vives critiques. Mais, à une époque aussi avancée, on pouvait espérer quelques progrès dans la mise en scène. Il n'en était rien, et la lettre suivante va nous édifier à ce sujet :

Au rédacteur de l'Aristarque.

Monsieur,

J'ai lu dans votre feuille que, parmi plusieurs demandes qu'on faisait pour le Théâtre royal, il y en avait une d'une demi-douzaine de paires de souliers rouges pour la peuplade des sauvages qui paraît dans *Azemia*; comme je trouve une espèce de gloire à pouvoir une fois contribuer ici en mon particulier à rehausser l'éclat de notre théâtre, où je ne vais pas souvent, parce qu'on nous y assomme tous les dimanches avec les mêmes balais (*sic*), je m'empresse de vous annoncer par la présente qu'on pourrait se procurer les souliers en question chez un mien ami, qui en a beaucoup ; ils sont en maroquin rouge, à talons languettes et bordures noires ; il est vrai qu'ils sont un peu fripés, car ils ont servi pour la cavalcade de 1770. Cela n'y fait rien, on aime l'originalité au Théâtre royal ; sans cela, on n'aurait pas vu paraître dans *la Vestale* des soldats romains en guêtres de pompiers, et l'on ne verrait pas encore maintenant, dans l'opéra du *Barbier de Séville*, la patrouille espagnole en costume de grenadiers de la garde royale de France. Je ne parle pas des diables de *Psyché et l'Amour*, qui s'engouffrent sur de bons matelas blancs et bleus, que l'on aperçoit très distinctement aux troisièmes loges ; des matelas d'une couleur foncée nous auraient encore privés de ce petit agrément.

Je vous prie de vouloir insérer ceci dans votre prochain numéro, pour la gouverne de ceux que la chose concerne, et d'agréer l'assurance de ma parfaite considération.

M.

Le 24 août, spectacle-gala en l'honneur du Roi des Pays-Bas et pour l'anniversaire de sa naissance : *Leicester ou le Château de Kenilworth*, opéra d'Auber, et *le Bazar d'Ispahan*, ballet de Roger.

Il paraîtrait que l'enthousiasme des Bruxellois en faveur de Grétry ne fut pas de longue durée. Après les honneurs, la mémoire du maître eut à subir des affronts. Le 25 février — au moment où l'on allait commencer *Zémire et Azor* — de violents sifflets se font entendre ; on crie que la pièce est trop surannée, qu'on n'en veut plus, et l'on s'oppose à son exécution. Le désordre fut tel qu'il fallut baisser le rideau et rendre l'argent.

La clôture de l'année théâtrale eut lieu le 15 avril. Mlle Patrat, jeune première, n'attendit pas cette date. Elle quitta subitement Bruxelles, le 9 avril, pour un voyage à Cythère, affirme la chronique scandaleuse...

1824-25.

Comédie et Tragédie.

Acteurs.

Messieurs :
CHARLES RICQUIER, premier rôle.
FOLLEVILLE, père noble.
BOUCHEZ, } jeunes premiers.
LEMOIGNE, }
DUVAL, financiers, manteaux.
BOSSELET, raisonneurs, troisièmes rôles.
STOCKLET, premier comique.
LINSEL, }
PERCEVAL, } seconds comiques.
JUILLET, }
CAUVIN, second père, grime.
ALPHONSE, troisième comique.
DUPUIS, rôles de convenance.

Actrices.

Mesdames et Mesdemoiselles :
CHARLES RICQUIER, premier rôle.
WENZEL, jeune première, ingénuité.
ROUSSELLOIS, caractères.
REDON, mère noble.
RASCALON, première soubrette.
LEMOIGNE, seconde amoureuse.
MARGERY, rôles de convenance.
AGLAÉ, grandes utilités.
CAROLINE LINSEL, rôles d'enfants.

Opéra.

Chanteurs.

Messieurs :
DESFOSSÉS, première haute-contre.
BATISTE, Martin.
LETELLIER, Elleviou.
EDOUARD BRUILLON, Philippe, Gavaudan.
DELOS, seconde haute-contre.
EUGÈNE (ORDINAIRE), } premières basses-
EUGÈNE DESSESSARTS, } tailles.
PERCEVAL, Laruette.
JUILLET, jeunes Trial
LINSEL, Trial.
GUILLEMAN, seconde basse-taille.
JANNIN, jeunes Colins.
ALPHONSE, grandes utilités.

Chanteuses.

Mesdames et Mesdemoiselles :
LEHESLE, } premières chanteuses.
CAZOT, }
LANGLADE, Dugazon
ROUSSELLOIS, première duègne
REDON, mère Dugazon.
MAYER, seconde chanteuse.
JOLIVET, Betzy.
HENRI, troisième amoureuse.
MARGERY, rôles de convenance.
CAROLINE LINSEL, rôles d'enfants.

Chœurs.

Quinze hommes.   Quinze femmes.

Ballet.

Danseurs.

Messieurs :
PETIPA, premier danseur, maître de ballets.
BENONI, premier danseur.

Danseuses.

Mesdames et Mesdemoiselles :
LESUEUR, } premières danseuses.
ADELINE, }

Poulou, second danseur.
Hamel, troisième danseur.
Laurençon, deuxième comique.
Calais, \
Gourrier, / mimes.
Bartholomin, coryphée.

Benoni (Mlle Feltman), seconde danseuse.
Battier, \
Lavancour, / troisièmes danseuses.

Douze figurants.   Douze figurantes.   Douze enfants.

Orchestre.

MM. CH. BORREMANS, maître de musique.
Davril, sous-chef.

6 *premiers violons*. — 6 *seconds violons*. — 2 *altos*. — 2 *flûtes* — 2 *hautbois*. — 2 *clarinettes*. — 2 *cors*. — 2 *bassons*. — 3 *violoncelles*. — 2 *contre-basses*. — 2 *trompettes*. — 1 *timbalier*.

M. Monnier, régisseur.

Ouverture, le 21 avril, par *le Barbier de Séville*, de Rossini. Le ténor Letellier, qui fut, plus tard, appelé à diriger le Théâtre de la Monnaie, parut pour la première fois dans *Jean de Paris*.

Le 19 mai, Mlle Mars retourne à Bruxelles. Pendant le cours de ses représentations, arrive Talma, et le public eut la bonne fortune d'applaudir ces deux grands artistes, dans la même pièce : *L'École des Vieillards*, où ils jouèrent les rôles de Monsieur et Madame Danville. C'est la première fois que Talma se montrait dans la comédie.

Bourson, qui avait laissé les meilleurs souvenirs, produisit sa fille Pauline, dans *le Vieux garçon et la Petite fille*, vaudeville de Scribe, où il joua lui-même le rôle de Duboccage.

La petite Bourson, jeune Bruxelloise, de huit ans et demi, marche de bien près sur les traces de *Léontine Fay*. Elle est douée d'une intelligence extraordinaire dans un enfant de cet âge ; son jeu est plein de finesse, de naturel, de verve et de gaîté. Voilà une petite fille qui pourrait donner, sans plaisanterie, des leçons de chant et de diction à plus d'une de nos

---

Stoklet, premier comique, interprète Crispin du *Légataire universel* (22 avril), Hector du *Joueur* (26 avril), et L'Olive du *Grondeur* (30 avril); — puis Mlle Mayer, deuxième chanteuse, paraît, le 26 avril, dans *Maison à vendre* (Lise), le 5 mai, dans *Joconde* (Mathilde), et le 11, dans *Ma Tante Aurore* (Julie) ; — Mme Constant-Langlade, joue Euphrosine, de l'opéra de Méhul, le 27 avril, puis le 29, le page Olivier dans *Jean de Paris*, et Fanchette dans *les Deux Jaloux;* enfin, elle termine par le rôle de Margot, du *Nouveau Diable à quatre* (3 mai) ; — 28 avril, début de Poulou, second danseur, dans Alexis du *Déserteur*, ballet de d'Auberval ; — 29 avril, Mlle Rose Julienne, troisième amoureuse, *Jean de Paris;* — 3 mai, rentrée d'Eugène Dessessarts et début de Guilleman, troisième basse-taille; — 6 mai, Elisa Wenzel, jeune première — grand succès ; — 9 mai, Mme Valroi, mère Dugazon — chute; — 13 mai, concert de Ivan Muller, clarinette solo de la musique du Roi de France ; — 15 mai, concert de Fischer, basse-taille de l'Académie Royale de Munich, et sa fille.

actrices. Malheureusement, le grand théâtre est trop vaste pour que les espiègleries d'un enfant puissent y produire beaucoup d'effet. La jeune Bruxelloise a joué le rôle de *Joset* dans *les Deux Petits Savoyards*, et celui de *Mathilde* dans *le Vieux Garçon et la Petite Fille*. Cette dernière pièce est un ouvrage à tiroir où Mlle Bourson a rempli quatre rôles; et dans tous les quatre la petite fille a prouvé qu'elle est déjà grande comédienne. Elle a été couverte d'applaudissements. Au Théâtre du Parc et dans une autre saison, Mlle Bourson ferait plus d'une recette.

Hier (23 juillet 1824), la petite Bourson, dans *la Petite Folle* et *la Petite Sœur*, a confirmé l'opinion que les journalistes avaient déjà émise sur son compte; mais je le répète, le grand théâtre est trop vaste pour une si petite merveille.

Le baron de Peellaert obtient un éclatant succès, le 30 août. Il fait jouer un ancien vaudeville de Bouilly et Dupaty : *Agnès Sorel*, qu'il avait transformé en opéra, et où figuraient Delos, Batiste, Dessessarts, Juillet, Dubois, Brems, Mlle Lemesle, Mme Constant, Mme Langlade, Mlle Henri. *Agnès Sorel* eut six représentations, chiffre extraordinaire, à ce moment, pour une pièce bruxelloise.

Une autre production du terroir apparut le 13 décembre : *Olaüs, ou la Vengeance*, tragédie en cinq actes et en vers, de M. Edouard Smits. Les situations tragiques y étaient outrées, et la pièce tomba.

Enfin, le maître de ballets, Petipa, donne deux actes, dont Snel avait écrit la musique : *Brisac, ou la double noce* (13 février).

A la répétition générale d'un autre ballet, *Jenny*, un accident faillit coûter la vie à Mlle Lesueur. L'aimable ballerine tomba dans une trappe, et se blessa grièvement. Elle fit preuve d'une grande volonté, et reparut sur la scène le lendemain même.

Les abonnés du théâtre continuaient à se plaindre et à s'acharner contre la direction. Entre autres choses, ils firent circuler un écrit pittoresque, qui devint bientôt populaire :

Les Dix Commandements du Directeur

1. Ton répertoire formeras
De dix ouvrages seulement.

Mlles Mayer et Rose Julienne n'ayant pas été agréées, furent remplacées, dans leurs emplois respectifs, par Mlle Henri, qui débuta, le 19 juin, dans *la Maison isolée* (Claire), et par Mlle Jolivet, qui interpréta, le 25 du même mois, le rôle de Betty du *Billet de loterie*; — du 9 juillet, trois représentations de Queriau, premier danseur du Théâtre de Lyon; — 7 septembre, début de Mlle Lambert, deuxième chanteuse, dans Lise de *Maison à vendre*; — du 20 juillet, deux représentations de Mlle Georges et d'Éric-Bernard — elles attirent peu de monde ; — 30 septembre, Lafont, du Grand-Opéra de Paris, rôle d'Achille d'*Iphigénie en Aulide;* — à Lafont succède Martin, ancien sociétaire du Théâtre Feydeau, qui n'avait plus paru à Bruxelles depuis 1802; il chante, le 7 octobre, le *Petit Chaperon rouge* (Rodolphe), et clôture une série de huit représentations, le 25 du même mois.

2. Les nouveaux pourtant monteras,
   Mais les mauvais uniquement.
3. Les vétérans tu garderas
   Et les conscrits pareillement.
4. En machines ne soigneras
   Que toi seul confortablement.
5. A ton orchestre permettras
   De fausser chromatiquement.
6. Des conseils tu te garderas,
   Et méfieras modestement.
7. Des sifflets ne te soucieras,
   Ni des journaux aucunement.
8. En billets jaunes solderas
   Un seul économiquement.
9. Tes chevaux blancs promèneras,
   Et le public également.
10. Et sans rien faire engraisseras,
    Afin de vivre longuement.

LES SIX COMMANDEMENTS DES ABONNÉS

1. La C... (1) tu remplaceras,
   Et D... (2) pareillement.
2. *Haroun* jamais ne donneras,
   Et *le Rossignol* rarement,
3. Tes costumes rajeuniras
   Et danseuses conjointement,
4. De l'orchestre supprimeras
   Les neuf dixièmes seulement.
5. Quand nous huons, tu paraîtras
   Et nous salueras humblement.
6. Faute de quoi déguerpiras,
   Dans la huitaine, lestement. (3)

La campagne se termina par de nouvelles représentations de Talma.

(1) Cazot.
(2) Desfossés.
(3) *La Sentinelle*, 1824.

---

31 juillet, « spectacle hollandais » sous la direction de Majofski ; — 21 octobre, début de Julien dans l'emploi d'Ellevion ; — du 5 novembre, représentations de Derivis, première basse-taille de l'Opéra de Paris ; — 26 novembre, concert de Chrétien Rummel, pianiste et maître de chapelle du duc de Nassau ; — 21 décembre, concert d'Aline Bertrand, harpiste ; — 19 janvier, Mlle Megrini, du théâtre français de Londres, *la Coquette corrigée*.

1825-26.   **Comédie et Tragédie.**

Acteurs.

Messieurs :
CHARLES RICQUIER, premier rôle.
FOLLEVILLE, père noble.
BOUCHEZ, fort jeune premier.
LEMOIGNE, jeune premier.
DUVAL, financiers.
BOSSELET, troisièmes rôles.
FALBERG, père noble.
STOCKLET, premier comique.
LINSEL, }
PERCEVAL, } seconds comiques.
JUILLET, }
CAUVIN, second père.
ALPHONSE, troisième amoureux.
DUPUIS, rôles de convenance.
DUCHATEAU, }
BREMS,   } accessoires.
BEGUIN,   }

Actrices.

Mesdames et Mesdemoiselles :
CHARLES RICQUIER, premier rôle.
ELISA WENZEL, jeune première.
LEMOIGNE, deuxième amoureuse.
ROUSSELLOIS, caractères.
MANDELLI, mère noble.
SUZANNE LADRÉ, première soubrette.
NEGRINI, jeune soubrette.
MARGERY, } utilités.
AGLAÉ,   }

Opéra.

Chanteurs.

Messieurs :
LAFEUILLADE, }
DESFOSSÉS,   }
DELOS,   } hautes-contre.
EDOUARD,   }
FOUCHET,   }
JANNIN,   }
BATISTE, } barytons et concordans.
CHOLLET, }
EUGÈNE (ORDINAIRE),   } premières basses-
EUGÈNE DESSESSARTS,   } tailles.
PERCEVAL, } ténors, hautes-contre comi-
JUILLET, } ques.
LINSEL,   }
FALBERG, } deuxièmes et troisièmes
ALPHONSE, } basses-tailles.
LEROUX,   }
DUPUIS, coryphée.

Chanteuses.

Mesdames et Mesdemoiselles :
LEMESLE, } premiers dessus.
CAZOT,   }
LANGLADE, } premiers et seconds dessus.
DELOS,   }
NEGRINI, } seconds dessus.
JOSSE,   }
ROUSSELLOIS, première duègne.
MANDELLI, seconde duègne.
VIGNON, }
JEAULT, }
AGLAÉ,   } coryphées.
MARGERY, }

Chœurs.

6 *basses-tailles.* — 6 *hautes-contre.* — 4 *tailles.* — 6 *premiers dessus.* — 6 *seconds dessus.*

Ballet.

Danseurs.	Danseuses.
Messieurs :	Mesdames et Mesdemoiselles :
Petipa, maître de ballets et premier danseur.	Lesueur, première danseuse et première mime.
Benoni, premier danseur.	Adeline, première danseuse.
Poulou, second danseur.	Benoni, seconde danseuse.
Stroyhaver, troisième danseur.	Battier, }
Laurençon, } danseurs comiques.	Bartholomin, } troisièmes danseuses.
Calais, }	Margery, mime.
Bartholomin, } mimes.	
Gouriet, }	
Seize figurants. Seize figurantes.	Huit enfants. Six élèves.

Orchestre.

MM. Ch. HANSSENS, maître de musique.
Dewindt, sous-chef.

8 *premiers violons.* — 8 *seconds violons.* — 3 *altos.* — 6 *violoncelles.* — 3 *contrebasses.* — 2 *bassons.* — 3 *flûtes.* — 2 *hautbois.* — 2 *clarinettes.* — 2 *cors.* — 2 *trompettes.* — 1 *timbalier.*

Ouverture, le 21 avril, par *les Plaideurs sans procès*, comédie d'Étienne, et *les Deux journées*, opéra de Cherubini.

On a remarqué le nom de Ch. Hanssens à la place du chef d'orchestre Borremans. Celui-ci était depuis longtemps le sujet de plaintes nombreuses, et les journalistes même l'attaquaient pour sa mollesse au pupitre et le manque d'autorité dont il faisait preuve à l'égard de son personnel. Enfin, le directeur céda devant l'opinion

---

21 avril, début de Mlle Megrini, dans Angelina des *Deux journées*; — 26 avril, Fouchet. *Blaise et Babet; la Fête du village voisin;* — 27 avril, Mlle Mandelli, Arsinoé du *Misanthrope;* — 10 mai, Mlle Suzanne, soubrette, *Tartufe, les Rivaux d'eux-mêmes;* — 17 mai, Mlle Jamet, Lisette de *la Fausse Magie;* — 30 mai, Falberg, deuxième basse-taille, *la Caravane du Caire;* — 1er juin, nouveau concert de Mlle Aline Bertrand, harpiste; — du 14 juin, six représentations d'*Élisa* Verneuil, de l'Odéon, ancienne pensionnaire de la Comédie-Française; — 17 et 19 juin, la troupe hollandaise de Majofski; — 31 août, concert vocal et instrumental : M. Charles, Mme Amélie Schultz, chanteurs du Théâtre de la Cour à Vienne, et Jérôme Payer, maître de chapelle du Théâtre Allemand d'Amsterdam, inventeur d'un nouvel instrument : *le Physharmonica;* — 17 septembre, Philippe, du Vaudeville, de Paris : *Monsieur Sans-Gêne* et *Monsieur Champagne;* — le 19, la famille royale et le Roi de Prusse viennent voir jouer ces deux pièces; — 3 octobre, concert de Mlle Camille Moke, pianiste, devenue la célèbre Pleyel; — du 10 novembre, six représentations de Nourrit, de l'Opéra ; — 14 mars, Mlle Suzanne, nouvellement engagée, joue dans *le Dépit Amoureux*, et part le lendemain sans souci de sa signature ; — 17 mars, Elisa Wenzel, malade, joue pour la dernière fois, *le Vieux célibataire;* — 29 mars, Victorine Chaussat, *Tartufe;* — 4 avril, Mlle Boisset, qui devait succéder à Wenzel, joue *l'École des Vieillards* — chute.

publique, et s'occupa de le remplacer. Charles Borremans, né à Bruxelles, le 25 avril 1769, mourut d'une fluxion de poitrine, le 17 juillet 1827, après avoir passé quarante-cinq années à la Monnaie, soit comme acteur, soit comme chef d'orchestre.

Son successeur venait de Gand, où il était né. Charles-Louis-Joseph Hanssens, connu sous le nom de Hanssens aîné, avait fait ses premières études musicales avec Wauthier, premier violon du Grand-Opéra. Il se rendit ensuite à Paris pour prendre des leçons avec le célèbre Berton. En 1803, il suit Mlle Fleury dans une tournée; puis, dirige l'orchestre à Anvers et à Gand, où il fut même directeur. Enfin, il arrive à Bruxelles. Il y mourut d'apoplexie, le 6 mai 1852, laissant les manuscrits de plusieurs opéras.

Le premier soin d'Hanssens fut de reconstituer l'orchestre, portant à quarante-quatre le nombre des musiciens. Il rivalisait ainsi avec les théâtres de Paris.

Lafeuillade, qui figure dans le tableau de la troupe, ne se rendit pas à son engagement. Il fut condamné à des dommages-intérêts, arrêté à Paris, et enfermé à Sainte-Pélagie. Mais l'administration de l'Opéra-Comique l'en fit sortir le lendemain, en lui avançant une somme de 10,000 francs.

Chollet, qui chantait l'emploi de baryton, débute le 4 mai dans *le Petit Chaperon rouge*. Il avait commencé par être choriste à l'Opéra, au Théâtre Italien et au Théâtre Feydeau. En 1818, il s'engage dans une troupe de province, d'où il arrive à Bruxelles. Après son séjour à la Monnaie, il change d'emploi, et débute avec éclat à l'Opéra-Comique comme ténor. C'est son passage sur la première scène belge qui décide de sa carrière.

Jean-Baptiste-Marie Chollet, le créateur de *Zampa*, de *Fra-Diavolo*, de *Lestocq*, de *l'Éclair*, et de tant d'autres opéras fameux, vit encore au milieu des siens, comme il vit toujours dans le souvenir de ceux qui l'ont entendu. Né à Paris, le 20 mai 1798, il a atteint aujourd'hui sa 91e année.

Bruxelles eut encore une primeur : celle de *Bélisaire*, tragédie en 5 actes, de Jouy, qui avait été reçue, étudiée, répétée même au Théâtre-Français, puis abandonnée. Talma vint la faire connaître au public bruxellois, le 9 mai, et son succès en décida la représentation à Paris.

Signalons, en passant, deux nouveaux ballets de l'infatigable Petipa : *Le Page inconstant*, 3 actes, musique de Snel (27 juin), *Monsieur de Pourceaugnac*, des mêmes auteurs (5 février).

Le 9 juillet, spectacle-gala en l'honneur de la princesse Louise de Prusse et du prince Frédéric des Pays-Bas, nouvellement mariés.

> ... A 7 heures, la Famille royale est arrivée... La toile s'est levée aussitôt. Tous nos artistes de l'Opéra, sans exception, ont chanté une cantate en l'honneur des illustres époux. Les paroles sont d'un anonyme, et la musique est de notre chef d'orchestre, M. Hanssens. Nous ne dirons rien des paroles ; nous ne dirons que peu de chose de la musique. Elle nous a paru un peu pâle, décolorée et dénuée de cet enthousiasme qui caractérise le véritable artiste, et que la circonstance aurait dû faire naître dans l'âme du compositeur... Le petit divertissement qui a terminé le spectacle de samedi a dû faire plaisir à LL. AA. RR. Le 5 juillet, c'est le titre de l'ouvrage, représente leur entrée dans Bruxelles et la réception brillante qu'ils ont reçue des Bruxellois. C'étaient des soldats et des villageois, les uns faisant des évolutions militaires, les autres dansant au son des fanfares, et puis une voiture très élégante, entourée de jeunes amours et conduisant les illustres époux, et puis encore des danses et des évolutions, et, pour terminer la fête, un autre amour, s'élevant dans les airs, planant sur le théâtre, et offrant une couronne à l'hyménée auguste qui vient de se former sous les plus brillants et les plus heureux auspices. Il est inutile d'ajouter que toute cette pompe théâtrale, militaire et même villageoise, si l'on peut s'exprimer ainsi, a excité le plus vif enthousiasme. Ce divertissement est de M. Petipa. La musique a fait plaisir ; elle est de MM. Snel et Hanssens jeune.

Le prince Frédéric fit donner un spectacle gratuit, le 14 juillet, en matinée. La représentation, qui commença à 2 heures, comprenait : *Le Nouveau Diable à quatre*, opéra de Solié et *le Cinq juillet*, ballet.

Décidément, le baron de Peellaert devenait un véritable *fournisseur* musical pour la Monnaie. Il transforme un drame de Pixérécourt, *le Barmécide, ou les Ruines de Babylone*, dont il fait un opéra en 3 actes, qu'on représente le 5 juillet. Le 9 mars suivant, il donne encore un ouvrage lyrique, tiré cette fois d'un ancien vaudeville de Bouilly et Pain : *Teniers, ou la noce flamande*.

L'Intrigue Italienne, nouvelle comédie de Roucher ne trouva pas grâce devant le public :

> C'était une tentative téméraire que de prétendre ressusciter ces canevas italiens, où la gaîté bouffonne des scènes épisodiques tenait lieu jadis de caractère et d'intrigue ; autre temps, autres mœurs, distinction qui ne devait point échapper à l'œil subtil d'un journaliste, accoutumé par état à flairer le bon et le mauvais. Molière, et Regnard après lui, n'ont pas dédaigné de puiser aux mêmes sources que l'auteur de la pièce nouvelle, mais du moins un comique franc et vigoureux palliait-il les écarts d'une muse licencieuse, couverte du masque effronté des *Arlequin, Mezzetin, Scaramouche, Pierrot*, et autres acteurs ultramontains de l'époque. Or, ce qui était à craindre est arrivé : *l'Intrigue italienne* n'offrant que des travestissements grotesques, une imitation maladroite et prolongée outre mesure d'une scène des *Fourberies de Scapin*, le public qui jusqu'au dernier acte avait fait assez bonne contenance, a donné un libre cours à sa mauvaise humeur et la comédie a fini au milieu du tapage des sifflets et des ris ironiques... Les acteurs ont soutenu le combat avec un dévouement digne d'une meilleure cause et qui prouve qu'ils n'ont point de rancune. Ce sont MM Bouchez, Duval, Lemoigne, Stocklet, Cauvin, Perceval et Linsel.. Les dames Wenzel et Lemoigne, toutes deux charmantes sous le costume florentin, ont joué à ravir l'ingénuité [1].

[1] *Journal de Bruxelles*.

Du 9 septembre au 30 octobre, Talma donna une dizaine de représentations, qui furent ses dernières à Bruxelles.

Spectacle-gala en l'honneur du Roi de Prusse, le 16 septembre. La Famille Royale y assiste.

Jean Hennekindt, né à Bruges, le 4 mars 1793, connu sous le nom d'Inchindi, se fit entendre dans un concert, le 21 février (1). C'est lui qui créa le rôle de Max dans *le Châlet*, l'un des opéras-comiques qu'on a joués le plus souvent. Il est mort à Bruxelles, le 23 août 1876.

En février, grand tumulte au théâtre. Mlle Lesueur, après une maladie de six semaines, faisait sa rentrée. Dès qu'elle parut, une bordée de sifflets vint interrompre sa danse. Elle s'arrête, interdite, puis, tout à coup, descend vers la rampe et dit : « Messieurs, je n'ai plus que deux mois à jouer, laissez-moi finir la pièce. » Les sifflets redoublent, mêlés de quelques bravos, cette fois. Deux jours plus tard, Lesueur fit insérer une lettre dans les journaux, justifiant ses six semaines d'absence et envoyant au public des témoignages de son regret. Un revirement subit se produisit, et, quand la ballerine reparut en scène, on l'accueillit par une ovation prolongée. Elle doit peut-être à cet incident d'avoir fait partie du personnel pour l'année suivante.

La Dame Blanche, qui venait d'être créée à Paris, le 10 décembre 1825, vit le feu de la rampe, à Bruxelles, le 6 avril 1826, et termina la campagne théâtrale. On n'avait guère perdu de temps.

1826-27. — Ouverture, le 21 avril : *Eliska*, opéra en 3 actes, de Grétry, et *l'Original*, comédie en 1 acte d'Hoffmann.

Comédie et Tragédie.

Acteurs.

Messieurs :

CHARLES RICQUIER, premier rôle.
FOLLEVILLE, père noble.
BOUCHEZ, fort jeune premier.
LEMOIGNE, jeune premier.
DUVAL, financiers
BOSSELET, troisième rôle.
FALBERG, père noble.

Actrices.

Mesdames et Mesdemoiselles :

CHARLES RICQUIER, premier rôle.
ÉLISA VERNEUIL, jeune première.
LEMOIGNE, deuxième amoureuse.
ROUSSELLOIS, caractères.
DAUDEL, mère noble.
LEBRUN, première soubrette.
SCHAFFNER, jeune soubrette.

(1) Fétis. *Bibliographie Universelle des Musiciens.*

STOCKLET, premier comique.
LINSEL, \
PERCEVAL, } seconds comiques
JUILLET, /
BAUDOT, second père.
ALPHONSE, troisième amoureux.
DUPUIS, rôles de convenance.
DUCHATEAU, \
BREMS, } accessoires.
BEGUIN, /

MARGERY, } utilités.
AGLAÉ, /

Opéra.

Chanteurs.

Messieurs :

DAMOREAU, \
DELOS, \
ÉDOUARD, } hautes-contre.
FOUCHET, /
JANNIN, /
CASSEL, baryton.
EUGÈNE (ORDINAIRE), } premières basses-
EUGÈNE DESSESSARTS, } tailles.
PERCEVAL, \
JUILLET, } hautes-contre comiques.
LINSEL, /
FALBERG, \
ALPHONSE, } secondes basses-tailles.
LEROUX, /
DUPUIS, coryphée.

Chanteuses.

Mesdames et Mesdemoiselles :

LEMESLE, } premiers dessus.
CAZOT, /
LANGLADE, } seconds dessus.
LESSCHER-TERNAUX, /
SCHAFFNER, jeune amoureuse.
ROUSSELLOIS, première duègne.
DAUDEL, seconde duègne.
FAY, \
VAN HAMME, } coryphées.
AGLAÉ, /
MARGERY, /

Chœurs.

5 basses-tailles. — 6 hautes-contres. — 4 tailles. — 6 premiers dessus. — 6 seconds dessus.

Ballet.

Danseurs.

Messieurs :

PETIPA, maître de ballets.
BENONI, premier mime.
RAGAINE, premier danseur.
POULOU, deuxième danseur.
STROYHAVER, troisième danseur.
LAURENÇON, } danseurs comiques.
CALAIS, /
BARTHOLOMIN, } mimes.
GOURIET, /

Danseuses.

Mesdames et Mesdemoiselles :

LESUEUR, première danseuse et première mime.
ADELINE, première danseuse.
BENONI, seconde danseuse.
BATTIER, } troisièmes danseuses.
BARTHOLOMIN, /

Seize figurants.   Seize figurantes.   Huit enfants.   Six élèves.

Orchestre.

MM. Ch. HANSSENS *aîné*, maître de musique.
DEWINDT, sous-chef.

8 *premiers violons.* — 8 *seconds violons.* — 3 *altos.* — 6 *violoncelles.* — 3 *contrebasses.* — 2 *bassons.* — 3 *flûtes.* — 2 *hautbois.* — 2 *clarinettes.* — 2 *cors.* — 2 *trompettes.* — 1 *timbalier.*

M. MONNIER, régisseur.

Guillaume Cassel, né à Lyon, le 12 octobre 1794, mort à St-Josse-ten-Noode lez-Bruxelles, le 9 septembre 1837, se destinait d'abord au barreau ; mais, pour se soustraire à la conscription, il embrassa la carrière artistique. En sortant du Conservatoire de Paris, il alla en province ; puis à l'Opéra-Comique, d'où il sortit à la suite de discussions assez vives avec Guilbert de Pixérécourt. Il fut nommé professeur au Conservatoire de Bruxelles, en 1833.

Elisa Verneuil venait de la Comédie-Française. En 1830, elle retourne à Paris, et elle entre successivement à l'Odéon et à la Gaieté ; nous la retrouverons à Bruxelles en 1841 et 1845.

Empressons-nous d'enregistrer deux innovations très heureuses :

Le succès remporté par quelques productions belges avait encouragé les auteurs du pays ; les manuscrits arrivaient en grande affluence. Pour en faire le choix, on institua un *Comité de lecture*.

Puis, sous la direction de Petipa, un *Conservatoire de danse* fut annexé au théâtre. Les cours se donnaient quatre fois par semaine — les parents s'engageaient à laisser paraître les enfants sur la scène, si besoin était ; — un concours à l'admission dans le corps de ballet avait lieu tous les ans.

En juillet, éclate une affaire qui a passionné la ville et dont toute

---

26 avril, Mlle Lebrun, de la Comédie-Française, débute dans l'emploi des soubrettes ; — 28 avril, Mlle Schaffner, jeune amoureuse, *Blaise et Babet;* — 5 mai, Cassel, baryton, *Nouveau Seigneur du village, Zoraïme et Zulmar;* — 7 mai, Mlle Verneuil, de la Comédie-Française, *l'École des Vieillards;* — 8 mai, Berthault, premier comique, Baudot, grimes, Mme Lesscher-Ternaux ; — 11 mai, Ragaine, premier danseur ; — 12 mai, Damoreau, première haute-contre, *Joseph, les Deux prisonniers;* — 13 mai, Mme Daudel, mère noble, *les Femmes savantes;* — 19 mai, concert de Mlle Catherine Canzi, prima donna des théâtres de l'Italie ; — 26 mai, concert de Sigismond Mond, violoniste, âgé de 15 ans, Mlle Dorus, cantatrice ; — 1er juin, début de Mlle Marialny, *Jean de Paris ;* — 27 et 29 juin, représentations hollandaises de la troupe Majofski ; — du 12 juillet au 6 août, douze représentations de Mme Paul Montessu, première danseuse de l'Académie de musique de Paris. Aux trois dernières, parut son mari, danseur à l'Opéra.

la presse s'est occupée. On se rappelle les troubles survenus au sujet de Mlle Lesueur. Celle-ci, dont la maladie persistait, se retira définitivement et fut remplacée par Mme Benoni, le 26 juin. Quelques jours plus tard, il se produisit au théâtre une scène d'une extrême violence : Mme Lesscher-Ternaux, n'ayant pas eu la faveur de plaire et occasionnant certains désordres, une ordonnance des plus sévères fut publiée. Mais rien n'y fit. Le 5 juillet, Mme Lesscher-Ternaux paraissait dans *la Pie voleuse* et était accueillie, comme à l'ordinaire, par des sifflets. Les agents de police veulent imposer silence, les siffleurs résistent ; il s'ensuit une bagarre, dans laquelle la moitié du public est entraîné hors de la salle ; des attroupements se forment sur la place, la garde du poste arrive, on fait des arrestations, on transporte les blessés : une véritable émeute. Pendant ce temps, le même désordre régnait dans les coulisses. Deux acteurs se battirent le lendemain au pistolet et l'un d'eux eut plusieurs doigts de la main fracturés.

Mme Lesscher-Ternaux quitta Bruxelles dans les vingt-quatre heures. Une quinzaine de prévenus étaient mis en cause dans ce procès. Quatre jeunes gens, qu'on avait arrêtés, furent libérés sous

---

Du 4 septembre au 5 octobre, Mlle Folleville, qui avait commencé à Bruxelles par les rôles d'enfants, et qui revint, comme première chanteuse du Théâtre de Lyon, donne quatorze soirées ; elle chante les opéras suivants : *le Barbier de Séville* (Rosine), 4 et 19 septembre, *l'Irato* (Isabelle), 6 septembre, *la Jeune femme colère* (Rose), 6 septembre, *le Marquis de Tulipano* (Velbina), 8 septembre, *les Deux prisonniers* (Clara), 8 septembre, *le Concert à la Cour* (Adèle), 10 et 26 septembre, *le Calife de Bagdad* (Késie), 10 septembre et 5 octobre, *la Dame blanche* (Anna), 13 septembre, *le Billet de loterie* (Adèle), 15 septembre, *le Devin de village* (Colette), 15 septembre, *la Neige* (Mlle de Wedel), 17 septembre, *la Fausse Agnès* (Angélique), 21 septembre et 5 octobre, *le Petit matelot* (Fulbert), 21 septembre, *le Valet de chambre* (Denise), 26 septembre et 3 octobre, *le Maçon* (Henriette), 28 septembre, *le Bouffe et le tailleur* (Célestine), 28 septembre et 1er octobre, *Paul et Virginie* (Virginie), 3 octobre ; — 24 octobre, première apparition de Mme Saint-Ange, *Tableau parlant ;* — 1er novembre, nouveau concert de Mond, Mlle Folleville, Mme Saint-Ange ; — 7 novembre, Constant, de passage, joue Delmar, dans *l'École des vieillards ;* — 13 novembre, premier concert d'Auguste-Charles de Bériot, qui s'intitulait alors *violon de S. M. le Roi de France ;* — 16 novembre, Caroline Linsel (Mme Henri Monnier) remplace Mlle Schafner dans *le Billet de loterie ;* — 14 décembre, nouveau ballet de Petipa, *Jocko, ou le singe du Brésil ;* — 22 décembre, réapparition de Monrose, du Théâtre-Français, une seule représentation ; — 27 décembre, Brocken, élève de Drouet, première flûte de la chapelle du roi de Saxe, joue dans un entr'acte ; — 3 janvier, concert de François-René Gebauer, basson, et de sa fille Herminie ; — 22 janvier, début de Mlle Bernardin, danseuse, dans *Cendrillon;* audition de Major, premier prix de piano du Conservatoire de Paris, qui joua des variations sur l'air *Au clair de la lune ;* — du 15 mars, série de représentations de M. et Mme Lagardère, premiers rôles tragiques.

caution ; mais l'éditeur du *Courrier des Pays-Bas*, ainsi qu'un M. Levae, furent moins heureux ; Levae fut condamné à un mois de prison et l'éditeur à 50 florins d'amende, tous deux aux frais.

Des mesures rigoureuses furent prises pour l'avenir, et ainsi finit cette malheureuse affaire, qui avait un moment affolé le public de la Monnaie.

Au chapitre nécrologique de l'année, nous avons à enregistrer (25 septembre) la mort de Linsel (Pierre-Claude Peguchet), à l'âge de 52 ans. Les artistes célébrèrent un service funèbre, sous la direction d'Hanssens.

Le mois suivant (19 octobre) mourait, à Paris, Talma, qui avait été au nombre des *Comédiens ordinaires du roi Guillaume*. Le personnel de la Monnaie porta le deuil pendant quarante jours. On plaça au foyer le buste du grand tragédien, œuvre payée avec le produit d'une souscription, et un spectacle fut donné à sa mémoire, avec une grande scène lyrique, intitulée : *Hommage à la mémoire de Talma*, paroles de Romieu, musique de Hanssens et de Cassel, ballet de Petipa.

Avant cette pièce de circonstance, on avait représenté une tragédie reçue à la Comédie-Française, mais interdite par la censure : *La mort de Charles Ier*, 3 actes en vers, de Charles Ricquier. En voici la distribution :

Charles Ier	M. Bouchez.
Marie-Henriette	Mme Charles Ricquier.
Le duc de Glocester	la petite Bouchez.
Cromwell	MM. R*** (Charles Ricquier).
Bernardi, ministre chrétien envoyé de Rome	Folleville.
Fairfax, Briginthom, Falklann, membres du Parlement et de la Haute-Cour	Falberg, Alphonse et Leroux.

Le 9 novembre, début de Mlle Dorus, dans le rôle de la Princesse de Navarre, de *Jean de Paris*. Cette artiste abordait les planches pour la première fois.

Mlle Julie-Aimée-Josèphe Steenkiste — dite Dorus, du nom de sa mère — était fille du chef d'orchestre de Valenciennes, qui lui donna les premières leçons. Elle se perfectionna au Conservatoire de Paris et se produisit d'abord dans quelques concerts. L'administration du Grand Théâtre de Bruxelles, dont elle avait attiré l'attention, la confia à l'acteur Cassel ; six mois après, son succès fut tel qu'on lui signa immédiatement un contrat de trois ans. En 1833, elle épousa

M. Gras, premier violon de l'Opéra, et on sait combien est devenu célèbre le nom de Dorus-Gras. Née le 7 septembre 1804, la respectable femme est aujourd'hui la doyenne de toutes les actrices de France et de Navarre.

Le 27 novembre, concert de musique italienne, singulièrement accueilli par le public. Mlle Pagliardini, Mme Iseglio, M. Franceschi s'y faisaient entendre. Donnons, pour terminer, le récit humoristique de cette soirée par le journal *l'Aristarque* :

Concert Italien au Grand-Théâtre.

De mémoire de musicien, on n'a entendu un concert plus grotesque que celui qui a eu lieu lundi dernier (27 novembre) à la grande salle de spectacle, en présence de deux cents amateurs, alléchés par la musique de Rossini et de Cimarosa, et par des noms italiens. Et quels étaient les acteurs de ce concert ? *Un vieux bouffe*, dont la figure est calquée sur celle du fameux grimacier de *Tivoli*, à Paris ; ayant usé depuis longtemps sa voix dans les rangs d'un théâtre de troisième ordre ; et, dans l'impossibilité où il est de se faire entendre, voulant à toute force se faire remarquer par ses contorsions ; à cela près, ne manquant pas d'aplomb.

Un ténor à la figure chaffouine et au teint cuivré, pourvu d'une de ces grosses voix rauques, excellentes pour crier au feu, et *passant du doux au grave* avec une brusquerie d'intonation capable de faire pouffer de rire le plus grave habitant d'Amsterdam.

Une prima dona, à qui on aurait tenu compte d'un peu de voix, de méthode et de goût, s'il lui avait convenu de chanter juste, mais filant des sons faux avec une assurance imperturbable.

Une petite personne assez gentille,

Et de quinze ou seize ans doucement tourmentée,

possédant tout juste autant de voix qu'il en faut pour chanter dans un repas de famille : *Ah ! vous dirai-je, maman, etc.*

Et enfin, *une espèce de figurante,* dont la tournure, la figure et la voix sont également insignifiantes, et qui se trouvait là comme une cinquième roue à un carrosse.

Pour compléter le tableau de cette soirée, on peut y joindre le parterre le plus poli et le plus galant, applaudissant ce qui aurait mérité cent coups de sifflets, faisant taire les murmures et les ris ironiques, et rappelant, par son indulgence, ce mot si connu : *il faut que chacun vive.*

1827-28. **Comédie et Tragédie.**

Acteurs.

Messieurs :
Charles Ricquier, premier rôle.
Folleville, pères nobles.
Bouchez, forts jeunes premiers.
Lemoigne, jeune premier.
Duval, financier.
Falberg, pères nobles.
Berthault, premier comique.

Actrices.

Mesdames et Mesdemoiselles :
Charles Ricquier, premier rôle.
Verneuil, jeune première.
Roussellois, caractères.
Daudel, mères nobles.
Lebrun, soubrette.
Lemoigne, deuxième amoureuse.
Caroline Linsel, troisième amoureuse.

Perceval, \
Juillet, } deuxièmes comiques.
Baudot, \
Biget, } grimes.
Alphonse, troisièmes comiques.
Louis, \
Vautrin, } rôles de convenance.

Margery, \
Aglaé, } rôles de convenance.

Opéra.

Chanteurs.

Messieurs :
Damoreau, \
Delos, } hautes-contre.
Fouchet, /
Cassel, barytons et concordans.
Adolphe, \
Dessessarts, } premières basses-tailles.
Perceval, \
Juillet, } hautes-contre comiques.
Falberg, \
Alphonse, } deuxièmes basses-tailles
Leroux, /
Louis, \
Alexandre, } coryphées.

Chanteuses.

Mesdames et Mesdemoiselles :
Lemesle, \
Dorus, } premiers dessus.
Sallard, /
Constant-Langlade, deuxième dessus.
Roussellois, première duègne.
Daudel, mère Dugazon.
Caroline Linsel, deuxième chanteuse.
Eugénie Fay, coryphée.
Margery, \
Vanhamme, } rôles de convenance.
Aglaé, /

Chœurs.

Dix-huit hommes.   Dix-huit femmes.

Ballet.

Danseurs.

Messieurs :
Petipa, maître de ballets et premier mime.
Leblond, \
Laserre, } premiers danseurs.
Stroyhaver, deuxième danseur.
Laurençon, \
Calais, } mimes.
Bartholomin, rôles nobles.
Gouriet, pères.

Danseuses.

Mesdames et Mesdemoiselles :
Martin, \
Leroux, \
Leblond, } premières danseuses.
Adeline, /
Batier, \
Bartholomin, } deuxièmes danseuses.
Margery, \
Gosselin, } mimes.
Pauline, coryphée.

Seize figurants.   Seize figurantes.   Huit enfants.

Orchestre.

MM. Hanssens *aîné*, maître de musique.
Daubigny, répétiteur.
Hanssens *jeune*, répétiteur des chœurs.
Quarante-quatre musiciens.

M. Monnier, régisseur.

L'administration des théâtres royaux était confiée, comme précédemment, au Ministre de l'Intérieur et au comte de Liedekerke, *grand-maréchal du palais*.

Mlle Cinti, première chanteuse de l'Opéra et du Théâtre Italien, ayant eu des difficultés avec l'Académie de Musique, vient donner quatre représentations, du 26 juillet au 3 août, et c'est pendant ce temps qu'elle épouse le ténor Damoreau.

Au bout de six mois, celui-ci, — se trouvant probablement isolé, loin de sa nouvelle épouse, — va la rejoindre à Paris, sans souci de ses engagements. Le 7 avril, on annonce un changement de spectacle, « vu l'absence de M. Damoreau, en contravention de ses traités avec l'administration ». Cette fugue fut vertement critiquée. On en voulait au ténor du mépris qu'il montrait à l'égard du public, de son directeur et de ses camarades. Un journaliste voulait apprendre à tout Paris que Damoreau ne faisait pas seulement « des solécismes en chant, mais encore en conduite ». La Commission Royale fit assigner l'artiste, et le tribunal le condamna à payer « 2,835 florins, par lui dus à la caisse des pensions, plus les intérêts de cette somme et de toutes autres qu'il pourrait devoir, avec dépens et dommages-intérêts ».

Ce départ donna lieu à un autre incident, sur lequel la lettre suivante va nous éclairer entièrement :

A Messieurs les rédacteurs de LA SENTINELLE.

Messieurs, un journal a dit, et d'autres ont répété, que MM. Cassel et Dessessart avaient été dimanche dernier accompagner leur camarade Damoreau, partant pour Paris : qu'arrivés à Hall, ils s'étaient livrés à des libations bachiques telles, que, de retour à Bruxelles, ils n'avaient pu remplir les engagements par eux contractés de chanter au concert de la *Société d'Apollon.*

Pleins de respect pour le public, auquel nous eussions essentiellement manqué, nous nous

---

23 avril, Desroches, du Grand Théâtre de Lyon, joue Victor, dans *les Comédiens* ; — du 25 avril, quatre représentations de M. et Mme Lagardère ; — 26 avril, débuts des danseurs M. et Mme Leblond, Mlle Leroux ; — 1er mai, début d'Adolphe, première basse-taille, Rolando, de *la Caverne;* — 7 mai, Laserre, premier danseur dans *la Fille mal gardée;* — 10 mai, Mme Martin, première danseuse et mime, *Nina;* — 21 juin, Foignet, du Théâtre de Gand, chante Figaro du *Barbier de Séville* ; — 28 juin, Mme Sallard, première chanteuse, débute dans *Montano et Stéphanie;* — 5 juillet, concert des frères Bohrer ; — 7 août, Romainville, élève de Paulin, se fait connaître dans *le Légataire Universel;* — 10 août, Mme Delonghi-Mœser, première harpiste et directrice des concerts de Berlin ; — 13 août, concert du pianiste Camille Petit ; — 23 août, concert du flûtiste Drouet ; — 10 septembre, reprise de l'opéra indigène *Teniers ou la Noce flamande;* — 23 octobre, concert de Mlle Caroline de Belleville, pianiste de Munich, Borini, basson ; — du 3 décembre, série de représentations de Derivis ; — 3 et 7 janvier, représentation de Mme Chevalier-Branchu ; 28 février, Mlle Perceval, danseuse de l'Opéra de Paris, Mazas, violoniste ; — 12 mars, Harndorff, chef de musique du régiment suisse n° 31, se fait entendre dans un entr'acte ; — 21 mars, premier début de Virginie Maufou, élève de Bouchez, *les Fausses infidélités.*

devons de déclarer qu'il est faux et très-faux que nous soyons allés à Hall. Que moi, Cassel, avais prévenu les administrateurs du concert qu'étant, après la représentation du *Siège de Corinthe*, hors d'état, non-seulement de chanter, mais même de parler, ils ne comptassent pas sur moi. Mon indisposition était telle que je ne sortis pas de ma chambre les dimanche et lundi.

Que moi, Dessessart, ai prévenu MM. les directeurs du concert, et ce depuis près de quinze jours, que ne chantant à aucun concert public ou particulier, je les priais de ne point me porter sur le programme ; que je n'ai assisté à aucune répétition, et qu'il était bien convenu que je ne chanterais pas.

Je déclare que dans la journée de dimanche, je ne suis sorti de chez moi que pour me rendre à la loge de l'*Espérance*, où des devoirs particuliers m'appelaient.

Il serait indigne de nous, Messieurs, de chercher à nous disculper du vice honteux dont on ose nous accuser ; et notre seul but, en vous priant d'insérer cette lettre dans votre journal, est d'informer le public que l'on nous a injustement et faussement accusés.

Nous sommes avec la considération la plus distinguée,

Vos très humbles serviteurs,

DESSESSART.   CASSEL.

Bruxelles, le 4 avril 1828.

Spectacle gratuit — en matinée — le 14 août, pour le Roi des Pays-Bas et à l'occasion de sa fête : *Le Déserteur*, ballet de Daubervallet, *le Pensionnat de jeunes demoiselles*, opéra de Devienne.

Le 12 septembre, concert de Julius Miller, compositeur, *ex-premier ténor de l'Électeur de Hesse-Cassel et du duc de Cambridge*. Le flûtiste Drouet et le jeune Artot lui prêtèrent leur concours. Alexandre-Joseph Montagney, dit Artot, page de la musique de Charles X, roi de France, avait vu le jour à Bruxelles, le 25 janvier 1815 ; élève de Snel, il joua devant le Roi Guillaume Ier, à l'âge de 6 ans et, plus tard, le Conservatoire de Paris l'admit au nombre de ses pensionnaires. Il devint célèbre à l'égal de ses émules : Bériot, Vieuxtemps, etc., et mourut à Ville-d'Avray, près Paris, le 20 juillet 1845, au moment où il venait de recevoir l'Ordre de Léopold.

Le baron de Peellaert donne un nouvel opéra le 25 septembre : *L'Exilé*, 2 actes, paroles de Ach. Dartois, Anne et de Tully. Cette pièce avait été jouée, l'année précédente, au Vaudeville de Paris.

En octobre, Mlles Romanine, *artistes orichalciennes*, nous ramènent les spectacles forains.

---

30 mars, grand concert, par *la Société d'Apollon*, au bénéfice de la Caisse de retraite ; — 9 avril, première apparition de Mimi Dupuis, célèbre danseuse de l'Opéra de Paris ; — du 10 au 16 avril, trois représentations de Lafeuillade ; — 18 avril, dernière représentation de Bouchez.

Déjà, on avait eu le célèbre Mazurier, premier mime et premier danseur comique de la Porte Saint-Martin. On raconte de lui les choses les plus étonnantes. Il était disloqué d'une façon inimaginable, d'une force peu commune et d'une adresse surprenante. Mazurier, considéré comme un véritable *artiste*, avait le talent d'un mime plein d'expression, excitant tour à tour le rire et les larmes. Dans un petit drame, intitulé *Jocko, ou le singe du Brésil*, après avoir égayé toute la salle, cousu dans sa peau de singe, par les gambades et les contorsions les plus extraordinaires, il arrachait des pleurs de tous les yeux par le spectacle de sa mort, bien que le masque dont son visage était recouvert ne lui laissât que le regard et le geste pour exprimer ses angoisses et ses souffrances. « C'est lui qui exécuta, le premier, l'exercice périlleux qui consistait à sauter sur le rebord des loges et des galeries, en costume de singe, et à faire ainsi à quatre pattes le tour de la salle deux ou trois fois, aux divers étages, excitant les cris de joie, de gaieté ou de frayeur des femmes ou des enfants. » (1)

Pendant neuf représentations, il parut dans *Jocko* et dans *Polichinelle vampire*, ballet qui lui donna l'occasion de danser un pas sur des échasses. Il se montra même dans un vaudeville à transformations, où il jouait trois rôles. Quelques mois après, Mazurier mourait d'une maladie de poitrine, à peine âgé de trente ans.

Les 12 et 14 décembre, l'affiche porte :

PAR EXTRAORDINAIRE. — *Les Chefs guerriers et Femmes Osages*, au nombre de six, assisteront à cette représentation, placés au fond de la première galerie, en face du Théâtre.

Quelques jours plus tard, il y eut à la Monnaie une telle affluence qu'on dut refuser du monde. La plus célèbre cantatrice de l'époque, Henriette Sontag, donnait son premier concert. Elle venait de Berlin pour se rendre à Paris, où elle débuta au Théâtre Italien.

On sait qu'elle épousa ensuite le comte de Rossi.

1827-28. — Ouverture, le 20 avril.

Comédie et Tragédie.

Acteurs.	Actrices.
Messieurs :	Mesdames et Mesdemoiselles :
CHARLES RICQUIER, premiers rôles.	CHARLES RICQUIER, premiers rôles.
JENNEVAL, jeunes premiers.	VERNEUIL, jeunes premières.

(1) Pougin. *Dictionnaire du Théâtre*.

LEMOIGNE, jeunes premiers et seconds amoureux.
FOLLEVILLE, pères nobles.
DUVAL, financiers.
BOSSELET, troisièmes rôles.
BERTHAULT, premiers comiques.
JUILLET, } seconds comiques.
PERCEVAL, }
ALPHONSE, troisièmes comiques.
VAUTRIN, rôles de convenance.

LEMOIGNE, deuxième et troisième amoureuse.
CAROLINE LINSEL, troisième amoureuse.
LEBRUN, soubrettes.
ROUSSELLOIS, caractères.
DAUDEL, mères nobles.
BOSSELET, deuxièmes caractères.
MARGERY, utilités.

Opéra.

Chanteurs.

Messieurs :

ALPHONSE DAPREVAL, }
DELOS, } hautes-contre.
FOUCHET, }
OUDINOT, Philippe.
CASSEL, Martin.
ADOLPHE, } basses-tailles.
EUGÈNE DESSESSARTS, }
PERCEVAL, Trial, Laruette.
JUILLET, Trial.
ALPHONSE, } deuxièmes et troisièmes
LEROUX, } basses-tailles.
ARNAULT, coryphée.

Chanteuses.

Mesdames et Mesdemoiselles :

DORUS, } premières chanteuses.
LEMESLE, }
CONSTANT-LANGLADE, Dugazon.
CORINALDI, deuxième chanteuse.
CAROLINE LINSEL, troisième chanteuse.
ROUSSELLOIS, duègnes.
DAUDEL, mères Dugazon.
VAUTRIN, troisième chanteuse.
EUGÉNIE FAY, coryphée.

Chœurs.

Dix-huit hommes.   Treize femmes.

Ballet.

Danseurs.

Messieurs :

PETIPA, maître de ballets, premier mime.
LEBLOND, } premiers danseurs.
LASSERRE, }
STROYHAVER, deuxième danseur.
BARTHOLOMIN, mime et rôles nobles.
GIREL, premier danseur comique.
LEMONNIER, deuxième danseur comique.

Danseuses.

Mesdames et Mesdemoiselles :

MARTIN, }
LEROUX, } premières danseuses.
LEBLOND, }
BARTHOLOMIN, } deuxièmes et troi-
LOUISE LEMONNIER, } sièmes danseuses.
PAULINE LEMONNIER, }
GOSSELIN, } coryphées
MARGERY, }
LA PETITE BENONI, les amours.

Seize figurants.   Seize figurantes.   Huit enfants.

Orchestre.

MM. CH. HANSSENS, maître de musique.
DAUBIGNY, répétiteur et maître de musique pour ballets.
C.-L. HANSSENS jeune, deuxième maître de musique, répétiteur des chœurs.
Quarante-quatre musiciens.

M. MONNIER, régisseur.

Jenneval, qui figure en tête de la troupe dramatique, était appelé à tenir une grande place, non seulement dans l'histoire du Théâtre de la Monnaie, mais encore dans l'histoire de la Belgique. Il débuta, le 29 avril, dans *les Comédiens*. Jeune et d'un extérieur agréable, il fut tout de suite remarqué, en dépit de sa voix, dont le timbre était quelque peu voilé, — défaut qu'il rachetait par la chaleur et la force d'articulation. Louis-Alexandre-Hippolyte Dechez (chevalier), dit Jenneval, naquit à Lyon, en 1803. Il était le frère utérin de Lamarche, auteur du *Marchand de Venise*, et avait débuté à l'Odéon.

Deux jours après l'ouverture, Auguste Nourrit, frère du célèbre artiste, se produit dans Georges, de *la Dame blanche*. On voulait peut-être exiger qu'il fût digne du nom fameux qu'il portait, et on le siffla de telle sorte qu'il ne tenta pas une seconde épreuve.

La Sentinelle, nouvel opéra indigène, parut le 14 mai. Dewindt, chef d'orchestre du Théâtre d'Anvers, en avait écrit la musique sur le livret d'un ancien vaudeville de Dartois. En dépit d'une distribution qui comprenait les meilleurs sujets de la troupe, cet ouvrage n'eut que deux représentations.

Quelques mois plus tard, Adolphe Nourrit donne une série de représentations et, le 14 octobre, *le Siège de Corinthe* met en scène le père et le fils.

Nous avons à signaler un incident des plus fâcheux — à tous les points de vue. Six vols avaient été commis dans le théâtre. Les époux Leblond, qui faisaient partie du ballet, se plaignaient notamment d'avoir été victimes d'une escroquerie de 350 florins, qui avait eu lieu dans le foyer même. On accusa le danseur Laurençon. Celui-ci fut emprisonné, jugé et condamné à un an de prison ; il en appela : le premier arrêt fut cassé aux applaudissements de l'audi-

---

23 avril, dernière représentation de Mimi Dupuis, première apparition de Becquet élève de Roucourt, dans *le Nouveau Seigneur de village*; — 25 et 28 avril, Oudinot, artiste de passage, *Euphrosine, Jeannot et Colin, le Délire*; — 30 avril et 5 mai Lecomte, premier ténor de l'Odéon de Paris ; — 13 mai, début de Mlle Corinaldi, troisième amoureuse, *le Billet de Loterie*; — du 15 mai, treize représentations de M. et Mme Lemonnier, de l'Opéra-Comique ; — 28 mai, début de Oudinot, définitivement engagé ; — 18 mai, première apparition du danseur Lemonnier ; — 19 juin, première d'un ballet en trois actes, du danseur Bartholomin, *le Triomphe de Sylla ou le Siège de Préneste*, musique de Ch. Hanssens jeune ; — 9 juillet, Emeric, première haute-contre, de Th. de La Haye, *Fernand Cortez*; — 7 août, reprise de *la Naissance de Vénus et de l'Amour*, ballet de Petipa ; — 12 août, Baumont, danseur de l'Opéra de Paris ; — 21 août, Mme Arnault, dugazon, *Fanchette* et *les Deux jaloux*.

toire et Laurençon remis en liberté. Mais le public n'accueillit pas ainsi cette décision :

> *De Bruxelles, le 29 juillet 1828.* — La soirée de hier a été, au Grand-Théâtre, une des plus orageuses qui se soient vues depuis longtemps. Au moment où, dans le ballet des *Deux baillis, ou les vendangeurs*, l'acteur Laurençon a paru sur la scène, un bruit épouvantable d'applaudissemens, de sifflets, de cris et de huées a commencé et s'est renouvelé chaque fois qu'il rentrait en scène. Le ballet a néanmoins continué ; mais des rixes particulières s'étant élevées dans le parterre, la police a cru de son devoir de faire baisser le rideau. Un bruit à peu près pareil et la voix de plusieurs personnes qui demandaient Laurençon se sont fait encore entendre pendant un quart d'heure, enfin la salle a été évacuée lentement et sans désordre. Une foule nombreuse était rassemblée à l'extérieur pour connaître le résultat de la soirée.

Ce n'est pas tout. Le désordre qui s'était produit dans le théâtre, se renouvelle au dehors. Dans l'estaminet bien connu : *Au Doux*, éclate une rixe presque sanglante dans laquelle se compromettent Vautrin, employé du Théâtre de Liége, un tailleur, nommé Janssens, et deux artistes de la Monnaie, Dessessarts fils et Huot. Les deux premiers eurent à encourir une légère condamnation.

Laurençon quitta Bruxelles après sa triste mésaventure et fut remplacé par Girel, qui débuta dans *les Meuniers*.

Le 30 octobre, au bénéfice de la Caisse des pensions, « première » de *Mazaniello, ou le pêcheur napolitain*, de Carafa.

Le 12 février fait connaître *la Muette de Portici*, qui devait, l'année suivante, donner le signal des troubles révolutionnaires. Elle ne fut donc pas jouée pour la première fois en 1830 — comme

---

1er septembre. Mme Amélie Schutz, se rendant à Londres, *Barbier de Séville* ; — 3 septembre, début du ténor Alphonse Dapreval, *Jean de Paris* ; — du 4 septembre, quatre représentations de Mme Rosier, née Aumer ; — du 17 septembre, série de représentations d'Adolphe Nourrit ; — 13 novembre, Mlle Maria, première danseuse, *les Pages du duc de Vendôme* ; — 20 novembre, première audition de Vieuxtemps, violoniste, âgé de huit ans, dans un grand concert, donné par Jean Mengal jeune, premier cor du roi de France ; — 25 novembre, première apparition de Sirant, premier ténor de l'Opéra-Comique ; — 10 décembre, Mlle Lucie Vander Biest, élève de Bosselet, *Tartuffe* (Dorine) ; — 18 décembre, concert du flûtiste Guillou ; — 23, 26 et 29 décembre, Gavaudan, ancien directeur de la Monnaie ; — 25 décembre concert de la *Société d'Apollon* ; — 8 janvier, Schmitt, père et fils, exécutent des variations sur le trombone ; — 29 janvier, *le Conscrit, ou les petits braconniers*, ballet du danseur Girel, musique de Charles-Louis Hanssens (jeune) ; — 8 mars, nouveau ballet de Petipa, *les Enchantemens de Polichinelle*, musique de Snel et de C.-L. Hanssens (jeune) ; — 24 mars, Constant Langlade « se destinant au théâtre » chante Zulnar, dans *Zoraïme et Zulnar* ; — 1er avril, les frères et sœurs Rainer, *Ménestrels tyroliens*, paraissent dans un intermède, sous le costume du pays ; — 7 avril, le violoniste gantois Ghys exécute un air de sa composition.

on le croit volontiers. En voici la distribution, qu'on pourra comparer avec celle que nous donnerons lors de ces mémorables événements :

Mazaniello	MM. Sirant.
Alphonse	Fouchet.
Pietro	Cassel.
Borrella	Dessessarts.
Moreno	Juillet.
Lorenzo	Arnault.
Fenella	Mme Martin.
Elvire	Mlles Dorus.
Selva	Alphonse.
Une dame	Eugénie Fay.

L'opéra d'Auber obtint le plus grand succès. La Famille Royale tout entière assistait à la représentation, ne se doutant pas des funérailles que préparait cette pièce à la dynastie des Nassau.

La Muette de Portici fut jouée douze fois et clôtura la saison (20 avril).

La campagne suivante s'ouvrait le lendemain. On voit que le théâtre ne fermait pas. Les abonnements avaient lieu *par mois*, à raison de *vingt représentations*. Les engagements d'artistes mentionnaient le 20 avril, pour fin ou renouvellement.

1829-30. **Comédie et Tragédie.**

Acteurs.

Messieurs :

Charles Ricquier, premiers rôles.
Jenneval, jeune premier.
Lemoigne, jeune premier et second amoureux.
Folleville, père noble.
Duval, financier.
Bosselet, troisième rôle.
Berthault, } premiers comiques.
Stocklet, }
Juillet, }
Perceval, } seconds comiques.
Alphonse, }
Vautrin, rôles de convenance.

Actrices.

Mesdames et Mesdemoiselles :

Charles Ricquier, premiers rôles.
Verneuil, jeune première,
Lemoigne, seconde et troisième amoureuse.
Caroline Linsel, troisième amoureuse.
Lebrun, soubrette.
Roussellois, caractères.
Daudel, mère noble.
Bosselet, second caractère.
Margery, utilités.

Opéra.

Chanteurs.

Messieurs :

Lafeuillade, } premières hautes-contre.
Fouchet, }

Chanteuses.

Mesdames et Mesdemoiselles :

Dorus, } premières chanteuses.
Lemesle, }

HENRY JOLLY, Philippe, Gavaudan.
CASSEL, Martin.
REY, } premières basses-
EUGÈNE DESSESSARTS, } tailles.
PERCEVAL, }
JUILLET, } Trial, Laruette.
ALPHONSE, }
LEROUX, } deuxièmes basses-tailles.
ARNAULT, coryphée.

CONSTANT LANGLADE, Dugazon.
CORINALDI, } deuxièmes et troisiè-
CAROLINE LINSEL, } mes chanteuses.
ROUSSELLOIS, duègne.
DAUDEL, mère Dugazon.
VAUTRIN, troisième chanteuse.
EUGÉNIE FAY, coryphée.

Chœurs.

Dix-huit hommes. Treize femmes.

Ballet.

Danseurs.

Messieurs :
PETIPA, maître de ballets, premier mime.
LEBLOND, }
LASSERRE, } premiers danseurs.
STROYHAVER, deuxième danseur.
BARTHOLOMIN, mime et rôles nobles.
GIREL, premier danseur comique.
LEMONNIER, deuxième danseur comique.

Danseuses.

Mesdames et Mesdemoiselles :
MARTIN, }
LEROUX, } premières danseuses.
BARTHOLOMIN, }
LOUISE LEMONNIER, } deuxièmes danseuses.
Trois coryphées.

Orchestre.

MM. C. HANSSENS, maître de musique.
DAUBIGNY, répétiteur et maître de musique pour les ballets.
C.-L. HANSSENS *jeune*, second maître de musique, répétiteur des chœurs.

M. MONNIER, régisseur.

Le premier début à signaler est celui de Lafeuillade (22 avril), dans Georges, de *la Dame blanche*.

Lafeuillade était né au Pouget, canton de Gignac, le 24 octobre 1799. Entré au Conservatoire de Paris, en 1819, il chanta à l'Opéra,

---

29 avril, Mlle Dorsan, élève de l'Ecole de musique bruxelloise, débute dans le rôle de Fanchette, *les Deux jaloux* ; — du 5 mai, série de représentations de Mlle Langle, première chanteuse ; — 11, 14 et 18 mai, Rey, basse-taille ; — 14 mai, Demunck, célèbre violoniste, élève de Pauwels ; — 20 juin, concert de Théodore Hauman, de Bruxelles, violoniste ; — 25 juin, François Baumaun, d'Ostende, 1er prix de basson du Conservatoire de Paris ; — 26 juillet, *les Petites Danaïdes*, ballet de Petipa, musique de Snel ; — 30 juillet, Théodore, seconde haute-contre, « désirant se faire connaître », paraît dans le comte Roger, du *Petit Chaperon rouge* ; — 1er et 11 septembre, Mlle Montano, ex-première cantatrice des théâtres de Paris et de Naples, *Barbier de Séville*, *la Pie voleuse* ; — 19, 22, 26 octobre, Mlle Saint-Romain, première danseuse du Théâtre Royal de Berlin, élève de Titus ; — 12 novembre, concert de Terby, violoniste, et L. Coninx, flûtiste ; — 7 et 14 décembre, 11 janvier, Mlle Duchesnois, *Phèdre*, *Mérope*, *Jeanne d'Arc*.

tout en suivant les classes de chant. Deux ans plus tard, ses études étant terminées, il débute à Rouen. Son succès fut tel que le marquis Lauriston, surintendant des Beaux-Arts, fit rompre son engagement, et le rappela au Grand-Opéra. Il débute ensuite à l'Opéra-Comique et y reste jusqu'au moment d'arriver à Bruxelles. Lafeuillade retourna ensuite à la salle Favart et mourut à Montpellier subitement, le 9 mai 1872 (1).

Une troupe de chanteurs allemands occupe le théâtre, du 14 juillet au 12 août, et, à la dernière représentation, on les siffle. L'une de leurs compatriotes, Mme Schutz, cantatrice du Théâtre Italien, de Londres, organisa une représentation de *Tancrède* à leur bénéfice — leur abandonnant sa part de la recette.

Un événement musical, le 11 août : Mme Malibran — alors au Théâtre Italien, de Paris — donne son premier concert à Bruxelles.

PROGRAMME

Première partie.

1. Ouverture à grand orchestre. — 2. Air et variations de *la Cenerentola*, de Rossini, chanté par Mme Malibran. — 3. Concerto pour le violon, composé par Rode et exécuté par M. Th. Hauman. — 4. Duo de la *Semiramide*, de Rossini, chanté par Mme Malibran et Mlle Dorus.

Seconde partie.

5. Fantaisies pour la harpe, sur des airs irlandais, composées par Labarre et exécutées par Mlle D'Esporien. — 6. *Una voce*, air du *Barbier de Séville*, chanté par Mme Malibran. — 7. Fantaisies sur les motifs de *Léocadie*, composées par Lafont et exécutées par M. Hauman. — 8. Tyrolienne chantée par Mme Malibran.

(1) *Le Ménestrel.*

1830. — 4 janvier, au bénéfice de Mlle Lemesle, *la Muette de Portici* ; — 11 janvier, *Jeanne d'Arc à Rouen*, tragédie, avec le concours de Mlle Duchesnois, du Théâtre-Français (Jeanne d'Arc), et de M. Saint-Ernest, élève de Talma (Talbot) ; — 21 janvier, bénéfice de Lafeuillade ; — 26 janvier, première représentation de *le Complot de famille ou le temps passé*, comédie en 5 actes, en vers, de Alex. Duval ; — 28 janvier, au bénéfice de la « Caisse des pensions », première représentation de *les Petits appartements*, opéra en 1 acte, de Dupin et Varner, musique de Berton ; — 11 février, première représentation de *Alfred le grand*, ballet-pantomime en 3 actes et à grand spectacle, par M. Aumer, maître de ballet, musique de W. Robert, comte de Gallenberg, mise en scène par Petipa ; — 13 février, au bénéfice de M. Léon, deuxième représentation de la reprise de *Thérèse*, mélodrame en 3 actes et à grand spectacle, de M. Victor ; — 16 février, au bénéfice de Mlle Verneuil, première représentation de *Henri III et sa cour*, drame historique en 5 actes et en prose, de M. Alexandre Dumas ; — 20 février, au bénéfice de M. Lemoigne, première représentation de *la Seconde année*, vaudeville nouveau en un acte, de MM. Scribe et Mélesville ; — 22 février, première représentation de *le Pied de mouton*, grand ballet-pantomime, féerie-comique en six petits actes, par Bartholomin, musique de

Quelques jours après, l'éminente cantatrice joue Rosine dans *le Barbier de Séville*. Voici la relation de cette soirée, à laquelle assistait toute la Famille Royale.

De Bruxelles, le 12 août 1829. — Le concert de Mme Malibran-Garcia avait attiré hier une affluence extraordinaire au Théâtre-Royal. Nous avons quelquefois eu le bonheur d'admirer des cantatrices de premier ordre, mais nous ne nous rappelons pas qu'aucune ait produit pareil enthousiasme. Comment aussi, à moins de l'entendre, se faire l'idée d'une voix qui offre l'étendue extraordinaire de plus de deux octaves et demie, ce qui donne à son chant, d'ailleurs guidé par un goût exquis, une variété de caractère impossible à toute autre cantatrice. Sans mentionner ses divers morceaux, qui ont tous également charmé, nous ne citerons que son duo avec Mlle Dorus, dans lequel notre jeune première s'est montrée la digne émule d'un talent supérieur; ensuite la romance à refrain tyrolien, et la chanson, en style de *Vadé*, par lesquelles elle a terminé cette agréable soirée. Analyse qui voudra toute la gentillesse et l'originalité de ce dernier morceau; nous nous bornons à dire qu'une triple salve d'applaudissements a accompagné la sortie de l'aimable cantatrice, et que, redemandée ensuite à grands cris, elle est venue recevoir un nouveau tribut de manifestation unanime d'enthousiasme...

La Malibran (Marie-Félicité Garcia) naquit à Paris, le 24 mars 1808. Elle parcourut avec son père — le créateur du rôle de Figaro, dans le *Barbier*, de Rossini — l'Italie, la France, l'Angleterre, et c'est à quinze ans qu'elle commence ses études de chant. Elle fit sa première apparition sur le Théâtre du Roi, à Londres; puis, partit pour New-York, où elle épousa un négociant français, Malibran. Son mariage ne fut pas heureux; elle retourna en France, et, de son entrée au Théâtre-Italien, date sa grande réputation. Malibran

Hanssens jeune, décors de Gineste et Frichot; — 6 mars, première représentation de *Cricri et ses mitrons*, parodie en vers et en cinq tableaux de *Henri III et sa Cour*, par M. Carmouche, Jouslin de la Salle et Dupeuty (au bénéfice de Caroline Linsel); — 13 mars, au bénéfice de M. Juillet, première représentation de *Bonardin dans la lune*, folie en un acte, par M. Honoré; — 18 mars, première représentation de *Guillaume Tell*, grand opéra en 4 actes, paroles de Jouy et Bis, musique de Rossini, divertissements réglés et mis en scène par M. Petipa, décors peints par M. Gineste et machinés par M. Frichot, costumes de Decker et des dames Champion et Lacroix

Guillaume Tell	MM. Cassel.
Arnold Mectal	Lafeuillade.
Walter Furst	Dessessarts.
Mectal, père	Bouchez.
Gesler, gouverneur des cantons de Schwitz et d'Uri. . . .	Rey.
Mathilde, princesse de la maison de Hapsbourg, destinée au gouvernement de la Suisse	Mmes Dorus.
Hedwige, femme de Guillaume Tell	Lemesle.
Jemmy, son fils	Linsel.
Ruodi, pêcheur	MM. Fouchet.
Leuthold, berger	Alphonse.

épouse le violoniste de Bériot et meurt à Manchester (23 septembre 1836), à la suite d'une chute de cheval — à peine âgée de 28 ans, et en pleine gloire. Elle fut enterrée à Laeken et de Bériot lui fit élever un superbe mausolée.

Les artistes étaient protégés par la Reine des Pays-Bas, qui leur donnait des témoignages de sa munificence. C'est ainsi que M{{lle}} Dorus reçut une parure en pierres précieuses ; Hanssens, Cassel et Dessessarts eurent chacun une bague enrichie de diamants.

Le 7 octobre, nous voyons encore *la Muette de Portici*, et pour une représentation de gala en l'honneur du grand duc Constantin de Russie !

Le 9, « première » d'une pièce *indigène* : *Baron chez Molière*, 1 acte en prose, de Prosper Noyer.

DISTRIBUTION :

Molière	MM. CHARLES.
Baron, neveu de Ménard, élève de Molière	JENNEVAL.
Ménard, propriétaire	DUVAL.
Armande	M{{me}} LEMOIGNE.
Lafleur, domestique de Molière	MM. STOKLET.
Mascarille, valet de Ménard	JUILLET.
Un domestique	BREMS.

Le 16 octobre, événement plus rare encore : seconde reprise de *Teniers, ou la noce flamande*, l'opéra du baron de Peellaert.

Puis, deux nouvelles pièces *du cru* : *Alcibiade*, grand-opéra en deux actes, d'Hanssens aîné (30 octobre) ; *le Pied de mouton, ou les aventures surprenantes de dom Niaiso-Sottinez-Jobardi-Godichas de Nigaudinos*, ballet-pantomime en six actes, de Bartholomin, musique de C.-L. Hanssens jeune (22 février).

Jenneval ayant quitté furtivement Bruxelles, pour s'essayer au Théâtre-Français, un journal du temps (1) parle en ces termes de sa fugue :

M. Jenneval nous a quittés à la sourdine pendant la dernière quinzaine de janvier pour aller débuter à la Comédie-Française, et cette hardiesse a eu les plus heureux résultats. Notre

(1) *Gazette Générale des Pays-Bas*.

1830. — 20 mars, au bénéfice de M{{me}} Lemoigne, première représentation de *l'Espionne russe, épisode de 1812*, vaudeville en 3 actes, par MM. Mélesville et Carmouche ; — 29 mars, au bénéfice de M. Fouchet, première représentation de *Une fête de Néron*, tragédie en 5 actes et à spectacle par MM. A. Soumet, de l'Académie française, et Louise Belmontet, ornée de danses par M. Petipa, musique de M. Hanssens jeune.

jeune premier a joué... devant le public des dimanches et des *grands jours de la semaine* au Théâtre-Français, et spectateurs et journalistes se sont accordés à lui trouver de l'âme, une diction variée, de l'aplomb et surtout l'âge requis pour attendre son tour, ce qui veut dire, du moins on l'assure, que l'on a *là-bas* des vues sur lui pour 1831.

Le journaliste ne prévoyait guère le *rôle* que cet artiste jouerait dans la Révolution Belge.

Pour terminer le récit de cette campagne, mentionnons le passage, à la Monnaie (22 février) des sieurs Manche et Doras, *alcides français*, qui vinrent y donner leurs *exercices de force et d'agilité*.

Clôture, le 20 avril.

1830-31. — Ouverture, le 21 avril.

Comédie et Tragédie.

Acteurs.

Messieurs :
CHARLES RICQUIER, premiers rôles.
JENNEVAL, jeune premier.
BOUCHEZ, forts jeunes premiers.
LEMOIGNE, jeune premier et second amoureux.
FOLLEVILLE, père noble.
DUVAL, financiers.
BOSSELET, troisième rôle.
ARNAULT, premier comique.
JUILLET,
PERCEVAL,   } seconds comiques.
ALPHONSE,
VAUTRIN, rôles de convenance.

Actrices.

Mesdames et Mesdemoiselles :
CHARLES RICQUIER, premiers rôles.
VERNEUIL, jeune première.
LEMOIGNE, seconde et troisième amoureuse.
CAROLINE LINSEL,   } troisièmes amoureuses.
AMÉLIE MARGERY,
LEBRUN, soubrette.
ROUSSELLOIS, caractères.
DAUDEL, mère noble.
BOSSELET, second caractère.

Opéra.

Chanteurs.

Messieurs :
LAFEUILLADE,
FOUCHET,   } premières hautes-contre.
DUVERNOY,
HENRY JOLLY, Philippe, Gavaudan.
CASSEL, Martin.
REY,   } premières basses-
EUGÈNE DESSESSARTS,   tailles.
PERCEVAL,   } Trial, Laruette.
JUILLET,
BOUCHEZ, deuxième et troisième basse-taille.
DUCHATEAU, coryphée.

Chanteuses.

Mesdames et Mesdemoiselles :
DORUS,
LEMESLE,   } premières chanteuses.
CHAPUIS-LEMAIRE,
PEPIN, Dugazon.
CAROLINE LINSEL, deuxième et troisième chanteuse.
ROUSSELLOIS, duègne.
DAUDEL, mère Dugazon.
VAUTRIN, troisième chanteuse.
EUGÉNIE FAY, coryphée.

Chœurs.

Dix-huit hommes.   Treize femmes.

Ballet.

Danseurs.   *Danseuses.*

Messieurs :   Mesdames et Mesdemoiselles :

Petipa, maître de ballets, premier mime.
Lasserre, }
Guillemin, } premiers danseurs.
Benoni, }
Stroyhaver, deuxième danseur.
Bartholomin, mime, rôles nobles.
Carelle, danseur comique.
Lemonnier, deuxième danseur comique.

Leroux, }
Lecomte, } premières danseuses.
Benoni, }
Bartholomin, }
Louise Lemonnier, } deuxièmes danseuses.
Trois coryphées.

Seize figurants.   Seize figurantes.   Huit enfants

Orchestre.

MM. C. Hanssens, maître de musique.
Daubigny, répétiteur et maître de musique pour les ballets
C.-L Hanssens jeune, second maître de musique, répétiteur des chœurs.
Quarante-quatre musiciens.

M. Monnier, régisseur.

---

24 avril, première représentation de *le Bourgmestre de Sardam*, vaudeville en 2 actes, par Mélesville, Merle et Boirie ; — 1ᵉʳ mai, au bénéfice de M. Alphonse, première représentation de *le Bal Champêtre au cinquième étage*, tableau-vaudeville en 1 acte, par Achille Grégoire ; — 4 mai, début de M. Arnault, premier comique *le Festin de Pierre ;* — 10 mai, début de M Carelle, danseur comique, *le Carnaval de Venise ;* — 12 mai, pour la première représentation de M. Perlet, premier comique du Théâtre de Madame, *l'Homme de 60 ans ;* M. Perlet donne encore huit représentations jusqu'au 3 juin ; — 13 mai, début de Mᵐᵉ Pépin, première dugazon, *Euphrosine ;* — 17 mai, première représentation de *la Famille du baron*, de Scribe et Mélesville, vaudeville en 1 acte ; — 23 mai, début de M. Duvernoy, premier ténor, *Ma Tante Aurore ;* — 18 juin, intermède par les *trois Tyroliens* : MM. Wilmoser, Sebster, Gender ; — 19 juin, première représentation de *la Cour d'assises*, tableau-vaudeville, 1 acte, de Scribe et Varner ; — 3 juillet, au bénéfice de M. Bartholomin, première représentation de *le Vieux pensionnaire*, vaudeville nouveau en 1 acte, de MM. Bayard et Hippolyte Leroux ; — 8 juillet, première représentation de *les Inconsolables*, comédie nouvelle, en 1 acte et en prose, de Scribe ; — 10 juillet, première représentation de *Marie Mignot*, comédie historique, mêlée de couplets, en trois époques, par Bayard et Paul Duport ; — 15 juillet, première représentation de *Fra Diavolo*, opéra-comique en 3 actes, paroles de Scribe, musique d'Auber ; — 19 juillet, début de M. Benoni, premier danseur, *la Laitière suisse ;* — 31 juillet, première représentation de *Zoé, ou l'Amant prêté*, vaudeville, 1 acte, de Scribe et Mélesville ; — 2 août, début de Mᵐᵉ Lecomte, première danseuse, *Cendrillon ;* — 5 août, première représentation de *Ma place et ma femme*, comédie en 3 actes, de Bayard et Gustave de Wailly ; — 13 août, exercices de M. Paul Mathevet, « grand alcide français, hercule des hercules de l'Europa, premier modèle des Académies de France, d'Allemagne, d'Italie, etc. » ; — 20 août, première représentation de *Mon Oncle le Bossu*, comédie en 1 acte, en prose, par MM. Lafontaine, Mélesville et E. de Gaville ; — 21 août, première représentation de *Pierre, ou le couvreur*, vaudeville en 4 actes et 5 tableaux, de Brazier et Carmouche.

Le Roi Guillaume ne se doutait pas que *la Muette de Portici* deviendrait le signal d'une révolution d'où le trône de Belgique lui serait arraché. Il fit jouer cet opéra — *par ordre* — le 29 juin.

Deux mois plus tard, l'affiche était ainsi composée :

THÉATRE ROYAL
LES COMÉDIENS ORDINAIRES DU ROI

Donneront aujourd'hui Mercredi, 25 Août 1830

Abonnement suspendu

(billets et entrées de faveur généralement supprimés)

LA MUETTE DE PORTICI

Grand-Opéra en 5 actes, à grand spectacle, paroles de MM. Scribe et G. Delavigne; musique de M. Aubert; divertissements de M. Petipa.

Mazaniello, pêcheur napolitain,	MM. Lafeuillade.
Alphonse, fils du comte D'Arcos, vice-roi de Naples,	Fouchet.
Pietro,	Cassel.
Borrella, } compagnons de Mazaniello,	Dessessarts.
Moreno,	Juillet.
Lorenzo, confident d'Alphonse,	Arnault.
Fénella, sœur de Mazaniello,	Mmes Benoni.
Elvire, fiancée d'Alphonse,	Dorus.
Selva, officier des gardes du Roi,	M. Bouchez.
Une dame de la suite d'Elvire,	Mme Hottmann.

Officiers, magistrats, nobles de la cour, pages, dames napolitaines, Espagnols, Napolitains, pêcheurs, peuple, soldats, enfants, etc.

DANSE : MM. *Lasserre, Murat, Philodot,* Mmes *Leroux, Bartholomin, Coulon,* corps de ballet

Les bureaux seront ouverts à 6 heures

On commencera à 7 heures.

Demain, André et Denise, ballet; le Jeu de l'Amour et du Hasard, comédie, M. Doligny continuera ses débuts par le rôle de Pasquin.

Vendredi, le Siège de Corinthe.

THÉATRE DU PARC

Samedi, la première représentation de l'Oubli, où la Chambre nuptiale, vaudeville nouveau en 1 acte; la seconde représentation de Pierre, ou le couvreur; la Manie des Places : Zoé, vaudevilles.

A cause de l'effervescence qui régnait depuis quelque temps, on avait défendu de jouer cette pièce. Mais l'interdiction fut levée, le 24.

La *Muette* attira une telle affluence, que bon nombre de spectateurs, n'ayant pu pénétrer dans la salle, formaient sur la Place de la Monnaie des groupes où se manifestait une grande agitation.

La pièce soulève les plus vifs enthousiasmes. Le célèbre duo : « *Amour sacré de la patrie* », chanté par Lafeuillade et Cassel, est bissé. Au troisième acte, quand Masaniello pousse le cri « Aux armes! », le public entier lui répond par un hourrah formidable. On ne laisse pas achever la pièce. Lafeuillade est applaudi, rappelé avec transport. La foule se précipite au dehors et alors se produisent les événements que l'on connaît et qui ne sont pas du domaine de notre histoire . . . .

Pour perpétuer le souvenir de cette représentation, on frappa une médaille, dont nous donnons la reproduction (1) :

La médaille de la Muette de Portici.

Le théâtre fut fermé pendant quelques semaines.
Il se rouvrit le 12 septembre :

De Bruxelles, le 13 septembre 1830. — Hier, après la comédie des *Inconsolables*, on a demandé avec instance la présence de Lafeuillade, pour l'inviter à chanter quelques hymnes patriotiques qu'on lui désignait, notamment *la Brabançonne* et une autre sur un air de *la*

(1) Guioth. *Histoire numismatique de la Belgique*.

Muette, avec un refrain : *la liberté ne t'échappera pas !* Lafeuillade s'est empressé de satisfaire au vœu du public, et les deux morceaux de chant ont été couverts d'applaudissemens. Ensuite l'assemblée a vivement manifesté le désir de voir MM. les artistes du théâtre qui font partie de la garde bourgeoise. Lafeuillade s'est retiré un instant et a reparu accompagné d'une quinzaine de ces messieurs qui ont été accueillis par des salves répétées de bravos ; enfin, sur une nouvelle demande du public, Arnault s'est avancé et a chanté l'hymne intitulé : *le Garde bourgeois*, aux acclamations générales. N'omettons pas de dire que les refrains de la plupart des couplets étaient répétés en chœur par l'auditoire. Deux drapeaux aux couleurs belges étaient attachés à la frise de l'avant-scène. Dans la bruyante évocation des morceaux qu'on voulait entendre, une voix ou deux ont demandé *la Marseillaise*, mais ce cri a été chuté.

La Brabançonne, dont il est question dans ce compte-rendu, se rattache à notre sujet par ses auteurs : Jenneval et Van Campenhout.

Elle fut chantée pour la première fois le 12 septembre 1830. Jenneval avait récité déjà son poème dans un établissement tenu par un certain Cantoni, situé près le théâtre, et où se réunissaient les artistes. Ce fut là que Campenhout offrit d'en écrire la musique.

François Van Campenhout — dit Campenhout — né à Bruxelles, le 5 février 1779, y est mort le 24 avril 1848.

Ce millésime 1779 était une date fatidique pour Campenhout, qui affectait d'oublier son acte de naissance quand on avait l'indiscrétion de la lui demander. A un sien ami (Delhasse) qui avait révélé son âge en publiant sa biographie, le coquet vieillard, le beau d'autrefois, adressa une épître des plus lamentables « Quelle diable d'idée avez-vous eue là, lui dit-il, d'aller exhumer cette date atroce que vous venez de clouer à mon front sexagénaire ? Quand le fossoyeur a rempli son office, et que le cadavre a reçu sur la face et sur le ventre, quatre à cinq pieds de terre, n, i, ni, c'est fini ; la farce est jouée. Pour lors, les dates peuvent arriver à foison ; le défunt n'a plus rien à redouter de l'impitoyable vérité. Si le vieil artiste a conservé jusqu'au terme de ses derniers travaux, quelques étincelles d'un talent remarquable, oh ! alors, c'est tout autre chose ; on dirait : c'est-il Dieu, possible ! quoi ! le défunt avait cet âge là ? c'est prodigieux ! Mais lui jeter au visage et de son vivant, ce terrible 1779 ; c'est le tuer moralement... Pour en finir, mon cher Delhasse, mon extrait de naissance seul a tort, seul, il est vieux ! et je sens que mon *cerebrum* est encore assez solide pour être bon à quelque chose ; tout n'est pas épuisé, il reste de l'huile dans la lampe ; nous verrons bien, Apollon nous aidant. »

Campenhout possédait une magnifique voix, qui lui valut de longs succès sur les plus grandes scènes. Il composa, en outre, plusieurs œuvres lyriques.

Les spectacles se succédèrent tant bien que mal, au milieu de l'agitation générale, jusqu'au 19 septembre. Les troubles, qui avaient alors éclaté dans le pays entier, firent fermer définitivement le théâtre.

Trois jours avant, il y avait eu, *par ordre*, une soirée au bénéfice des indigents et des ouvriers sans travail. La dernière soirée fut composée de : *La Belle-mère et le gendre*, comédie en 3 actes, en vers, de Samson, et *la Belle au bois dormant*, ballet en 4 actes, d'Aumer.

Répertoire des Théâtres Royaux, de 1818 à 1830,

ABRÉVIATIONS.

Amb. Ambigu-Comique. — G. Gaîté. — G. O. Grand-Opéra. — Gym. Gymnase. — J. Art. Jeunes Artistes. — Mon. Monnaie. — Nouv. Nouveautés. — Nouv. Troub. Nouveaux Troubadours. — O. Odéon. — O. C. Opéra-Comique. — P. Parc. — P. S. M. Porte-S¹-Martin. — Th. Fr. Théâtre-Français. — Var. Variétés. — Vaud. Vaudeville.

Nota. — La date qui précède la pièce est celle de la première représentation à Bruxelles; celle qui la suit est la date de la première à Paris.

Comédies.

1818. — 7 octobre, *la Famille Glinet*, 5 a. v. Merville (O. 18 juillet 1818); — 16 novembre, *l'Ami Clermont*, 3 a. pr. Marsollier; — 25 novembre, *les Marins*, 1 a. pr. Bernard.
1819. — 5 juillet, *les Sentinelles, ou il n'aura pas même un baiser*, 1 a. pr. Mme ***; — 16 juillet, *la Fille d'honneur*, 5 a. v. A. Duval (Th. Fr. 30 décembre 1818) ; — 21 septembre, *l'Irrésolu*, 1 a v. O. Leroy (Th. Fr. 15 juillet 1819).
1820. — 4 avril, *les Voisins*, 1 a. pr. Picard (O. 7 mai 1819); — 20 sepembre, *Molière chez Ninon*, 1 a. v. Chazet, Dubois (O. 27 avril 1820) ; — 1er octobre, *le Marquis de Pomenars*, 1 a. pr. Mme S. Gay (Th. Fr. 18 décembre 1819); — 3 novembre, *le Folliculaire*, 5 a. v. de La Ville de Mirmont (Th. Fr. 6 juin 1820).
1821. — 28 décembre, *les Comédiens*, 5 a. v. C. Delavigne (O. 6 janvier 1820) ; — 19 janvier, *l'Amour et le procès*, 1 a. v. Nanteuil (Th. Fr. 4 décembre 1820); — 7 avril, *la Chaumière, ou un bienfait n'est jamais perdu*, 1 a. pr. Mme Jouenne; — 20 avril, *le Jeune homme en loterie*, 1 a pr. A. Duval (Gym. 17 mars 1821); — 12 juin, P. *le Parrain*, 1 a. pr. Delestre, Scribe, Mélesville (Gym. 23 avril 1821) ; — 17 juin, *le Mari et l'amant*, 1 a. pr. Vial (Th. Fr. 15 février 1821) ; — 19 août, *le Voyage à Dieppe*, 3 a. pr. Wafflard, Fulgence (O. 1er mars 1821) ; — 5 septembre, *l'Heureuse rencontre*, 3 a. v. Planard (Th. Fr. 1er juin 1821); — 18 octobre, *Un jeu de bourse*, 1 a. pr. Picard, Wafflard, Fulgence (Gym. 26 juillet 1821); — 11 novembre, *la Mère rivale*, 3 a. v. Bonjour (Th. Fr. 4 juillet 1821).
1822. — 23 janvier, *les Plaideurs sans procès*, 3 a. v. Etienne (Th. Fr 29 octobre 1821); — 5 juillet, *les Deux ménages*, 3 a. pr. Picard, Wafflard, Fulgence (O. 31 mars 1822) ; — 17 octobre, *le Méfiant*, 5 a. v. Tiste; — 13 novembre, *les Quatre âges*, 5 a. v. Merville (Th. Fr. 19 août 1822).
1823. — *Une intrigue de bureau*, 5 a. v. Roucher ; — 1er mai, *Un moment d'imprudence*, 3 a. pr. Wafflard, Fulgence (O. 1er décembre 1819); — 12 mai, *l'Ami du mari*, a. v. Adenis (O. 12 mars 1822); — 17 juillet, *l'Education*, 5 a. v. Bonjour (Th. Fr. 10 mai 1823); — 19 août, *le Chevalier d'industrie*, 3 a. v. A. Duval (Th. Fr. 13 avril 1809); — 19 novembre, *le Mari intrigué*, 3 a. v. Désaugiers (O. 11 novembre 1806).
1824. — 27 janvier, *l'Ecole des vieillards*, 5. a. v. C Delavigne (Th. Fr. 6 décembre 1823); — 5 février, *l'Auteur malgré lui*, 3 a. v. Saint-Rémy (Th Fr 18 octobre 1823); —

11 mars, *Luxe et indigence*, 5 a. v. D'Epagny (O. 17 janvier 1824); — 29 septembre, *l'Adjoint et l'avoué*, 2 a. pr. Romieu (O. 14 juin 1824); — 11 novembre, *le Mari à bonnes fortunes*, 5 a. v. Bonjour (Th. Fr. 30 septembre 1824); — 25 novembre, *les Deux Anglais*, 3 a. pr. Merville (O. 3 juillet 1817).

1825. — 23 janvier, *le Tardif*, 1 a. v Gensoul (Th. Fr. 8 décembre 1824); — 27 juillet, *l'Intrigue italienne*, 3 a. v. Roucher; — 12 août, *le Roman*, 5 a. v. Delaville (Th. Fr. 22 juin 1825); — 28 novembre, *le Mort dans l'embarras*, 3 a. v. De Wailly, L. Duval (O. 8 octobre 1825); — 20 décembre, *l'Auteur et l'avocat*, 3 a. v. P. Duport (Th. Fr. 2 septembre 1825).

1826. — 7 mars, *la Princesse des Ursins*, 3 a. pr. A. Duval (Th. Fr. 25 décembre 1825); — 26 mars, *la Petite maison*, 3 a pr. Mélesville (Th. Fr. 24 février 1826); — 11 septembre, *l'Agiotage*, 5 a. pr. Picard, Empis (Th. Fr. 25 juillet 1826; — 27 septembre, *le Rêve du mari*, 1 a. v. Andrieux (Th. Fr. 20 mai 1826); — 21 décembre, *Pauline*, 3 a. pr. Dumersan (Th. Fr. 10 juin 1826).

1827. — 22 janvier, *le Jeune mari*, 3 a. pr. Mazères (Th. Fr. 7 novembre 1826); — 17 mai, *l'Homme habile*, 5 a. v. D'Epagny (O. 19 février 1827); — 19 juillet, *les Trois quartiers*, 3 a. pr. Picard, Mazères (Th. Fr. 31 mai 1827); — 30 octobre, *la Première affaire*, 3 a. pr. Merville (O. 28 août 1827).

1828. — 31 janvier, *l'Important*, 3 a. v. Ancelot, (O. 4 décembre 1827); — 18 février, *le Mariage d'argent*, 5 a. pr. Scribe (Th. Fr. 3 décembre 1827); — 24 mars, *Chacun de son côté*, 3 a. pr. Mazères (Th. Fr. 25 janvier 1828); — 25 juin, *l'Enfant trouvé*, 3 a. pr. Picard, Mazères (O. 13 décembre 1824); — 11 août, *l'Intrigue et l'amour*, 5 a. v. Delaville (Th. Fr. 1er avril 1826).

1829. — 8 janvier, *la Belle-Mère et le gendre*, 3 a. v. Samson (O. 20 avril 1826); — 9 octobre, *Baron chez Molière*, 1 a. pr. Noyer; — 26 novembre, *le Protecteur et le mari*, 3 a. v. Bonjour (Th. Fr. 5 septembre 1829).

1830. — 26 janvier, *le Complot de famille*, 5 a. v. A. Duval (Th. Fr 12 mai 1829); — 5 juillet, *les Inconsolables*, 1 a. pr. Scribe (Th. Fr. 8 décembre 1829); — 6 août, *Ma place et ma femme*, 3 a. pr. Bayard, De Wailly (O. 30 avril 1830); — 20 août, *Mon oncle le bossu*, 1 a. pr. Lafontaine, Mélesville (O. 1er décembre 1829).

Tragédies.

1819. — 6 août, *Marius à Minturnes*, 3 a. v. Arnault (Th. Fr 7 janvier 1792); — 1er septembre, *Prémislas, ou les sœurs rivales*, a. v A-nault (Th. Fr (?) 1819); — 23 décembre, *les Vêpres siciliennes*, 5 a v. C. Delavigne (O. 23 octobre 1819).

1821. — 19 mars, *Guillaume*, 5 a. v. Alvin; — 13 mai, *Clovis*, 5 a. v. Viennet (Th. Fr. 19 octobre 1820); — 27 mai, *Hector*, 5 a. v. Luce de Lancival (Th. Fr. 1er février 1809).

1822. — 23 juillet, *Régulus*, 3 a. v. Lucien Arnault (Th. Fr. 5 juin 1822); — 21 décembre, *Sylla*, 5 a. v. Jouy (Th. Fr. 27 décembre 1821).

1823. — 5 janvier, *Clytemnestre*, 5 a. v. Soumet (Th. Fr. 7 novembre, 1822); — 5 mars, *Marie de Bourgogne*, 5 a. v. Smits.

1824. — 8 juillet, *Richard III et Jane Shore*, 5 a. v. Lemercier (Th. Fr. 1er avril 1824); — 13 décembre, *Olaüs, ou la vengeance*, 5 a. v. Smits.

1825. — 5 mai, *Germanicus*, 5 a. v. Arnault (Th. Fr. 22 mars 1817); — 7 mai, *Bélisaire*, 5 a. v. Jouy (Th. Fr. 28 juillet 1825).

1826. — 6 octobre, *la Mort de Charles Ier*, 2 a. v. Ricquier.

1827. — 29 mars, *Pierre de Portugal*, 5 a. v. Lucien Arnault (Th. Fr. 21 octobre 1823).

1830. — 29 mars, *Une fête de Néron*, 5 a. v. Soumet, Belmontet (O. 29 décembre 1829).

Drames et Mélodrames.

1818. — 29 mai, *le Château de Paluzzi*, 3 a. pr. Mélesville, Boirie (Amb. 8 avril 1818); — 2 septembre, *le Duel et le baptême*, 3 a. pr. Mélesville, Merle, Boirie (P. S. M. 30 décembre 1817).

1820. — 29 janvier, P. *le Pèlerin blanc*, 3 a. pr. Pixérécourt (Amb. 6 avril 1810); — 15 avril, P. *le Petit chaperon rouge*, 3 a. pr. Brazier, Dupetit-Méré (P. S. M. 28 février 1818); — 12 juillet, P. *l'Homme de la Forêt-Noire*, 3 a. pr. Pixérécourt (G. 6 mars 1819); — 26 août, P. *le Chien de Montargis*, 3 a. pr. Pixérécourt (G. 18 juin 1814); — 16 septembre, P. *le Vampire*, 3 a. pr. Carmouche, Nodier, Jouffroy (P. S. M. 13 juin 1820).

1821. — 3 février, P. *la Vallée du torrent*, 3 a. pr. Dupetit-Méré (P. S. M. 29 mai 1816); — 14 février, P. *le Fils banni*, 3 a. pr. Dupetit-Méré (Amb. 16 juin 1815); — 21 février, P. *Jean Calas*, 3 a. pr. Ducange (Amb. 16 septembre 1808); — 24 mars, *la Tête de bronze*, 3 a. pr. Hapdé (G. 1er octobre 1808); — 26 avril, P. *Vincent de Paule*, 3 a. pr. Lemaire (G 7 octobre 1815); — 22 mai, P. *les Frères invisibles*, 3 a. pr. Mélesville, Scribe (P. S. M. 10 juin 1819). — 18 octobre, P. *Thérèse*, 3 a pr. Ducange (Amb. 23 novembre 1820).

1822. — 13 février, *Falkland, ou la conscience*, 5 a. pr. Laya (Th. Fr. 13 novembre 1821).

1823. — 15 février, P. *les Deux forçats*, 3 a. pr. Boirie, Carmouche, Poujol (P. S. M. 3 octobre 1822); — 20 décembre, P. *Rodolphe*, 1 a pr. Scribe, Mélesville (Gym. 20 novembre 1823).

1825. — 15 novembre, *Lord Davenant*, 4 a. pr. Gensoul, Vial (Th. Fr. 8 octobre 1825).

1827. — 24 février, P. *les Deux Sergens*, 3 a. pr. Daubigny, Maillard (P. S. M. 20 février 1823); — 3 mars, P. *Jocko*, 2 a. Gabriel, Rochefort (P. S. M. 16 mars 1825); — 8 mars, *le Tasse*, 5 a. pr. A. Duval (Th. Fr. 26 décembre 1826); — 19 mai, P. *le Mendiant*, 3 a. pr. Pujol, Hubert (Amb. 1er décembre 1825); — 9 juin, P. *l'Auberge des Adrets*, 3 a. pr. Antier, St-Amand (Amb. 2 juillet 1823); — 6 décembre, *l'Homme du monde*, 5 a. pr. Ancelot, Saintine (O. 25 octobre 1827).

1828. — 1er mars, P. *l'Enfant de l'amour*, 3 a. pr. Caigniez (G. 7 juin 1816); — 12 juillet, P. *le Caissier*, 3 a. pr. Lasalle, St-Maurice (P. S. M. 30 mars 1828); — 4 décembre, *Marie*, 3 a. pr. Mme S. Gay (Th. Fr. 9 novembre 1824).

1829. — 19 mars, *l'Espion*, 3 a. pr. Ancelot, Mazères (Th. Fr. 13 décembre 1828); — 22 août, P. *Sept heures*, 3 a. A. Bourgeois, Ducange (P. S M. 23 mars 1829); — 14 septembre, *la Bohémienne*, 5 a. pr. Scribe, Mélesville (Gym. 1er juin 1829).

1830. — 16 février, *Henri III et sa Cour*, 5 a. pr. A. Dumas (Th. Fr. 10 février 1829); — 20 février. P. *le Siège du clocher*, 3 a. pr. Bernos (Amb. 18 mai 1809).

Vaudevilles.

1818. — 29 mai, *le Petit Corsaire*, 1 a. pr. Rougemont, Merle, Brazier (Var. 9 septembre 1812); — 2 septembre, *le Pâté d'anguilles*, 1 a. pr. Simon, Dartois (Var. 22 janvier 1818); — 15 décembre, *le Savetier et le financier*, 1 a. pr. Merle, Brazier (Var. 4 mars 1815).

1819. — 13 février, P. *le Prêteur sur gages*, 1 a. pr. Jacquelin, Rochelle (J. Art. 9 octobre 1800); P. *la Carte à payer*, 1 a. pr. Merle, Brazier (Vaud 7 mai 1818); — 21 février, *le Bachelier de Salamanque*, 1 a. pr. Dupin, Scribe (Var. 18 janvier 1815); — 27 mars, P. *l'Auberge*, 1 a. pr. Scribe, Delestre (Vaud. 19 mai 1812); P. *le Duel et le déjeuner*, 1 a. pr. Gouffé, Ledoux (Var. 22 septembre 1818); — 3 avril, P. *le Fou de Péronne*, 1 a. pr. Scribe, Dupin (Vaud 18 janvier 1819); P. M. *Giraffe*, a. 9 auteurs (Var. 27 décembre 1806); *le Naufrage pour rire*, 1 a. pr. Désaugiers (Var. 12 juin 1804); — 25 mai, *Momus à la nouvelle salle*, 1 a. pr. Bernard; — 19 juin, P. *Fanchon la vielleuse*, 3 a.

pr. Bouilly, Pain (Vaud. 19 mars 1803); — 14 septembre, P. *Jocrisse changé de condition*, 1 a. pr. Dumersan (Var. 7 octobre 1818); P. *le Mariage à la hussarde*, 1 a. pr. Dartois, Lafontaine, Théaulon (Var. 7 juin 1819); — 18 septembre, P. *Parchemin*, 1 a. pr. G. Duval (Var. 25 janvier 1802); P. *le Château de mon oncle*, 1 a. pr. Désaugiers, Dartois (Vaud. 15 mai 1819); — 9 octobre, *les Bolivards et les Morillos*, 1 a. pr. Gabriel, Dartois (Var. 11 septembre 1819).

1820. — 5 février, P. *Douvres et Calais*, 2 a. pr. Théaulon, Ménissier (Var. 16 janvier 1819); — 26 juin, P *la Corbeille d'oranges*, 1 a. pr. Lafontaine (P. S. M. 17 octobre 1819); — 2 juillet, P. *l'Appartement à deux maîtres*, 1 a. pr. Saintine (Vaud. 2 janvier 1820); — 6 juillet, P. *Marie Jobard*, 6 a. v. Scribe, Dupin, Carmouche (Var. 11 avril 1820); — 2 août, P. *le Revenant*, 1 a. pr. Pain, Dupin (Vaud. 25 janvier 1816); — 8 août, P. *le Mariage de Scarron*, 1 a. pr. Barré, Radet, Desfontaines (Vaud. 8 mai 1797); — 16 août, P. *les Deux pères*, 2 a. pr. Dupaty (Vaud. 4 juin 1804); — 26 août, P. *l'Ours et le Pacha*, 1 a. pr. Scribe, Saintine (Var. 10 février 1820); — 9 septembre, P. *le Tournoi*, 1 a. pr. Mélesville (Amb. 22 janvier 1818); — 23 septembre, P. *l'Ermite de Sainte-Avelle*, 1 a. pr. Théaulon, Capelle (Vaud. 3 juin 1820); — 14 octobre. P. *la Capitulation forcée*, 1 a pr. Delestre (P. S. M. 7 avril 1820); 4 novembre, P. *l'Amant somnambule*, 1 a. pr. Philippe, Saint-Ange (P. S. M. 26 avril 1820); P. *l'Intrigue impromptu*, 1 a. pr. Dumersan (Var. 6 juin 1820); P. *l'Automate*, 1 a. pr. (?)

1821. — 13 janvier, P. *les Étrennes à contre-sens*, 1 a. pr. Merle, Brazier, Lafortelle (P. S. M. 1er janvier 1820); — P. *Gracieuse et Percinet*, 1 a. pr. Simonnin, Brazier (Nouv. Troub. 28 avril 1805); P. M. *Tranquille*, 1 a. pr. Rougemont, Merle, Brazier (P. S. M 25 avril 1820); — 20 janvier, P. *le Petit pinson*, 1 a. pr. Delestre, Mélesville (Var. 20 février 1819); — 27 janvier, P. *le Moulin de Sans-Souci*, 1 a. pr. Dieulafoi (Vaud. 6 juillet 1798); — 3 février, P. *le Tailleur de Jean-Jacques*, 1 a. pr. Rougemont, Merle, Simonnin (P. S. M. 12 novembre 1819); — 10 février, P. *Teniers*. 1 a. pr. Bouilly, Pain (Vaud. 18 octobre 1800); P. *la Belle Allemande*, 1 a. pr. Dupin, Dartois (Vaud. 2 juin 1812); — 17 février, P. *Turenne*, 1 a. pr. Dartois, Fulgence (Vaud. 23 février 1815); — 2 mars, P. *le Docteur Quinquina*, 1 a. pr. Gabriel, Rozet (P. S. M. 23 septembre 1820); — 24 février, P. *le Secrétaire et le cuisinier*, 1 a. pr. Scribe, Mélesville (Gym. 18 janvier 1821); — 10 mars, P. *la Vieillesse de Piron*, 1 a. pr. Bouilly, Pain (Vaud. 9 avril 1810); — 15 mars, P. *Levez la toile*, 1 a. pr. Coupart, Varez (Amb. 31 mai 1820); — 17 mars, P. M. *Duguignon*, 1 a. pr. Antier, Dupetit-Méré (P. S. M. 16 janvier 1821); — 24 mars, P. *le Quartier d'hiver*, 1 a. pr. Désaugiers (J. Art. 2 mai 1805); P. *Préville et Taconnet*, 1 a. pr. Merle, Brazier (Var. 18 janvier 1817); — 5 avril, P. *le Colonel*, 1 a. pr. Scribe, G. Delavigne (Gym. 29 janvier 1821); P. *Frontin mari-garçon*, 1 a. pr. Scribe, Mélesville (Vaud. 18 janvier 1821); — 26 avril, P. Mme *Blaise*, 2 a. pr Sewrin, Ourry (Vaud. 27 novembre 1820); — 28 avril, P. *la Femme du sous-préfet*, 1 a. pr. Moreau, Sewrin (Gym. 18 janvier 1821); — 19 mai, P. *le Gastronome sans argent*, 1 a. pr. Scribe, Mélesville (Gym. 10 mars 1821); — 26 mai, P. *le Spleen*, 1 a. pr. Scribe, Delestre (Vaud. 20 mars 1820); — 2 juin, P. *le Ménage de garçon*, 1 a. pr. Scribe, Dupin (Gym. 27 avril 1821); P. *la Marchande de goujons*, 1 a. pr. Francis, Dartois (Var. 31 mars 1821); — 16 juin, P. *les Bonnes d'enfans*, 1 a. pr. Brazier, Dumersan (Var. 7 novembre 1820); — 23 juin, P. *la Servante justifiée*, 1 a. pr. Carmouche, Lasalle (P. S. M. 6 février 1821); — 7 juillet, P. *l'Auberge du Grand Frédéric*, 1 a. pr. Lafontaine, Théaulon (Var. 6 juin 1821); — 21 juillet, P. *le Témoin*, 1 a. pr. Scribe, Mélesville, Saintine (Var. 21 septembre 1820); — 30 juillet, *les Gardes-Marine*, 1 a pr. Dieulafoi, Gersin (Vaud. 14 mars 1816); — 4 août, P. *la Demande en grâce*, 1 a. pr. Rougemont, Gabriel, Mévil (Vaud. 14 juin 1821); — 11 août, P. *Trottin*, 1 a. pr. Imbert, Varner (P. S. M. 15 novembre 1820); — 21 août, P. *les Folies du jour*, 1 a. Théaulon, Menissier, Martin (Vaud. 3 octobre 1820); — 28 août, P. *la Jolie parfumeuse*, 1 a. pr. Lebrun-Tossa, Bonel

(Var. 4 novembre 1801); — 1er septembre, P. *Un jour à Rome*, 1 a. pr. Mazères, Renneville (Vaud. 29 mai 1821); — 8 septembre, P. *Alfred le Grand*, 1 a. pr. Ledoux (Vaud. 6 janvier 1817); — 30 septembre, P. *l'Intérieur de l'étude*, 1 a. pr. Scribe (Gym. 7 avril 1821); P. *le Comédien d'Etampes*, 1 a. pr. Moreau, Sewrin (Gym. 23 janvier 1821); — 10 octobre, P. *les Moissonneurs de la Beauce*, 1 a. pr Francis, Brazier, Dumersan (Var. 1er septembre 1821); P. *la Nina de la rue Vivienne*, 1 a. Francis, Dartois, Gabriel (Vaud. 24 juillet 1821); — 3 novembre, P. M. *Grainedelin*, 1 a. pr. P. de Kock (G. 7 décembre 1820); P. *les Ermites*, 1 a. pr. Rougemont, Crosnier, Desprez (P. S. M. 25 juillet 1821); — 26 novembre, P. *le Pauvre diable*, 2 a. pr. Rougemont, Dumersan (Vaud. 10 octobre 1808); — 2 décembre, P. *l'Amant bossu*, 1 a. pr. Scribe (Gym. 27 janvier 1820); P. *le Concert d'amateurs*, 1 a pr. Dubois, Brazier (Vaud. 22 octobre 1821); — 6 décembre, P. *Robert le Diable*, 2 a. pr Bouilly, Dumersan (Vaud. 31 décembre 1812); — 12 décembre, P. *Pierre, Paul et Jean*, 2 a. pr. Sewrin, Ourry (Vaud. 3 novembre 1821); — 20 décembre, P. *le Traité de Paix*, 1 a. pr. Dartois, Brisset (Vaud. 16 août 1821); P. *le Valet de ferme*, 1 a. pr. Brazier, Dumersan (Var. 18 juillet 1821).

1822. — 5 janvier, P. *le Comédien de Bruxelles*, 1 a. pr. Lafortelle (Vaud. 24 novembre 1821); — 18 janvier, P. *les Femmes soldats*, 1 a. pr. Théaulon, Dartois (Vaud. 9 février 1809); — 26 janvier, P. *Michel et Christine*, 1 a pr Scribe, Dupin (Gym. 3 décembre 1821); P. *Lundi, mardi et mercredi*, 3 a. pr. Sewrin, Chazet (Var. 16 juin 1806); — 2 février, P. *Chacun son numéro*, 1 a. pr. Boirie, Daubigny, Carmouche (P. S. M. 6 décembre 1821); P. *Philibert marié*, V. 1 a. pr Moreau, Scribe (Gym. 26 décembre 1821);   7 février, P. *la Leçon de danse et d'équitation*, 1 a. pr. Sewrin, Gersin (Var. 13 décembre 1821); — 27 février, *la Petite sœur*, 1 a. pr. Scribe, Mélesville (Gym. 6 juin 1821); — 2 mars, P. *les Deux médecins*, 1 a. pr. Rougemont. Mélesville (Gym. 23 janvier 1822); — 5 mars, P. *le Mariage enfantin*, 1 a. pr. Scribe, G. Delavigne (Gym. 16 août 1821); — 9 mars, P. *le Garde-Moulin*, 9 a. pr. Moreau, Sewrin (Gym. 28 janvier 1822); — 14 mars, P. *le Tribunal des femmes*, 1 a. pr. Dumersan (Var. 1er octobre 1814); P. *les Petites pensionnaires*, 1 a. pr. Brazier, Merle (Var. 2 novembre 1813); — 23 mars, P. *le Pacha de Suresne*, 1 a. pr. Etienne, Nanteuil (Gym. 23 septembre 1822); P. *la Vivandière*, 1 a. pr. Sewrin (Var. 23 avril 1813); — 30 mars, P. *Kabri le sabotier*, 1 a. pr. Sewrin (P. S. M. 23 janvier 1822); P. *Mémoires d'un colonel de hussards*, 1 a. pr. Scribe, Mélesville (Gym. 21 février 1822); — 20 avril, P. M *Touche-à-Tout*, 1 a. pr. Cogey, Poney (Vaud. 8 septembre 1819); — 27 avril, P. *la Chercheuse d'esprit*, 1 a. pr. Gersin, Gabriel (Vaud. 13 mars 1822); — 30 avril, P. *la Demoiselle et la dame*, 1 a. pr. Scribe, Dupin, De Courcy (Gym. 11 mars 1822); P. *Rataplan*, 1 a. pr. Sewrin, Vizentini (Vaud. 23 février 1822);   13 juillet, P. *Vadeboncœur*, 1 a. p. Désaugiers, Gentil (Vaud. 16 avril 1822); P. *la Famille normande*, 1 a. pr. Mélesville, Brazier (Gym. 9 avril 1822); — 27 juillet, P. *les Ensorcelés*, 1 a. pr. Dupin, Sauvage (P. S. M 8 juillet 1822); P. *le Matin et le soir*, 1 a. Dartois, Théaulon (Var. 16 avril 1822); — 3 août, P. *le Coq de village*, 1 a. pr Décour, Anne, Hubert (Vaud. 22 juin 1822); — 10 août, P. *les Nouveaux jeux de l'amour et du hasard*, 1 a. pr. Scribe, G. Delavigne (Gym. 21 juin 1822); P. *les Petits acteurs*, 1 a. pr. Francis, Brazier, Dumersan (Var. 28 mai 1822); — 17 août, P. *le Code et l'amour*, 1 a. pr. Merle, Simonnin (P. S M. 29 octobre 1821); — 14 septembre, P. *les Eaux du Mont d'Or*, 1 a. pr. Scribe, De Courcy, Saintine (Gym. 25 juillet 1822); P. *la Fille mal gardée*, 1 a. pr. Francis, Brazier, Dumersan (Var. 19 juin 1822); — 12 octobre, P. *les Blouses*, 1 a. pr. Gabriel, Dartois, Théaulon (Var. 9 juillet 1822); — 19 octobre, P. *Amélie*, 2 a. pr Sewrin (Vaud. 2 juillet 1822); — 2 novembre, P. *Un mois après la noce*, 1 a. pr. Ménissier, Renaud (Vaud. 5 septembre 1822); — 23 novembre, P. *les Tailleurs de Windsor*, 1 a. pr. Gabriel, Philibert (Vaud. 8 octobre 1822); P. *les Frères rivaux*, 1 a. pr. Achille Dartois, Lebas, Benazet (Vaud. 3 août 1822).

1823. — 18 janvier, P. *Une heure à Ste-Pélagie*, 1 a. pr. Rougemont (Gym. 28 septembre 1822); P. *le Duel par procuration*, 1 a pr. De Courcy, Rousseau (Vaud. 5 novembre 1822); — 31 janvier, P *le Bon papa*, 1 a. pr. Scribe (Gym. 16 décembre 1822); — 8 février. *Une heure de veuvage*, 1 a. pr. Théaulon (Var. 7 décembre 1822); — 15 février, P. *Sans tambour ni trompette*, 1 a. pr. Brazier, Merle, Carmouche (Var. 23 janvier 1822); — 1ᵉʳ mars, *l'Actrice en voyage*, 1 a. pr. Caron, Touret, Leblanc (Var. 3 octobre 1822); P. *le Solitaire*, 1 a. pr. Merle, Carmouche, De Courcy (Vaud. 5 septembre 1821); P. *les Epoux de quinze ans*, 1 a. pr. P. de Kock (G. 16 août 1821); — 8 mars, P. *la Loge du portier*, 1 a. pr Scribe (Gym. 14 janvier 1823); *les Frères de lait*, 1 a. pr. Nicole, Duvert (Gym. 8 février 1823); — 5 avril, P. *Jean Bart à Versailles*, 1 a. pr. Dubois, Brazier (G. 21 juin 1821); P. *l'Intérieur d'un bureau*, 1 a. pr. Scribe, Imbert, Varner (Gym. 25 février 1823); — 12 avril, P. *le Notaire*, 1 a. pr. De Lurieu, Mazères, Vandières (Gym. 25 avril 1822); — 19 avril, P. *M. Oculi*, 1 a pr. Désaugiers, Gentil (Var. 29 janvier 1823); — 26 avril, P. *Trilby*, 1 a. pr. Scribe, Carmouche (Gym. 13 mars 1823); P. *le Fermier d'Arcueil*, 1 a. pr. Devilleneuve (Var 13 février 1823); — 3 mai, P. *les Dames Martin*, 1 a. pr. Lafontaine, Belle, Tully (Vaud. 9 décembre 1822); — 10 mai, P. *les Cuisinières*, 1 a. pr. Brazier, Dumersan (Var. 14 avril 1823); — 24 mai, P. *le Menteur véridique*, 1 a. pr. Scribe, Mélesville (Gym. 24 avril 1823); — 7 juin, P. *le Séducteur Champenois*, 1 a. pr. Dumersan (Var. 5 décembre 1822); P. *l'Isle des noirs*, 1 a. pr. Dartois, Saintine (Vaud. 14 mars 1823); — 14 juin, P. *le Panier de cerises*, 1 a. pr. Monperlier (P. S. M 15 mai 1817); — 21 juin, P. *les Mauvaises têtes*, 1 a. pr. Sewrin, Ourry (Vaud. 6 janvier 1823); — 28 juin, P. *Stanislas*, 1 a. pr. Scribe (Var. 6 août 1823); P. *la Pension bourgeoise*, 1 a. pr. Scribe, Dupin, Dumersan (Gym. 27 mai 1823); — 5 juillet, P. *Nicolas Remi*, 2 a. pr. Sewrin (Vaud. 24 mai 1823); — 12 juillet, P. *le Marin*, 1 a. pr. Théaulon (Vaud. 26 juillet 1815); P. *Partie et revanche*, 1 a. pr. Scribe, Brazier, Francis (Gym. 16 juin 1823); — 19 juillet, P. *la Maîtresse au logis*, 1 a. pr. Scribe (Gym. 9 juin 1823); — 26 juillet, P. *le Précepteur dans l'embarras*, 1 a. pr. Mélesville (Var. 14 juillet 1823); — 9 août, P. *l'Absence*, 1 a. pr. Picard, Mazères (Gym. 18 mars 1823); P. *l'Antichambre d'un médecin*, 1 a. pr. Ménissier, Renaud (Gym. 12 juin 1823); — 6 septembre, P. *Ninette*, 2 a. pr. Brazier, Carmouche (Var. 19 décembre 1822); — 13 septembre, P. *l'Avare en goguette*, 1 a. pr. Scribe, G. Delavigne (Gym. 12 juillet 1823); P. *Mon ami Christophe*, 1 a. pr. Dupeuty, Devilleneuve (Gym. 4 août 1823); — 20 septembre, P. *les Grisettes*, 1 a. pr. Scribe, Dupin (Gym. 8 août 1823); — 4 octobre, P. *le Congé*, 1 a. pr. Duvert (P. S. M. 16 juin 1823); P. *la Chasse au renard*, 1 a. pr. St-Hilaire (Vaud. 10 septembre 1823); — 11 octobre, P. *les Femmes de chambre*, 1 a. pr. Sewrin (Vaud 21 juin 1823); P. *le Polichinelle sans le savoir*, a. pr. Francis, Dartois (Var. 21 août 1823); — 18 octobre, P. *les Cancans*, 1 a. pr. G. Duval, Carmouche (Var. 25 septembre 1823); P. *le Bureau de loterie*, 1 a. pr. Mazères, Romieu (Gym. 16 septembre 1823); — 8 novembre, P. *les Amours du village*, 1 a. pr. Francis, Dartois (Vaud. 11 juin 1823); P. *la Vérité dans le vin*, 1 a. pr. Scribe, Mazères (Gym. 10 octobre 1823); — 15 novembre, P. *la Maison de plaisance*, 1 a. pr. Antier, d'Épagny (Vaud. 8 octobre 1823); — 22 novembre, P. *la Veuve du Malabar*, 1 a pr. Scribe, Mélesville (Gym. 19 août 1822); P. *la Route de Poissy*, 1 a. pr. Francis, Dartois (Vaud. 17 janvier 1823); — 6 décembre, P. *Un dernier jour de fortune*, 1 a. pr. Dupaty, Scribe (Gym. 11 novembre 1823); P. *le Propriétaire sans propriété*, 1 a. pr. Imbert, Varner (P. S. M. 8 mars 1820); — 20 décembre, P. *les Couturières*, 1 a. pr. Désaugiers, Saintine (Var. 11 novembre 1823); — 27 décembre, P. *l'Atelier de peinture*, 1 a. pr. Sewrin (Gym. 31 octobre 1823); P. *le Conscrit*, 1 a. pr. Merle, Simonnin (P. S. M. 20 novembre 1823).

1824. — 3 janvier, P. M. *Barbe-Bleue*, 1 a. pr. Dupin, Varner (Var. 27 novembre 1823); — 10 janvier, P. *les Maris sans femmes*, 1 a. pr. Désaugiers, Gentil (Vaud. 26 novembre 1823); — 17 janvier, P. *l'Héritière*, 1 a. pr. Scribe, G. Delavigne (Gym. 20 décembre 1823); P. *Rossini à Paris*, 1 a. pr. Scribe, Mazères (Gym. 29 novembre 1823); — 24 janvier, P. *le Cuisinier de Buffon*, 1 a. pr. Simonnin (P. S. M. 29 juillet 1823); — 30 janvier,

P. *le Mort vivant*, 1 a. pr. Nicole, Duvert (Vaud. 6 décembre 1823); — 7 février, P. *le Coiffeur et le perruquier*, 1 a. pr. Scribe, Mazères (Gym. 15 janvier 1824); P. *Pierre et Marie*, 1 a. pr. Devilleneuve, Dupeuty (Gym. 6 janvier 1824); — 21 février, P. *les Marchands forains*, 1 a. pr. Rochefort, Langlé (Var. 1er juillet 1823); — 6 mars, P. *le Fondé de pouvoirs*, 1 a. pr. Carmouche, Scribe (Gym. 18 février 1824); — 13 mars, P. *les Modistes*, 1 a. pr. Devilleneuve, Dupeuty (Vaud. 7 février 1824); — 20 mars, P. *la Neige*, 1 a. pr. Mélesville, Carmouche (Var. 26 décembre 1823); — 3 avril, P. *le Vieillard et la jeune fille*, 1 a. pr. Brazier, Carmouche (Var. 8 mars 1824); — 10 avril, P. *l'Écarté*, 1 a. pr. Scribe, Mélesville (Gym. 14 novembre 1822) ; — 4 septembre, P. *la Mansarde des artistes*, 1 a. pr. Scribe, Dupin (Gym. 2 avril 1824); — 11 septembre, P. *le Beau-Frère*, 1 a. pr. P. Duport, Saint-Hilaire (Gym. 15 mai 1824); — 18 septembre, P. *le Dîner sur l'herbe*, 1 a. pr. Scribe, Mélesville (Gym. 2 juillet 1824); — 25 septembre, P. *le Baiser au porteur*, 1 a. pr. Scribe, Gensoul, De Courcy (Gym. 9 juin 1824); — 2 octobre, P. *la Famille du porteur d'eau*, 1 a. pr. Francis, Dartois, Gabriel (Var. 19 mars 1824); — 9 octobre, P. *Alfred*, 1 a. pr. Dartois, Anne (Vaud. 11 juin 1824); — 16 octobre, P. *l'Imprimeur sans caractère*, 1 a. pr. Francis, Dartois, Gabriel (Var. 18 août 1824); — 30 octobre, P. *le Quinze*, 1 a. pr. De Courcy, Langlé, Francis (Gym. 14 août 1824); — 6 novembre, P. *l'Étourdi à la diète*, 1 a. pr. Decour, Robert (Amb. 1er septembre 1824); — 13 novembre, P. *le Grenier du poète*, 1 a. pr. Antier, Ponet (Amb. 13 mai 1824); — 19 novembre, P. *le Château de la Poularde*, 1 a. pr. Scribe, Dupin (Gym. 4 octobre 1824); — 27 novembre, P. *Pauleska*, 1 a. pr. Théaulon (Amb. 5 juillet 1824); — 4 décembre, P. *le Bal champêtre*, 1 a. p. Scribe, Dupin (Gym. 21 octobre 1824); — 11 décembre, P. *Mes derniers vingt sous*, 1 a. pr. Théaulon, Ramond (Gym. 6 novembre 1824); — 18 décembre, P. *Une visite en prison*, 1 a. pr. Duvert, Nicole (Vaud. 23 juillet 1824); — 25 décembre, P. *Pinson père de famille*, 1 a. pr. Désaugiers, Saintine (Var. 6 novembre 1824); — 31 décembre, P. *Coraly*, 1 a. pr. Scribe, Mélesville (Gym. 19 novembre 1824).

1825. — 8 janvier, P. *l'Insouciant*, 1 a. pr. Saint-Hilaire, P. Duport (Vaud. 4 novembre 1824); — 15 janvier, P. *la Haine d'une femme*, 1 a. pr. Scribe (Gym. 17 décembre 1824); — 29 janvier, P. *le Parlementaire*, 1 a. pr. Scribe, Mélesville (Gym. 8 novembre 1824); — 5 février, P. *Thibaut et Justine*, 1 a. pr. Francis, Dartois, Gabriel (Var. 29 novembre 1824); — 19 février, P. *Léonide*, 3 a. pr. Dupeuty, Devilleneuve (Vaud. 17 janvier 1824); — 26 février, P. *le Juif*, 2 a. pr. Désaugiers, Rousseau (P. S. M 14 mai 1823); — 5 mars, P. *le Retour à la ferme*, 1 a. pr. Dartois, Brisset (Vaud. 4 novembre 1824); — 12 mars, P. *le Baril d'olives*, 1 a. pr. Brazier, Mélesville (Var. 1er février 1825); — 19 mars, P. *le Plus beau jour de la vie*, 1 a. pr. Scribe, Varner (Gym. 22 février 1825); — 26 mars, P. *la Quarantaine*, 1 a. pr. Scribe, Mazères (Gym. 3 février 1825); — 9 avril, P. *la Somnambule mariée*, 1 a. pr. Théaulon (Vaud. 10 février 1825); — 16 avril, P. *Vatel*, 1 a. pr. Scribe, Mazères (Gym. 18 janvier 1825); — 23 avril, P. *les Deux tailleurs*, 1 a. pr. Devilleneuve, Dupeuty (Var. 17 février 1825); — 14 mai, *les Ouvriers*, 1 a. pr. Francis, Brazier, Dumersan (Var. 27 avril 1824); — 20 mai, P. M. *Tardif*, 1 a. pr. Scribe, Mélesville (Gym. 1er décembre 1824); — 28 mai, P. *l'Avocat et le Médecin*, 1 a. pr. La Salle, Alhoy (P. S. M. 12 octobre 1824); — 5 juin, P. *les Adieux au comptoir*, 1 a. pr. Scribe, Mélesville (Gym. 9 août 1824); — 11 juin, P. *la Vieille de seize ans*, 1 a. pr. Mélesville, Carmouche (Var. 19 avril 1825); — 25 juin, P. *le Charlatanisme*, 1 a. pr. Scribe, Mazères (Gym. 10 mai 1825); — 2 juillet, P. *les Inséparables*, 1 a. pr. Scribe, Dupin (Gym. 2 mai 1825); — 14 juillet, P. *la Frontière*, 1 a. pr. O'Sullivan; — 17 juillet, P. *Kettly*, 1 a. pr. Duvert, P. Duport (Vaud. 28 janvier 1825); — 23 juillet, P. *les Empiriques d'autrefois*, 1 a. pr. Scribe, Alexandre (Gym. 11 juin 1825); — 30 juillet, P. *la Bénéficiaire*, 1 a. pr. Théaulon, Crétu (Var. 26 avril 1825); — 13 août, P. *les Lorrains*, 1 a. pr. Francis, Dartois, Gabriel (Vaud. 17 février 1825); — 20 août, P. *l'Homme de confiance*, 1 a. pr. Duvert, Bernard (Vaud. 13 juin 1825); — 27 août, *le Tableau de Teniers*, 1 a. pr. Devilleneuve, Dupeuty (Gym. 7 août 1824); — 3 septembre

P. *les Femmes romantiques*, 1 a. pr. Théaulon, Ramond (Gym. 12 mars 1824); — 24 septembre, P. *le Champenois*, 1 a. pr. Dartois, Francis (Vaud. 11 mai 1825); — 1er octobre, P. *le Jour de noces*, 1 a. pr. Duvert, Nicole (Vaud. 14 octobre 1824); — 10 décembre, P. *l'Amour et la guerre*, 1 a. pr. Et. Arago, Varin (Vaud. 22 août 1825); P. *le Sous-Chef*, 4 a. pr. Imbert (Var. 30 août 1825); — 17 décembre, P. *les Cochers*, 1 a. pr. Dumersan, Gabriel, Brazier (Var. 10 octobre 1825); — 23 décembre, P. *France et Savoie*, 2 a. pr. Dartois, Théaulon, (Var. 22 juin 1825); — 31 décembre, P. *la Vieillesse de Frontin*, 1 a. pr. Carmouche, De Courcy (Gym. 23 août 1825).

1826. — 14 janvier, P. *le Petit bossu du Gros-Caillou*, 1 a. pr. Brazier, Dumersan (Var. 15 juillet 1825); P. *les Premières amours*, 1 a. pr. Scribe (Gym. 12 novembre 1825); — 28 janvier, P. *Une nuit de la garde nationale*, 1 a. pr. Scribe, Delestre (Vaud. 4 novembre 1815); P. *les Trois sultanes*, 1 a. pr. Dupuis, Sauvage (Gym. 2 décembre 1825); — 4 février, P. *le Chiffonnier*, 5 a. pr. Théaulon, Crétu (Var. 3 janvier 1826); P. *les Petites Saturnales*, 1 a. pr. Brazier, Carmouche, Mazères, (Gym. 16 février 1824); — 11 février, P. *le Médecin des dames*, 1 a. pr. Scribe, Mélesville (Gym. 17 décembre 1825); P. *le Confident*, 1 a. pr. Scribe, Mélesville (Gym. 5 janvier 1826); — 18 février, P. *la Demoiselle à marier*, 1 a. pr. Scribe, Mélesville (Gym. 18 janvier 1826); P. *Guillaume, Gautier et Garguille*, 1 a. pr. Francis, Dartois (Var. 31 décembre 1822); — 4 mars, *les Deux Cousins*, 3 a. pr. Laloue, P. Duport (Vaud. 12 janvier 1825); P. *Paméla*, 1 a. pr. Gabriel, Rougemont (Vaud. 4 février 1826); — 11 mars, P. *le Landaw*, 1 a. pr. Picard, Mazères (Gym. 31 août 1825); — 1er avril P. *les Manteaux*, 2 a. pr. Scribe, Varner (Gym. 20 février 1826); — 8 avril, P. *les Paysans*, 1 a. pr. Brazier, Dumersan (Var. 28 février 1826); — 15 avril, P. *la Belle-Mère*, 1 a. pr. Scribe, Bayard (Gym. 1er mars 1826); — 22 avril, P. *l'Appartement garni*, 1 a. pr. Carmouche, Mélesville (Vaud. 20 février 1826); — 29 avril, P. *l'Oncle d'Amérique*, 1 a. pr. Scribe, Mazères (Gym. 14 mars 1826); — 6 mai, P. *Joseph II*, 1 a. pr. Lafontaine, Duvert (Vaud. 25 février 1826); — 20 mai, P. *l'Egoïste par régime*, 1 a. pr. Longchamps, Laloue (Var. 8 avril 1826); — 17 juin, *la Lune de miel*, 2 a. pr. Scribe, Mélesville (Gym. 31 mars 1826); — 18 juillet, P. *le Roman par lettres*, 1 a. pr. Scribe, De Courcy, Rougemont (Vaud. 6 mai 1826); *Simple histoire*, 1 a. pr. Scribe, De Courcy (Gym. 26 mai 1826); — 15 juillet, P. *la Demoiselle de compagnie*, v. 1 a. pr. Scribe, Mazères (Gym. 6 mai 1826); — 29 juillet, P. *l'Anonyme*, 2 a. pr. Dupeuty, Devilleneuve (Vaud. 29 mai 1826); — 5 août, P. *le Candidat*, 5 a. pr. Théaulon, Francis (Var. 8 juin 1826); — 12 août, *les Comptes de Tutelle*, 1 a. pr. Merville, Bayard (Gym. 15 juin 1826); — 19 août, P. *l'Ambassadeur*, 1 a. pr. Scribe, Mélesville (Gym. 10 juillet 1826); — 26 août, P. M. *François*, 1 a. pr. Francis, Théaulon (Var. 9 mai 1826); — 16 septembre, P. *l'Auvergnate*, 1 a. pr. Brazier, Dumersan (Vaud. 26 avril 1826); — 23 septembre, P. *la Sourde-Muette*, 1 a. pr. Saintine, Duvert (Vaud. 20 avril 1826); — 30 septembre, P. *la Fin du mois*, 1 a. pr. Mazères, Rougemont (Gym. 26 août 1826); — 7 octobre, P. *les Petites biographies*, 1 a. pr. Brazier, Dumersan (Var. 26 août 1826); — 28 octobre, P. *le Bonhomme*, 1 a. pr. Simonin, Carmouche (Var. 15 septembre 1826); — 11 novembre, P. *le Voisin*, 1 a. pr. Désaugiers, Gersin (Vaud. 3 octobre 1826); — 18 novembre, P. *le Vieillard de Viroflay*, 1 a. pr. De Courcy, Saintine (Vaud. 20 juillet 1826); — 25 novembre, *le Mariage de raison*, 1 a pr. Scribe, Varner, (Gym. 10 octobre 1826); — 9 décembre, P. *le Baron Allemand*, 1 a. pr. Dartois, Vanderburch (Var. 12 octobre 1826); — 16 décembre, P. *les Jolis soldats*, 1 a. pr. Francis, Théaulon (Var. 4 novembre 1826).

1827. — 6 janvier, P. *la Liquidation*, 1 a. pr. Antier, Ponet (Vaud. 17 novembre 1826); — 20 janvier, P. *Paris et Bruxelles*, 2 a. pr. Théaulon, Crétu (Var. 4 décembre 1826); — 3 février, P. *Recette pour marier sa fille*, 1 a. pr. Mélesville, Vandière (Var. 27 décembre 1826); — 10 février, P. *le Commis-Voyageur*, 1 a. pr. Montigny, (P. S. M. 28 octobre 1826); — 17 février, P. *les Deux élèves*, 1 a. pr. Langlé, Rochefort (Gym. 9 janvier 1827); — 17 mars P. *le Télégraphe*, 2 a. pr. Théaulon, Dormeuil (Gym.

16 janvier 1827); — 24 mars, P. *Clara Wendel*, 2 a. pr. Brazier, Dumersan (GYM. 13 mai, 1826); — 5 mai, P *Tony*, 2 a. Brazier, Mélesville (VAR. 10 février 1827); — 26 mai, P. *la Chatte métamorphosée en femme*, 1 a. pr Scribe, Mélesville (GYM. 3 mars 1827); — 23 juin, P. *le Bon père*, 1 a. pr. Dartois, Laloue (VAR. 20 mars 1827); — 30 juin, P. *la Mère au bal et la fille à la maison*, 2 a. pr. Théaulon (VAUD. 30 novembre 1826); — 4 août, P. *M Jovial*, 1 a. pr. Théaulon, Choquart (Nouv. 5 mai 1827); — 11 août, P. *les Elèves du Conservatoire*, 1 a. pr. Scribe, Saintine (GYM. 28 mars 1827); — 1er septembre, P. *la Dette d'honneur*, 2 a. pr Devilleneuve, Dupeuty (VAUD. 17 octobre 1826); — 29 septembre, P. *la Nuit d'un joueur*, 1 a. pr. Aude. Dartois (VAR. 30 juillet 1827); — 13 octobre, P. *l'Arbitre*, 2 a. pr. Théaulon, P. Duport (GYM. 7 mai 1827); — 20 octobre, *le Futur de la grand'maman*, 1 a. pr. Dartois, Monnais (Nouv. 13 juin 1827); — 27 octobre, P. *Perkins Warbeck*, 3 a. pr. Théaulon, Brazier (GYM. 15 mai 1827); — 10 novembre, P. *le Mari par interim*, 1 a. pr. Fulgence, Tully (VAUD. 8 janvier 1827); — 24 novembre, P. *le Jeune maire*, 2 a. pr. Saintine, Duvert (GYM. 21 mai 1827); — 1er décembre, *les Compagnons du devoir*, 1 a. pr. Lafontaine, Vanderburch (VAR. 30 avril 1827); — 15 décembre, P. *l'Ami Bontems*, 1 a. pr. Théaulon, Mélesville (Nouv. 5 octobre 1827); — 22 décembre, P. *le Jaloux*, 1 a. pr. Lamerlière, Hippolyte (GYM. 16 octobre 1827).

1828. — 5 janvier, P. *le Diplomate*, 2 a. pr. Scribe, G. Delavigne (GYM. 23 octobre 1827); 26 janvier, P. *la Marraine*, 1 a. pr. Scribe, Lockroy (GYM. 27 novembre 1827); — 2 février, P. *le Mal du pays*, 1 a. pr. Scribe, Mélesville (GYM. 28 décembre 1827); — 9 février, P. *John Bull*, 1 a. pr. Théaulon, Bayard (VAR. 13 septembre 1827); — 16 février, P. *la Somnambule du Pont-aux-Choux*, 3 a. pr Laqueyrie, Hubert (GYM. 10 novembre 1827); — 23 février, P. *les Inconvéniens de la diligence*, 6 tabl. pr. Théaulon (VAUD. 10 décembre 1827); — 8 mars, P. *les Contrebandiers*, 3 a. pr. G Duval, Rochefort (VAR. 12 décembre 1827); — 15 mars, P. *Une soirée à la mode*, 1 a pr. Varner, Bayard (GYM. 17 septembre 1827); — 12 avril, *le Maître de forges*, 2 a. pr. Dumersan, Brazier (VAUD. 25 avril 1827); — 26 avril, *les Dames peintres*, 1 a. pr. Gabriel, Saint-Laurent (VAR. 29 décembre 1827); — 3 mai, P. *le Caleb de Walter Scott*, 1 a. pr. Dartois, Planard (Nouv. 12 décembre 1827); — 10 mai, P. *l'Obligeant maladroit*, 1 a. pr. Davesne, Falberg (AMB. 28 juin 1827); — 17 mai P. *les Dix francs de Jeannette*, 1 a. pr. Dupeuty, Devilleneuve (P. S. M. 11 janvier 1828); — 31 mai, P. *le Cadran-Bleu et la Courtille*, 2 a. pr. Brazier, Gabriel (VAUD. 5 avril 1826); — 14 juin, P. *le Paysan perverti*, 3 a. pr. Théaulon (GYM. 24 juillet 1827); — 21 juin, P. *Yelva*, 2 a. pr. Scribe, Devilleneuve (GYM. 18 mars 1828); — 28 juin, P. *Cartouche et Mandrin*, 1 a. pr. Dertois, Dupin (VAR. 19 avril 1827); — 19 juillet, P. *le Mari de toutes les femmes*, 1 a. pr. Monsigny (VAUD. 4 juin 1827); — 26 juillet, P. *Vingt-cinq pour cent*, 1 a. pr. Rougemont (VAUD. 13 juin 1826); — 30 août, P. *le Barbier châtelain*, 3 a. pr. Théaulon, Anne (Nouv. 7 février 1828); — 20 septembre, P. *M. Ducroquis*, 2 a. pr. Théaulon, Choquart (Nouv. 3 mai 1828); — 4 octobre, P. *la Manie des places*, 1 a. pr. Scribe, Bayard (GYM. 19 juin 1828); — 11 octobre, P. *le Chalet*, 1 a. pr. Brazier, Dumersan (VAR. 25 juin 1828); — 18 octobre, P. *la Reine de seize ans*, 2 a. pr. Bayard (GYM. 30 janvier 1828); — 25 octobre, *le Vieux mari*, 2 a. pr. Scribe, Mélesville (GYM. 2 mai 1828); — 8 novembre, *le Mariage impossible*, 2 a pr. Mélesville, Carmouche (Nouv. 5 juin 1828); — 15 novembre, P. *Midi*, 2 a. pr. P. Duport, Monnais (VAUD. 2 février 1826); — 22 novembre, P. *Avant, pendant et après*, esq. hist. 3 a. pr. Scribe, Rougemont (GYM. 28 juin 1828); — 13 décembre, P. *les Poletais*, 2 a. pr. Saintine, Devilleneuve (VAUD. 8 mai 1828); — 20 décembre, P. *le Papier timbré*, 2 a. pr. Desnoyer (AMB. 12 octobre 1828); — 27 décembre, P. *Valentine*, 2 a. pr. Saint-Hilaire, Devilleneuve (Nouv. 2 octobre 1828).

1829. — 3 janvier, P. *la Nourrice sur lieu*, 1 a. pr. Nezel, Montigny (VAR. 13 octobre 1828); 17 janvier, P. *la Semaine des amours*, 7 a. Dumanoir, Mallian (VAR. 27 octobre 1828); —

Le Théâtre de la Monnaie. — 1818-30.

24 janvier, P. *les Moralistes*, 1 a pr. Scribe, Varner (Gym. 22 novembre 1828); — 14 février, P. *Malvina*, 2 a. pr. Scribe (Gym. 8 décembre 1828); — 28 février, P. *Jean*, 4 a. pr. Théaulon, Signol (Nouv. 10 novembre 1828); — 14 mars, *l'Art de se faire aimer de son mari*, 3 a. pr. Dupeuty (Vaud. 3 septembre 1828); — 21 mars, P. *Theobald*, 1 a. pr. Scribe, Varner (Gym. 12 février 1829) ; — 28 mars, P. *la Laitière de Montfermeil*, 5 a. pr. Rougemont, Brazier (Vaud. 27 août 1827); — 4 avril, P. *la Saint-Valentin*, 1 a. pr. Duvert, P. Duport (Gym. 3 octobre 1828) ; — 9 mai, P. *la Maison du rempart*, 3 a. pr. Mélesville (Nouv. 29 novembre 1828); — 27 juin, P. *le Jour des élections*, 1 a. pr. Jouhaud, T. Sauvage; P. *Mme de Sainte-Agnès*, 1 a. pr Scribe, Varner (Gym. 20 février 1829) ; — 18 juillet, P. *les Suites d'un Mariage de raison*, 1 a. pr. Dartois, Lhérie (Nouv. 6 mai 1829) ; — 25 juillet, P. *le Dernier jour d'un condamné*, 1 a. pr. Dartois, Masson (Var. 15 mai 1829); — 1er août, P. *l'Orpheline*, 1 a pr. P. Duport (Gym. 27 mai 1829); — 5 septembre, P. *le Vieux général*, 2 a. pr. Desvergers, Varin (Gym. 11 novembre 1828) ; — 19 septembre P. *l'Incendie*, 3 a. pr. Bayard, P. Duport (Vaud. 27 juin 1829); — 26 septembre, P. *Jovial en prison*, 2 a. pr. Théaulon, Gabriel (Nouv. 14 juillet 1829); — 17 octobre P. *la Veste et la livrée*, 1 a. pr. Mélesville, Varner (Var. 3 avril 1829); — 7 novembre, P. *la Grisette mariée*, 2 a. pr. Dartois, Vanderburch (Var. 1er juin 1829; — 14 novembre, P. *Un Tableau de Famille*, 1 a. pr. De Leuven (Vaud. 10 mars 1829); — 21 novembre, P. *le Malade par circonstance*, 1 a. pr. Varin, Desvergers (Vaud. 17 juin 1829); 28 novembre, P. M. *le Marquis*, 1 a Sue, De Forges (Gym. 17 mars 1829); — 5 décembre, *le Bandit*, 2 a. Théaulon, Anne (Nouv. 12 septembre 1829); — 20 décembre, *les Actionnaires*, 1 a. Scribe, Bayard (Gym. 22 octobre 1829).

1830. — 16 janvier, P. *la Fleuriste*, 1 a. Devilleneuve, Et. Arago (Vaud. 4 juillet 1827); — 30 janvier, P. *Louise*, 2 a. Scribe, Mélesville, Bayard (Gym. 16 novembre 1829); — 20 février, P. *la Seconde année*, 1 a. Scribe, Mélesville (Gym. 12 janvier 1830); — 6 mars, P. *Cricri et ses mitrons*, 5 t. Cartouche, Dupeuty; — 13 mars, P. *Bouardin dans la lune*, 1 a. Honoré (P. S. M. 12 février 1830); — 20 mars, *l'Espionne russe*, 3 a. Dartois, Dupeuty (Vaud. 1er juin 1829); — 24 avril, P. *le Bourgmestre de Saardam*, 2 a. Mélesville, Merle (Var. 5 mars 1825); — 1er mai, P. *le Bal champêtre au cinquième étage*, 1 a. Théaulon (Nouv. 23 janvier 1830); — 16 mai, *la Famille du baron*, 1 a. Scribe, Mélesville (Gym. 31 août 1829); — 19 juin, P. *la Cour d'assises*, 1 a. Scribe, Varner (Gym. 28 décembre 1829); — 3 juillet, P. *le Vieux pensionnaire*, 1 a. Bayard, Leroux (Vaud. 17 septembre 1829); — 10 juillet, P. *Marie Mignot*, 3 a. Bayard, P. Duport (Vaud. 17 octobre 1829); — 31 juillet, P. *Zoé*, 1 a. Scribe Mélesville (Gym. 16 mars 1830); — 21 août, P. *Pierre le couvreur*, 5 t. Brazier, Carmouche, Théaulon (Nouv. 29 août 1829).

Opéras.

1818. — 10 juillet, *le Frère Philippe*, 1 a. A. Duport. Dourlen (O.-C. 20 janvier 1818); — 27 septembre, *Belfort et Frontin*, 2 a. Devienne; — 23 décembre, *la Sérénade*, 1 a. Mme S. Gay, Mme S. Gail (O.-C. 2 avril 1818).

1819. — 27 janvier, *le Petit chaperon rouge*, 3 a. Théaulon, Boieldieu (O.-C. 30 juin 1818); — 5 mars, *le Charme de la voix*, 1 a. Nanteuil, Berton (O.-C. 24 janvier 1811); — 7 juin, *la Fenêtre secrète*, 3 a. pr. Dessessarts, Batton (O.-C. 17 septembre 1818); — 11 juillet, *le Forgeron de Bassora*, 2 a. pr. Sewrin, Kreubé (O.-C. 14 octobre 1813); — 27 juillet, *la Clochette*, 3 a. Théaulon, Herold (O.-C. 18 octobre 1817); — 12 septembre, *les Troqueurs*, 1 a. Dartois, Herold (O.-C. 18 février 1819); — 29 octobre, *l'Officier enlevé*, 1 a. pr. A. Duval, Catel (O.-C. 4 mai 1819) ; — 14 décembre, *Edmond et Caroline*, 1 a. Marsollier, Kreubé (O.-C. 5 août 1819).

1820. — 25 janvier, *les Bayadères*, 2 a. Jouy, Catel (G.-O. 8 août 1810); — 16 avril, *le*

Jaloux du xve *siècle,* 1 a***, Bertini ; — 20 juin, *Valentin,* 2 a. Sewrin, Berton (O.-C. 10 décembre 1819) ; — 3 août, *les Voitures versées,* 2 a. Dupaty, Boieldieu (O.-C. 3 janvier 1820); — 9 octobre, *la Bergère châtelaine,* 3 a. Planard, Auber (O.-C. 27 janvier 1820); — 9 novembre, *l'Amant et le mari,* 2 a. pr. Jouy, Roger, Fétis (O.-C. 8 juin 1820); — 21 décembre, *la Chambre à coucher,* 1 a. pr. Scribe, Guénée (O.-C. 29 avril 1813); — 28 décembre, *la Grille du parc,* 1 a. Pain, Ancelot, Audibert, Panseron (O.-C. 9 septembre 1820).

1821. — 24 février, *Tarare,* 3 a. Beaumarchais, Salieri (G.-O. 8 juin 1787); — 20 avril, *le Premier venu,* 3 a. Vial, Herold (O.-C. 28 septembre 1818); — 15 juillet, *l'Heure du rendez-vous,* 1 a. de Peellaert; — 5 septembre, *la Mort du Tasse,* 3 a. Cuvelier, Hélitas, Garcia (G.-O. 7 février 1821); — 3 octobre, *le Barbier de Séville,* 4 a. Rossini.

1822. — 3 janvier, *la Toison d'or,* 3 a. Reiffenberg, Messemaekers ; — 31 janvier, *l'Auteur mort et vivant,* 1 a. Planard, Auber (O.-C. 7 juin 1821); — 11 avril, *le Mariage de Figaro,* 4 a. Notaris, Mozart (O.-C. 20 mars 1793); — 5 juin, *le Philosophe en voyage,* 3 a. pr. P. de Kock, Kreubé, Pradher (O.-C. 16 août 1821); — 23 juillet, *Emma,* 3 a. pr. Planard, Auber (O.-C. 8 juillet 1821); — 27 août, *Fernand Cortez,* 3 a. Esménard, Jouy, Spontini (G.-O. 28 novembre 1808); — 9 septembre, *le Jeune oncle,* 1 a. pr. Fontenille, Blangini (O.-C. 10 avril 1821); — 27 novembre, *la Pie voleuse,* a. Castil-Blaze, Rossini (O. 2 août 1824).

1823. — 9 janvier, *le Solitaire,* 3 a. Planard, Carafa (O.-C. 17 août 1822); — 5 mars, *les Deux pièces nouvelles,* 1 a. Tiste, Messemaekers; — 15 avril, *Valentine de Milan,* 3 a. Bouilly, Méhul, Daussoigne (O.-C. 28 novembre 1822); — 17 juin, *les Folies amoureuses,* 3 a. Castil-Blaze (O. 5 juin 1824); — 11 août, *Leicester,* 3 a. Scribe, Mélesville, Auber (O.-C. 25 janvier 1823); — 25 septembre, *le Muletier,* 1 a. P. de Kock, Herold, (O.-C. 12 mai 1823); — 23 décembre, *Armide,* 3 a. Quinault, Gluck (G.-O. 23 septembre 1777).

1824. — 5 février, *la Neige,* 4 a. Scribe, Delavigne, Auber (O.-C. 9 octobre 1823); — 23 mars, *Othello,* 3 a. Castil-Blaze, Rossini (O. 25 juillet 1825); — 12 août, *Agnès Sorel,* 3 a. Dupaty, de Peellaert; — 25 août, *le Coq de village,* 1 a Dartois, Kreubé (O.-C. 11 septembre 1822); — 31 octobre, *Concert à la Cour,* 1 a. Scribe, Mélesville, Auber (O.-C. 3 juin 1824); — 29 décembre, *la Fausse Agnès,* 3 a. Castil-Blaze (O. 7 mars 1824).

1825. — 20 janvier, *l'Officier et le paysan,* 1 a. Dartois, Kreubé (O.-C. 30 juillet 1824) ; — 9 mars, *Robin des bois,* 3 a. Castil-Blaze, Sauvage, Weber (O. 7 décembre 1824); — 23 mars, *Léocadie,* 3 a. Scribe, Mélesville, Auber (O.-C. 4 novembre 1824); — 7 mai, *les Deux Mousquetaires,* 1 a. Vial, Gensoul, Berton (O.-C. 22 décembre 1824); — 5 juillet, *le Barmécide,* 3 a. Pixérécourt, de Peellaert; — 16 août, *Stratonice,* 1 a. Hoffmann, Méhul, Daussoigne (G.-O. 30 mars 1821); — 15 septembre, *le Maçon,* 3 a. Scribe, G. Delavigne, Auber (O.-C. 3 mai 1825).

1826. — 9 mars, *Teniers, ou la noce flamande,* 1 a. Bouilly, Pain, de Peellaert; — 6 avril, *la Dame blanche,* 3 a. Scribe, Boieldieu (O.-C. 10 décembre 1825); — 11 septembre, *la Vieille,* 1 a. Scribe, G. Delavigne, Fétis (O.-C. 14 mars 1826) ; — 26 septembre, *le Valet de chambre,* 1 a. Scribe, Mélesville, Carafa (O.-C. 16 septembre 1823); — 20 octobre, *la Forêt de Sénart,* 3 a. Castil-Blaze (O. 14 janvier 1826) ; — 21 décembre, *Marguerite d'Anjou,* 3 a. Sauvage, Meyerbeer (O. 11 mars 1826).

1827. — 18 janvier, *Marie,* 3 a. Planard, Herold (O.-C. 12 août 1826); — 22 février, *M. de Pourceaugnac,* 3 a. Castil-Blaze, (O. 8 novembre 1826); — 5 avril, *Fiorella,* 3 a. Scribe, Auber (O.-C. 7 décembre 1826] ; — 9 juillet, *l'Artisan,* 1 a. Saint-Georges, Simonnin, Halévy (O.-C 30 janvier 1827); — 21 août, *le Siège de Corinthe,* 3 a. Soumet, Rossini (G.-O. 9 octobre 1826); — 25 septembre, *l'Exilé,* 2 a. Dartois, Tully, de Peellaert.

1828. — 24 mars, *le Colporteur*, 3 a. Planard, Onslow (O.-C. 22 novembre 1827); — 14 mai, *la Sentinelle*, 1 a. Dartois, Dewindt ; — 30 octobre, *Mazaniello*, 4 a. Moreau, Lafortelle, Carafa (O.-C. 27 décembre 1827).

1829. — 12 février, *la Muette de Portici*, 5 a. Scribe, G. Delavigne, Auber (G.-O. 29 février 1828); — 19 mars, *le Mariage à l'anglaise*, 1 a. Vial, Gensoul, Kreubé (O.-C. 4 mars 1828); — 8 avril, *la Fiancée*, 3 a. Scribe, Auber, (O.-C. 10 janvier 1829); — 24 août, *le Comte Ory*, 2 a. Scribe, Delestre, Rossini (G.-O. 20 août 1828); — 30 octobre, *Alcibiade*, 2 a. Scribe, Hanssens, aîné.

1830. — 28 janvier, *les Petits appartements*, 1 a. Dupin, Varner, Berton (O.-C. 9 juillet 1827); — 18 mars, *Guillaume Tell*, 4 a. Jouy, Rossini (G.-O. 3 août 1829); — 15 juillet, *Fra Diavolo*, 3 a. Scribe, Auber (O.-C. 28 janvier 1830).

Ballets et Divertissements, Pantomimes.

1818. — 3 novembre, *Nina*, 2 a. Milon, Persuis (G.-O. 23 novembre 1813); — 1er décembre, *Almaviva et Rosine*, 3 a. Blache (P. S. M. 19 avril 1817); — 23 décembre, *les Deux statues*, 1 a. (?).

1819. — 21 février, *la Femme innocente, malheureuse et persécutée*, 3 a. Rougemont (O. 21 février 1811); — 15 mars, *Une vengeance de l'amour*, 1 a. Oudart ; — 30 mars, *les Deux Créoles*, 2 a. Hus (P. S. M. 1806); — 7 juin, *les Jeux de Pâris*, 2 a. Hus (P. S. M. 1817); — 1er septembre, *la Kermesse*, 1 a. Petipa ; — 7 novembre, *Fulbert et Cécile*, 1 a. Aumer (P. S. M. 1803); — 13 décembre, *les Noces de Gamache*, 2 a. Milon, Lefèvre (G.-O. 15 décembre 1818).

1820. — 19 mars, *le Carnaval de Venise*, 2 a. Milon, Persuis, Kreutzer (G.-O. 22 février 1816); — 27 juillet, *le Calife généreux*, 2 a.

1821. — 3 février, P. *le Retour d'un bon maître*, 1 a.; — 25 mars, *la Dansomanie*, 2 a. Gardel, Méhul (G.-O. 14 juin 1800); — 17 juin, *la Naissance de Vénus et de l'Amour*, 2 a. Petipa; — 13 septembre, *Muller et Lisbeth*, 3 a. Blache (P. S. M. 11 novembre 1818); — 23 décembre, *Clary*, 3 a. Milon, Kreutzer (G.-O. 19 juin 1820).

1822. — 24 février, *M. Deschalumeaux*, 3 a. Petipa; — 5 juin, *les Pages du duc de Vendôme*, 1 a. Aumer, Gyrowitz (G.-O. 18 octobre 1820) ; — 9 septembre, *la Servante justifiée*, 1 a Gardel, Kreutzer (G.-O. 30 septembre 1818); — 10 novembre, *l'Amour et la Folie*, 1 a. Blache (P. S. M. 1817).

1823. — 19 mars, *Psyché et l'Amour*, 3 a. Gardel, Miller (G.-O. 14 décembre 1790) ; — 21 mai, *la Joute*, 2 a. Hus (P. S. M. 1806); — 17 juin, *Amphion, élève des Muses*, 2 a. Dauberval ; — 17 juillet, *le Bazar d'Ispahan*, 1 a. Roger; — 29 août, *Cendrillon*, 3 a. Albert, Sor (G.-O. 3 mars 1823); — 19 octobre, *les Vendangeurs*, 1 a. Blache (P. S. M. 1823); — 25 novembre, *Daphnis*, 1 a. Gardel, Méhul (G.-O. 14 janvier 1803).

1824. — 23 février, *les Amours de Vénus*, 3 a.; — 24 juin, *la Laitière suisse*, 2 a. Blache (P. S. M. 1823); — août, *le Volage fixé*, 1 a. Duport (G.-O. 20 juillet 1806); — 21 novembre, *Télémaque*, 3 a. Dauberval.

1825. — 23 janvier, *Jenny, ou le mariage secret*, 3 a. Blache (P. S. M. 1816); — 13 février, *Frisac, ou la double noce*, 2 a.; — 25 mars, *la Noce villageoise*, 1 a. Blache (P. S. M. 1823); — 27 juin, *le Page inconstant*, 3 a. Aumer (P. S. M. 17 juillet 1805); — 9 juillet, *le Cinq juillet*, 1 a. Petipa, Snel ; — 23 octobre, *le Tonnelier*, 1 a. Lefèvre (P. S. M. 1817).

1826. — 5 février, *M. de Pourceaugnac*, 2 a. Petipa, Snel ; — 3 avril, *Zémire et Azor*, 3 a. Deshayes, Schneithoeffer (G.-O. 20 octobre 1824); — 14 décembre, *Jocko, ou le singe du Brésil*.

1827. — 22 février, *Gulliver*, 2 a. Coraly, Petipa ; — 25 septembre, *Astolphe et Joconde*, 2 a. Aumer, Herold (G.-O. 29 janvier 1827); — 27 décembre, *la Somnambule*, 3 a. Scribe, Aumer, Herold (G.-O. 19 septembre 1827).

1828. — 18 février, *les Petites Danaïdes*, 7 tabl. Petipa ; — 27 mars, *l'Amour au village*, 2 a. Blache (P. S. M. 1826); — 19 juin, *le Triomphe de Sylla*, 3 a Bartholomin ; — 22 décembre, *Aline, reine de Golconde*, 3 a. Aumer, Berton, Monsigny G.-O. 1er octobre 1823).

1829. — 29 janvier, *le Conscrit*, 1 a. Girel ; — 18 mars, *les Enchantemens de Polichinelle*, 3 a. Petipa, Snel, Hanssens ; — 31 août, *la Belle au bois dormant*, 4 a. Aumer, Herold (G.-O. 27 avril 1829).

1830 — 12 février, *Alfred-le-Grand*, 3 a. Aumer, Dugazon (G.-O. 18 septembre 1822); — 22 février, *le Pied de mouton*, 6 a Bartholomin

(1830-31)

Nous entrons maintenant dans une période exempte de privilèges, et permettant à l'art dramatique de prendre le plus grand essor. L'une des premières mesures du Gouvernement Provisoire avait été de décréter l'absolue liberté des théâtres.

Il est aisé de comprendre que les émeutes amenèrent la fermeture de la Monnaie et qu'il n'y eut plus d'exploitation possible pendant l'effervescence populaire. Les artistes se dispersèrent. Cependant, le 10 et le 24 octobre, eurent lieu deux représentations données avec les débris de la troupe, au bénéfice des blessés. Jenneval joua, dans la première, l'*Honnête Criminel*. Quelques jours après, il était tué...

Dès le début, Jenneval avait pris une part active à la Révolution belge, et s'était fait inscrire, en compagnie de plusieurs artistes, sur les cadres de la Sureté Publique, garde bourgeoise, chargée de maintenir l'ordre dans la ville.

Le 20 septembre, on apprend que le Prince Frédéric a reçu l'ordre de marcher sur Bruxelles. On se prépare à une défense énergique et de nouvelles barricades s'élèvent. Le 23, au matin, l'attaque a lieu, en effet, et la ville est assiégée de tous côtés. A la Porte de Flandre, un régiment de hussards, qui avait franchi les premiers obstacles, se dispose à marcher vers la Grand'Place, lorsqu'il est assailli par une grêle de projectiles lancés de toutes les habitations. « D'une de ces maisons, on leur jeta même sur la tête un poêle tout allumé, le pot-au-feu qu'on était en train de préparer, ainsi qu'une grande casserole contenant un ragoût bruxellois connu sous le nom de *carbonnades flamandes*. Les dolmans des hussards en furent complètement imprégnés, et ils eurent ainsi la satisfaction de se rappeler pendant quelque temps l'odeur de la cuisine bruxelloise » (1).

Quatre jours de suite, éclata une lutte acharnée, notamment autour du Parc. On y remarquait un groupe de jeunes gens, et, au milieu d'eux, Jenneval. C'était la Compagnie des *Volontaires de Chasteler* (2).

Enfin, les troupes sont refoulées, et, le 27, au matin, la ville est complètement évacuée. Jenneval composa alors sa *Nouvelle Brabançonne*, que, le soir même, Campenhout chantait dans l'établissement de *l'Aigle d'Or,* et qui devint définitivement le Chant National de la Belgique.

Dès ce moment, Jenneval se consacra tout entier à la cause publique. Il dédia aux victimes de ces journées, reposant à la place des Martyrs, l'épitaphe suivante, et il l'attacha lui-même à la simple croix de bois noir qui s'y élevait alors :

QUI DORT SOUS CE TOMBEAU, COUVERT PAR LA VICTOIRE
DE NOBLES ATTRIBUTS DE L'IMMORTALITÉ ?
DE SIMPLES CITOYENS DONT UN MOT DIT L'HISTOIRE :
MORTS POUR LA LIBERTÉ !

Jenneval partit ensuite, avec le comte Frédéric de Mérode et quelques volontaires, pour Lierre, où leur présence était réclamée. A peine avait-il pris le temps d'embrasser sa mère. Voici comment la pauvre femme raconte elle-même ce départ :

C'était le 14 octobre au soir : Jenneval me prévint qu'il partait avec M. Frédéric (sic), comme lui volontaire dans les chasseurs de Chasteler. — Ce ne devait être, me dit-il, qu'une promenade militaire. Je fis néanmoins beaucoup de difficultés pour le laisser partir. — La compagnie ne marche pas, lui répondis-je, tu en as assez fait pour l'honneur et pour la liberté ; reste, je t'en prie Il me répéta que ce n'était qu'une promenade militaire. Mérode l'affirmait aussi. Ce fut pour tous deux le voyage éternel (3).

En effet, dans une attaque, le brave Jenneval fut mortellement

(1) Ch. Vandersypen. *Jenneval-Campenhout :* LA BRABANÇONNE.
(2) *Esquisses Historiques de la Révolution.*
(3) *Études Poétiques* de Jenneval.

LES HÉROS DE LA RÉVOLUTION
AU THÉATRE DE LA MONNAIE

atteint au bas-ventre par un boulet de canon, « s'étant mis à découvert dans sa persistance à trop bien ajuster les coups de fusil » (1).

Les restes du courageux comédien furent transportés, en grande pompe, à Bruxelles. A côté de Jenneval reposait le cadavre du jeune Niellon, sergent-major, âgé de 19 ans, neveu du commandant en chef de ce nom. Le cortège, accompagné par une foule recueillie, se dirigea vers la place des Martyrs. Après les prières du clergé, Dessessarts prononça quelques paroles émues, où il retraçait la vie de Jenneval ; et l'imposante cérémonie fut terminée par des salves de mousqueterie.

Un service funèbre, dont une souscription avait fait les frais, fut célébré le 5 novembre, en l'église Sainte-Gudule, et la mère du malheureux artiste obtint une pension civique de quatre cents florins des Pays-Bas (847 francs).

A dater du 21 novembre 1830, la troupe du Théâtre de la Monnaie donne, trois ou quatre fois par semaine, des spectacles pour lesquels l'affiche porte :

LES ARTISTES SOCIÉTAIRES DU GRAND-THÉATRE DE BRUXELLES
sous la gestion de M. Bernard.

Le répertoire — dans lequel l'opéra prit peu de place — se composa surtout de pièces historiques.

Le 4 janvier 1831, eut lieu une représentation au bénéfice de Mme Jenneval.

(1) Kessels. *Précis des opérations militaires.*

Premières Représentations :
1830. — 2 décembre, *Bonaparte à l'école de Brienne, souvenir de 1783*, en 3 actes et 3 tableaux, de Gabriel, Devilleneuve et Masson ; — 9 décembre, *Napoléon*, drame historique en 2 parties et 9 tableaux, de Dupeuty et Regnier ; — *le Volontaire belge*, drame en 2 époques, de Jouhaud ; *Avant, pendant, après*, esquisses historiques, de Scribe et Rougemont.
1831 — janvier, 23, 24, 25 et 26 septembre, ballet en 6 tableaux, de Petipa et Snel ; — 8 février, *Lambert Simnel*, pièce historique en 5 actes, de Simonnin, Benjamin et Théodore ; — 12 février, *la Femme innocente, malheureuse et persécutée*, pantomime, de Rougemont ; — 21 février, *Mademoiselle de Lavallette*, drame historique en 2 actes, de Barthélemy, Brunswick et Lhérie ; — 3 mars, *30 ans ou la vie d'un joueur*, mélodrame en 3 journées et 6 tableaux, de Victor Ducange et Goubaux ; — 24 mars, *le Couvent de Tonnington*, mélodrame en 3 actes et en prose, de Victor Ducange et A. Bourgeois ; — 10 avril, *la Chaste Suzanne*, ballet-pantomime en 2 actes, de Blache père. — 14 juillet, au bénéfice de plusieurs employés, première représentation de *le Rêve du Mari*, comédie en 1 acte et en vers, d'Andrieux.

Nous croyons intéressant de faire connaître la nomenclature des décors dont l'opéra pouvait disposer à ce moment-là :

Inventaire et Estimation des quatorze décorations du Grand-Théâtre de la Monnaie, appartenant à la Ville.

1º. — *Une forêt*, composée de : dix châssis pour les coulisses, cinq plafonds, un rideau de fond, deux arbres isolés, deux bancs et un terrain entrant dans les coulisses.

Bois et toiles, valeur . . . . fr.	400
Peinture	150
Perches et toiles	210
Peinture	75
Perches et toiles	96
Peinture	30
Un arbre manquant, l'autre estimé	40
Deux bancs	20
	1,021

2º. — *Une place publique*, composée de : dix châssis, neuf bandes d'air, un rideau de fond, trois châssis, dont deux obliques.

Peinture, deux châssis et rideau de fond . . . . . fr.	275
Peinture, neuf bandes d'air et huit perches	230
Peinture, toile rideau, bois châssis	676
	1,181

3º. — *Salon riche*, composé de : huit châssis, une ferme fermée, un pantalong, deux cabinets, cinq plafonds, une ferme à jour et ses deux châssis en quatre.

Châssis, cabinets, bois et toiles . . . . fr.	250
Pantalong et plafonds, toiles	160
	410

Fermes à renouveler, peinture sans valeur.

4º. — *Salon mauresque*, composé de : huit châssis, une ferme fermée, un pantalong, cinq plafonds.

Châssis et ferme bois . . . . fr.	720
Peinture	150
Plafonds, rideaux, toiles	200
Peinture	100
Rideau	20
	1,190

5º. — *Un jardin* régulier, composé de : dix châssis (couverts), cinq plafonds, un rideau de fond, deux bosquets avec dossier, quatre statues isolées.

Rideaux et châssis . . . . fr.	676
Bosquets et statues	100
	776

Plafonds en magasin, peinture très mauvaise, sans valeur, à refaire le tout.

6º. — *Un palais grec*, pour la tragédie, composé de : huit châssis, deux fermes à jour, un rideau de fond, six plafonds.

Châssis et fermes à jour . . . . fr.	800
Plafonds et rideaux	320
Peinture du tout	200
	1,320

7°. — *Une prison*, composée de : quatre châssis ou coulisses, une ferme, trois plafonds, un rideau, deux bornes et un degré de trois marches.

Châssis et fermes. . . . . fr.	460
Bornes et degrés	80
Plafonds et rideaux	350
Peinture du tout	60
	950

8°. — *Une chambre rustique*, de quatre châssis ou coulisses, une ferme, trois plafonds, un pantalong.

Châssis et fermes. . . . . fr.	400
Plafonds et pantalongs	65
Peinture du tout	60
	525

9°. — *Une chambre simple ou Molière*, de six châssis ou coulisses, une ferme, deux cabinets, un pantalong, quatre plafonds.

Châssis, fermes et cabinets . . . . . . fr.	550
Plafonds et pantalong	90
Peinture du tout	100
	740

10°. — *Un rideau de jardin pittoresque.*

Toile, valeur . . . . fr.	96

A repeindre, étant tout blanc.

11°. — *Un hameau* composé de : cinq châssis, dont trois obliques, un châssis de paysage, un pont avec dossier, un terrain, un rideau.

Châssis, dont trois obliques . . . . . . fr.	250
Châssis paysage	50
Terrain	5
Rideau toile	96
Peinture du tout	40
Pont avec dossier et peinture	115
	556

12°. — *Une caverne*, composée de : quatre châssis en coulisse, une ferme, trois plafonds, un rideau.

Châssis et fermes. . . . . fr.	350
Plafonds et rideaux	240
Peinture du tout	120
	710

13°. — *Un palais gothique*, composé de : six châssis en coulisses, une ferme, quatre plafonds, un rideau.

Châssis et ferme	500
Plafonds et rideau	268.80
Peinture du tout	160
	928.80

14°. — *Un horizon*, composé de : un rideau, deux châssis d'air, trois bandes de mer, deux terrains.

Toile rideau . . . . fr.	96
Deux châssis d'air	100
Trois bandes de mer et deux terrains. .	50
	246

Peinture à refaire.

15°. — *Un rideau d'avant-scène*, un premier manteau et ses deux chutes, un second manteau mobile et ses deux châssis.

    Rideau d'avant-scène, sept perches, un enfer . . . fr.   140
    Premier manteau et ses deux chutes.   110
    Deuxième manteau et deux châssis   170
    Peinture du tout   400
                                                    820

Dressé par l'architecte de la ville et l'expert machiniste.

(1831-32)

 AFFILÉ succède aux artistes-sociétaires, avec une troupe complète d'opéra et de comédie.

MM. LAFFILÉ, directeur.
PAILLIÈRES, } régisseurs.
MONNIER,
PÉRON, caissier.
ROELANTS, bibliothécaire.

Comédie.

Messieurs :

CHARLES RICQUIER, premier rôle.
BOUCHEZ, pères nobles.
DESROCHES, forts jeunes premiers.
ALEXANDRE, jeunes premiers.
DUCHAMPY, deuxièmes amoureux.
CARTIGNY (du Théâtre-Français), financiers.
ROMAINVILLE, premiers comiques.
DOLIGNY jeune, deuxièmes comiques.
FOLLEVILLE, pères nobles.
BOSSELET, raisonneurs.

Mesdames et Mesdemoiselles :

CHARLES, premiers rôles.
CAROLINE POUGAUD, jeunes premières.
LEBRUN, soubrettes.
ROUSSELLOIS, premiers caractères.
DAUDEL, mères nobles.
LION, ingénuités.
CAROLINE LINSEL, jeunes amoureuses.
Messieurs :
BARON, grimes.
ALPHONSE, grandes utilités

Opéra.

Messieurs :

THÉOPHILE, premier ténor.
DUCHAUMONT, deuxième ténor.

Mesdames et Mesdemoiselles :

DÉRANCOURT, première chanteuse.
DUCASSE GERVILLE, mères Dugazon.

Messieurs :
Duchampy, Colin.
Bazin, Gavaudan.
Mondonville, Martin.
Prieur, basse-noble.
Dessessarts, basse-comique.
Eugène, basse en tous genres.
Bouchy, deuxième basse.
L. Dessessarts, troisième basse.
  Quatre coryphées.

Mesdames et Mesdemoiselles :
Alexandre, Dugazon.
Émilie Liot, }
Linsel,   } jeunes Dugazon.

Messieurs :
Perceval,   }
Romainville, } Laruette.
Annet, Trial.

Dix-huit chanteurs de chœurs.   Dix-huit chanteuses.

Divertissement.

Messieurs :
Bartholomin, chargé de la direction de la danse.
Lasserre, premier danseur.
Hamel, deuxième danseur.
Murat, coryphée et comiques.

Mesdames et Mesdemoiselles :
Leroux, première danseuse.
Angélique, }
Van Esse, } deuxièmes danseuses.
Bartholomin, coryphée.

  Huit figurants.   Huit figurantes.   Seize élèves de l'école de danse.

Orchestre.

MM. Snel, chef d'orchestre.
Meerts, violon-solo.
Cinquante-six musiciens.

Ouverture, le 28 août, par *la Dame blanche* et une comédie : *Le Jeune mari*.

Théophile Derancourt, qui ressemblait physiquement à son prédécesseur Lafeuillade, fut très favorablement accueilli dans le rôle de Georges Brown ; les débuts de sa femme, qui s'était fait une réputation sous le nom de Mlle Camoin, ne furent qu'une simple formalité. Parmi les nouveau-venus on remarqua encore Mme Alexandre, dans le rôle de Jenny, et Prieur, dans celui de Gaveston.

A cette époque, le théâtre ne jouait pas le samedi, et ses portes restaient fermées toute la semaine sainte. L'éclairage coûtait 13,500 francs pour les 300 représentations de l'année, soit 1,275 fr. par mois, ou 51 francs par soir, non compris l'éclairage à l'huile et les chandelles.

Le Roi vint pour la première fois au théâtre, le 11 septembre ; on y donnait *la Femme juge et partie* et *les Voitures versées*.

La salle était comble, et l'impatience des spectateurs était extrême. Après la comédie, le Roi est arrivé, accompagné de S. A. R. le Duc d'Orléans, qui se trouvait à Bruxelles seulement depuis quelques instants, et suivi d'un nombreux et brillant état-major. Depuis plusieurs heures une foule avide était serrée près de la porte latérale, par où S. M. devait entrer; à son arrivée les acclamations partirent de tous côtés et dans toute la longueur de la rue. Ces acclamations s'entendirent jusque dans la salle et y annoncèrent le Roi. Lorsqu'il parut, l'enthousiasme le plus franc et le plus unanime éclata dans toutes les parties de la salle; les applaudissemens et les cris paraissaient ne pas devoir prendre fin. Le Roi saluait à plusieurs reprises et paraissait ému de ces témoignages d'amour. Pendant l'insignifiant dialogue des *Voitures versées* il causait amicalement avec le prince héréditaire de France. Etant sorti pendant quelques instants de sa loge, les applaudissements recommencèrent à sa rentrée; enfin, lorsque la toile fut baissée et que le Roi se leva pour se retirer, les vivats aussi bruyans qu'à son arrivée se firent entendre, et furent bientôt continués par la foule du dehors qui l'attendait et qui l'accompagna des mêmes acclamations.

La toilette des dames qui assistaient à cette représentation contribuait à rendre cette réunion des plus brillantes. On remarquait aux premières plusieurs étrangers de distinction. Le général Belliard se trouvait dans une loge avec plusieurs officiers supérieurs français.

Malgré la sympathie que le public lui avait témoignée à son arrivée, Laffilé ne put soutenir longtemps l'exploitation, et fut obligé d'y renoncer, le 19 novembre.

C'est Cartigny, acteur de la troupe, qui lui succède. Il convoque les artistes, leur expose la situation, et leur propose, soit les trois quarts de leurs appointements, soit la moitié, et le reste au prorata; la première de ces combinaisons est acceptée.

Charles-Claude Cartigny était né à Dieppe en 1782. Avant de venir au monde, il avait perdu son père, qui fut trouvé assassiné. A quinze ans, il perdit aussi sa mère, tristes commencements pour un futur acteur comique. Il fut successivement apprenti bijoutier et horloger, manœuvre, saute-ruisseau dans une étude. S'étant engagé comme soldat, il entra dans les chevau-légers du roi de Westphalie (Jérôme Bonaparte), et parvint au grade de sous-lieutenant. Son *corps* fut employé dans cette guerre d'Espagne, grand crime et grande faute en même temps.

1831. — 31 août, début de Romainville, premier comique, *la Fête du village voisin;* — 1er septembre, début de Desroches, *le Nouveau seigneur de village;* — 2 septembre, début de Mlle Pougaud, jeune première, *la Fille d'honneur;* — 7 septembre, début de Mme Ducasse-Gerville, *la Vestale;* — 9 septembre, début de Bazin, *Joconde;* — 26 septembre, concert de Graziani, « primo buffo » du Théâtre Royal Italien de Paris ; — 4 octobre, première représentation de *la Fiancée*, opéra-comique en 3 actes, de Scribe, musique d'Auber ; — 15 octobre, première représentation de *la Perle des maris*, comédie-vaudeville en 1 acte, de Bayard, Dumanoir et Mallian; — 25 octobre, première représentation de *Dominique*, comédie en 3 actes, de d'Epagny et Dupin; — 22 novembre, première représentation de *Antony*, drame en 5 actes, d'Alexandre Dumas ; — 12 décembre, spectacle extraordinaire à l'occasion du séjour à Bruxelles d'Alexandre, ex-artiste du Gymnase, *les Ruses de Nicolas;* — 15 décembre, première représentation de *les Deux nuits*, opéra-comique en 3 actes, de Bouilly et Scribe, musique de Boieldieu ; — 20 décembre, première représentation de *le Paquebot*, pièce en 1 acte, en prose, d'Alexandre ; — 21 décembre, première représentation de *Une journée d'élection*, comédie en 3 actes, en vers, de Delaville de Mirmont; — 25 décembre, au bénéfice des pauvres, *Mazaniello*, drame historique en 4 actes, de Moreau et Lafortelle, musique de Carafa.

Un jour, le jeune officier fut envoyé avec un détachement dans les environs de Burgos, pour arrêter un curé de village, et non seulement pour l'arrêter, mais encore pour le pendre immédiatement et sans forme de procès. Sinistre commission! Cartigny part, néanmoins; il arrive au village, il entre au presbytère. Là, il se trouve en présence d'un prêtre dont l'extérieur ne révélait pas le moins du monde un émule du fameux Mérino. Cartigny sentit que, décidément, le métier de bourreau ne lui convenait pas. Au lieu d'exécuter l'ordre barbare, il jeta dans l'oreille du prêtre un charitable avis, qui ne fut pas perdu : malgré un embonpoint respectable, le pauvre prêtre releva sa soutane, escalada la haie de son jardin et gagna les montagnes voisines, où il n'était pas facile de le rattraper. De retour près de son général, et assez embarrassé de sa bonne action, Cartigny balbutia d'abord, puis il avoua tout franchement les faits. Le général, heureusement, ne prit pas mal la chose. Au lieu d'envoyer l'officier trop humain devant un conseil de guerre, il lui conseilla seulement de changer d'état, l'obéissance passive n'admettant pas de pareils scrupules. Cartigny, en effet, donna sa démission, et revint en France.

Il avait déjà joué la comédie en amateur, dans les courts loisirs du cantonnement; il essaya d'abord en province, et débuta au Théâtre-Français, le 28 mai 1811, par les rôles d'Hector du *Joueur*, et de Labranche dans *Crispin rival de son maître*. Reçu pour l'emploi des comiques, il y montra surtout de la franchise, du naturel et de la rondeur. Cartigny prit sa retraite en 1831. Depuis, il donna des représentations dans les départements; il administra, quatre ans, les théâtres royaux de Bruxelles, et joua pendant huit ans, à Londres, au théâtre de St-James.

Enfin, l'heure du repos ayant sonné, il vint s'établir à Versailles, puis dans une habitation aux portes de Paris ; c'est là qu'il est mort.

Cartigny avait fait lui-même son éducation : il parlait bien l'espagnol, l'italien, l'anglais et l'allemand; ses manières étaient cordiales et polies. Il laissa des regrets, comme artiste et comme homme privé.

1832. — 5 janvier, première représentation de *le Philtre*, grand opéra en 2 actes, de Scribe, musique d'Auber ; — 10 janvier, spectacle, par ordre, au bénéfice de Mme Derancourt, *le Philtre;* — 21 janvier, première représentation, de *Il y a seize ans*, drame en 3 actes, de Victor Ducange ; — 29 janvier, la salle éclairée en bougies, reprise du *Comte Ory;* — 21 février, grand concert vocal et instrumental, donné par la « Société d'Apollon », honoré de la présence de Sa Majesté ; — 24 février, première représentation de *Joscelin et Guillemette*, comédie en 1 acte, du Théâtre Français, par d'Epagny ; — 1er mars, par ordre, *la Muette de Portici;* — 5 mars, première représentation de *la Dame du Lac*, opéra héroïque en 4 actes, de d'Epagny et Rousseau, musique de Rossini ; — 10 mars, pour la représentation de Klischnig, premier mime comique des Théâtres Royaux de Cobourg et Drury-Lane, à Londres, *Une fête foraine;* — 12 mars, représentation de Klischnig, mime du Théâtre de Londres ; — 13 mars, première représentation de *l'Homme au masque de fer*, drame en 5 actes et 7 tableaux, de Arnould et Fournier ; — 18 mars, au bénéfice des pauvres, troisième représentation de *l'Homme au masque de fer;* — 24 mars, grand concert vocal et instrumental, donné par Mme Malibran, honoré de la présence de Sa Majesté ; — 28 mars, au bénéfice de Klischnig, *le Carnaval de Venise;* — 30 mars, première représentation de *la Lampe merveilleuse*, ballet de Ch.-L. Hanssens jeune ; — 5 avril, représentation de Ponchard, *la Dame Blanche;* — 10 avril, bénéfice de M. et Mme Derancourt, première représentation de *Zampa*, opéra-comique de Mélesville, musique d'Hérold ; — 14 avril, par ordre, *la Lampe merveilleuse;* — 17 avril, bénéfice de Bazin, Romainville, Armet et Mlle Daudel, *Zampa;* — 18 avril, pour la clôture de l'année théâtrale, *la Muette de Portici*.

Le 12 décembre,

A L'OCCASION DU SÉJOUR A BRUXELLES DE
M. ALEXANDRE
Ex-artiste du Gymnase et inventeur d'un genre de représentation scénique qu'il a créé en Angleterre.

Antony, le drame d'Alexandre Dumas, était précédé d'une pièce en un acte : *Les Ruses de Nicolas*, où Alexandre jouait six rôles différents, et tenait la scène à lui tout seul. Ce spectacle eut trois représentations consécutives ; à la quatrième, Alexandre parut dans une autre de ses productions :

Le Paquebot,
ou le Coche d'Auxerre.
Seul pour sept !

Comme l'indique le titre, Alexandre jouait sept rôles.

La nouvelle année est inaugurée par la « première » de : *Le Philtre*, opéra d'Auber. La deuxième en fut donnée *par ordre;* l'affiche portait :

LA SALLE SERA ÉCLAIRÉE EN BOUGIES.

Les soirées ne se passaient pas toujours d'une façon calme, et quelques artistes eurent parfois à se plaindre du public.

De préférence, celui-ci malmenait assez durement une certaine actrice, et la sifflait sans pitié. A l'une de ces soirées, un officier français, qui se trouvait au parterre, indigné de la cruauté avec laquelle ses voisins traitaient la malheureuse cantatrice, se lève et fait appel à la charité des spectateurs : « De quoi te mêles-tu ? » lui riposte un jeune homme. Cette apostrophe était à peine lancée, que son auteur en recevait la réponse sous la forme de cinq doigts, vigoureusement appliqués sur la joue ; il s'ensuivit une véritable mêlée, qui ne dura pas moins d'une demi-heure. Finalement, les deux champions allèrent vider la querelle sur le terrain. Au premier coup d'épée, le jeune homme fut étendu roide mort. L'adversaire se précipita sur son cadavre, en pleurant ; mais il était trop tard...

Cet officier était un brave et digne soldat, qui ne se consola jamais, dit-on, d'avoir provoqué une altercation dont les conséquences devaient être aussi graves.

L'année théâtrale clôtura, le 18 avril, par *la Muette de Portici*.

Le Conseil de Régence décida que « *la concession gratuite accordée au sieur Cartigny, de l'usage des deux salles de spectacle, ainsi que de la partie du mobilier d'iceux appartenant à la ville pour une année, à courir du 21 avril 1832 au 20 avril 1833, serait étendue aux deux années subséquentes* ».

(1832-33)

MM. CARTIGNY, directeur.
Desroches, régisseur général.
Monnier, premier régisseur.
Pallier, inspecteur général.

Comédies, Tragédies, Drames et Vaudevilles (1).

Messieurs :

Charles, premiers rôles en tous genres.
Desroches, jeunes premiers rôles.
Émile, jeune premier et deuxième amoureux.
Duchampy, deuxième et troisième amoureux
Folleville, } pères nobles et de conve-
Bouchez, } nance.
Bosselet, troisièmes rôles et raisonneurs.
Lechevallier, financiers, grimes et manteaux.
Henri, premier comique.
Perceval, deuxième comique, grimes.
Doligny, seconds comiques.
Dessessarts, financiers, paysans.
Baron, seconds pères, financiers, paysans.
Alphonse, grande utilité.

Mesdames et Mesdemoiselles :

Charles, premiers rôles en tous genres.
Pougaud, jeunes premières, grande coquette
Linsel, } deuxièmes et troisièmes
Chevalier, } amoureuses, ingénues.
Victorine, } troisièmes amoureuses, in-
Mélanie, } génuités.
Lebrun, soubrette.
Roussellois, premier caractère.
Daudel, deuxième caractère, mère noble.
Jules Grivet, } rôles de convenance.
Ternaux, }

Grand opéra, Opéra-comique et Traductions.

Messieurs :

Chollet, premier ténor.
Léon Chapelle, deuxième ténor.
Duchampy, troisième ténor, les Collins.

Mesdames et Mesdemoiselles :

Préval, première chanteuse, forte Dugazon.
Derancourt, première chanteuse en tous genres.

(1) Nous croyons devoir prévenir le lecteur que les tableaux de troupes sont reproduits tels qu'ils ont paru à l'époque, et que nous respectons les appellations et l'orthographe.

Messieurs :
MONDONVILLE, baryton, les Martins, Lays, Soliés.
ADRIEN, première basse chantante, basse-bouffe.
EUGÈNE, première basse-noble, et autres.
DESSESSARTS, première basse comique.
ALPHONSE, troisième basse.
PERCEVAL, Laruette.
FRÉDÉRIC, Trial.

Mesdames et Mesdemoiselles :
DEPOIX, deuxième Dugazon.
LINSEL, | deuxièmes et troisièmes
CHEVALIER, | Dugazons.
VICTORINE, |
ROUSSELLOIS, première duègne.
DAUDEL, deuxième duègne.
JULES GRIVET, deuxième duègne et mère noble.
TERNAUX, coryphée.

Orchestre.

MM. SNEL, premier chef d'orchestre.
WAROT, deuxième chef d'orchestre.

L'année théâtrale débute de façon bruyante. Le public, que le départ de certains artistes et le maintien de certains autres avait indisposé, réclamait les titulaires de plusieurs emplois qui n'étaient pas tenus. Le plus souvent, des cris et des sifflets interrompaient le spectacle. On voulait que Cartigny fournît des explications, et on l'appelait en scène. Desroches, que ses fonctions de régisseur obligeaient à venir essuyer la tempête, se présentait; on ne le laissait pas parler, et il se retirait, reconduit par les huées : « Cartigny! Cartigny! ». Mais le prudent directeur n'avait garde de se montrer.

Le bourgmestre prend un arrêté nouveau (7 mai), dont la sévérité accroît encore la colère générale. Trois jours plus tard, les sifflets couvrent la voix de Desroches, pendant une scène. Celui-ci apostrophe le public, ce qui contribue — naturellement — à augmenter le désordre. On dresse procès-verbal contre Desroches, et la représentation s'achève comme elle avait commencé....

Enfin, un groupe de jeunes gens annoncent ouvertement qu'ils iront « casser les vitres » chez Cartigny. La police, prévenue à temps, empêcha la réalisation d'un tel projet. Mais on dut fermer le théâtre pendant quinze jours.

Cependant, quelques soirées avaient été marquées par un calme relatif, notamment celles qu'on avait données avec le concours de Ponchard. L'excellent artiste fut l'objet d'ovations enthousiastes, et il joua tout son répertoire. L'affiche porte, le 15 mai : *Pour la dernière représentation de M. Ponchard* : « Zémire et Azor »; puis, le 17 : « Le Maçon »; *pour faciliter les débuts, M. Ponchard remplira le rôle de Roger;* enfin, le 20 : *pour la clôture définitive, et sans remise, des représentations de M. Ponchard :* « Mazaniello ou le Pêcheur napolitain ».

Dès ce moment, les troubles se renouvelèrent; Cartigny était décidément très impopulaire. Des scènes graves se produisirent : procès, duels, bagarres, arrestations, etc. Et comme, à côté de chaque événement fâcheux, on rencontre presque toujours la note comique, nous voyons dans la nomenclature des *victimes* de ces désordres, un spectateur condamné, pour être monté sur les banquettes avec des « souliers à clous », et un coiffeur, nommé Lyon, à qui fut infligée une amende, parce qu'il avait gardé son chapeau sur la tête pendant le spectacle, « attendu qu'il ignorait moins que tout autre les usages, sa clientèle étant composée spécialement d'acteurs ». Il est étonnant qu'on n'ait pas ajouté que, par profession, le sieur Lyon devait être habitué à voir les gens tête nue.

Voici comment *le Journal des Comédiens* rend compte d'une représentation tumultueuse :

Vous savez tous, amis lecteurs, que la soirée du 21 mai dernier (soirée orageuse, s'il en fut jamais!) fit naître un procès, et un fameux procès encore... Ces infâmes Bouzingots s'étaient permis de monter sur les banquettes du Théâtre royal de Bruxelles, de siffler, d'appeler le régisseur, et de dire des choses qui..., des choses que..., enfin, des choses affreuses!... ces infâmes Bouzingots qui se rendent coupables du double crime d'y voir trop clair et de vouloir faire ouvrir les yeux à ceux qui n'y voient pas, ces infâmes Bouzingots, dis-je, ont comparu mercredi devant la chambre de police correctionnelle, accusés d'avoir interrompu le spectacle.

1832. — 3 mai, représentation de Ponchard de l'Opéra-Comique, *le Petit Chaperon rouge*; — 12 mai, début de Bernard-Léon, première représentation de *Rabelais*, vaudeville en 1 acte, de Leuven et Charles de Livry; — 22 mai, artistes anglais du Théâtre Italien de Paris; — 20 juin, concert des frères Eichhorn; — 26 juin, représentation de Philippe, du Palais Royal de Paris; — 12 juillet, première représentation de *l'Amitié des femmes*, comédie en 1 acte, en vers, par J.-B.-P. Lafitte; — 14 juillet, première représentation de *le Sénateur*, vaudeville en 1 acte, de Philippe Dumanoir et Eug. Laurey; — 26 juillet, première représentation de *1760, ou Une matinée d'un grand seigneur*, comédie en 1 acte, en vers, d'Alexandre Longpré; — 2 août, par ordre, première représentation de *la Marquise de Brinvilliers*, drame lyrique en 3 actes, de Scribe et Castil Blaze, musique d'Auber, Batton, Blangini, Boïeldieu, Carafa, Cherubini, Herold, Paër et Rossini; — 13 août, au bénéfice des pauvres, *les Voitures versées*; — 14 août, première représentation de *l'Abbaye aux bois*, histoire contemporaine en 3 actes, 6 tableaux, de Pixérécourt et Henri Martin; — 15 août, représentation de Mlle Dorus, *le Barbier de Séville*; — 19 août, par ordre, *la Muette de Portici*; — 23 août, au bénéfice de Mlle Dorus, *le Philtre*; — 14 septembre, première représentation de *le Diable à Séville*, opéra-comique en 1 acte, de Cavé et Dittmer, musique de Gomis; — 16 septembre, début de Mlle Zéline, *Robin des bois*; — 3 octobre, début de Mlle Schaffner, *Robin des bois*; — 4 octobre, première représentation de *la Tour de Nesle*, drame en 5 actes et 9 tableaux, d'Alexandre Dumas et

Le même journal publiait l'extrait suivant :

Nouveaux proverbes dramatiques avec variantes :

LOCUTIONS ANCIENNES.	LOCUTIONS NOUVELLES.
Je m'en moque comme de Colin Tampon.	Je m'en moque comme du public.
Aimez-vous la muscade, on en a mis partout.	Aimez-vous les belles promesses, on en a mis partout.
Cela pousse comme des champignons.	Cela pousse comme des Dugazon.
Les bons comptes font les bons amis.	Les bons traitements font les bonnes troupes.
Il veut nous faire prendre des vessies pour des lanternes.	Il veut nous faire prendre une première chanteuse pour une Dugazon.
Ils sont unis comme chien et chat.	Ils sont unis comme le parterre et un directeur.
Qui compte sans son hôte compte deux fois.	Qui compte sans le public compte deux fois.
Comme on fait son lit on se couche.	Comme on fait sa troupe on fait des recettes
N'est pas marchand qui toujours gagne.	N'est pas bon directeur qui toujours gagne
La critique est aisée, mais (sic) l'art est difficile.	Ren oyer est aisé, remplacer est difficile.

Samedi 21 juillet, *par ordre*, première représentation (reprise) de :

GUILLAUME TELL
Grand opéra de MM. Jouy et H. Bis. Musique de Rossini
Réunis en 3 actes par les auteurs.
La salle éclairée en bougies.

Gaillardet; — 16 octobre, représentation de Mlle Ambroisine, danseuse; — 23 octobre, première représentation, *le Morceau d'ensemble*, opéra-comique en 1 acte, de Courcy, Carmouche, musique d'Adam; — 20 novembre, représentation de Mme Garcia-Vestris; — 25 décembre, première représentation de *l'Enchanteresse*, ballet pantomime en 3 actes, de Bartholomin, musique d'Hanssens jeune; — 31 décembre, première représentation de *le Barbier du roi d'Aragon*, drame en 3 actes, en prose, par Fontan et Dupeuty.

1833 — 2 janvier, par ordre, *le Conteur*, comédie en 3 actes, en prose, de Picard; — 10 janvier, première représentation de *la Maison inhabitée*, ballet comédie en 3 actes, de Vestris, musique de Rossini, Pacini, Mercadante, Hanssens (Pastiche); — 19 janvier, première représentation de *le Dernier chapitre*, vaudeville en 1 acte, de Mélesville, Dumanoir et Mallian; — 23 janvier, au bénéfice de Mlle Linsel, première représentation de *la Ferme de Bondy*, épisode de l'empire en 4 actes, de Gabriel, De Villeneuve et Masson; — 28 janvier, représentation de Mlle Verneuil, de l'Odéon; — 7 février, première représentation de *le Dieu et la Bayadère*, grand opéra en 2 actes, de Scribe, musique d'Auber; — 12 février, par ordre, *le Dieu et la Bayadère*; — 16 février, première représentation de *Voltaire à Francfort*, vaudeville en 1 acte, de Ourry et Brazier; première représentation de *Un monomane*, vaudeville en 1 acte, de Scribe et Paul Duport; — 18 février, au bénéfice des pauvres, *le Dieu et la Bayadère*; — 23 février, première représentation de *Quoniam*, vaudeville en 2 actes, de Jadin et F. Laurey; — 24 février, spectacle demandé, première représentation de *le Mannequin de Bergame*, opéra en 1 acte, de Planard et Paul Duport, musique de Fétis; — 2 mars, première représentation de *Grillo*, vaudeville en 2 actes, de Léon Halévy, de Leuven et Jaime; — 4 mars, première représentation de

2 août, *par ordre* :

LA MARQUISE DE BRINVILLIERS
Drame lyrique en 3 actes. Paroles de MM. Scribe et Castil-Blaze
Musique de
MM. Auber, Batton, Blangini, Boieldieu, Carafa, Cherubini, Herold, Paër, Rossini.

Voici un exemple de collaboration rare, surtout parmi les musiciens. « Un fait semblable est à signaler dans les annales de la musique. Il a trait à un opéra révolutionnaire : *Le Congrès des Rois*, représenté au Théâtre Favart, en 1794, et dont la musique était écrite par douze compositeurs. » (1)

Le 15 août, Mlle Dorus, *premier sujet de l'Académie royale de musique de Paris*, commence une série de représentations.

Perceval mourut, le 3 août, à l'âge de 62 ans. La veille, pendant le premier acte de *la Marquise de Brinvilliers*, il se sentit indisposé et voulut rentrer chez lui ; il fut soigné pour le choléra, alors qu'il n'avait qu'une simple indigestion : le traitement le tua.

Le baron de Peellaert avait décidément plus de chance que ses confrères bruxellois. Le jeudi 30 août, on reprend son opéra : *Teniers, ou la noce flamande*. C'est un fait si rare pour les pièces indigènes, qu'il y a, croyons-nous, intérêt à le signaler.

Le 24 septembre, par ordre, *la Famille improvisée*, d'Henri Monnier, où l'auteur interprète lui-même cinq rôles, parmi lesquels son immortel Prud'homme.

(1) A. Pougin. *Dictionnaire du Théâtre*.

---

le Mariage impossible, opéra en 2 actes, de Melesville et Carmouche, musique de Grisar ; 11 mars, spectacle gala, par ordre, *la Fiancée* ; — 13 mars, au bénéfice de Bernard-Léon, *Un duel sous le cardinal Richelieu* ; — 30 mars, première représentation de *les Malheurs d'un amant heureux*, vaudeville en 2 actes, de Scribe ; — 3 avril, au bénéfice de Lasserre, *les Malheurs d'un amant heureux* ; — 7 avril, grand concert vocal et instrumental, donné par la société d'Apollon, honoré de la présence de Leurs Majestés ; — 15 avril, première représentation de *le Pré-aux-Clercs*, opéra-comique en 3 actes, de Planard, musique d'Herold.

Mergy, jeune gentilhomme béarnais	MM. Chollet.
Comminge, jeune courtisan	Paul.
Cantarelli, italien	Juillet.
Girot, hôtelier du Pré-aux-Clercs	Dessessarts.
Marguerite, reine de Navarre	Mmes Foignet.
Isabelle, jeune comtesse béarnaise	Prévost.
Nicette, fiancée de Girot	Tomeoni.

1833. — 20 avril, pour la clôture de l'année théâtrale, première représentation de *le Suisse de l'hôtel*, vaudeville en 1 acte, de Scribe et Rougemont.

En novembre, nouvelle apparition de *Napoléon, ou Schœnbrunn et Sainte Hélène*. Le rôle de Napoléon était tenu par Gobert, qui l'avait créé à Paris. Celui-ci s'était entouré de tous les renseignements possibles au sujet de son héros, et il avait apporté tant de soins dans l'art de se grimer que la ressemblance avec le « grand homme » était, paraît-il, frappante : « Ceux qui n'ont pas connu Bonaparte » — s'écriait, dans son enthousiasme, le rédacteur de *l'Echo* — « n'ont qu'à se rendre à la Monnaie, et ils pourront dire : Je l'ai vu, je le connais. » Cette reprise fut marquée par un petit accident survenu à la « première ». Dessessarts manquait parfois de mémoire, et voici le dialogue que le public ébahi put entendre :

Le Duc.

Un jeune homme voulait parler à Votre Majesté.

Napoléon.

Un Français ?

Le Duc.

Oui, Sire......... il est Allemand.

Voilà ce que répondit le Duc. On juge de l'effet produit! Pauvre Duc! Pauvre Dessessarts!

Le lendemain, commençait une série de représentations de Mme Garcia-Vestris, *première chanteuse du Théâtre Italien de Paris, des Théâtres Impériaux et Royaux de Milan et Turin, pensionnaire du Roi d'Espagne*.

Le 12 janvier 1833, l'affiche est ainsi conçue :

« *Vu la saison rigoureuse et l'impossibilité de chauffer convenablement la salle du Parc, l'administration croit faire une chose agréable au public, en transportant sur le Grand-Théâtre, et pendant les froids seulement, les représentations de Vaudevilles et Variétés qui se donnent chaque samedi au Parc.*

» *MM. les abonnés auront le droit de conserver leurs loges jusqu'à 10 heures du matin du jour de la représentation. Les prix restent les mêmes qu'au Parc.* »

Quelques jours après, Hérold mourait, en pleine jeunesse et en plein succès. Le jeudi 24, après la représentation de *Zampa*, une urne, recouverte d'un crêpe, est placée sur le théâtre, où défilent tous les artistes. Chollet, — le créateur de Zampa, — qu'une étroite amitié liait au compositeur, vient dire quelques vers, avec une émotion sincère, partagée par le public.

Relatons, en passant, la première de : *Le Mannequin de Bergame*, musique de Fétis (24 février).

En mars, on reprend *le Dîner de Madelon* « pour les débuts de Mme Clémentine Lechevalier, qui n'a jamais paru sur aucune scène », disait l'affiche. Or, on découvrit que Mme Lechevalier jouait depuis longtemps en province, et on la jugea fort médiocre. Un critique du temps lui conseilla de *travailler*, de suivre les bons *modèles*, et lui prédit qu'elle ferait un jour... une habile modiste ou une couturière expérimentée.

Grisar se révèle à ses compatriotes en leur donnant la primeur d'un opéra-comique en 2 actes : *Le Mariage impossible*, livret de Mélesville et Carmouche. Le début du jeune compositeur fut un coup de maître. Le public demanda Grisar, qui fut traîné sur la scène par Mme Prévost et par Chollet.

Le 14 mars, *spectacle gala* en présence de LL. MM. le Roi et la Reine des Belges, la Reine des Français, la Princesse Marie et le Duc d'Orléans.

Cinq jours avant la clôture, première représentation de : *Le Pré-aux-Clercs*, attendue depuis longtemps, et sans cesse ajournée pour des raisons diverses. Ce fut un grand succès.

Mouvement du répertoire.

Années 1826 à 1827 — Ouvrages nouveaux : Opéras 7, comédies ou tragédies 5, vaudevilles 3, ballets 2 Total 17 — Remises : grands opéras 2, opéras 14, comédies ou tragédies 13, vaudevilles 25, ballets 2. Total 56.

Année 1828 à 1829. — Ouvrages nouveaux : Grands opéras 2, opéras 2, comédies 5, vaudevilles 18, ballets 4. Total 31. — Remises : Grand opéra 1, opéras 16, comédies 5, vaudevilles 18, ballets 4. Total 44.

Années 1829 à 1830. — Ouvrages nouveaux : Grands opéras 3, opéra 1, comédies ou drames 6, vaudevilles 23, ballets 3. Total 36. — Il n'a pas été tenu note des remises pour cette année.

Années 1832 à 1833 — Ouvrages nouveaux : Grand opéra 1, opéras 6, drames et comédies 8, vaudevilles 40, ballets 3. Total 58 — Remises : grand opéra 1, opéras 15, drames et comédies 17, vaudevilles 16, ballets 5. Total 54.

(1833-34)

MM. CARTIGNY, directeur.
PALLIÈRE, inspecteur général.
MONNIER, premier régisseur.
PÉRON, caissier.
DESROCHES, premier contrôleur.
NARCISSE, deuxième contrôleur.

Comédie, Tragédie, Drame et Vaudeville.

Messieurs :

CHARLES, premiers rôles en tous genres.
MATIS, forts jeunes premiers et premiers rôles.
PAUL, premiers rôles, caractères et rôles de genres.
VELSCH, jeunes premiers.
LATI-OLIVIER, } jeunes premiers, seconds
LEMOIGNE, } au besoin.
DORBE, premiers rôles, rôles de genre et de convenance.
DUCHAMPY, amoureux.
EUGÈNE, troisièmes amoureux, seconds au besoin.
FOLLEVILLE, } pères nobles, rôles de con-
FERDINAND, } venance.
BOSSELET, troisièmes rôles et raisonneurs.
ROUSSEL, financiers, grimes et manteaux.
BARON, seconds pères, financiers, grimes, etc.

Mesdames et Mesdemoiselles :

CHARLES, premiers rôles en tous genres et des mères nobles.
WENTZEL, jeunes premières en tous genres, jeunes premiers rôles.
MATIS, jeunes premières, fortes ingénuités.
LEMOIGNE, jeunes premières, jeunes premiers rôles.
LINSEL,
THUILLIER, } amoureuses et ingé-
LOUISE MONNIER, } nuités.
VICTORINE,
LEBRUN, premières soubrettes.
LUCIE, secondes soubrettes et rôles de convenance.
ROUSSELLOIS, caractères.
DAUDEL, caractères et des mères nobles.
DESROCHES, } seconds caractères et se-
BOSSELET, } conds rôles.

Messieurs :

DESSESSARTS, paysans, financiers, etc.
ROMAINVILLE, premiers comiques en tous genres.
VICTOR, seconds et premiers comiques.
JUILLET, paysans, caricatures, seconds comiques.

Messieurs :

ALPHONSE, seconds et troisièmes comiques.
LAVILLETTE, grandes utilités en tous genres.
GABRIEL, grimes et comiques en tous genres.
BREMS, } accessoires.
DE DECKER, }

Grand opéra, Opéra comique et Traductions.

Messieurs :

CHOLLET, Martin, Lays, Solié et rôles créés à Paris.
SIRANT, premiers ténors en tous genres.
THÉODORE, jeunes premiers ténors, Elleviou, etc.
PAUL, Philippe, Gavaudan.
DUCHAMPY, ténors et Colins.
ADRIEN POTET, première basse en tous genres.
PAYEN, première basse et basse chantante.
DESSESSARTS, première basse comique, etc.
LAVILLETTE, seconde basse comique.
ALPHONSE, troisième basse, seconde au besoin.
JUILLET, Laruette, Juillet, etc.
VICTOR, trial.

Deux coryphées hautes-contre.
Deux coryphées.

Mesdames et Mesdemoiselles :

PRÉVOST, premières chanteuses en tous genres et fortes Dugazon.
FOIGNET, fortes premières chanteuses et mères Dugazon.
TOMÉONI, jeunes premières chanteuses à roulades.
ALEXANDRE, } premières Dugazon.
THUILLIER, }
LINSEL, secondes Dugazon.
VICTORINE, troisièmes Dugazon, secondes au besoin.
ROUSSELLOIS, premières duègnes.
DAUDEL, } secondes duègnes et mères
DESROCHES, } Dugazon.

Deux coryphées basses-tailles.
Quarante choristes.

Ballet.

Messieurs :

PETIPA, } maîtres de ballets et
BARTHOLOMIN, } rôles-mimes.
BRETIN, premier danseur en tous genres.
THÉODORE, premier danseur demi-caractère.
GIREL, premier danseur comique.
HAMEL, deuxième danseur, premier au besoin.
MURAT, troisième danseur et comique au besoin.

Mesdames et Mesdemoiselles :

AMBROISINE, première danseuse noble et demi-caractère gracieux.
ROSALIE GUET, première danseuse demi-caractère.
BENONI, seconde danseuse et première mime.
HULLIN, seconde danseuse et première demi-caractère.
BERTIN, troisième danseuse et seconde au besoin.
BARTHOLOMIN, rôles mimes.

Corps de ballet.

MM. GINESTE, premier peintre-décorateur.
TOUBEAU, machiniste.

Orchestre.

MM. SNEL, premier chef d'ochestre.
WAROT, } deuxièmes chefs d'orchestre.
CAMUS, }
DOMGNY, chef d'orchestre dirigeant les ballets.
Cinquante-deux musiciens.

PRIX DES ABONNEMENS.

ABONNEMENT A L'ANNÉE.

	Francs	C.
Premières loges et Secondes de face	360	»
Secondes loges de côté et rez-de-chaussée	318	»
Troisièmes loges	228	»
Abonnement individuel, à toutes places	372	»

pour l'année et par place, payables, le premier tiers, en prenant l'abonnement ; le second tiers, le 20 Août 1833, et le dernier tiers, le 20 Décembre suivant.

ABONNEMENT D'HIVER.

	Francs	C.
Premières loges et Secondes de face	228	»
Secondes loges de côté et rez-de-chaussée	203	»
Troisièmes loges	152	»
Abonnement individuel, à toutes places	237	»

par place et pour 6 mois, du 21 Octobre 1833 au 20 Avril 1834, payables, moitié, en prenant l'abonnement, et l'autre moitié, le 20 Janvier 1834.

ABONNEMENT D'ÉTRANGERS.

	Francs	C.
Premières loges et Secondes de face	44	»
Secondes loges de côté et rez-de-chaussée	40	»
Troisièmes loges	32	»
Abonnement individuel, à toutes places	44	»

par place et par mois.

Abonnement militaire, au Parquet seulement, *francs* 17 - » par mois.

Ouverture, le 21 avril, par la première représentation de *Lucrèce Borgia*, drame de Victor Hugo.

Le 4 mai, apparition d'une parodie de *Lucrèce Borgia*, intitulée « *Tigresse Mort-aux-Rats, ou poison et contre-poison* », *médecine en quatre doses et en vers*, par MM. Dupuis et Jules. Alphonse d'Este

---

1833. — 21 avril, ouverture de l'année théâtrale ; — 22 avril, première représentation de *Lucrèce Borgia*, drame en 3 actes et 5 parties, de Victor Hugo ; — 11 mai, première représentation de *Santeul*, vaudeville en 1 acte, de Brazier, de Villeneuve et Charles de Livry ; — 18 mai, première représentation de *Toujours, ou l'avenir d'un fils*, vaudeville en 2 actes, de Scribe et Varner ; première représentation de *le Matelot*, vaudeville en 1 acte, de Sauvage et G. de Lurieu ; — 22 mai, première représentation de *Hamlet*, tragédie en 5 actes, de Shakespeare, représentée par des artistes anglais, du Théâtre-Royal Italien à Paris ; — 23 mai, début de Chevalier, ténor, *la Dame blanche ;* — 24 mai, *Othello*, de Shakespeare, pour les représentations des artistes anglais ; — 25 mai, première représentation de *la Prima donna, ou la sœur de lait*, vaudeville en 1 acte, de Achille Dartois et de St-Georges ; — 1er juin, première représentation de *Saint-Denis, ou une insurrection de demoiselles*, chronique de 1828, en 3 actes, mêlée de couplets, par Julien de Mallian et Philippe Dumanoir ; — 20 juin, concert donné par les frères Eichhorn ; — 22 juin, première représentation de *Madame d'Egmont, ou Sont-elles deux ?* vaudeville en 3 actes, de MM. Ancelot et Alexis Decomberousse ; — 28 juin, première représentation de *Un dimanche à Pontoise*, ballet-comédie en 1 acte, de Bartholomin et Ch.-L. Hanssens jeune ; — 13 juillet, première représentation de *le Gardien*, vaudeville en 2 actes, imité du roman d'*Indiana*, par Scribe et Bayard ; — 16 juillet, première représen-

avait quitté la toque pour le bonnet de coton, la cotte d'armes pour la robe de chambre, l'épée pour... l'instrument cher à Molière. Le duc, époux de Tigresse, était apothicaire, et — naturellement — jaloux comme un tigre. Qui ne devinerait que, dans une pièce aussi pharmaceutique, les scènes d'empoisonnement étaient des plus fréquentes? Les auteurs avaient voulu rééditer le calembour de Victor Hugo sur l'inscription de BORGIA, dont un personnage, d'un coup de poignard, fait sauter l'initiale. Ici, on avait donné pour titre à l'enseigne de l'apothicaire : AU GRAND SALOMON,... et c'était, non plus le commencement, mais les trois dernières lettres du nom *propre* qu'un acteur venait détacher...

Le 22 et le 24 mai, « les *Artistes Anglais du Théâtre Italien de Paris* » paraissent dans deux tragédies : *Hamlet* et *Othello*, avec le concours d'Archer, du Théâtre-Royal de Drury-Lane. Les comédiens *anglais* du théâtre *italien* de la capitale *française*, devant un public *belge*, offraient un caractère particulièrement... cosmopolite !

La construction de nouveaux théâtres dans Bruxelles occupait alors tous les amateurs. Un projet, non exécuté d'ailleurs, avait été déposé, touchant l'édification d'un THÉATRE SECONDAIRE NATIONAL.

Au mois de septembre, arrive Déjazet. La charmante comédienne attire la foule, et dédommage un peu la caisse directoriale des pertes

---

tation de *la Violette*, opéra en 3 actes, de Planard, musique de Carafa ; — 20 juillet, première représentation de *la Consigne*, vaudeville en 1 acte, de Ancelot et Decomberousse ; — 24 juillet, première représentation de *le Fils du Laboureur*, à-propos mêlé de couplets, à l'occasion de la naissance de S. A. R. le prince héréditaire de Belgique ; — 3 août, première représentation de *le Singe et l'Adjoint*, folie-vaudeville en 1 acte, de Duvert et Henri de Tully ; — 4 août, représentation de Potier, du Théâtre des Variétés de Paris ; — 5 août, première représentation de *les Enfants d'Édouard*, tragédie, par Casimir Delavigne ; — septembre, pour les représentations de Mlle Déjazet ; le 7, *Vertvert* ; le 12, *la Fille de Dominique* ; le 14, première représentation de *le Tailleur et la fée*; le 18, première représentation de *le Fils de l'homme*, drame en 1 acte, de Paul de Lussan ; le 21, première représentation de *Sophie Arnould*, vaudeville en 3 actes, de A. de Leuven et Dumanoir ; le 24, *le Mariage impossible ;* — 10 septembre, spectacle gala, *le Pré-aux-Clercs ;* — 11 septembre, première représentation de *l'Escroc du grand monde*, comédie en 3 actes, de Ancelot ; — 26 septembre, spectacle gala, *le Mariage impossible* ; — 10 octobre, première représentation de *Robert le Diable*, grand opéra en 5 actes, de Scribe et Delavigne, musique de Meyerbeer ;

Robert	MM. SIRANT.
Bertram	POTET.
Raimbaut.	THÉODORE.
Isabelle	Mmes LAVRY.
Alice	PREVOST.
Helena	AMBROISINE.

que lui avaient fait subir les changements de spectacles et les « relâches » survenus à la suite d'indispositions nombreuses et même de certains tiraillements dans la discipline intérieure du personnel.

D'après un usage établi, les abonnés et les habitués, lorsqu'ils voulaient adresser une communication aux artistes ou une demande au directeur, lançaient sur la scène de petits billets, dont il était publiquement donné lecture ; presque toujours le vœu général recevait satisfaction. Mais, comme il en était résulté quelques abus, l'autorité avait supprimé cette licence. Or, le 23 septembre, pendant *la Fille de Dominique*, un pli est jeté sur le théâtre ; selon la coutume, lecture en est aussitôt réclamée : le régisseur accourt, puis il annonce que les règlements lui interdisent de « déférer à ce désir », et se retire au milieu d'un silence inattendu. Mais les foules sont comme les orages : une accalmie passagère n'empêche pas la foudre d'éclater. Vers la fin de la soirée, les cris retentissent de plus belle : l'acteur Victor apparaît : il est tout ému ! — il cherche, dans son trouble, à expliquer que la lettre est *personnelle*, qu'elle n'a aucun rapport avec l'art, et qu'elle est destinée à... Un tumulte effroyable couvre ces paroles : les chaises, enlevées des loges, volent par-dessus la rampe ; le commissaire de police intervient : vains efforts ! Bref, devant un tel vacarme, les *susdits* « règlements » sont enfreints, et, pour la seconde fois, la silhouette du régisseur se profile, tremblante, par delà le troisième plan. « Chut ! chut ! silence ! »

1833. — 21 octobre, première représentation de *Pauline, ou Sait-on qui gouverne ?* comédie en 2 actes, de Melesville et Carmouche ; — 30 octobre, représentation de Mlle Perceval, danseuse de l'académie de musique de Paris ; — 6 novembre, première représentation de *Richard d'Arlington*, drame en 3 actes, de Alexandre Dumas, Beudin et Goubaux ; — 11 novembre, première représentation de *le Roi de Prusse et le comédien*, comédie en 1 acte, de Brunswick ; — 4 décembre, représentation de Lafont, « premier ténor » de l'Opéra, *la Muette de Portici* ; — 20 décembre, première représentation de *Ludovic*, opéra-comique en 2 actes, de Saint-Georges, musique d'Herold et Halévy ; — 25 décembre, grand concert, vocal et instrumental, donné au bénéfice des artistes indigents.

1834. — 4 janvier, première représentation de *les Tirelaines ou Paris en 1667*, comédie en 3 actes, de P. Dumanoir et Mallian ; — 11 janvier, première représentation de *Sardanapale*, drame en 5 actes, en vers, imité de lord Byron, par Louis Alvin ; — 14 janvier, représentation de Mlle Varin, « danseuse » de l'Opéra ; — 18 janvier, représentation de Lepeintre aîné, du Théâtre du Palais-Royal ; — 25 janvier, au bénéfice de Mme Lemoigne, première représentation de *la Camargo ou l'Opéra en 1750*, comédie en 4 actes, mêlée de chant, par MM. Dupeuty et Fontan ; — 27 janvier, spectacle extraordinaire, première représentation de Ch. Rappo, Grande Académie, hercule-athlétique ; — 5 février, au bénéfice de Baron, première représentation de *le Cheval de Grammont*, comédie-

vocifère-t-on ; et l'infortuné fonctionnaire, descendant vers le trou du souffleur, se décide à balbutier la teneur du fameux billet. Devinez : — C'étaient des couplets galants à l'adresse de Déjazet !...

Le 10 octobre de cette année — soirée mémorable ! — *Robert le Diable* consacre à Bruxelles la réputation de Meyerbeer. La presse contemporaine fut unanime à décerner des éloges aux artistes, notamment à Sirant et à Potet, aux chœurs, à l'orchestre, et déclare que la mise en scène surpassait en richesse tout ce qu'on avait vu jusqu'à ce jour, « voire même les merveilles du *Siège de Corinthe* et de *la Muette de Portici* » (!). Dès huit heures du matin, on s'écrasait aux bureaux. La salle fut envahie, prise d'assaut en moins de quelques minutes. *Robert le Diable*, joué trente-deux fois dans cette même saison, ne quitta plus le répertoire.

Depuis longtemps, le Théâtre de la Monnaie était *privé* de représentations acrobatiques ; mais, le 29 janvier 1834, l'affiche porte un spectacle extraordinaire pour la première séance de Ch. Rappo (grande académie herculo-athlétique) !

Le baron de Peellaert travaillait à la musique d'un *Faust*, que, l'année précédente, on avait donné au Théâtre des Nouveautés, de Paris, sur le scénario de Théaulon. Après *Robert le Diable*, on s'aperçut de quelques similitudes entre les deux opéras. (Cependant *Faust* était antérieur à l'œuvre de Meyerbeer.) Certaines modifications furent apportées à la pièce, et la « première » en eut lieu, le 19 février, au bénéfice de Sirant.

---

vaudeville en 3 actes, par Gustave Vaez ; — 9 janvier, spectacle demandé, *Robert le Diable* ; — 19 janvier, au bénéfice de Sirant, première représentation de *Faust*, drame lyrique en 3 actes, de Théaulon, musique de Peellaert ; — 22 janvier, au bénéfice de Bernard-Léon, première représentation de *le Sauveur*, comédie en 3 actes, mêlée de couplets, par MM. Léon Halévy et Lhérie ; — 1er mars, au bénéfice de Mlle Ambroisine, première représentation de *Angèle*, drame en 5 actes et en prose, d'Alex. Dumas ; — 10 mars, représentation de Camprubi, Font, Mme Dubinon, Mlle Serral, danseurs espagnols ; — 15 mars, premier concert de Paganini ; — 24 mars, première représentation de *Tancrède*, opéra comique en 3 actes, d'Ed. d'Anglemont, musique de Rossini, avec le concours de Mme Sainville-Gai, en représentation ; — 29 mars, représentation de *le Favori, ou la Cour de Catherine II*, comédie en 3 actes, mêlée de couplets, par Arcelot ; — 12 avril, au bénéfice de Matis, première représentation de *Michel Perrin*, vaudeville en 2 actes, par Mélesville ; — 17 avril, au bénéfice de M. Lavry, *Robert le Diable* ; — 19 avril, première représentation de *Une fille d'Eve*, vaudeville en 1 acte, par Dumanoir et Camille Lafargue ; — 20 avril, pour la clôture de l'année théâtrale, représentation de *Robert le Diable* ; — 27 avril, représentation de Mlle Jenny Vertpré, du Théâtre du Gymnase de Paris.

Faust, célèbre savant	MM. Chollet.
Conrad, vieux militaire	Dessessarts.
Christophe Wagner, domestique de Faust	Juillet.
Méphistophélès, esprit infernal	A. Potet.
Marguerite, fille de Conrad	Mmes Prévost.
Mina, amie de Marguerite	Duchampy.

Démons sous la forme de jeunes seigneurs et de châtelaines.

Du compte-rendu publié par le *Courrier Belge* nous extrayons le passage suivant :

Méphistophélès-Potet paraît s'être beaucoup occupé de son costume. A ses agréments naturels, il a ajouté un nez en carton, de forme colossale, une paire de cornes de chèvre du Thibet, une perruque d'étoupe couleur sang de bœuf, des moustaches rousses, une impériale rousse, des sourcils roux et des ailes de chauve-souris. Il est charmant — charmant, s'entend, pour un diable classique, car le diable qu'il nous a montré est un démon de la *Tentation*, dans les costumes duquel l'opéra s'est élevé à la hauteur des idées nouvelles. Il est fâcheux qu'Adrien Potet n'ait guère compris son rôle, il le joue trop lourdement. Qu'il songe donc que Méphistophélès est le plus spirituel des démons ; Méphistophélès, c'est Crispin descendu aux enfers, c'est Figaro passé au service de Lucifer.

Tiens ! tiens !... voilà ce qu'écrivait la critique en 1834... *Quantum mutatus!*

Le 15 mars, premier concert de Paganini. Le célèbre violoniste, avant d'affronter le public, se fit entendre chez M. Fétis. Il jouait dans l'intimité, comme sur la scène avec cette même exaltation, avec son regard sombre, sa chevelure flottante, ses doigts crochus, sa maigreur et ses déhanchements, qui font songer au personnage fantastique conçu par Hoffmann : le docteur *Miracle*. Paganini donna trois concerts pour lesquels la salle était éclairée « en bougies ».

Relâche, le dimanche 6 avril. Ce fut une journée de désordre et de pillage. Une liste, signée par des personnages importants, avait circulé pour le rachat des chevaux du prince d'Orange. Les partisans de la révolution de Septembre assiègent les hôtels des signataires, et en ravagent quelques-uns de fond en comble. La troupe avait l'ordre de ne pas intervenir, et les ministres conjurèrent le Roi de se montrer au milieu de la populace en rumeur... Le pillage ne cessa qu'à la nuit tombante.

Clôture, le 20 avril, par *Robert le Diable*.

(1834-35)

MM. CARTIGNY, directeur.
Péron, caissier.
Van Hove, inspecteur.
Monnier, premier régisseur.

Comédie, Tragédie, Drame et Vaudeville.

Messieurs :

Delacroix, forts premiers rôles en tous genres.
Matis, jeunes premiers et jeunes premiers rôles.
Paul, premiers rôles, caractères et rôles de genres.
Lemoigne, jeunes premiers, seconds au besoin, etc.
Borsat, jeunes premiers et forts seconds amoureux.
Delmary, jeunes premiers, seconds et troisièmes amoureux.
Duchampy, seconds et troisièmes amoureux.
Folleville, ⎫
Bouchez,   ⎬ pères nobles, rôles de convenance, etc.
Baptiste,   ⎭
Bosselet, troisièmes rôles et raisonneurs.
Charles, financiers, grimes et manteaux.
Baron, seconds pères, financiers, grimes, etc.
Dessessarts, paysans, financiers, etc.
Romainville, premiers comiques en tous genres.
Gabriel, premiers comiques.
Victor, premiers et seconds comiques.

Mesdames et Mesdemoiselles :

Baptiste, forts premiers rôles en tous genres.
Douglas, jeunes premières, jeunes premiers rôles.
Matis, jeunes premières, fortes ingénuités, rôles travestis.
Lemoigne, jeunes premières et secondes amoureuses.
Duchampy, amoureuses et ingénuités.
Borsat, troisièmes amoureuses.
Lebrun, premières soubrettes.
Tilly, secondes soubrettes.
Roussellois, premiers caractères.
Daudel, caractères et des mères nobles.
Desroches, ⎫ seconds caractères et seconds rôles.
Bosselet, ⎭

Messieurs :

Juillet, paysans, caricatures, seconds comiques.
Alphonse, seconds et troisièmes comiques, grandes utilités.
Ferdinand, rôles de convenance, grandes utilités.

Grand opéra, Opéra comique et Traductions.

Messieurs :

SIRANT, premiers ténors en tous genres
THIANNI, jeunes premiers ténors, Elleviou.
MARQUILLY, seconds ténors.
DUCHAMPY, troisièmes et seconds ténors.
PAUL, Philippe, Gavaudan.
TILLY, baryton, Martin, Lays, Dabadie, Chollet.
SERDA, première basse-taille en tous genres.
GERMAIN, deuxième première basse-taille en tous genres.
DESSESSARTS, première basse-taille.
BAPTISTE, première basse-taille, secondes au besoin.
ALPHONSE, troisième basse-taille.
JUILLET, Laruette, Juillet, etc.

Mesdames et Mesdemoiselles :

POUILLEY, premières chanteuses à roulades.
FREMONT, fortes premières chanteuses et fortes Dugazon.
BOUCHEZ, mères Dugazon.
DUCHAMPY, premières Dugazon, Philis, etc.
MORIN LEBRUN, Dugazon et fortes secondes chanteuses.
BORSAT, secondes et troisièmes Dugazon.
ROUSSELLOIS, premières duègnes.
DAUDEL, } secondes duègnes et mères
DESROCHES, } Dugazon.

Messieurs :

BELNIE, } Trial, Féréol, etc.
VICTOR, }

Coryphées, hautes-contre, basses-tailles, et quarante-cinq choristes.

Ballet.

Messieurs :

PETIPA, } maîtres de ballets et
BARTHOLOMIN, } rôles-mimes.
BRETIN, premier danseur en tous genres.
THÉODORE, premier danseur demi-caractère.
HAMEL, deuxième danseur.

Mesdames et Mesdemoiselles :

AMBROISINE, première danseuse noble et demi-caractère gracieux.
CLARA, première danseuse, mime noble et demi-caractère.
PERCEVAL, première danseuse noble et premiers rôles mimes.
BERTIN, seconde danseuse, troisième au besoin.

Orchestre.

MM. HANSSENS, premier chef d'orchestre.
WAROT, deuxième chef d'orchestre.
LYON, deuxième chef d'orchestre, répétiteur des chœurs.
BOSSELET, répétiteur des chœurs.
DEGREEF, chef d'orchestre dirigeant les ballets.

Soixante musiciens.

La saison théâtrale commençait d'ordinaire le lendemain de la fermeture de la campagne précédente, généralement le 21 avril. Cette fois-ci, l'ouverture n'a lieu que le 6 mai. Les représentations de vaudevilles avaient continué au théâtre des Variétés (Parc).

Dès la rentrée, une cabale est organisée contre le chef d'orchestre Hanssens, à cause de ses « opinions politiques ». Les tapageurs continuant leur jeu, quelques jours après, Hanssens monte au pupitre, donne un ordre à ses musiciens, et conduit l'exécution de *la Brabançonne*, aux applaudissements de la salle entière ; dès lors les hostilités cessent.

Le 12 juillet, « le bourgmestre et les échevins font connaître au public que la concession du Grand-Théâtre, ainsi que celle des Variétés, expirera le 21 avril 1835 ».

Léontine Fay reparaît sur la scène de la Monnaie, cette fois en compagnie de son mari, M. Volnys, dans *Léonide*, où jouaient aussi Mmes Roussellois et Genot, la grand'mère et ses petites-filles.

Les calembours étaient décidément en grande faveur, à cette époque. Parmi ceux qui circulèrent dans le public, nous relevons le suivant : « *Léontine Fay recette* » !!! On *fait* ce qu'on peut.

Auguste Jouhaud, rédacteur-gérant-imprimeur du *Robert le Diable*, consacre à la charmante artiste l'hommage que voici :

LÉONTINE FAY

PASSANT PAR TOUS LES AGES

PREMIÈRE PÉRIODE DU TALENT.

Elle a dix ans,
Notre gentille Léontine !
Elle a dix ans !
Quels yeux ! quelle grâce enfantine !
Que de talens,
Qui grandiront avec le temps !
Elle a dix ans.

SECONDE PÉRIODE.

Elle a quinze ans,
Notre charmante Léontine !
Elle a quinze ans.
Vers la perfection comme elle s'achemine
Admirateur des arts et des talens,
Attends, attends...
Elle n'a que quinze ans !

TROISIÈME PÉRIODE.

Elle a vingt ans,
Notre charmante Léontine !
Comme à dix ans,
Voilà bien ses traits ravissans !
A nous charmer quand le ciel la destine,
Applaudissons, couronnons Léontine !
Quels doux accens !
Ils nous chatouillent l'âme et ravivent nos sens !
Elle a vingt ans !!

QUATRIÈME PÉRIODE.

> Dans quarante ans
> Notre charmante Léontine,
> Que sera-t-elle?.. où seront ses talens?
> Puisqu'hélas vient un temps
> Où le talent décline.
> — Non!!.. Tel ne sera pas le sort de Léontine
> — Mais tous les douze mois on prend
> Un an,
> Que deviendra donc alors Léontine?
> Notre charmante Léontine? —
> — Ce qu'elle deviendra?.. Voyez sa GRAND'MAMAN!!!
>
> AUG. J.

Les commissaires de police se montrent parfois quelque peu facétieux, et nous ne résistons pas au désir de publier le rapport fait par l'un d'eux à l'issue de la représentation du *Barbier de Séville*, où s'était fait entendre Mme Saintville-Gai :

> . . . .
> La prima donna, qui est bien âgée de vingt-cinq à cinquante ans, a été sifflée. Il est vrai que son âge mûr contrastait singulièrement avec le rôle de pupille qu'elle remplissait dans *le Barbier*. Malgré toutes les ressources de l'art qu'elle avait déployé, il était impossible de se faire passer pour mineure...

Enregistrons le concert de Mlle Annette Lebrun, « élève de Rossini et fille de Lebrun, auteur du *Rossignol* », et celui de Mlle Bertrand, harpiste, ainsi que l'hommage rendu à la mémoire de Boieldieu, mort le 8 octobre; à la fin de la représentation, le buste du maître était couronné.

1834. — 6 mai, pour l'ouverture, *le Barbier de Séville*, opéra-comique; — 10 mai, à la demande générale et pour la représentation de Mme Jenny-Vertpré, *la Reine de seize ans*, vaudeville en 2 actes, de Bayard; — 31 mai, première représentation de *Richelieu à quatre-vingts ans*, vaudeville en 1 acte, de Ancelot et Louis Lurine; — 18 juin, première représentation de *Une Passion secrète*, comédie en 3 actes, en prose, par E. Scribe; — 27 juin, première représentation de *Teresa*, drame en 5 actes, en prose, par A. Dumas; — 10 juillet, représentation de Mme Volnys, première représentation de *Léontine, ou la vengeance d'une femme*, drame en 3 actes, mêlé de couplets, par Ancelot; — 12 juillet, première représentation de *Madame Dubarry*, comédie en 3 actes, mêlée de couplets, par Ancelot; — 23 juillet, spectacle demandé, *la Muette de Portici*; — 28 juillet, première représentation de *Louis XI*, tragédie en 5 actes, en vers, de Casimir Delavigne; — 30 juillet, concert de Mlle Annette Lebrun; — 1er août, première représentation de *Une aventure sous Charles IX*, comédie en 3 actes, par Soulié et Badon; — 7 août, première représentation de *la Passion secrète*, comédie en 3 actes, de Scribe; — 11 août, début de Mlle Minoret, *le Barbier de Séville*; — 19 août, première représentation de *le Serment ou les faux monnayeurs*, grand opéra en 3 actes, de Scribe, musique d'Auber;

Dans une lettre adressée au bourgmestre, Cartigny se plaint de la présence de *femmes publiques* aux premières et aux deuxièmes loges. Il dit que cet état de choses est préjudiciable à ses intérêts, que les familles vont s'éloigner, et que le discrédit sera jeté sur son théâtre, si l'on n'évite pas le retour de semblables abus. Nous ignorons en quelle forme les mesures nécessaires furent prises, ni même si elles le furent ; il est à présumer que la réclamation de Cartigny fut connue, et que ces *dames*, froissées dans leur amour-propre, désertèrent la Monnaie, d'un commun accord.

Depuis longtemps le défilé des voitures, à la sortie du spectacle, donnait lieu à des scènes de désordre. Plusieurs arrêtés interdisaient le stationnement aux abords des portes du théâtre, et les cochers qui attendaient leurs maîtres étaient obligés de circuler. Plusieurs conflits se produisirent, qui ne manquaient pas de piquant. Un soir, le cocher de M. Van Volxem fut mis en *fourrière*, pour avoir traité un sergent de ville de « *voleur*, c....., *homme de rien* », d'après les termes du rapport. Mais M. Van Volxem, qui tient à son domestique, écrit une lettre pour le défendre : « Mon cocher, » dit-il, « homme paisible, marchait vers la rue de l'Ecuyer, et ne stationnait pas, lorsqu'un agent est venu lui dire : *Fiacre, retirez-vous de là*. Vous savez que *fiacre* est l'injure la plus mortelle pour les cochers de maître... »

Le lecteur l'ignorait peut-être ; il est bon qu'il en soit instruit.

Le 19 mars 1835, un commencement d'incendie jette la panique dans le public. Un décor s'était enflammé, et les conséquences les plus graves étaient à craindre, lorsque les acteurs Bouchez et Victor

---

— 26 août, représentation de Mme Saintville-Gai, *le Barbier de Séville* ; — 28 août, première représentation de *Bertrand et Raton, ou l'art de conspirer*, comédie en 5 actes, en prose, de Scribe ; 20 septembre, première représentation de *le Commis et la grisette*, vaudeville en 1 acte, de MM. Paul de Kock et Ch. Labie ; — 22 septembre, première représentation de *Prêtez-moi cinq francs*, drame en 3 actes, de Albert et F. Labrousse ; 4 octobre, première représentation de *Faublas*, comédie en 5 actes, mêlée de chant, par Dupeuty, Lhérie ; — 8 octobre, représentation de Bernard Léon, aîné, du théâtre du Gymnase, de Paris ; — 13 octobre, concert de Mlle Bertrand, harpiste ; — 14 octobre, première représentation de *Jacqueline de Bavière*, drame en 5 actes, de Prosper Noyer ; — 20 octobre, première représentation de *le Noble et l'artisan, ou le père Leluc*, vaudeville en 1 acte, de Théodore Anné et René Perin ; — 28 octobre, première représentation de *Lestocq, ou l'intrigue et l'amour*, opéra-comique en 4 actes, de Scribe, musique d'Auber ; — 8 novembre, première représentation de *Un secret de famille*, drame en 4 actes, mêlé de chant, de Ancelot et Comberousse ; — 26 novembre, au bénéfice de Sirant, *Marguerite d'Anjou* ; — 29 novembre, première représentation de *Lionel, ou Mon avenir*, comédie-vaudeville en 2 actes, de de Villeneuve et Ch. de Livry ; — 8 décembre,

qui étaient en scène, faisant preuve d'une étonnante présence d'esprit et d'un admirable sang-froid, rassurent le public et éteignent — eux-mêmes — le décor en flammes !

Bouchez ne conserva pas longtemps la sympathie que ce trait lui avait acquise dans le public. Il fut le héros d'une équipée regrettable ; à la suite d'une discussion qu'il eut avec Duchampy, et que couronna une scène de pugilat, il blessa grièvement son adversaire. Le scandale fut grand dans la ville, qui s'occupa longuement de cette malheureuse affaire.

Parmi les billets qu'on persistait à lancer sur la scène, en dépit de l'interdiction qui s'appliquait à leur lecture, les comédiens recueillirent celui-ci :

> La majeure partie des jeunes gens de Bruxelles demandent la représentation de *la Tour de Nesle*, pièce reconnue lubrique par M. de T. L. et compagnie ; 2° *Charles III ou l'Inquisition*. Nous aimons à croire que M. Cartigny s'empressera de satisfaire à cette demande.

première représentation de *Une visite à Bedlam*, pièce en 1 acte, de Scribe ; — 19 décembre, première représentation de *le Chalet*, opéra-comique en 1 acte, de Scribe et Mélesville, musique d'Adam.

Max, soldat suisse	MM. Serda.
Daniel, jeune fermier	Marquilly.
Betlly, sœur de Max	Mme Duchampy.

1834. — 27 décembre, première représentation de *Baudrand et Graton, ou le pâtissier diplomate*.

1835. — 10 janvier, première représentation de *Vingt ans plus tard*, vaudeville en 1 acte, de Bayard et Laurencin ; — 16 janvier, concert de François Scholk, cor solo autrichien ; — 17 janvier, première représentation de *Judith et Holopherne*, vaudeville en 2 actes, de Théaulon, Nezel et Overnay ; — 24 janvier, première représentation de *la Lectrice, ou une folie de jeune homme*, comédie-vaudeville en 2 actes, de Bayard ; — 30 janvier, première représentation de *Latude ou Trente-cinq ans de captivité*, drame historique, de Pixérécourt et A. Bourgeois, musique de Piccini ; — 4 février, début de Hébert, *Jean de Paris*, opéra en 2 actes, de Saint-Just, musique de Boieldieu ; — 7 février, première représentation de *la France pittoresque, ou la reine des vendanges*, tableau-vaudeville en 1 acte, de Théaulon et Desmares ; — 14 février, première représentation de *la Vieille fille*, comédie-vaudeville en 1 acte, de Bayard et Chabot de Bouin ; — 19 février, première représentation de *Gustave, ou le bal masqué*, grand opéra en 5 actes, paroles de Scribe, musique d'Auber ; — 28 février, au bénéfice de Juillet, première représentation de *Ferdinand Alvarez de Tolède*, drame historique en 3 actes, de Félix Bogaerts ; — 7 mars, représentation de Mlle Jenny Colon, *la Prima donna* ; — 20 mars, représentation de Alexandre, du théâtre du Gymnase de Paris ; — 26 mars, première représentation de *la Modiste et le Lord*, comédie anecdotique, mêlée de chant, en 2 actes, par Deslandes et Didier ; — 30 mars, au bénéfice de Mlle Bouchez, *la Modiste et le Lord* ; — 6 avril, au bénéfice de Mme Duchampy, première représentation de *Frétillon*, vaudeville en 5 actes, de Bayard et Comberousse ; — 11 avril, spectacle extraordinaire au bénéfice de Serda, première représentation de *Elle est folle*, comédie en 2 actes, mêlée de chants, de Mélesville ; — 18 avril, au bénéfice de MM. les contrôleurs des théâtres royaux, *le Mannequin de Bergame*, opéra-bouffe en 1 acte, de Eugène de Planard et Paul Duport, musique de Fétis.

Les rapports de police signalent encore quelques incidents. Au cinquième acte de *Tartuffe*, à ce vers :

NOUS VIVONS SOUS UN PRINCE ENNEMI DE LA FRAUDE,

les applaudissements éclatent de tous côtés. On crie « bis », l'action est interrompue, et l'artiste répète la phrase, au milieu de l'enthousiasme général.

Le surlendemain, à ce même passage de la pièce, une partie du public répond aux applaudissements par les cris de : « A bas la calotte ! »

A la sortie du théâtre, se formaient des rassemblements. Dans les cafés voisins, notamment aux « Mille Colonnes », on insultait le pouvoir. La représentation de *Richard d'Arlington*, qui contenait « des scènes et passages prêtant à des applications qu'il importait d'éviter dans de semblables circonstances », fut interdite *par ordre*. La pièce devait passer le 14 avril, et on fit annoncer qu'elle avait été remise par *indisposition constatée* de Mme Daudel.

Clôture, le 20 avril.

(1835-36)

MM. BERNARD, directeur.
LECUYER, administrateur-comptable.
VANHOVE, inspecteur.
MONNIER, premier régisseur.

Messieurs :

CAMBON, }
PHILASTRE, } peintres-décorateurs.
DESROCHES, premier contrôleur.
NARCISSE DREULETTE, deuxième contrôleur chargé du recouvrement de l'abonnement.
LAVIGNE, sous-régisseur.
CH. DEDECKER, régisseur du vaudeville.

Messieurs :

GOUY, premier commis et receveur.
TOUBEAU, machiniste en chef.
DEDECKER, costumier.
LAURENT, magasinier des accessoires.

Madame :

LACROIX, magasinière.

Vingt-deux machinistes. Six garçons de théâtre. Dix habilleuses.
Quatre illuminaristes.

Comédie, Tragédie, Drame et Vaudeville.

Messieurs :

MATIS,   } premiers rôles et forts jeu-
DELACROIX, } nes premiers.
PAUL, premiers rôles, caractères et rôles de genre.
LEMOIGNE, jeunes premiers et seconds au besoin.
GASTON, jeunes premiers et seconds.
CAVÉ, troisièmes amoureux et seconds.
FOLLEVILLE, pères nobles et rôles de convenance.

Mesdames et Mesdemoiselles :

BAPTISTE, premiers rôles en tous genres et mères nobles.
DEMATTHY, jeunes premiers rôles et fortes jeunes premières.
LEMOIGNE, jeunes premières, jeunes premiers rôles.
MATIS, jeunes premières, ingénuités.
MOISSARD, troisièmes amoureuses.
LEBRUN, premières soubrettes.
ROUSSELLOIS, caractères.

Messieurs :

Bouchez, pères nobles et des financiers.
Baptiste, grands raisonneurs et pères nobles.
Ferdinand, seconds pères.
Baron, seconds pères, financiers et grimes.
Bosselet, troisièmes rôles.
Dessessarts, paysans, financiers.
Romainville, premiers comiques en tous genres.

Mesdames et Mesdemoiselles :

Daudel, caractères et des mères nobles.
Desroches,) seconds caractères et seconds
Bosselet,) rôles.

Messieurs :

Juillet, seconds paysans et comiques.
Victor, seconds comiques et caricatures.
Alphonse, seconds et troisièmes comiques.

Grand opéra, Opéra comique et Traductions.

Messieurs :

Sirant, premiers ténors en tous genres.
Canaple, Martin, Lays et Chollet.
Paul, Philippe Gavaudan.
Marquilly, seconds ténors, premiers au besoin.
Auguste Cavé, ténors et Colins.
Renaud, premières basses en tous genres.
Germain, premières basses comiques.
Margaillan, des premières basses, les Soliés, des barytons.
Baptiste, secondes basses des premières.
Dessessarts, secondes basses.
Alphonse, troisièmes des secondes basses.
Juillet, Laruette, Juillet et Trial.

Mesdames et Mesdemoiselles :

Lavry, premières chanteuses en tous genres et à roulades.
Bouchez, fortes chanteuses, mères Dugazon.
Stoltz, secondes chanteuses et premières au besoin.
Miller, premières Dugazon.
Moissard, secondes Dugazon.
Roussellois, premières duègnes.
Daudel, secondes duègnes, des mères Dugazon.
Desroches, secondes duègnes.

Monsieur

Victor, Trial.

Ballet.

Messieurs :

Degreef, maître de ballets.
Bartholomin, rôles mimes.
Guillemin, premier danseur noble, mime.
Page, premier danseur, demi-caractère.
Eckner, premier danseur comique grotesque, deuxièmes comiques grimes.
Hamel, deuxième danseur.

Mesdames et Mesdemoiselles :

Ambroisine, première danseuse en tous genres.
Page, première danseuse, demi-caractère.
Bénoni, deuxième danseuse, rôles mimes.
Lili-Simon, deuxièmes rôles mimes.
Bertin, troisième danseuse.

Orchestre.

MM. Hanssens, premier chef d'orchestre.
Warot,   )
Bosselet,) deuxièmes chefs d'orchestre.

C'est Bernard qui succède à Cartigny. Un grand nombre de soumissions avaient été adressées au bourgmestre.

1. MM. Campenhout, auteur de *la Brabançonne*.
2. Gabriel, acteur et régisseur de province.
3. Chollet, qui, engagé à l'Opéra-Comique, retira sa demande.
4. Solomé, directeur du Théâtre de Rouen.

5. MM. Duval, directeur breveté (!) du Théâtre de Toulouse
6. Faure, acteur et régisseur au Théâtre-Français.
7. Monnier, qu'on a vu régisseur à la Monnaie.
8. Meville et Olivet, le premier attaché au Ministère de l'Intérieur (Paris).
9. Carmouche, auteur dramatique
10. Cartigny, qui soumissionnait pour se succéder à lui-même.
11. Bessiennes, qui avait joué à Bruxelles pendant la révolution.
12. Ventris, agent général de correspondance pour les théâtres.

Ouverture, le 5 mai, par *Robert le Diable*.

Les premiers mois de cette campagne sont marqués par des représentations de Ponchard, « premier sujet du Théâtre Royal de l'Opéra-Comique et professeur au Conservatoire », qui commença par *la Dame Blanche*. Le célèbre artiste ne disposait plus des moyens vocaux de jadis, mais son immense talent lui valut les mêmes succès que pendant sa brillante jeunesse.

En même temps que Ponchard, son camarade de l'Opéra-Comique, Féréol se fait entendre dans plusieurs ouvrages, mais ne réussit pas à conquérir le public, qui lui préféra Juillet.

Après *l'Italienne à Alger*, de Rossini, on donne la première représentation de *la Juive*, d'Halévy, dont le retentissement fut égal

---

1835. — 7 mai, pour les débuts de Gellas, Renaud et Mlle Etienne, *la Dame Blanche*; — 8 mai, début de Mlle Demathy, « jeune premier rôle », *Valérie*; — 19 mai, début de Canaple, *Zampa*; — 20 mai, représentation de David, du Théâtre-Français; — 23 mai, première représentation de *les Gants jaunes*, vaudeville en 1 acte, de Bayard; — 6 juin, première représentation de *Anacharsis, ou la Tante Rose*, vaudeville en 1 acte; — 12 juin, première représentation de *Chatterton*, drame en 3 actes, d'Alfred de Vigny; — 13 juin, première représentation de *Etre aimé ou mourir*, vaudeville en 1 acte, par Scribe et Dumanoir; — 20 juin, première représentation de *la Croix d'or*, vaudeville en 2 actes, par Rougemont et Dupeuty; — 24 juin, concert de Th. Hauman, violoniste; — 27 juin, première représentation de *Scènes de la vie privée*, vaudeville en 1 acte, par G. Vaez; — 4 juillet, première représentation de *Une chaumière et son cœur*, vaudeville en 2 actes, de Scribe et Alphonse; — 6 juillet, représentation de Mme Dorus-Gras, *le Pré-aux-clercs*; — 7 juillet, représentation de Mme Thénard, de l'Opéra-Comique; — 10 juillet, bénéfice de Mme Dorus-Gras, *Guillaume Tell*; — 18 juillet, représentation de Arnal, « premier comique » du Vaudeville de Paris, *les Femmes d'emprunt*; — 20 juillet, première représentation de *Un premier amour*, vaudeville en 3 actes, de Bayard et Vanderburch; — 25 juillet, première représentation de *le For-l'Evêque*, vaudeville-anecdotique, en 2 actes, de Rochefort et Cogniard; — 27 juillet, représentation de *Jacques Van Artevelde*, drame en 3 actes et 7 tableaux, par Victor Joly; — 29 juillet, première représentation de *les Cabinets particuliers*, folie-vaudeville en 1 acte, par Xavier Saintine et Duvert; — 14 août, représentation de Mme Albert, du Vaudeville de Paris, *Mme Dubarry*; — 22 août, première représentation de *le Génie de la Clyde*, vaudeville en 2 actes, de Carmouche et Charles; — 29 août, première représentation de *Georgette*, vaudeville en 1 acte, de Varin, Desvergers et Laurencin; — 4 septembre, représentation de Mme Dorval, *Antony*; — 5 septembre, première représentation de *Ma femme et mon*

à celui de *Robert le Diable*. Les bureaux de location sont envahis par une foule six fois supérieure à celle que pouvait contenir le théâtre; Sirant, Renaud, M¹¹ᵉ Lavry portés en triomphe, et M¹¹ᵉ Stoltz se révèle dans le rôle de Rachel. A la chute du rideau, les artistes sont rappelés trois fois, ce qui, à ce moment-là, était beaucoup moins fréquent que de nos jours.

Le 8 février, représentation de la troupe du GYMNASE CASTELLI, qui comprenait quarante acteurs, entre six et douze ans. Les jeunes comédiens jouèrent trois fois. Cette troupe nomade faisait florès, tant par le choix tout particulier de son répertoire que par la grâce et l'intelligence de ses petits interprètes. Les directeurs de province, jaloux de cette concurrence, rédigèrent un mémoire sur « les abus des troupes sans autorisation », et un paragraphe visait ostensiblement l'entreprise Castelli.

Le 14 février :

PREMIER GRAND BAL MASQUÉ ET NON MASQUÉ
avec deux orchestres.
Prix d'entrée : Cavalier, 5 francs. Dame, 4 francs.

---

parapluie, vaudeville en 1 acte, de Desvergers, Varin et Laurencin ; — 9 septembre, première représentation de *Angelo*, de Victor Hugo ; — 12 septembre, première représentation de *On ne passe pas*, vaudeville en 1 acte, de Villeneuve et Masson ; — 18 septembre, première représentation de *Clotilde*, drame en 5 actes, de Frédéric Soulié et A. Bossange ; — 28 septembre, au bénéfice de Mᵐᵉ Dorval, première représentation de *Jeanne Vaubernier*, comédie en 3 actes, par de Rougemont, Lafitte et Lagrange ; — 1ᵉʳ octobre, exercices de Blanche, jument dressée, par Laurent Franconi ; — 6 octobre, première représentation de *l'Italienne à Alger*, opéra bouffe en 3 actes, de Castil-Blaze, musique de Rossini ; — 10 octobre, première représentation de *Cornaro, tyran pas doux*, parodie de Dupeuty et Duvert ; — 17 octobre, première représentation de *Mathilde ou la Jalousie*, vaudeville en 3 actes, de Bayard et Laurencin ; — 24 octobre, première représentation de *Changement d'uniforme*, vaudeville en 1 acte, de Dennery ; — 26 octobre, représentation de Féréol, de l'Opéra-Comique ; — 7 novembre, première représentation de *Roger ou le Curé de Champ-Aubert*, drame-vaudeville en 2 actes, de Dartois et Maillan ; — 12 novembre, représentation de Mᵐᵉ Albert, du Théâtre du Vaudeville de Paris ; — 19 novembre, première représentation de *les Grèves*, ballet-pantomime en 2 actes, de Blache et Sonnet; — 30 novembre, représentation de Ponchard, *la Dame Blanche* ; — 1ᵉʳ décembre, au bénéfice de Delacroix *Guillaume Tell* ;— 10 décembre, représentation de Kinderhands, du Théâtre San-Carlo de Naples ; — 23 décembre, première représentation de *la Juive*, grand opéra de Scribe, musique d'Halévy.

Éléazar	MM. SIRANT.
Brogni	RENAUD.
Léopold	MARQUILLY
Ruggiero	GERMAIN.
Eudoxie	Mᵐᵉˢ LAVRY.
Rachel	STOLTZ.

A deux heures du matin, on procéda au tirage d'une grande tombola composée de 25 lots *heureux* et 25 lots *malheureux* (!?!).

De tout temps, les attributions de régisseur furent délicates et en butte à toutes les antipathies. Monnier n'échappa point à la loi commune; dès qu'il apparaissait sur la scène, pour la moindre annonce, il était piteusement reconduit par des huées. La presse même le prenait volontiers à partie. Nous trouvons dans un opuscule, signé *Delaloy*, un chapitre intitulé :

M. MONNIER
ou le choriste du Grand-Théâtre en Paradis.

Le héros de ce récit se présente, après de nombreuses péripéties, devant le bon Dieu et saint Pierre.

Que demandez-vous, mortel ? — La récompense du juste, Seigneur — Qu'étiez-vous sur terre ? — Choriste. — A quel théâtre apparteniez-vous ? — Au Grand Théâtre Royal de Bruxelles. — Quel était votre Régisseur ? — M. Monnier — Laissez-le passer, saint Pierre, le malheureux a assez souffert.

Vendredi 25 mars, nouvelle apparition de séances acrobatiques.

JEUX ATLASTIQUES DES SIX BÉDOUINS
de la tribu de Soutza, venus du désert de Sahara, par Alger.

Les braves Bédouins donnèrent quatre représentations à la Monnaie et une cinquième au Théâtre du Parc.

1835. — 30 décembre, première représentation de *Charles VII chez ses grands Vassaux*, drame en 5 actes, d'Alex. Dumas.

1836. — 6 janvier, par ordre ; *la Juive ;* — 31 janvier, représentation de Klisching, mime des théâtres de Londres ; — 8 février, représentation du Gymnase Castelli, composé de 40 acteurs de 6 à 12 ans ; — 10 février, première représentation de *la Grande duchesse*, comédie-vaudeville en 1 acte, de Villeneuve et Masson ; — 17 février, première représentation de *Riquet à la houppe*, vaudeville-féerie en 3 tableaux de Sewrin et Brazier ; — 3 mars, concert de Joseph Artot, violoniste; — 10 mars, première représentation de *Bonaparte à l'école de Brienne*, vaudeville en 2 actes, de Villeneuve et Masson ; — 22 mars, première représentation de *Siméon ou les Zengaris*, drame en 5 actes, de Prosper Noyer; — 24 mars, au bénéfice de Mme Roussellois, *la Juive ;* — du 25 mars, *Jeux atlastiques des six Bédouins ;* — 27 mars, au bénéfice de Bartholomin, *Zampa ;* — 5 avril, *le Coup de pistolet*, opéra comique en 1 acte, de Peellaert ; — 6 avril, première représentation de *le Facteur ou la Justice des hommes*, drame en 5 actes, de Ch. Desnoyer, Boulé et Potier ; — 7 avril, au bénéfice de Mme Dabadie, *Fernand Cortez ;* — 14 avril, grand concert vocal et instrumental, donné par C.-A. de Bériot et Mme Malibran ; — 19 avril, première représentation de *M. et Mme Galochard*, vaudeville en 1 acte, de Xavier Saintine, Duvert et Lauzanne ; — 24 avril, séance de magie, par de Linski et Opre.

M. et Mme de Bériot se font entendre dans un grand concert, le 14 avril. Cinq mois après, Mme de Bériot (Maria-Félicité Garcia) mourait à Manchester.

Vers la fin de la saison, le baron de Peellaert donna une nouvelle production : *Le Coup de pistolet*, opéra comique en 1 acte, d'après un vaudeville de Leuven et de Livry, représenté à la Gaîté. Canaple y jouait le principal rôle. Mais, cette fois, la chance avait tourné. Le coup de pistolet rata, et on ne s'avisa pas de charger l'arme une seconde fois...

Clôture, le 29 avril, par la 24me représentation de *la Juive*.

(1836-37)

MM. BERNARD, directeur.
Lescuyer, administrateur caissier.
Vanhove, inspecteur.
Monnier, régisseur.
Philastre, peintre-décorateur.

Comédie, Tragédie, Drame et Vaudeville.

Messieurs :

Matis, premiers rôles.
Paul, premiers rôles de convenance.
Lemoigne, dans la comédie, le drame et la tragédie, les rôles à son physique et genre de talent.
Gaston, jeunes premiers amoureux.
Delmary, troisième amoureux, des seconds.
Bouchez, pères nobles et financiers.
Folleville, pères nobles et rôles de convenance.
Baptiste, grands raisonneurs et pères nobles.
Bosselet, troisièmes rôles.
Baron, financiers et grimes.
Ferdinand, seconds pères
Talier, premiers comiques.
Juillet, seconds comiques et paysans.

Mesdames et Mesdemoiselles :

Baptiste, premiers rôles en tous genres.
Lemoigne, jeunes premières, jeunes premiers rôles.
Matis, jeunes premières, ingénuités.
Henriette Bouchez, troisièmes amoureuses.
Lebrun, premières soubrettes.
Roussellois, caractères.
Daudel, mères nobles et caractères.
Desroches, } seconds caractères et seconds
Bosselet, } rôles.

Messieurs :

Victor, seconds comiques et caricatures.
Alphonse, seconds et troisièmes comiques.
Feltmann, } accessoires.
Dedecker, }

Grand opéra, Opéra comique et Traductions.

Messieurs :

Teisseire, premier ténor de grand opéra, et premier au besoin dans l'opéra comique.
Théodore, premier ténor de l'opéra comique, et premier de grand opéra, au besoin.
Compan, Martin et Chollet revenant à cet emploi, des barytons de grand opéra.
Renaud, première basse-taille.
Margaillan, baryton de grand opéra, et première basse-taille.
Paul, Philippe et Gavaudan.
Germain, premières basses comiques.
Marquilly, seconds ténors, premiers au besoin.
Baptiste, secondes basses, des premières
Edmond, troisièmes ténors et Colins.
Juillet, Laruette, Juillet et Trial.
Victor, Trial.

Mesdames et Mesdemoiselles :

Bertault, première chanteuse en tous genres et à roulades.
Stoltz, fortes premières chanteuses, falcon, etc
Bultel, secondes chanteuses, et les premières qui lui seront demandées.
Moinet, mères Dugazon.
Joly, premières Dugazon.
Roussellois, premières duègnes.
Daudel,) secondes duègnes, des mères
Desroches,) Dugazon.

Messieurs :

Alphonse, troisièmes basses, des secondes.
Adrien, ténor coryphée.
Ludovic, basse coryphée.

Quarante-cinq choristes.

Ballet.

Messieurs :

Aniel, maître de ballets et premiers rôles mimes.
Guillemin, premier danseur noble, mime.
Page, premier danseur, demi-caractère.
Cabelle, premier danseur comique.
Eckner, grotesque, deuxième danseur comique, grimes.
Bolsaguet, deuxième danseur.

Mesdames et Mesdemoiselles :

Varin, première danseuse.
Page, première danseuse, demi-caractère.
Benoni deuxième danseuse, rôles mimes
Caroline Chantre, troisième danseuse, des secondes.
Nique, deuxièmes rôles mimes et rôles à baguette.
Murat,) coryphées.
Gabrielle,)

Seize figurants danseurs. Seize figurantes danseuses. Seize élèves de l'école de danse.

Orchestre.

MM. Hanssens, premier chef d'orchestre.
Warot,) seconds chefs d'orchestre.
Bosselet,)
Degreef, maître de ballets et de l'école de danse.
Cinquante-deux musiciens.

Ouverture, le 8 mai.

Pendant les vacances, le Théâtre du Parc n'avait pas chômé, et la scène de la Monnaie avait été occupée trois fois par de Linski et Opre, artistes en « magie égyptienne ». En juin, retour de Nourrit, qui chante *Robert, Gustave, la Muette, Guillaume Tell, la Dame*

Blanche, la Juive et... *le Bouffe et le Tailleur*. Dans ce dernier ouvrage, où il jouait Cavatini, le rôle de Célestine était tenu par la première chanteuse de grand opéra, Mme Stoltz. Nourrit avait remarqué les qualités dramatiques de la cantatrice. Il l'encouragea, l'aida de ses conseils, et lui promit de la faire débuter à l'Opéra. On sait qu'il ne tarda pas à tenir sa parole.

Après Nourrit, signalons les représentations de Thénard, premier sujet de l'Opéra-Comique (juillet), et de Déjazet (août).

Mais Bernard ne s'enrichissait pas à la tête de l'exploitation. Déjà les artistes se plaignaient de retards dans le payement, et le Conseil communal s'était ému de la situation directoriale. Enfin, le 30 novembre, après *le Mariage de Figaro*, Bernard est déclaré en faillite, et le théâtre est fermé.

Deux jours plus tard, les spectacles reprennent leur cours, et l'affiche porte ce titre : LES ARTISTES RÉUNIS, qu'elle conserve jusqu'au 11 janvier 1837. A partir de ce moment, la gestion, constituée sur de nouvelles bases, est confiée, par acte passé devant notaire depuis le 13 décembre 1836, à une société anonyme, au capital de 200,000 francs, divisé en 200 actions de 1,000 francs.

Président, M. Nillis, propriétaire; *trésorier*, M. Piron, propriétaire; *administrateurs*, MM. Mosselman, licencié en droit; Dequanter (Norbert-Adrien), propriétaire; Engels (Louis), négociant.

1836. — 2 juin, première représentation de *Don Juan d'Autriche*, comédie en 5 actes, par Casimir Delavigne ; — 3 juin, représentation d'Ad. Nourrit, *Guillaume Tell* ; — 7 juillet, représentation de Mme Thénard, *le Pré-aux-clercs ;* — du 12 juillet, représentations de Arnal, du théâtre du Vaudeville de Paris ; — 22 juillet, première représentation de *la Marquise*, opéra comique en 1 acte, de Saint-Georges et Leuven, musique d'Adam ; — 25 juillet, première représentation de *Fleurette*, pantomime historique en 2 actes, de Aniel, musique d'Hanssens jeune ; — du 30 juillet, représentations de Mlle Déjazet, du théâtre du Palais-Royal ; — 5 août, première représentation de *la Sentinelle perdue*, opéra-comique en 1 acte, de Saint-Georges, musique de Rifaut ; — 23 août (Mlle Déjazet), première représentation de *les Chansons de Désaugiers*, vaudeville en 5 actes, par Théaulon et F. de Courcy ; — 24 août, première représentation de *les Deux Reines*, opéra comique en 1 acte, de Soulié et Arnould, musique de Monpou ; — 14 septembre, première représentation de *Lord Novart*, comédie en 5 actes, par Empis ; — 21 septembre, première représentation de *Obéron*, pantomime en 3 actes, par Aniel et Hyp. Sonnet ; — 5 octobre, première représentation de *l'Eclair*, opéra comique en 3 actes, de Planard et de Saint-Georges, musique d'Halévy ; — 10 octobre, première représentation de *la Duchesse de la Vaubalière*, drame en 5 actes, par De Rougemont ; — 31 octobre, première représentation de *le Mari de circonstance*, opéra en 1 acte, de Planard, musique de Plantade ; — 31 octobre, représentation de Camprubi, Font, Mmes Dubinon et Larral, danseurs espagnols ; — 13 décembre, au bénéfice de Mlle Varin, *la Juive*; — 17 décembre, représentation de M. et Mme Nolyg, chanteurs styriens ; — 22 décembre,

Société
pour
l'Exploitation des Théâtres Royaux de la Capitale,

Établie à Bruxelles,

Constituée par Acte passé devant le Notaire Rommel, le 13 Décembre 1836, et sanctionnée par Arrêté Royal du 21 suivant.

Action de la Série B,
MILLE FRANCS.

Numéro ~~Neuf~~ N° 9

Les soussignés Administrateurs de la Société pour l'Exploitation des Théâtres Royaux de la Capitale certifient que Monsieur Isidore, Guillaume, Mosselman est propriétaire de l'Action de la Série B, numéro Neuf pour laquelle ils reconnaissent avoir reçu la somme de Mille Francs.

Bruxelles, le 14 Janvier 1837.

Extrait des Statuts.

Art. 1. Le capital de la Société est de deux cent mille francs divisés en deux cents actions de mille francs chacune. — Ce capital etc. — Ultérieurement, et du consentement des Actionnaires de la série B, dont il est parlé art. 7, il pourra être émis de nouvelles actions de cette série, jusqu'à concurrence de cent mille francs.

Art. 2. Les actions sont divisées en deux séries A et B. Elles sont au nom. Le capital des actions de la série A, ne sera pas remboursé et ne porte aucun intérêt; il restera par le droit de l'actionnaire à une entrée personnelle pendant quatre ans, au grand théâtre, à partir du vingt et un avril mil huit cent trente sept. Cette entrée n'est cependant valable que pour toutes les représentations sans exception.

Art. 3. Les Actionnaires de la série A auront droit à une place fixe au balcon ou dans une loge, moyennant un supplément de soixante francs par an, et sans diminution l'année étant commencée.

Cinq actions donnent droit à une loge de quatre, et dix francs par action, pour celles de huit personnes, pendant quatre ans, et pour toutes représentations sans exception.

Art. 4. Les actions de la série B jouissent d'un intérêt annuel de cinq pour cent, et conservent droit à la restitution du capital.

Art. 5. Les actions de l'une ou de l'autre série pourront être transférées en tous temps, moyennant droit de transfert de trente francs par action, pour celles de la série A, et de dix francs par action, pour celles de la série B.

Ce transfert s'opérera par la signature du cédant et du Procureur sur la souche de l'action, et par la signature d'un Administrateur et du Trésorier sur l'action même.

Art. 11. Les Actionnaires de l'une et de l'autre série, ne sont passibles que de la perte du montant de leurs actions.

Art. 21. Tous les ans, dans la première quinzaine du mois de mai, il y a une assemblée de tous les Actionnaires; l'Administration fixe le jour de l'assemblée et convoque les Actionnaires huit jours d'avance et par lettres closes.

Dans cette assemblée, l'Administration présente à Messieurs les Actionnaires le compte-rendu de sa gestion, et les fait rapport de tout ce qui intéresse la Société.

Art. 22. Chaque Actionnaire a autant de voix qu'il possède d'actions de l'une ou de l'autre série. Il peut voter par procuration, même sous seing-privé d'Actionnaire à Actionnaire.

Art. 24. Huit mois avant l'expiration de la quatrième année théâtrale, laquelle commencera toujours le vingt et un avril, il pourra être émis de nouvelles actions de la série A pour les quatre années suivantes et aux mêmes conditions. Les anciens Actionnaires auront la préférence dans cette émission.

Art. 25. A l'expiration de cette quatrième année, les bénéfices s'il y en a, seront imputés comme suit. Les actions de la série A étant éteintes en capital, tout l'actif qui dépassera le montant des actions de la série B sera partagé entre tous les Actionnaires indistinctement.

Art. 26. A l'expiration de la Société, les bénéfices seront répartis de la manière déterminée par l'art. ci-dessus. En cas de pertes, elles seront supportées par les Actionnaires de la série B.

IMPRIMERIE DE J. DELPOSSE.

THÉATRES ROYAUX DE BRUXELLES.

Grand Théâtre.	Théâtre du Parc.
Lundi 13 Sardanapale Le Concert à la Cour	Lundi
Mardi 14 (pre rep. de Mlle Vasin) La Muette de Portici	Mardi
Mercredi 15 Les Enfants d'Edouard La Voiture Versée	Mercredi
Jeudi 16 (Mlle Vasin) L'Homme gris La Belle au bois dormant	Jeudi
Vendredi 17 Tartuffe Marie	Vendredi
Samedi 18 (Bénéf. de Mr Lemvigne) La Camargo Ma mère Le Charlatanisme	Samedi
Dimanche 19 Le Dt Orys Le Déca d la Bayadère	Dimanche
Spectacle de la Couv.	À l'Étude! Faust Le Serment Les Orphelins

Bals masqués, les 5, 7 et 12 février.

Nourrit, qui avait terminé ses engagements à l'Opéra, retourne à Bruxelles, en avril, et y demeure jusqu'à la fin de la saison. C'est à ce moment que Duprez, retour d'Italie, débute à Paris dans *Guillaume Tell*, et produit cet effet énorme, inattendu, foudroyant, qui devait causer tant de bouleversements...

Nourrit était enchanté, disait-il, du triomphe de son successeur, mais il eût été facile de lire sur son visage toute l'amertume de ce grand artiste, fatigué par la fièvre et le tracas de la vie de théâtre. Il voulait quitter la scène et se mettre à la tête d'une affaire commerciale dans quelque ville du Midi, où il eût fini ses jours.

Par quelle fatalité fut-il entraîné à Naples? A la suite de quels événements fâcheux lui vint-il à l'idée de remplacer en Italie celui qui lui avait succédé en France? Pourquoi le public ne sut-il pas reconnaître toute l'immensité de son talent?

La légende veut que Nourrit n'ait pu supporter son échec. D'aucuns prétendent qu'il fut victime d'un accès de fièvre chaude, déterminé par une cruelle maladie de foie dont il souffrait depuis longtemps. Le malheureux artiste se précipita d'un troisième étage sur le pavé, où il se fracassa le crâne. Ainsi périt celui qui fut une si grande gloire lyrique, la plus grande peut-être...

Clôture de la saison 1836-1837, le 20 avril, par *la Juive*, pour les adieux et au bénéfice de Nourrit.

Voici un aperçu des appointements attribués aux principaux artistes pendant cette campagne :

MM. RAGUENOT	18,000 francs.
THÉNARD	18,000 —
SOYER	6,500 —

---

concert de Singelée, violoniste, et Franck, clarinettiste ; — 31 décembre, représentation de Schlegel, Mmes Babette Schlegel et Léonard Bachler, chanteurs tyroliens.

1837. — 9 janvier, au bénéfice de Matis, première représentation de *Marie, ou Trois époques*, comédie en 3 actes, en prose, de Mme Ancelot ; — 19 janvier, concert de Pantaleoni, chanteur italien ; — 24 janvier, représentation de Mme Dupont, de l'Opéra ; — 1er février, représentation de Mme Finck-Lahr, du Théâtre-Italien, de Paris ; — 15 février, au bénéfice de Carelle, première représentation de *Léon*, drame en 5 actes, en prose, de Rougemont ; — 7 mars, première représentation de *le Cheval de bronze*, opéra-féerie en 3 actes, paroles de Scribe, musique d'Auber ; — 10 mars, concert de Feitlinger, chanteur allemand ; — 13 mars, concert de Gusikow, avec un instrument en paille et en bois ; — 14 mars, au bénéfice de M. et Mme Page, *le Cheval de bronze* ; — 30 mars, concert de Mme Manelli, chanteuse italienne ; — 3 avril, au bénéfice de Mme Stoltz, première représentation de *la Camaraderie*, comédie en 5 actes et prose, de Scribe ; — 5 avril, représentation de Ad. Nourrit, de l'Opéra.

MM. Paul	7,000	francs.
Canaple	13,600	
Renaud	17,000	
Margaillan	8,400	—
Baptiste	4,800	—
Juillet	6,000	—
Victor	4,800	—
Mmes Casimir	27,000	—
Jawureck	18,000	—
Bultel	16,000	—
Génot	9,100	—
Soyer	3,500	—
Elisa Letur	2,400	—
Schnetz	5,400	—
Roussellois	3,000	—

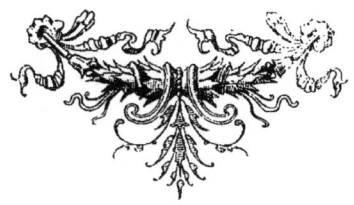

(1837-38)

MM. Vanhove, inspecteur.
Monnier, régisseur.
Philastre, peintre-décorateur.
Desroches, contrôleur.
Toureau, chef machiniste.

Comédie, Drame, Tragédie et Vaudeville.

Messieurs :
Adolphe Bouchet, premier rôle.
Robert Kemp, jeune premier rôle, fort jeune premier.
Tony, jeune premier.
Lemoigne, rôles à son physique et genre de talent.
Baptiste, grands raisonneurs, pères nobles.
Folleville, pères nobles et rôles de convenance.
Tournier, deuxième et troisième amoureux.
Rousset, financiers.
Baron, financiers et grimes.
Bosselet, troisièmes rôles.

Mesdames et Mesdemoiselles :
Baptiste, premiers rôles en tous genres
Fresson, jeune première, jeune premier rôle.
Thénard, ingénuités, jeune première.
Élisa Letur, amoureuses.
Lebrun, première soubrette.
Caussin, duègnes et caractères.
Daudel, mère noble et caractères.
Roussellois, caractères.
Bosselet, seconds caractères et seconds rôles.

Messieurs :
Atrux, troisièmes rôles.
Victor, seconds comiques et caricatures.

Opéra, Opéra comique.

Messieurs :
Raguenot, } premiers ténors.
Canaple,   }

Mesdames et Mesdemoiselles :
Casimir, première chanteuse.
Jawereck, forte première chanteuse.

Messieurs :
THÉNARD, premier ténor léger.
SOYER, second ténor.
COSSAS, troisième haute-contre.
PAUL, \
CORNELIS, } Philippe et Gavaudan.
RENAUD, première basse-taille.
MARGAILLAN, baryton de grand opéra et première basse-taille.
GERMAIN, première basse comique
BAPTISTE, deuxième basse des premières.
ALPHONSE, troisième basse des secondes.

Mesdames et Mesdemoiselles :
BULTEL, seconde chanteuse des premières.
GENOT, première Dugazon.
SOYER, des Dugazon.
ÉLISA LETUR, troisième Dugazon.
SCHNUETZ, mère Dugazon.
ROUSSELLOIS, première duègne.
CAUSSIN, duègne et caractères.

Messieurs :
JUILLET, Laruette, Juillet, Trial.
VICTOR, Trial.

Ballet.

Messieurs :
GUILLEMIN, premier danseur, rôle mime
PAGE, premier danseur, demi-caractère.
CARELLE, premier danseur comique.
BOLSAGUET, deuxième danseur.
HAMEL, troisième danseur.
STROYHAVER, coryphée, troisième danseur.
ROUQUET, coryphée, troisième danseur comique.

Mesdames et Mesdemoiselles :
SAINT-ROURAIN, première danseuse.
ATHUX, forte deuxième danseuse.
PAGE, première danseuse, demi-caractère.
NIQUE, deuxièmes rôles mimes et rôles à baguettes.

Orchestre.

MM. HANSSENS, premier chef d'orchestre.
BOSSELET, second chef d'orchestre.
DEGREEF, maître de ballet et de l'école de danse.

Ouverture, le mercredi 10 mai, par *les Voitures versées* et *le Concert à la Cour*.

La salle a subi quelques modifications : « L'intérieur des loges est repeint à neuf ; les peintures sont nettoyées et les murs des corridors, revêtus d'une nouvelle couche de détrempe. On n'a plus la crainte de souiller ses vêtements en se rendant au spectacle ». Un certain nombre de stalles étaient établies entre l'orchestre et le parquet ; un lustre plus grand et mieux éclairé remplaçait l'ancien.

La nouvelle administration ayant légèrement augmenté le prix des places, cette mesure donna lieu aux réclamations les plus violentes, et faillit amener les plus graves désordres.

Le début le plus intéressant est toujours celui de la première chanteuse. Mme Casimir, qui venait de l'Opéra-Comique, sut contenter les plus difficiles. Elle n'était plus « demoiselle ni belle, » mais elle avait tant de grâce, — sa voix sonore, étendue et souple, recélait tant de charme, que le public fut conquis du premier coup.

Mme Genot débuta dans *le Chalet*. C'était la petite Elisa Fay que les abonnés se rappelaient avoir applaudie, — quinze années auparavant, — alors qu'elle jouait les rôles d'enfants. Sa sœur Léontine était au Théâtre-Français.

Le 22 mai : *Première* de *le Postillon de Lonjumeau* :

Chapelon	MM. Thénard.
Biju	Renaud.
Madeleine	Mme Bultel.

Dumas, un jeune ténor, qu'on n'avait guère épargné pendant la période des épreuves, s'avisa de chanter *Guillaume Tell*. Il fut déplorablement malmené, et une partie des spectateurs l'attendirent à la sortie, avec des intentions tellement hostiles, qu'il fut obligé de se dérober par une autre porte.

Une représentation importante, une grande *première*, se préparait. Depuis quelque temps, on était absorbé par les répétitions ; Lemoigne avait passé onze jours à Paris ; le répertoire souffrait de ce travail, qui s'était effectué à huis clos, et pendant lequel la presse s'était vu interdire l'entrée du théâtre.

1837. — 22 mai, première représentation de *le Postillon de Lonjumeau* opéra comique en 3 actes, de Leuven et Brunswick, musique d'Adam ; — 28 juin, première représentation de *les Intrigues espagnoles*, ballet-pantomime en 2 actes, par Léon ; — 11 juillet, concert de Ole Bull, violoniste norvégien ; — 27 juillet, première représentation de *l'Ambassadrice*, opéra comique en 3 actes, de Scribe et Saint-Georges, musique d'Auber ; — 24 août, première représentation de *Julie*, comédie en 5 actes et en prose, par Empis ; — 28 août, première représentation de *le Dilettante d'Avignon*, opéra comique en 1 acte, de Hoffmann, musique d'Halévy ; — 18 septembre, première représentation de *le Portefeuille, ou Deux familles*, drame en 5 actes, de Anicet Bourgeois et Dennery ; — 22 septembre, première représentation de *les Droits de la femme*, comédie en 1 acte et vers, de Théod. Muret ; — 28 septembre, première représentation de *Rodolphe ou Frère et sœur*, drame en 5 actes, de Scribe et Mélesville ; — 12 octobre, première représentation de *le Riche et le pauvre*, drame en 5 actes et 6 tableaux, par Emile Souvestre ; — 17 octobre, première représentation de *l'Arbre de Belzébuth*, ballet-féerie-pantomime en 2 actes, de Léon ; — 6 novembre, première représentation de *Claire, ou la préférence d'une mère ;* — 14 novembre, première représentation de *le Chef-d'œuvre inconnu*, drame en 1 acte en prose, par Charles Lafont ; — 15 novembre, première représentation de *les Huguenots*, grand opéra en 5 actes, de E. Scribe, musique de Meyerbeer ; — 30 novembre, première représentation de *Rita l'espagnole*, drame en 4 actes, par C. Desnoyer, Boulé et Chabot ; — 21 décembre, première représentation de *Il signor Barilli*, opéra comique en 1 acte, paroles de Gustave Vaez, musique de Zerezo.

1838. — 1er janvier, au bénéfice de Mlle Jawureck, première représentation de *Cosimo*, opéra bouffe en 2 actes, de Saint-Hilaire et Paul Duport, musique de Prévost ; — 5 janvier, concert de A. de Bériot et de Mlle Pauline Garcia ; — 8 février, au bénéfice de Mme Casimir, première représentation de *le Luthier de Vienne*, opéra comique en 1 acte,

Enfin, le 15 novembre, l'affiche portait :

PREMIÈRE REPRÉSENTATION DE

LES HUGUENOTS

Raoul	MM. Raguenot.
St-Bris	Margaillan.
Nevers	Canaple.
Marcel	Renaud.
Valentine	Mmes Javureck.
Marguerite	Bultel.
Urbain	Genot.

Le public resta froid jusqu'au 4me acte, et l'accueil qu'il fit au chef-d'œuvre de Meyerbeer ne laissait guère prévoir les succès futurs de cette partition.

Le lendemain, le plus autorisé critique écrivait :

> Nous croyons que cet opéra, placé très haut à Paris, ne ouira jamais d'une fortune pareille à celle de *Robert le Diable* Au lieu de s'abandonner à la verve de ses inspirations, M. Meyerbeer s'est préoccupé de cette idée qu'il devait faire oublier aux spectateurs *la faiblesse de son poème* (!) par les détails précieux de sa musique.

La recette de la « première » s'éleva à 4,600 francs, déduction faite du prix des loges et autres places réservées aux actionnaires.

Le 5 janvier, Bériot reparaît en public pour la première fois depuis la mort tant regrettée de Mme Malibran, sa femme. Dans ce concert, Mlle Pauline Garcia (devenue Mme Louis Viardot) se fit entendre devant une salle comble.

Cependant les nouveaux administrateurs s'aperçoivent du danger qu'offre l'exploitation du théâtre, grâce au chiffre toujours croissant des frais et à la concurrence redoutable du « Cirque Royal de

---

de Saint-Georges et de Leuven, musique de Hypolite Monpou ; — 13 février, au bénéfice de Mme Thénard, première représentation de *la Marquise de Senneterre*, comédie en 3 actes, de Mélesville et Duveyrier ; première représentation de *les Deux mariages*, ballet en 1 acte, de Léon ; — 6 mars, au bénéfice de Roussel, première représentation de *le Testament*, grand opéra bouffe en 1 acte, d'après le *Légataire universel*, de Regnard, musique d'Ermel (une seule représentation) ; — 29 mars, première représentation de *Anne de Boulen*, opéra en 3 actes, musique de Donizetti ; — 3 avril, au bénéfice de Bouchet, première représentation de *Hernani*, drame en 5 actes et vers, par Victor Hugo ; — 5 avril, par ordre, première représentation de *Une comédie en 1837*, comédie en 4 actes et en vers, de Mahauden ; — 18 avril, au bénéfice de Hanssens, première représentation de *le Domino noir*, opéra comique en 3 actes, de Scribe, musique d'Auber.

M. Loisset », installé depuis quelques mois à Bruxelles. Ils acquièrent la triste certitude que le fonds social est dépassé, ils annoncent leur retraite et clôturent, le 20 avril, par *le Domino noir*, au bénéfice de M. et Mme Baptiste.

Lemoigne est nommé directeur-gérant (21 avril); il entre en fonctions dès la saison d'été.

(1838-39)

MM. LEMOIGNE, directeur-gérant.
VANHOVE, inspecteur.
MONNIER, premier régisseur.
DEDECKER, deuxième régisseur.

Comédie, Drame, Tragédie et Vaudeville.

Messieurs :

ADOLPHE BOUCHET, premiers rôles en tous genres.
ALFRED HARMANT, jeunes premiers, forts jeunes premiers, jeunes premiers rôles au besoin.
ROBERT, des jeunes premiers et jeunes premiers rôles.
PAUL, des premiers rôles.
DELMARY, seconds et troisièmes amoureux, jeunes premiers au besoin.
ALERME, troisièmes amoureux et seconds.
BAPTISTE, pères nobles, seconds premiers rôles.
COSSARD, financiers, grimes, paysans, manteaux.
BARON, financiers, grimes, paysans, manteaux, des pères.
BOUCHEZ, rôles de convenance, financiers au besoin.
BOSSELET, troisièmes rôles raisonneurs, rôles de convenance.

Mesdames et Mesdemoiselles :

BAPTISTE, forts premiers rôles, grands premiers rôles en tous genres.
LEMOIGNE, forts jeunes premières et jeunes premiers rôles.
THÉNARD, } jeunes premières, ingénuités.
COSSARD, }
SCHNETZ, seconds premiers rôles, premiers rôles.
ÉLISA LETUR, jeunes amoureuses.
HENRIETTE BOUCHEZ, secondes amoureuses.
THÉNARD mère, caractères, rôles à paniers et grimes.
DAUDEL, duègnes, caractères, mères nobles.
LEBRUN, premières soubrettes.

Messieurs :

DUPREZ, premiers comiques.
VICTOR, seconds comiques.
FOLLEVILLE, pères nobles, rôles de convenance.

Grand opéra, Opéra comique et Traductions.

Messieurs :

ALBERT DOMMANGE, premiers décors en tous genres.
AUDRAN, premiers ténors gracieux, Elleviou, Ponchard, Chollet, amoureux.
CANAPLE, baryton, Martin, Solié et Chollet revenant aux dits emplois.
SOYER, deuxièmes ténors, forts deuxièmes ténors, premiers au besoin.
ALERME, troisièmes ténors, Colins.
PAUL, Philippe, Gavaudan et rôles annexés.
RENAUD, premières basses-tailles chantantes.
POPPÉ, secondes premières basses-tailles.
BAPTISTE, fortes secondes basses-tailles, des premiers comiques et autres.
GENEVOISE, secondes basses-tailles.
DESSONVILLE, Juillet, Laruette, Vizentini, etc.

Mesdames et Mesdemoiselles :

JAWURECK, CASIMIR, } premières chanteuses.
BULTEL, fortes secondes chanteuses, fortes Dugazon, premières chanteuses en tous genres.
SCHNETZ, mère Dugazon, forte Dugazon.
GÉNOT, première Dugazon.
ÉLISA LETUR, seconde et troisième Dugazon.
THÉNARD mère, Gonthier, Desbrosses, Lemesle, Boulanger marqués, rôles à paniers, caricatures et grimes.
DESROCHES, premières duègnes, fortes secondes, des mères Dugazon.

Monsieur

VICTOR, Trial et Féréol.

Quarante-huit choristes et coryphées.

Ballet.

Messieurs :

ALBERT, maître des ballets.
GUILLEMIN, premier danseur sérieux et premier rôle mime.
JAMES, SAINT-LÉON, } premiers danseurs demi-caractère.
LEROUGE, HAMEL, } seconds et troisièmes.
HIPPOLYTE PHILIPPE, premier danseur comique.
ROUQUET, second danseur comique.

Mesdames et Mesdemoiselles :

VARIN, premières danseuses.
MONTASSU, première danseuse demi-caractère.
GAUTIER, fortes secondes danseuses, premières au besoin.
PÉROLINE, troisième danseuse.
NIQUE, premier rôle mime, à baguette.

Monsieur

STROYHAYER, troisième danseur et coryphées.

Orchestre.

MM. HANSSENS, chef d'orchestre du grand théâtre.
BOSSELET, second chef, répétiteur.
DAUSSY, chef d'orchestre de vaudeville, répétiteur.
DEGREEF, chef d'orchestre pour le ballet.

Soixante musiciens.

La nouvelle direction tenait à ce que nul intervalle, — fût-il de quelques jours seulement, — ne séparât la clôture de la réouverture. Elle comptait réparer ainsi, avant le départ de la « bonne société », les pertes fâcheuses de la saison précédente. Mais la maladie soudaine de Thénard dérangea ces calculs, et la campagne commença avec des spectacles assez irrégulièrement composés.

Thénard mourut, après un mois de souffrances cruelles (8 mai 1838), et fut remplacé par Audran, alors âgé de vingt et un ans, et qui débuta avec éclat dans *la Dame blanche*.

Dès les premières soirées, les récriminations des abonnés, au sujet de l'augmentation du prix des places, recommencent. Voici ce qu'écrit le feuilletoniste de l'*Indépendant* :

> L'abonné vient de donner une nouvelle preuve de son grand esprit de domination en s'adressant au directeur de nos théâtres royaux pour le sommer de faire connaître ses intentions relativement aux représentations d'artistes étrangers, le menaçant de toute sa rigueur dans le cas où il tiendrait bon pour la négative. Il trouve, l'abonné, qu'on ne lui donne point assez pour son argent ; les premiers sujets à vingt-cinq et trente mille francs d'appointements rassemblés dans le seul but de lui plaire ne sont point encore ce qui convient à un juge aussi éclairé qu'il a la prétention de l'être. Il lui faut Nourrit, Duprez, Mme Damoreau pour la petite somme qu'il verse chaque mois à la caisse du théâtre. Que le directeur se ruine à ce beau jeu, ce n'est point son affaire. Si on lui dit qu'en assurant une forte prime à l'artiste étranger ou en partageant avec lui la recette totale, l'entrepreneur n'a plus pour chaque soirée qu'une somme inférieure à celle de ses recettes habituelles et que le théâtre est ensuite abandonné pendant une longue suite de représentations, il répondra : Qu'importe ! Il n'y a point à raisonner avec l'abonné. Il s'informe s'il n'entendra pas la troupe allemande qui donne en ce moment des représentations au Théâtre de Liége. Il est vrai que, pour payer toute une troupe d'opéra, le directeur devrait faire l'abandon du produit brut de ses recettes, sinon ajouter quelque chose de sa poche, mais que cette considération est de peu de valeur, et comme il serait récompensé de ses sacrifices par le plaisir de contenter ses chers abonnés, qui le siffleraient à la première occasion !

Pour l'anniversaire des Journées de Septembre, exécution d'une cantate de B.-C. Fauconier. Solistes : Mlle Jawureck, MM. Albert, Canaple, Renaud.

1838 — 5 août, première représentation de *le Bourgeois de Gand*, drame en 5 actes, en prose, par Hippolyte Romand ; — 10 août, première représentation de *le Pirate*, opéra en 3 actes, d'Édouard Duprez, musique de Bellini ; — 14 août, *Céphire*, ballet en 1 acte, de Hullin ; — 23 août, première représentation de *Louise de Lignerolles*, drame en 5 actes en prose, de Prosper Dinaux et Legouvé ; — 8 septembre, première représentation de *les Scènes contemporaines*, scènes d'imitations, par Lhérie ; — 20 septembre, première représentation de *Louis de Bedford*, drame en 3 actes et 5 tableaux, par Victor Joly ; — 1er octobre, première représentation de *les Indépendants*, comédie en 3 actes, par Eugène Scribe ; — 6 novembre, première représentation de *Faute de s'entendre*, comédie en 1 acte et en prose, de Charles Duveyrier ; — 14 novembre, première représentation de *Louis de Male*, grand opéra en 4 actes, de Vanderbelen, musique de Peellaert ; — 19 novembre, par ordre, *Robert le Diable* ; — 27 novembre, concert instrumental donné par Vieuxtemps ; — 29 novembre, première représentation de *le Ménestrel*, comédie en 5 actes, par Camille Bernay ; — 25 décembre, au bénéfice de M. et Mme Baptiste, première représentation de *le Perruquier de la Régence*, opéra comique en 3 actes, de Planard et Duport, musique de Amb. Thomas.

En novembre, Mlle Jawureck fut victime d'une petite vengeance : chaque fois que des applaudissements se faisaient entendre à son adresse, on pouvait aussi percevoir le bruit d'un *chut* — d'un seul *chut* — mais d'un *chut* opiniâtre. On s'informa, et on apprit que l'auteur de cette méchanceté était un Anglais, amoureux fou de la chanteuse, et repoussé par elle, — beau cavalier cependant, vingt-deux ans, et nanti d'une fortune de cinq à six millions. Peste! Mlle Jawureck était difficile, et sa vertu aurait pu devenir légendaire...

Le 25 novembre, la représentation, qui avait commencé de façon fort calme, se termine par un scandale épouvantable. Alcrme, sifflé à la fin d'un air des *Voitures versées*, quitte brusquement la scène. Un moment après, il rentre, et fait au public des excuses qu'on accepte très bien. Mais il ajoute : « Je vais vous dire qui me siffle. C'est un monsieur à qui j'ai donné des soufflets! » et il désigne, en effet, son ennemi, au balcon. Il est inutile d'insister sur l'effet produit par cette boutade, et le tumulte qu'elle causa.

Deux jours après, concert de Vieuxtemps. Le jeune talent du célèbre artiste ne pouvait alors être comparé ni à celui de Bériot ni à celui de Paganini, quoiqu'on retrouvât dans son jeu la science de l'un et la verve de l'autre, avec des sons plus purs, plus moelleux. A la fin du second morceau qu'exécuta le prodigieux virtuose, une couronne tombe à ses pieds. Audran vient la poser sur la tête de Vieuxtemps, et lire des vers qui y étaient attachés. La salle entière s'associe à cette ovation.

1839. — 7 janvier, première représentation de *Ruy Blas*, drame en 5 actes, de Victor Hugo ; — 10 janvier, expérience de langue musicale, par Sudre et Mlle Victorine ; — 29 janvier, séance de physique, par M. Anguinet et sa fille ; — 3 février, *les Bayadères* ; — 10 février, première représentation de *le Corsaire*, ballet-pantomime en 3 actes et 6 tableaux, de Albert, musique de Bochsa ; — 11 février, au bénéfice de Mme Casimir, première représentation de *la Figurante ou l'amour et la danse*, opéra comique en 5 actes, paroles de Scribe et Dupin, musique de Clapisson ; — 6 mars, première représentation de *Otello ou le more de Venise*, grand opéra, de J. Lecomte et Bosselet, musique de Rossini ; — 16 mars, première représentation de *le Dîner de Monseigneur*, vaudeville en 1 acte, de Mélesville ; — 23 mars, au bénéfice de Baptiste, première représentation de *l'Enfant du faubourg*, drame en 3 actes, mêlé de couplets, par Deslandes et Didier ; — 25 mars, première représentation de *Une journée à Naples*, ballet en 1 acte, de Albert et Costa ; — 1er avril, première représentation de *le Brasseur de Preston*, opéra comique en 3 actes, de Leuven et Brunswick, musique d'Adam ; — 6 avril, au bénéfice de M. Robert, première représentation de *Un ange, ou le diable dans la maison*, comédie en 3 actes, mêlée de chant, par A.-Th. Van Hecke (une seule représentation).

Voici encore un spectacle bizarre :

THÉATRE ROYAL

Aujourd'hui Jeudi 10 Janvier 1839
16e Abonnement courant

M. SUDRE

INVENTEUR DE

LA LANGUE MUSICALE UNIVERSELLE

Approuvé par l'Institut Royal de France, ainsi que par les ministres de la Guerre, de la Marine et de l'Instruction Publique,
pour la communication des idées, soit de *Près*, soit à *Distance*,

ASSISTÉ DE SON ÉLÈVE

MLLE VICTORINE HUGO

Premier prix de Déclamation Lyrique du Conservatoire de Paris

DONNERA UNE SÉANCE

Dans laquelle il fera connaître toutes les applications de sa méthode praticable par :

LE SON,
LA PAROLE,
LE SIGNE,
LE TOUCHER
ET L'ÉCRITURE.

Mlle VICTORINE HUGO chantera deux Romances nouvelles,

PRÉCÉDÉ DE :

LÉON

Drame en 5 actes et en prose, par M. De Rougemont.

Artistes : Mrs. *Ad. Bouchet, Harmant, Baptiste, Alerme, Victor, Bosselet, Folleville, Leroy, Mailly.* Mesd. *Baptiste, Thénard.*

Entre autres *exercices*, M. Sudre se livrait à une expérience qui consistait en ceci : placé au milieu du parterre, il se faisait dicter des phrases qu'il transmettait à son élève en les traduisant sur le violon. Questions de mathématiques, vers, allusions politiques.

Mlle Hugo répondait chaque fois, sans se tromper ni, même, hésiter. Ce n'était pas seulement à la langue française que Sudre appliquait sa méthode, mais tout aussi bien à l'espagnol, l'italien, l'arabe, et chaque consonance trouvait un son correspondant dans la langue musicale.

Le Conseil communal, informé que « *des personnes se permettent d'allumer leurs pipes ou cigares, de jeter à terre, sans avoir soin de les éteindre, les papiers ou autres objets qui leur ont servi à les allumer..., considérant que cet usage est de nature à incommoder les spectateurs, et qu'il présente des dangers d'incendie* », défend de fumer dans les théâtres et leurs dépendances (21 janvier 1839).

L'arrêté n'eut guère d'influence sur les enragés fumeurs; il fallut le réimprimer par deux fois, dans la même année.

Cette campagne théâtrale vit la retraite de Mme Roussellois, qui faisait ses adieux au public après vingt-trois ans de service. La représentation, donnée à son bénéfice (31 mai 1838), comprenait : *Anne de Boulen*, le 2me acte des *Voitures versées*, et le *Gamin de Paris*, où Mme Roussellois jouait le rôle de la grand'mère, Mme Meunier.

Au chapitre nécrologique il faut inscrire, avec le nom de Thénard, celui de Virginie Daudel, morte le 5 décembre.

Clôture, le 20 avril : *Othello* et *l'Ambassadrice*.

(1839-40)

MM. LEMOIGNE, directeur-gérant.
VANHOVE, directeur de matériel.
MONNIER, régisseur.

Comédie, Tragédie, Drame et Vaudeville.

Messieurs :

AD. BOUCHET, premiers rôles en tous genres.
FANNOLLIET, jeunes premiers, forts jeunes premiers, jeunes premiers rôles au besoin.
PAUL, des premiers rôles.
LUGUET, des jeunes premiers, des jeunes premiers rôles, forts seconds, jeunes troisièmes rôles au besoin.
CIFOLELLY, seconds amoureux, des premiers, des jeunes troisièmes rôles.
DELMARY, troisièmes amoureux, des seconds.
FLEURY, des troisièmes amoureux.
BAPTISTE, pères nobles, seconds premiers rôles, grands raisonneurs, grands troisièmes rôles.
MICHAUX, financiers, grimes, paysans, manteaux.
DUPEZ, premiers comiques.
VICTOR, seconds comiques.
CHAUVAUX, des seconds et premiers comiques.
GRAFETOT, seconds et troisièmes comiques.
BOUCHEZ, rôle de convenance, financiers au besoin.

Mesdames et Mesdemoiselles :

BAPTISTE, premiers rôles forts, grands premiers rôles.
LEMOIGNE, fortes jeunes premières, jeunes premiers rôles.
WEISS, jeunes premières, ingénuités.
SCHNETZ, mères nobles, seconds premiers rôles, premiers rôles au besoin.
FANNY LEMAIRE, des jeunes premières, ingénuités.
ÉLISA LETUR, jeunes amoureuses.
H. BOUCHEZ, troisièmes amoureuses, secondes et premières au besoin.
VERTEUIL, duègnes, caractères, mères nobles.
DESROCHES, secondes duègnes, rôles de convenance.
LEBRUN, premières soubrettes.

Mesdames et Mesdemoiselles :

BOSSELET, troisièmes rôles marqués, des pères.
FOLLEVILLE, pères nobles, rôles de convenance.

Grand opéra, Opéra comique et Traductions.

Messieurs :
Ad. Dommange, premier ténor.
Janssenne, premiers ténors gracieux, Elleviou, Ponchard, Chollet amoureux.
Canaple, baryton, Martin, Solié et Chollet revenant aux dits emplois.
Soyer, deuxièmes ténors, forts seconds et premiers au besoin.
Cifolelly, troisièmes ténors, Colins, seconds, des Philippe.
Paul, Philippe, Gavaudan, rôles annexés.
Rexaud, premières basses-tailles chantantes.
Vanin, secondes basses nobles et comiques.
Baptiste, secondes, premières comiques et autres.
Genevoise, secondes basses et troisièmes.
Chauvaux, Laruette, Juillet, Lesage, Dorainville, Vizentini, Ricquier, Féréol.

Mesdames et Mesdemoiselles :
Casimir, } premières chanteuses.
Jawureck, }
Bultel, fortes secondes chanteuses, fortes Dugazon, premières en tous genres.
Schnetz, mères Dugazon, fortes Dugazon, premières chanteuses au besoin.
Génot, premières Dugazon, jeunes premières chanteuses au besoin.
Élisa Letur, secondes et troisièmes Dugazon.
Verteuil, Gauthier, Desbrosses, Lemesle, Boulanger.
Desroches, secondes duègnes.

Monsieur
Victor, Trial, Féréol.

Ballet.

Messieurs :
Albert, maître de ballet.
Guillemin, premier danseur, premiers rôles mimes.
Saint-Léon, } premiers danseurs, demi-
Massot, } caractère.
Hamel, second et troisième danseur.
Hippolyte Philippe, premier danseur comique.
Stroyhaver, troisième danseur et coryphée.

Mesdames et Mesdemoiselles :
Herminie Elssler, première danseuse.
Julia de Varennes, première danseuse, demi-caractère et noble au besoin.
Mélanie Duval, première danseuse, demi-caractère.
Benoni, } secondes danseuses.
Caroline Sauton, }
Mique, troisième danseuse, coryphée.
Mique mère, premier rôle mime à baguette.

Orchestre.

MM. Snel, chef d'orchestre.
Camus, deuxième chef répétiteur.
Seigne, troisième chef répétiteur.
De Greef, chef d'orchestre pour le ballet.
Soixante musiciens.

Dans les premières semaines de la nouvelle saison le théâtre fut déserté d'une façon générale. *Apparent rari nantes in gurgite vasto.* Les spectateurs n'étaient pourtant pas retenus à la campagne : cet été fut exceptionnellement pluvieux. Il n'existait peut-être pas dans toute l'Europe, à ce moment-là, une scène placée dans des conditions de succès plus favorables, et, si quelques riches habitants avaient émigré, ils étaient remplacés par un nombre supérieur d'étrangers, qui affluaient à cette époque de l'année. On ne pouvait, non plus, invoquer l'insuffisance des débutants; pour juger des artistes, il faut les entendre, — et la salle était vide. Mais rien n'est plus capricieux que la vogue, rien n'est plus inexplicable, et bien des directeurs pâlissent en face de ce problème insoluble.

Du reste, à quelques exceptions près, la troupe était la même. Il n'y avait presque, comme éléments nouveaux, parmi les emplois importants, que Janssenne pour l'opéra, Michaux et Mlle Weiss pour la comédie.

Chose étrange, Mme Jawureck, qu'on avait applaudie avec enthousiasme, l'année précédente, fut outrageusement sifflée, à sa rentrée.

Le jeune premier, Luguet, qui débuta avec succès, devait ensuite appartenir à plusieurs théâtres de Paris, et demeurer longuement à

1839. — 6 mai, ouverture, reprise de *le Brasseur de Preston*, fantaisie concertante sur les mélodies de *Guido et Ginévra*; — 7 mai, reprises d'*Othello*, opéra, et *le Mari et l'amant*, comédie; — 8 mai, *Zampa*, premier début de Ch. Ricquier, Laruette, dans le rôle de Daniel; — 11 mai, première représentation de *Dieu vous bénisse*, comédie-vaudeville en 1 acte, d'Ancelot et Paul Duport; reprise de *la Comtesse du tonneau*, vaudeville en 2 actes; *Bruno le fileur*, vaudeville en 2 actes; — 12 mai, premier début d'Albert, fort ténor, Mlle Jawureck, première chanteuse falcon, Mme Bultel, première chanteuse légère; rentrée de Renaud, Soyer, Canaple; reprise de *la Juive*; — 13 mai, rentrée de Saint-Léon, maître de ballet, Mme Benoni, première danseuse, divertissement; reprise de *les Comédiens*, comédie en 5 actes de C. Delavigne; — 14 mai, premier début de Mme Place, première Dugazon, de Mme Prague, mère noble; reprise de *le Chalet*, *le Bouffe et le Tailleur*, opéras comiques en 1 acte; *le Mari à bonnes fortunes*, comédie en 5 actes; — 16 mai, reprise de *le Mariage extravagant*, comédie en 5 actes; un divertissement; — 17 mai, reprise de *Mazaniello*, opéra de Carafa; *le Dépit amoureux*, comédie; — 18 mai, première représentation de *le Grand papa Guérin*, comédie-vaudeville en 2 actes, de Laurencin et De Cey; reprise de *la Fiancée du Fleuve*; — 20 mai, reprise de *l'Italienne à Alger*, opéra en 3 actes; — 21 mai, premier début de Michaux, financier; Luguet, jeune premier; reprise de *l'École des vieillards*, comédie en 5 actes, en vers, de C. Delavigne; — 22 mai, reprise de *les Huguenots*; — 24 mai, premier début de Jolly, seconde basse des premières; reprise de *le Barbier*; — 25 mai, première représentation de *Pascal et Chambord*, comédie en 2 actes, de A. Bourgeois et E. Brisebarre; — 26 mai, par ordre: *les Huguenots*; — 27 mai, premier début de Mme Verteuil, duègne, *le Jeune mari*, comédie en 3 actes, de Mazères; — 29 mai, Mme Place, deuxième chanteuse, résilie; Mlle Elisa la remplace; reprise de *le Cheval de bronze*, opéra en 3 actes; — 30 mai, premier début de Janssenne, premier ténor léger; Ricquier, trial, ayant résilié, Victor joue le rôle de Dickson; reprise de *la Dame blanche*; — 31 mai, premier début de Mme Lemaire, ingénue; reprise de *le Tyran domestique*, comédie en 5 actes; *les Voitures versées*, opéra comique en 2 actes; — 1er juin, première représentation de *le Ramoneur*, drame-vaudeville en 2 actes, par Théaulon, Gabriel et Deforges; — 3 juin, reprise de *la Fiancée*, opéra comique; — du 5 au 30 juin, série de représentations de Achard, premier comique du Palais-Royal: *l'Aumonier du régiment*, *Bruno le fileur*, *Pascal et Chambord*, *le Commis et la grisette*, *Farinelli ou le bouffe du roi*, *la Tirelire ou la Caisse d'épargne*, *l'Enfant*

Saint-Pétersbourg. Il est mort en septembre 1888. Son fils, Maurice Luguet, a tenu le même emploi au théâtre du Parc, sous la direction Candeilh, puis est parti lui-même pour la Russie.

Si les recettes étaient inférieures à celles des derniers exercices, les appointements des artistes ne subissaient pas cette marche descendante, et, au contraire, les frais généraux augmentaient chaque jour.

MM. Albert Dommange	25,000	francs.
Janssenne	20,000	—
Soyer	9,000	—
Paul	5,000	—
Canaple	15,000	—
Renaud	17,000	—
Varin	4,800	—
Baptiste	4,800	—
Chauvaux	4,200	—

du faubourg, la Maîtresse de langues, Balochard ou Samedi, Dimanche et Lundi, Stradella; — 9 juin, reprise de Anne de Boulen, opéra; — 10 juin, reprise de Fra Diavolo, opéra comique; les Femmes savantes, comédie; — 11 juin, reprise de Robert le Diable, opéra; — 20 juin, reprise de la Pie voleuse, opéra; le Nouveau seigneur du village; — 21 juin, reprise de le Postillon de Lonjumeau, opéra comique; — 24 juin, reprise de la Dame blanche, opéra comique; — 26 juin, première représentation de la Somnambule, opéra comique en 3 actes, de Bellini.

Thérèse	Mmes Schnetz.
Agathe	Casimir.
Lise	Bultel.
Le Comte	MM. Renaud.
Maurice	Albert.
Alexis	Genevoise.

1839. — 27 juin, reprise de Zampa, opéra comique; — 31 juin, reprise de l'Ambassadrice, opéra comique; — 1er juillet, première représentation de Mademoiselle de Belle-Isle, drame en 5 actes, en prose, par Alexandre Dumas; — 2 juillet, reprise de Don Juan d'Autriche, comédie; — 5 juillet, reprise de le Corsaire, ballet; le Pré-aux-clercs, opéra comique; — 9 juillet, reprise de Robin des Bois, opéra; — 11 juillet, première représentation de le Jugement dernier, scène sacrée, paroles de Burat-de-Gurgy, musique de Vogel; — 15 juillet, première représentation de Diane de Chivry, drame en 5 actes, par Frédéric Soulié; — du 16 au 28 juillet, série de représentations de Lepeintre, ainé, premier sujet du vaudeville: Mathias l'invalide, Une affaire d'honneur, Michel Perrin, le Mariage à la hussarde ou l'Arbre à sonnettes, les Vieux péchés, Monsieur Botte ou la Fille de l'émigré, Une affaire d'honneur, Monsieur Crépu ou la Liste des notables, Une affaire d'honneur, Voltaire en Russie, ou l'auberge du Grand Frédéric; — 26 juillet, reprise de Anne de Boulen, opéra; — 29 juillet, première représentation de les Camarades d'un ministre, comédie en 1 acte, en vers, par Émile Vander Burch; — 30 juillet, première représentation de Vingt-six ans, comédie en 2 actes, par Dartois de Bournoville; — 7 août, première représentation de l'Eau merveilleuse, opéra de Sauvage, musique de Grisar; — 14 août, reprise de le Comité de bienfaisance, comédie; — 18 août, reprise de le Domino noir; — 26 août, première représentation de la Vénitienne ou le bravo, drame

MM. Victor	4,200 francs.
Cifolelly	4,200 —
Genevoise	2,000 —
Mmes Casimir	24,000 —
Jawureck	18,000 —.
Bultel	16,000 —
Genot	9,100 —
Elisa Letur	2,400 —
Schnetz	5,400 —
Verteuil	3,900 —

En 1831, quand Laffilé se retira, après quelques mois de gestion, il laissait une troupe organisée, à laquelle il ne manquait qu'un chef intelligent. Cartigny fut celui-là. Il arriva dans une époque de crise générale, et sut ramener la foule au théâtre. Grâce à son activité, et, aussi, grâce au talent de Chollet et de Mlle Prévost, les deux premières années amenèrent de brillants résultats. Mais il commit la faute de laisser partir ces deux artistes, et, à la fin de la troisième année, le passif atteignait déjà quelques milliers de francs.

en 5 actes, par Anicet Bourgeois; — 29 août, première représentation de *Un vaudevilliste*, comédie en 1 acte, par Sauvage et Maurice Saint-Aguet; — 5 septembre, première représentation de *Lucie de Lammermoor*, opéra en 4 actes, d'A. Royer et G. Vaez, musique de Donizetti.

Lucie	Mme Jawureck.
Asthon	MM. Canaple.
Edgard	Albert.
Arthur	Cifolelly.
Gilbert	Jacquet.
Raimond	Baptiste.

1839. — 12 septembre, reprise de *Guillaume Tell*; — 13 septembre, première représentation de *le Fils de la folle*, drame, de Frédéric Soulié : — 14 octobre, première représentation de *Arsène ou la Baguette magique*, ballet, d'Albert, musique de Sor et Singelée; — 23 octobre, première représentation de *Deux jeunes femmes*, drame, de Saint-Hilaire ; — 29 octobre, première représentation de *l'Ange dans le monde et le diable à la maison*, comédie en 3 actes, de De Courcy et Dupeuty; — du 28 octobre au 7 novembre, série de représentations de la Donna Dolorès Séral et du Señor Camprubi, premiers danseurs du Théâtre de Madrid, *Une journée à Naples*, ballet; — 4 novembre, première représentation de *le Naufrage de la Méduse*, opéra, de Cogniard frères, musique de Flotow et Pilati; — 12 novembre, première représentation de *Paul Jones*, drame, par Alexandre Dumas; — 22 novembre, première représentation de *Miss Kelly, ou la lettre et l'engagement*, comédie de P. Duport et Monnais; — 26 novembre, représentation de M. Vezier Sand● et de sa troupe de musiciens Egyptiens; — 1er décembre, troupe de singes de Schreyer; — 2 décembre, reprise de *la Critique de l'école des femmes*, comédie ; *l'École des femmes*, comédie; — 12 décembre, reprise de *l'Ambassadrice*, opéra comique ; Mme Treillet Nathan, de l'Académie de musique de Paris; — 13 décembre, première représentation de *la Course au clocher*, comédie, de F. Arvers ; — 23 décembre, reprise de *Sganarelle*, comédie; — 25 décembre, au bénéfice de Bouchet; première représentation de *les Treize*, opéra comique en 3 actes, paroles de Scribe, musique d'Halévy ; *le Proscrit*, drame en

A la retraite de Cartigny, Bernard entre en fonctions avec une troupe nouvelle, qu'il avait eu le loisir de recruter, car il avait été nommé à la direction depuis plusieurs mois. Cependant, il est forcé de se retirer après un an et demi, vers la fin de 1836. Aussitôt une société se constitue et réunit un ensemble qui aurait pu donner des résultats satisfaisants. Mais les membres de cette association, victimes d'attaques malveillantes, abandonnèrent la partie, et furent remplacés à leur tour par des administrateurs nouveaux. Ceux-ci ne s'entendent pas; des tiraillements surviennent qui amènent, aidés par l'indifférence et la désertion du public, les résultats les plus tristes.

L'administration tombe, après avoir coûté à la Liste Civile et à la

---

5 actes, par Frédéric Soulié et Timothée Dehay ; — 30 décembre, grand concert vocal donné par 40 Chanteurs Montagnards.

1840. — 3 janvier, reprise de les Précieuses ridicules, le Médecin malgré lui, comédies ; — 21 janvier, première représentation de Un cas de conscience, comédie de Ch. Lafont ; — 22 janvier, rentrée de Mme Casimir : reprise de le Dieu et la Bayadère ; — 25 janvier, concert de Mlle Sabine Heinefeter du Théâtre de Vienne ; — 27 janvier, reprise de la Sylphide, ballet ; — 4 février, premier début de Mlle Chapuis, première chanteuse légère, la Juive ; — 5 février, reprise de Georges Dandin ; — 16 février, par ordre ; le Pré-aux-clercs ; Lucie de Lammermoor (4me acte) ; — 18 février, reprise de le Malade imaginaire, comédie en 3 actes ; — 19 février, au bénéfice de Renaud ; première représentation de les Puritains, opéra en 3 actes, d'Etienne Monnier, musique de Bellini (traduction) ; — 9 mars, reprise de la Femme jalouse, comédie en 5 actes, de Desforges ; — du 10 au 19 mars, série de représentations de Mme Albert, premier sujet du Théâtre de la Renaissance, Arthur ou 16 ans après, Georgette, Mme Dubarry, l'Ami Grandet, le Caleb de Walter Scott, Diane de Chivry, l'Ange gardien, la Poupée ou l'écolier en bonne fortune, Mme Grégoire ou le Cabaret de la Pomme de Pin ; — 13 mars, par ordre, représentation de Mme Albert, l'Ami Grandet, comédie en 3 actes ; — 22 mars, les artistes réunis, la Juive ; — 31 mars, par ordre ; les artistes réunis, Robert le Diable ; — 6 avril, première représentation de le Château de Kenilworth, ballet, d'Albert, musique de C. Hanssens jeune ; — 7 avril, reprise de la Famille du fumiste, vaudeville en 2 actes ; — 14 avril, les artistes réunis, Régine ou Deux nuits, opéra ; Don Juan ou le festin de Pierre, comédie en 5 actes ; — 21 avril, au bénéfice de Mme Casimir, première représentation de la Reine d'un jour, opéra comique en 3 actes, paroles de Scribe et Saint-Georges, musique d'A. Adam ; — 20 avril, clôture, Lucie de Lammermoor, le Chevalier de St-Georges ; — 21 avril, la Reine d'un jour, opéra comique ; — 22 avril, au bénéfice de M. et Mme Baptiste, première représentation de la Grand'Mère ou les trois amours, comédie de Scribe ; — du 2 avril au 1er juin, représentations de la Comédie Italienne, directeur Pietro Nigri, répertoire ; Gemma di Vergy, Norma, Il Furioso, Roberto Devereux, Lucia di Lammermoor, Elisire d'Amore ; — 20 mai, représentation de Dur-Laborde, du Théâtre de la Renaissance de Paris ; — 30 mai, concert de Mlle Thémar, pianiste ; — 8 juin, Gymnase enfantin, directeur Bidance ; — 18 juin, Odry, du Théâtre des Variétés de Paris ; — 5 juillet, M. et Mme Taigny, du Théâtre du Vaudeville de Paris ; — 20 juillet, Taldoni et Mme Tosi, artistes italiens ; — 8 août, Frans Eskens, chanteur tyrolien ; Mme Chambéry, du Théâtre de la Renaissance de Paris.

Ville 242,000 francs en onze mois. Elle tombe, avec 6,000 francs en caisse et un passif de 63,000 francs. Elle tombe, sans avoir pu remplir ses engagements envers la troupe pendant les mois de mars et d'avril, quoique ayant reçu par anticipation le montant des abonnements jusqu'au 21 avril. Elle avait dévoré, en 1840, près du tiers (35,000 fr.) de la subvention royale de 1841.

Pour couvrir le déficit, le Conseil Communal vote une avance extraordinaire de 63,000 francs. Les artistes se constituent en société, et jouent jusqu'à la fin de l'année théâtrale qui fut terminée officiellement le 22 avril par un concert d'adieux.

Le lendemain, représentation au bénéfice de Mme Bultel. La troupe se dispersa, mais les artistes qui n'avaient pas quitté Bruxelles exploitèrent le Théâtre du Parc à partir du 2 mai, et donnèrent deux représentations à la Monnaie, conjointement avec une Compagnie Italienne, dirigée par Pietro Nigri, et composée comme suit :

Primi tenori assoluti	Benedetto Galliani, Felice Ricci, Gumirato.
Primo baritono assoluto . . .	Ricardo del Vivo.
Primo basso, buffo assoluto . .	Pietro Nigri.
Primo basso	Gaetano Donatelli.
Secondo basso.	Evasio Bocca.
Prima donna assoluta	Luigia Mathei.
Prima donna	Theresa Bocca.
Seconda donna	Rosa Lagomartino.

Felice Ricci tenait, en même temps que l'emploi de ténor, celui de chef d'orchestre, deux fonctions qui paraissent cependant difficiles à concilier. Il resta à Bruxelles, et s'y établit comme professeur de musique.

La Compagnie Italienne clôtura ses représentations le 1er juin, et le théâtre resta ouvert, jusqu'en août, aux artistes de passage.

(1840-41)

MM. Hanssens,
Janssenne,
Guillemin,
Van Caneghem,
} administrateurs.

Solomé, régisseur général.
Monnier, régisseur.
De Decker, deuxième régisseur.
Desroches, premier contrôleur.
Arthur, premier comptable et contrôleur.

Comédie, Tragédie, Drame et Vaudeville.

Messieurs :

Delacroix, premiers rôles en tous genres.
Fanolliet, jeunes premiers, forts jeunes premiers, jeunes premiers rôles au besoin.
Paul, des premiers rôles.
Luguet, des jeunes premiers, des jeunes premiers rôles, forts seconds, jeunes troisièmes rôles au besoin.
Berger, jeunes premiers amoureux en tous genres.
Ciccolelly, seconds amoureux, des premiers, des jeunes troisièmes rôles.
Valmore, pères nobles, premiers rôles marqués.
Bosselet, troisièmes rôles, des pères.
Michaux, financiers, grimes, paysans, manteaux.

Mesdames et Mesdemoiselles :

Doligny, premiers rôles jeunes, tous premiers rôles y tenant, coquettes, Mars et fortes jeunes premières.
Grave, jeunes premières, ingénuités.
Berger, jeunes premières amoureuses, des ingénuités.
C. Foubert, jeunes amoureuses, secondes soubrettes.
H. Bouchez, secondes amoureuses et premières au besoin.
Thibaut, mères nobles, duègnes, caricatures, des premiers rôles marqués.
Desroches,
Dorval,
} secondes duègnes, rôles de convenance.
Lebrun, premières soubrettes.

Messieurs :

Duprez, premiers comiques.
Juillet, } seconds comiques et des
Victor,   } premiers.
Grafetot, }

Messieurs :

Richemant, rôles de convenance.
Bouchez, rôles de convenance, financiers au besoin.

Grand opéra, Opéra comique et Traductions.

Messieurs :

Laborde, premiers ténors.
Janssenne, } premiers ténors gracieux,
Teissere, } Elleviou, Ponchard, Chollet, amoureux.
Canaple, baryton, Martin, Solié et Collet.
Soyer, seconds ténors, forts seconds et premiers au besoin.
Cifolelly, troisièmes ténors, des seconds au besoin, des Philippe (jeunes), Moreau-Sainti.
Paul, Philippe, Gavaudan, rôles annexés.
Boullard, premières basses-tailles chantantes.
Lartique, premières basses comiques.
Saint-Ernest, secondes basses, premières au besoin.
Genevoise, secondes basses.

Mesdames et Mesdemoiselles :

Jenny Colon-Leplus, première chanteuse à roulades.
Treillet-Nathan, premières chanteuses.
Bultel, fortes secondes chanteuses, fortes Dugazon.
Guichard, première en tous genres.
Lovie, premières Dugazon, jeunes premières chanteuses au besoin.
C. Foubert, troisièmes Dugazon et secondes au besoin.
Thibaut, mères Dugazon, duègnes.
Desroches, secondes duègnes.

Messieurs :

Mathieu, troisièmes basses et coryphées.
Juillet, Laruette, Trial, etc.
Victor, Trial, Féréol, etc.

Quarante choristes.

Danses, Divertissements et Agréments de pièces.

Messieurs :

Guillemin, premier danseur noble et chargé de régler les danses.
G. Martin, premier danseur demi-caractère.
Hamel, troisième danseur coryphée.

Mesdemoiselles :

H. Elssler, première danseuse noble.
H. Montassu, première danseuse demi-caractère.
A. Gautier, seconde danseuse.

Messieurs et Dames du corps de ballet.
Quatre quadrilles.

Orchestre.

MM. Hanssens, premier chef d'orchestre.
C. Bosselet, second chef d'orchestre et premier du vaudeville.
C. Camus, second chef d'orchestre répétiteur des chœurs.
Degreef, chef répétiteur de la danse.
Lion, répétiteur des chœurs.

Soixante musiciens.

Avant leur entrée en fonctions, les concessionnaires des Théâtres Royaux de Bruxelles adressent aux abonnés la circulaire suivante :

Messieurs,

En vous adressant, avec le prospectus d'abonnement pour l'année théâtrale 1840 à 1841, le tableau de la troupe que nous avons engagée pour les divers genres, Comédie, Opéra, Vaudeville et Ballet-divertissement, nous avons l'honneur de vous exposer que ce n'est qu'après une fermeture de plus de trois mois et en l'absence de toute administration théâtrale qui était sur le point d'être confiée à une troupe étrangère, que nous nous sommes décidés à demander le privilège pour l'exploitation des théâtres de Bruxelles, non dans le but d'une spéculation d'intérêt, mais dans celui de conserver sur notre scène le répertoire français, qui en tout temps a fait les délices du public bruxellois. Nous ne nous sommes point dissimulé toutes les difficultés qui devaient nécessairement se rencontrer pour la formation d'une troupe presqu'entièrement neuve, surtout à une époque aussi avancée de l'année, où peu d'artistes se trouvaient encore libres d'engagements, et ce n'est qu'à notre grande activité et aux sacrifices que nous nous sommes imposés, que nous avons pu réunir une troupe complète dont nous vous offrons le talent, pleins de confiance que vous daignerez nous tenir compte de toutes les difficultés, et prendre en considération que le rejet d'un sujet entraverait singulièrement le répertoire qu'il nous importe de varier, outre qu'un remplacement convenable serait impossible, puisque nous avons engagé tous les meilleurs sujets qui se trouvaient encore disponibles. Si donc, parmi leur nombre, il s'en trouve qui contre toute attente n'obtiendraient pas votre suffrage, nous osons implorer votre indulgence, nous engageant à vous tenir compte à notre tour des observations que vous voudriez bien nous communiquer sur tel ou tel sujet qui n'aurait pas obtenu toute votre approbation, pour le remplacer d'une manière convenable, si le privilège nous était continué l'année prochaine.

Il nous importe aussi d'appeler votre attention sur les difficultés qui se rencontrent relativement aux débuts ; pour les faciliter, plusieurs artistes ont bien voulu consentir à une com-

---

1840. — 1ᵉʳ septembre, ouverture. Premiers débuts de Mᵐᵉ Treillet, première chanteuse, de Laborde, premier ténor ; rentrées de Canaple, baryton ; Guillemin, danseur; de Mˡˡᵉˢ Elssler et Montassu, danseuses ; reprise de *Guillaume Tell ;* 2 septembre, premiers débuts de Boullard, première basse ; de Mˡˡᵉ Lovie, première Dugazon ; rentrée de Soyer ; premiers débuts de Valmore, père noble et premier rôle marqué ; de Mᵐᵉ Doligny, jeune premier rôle ; de Mᵐᵉ Dorval, mère noble ; *le Chalet,* opéra comique ; *l'École des Vieillards,* comédie ; — 3 septembre, reprise de *Catherine, ou la Croix d'or,* vaudeville ; *Trop heureux, les Premières amours,* vaudeville en 1 acte ; — 4 septembre, premier début de Mᵐᵉ Guichard, forte seconde chanteuse et de Saint-Ernest, deuxième basse ; reprise de *le Postillon de Lonjumeau,* opéra comique ; — 7 septembre, première représentation de *Japhet, ou la recherche d'un père,* comédie en 2 actes, par E. Scribe et E. Vanderburch ; — 9 septembre, premier début de Delacroy, premier rôle ; *Antony,* drame ; — 11 septembre, reprise de *la Juive ;* — du 14 au 30 septembre, série de représentations de Mᵐᵉ Colon-Leplus, premier sujet du théâtre de l'Opéra-Comique, *le Domino noir, l'Ambassadrice, la Reine d'un jour, Robert le Diable, le Chalet, le Pré-aux-clercs, le Planteur;* — 15 septembre, premier début de Mˡˡᵉ Grave, jeune ingénue ; reprise de *les Deux frères, ou la réconciliation,* comédie ; — 18 septembre, reprise de *le Pré-aux-clercs,* opéra comique ; — 19 septembre, reprise de *Toujours, ou l'avenir d'un fils,* comédie en 2 actes, *Arthur, ou Seize ans après,* drame-vaudeville en 2 actes ; — 20 septembre, reprise de *la Jeune femme colère,* comédie en 1 acte ; — 21 septembre, reprise de *l'Abbé de l'Epée,* comédie en 5 actes, *le Nouveau seigneur du village ;* — 22 septembre, reprise de *Valérie,*

plaisance, celle de paraître pour la première fois devant un public dans un rôle qui n'est pas celui de leur choix pour subir leurs épreuves. Nous réclamons en leur faveur toute votre indulgence en attendant leurs débuts et nous espérons que vous voudrez bien leur savoir gré de leur bon vouloir sans lequel tout début deviendrait impossible.

Vous remarquerez, Messieurs, que sur le tableau de la troupe le nom de la première chanteuse à roulades ne se trouve pas rempli ; afin de pouvoir ouvrir le théâtre au 1er septembre prochain, de varier autant que possible le répertoire et de faciliter les débuts, nous avons été assez heureux de pouvoir traiter avec Mme Leplus-Colon qui a bien voulu consentir à venir en représentation pendant un mois.

Si nous parvenons à obtenir votre suffrage, notre tâche deviendra moins lourde, et votre encouragement redoublera nos efforts pour varier vos plaisirs.

Agréez, etc.

Ch. HANSSENS,
Ch. GUILLEMIN,
JANSSENNE,
VAN CANEGHEM.

Les soumissionnaires à la direction de la Monnaie avaient été nombreux. Nous trouvons onze signatures :

MOTTE, amateur ; — PAUL, artiste du théâtre Royal ; — REY ; — CARTIGNY, ancien directeur ; — MUSCHARDT, receveur des douanes ; — ROUX ; — WAERMOND ; — MONNIER, régisseur de la Monnaie ; — NEGRI ; — PRADHER et LEMONNIER ; — GUSTAVE DE LANDI, directeur de l'Opéra Italien, à Amsterdam.

Les nouveaux concessionnaires firent la réouverture du théâtre, le 1er septembre. La salle était complètement restaurée :

Ce n'est plus, dit *l'Annuaire dramatique*, ce bouge enfumé que l'on connaissait, où l'on avait presque honte de se présenter en toilette ; c'est, au contraire, une salle élégante où les

---

comédie en 2 actes ; — 25 septembre, reprise de *le Corsaire*, ballet ; — 28 septembre, reprise de *les Intimes*, vaudeville ; — 29 septembre, reprise de *la Chanoinesse*, vaudeville ; — 30 septembre, premier début de Berger, jeune premier, reprise de *Tartuffe*, comédie ; — 1er octobre, reprise de *la Fille d'un voleur*, vaudeville ; — 2 octobre, reprise de *Bertrand et Raton, ou l'art de conspirer*, comédie en 5 actes ; — 4 octobre, reprise de *Une journée à Naples*, divertissement ; — 5 octobre, reprise de *Fra Diavolo*, opéra comique ; — 6 octobre, reprise de *la Journée aux éventails*, comédie en 2 actes ; — 9 septembre, reprise de *Robert le Diable* ; — 12 septembre, reprise de *le Brasseur de Preston* ; — 15 septembre, reprise de *Madelon Friquet*, comédie-vaudeville ; — 21 octobre, reprise de *Lucie de Lammermoor* ; — 22 octobre, première représentation de *la Calomnie*, comédie de Scribe ; — 27 octobre, reprise de *le Médecin malgré lui*, comédie ; — 28 octobre, reprise de *Aînée et cadette*, comédie ; — 2 novembre, reprise de *Mazaniello*, opéra ; — 3 novembre, première représentation de *le Planteur*, opéra comique en 2 actes de H. Monpou ; — 5 novembre, reprise de *la Fiancée*, opéra comique ; — 8 novembre, reprise de *le Bouffe et le tailleur*, opéra comique ; — 10 novembre, reprise de *la Dame blanche*, opéra comique ; — 17 novembre, première représentation de *le Hochet d'une coquette*, comédie en 1 acte, de Léon Laya ; — 18 novembre, reprise de *les Rivaux d'eux-mêmes*, comédie ; — 20 novembre, reprise de *le Philtre*, opéra ; — 23 novembre, reprise de *le Chevalier du guet*, comédie ; — 24 novembre, reprise de *les Huguenots*, opéra ; — 29 novembre,

toilettes recherchées et splendides seront de rigueur. Le fond de la salle est azur, relevé par de l'or jeté à profusion sur la coupole, sur les appuis des loges, sur les colonnettes qui séparent ces dernières. Les cariatides de l'avant-scène ont été dorées des pieds à la tête. Les peintures et les ornements des divers genres qui décorent le fond et le devant des loges ont un aspect très agréable. On a supprimé les hideuses draperies qui couronnaient les premières; ces loges, non plus que celles des autres rangs, ne sont plus le siège de ténèbres visibles ; grâce à huit girandoles, placées de distance en distance aux colonnettes des premières, on y voit clair, et les toilettes des dames peuvent s'épanouir au grand jour d'un gaz ardent. L'immense manteau d'Arlequin qui masquait une partie de la scène a été heureusement écourté sur toutes les tailles, on a reculé en même temps les coulisses, de sorte que la scène présente bien plus de développement et que les acteurs ont autour d'eux de l'air et de l'espace. Le rideau a imité avec bonheur le genre et le goût des arabesques de Pompéia ; c'est peut-être ce qu'il y a de mieux dans toute la décoration.

M. Mathieu, premier prix du Conservatoire de Bruxelles, débute dans le rôle de Max, du *Chalet*, et dans celui de Marcel, des *Huguenots*. « Ce jeune homme, qui est Belge, a l'acquit d'un vieil artiste, et il a obtenu du succès, » dit une gazette de l'époque. Mathieu est le père de l'heureux auteur de *Richilde*.

Jusqu'ici, le programme détaillé des représentations se trouvait imprimé sur de « petites affiches » que vendaient les employés à l'intérieur du théâtre. La saison actuelle vit se créer le journal de la direction : *le Vert-Vert*, dirigé par T.-H. Randon. Cette feuille publiait les spectacles de la semaine, avec la distribution des pièces,

---

reprise de *le Dieu et la Bayadère*, opéra ; — 7 décembre, reprise de *Zampa*, opéra comique; *Ambroise, ou Voilà ma journée*, opéra comique ; — 8 décembre, reprise de *Cécily, ou le Lion amoureux*, vaudeville, de Scribe; — 14 décembre, reprise de *le Pacte de famine, ou la Prise de la Bastille*, drame en 5 actes ; — 15 décembre, première représentation de *Piquillo*, opéra comique, d'Alexandre Dumas, musique de Monpou ; — 20 décembre, reprise de *l'Orage, ou Un tête-à-tête*, comédie ; — 21 décembre, reprise de *Estelle, ou le père et la fille*, comédie ; — 24 décembre, reprise de *l'Opéra Comique*, opéra; — 28 décembre, reprise de *le Sonneur de Saint-Paul*, drame ; — 30 décembre, reprise de *Robin des bois*, opéra.
1841. — 1ᵉʳ janvier, reprise de *la Muette de Portici*, opéra ; — 11 janvier, reprise de *Juliette, ou la folle de Toulon*, drame ; — 13 janvier, première représentation de *la Fille du Cid*, tragédie de Casimir Delavigne ; reprise de *Une passion*, vaudeville ; — 21 janvier, première représentation de *le Verre d'eau, ou les effets et les causes*, comédie de Scribe ; reprise de *le Duel et le déjeuner, ou les comédiens joués*, comédie ; — 26 janvier reprise de *Un tour de grand seigneur*, comédie ; reprise de *les Intimes*, vaudeville ; — 1ᵉʳ février, bénéfice de Janssenne ; reprise de *la Prima donna, ou la sœur de lait*, vaudeville d'Achille Dartois et de Saint-Georges ; — 5 février, reprise de *Quitte ou double*, comédie ; — 10 février, bénéfice de Mᵐᵉ Treillet-Nathan, reprise de *Anne de Boulen* ; — 14 février, exercices du chien Emile (!) ; — 17 février, reprise de *Cécily, ou le Lion amoureux*, comédie ; — 18 février, grande fête de nuit ; — 8 mars, reprise de *Moiroud et Compagnie*, vaudeville ; — 9 mars, reprise de *l'Abbé galant*, comédie ; — 10 mars, spectacle

et contenait, en outre, le compte-rendu des soirées précédentes. C'était, en quelque sorte, le précurseur de *l'Eventail* de 1888.

Le 1ᵉʳ février, bénéfice de retraite de Janssenne, artiste et membre de l'administration théâtrale. Louis Janssenne, né à Paris le 13 mars 1809, avait commencé par « manier le rabot de menuisier ». Entré à l'école de Choron, en 1828, il professait lui-même le chant, deux ans après. Ce ne fut qu'en 1834 qu'il se décida à aborder le théâtre. Il débute brillamment à l'Opéra-Comique, où il demeure trois années, et ne quitte cette scène que pour venir à Bruxelles. La voix avait certaines défectuosités que rachetaient une science et un goût peu communs. Janssenne s'adonnait à la composition, et on lui doit une foule de romances qui faisaient les délices des salons bruxellois. En quittant la Monnaie, il demeura à Bruxelles pour y enseigner l'art vocal.

Quelques appointements :

MM. WIMPHEN	19,000 francs.
JANSSENNE	20,000 —
LEGAGNEUR	5,400 —
LECOURT	4,200 —
PAUL HEBERT	5,000 —
CANAPLE	15,000 —
BOUCHEZ	15,000 —
BAPTISTE	4,800 —
DEFRANCQ	1,800 —

extraordinaire ; la salle éclairée en bougies ; bénéfice de Solomé, régisseur général, première représentation de *la Chaste Suzanne*, opéra, musique de Monpou ; — 16 mars, reprise de *le Tailleur de la cité*, vaudeville ; — du 19 au 22 mars, série de représentations de Mᵐᵉ Dorval, premier sujet du Théâtre-Français ; reprise de *Antony*, drame, *le Proscrit, la Marraine* ; — 19 mars, concert de Liszt, pianiste ; — 24 mars, Levasseur, de l'Académie de musique de Paris ; — 25 mars, reprise de *Louisette ou la chanteuse des rues*, comédie ; — 29 mars, représentation extraordinaire avec Mᵐᵉ Dorval, du Théâtre-Français, *Clotilde*, drame en 5 actes ; — 30 mars, reprise de *la Grâce de Dieu*, drame ; — 12 avril, première représentation de *Lazare le Pâtre*, drame de Bouchardy ; — 14 avril, rentrée de Laborde ; bénéfice de Solomé, régisseur général, *la Chaste Suzanne*, opéra ; — 19 avril, représentation de Anthiome, ténor léger, reprise de *la Reine d'un jour*, opéra comique ; — 21 janvier, reprise de *les Premières amours*, vaudeville ; — 27 avril, reprise de *Un monsieur et une dame*, vaudeville ; — 28 avril, bénéfice de Mᵐᵉ Jenny Colon, reprise de *le Barbier de Séville*, opéra comique ; — 30 avril, clôture.

Premières représentations (opéras).

1840. — 3 novembre, *le Planteur*, opéra comique en 2 actes, paroles de de Saint-Georges, musique de H. Monpou ; — 15 décembre, *Piquillo*, opéra comique en 3 actes, d'Alexandre Dumas et Gérard de Nerval, musique de Monpou.

1841. — 14 avril, *la Chaste Suzanne*, opéra en 4 actes, de Carmouche et Frédéric de Courcy, musique de Monpou.

MM. Victor	4,200	francs.
Léon	4,500	—
Genevoise	4,800	—
Mmes Cundell	18,000	—
Klotz	15,000	—
Saint-Charles	8,400	—
Amédée Hortoz	3,600	—
Schnetz	5,400	—
Verteuil	3,900	—

Voici maintenant un tableau des recettes pour la campagne théâtrale 1840-41 :

Bureau de	Location . . . . fr.	81,632	»
	A la porte	235,591	90
	Supplément	5,418	40
Abonnement	A l'année	67,801	25
	Au mois	21,794	45
Extraordinaires	Jetons retenus	121	83
	Amendes	996	88
Subsides	Royal	29,000	»
	Municipal	7,767	20
	Divers	6,698	84
	Bals	23,159	»
	Total . . .	479,981	75

Vers les premiers jours de 1841, Paul Dutreih demande au Conseil communal que la troupe de la Monnaie soit constituée en société (les appointements au *prorata*) et s'offre — naturellement — comme gérant de l'affaire. Ce projet fut unanimement repoussé.

D'ordinaire, le théâtre réservait, chaque année, pour l'anniversaire de la mort de Molière, une grande représentation, avec tout l'apparat que comportait le souvenir du grand auteur. Mais, cette fois, ce spectacle fut l'objet des plus violentes critiques. On s'était contenté, en effet, de faire lire par Delacroix une pièce de vers due à la plume de M. Truffaut, et l'intermède eut lieu *entre un opéra et un vaudeville*, « qui n'étaient pas de l'immortel auteur de *Tartuffe* », ajoute avec indignation *l'Annuaire dramatique*. Parbleu !

L'affiche du 25 février portait *Anne de Boulen*, opéra, et *les Premières amours*, vaudeville. En entrant en scène, Mme Treillet-Nathan annonce elle-même qu'elle est indisposée et hors d'état de jouer. Le régisseur Monnier arrive à son tour et déclare que cette indisposition est simulée, et qu'il en a la preuve dans l'attestation de quatre médecins. Mme Treillet persiste, la représentation devient impossible, et on est obligé de rendre l'argent.

Cependant, trois jours après, le différend survenu entre l'artiste et l'administration étant aplani, Mme Treillet reparaît dans la même pièce, sans que le public semble lui avoir gardé rancune de sa capricieuse fantaisie.

Signalons un concert donné par Liszt (13 mars), où le talent du prestigieux pianiste excite un vif enthousiasme. Le même jour, Henriette Bouchez quitte furtivement Bruxelles, au mépris de ses engagements.

Puis, Levasseur, de l'Opéra, joue dans *Robert le Diable* et *les Huguenots*, et ne parvient pas à produire l'effet qu'on attendait de lui, ses moyens vocaux se trouvant très affaiblis par l'âge et par une longue carrière.

Enfin, Mme Dorval, de la Comédie-Française, donne quelques représentations. Le jour de ses adieux, l'excellente comédienne joue *le Proscrit*, drame, et *la Muette de Portici*, où elle mime le rôle muet de *Fenella*, généralement confié à une danseuse.

Le 15 avril, le Conseil Communal vote une augmentation de subside de 12,000 francs.

Clôture de l'année théâtrale par *les Huguenots*.

(1841-42)

MM. Hanssens,
Paul,
Guillemin,
Van Caneghem,
} Administrateurs.

Solomé, régisseur-général.
Monnier, régisseur.
Desroches, premier contrôleur.
Arthur, premier comptable et contrôleur.
N. Dreulette, contrôleur chargé du recouvrement de l'abonnement.

Comédie, Tragédie, Drame et Vaudeville.

Messieurs :

Delacroix, premiers rôles en tous genres.
Gaston, jeunes premiers, forts jeunes premiers, jeunes premiers rôles au besoin.
Paul, des premiers rôles et rôles marqués.
Monval, des jeunes premiers, des jeunes premiers rôles, forts seconds, jeunes troisièmes au besoin.
Prague, seconds amoureux, des premiers au besoin.
Bosselet, troisièmes rôles, des pères.
Micheau, financiers, grimes, paysans, manteaux.
Stanislas, grande utilité, rôles de convenances et troisièmes rôles au besoin.
Duprez, premiers comiques.

Mesdames et Mesdemoiselles :

Doligny, premiers rôles jeunes, tous premiers rôles y tenant, coquettes, Mars, et fortes jeunes premières.
Grave, jeunes premières, ingénuités.
Clara Stéphany, jeunes premières, amoureuses.
Justine Stéphany, secondes amoureuses, des premières au besoin.
Capelly Decourty, secondes et troisièmes amoureuses.
Thibault, mères nobles, duègnes, caricatures, des premiers rôles marqués.
Desroches, secondes duègnes, rôles de convenance.
Lebrun, premières soubrettes.

Messieurs :
Victor, } seconds comiques et des premiers.
Grafetot, }
Bouchez, rôles de convenance, financiers au besoin.
Duchateau, utilités.

Messieurs :
Philippe Victor, }
Leroy, }
Marguerite, } utilités.
Tournillon, }
Mailly, }

Grand opéra, Opéra comique et Traductions.

Messieurs :
Laborde, } premiers ténors.
Duffeyte, }
Chollet, premiers ténors gracieux, Elleviou, Ponchard, rôles créés par lui.
Canaple, baryton Martin.
Soyer, seconds ténors, forts seconds et premiers au besoin.
Paul, Philippe, Gavaudan, rôles annexés.
Constant, troisièmes ténors, des seconds au besoin.
Hermann-Léon, premières basses-tailles chantantes.
Bellecour, premières basses comiques.
Mathieu, secondes basses, premières au besoin.

Mesdames et Mesdemoiselles :
S. Colon-Leplus, première chanteuse à roulades.
Julian, première chanteuse.
Guichard, première Dugazon chantante et deuxième chanteuse.
Lovie, jeune Dugazon, jeunes premières chanteuses au besoin.
Thibault, mères Dugazon, duègnes.

Messieurs :
D'Hoogue, troisièmes basses et coryphées.
Feitlinger, coryphée ténor.
Victor, Trial, Féréol, etc.

Quarante choristes.

Ballet.

Messieurs :
Petipa, maître de ballet.
Pichter, régisseur.
Guillemin, premier danseur noble.
Page, premier danseur demi-caractère.
Gontier, deuxième et troisième danseur.
Hippolyte, troisième danseur coryphée.
Philippe, premier danseur comique.
Duchateau, deuxième danseur comique, rôles mimes.

Mesdames et Mesdemoiselles :
Varin, première danseuse noble.
Page, première danseuse demi-caractère.
Anastasie-Gautier, seconde danseuse.
Delestré, troisième danseuse.
Gabrielle, }
Tonine Montassu, } Coryphées.
Duruisselle, }

Messieurs et dames du corps du ballet. — Quatre quadrilles.

Orchestre.

MM. Hanssens, premier chef d'orchestre.
C. Bosselet, second chef d'orchestre.
Soixante musiciens.

Le prix des places est légèrement augmenté, ainsi que l'explique la direction dans le petit « boniment » annuel adressé aux abonnés avant la réouverture du théâtre :

PRIX DES ABONNEMENTS.

ABONNEMENT A L'ANNÉE, COMPOSÉE DE 12 MOIS.

	FR. C.	
Loges d'avant-scène au rez-de-chaussée, Premières loges, Balcons, Stalles et Secondes de face	400 – »	Pour l'année et par place, payable par sixième, du jour de l'ouverture du théâtre.
Secondes de côté et Rez-de-chaussée	318 – »	
Troisièmes loges	228 – »	
Abonnement personnel et individuel	372 – »	

Moyennant un supplément de soixante francs, l'abonné pourra aller à toutes places non-retenues.

ABONNEMENT D'HIVER, COMPOSÉ DE 7 MOIS.

Loges d'avant-scène au rez-de-chaussée, Premières loges Balcons, Stalles et Secondes de faces	330 – »	Par place, et pour 7 mois, payable par tiers; le premier tiers en prenant l'abonnement, les deux autres de deux en deux mois.
Secondes de côté et Rez-de-chaussée	275 – »	
Troisièmes loges	180 – »	
Abonnement personnel et individuel	300 – »	

ABONNEMENT AU MOIS.

Loges d'avant-scène au rez-de-chaussée, Premières loges, Balcons, Stalles et Secondes de face	55 – »	
Secondes loges de côté et rez-de chaussée	45 – »	Par place et par mois, payable par anticipation.
Troisièmes loges	35 – »	
Abonnement individuel, à toutes places	55 – »	
Abonnement militaire, au Parquet seul	20 – »	Par mois.

NOTA. MM. les abonnés pourront, s'ils le désirent, conserver la jouissance de leurs loges et places, pour tous les jours d'abonnements suspendus, moyennant le paiement d'un tiers en sus des prix stipulés au présent Tarif, en se conformant à ce qui est dit à l'article 6, ci-dessus.

1841. — 2 mai, ouverture ; reprise de *la Muette de Portici* ; — du 5 mai au 22 juin, série de représentations de la troupe italienne, *Semiramide, la Cenerentola, la Sonnambula, Lucia di Lammermoor* ; — 10 mai, premiers débuts de Mlle Julian, première chanteuse, et de Hermann-Léon, première basse, *Robert le Diable* ; — 11 mai, premier début de Anthiome, premier ténor léger, *l'Eclair*, opéra comique ; — 14 mai, premiers débuts de Bellecour, première basse comique, Lecerf, trial, *la Dame blanche* ; — 18 mai, reprise de *Fra Diavolo*, opéra comique; — 25 mai, premiers débuts de Gaston et de Mme Stéphane, *le Jeune mari*, comédie ; — du 3 au 13 juin, série de représentations de Duprez, premier ténor de l'Opéra, *la Juive, Guillaume Tell, les Huguenots, Lucie de Lammermoor* ; — 5 juin, reprise de *les Premières armes de Richelieu*, comédie ; — 17 juin, première représentation de *Marguerite*, comédie ; — 24 juin, début de Guyot, premier ténor léger (en remplacement de Anthiome), reprise de *le Postillon de Lonjumeau* ; — 9 juillet, première représentation de *la Fille du régiment*, opéra, de Bayard, Saint-Georges, musique de Donizetti.

Tonio	MM. Soyer.
Sulpice	Bellecour.
Marie	Mmes Guichard.
Marquise de Berkenfield	Thibault.

PRIX DES PLACES :

	PAR CARTE	EN LOCATION
Premières, Balcons et Stalles	fr. 5 »	6 »
Secondes de face, Galeries et Avant-scènes de Rez-de-chaussée.	4 »	4 75
Secondes de côté, Parquet et Loges de Rez-de-chaussée	3 50	4 »
Troisièmes	2 15	2 45
Parquet militaire	2 »	» »
Parterre	1 60	» »
Quatrièmes loges	1 25	» »
Paradis	» 60	» »
Id. militaire	» 45	» »

La campagne est inaugurée par *la Muette de Portici*.

Immédiatement après, une COMPAGNIE ITALIENNE, sous la direction de MM. Riccio et Luppi, vient donner quinze représentations, qui sont peu suivies :

Artistes : Rafaele Mirate et Carlo Magliano, *primi tenori*; Philippo Morelli, *primo basso barytone*; Eugenio Oliviero, *primo basso*; Giuseppe Ruggiero, *primo basso buffo*; Antonio Bruni et Luigi Grimaldi, *secondi tenori*; Francesco Destefanis, *basso buffo* et *secondo basso*. Mmes Rosina Picco, *prima donna*; Jeanne Bianchi, *contralto*; Emmanuella Rugiero, *altra prima donna*; Giuseppina Grimaldi et Clara Nordetti, *seconde donne*.
Félix Riccio, chef d'orchestre.

Puis, Duprez, de l'Opéra, joue *la Juive*, *Lucie de Lammermoor*, *Guillaume Tell*. Le grand tragédien lyrique n'est guère épargné par la presse, et un journaliste le trouve « au-dessous de sa réputation, quoique doué des plus belles facultés musicales ». Il attire cepen-

---

1841. — 19 juillet, reprise de *l'Eau merveilleuse*, opéra ; — 23 juillet, reprise de *la Pie voleuse*, opéra ; — 26 juillet, première représentation de *Un mariage sous Louis XV*, comédie d'A. Dumas ; — 13 août, première représentation de *la Favorite*, opéra, d'Alph. Royer, G. Vaez, musique de Donizetti.

Fernand	MM. LABORDE.
Alphonse	CANAPLE.
Balthazar	HERMANN-LÉON.
Léonore	Mme JULIAN.

1841. — du 16 août au 14 septembre, série de représentations de Chollet et de Mlle Prévost, de l'Opéra-Comique ; — 20 juillet, première représentation de *les Travestissements*, opéra comique en 1 acte, de Deslandes, musique de Grisar ; — 24 août, représentation de Mlle Verneuil, du Théâtre Français ; — 30 août, bénéfice de Dessessarts, basse comique ; — du 2 au 19 septembre, série de représentations de Firmin, de la Comédie-Française, *la Calomnie*, *le Jeune mari*, *Un mariage sous Louis XV*, *l'Ecole des vieillards*, *le Misanthrope* ; — 3 septembre, reprise de *la Perruche*, opéra comique, de Clapisson : — 17 septembre, première représentation de *la Tarentule*, ballet, de Scribe et Coralli, musique de Gide ; — 21 septembre, représentation de Mlle Drouart, du Théâtre de la Renaissance de Paris ; — 1er octobre, Mlle Odile Alphonse, de Gand, commence une série

dant la foule, malgré une « augmentation extraordinaire » du prix des places.

Juillet — l'acteur — fait sa rentrée, le 6 septembre, après une longue maladie, à laquelle il succombe, deux mois plus tard, (16 novembre).

Les exercices acrobatiques reparaissent, le 11 octobre, en l'honneur de M. Carter, célèbre dompteur d'animaux. On joue six fois *le Lion du Désert*. Ajoutons bien vite que la curiosité, éveillée par la nouveauté du spectacle, se ralentit bientôt « pour ne faire place qu'au dégoût ou à l'indifférence ».

Dans sa séance du 27 novembre, le Conseil Communal renouvelle pour trois ans la concession des théâtres aux entrepreneurs actuels, sans changements importants dans les clauses et conditions du privilège. Ainsi, le subside de la Ville reste fixé à 36,000 francs par an, dont 12,000 ne devaient être payés que le jour où expirerait la concession.

Cet arrêté fut généralement ratifié par le public et par la presse :

> Tous les amateurs de spectacle se félicitent de la décision de nos magistrats, car c'est incontestablement aux efforts, aux sacrifices de tous genres et à l'activité de l'administration actuelle de nos théâtres que Bruxelles doit le retour des habitudes aux jeux scéniques. Jugée par des étrangers, artistes ou autres, elle a été reconnue et proclamée comme ayant approché le plus près de la perfection que l'on rencontrait naguère sur les premiers théâtres de Paris. En surmontant des obstacles pour ainsi dire incessans, elle s'est montrée aussi intelligente que dévouée à sa mission vis-à-vis du public; elle n'a pas plus marchandé avec ses artistes en titre qu'avec les nécessités momentanées ou les occasions de faire au delà de ce qu'elle avait promis.

de représentations ; — 10 octobre, reprise de *la Chaste Suzanne*, opéra ; — 11 octobre, exercices du dompteur Carter; — 24 octobre, représentation de Mlle de Roissy, de l'Académie de musique de Paris ; — 31 octobre, rentrées de Chollet et de Mme Prévost, *le Postillon de Lonjumeau* ; — 1er novembre, reprise de *Anne de Boulen*, opéra ; — 5 novembre, reprise de *le Valet de chambre*, opéra comique, *la Fiancée*, opéra comique ; — 8 novembre, reprise de *Zampa*, opéra comique ; — 25 novembre, au bénéfice de Hermann-Léon, première représentation de *les Diamants de la Couronne*, opéra en 3 actes, de Scribe, Saint-Georges, musique d'Auber.

Don Henrique.	MM. Soyer.
Rebolledo	Victor.
Catarina	Mme Guichard.

1841. — 9 décembre, reprise de *Jean de Paris*, opéra comique, de Boieldieu ; reprise de *la Comtesse du Tonneau*, vaudeville ; — 21 décembre, au bénéfice de Chollet, première représentation de *le Guitarrero*, opéra comique en 3 actes, de Scribe, musique d'Halévy.

1842. — 6 janvier, au bénéfice de Mme Guichard, reprise de *Richard Cœur-de-Lion* ; — 13 janvier, première représentation de *Une chaîne*, comédie en 5 actes, de Scribe ; — du 18 janvier, série de représentations de Kelm, premier comique du Gymnase, première

Le 29 décembre, l'affiche, entourée d'un cadre noir, ne portait que ce mot : RELACHE. C'était le jour des funérailles de Mme Bultel-Van Caneghem. Le service fut célébré à Schaerbeek. Laborde et Canaple s'y firent entendre, et plusieurs discours furent prononcés au cimetière.

Mme Bultel qui avait honorablement débuté à la Monnaie, le 9 mai 1836, et que la faveur du public n'abandonna jamais pendant son premier séjour à Bruxelles, était partie pour Nantes, lorsque la troupe de Lemoigne se dispersa. Elle était revenue, au commencement de la campagne 1841-42. Une inexplicable cabale fut organisée contre elle, et la malheureuse femme fut accueillie de la manière la plus outrageante. Frappée dans ce qu'elle avait de plus cher — sa réputation d'artiste — elle s'alita, luttant vainement contre l'humiliation qui dévorait son âme ardente, et succomba à « une maladie de langueur » (26 décembre 1841).

Janvier, février et mars : Fêtes de nuit.

En février, retour de la troupe du Gymnase Castelli, et, le 11 du même mois, grande cérémonie pour l'anniversaire de la naissance de Grétry : *Richard Cœur-de-Lion* et le 2me acte de *la Caravane*.

A la fin du spectacle, tous les artistes viennent — sous les costumes des divers personnages conçus par Grétry — saluer, avec des branches de laurier, la statue du plus fécond, du plus vrai, du plus naïf des compositeurs belges anciens.

---

représentation de *le Peintre et le colleur ou Rossignol*, comédie ; — 25 janvier, reprise de *la Jeunesse du roi Henri*, drame ; — 30 janvier, représentation de Mme Hébert, première chanteuse du Théâtre de Gand, *les Huguenots* ; — 1er février, au bénéfice de Mlle Prévost, *Lucrèce Borgia*, opéra ; reprise de *le Malade imaginaire* ; — du 2 au 10 février, représentations données par le Gymnase Castelli, composé de 28 petits enfants ; *les Bayadères aux bords du Gange*, ballet; *l'Enfance de Louis XII*, vaudeville; *Théobald ou le retour de Russie*, vaudeville; *Cendrillon*, ballet; *Margot, En pénitence, Albertine, Zoé*, vaudevilles; — 11 février, représentation en l'honneur de Grétry, *Richard Cœur-de-Lion* ; — 22 février, reprise de *les Fées de Paris*, vaudeville, de Bayard ; — du 10 mars, série de représentations de Mme Duflot-Maillard, première chanteuse, *la Favorite, Norma, Lucrèce Borgia* ; — 18 mars, au bénéfice de Canaple, *Norma* ; — 22 mars, au bénéfice de Mlle Varin, première danseuse, *Giselle* ; — 29 mars, reprise de *Jarvis, l'honnête homme*, drame ; — 30 mars, au bénéfice de Mlle Julian, *la Vestale* ; — 2 avril, représentation de Philippe, du Théâtre du Vaudeville de Paris ; — 7 avril, au bénéfice de Mme Page, danseuse, *Giselle* ; — du 13 avril, série de représentations de Mme Rabut, premier rôle de la Comédie-Française, *Mlle de Belle-Isle* ; — 28 avril, au bénéfice de Solomé, régisseur général, *Moïse*, opéra ; — 30 avril, clôture, *Moïse*.

FAC-SIMILE D'AFFICHE
(Dimension de l'original : 0,60 cent. × 0,43 cent.

RECETTES DE L'ANNÉE

Bureau de...	{	Location .... fr.	103,934 25
	{	A la porte........	347,016 05
	{	Supplément.......	7,649 30
Abonnement..	{	A l'année........	98,226 44
	{	Au mois........	42,443 16
Extraordinaires.	{	Jetons retenus......	
	{	Amendes........	783 69
Subsides...	{	Royal..........	57,000 »
	{	Municipal........	23,650 34
		Divers..........	14,625 61
		Bals..........	24,904 »
		Total. . . fr.	720,232 84

Clôture, le 30 avril.

(1842-43)

MM. Hanssens,
Paul Philippon,
Guillemin,
Van Caneghem,
} administrateurs.

Solomé, régisseur-général.
Monnier, régisseur.
Dedecker, second régisseur.
Pichler, régisseur des ballets.
Vandevivier, régisseur des chœurs.

Comédie, Tragédie, Drame et Vaudeville.

Messieurs :

Delafosse, premiers rôles en tous genres.
Verdellet, jeunes premiers, forts jeunes premiers, jeunes premiers rôles au besoin.
Deslys, seconds rôles, jeunes premiers au besoin.
Constant, seconds et troisièmes amoureux au besoin.
Auguste, pères nobles, premiers rôles marqués.
Micheau, financiers, grimes, paysans, manteaux.
Bouchez, rôles de convenance, financiers au besoin.

Mesdames et Mesdemoiselles :

Rabut, premiers rôles jeunes, tous premiers rôles y tenant, coquettes, Mars et fortes jeunes premières.
Doligny, seconds premiers rôles, jeunes mères nobles.
Crecy, jeunes premières, ingénuités.
Solié, secondes amoureuses et ingénuités.
Millet, secondes et troisièmes amoureuses.
Solié mère, mères nobles, des premiers rôles marqués.
Thibault, duègnes et caractères.
Lebrun, premières soubrettes.

Messieurs :
BOSSELET, troisièmes rôles, des pères.
STANISLAS, troisièmes rôles, utilités.
DUPREZ, premiers comiques.
VICTOR, } seconds comiques et des
BERNONVILLE, } premiers.

Messieurs :
DUCHATEAU,
LEROY,
MARGUERITE, } utilités.
MAILLY,

Grand opéra, Opéra comique et Traductions.

Messieurs :
LABORDE, premier ténor.
ALTAIRAC, premiers ténors gracieux, des premiers et forts seconds ténors dans les grands-opéras.
ALIZARD, baryton.
SOYER, seconds ténors, Philippe et Gavaudan.
CONSTANT, troisièmes ténors, des seconds au besoin.
HERMANN-LÉON, premières basses-tailles chantantes.
BELLECOUR, premières basses comiques.
VIAL, secondes basses, premières au besoin.
D'HOOGHE, troisièmes basses et coryphées.
FEITLINGER, coryphée ténor.

Mesdames et Mesdemoiselles :
CASIMIR, première chanteuse à roulades.
C. HEINEFETTER, première chanteuse.
GUICHARD, première Dugazon chantante, deuxième chanteuse et jeunes premières chanteuses au besoin.
LOVIE, jeunes premières Dugazon.
MILLET, troisièmes Dugazon et secondes au besoin.
THIBAULT, mères Dugazon, duègnes.
SOLIÉ mère, secondes duègnes.

Messieurs :
MILLET, coryphée ténor.
BERNONVILLE, trial, Féréol.

Ballet.

Messieurs :
PETIPA, maître de ballets.
GUILLEMIN, premier danseur noble.
PAGE, premier danseur demi-caractère.
GONTIER, deuxième et troisième danseur.
HAMEL, troisième danseur coryphée.
DUCHATEAU, comiques, rôles mimes.

Mesdames et Mesdemoiselles :
GUILLEMIN-VARIN, première danseuse noble.
PAGE, première danseuse, demi-caractère.
BARVILLE, seconde danseuse.
DELESTRE, troisième danseuse.
GABRIELLE,
TON. MONTASSU, } coryphées.
DURUISELLE,

Messieurs et dames du corps de ballet.
Quatre quadrilles.

Orchestre.

MM. HANSSENS, premier chef d'orchestre.
C. BOSSELET, second chef d'orchestre.
ABEL, sous-chef d'orchestre et répétiteur des chœurs.
DE GREEF, chef répétiteur de la danse.
LION, répétiteur des chœurs.

Soixante musiciens.

La saison débute encore par des représentations italiennes ; mais, comme l'année précédente, ces spectacles sont peu suivis.

Cette fois, l'impresario est Landi; le chef d'orchestre, Pedrotti.

Principaux artistes : MM. RAMOS, DELVIVO, SCAPINI, STEVAN, LANNER.
Mmes RAMOS, RUMINI
Répertoire : *Norma, I Puritani, Il Giuramento.*
Sept représentations.

La campagne théâtrale 1842-43 est féconde en représentations extraordinaires. Un grand nombre d'artistes connus se font entendre à Bruxelles.

C'est d'abord Baroilhet, le baryton de l'Opéra, qui chante *la Favorite* et *Guillaume Tell.*

Dejazet passe tout le mois de Juin à Bruxelles, et interprète, au Théâtre du Parc et à la Monnaie, les meilleurs rôles de son répertoire.

Puis, c'est Bouffé, du Gymnase Dramatique de Paris qui, en juillet et en août, attire la foule aux deux Théâtres. « Bouffé », dit *l'Annuaire Dramatique*, « est le seul artiste aujourd'hui qui fasse pleurer les hommes ».

Duprez reparaît dans *la Favorite.*

Mlle Rachel, pendant douze représentations, qui lui rapportent 30,000 francs, excite le plus vif enthousiasme. Ses trois premières recettes s'élèvent jusqu'à 24,000 francs.

1842. — 1er mai, ouverture; reprise de *le Valet de chambre, le Maître de chapelle,* opéras comiques ; — 2 mai, reprise de *Moïse,* opéra ; — 3 mai, dernière représentation de Chollet et de Mlle Prévost, *l'Éclair, la Perruche,* opéras comiques ; — du 4 mai au 1er juin, série de représentations de la troupe italienne, *Norma, les Puritains, Il Giuramento ;* — 10 mai, premiers débuts de Delafosse et Auguste, reprise de *le Festin de Pierre,* comédie en 5 actes; — 17 mai, premier début de Mlle Solié, *le Tyran domestique,* comédie en 5 actes ; — 24 mai, rentrée de Mme Casimir, premiers débuts de Mlle Kuntz, première chanteuse, de Altairac, premier ténor léger, rentrée de Laborde, fort ténor, Hermann-Léon, première basse; reprise de *Robert le Diable*; — du 7 au 12 juin, série de représentations de Baroilhet, premier baryton de l'Académie de musique, *la Favorite, Guillaume Tell, la Reine de Chypre;* — du 14 au 21 juin, série de représentations de Mlle Déjazet, *les Premières armes de Richelieu, Mademoiselle d'Angeville, Vert-Vert;* — 20 juin, reprise de *le Domino noir,* opéra comique ; — 22 juin, début de Vial, basse taille, *les Huguenots;* — 29 juin, première représentation de *le Diable à l'école,* opéra comique en 1 acte, de Scribe, musique d'E. Boulanger; reprise de *l'Abbé de l'Épée,* comédie en 5 actes; — 4 juillet, reprise de *Brueys et Palaprat,* comédie ; — 7 juillet, première représentation d'*Oscar,* comédie en 3 actes, de Scribe; — du 13 juillet au 4 août, série de représentations de Bouffé, premier comique, *le Gamin de Paris, Pauvre Jacques, les Enfants de troupe, le Père de la débutante, le Père Turlututu, la Fille de l'Avare, les Merluchons, l'Oncle Baptiste, César ou le chien du château, Michel Perrin, le Muet d'Ingouville, l'Abbé galant, le Bouffon du prince;* — 15 juillet, au bénéfice d'Ed. Duprez, avec le concours de Duprez, premier ténor de l'Opéra, *la Favorite;* — du 22 juillet, série de représentations de Mlle Rachel, *les Horaces, Andromaque, Bajazet, Marie Stuart, Phèdre, Adrienne Lecouvreur, Ariane, Polyeucte, Tan-*

Levassor revient, en août.

Frédérick-Lemaître, qu'on ne connaissait pas encore en Belgique, produit une très grande impression dans *Kean, Ruy Blas, l'Auberge des Adrets*, etc.

Mlle Catinka Heinefetter chante *la Juive, Robert le Diable*, et reste définitivement attachée à la troupe.

Enfin, paraissent dans divers spectacles : Mme Damoreau-Cinti, de l'Opéra-Comique, — Ligier, du Théâtre-Français, — Mlle Nau, de l'Opéra, — Achard, du Palais-Royal, — Mme Treillet-Nathan, de l'Opéra, — Mlle Mequillet, de l'Opéra, — Inchindi, de l'Opéra-Comique, etc.

Signalons encore l'arrivée de danseurs grotesques, MM. Deulin, Dailey, Anderson et Staffort, des Théâtres Drury-Lane et Saint-James (Londres).

Les « premières » furent nombreuses.

Il faut enregistrer, pour la musique seulement, cinq ouvrages : *le Duc d'Olonne, la Double échelle, Bélisaire, le Code noir, le Roi d'Yvetot*.

Mais l'année théâtrale fut également fertile en réclamations et en procès.

---

crède, *Cinna* ; — 2 août, premier début de Mme Crécy, *le Secret du ménage, l'Ecole des femmes*, comédie ; — 7 août, reprise de *Anne de Boulen*, opéra, *Giselle*, ballet ; — du 23 au 30 août, série de représentations de Levasseur, *Un bas-bleu, les Trois dimanches, la Meunière de Marly, Endymion, la Sœur de Jocrisse, Tire la ficelle, ma femme* ; — 31 août, première représentation de *Robert d'Evreux*, opéra en 3 actes, traduit par E. Monnier, musique de Donizetti ; — 4 septembre, reprise de *Lucrèce Borgia*, opéra ; — 6 septembre, reprise de *Don Juan d'Autriche*, comédie en 5 actes; — du 12 septembre au 10 octobre, série de représentations de Frédérick-Lemaître, *Kean, ou Désordre et génie, Ruy Blas, Trente ans, ou la vie d'un joueur, Richard d'Arlington, l'Auberge des Adrets, Othello, Robert-Macaire* ; — du 22 septembre, série de représentations de Mlle Heinefetter, premier sujet de l'Académie de musique, *la Juive, Robert le Diable, les Huguenots, la Muette de Portici* ; — 27 septembre 1842, représentation de Hurteaux, baryton, *Guillaume Tell* ; — 10 octobre, au bénéfice des pauvres, *Robert Macaire, la Tour de Nesle* (6me tableau), avec le concours et pour les adieux de Frédérick-Lemaître ; — 13 octobre, reprise de *l'Ecole des vieillards*, comédie en 5 actes ; — du 16 octobre au 29 novembre, série de représentations de Inchindi, première basse-chantante, *Guillaume Tell, Robert le Diable, le Chalet* ; — 19 octobre, première représentation du *Duc d'Olonne*, opéra comique en 3 actes, de Scribe et Saintine, musique d'Auber ; — 25 octobre, rentrée de Hermann-Léon, *la Juive* ; — du 27 octobre au 10 novembre, série de représentations de Deulin, Steffard, Dailey et Anderson, danseurs grotesques des Théâtres Royaux de Drury-Lane et Saint-James, à Londres ; — 3 novembre, *le Barigel*, opéra en 1 acte, de Oppelt et de Peellaert ; — 7 novembre, première représentation de *Un voyage à Pontoise*, comédie en 3 actes, d'Alph. Royer et G. Vaez ; — 15 novembre, reprise de *les Diamants de la couronne*, opéra comique ; — 17 novembre, rentrée de

Le 2 novembre, les abonnés et habitués écrivent au bourgmestre pour se plaindre des administrateurs, et lui soumettent une liste des griefs qu'ils reprochaient à ceux-ci :

1° Monotonie insupportable, et limite beaucoup trop restreinte du répertoire.
2° Empiétement de plusieurs artistes sur des rôles pour lesquels ils sont trop faibles et ne se sont pas présentés lors de leur engagement et de leurs débuts.
3° Absence de plusieurs artistes.
4° Composition incomplète de la troupe, et réduction de l'orchestre.
5° Nullité de la mise en scène.
6° Scènes tumultueuses aux débuts, et menaces contre les abonnés.

L'Annuaire Dramatique nous fournit la relation du premier procès intenté aux directeurs :

Après avoir fait ses deux premiers débuts au milieu d'une vive opposition, Mlle Montassu, deuxième danseuse, se décide à tenter une troisième épreuve, le 26 mai, dans le divertissement de *la Favorite*. Des sifflets acharnés, mêlés à des applaudissements bien nourris, accueillent cette artiste, dès son entrée en scène : bientôt une véritable lutte s'engage dans la salle, qui se transforme pendant quelques instants en une arène de pugilats : force horions se distribuent de part et d'autre; les colloques les plus étranges s'établissent ; enfin la police intervient, on expulse quelques siffleurs récalcitrants, et l'ordre se rétablit.
M. Monnier, le régisseur, vient consulter le public sur l'admission ou le rejet de la danseuse, sans qu'il lui soit possible de proclamer le résultat au milieu des *oui* et des *non* qui se croisent dans la salle.

Mme Dufflot-Maillard, *Anne de Boulen*, opéra; — 19 novembre, Bernard, Léon jeune, du Gymnase de Paris ; — du 21 novembre, série de représentations de Alizard, premier sujet de l'Académie de musique de Paris, *Guillaume Tell, la Favorite, Lucie de Lammermoor, les Huguenots* (Saint-Bris), *la Juive, Robert le Diable, Moïse, Bélisaire* (création à Bruxelles); — 23 novembre, au bénéfice de Delafosse, première représentation de *Mathilde*, drame en 5 actes, de Félix Pyat et Eugène Sue; reprise de *le Comte Ory*, opéra ; — du 24 novembre au 30 décembre, série de représentations de Mme Cinti-Damoreau, *l'Ambassadrice, le Domino noir, les Diamants de la Couronne* ; — du 28 novembre au 6 décembre, série de représentations de Ligier, premier rôle du Théâtre-Français, *Louis XI, Hamlet, les Enfants d'Édouard, Manlius, le Tartufe ;* — 29 novembre, concert de Joseph Artot; — du 7 décembre, série de représentations de Mlle Nau, première chanteuse légère de l'Opéra, *Lucie de Lammermoor, les Huguenots;* — 11 décembre, reprise de *les Pages du duc de Vendôme*, ballet en 1 acte ; — 12 décembre, reprise de *la Fille du régiment*, opéra comique ; — 15 décembre, première représentation de *la Double échelle*, opéra comique, de Planard, musique d'A. Thomas ; reprise de *les Fausses confidences*, comédie; — 25 décembre, *le Songe du comte d'Egmont*, scène lyrique, d'Ed. Duprez et de G. Duprez. 1843. — 13 janvier, au bénéfice de Laborde, premier ténor, première représentation de *Bélisaire*, opéra en 4 actes, d'H. Lucas, musique de Donizetti (traduction); au bénéfice de M. et Mme Page, *Bélisaire* ; — 26 janvier, reprise de *le Mariage de Figaro, ou la folle journée*, comédie en 5 actes ; — du 30 janvier au 8 février, Mme Cinti-Damoreau, *l'Ambassadrice, le Barbier de Séville, le Bouffe et le tailleur, le Domino noir;* — 8 février, au bénéfice de Mme Cinti-Damoreau, *le Barbier de Séville, le Bouffe et le Tailleur;* — 15 février, au bénéfice de Mme Casimir, première représentation de *le Code noir*, opéra comique en 3 actes, de Scribe, musique de Clapisson ; reprise de *le Capitaine Charlotte*, vaudeville

Le lendemain, l'administration fait distribuer aux abonnés et habitués l'avis suivant : « D'après l'opposition qui s'est manifestée aux trois débuts de Mlle Montassu, l'administration a considéré cette artiste comme tombée. En conséquence, elle a fait toutes les tentatives possibles pour la déterminer à résilier son engagement. Jusqu'ici Mlle Montassu s'y est refusée : l'administration croit devoir en prévenir MM. les abonnés et habitués du théâtre, afin d'éviter tous reproches et le retour de désordres de la nature de ceux qu'elle déplore. »

Mlle Montassu, qui ne se considère pas comme tombée, demande l'exécution de son contrat devant le Tribunal de Commerce ; mais celui-ci, à son audience du 21 juin, déclare la danseuse non recevable en sa demande, et la condamne aux dépens.

Canaple, profitant d'un congé, avait débuté à l'Académie Royale de Musique, et y avait contracté un engagement. Il retourna ensuite à Bruxelles. Le directeur de l'Opéra l'ayant fait mander, Canaple part pour Paris, après avoir payé le dédit stipulé de 7,200 francs à l'administration de la Monnaie. Mais celle-ci refuse un tel arrangement et porte l'affaire devant les tribunaux, qui donnent gain de cause à l'artiste fugitif.

Mlle Kunth, première chanteuse, après d'heureux débuts, avait rencontré une assez forte opposition dans le public. L'administration lui fit signifier qu'en présence de « cet état de choses » elle suspendait ses appointements. Un procès s'engage, mais, avant l'issue de l'affaire, un arrangement intervient, et Mlle Kunth reçoit une partie du dédit convenu.

en 2 actes ; — 22 février, première fête de nuit ; — 23 février, au bénéfice de Mme Varin, première représentation de *Une révolution pour rire*, comédie en 3 actes, de Louis Labarre ; *Moïse*, 2me et 3me actes ; — 2 mars, au bénéfice de Hermann-Léon, reprise de *les Puritains*, opéra ; première représentation de *Marco Bomba*, ballet ; — 4 mars, au bénéfice de Desroches, contrôleur, première représentation de *Mlle de Bois-Robert* et de *le Sire de Baudricourt, ou le chevalier de Malte*, vaudeville en 2 actes, de N. Fournier ; — 18 mars, au bénéfice de Monnier, régisseur, première représentation de *le Menuet de la Reine*, vaudeville en 2 actes ; reprise de *Madeleine*, drame en 5 actes ; — 20 mars, reprise de *Un chef-d'œuvre inconnu*, drame en 1 acte, concert de Delabarre, premier hautbois de l'Opéra ; Clapisson, accompagnateur ; — 22 mars, au bénéfice des victimes de la Guadeloupe, *les Puritains* ; — 24 mars, au bénéfice de Mme Guichard, *Moïse* ; — du 28 mars, série de représentations de Mme Treillet-Nathan, *les Huguenots, Lucie de Lammermoor, Robert le Diable* ; — du 27 mars, série de représentations d'Achard, du Palais-Royal, *la Famille du fumiste, Indiana et Charlemagne, Farinelli ou le bouffon du roi, l'Amour en commandite, Trianon, Pascal et Chambord, Bruno le fileur, le Roi d'Yvetot* ; — 5 avril, au bénéfice d'Altairac, *la Juive* ; — 10 avril, au bénéfice d'Achard, première représentation de *le Roi d'Yvetot*, opéra comique en 3 actes, de Leuven et Brunswick, musique d'A. Adam ; — 13 avril, représentation de Mlle Méquillet, premier sujet de l'Académie de musique, *les Huguenots* ; — 20 avril, au bénéfice de Solomé, régisseur, première représentation de *le Diable amoureux*, ballet-féerie en 3 actes, de St-Georges, Mazilier, musique de Benoist et Reber ; — 25 avril, au bénéfice de Petipa, maître de ballet, *le Diable amoureux*, ballet, *l'Ambassadrice* ; — du 26 au 29 avril, série de représentations de Mlle Méquillet, première chanteuse de l'Académie de musique, *les Huguenots, la Juive* ; — 30 avril, clôture, *le Diable amoureux*, ballet, *Anne de Boulen*, 2 derniers actes.

Hermann-Léon plaide contre ses directeurs pour obtenir le rôle de Bélisaire — dans l'opéra de ce nom — qui fut créé par Alizard. Le Tribunal de Commerce le déboute de sa demande, « attendu que les directeurs étaient parfaitement dans leur droit en confiant à M. Alizard, *tenant l'emploi de baryton*, le rôle de Bélisaire ; d'autant plus que M. Hermann-Léon n'avait pu se charger du rôle en question par suite de maladie ». L'indisposition d'Hermann-Léon devait certainement peser sur la décision du tribunal. Cependant, puisqu'elle l'avait empêché de se charger du rôle, il est assez clairement indiqué que ce rôle lui avait été distribué, et qu'il était de son emploi. De plus, *Bélisaire* est noté comme *première basse*, et Alizard figure sur le tableau de troupe en qualité de *baryton*, quoiqu'en réalité ce fût une *basse*, et une basse célèbre. Il eût fallu, pourtant, s'entendre un peu...

Voici un état comparatif des troupes engagées au Théâtre de la Monnaie pendant les dix années qui viennent de s'écouler. On pourra y faire cette invraisemblable constatation que, loin d'être plus nombreux en 1843 que dix ans plus tôt, le personnel est réduit de plus d'un tiers.

DIRECTEURS		NOMBRE DE SUJETS ENGAGÉS				NOMBRE TOTAL DE SUJETS ENGAGÉS
		OPÉRA	COMÉDIE	VAUDEVILLE	BALLET	
Cartigny	1833-34	24	35	25	13	61
Cartigny	1834	22	33	26	11	57
Bernard	1835	22	27	22	12	51
Bernard	1836	23	24	22	13	52
Nillis et Cie	1837	22	31	26	12	55
Nillis et Cie	1838	20	27	24	13	52
Société anon.	1839	20	26	24	13	50
H. P. G. C.	1840	19	22	23	6	43
H. P. G. C.	1841	18	20	19	10	43
H. P. G. C.	1842-43	15	19	18	10	39

La clôture de l'année théâtrale eut lieu le 30 avril. Les recettes totales s'étaient élevées au chiffre de fr. 720,598.34.

(1843-44)

MM. Hanssens,
Paul Philippon, } administrateurs.
Van Caneghem,
Solomé, régisseur général.
Monnier, régisseur.
Dedecker, second régisseur.
Pichler, régisseur des ballets.
Vandeviver, régisseur des chœurs.
Desroches, premier contrôleur.
N. Dreulette, contrôleur chargé du recouvrement de l'abonnement.

Comédie, Tragédie, Drame et Vaudeville.

Messieurs :

Davelouis, premiers rôles en tous genres.
Verdellet, jeunes premiers, forts jeunes premiers, jeunes premiers rôles au besoin.
Prot, seconds rôles, jeunes premiers au besoin.
Jules Baldy, seconds et troisièmes amoureux au besoin.
Varlet, pères nobles, premiers rôles marqués, financiers, grimes, paysans, manteaux.
Bouchez, rôles de convenance, financiers au besoin.

Mesdames et Mesdemoiselles :

Rabut, premiers rôles jeunes, tous premiers rôles y tenant, coquettes, Mars et fortes jeunes premières.
Doligny, seconds premiers rôles, jeunes mères nobles.
Géranville, jeunes premières ingénuités.
Germain, secondes amoureuses et ingénuités.
Millet, secondes et troisièmes amoureuses.
Thibault, mères nobles, des premiers rôles marqués, duègnes et caractères.
Lebrun, } premières soubrettes.
Varlet, }

Messieurs :
BOSSELET, troisièmes rôles, des pères.
STANISLAS, troisièmes rôles, utilités.
DUPREZ, premiers comiques.
VICTOR, } seconds comiques et des pre-
BERTIN, } miers.

Messieurs :
DUCHATEAU, }
LEROY, } utilités.
MAILLY, }
TOURNILLON, }

Grand opéra, Opéra comique et Traductions.

Messieurs :
LABORDE, premier ténor.
COUDERC, premiers ténors dans l'opéra comique, des premiers et forts seconds ténors dans les grands opéras.
ALIZARD, premières basses-tailles chantantes et des rôles de baryton bas.
ZELGER, premières basses-tailles en tous genres.
SOYER, seconds ténors, Philippe, Gavaudan, et des ténors comiques.
BELLECOUR, secondes basses, premières au besoin.
D'HOOGHE, troisièmes basses et coryphées.
MILLET, coryphée ténor.

Mesdames et Mesdemoiselles :
LABORDE-VILLIOMI, première chanteuse à roulades.
JULIEN, première chanteuse.
JACOBY, deuxième chanteuse en tous genres, des premières au besoin.
GUICHARD, première Dugazon chantante et rôles travestis.
GERMAIN, secondes et jeunes Dugazon.
MILLET, troisième Dugazon et rôles de convenance.
THIBAULT, mère Dugazon, duègnes.
AUGUSTINE, coryphée et rôles de convenance.

Messieurs :
VICTOR, } ténors comiques.
BERTIN, }

Quarante choristes.

1843. — 1er mai, débuts de Rey et de Mme Varlet, *Tartufe*, comédie ; *le Chalet* ; — 3 mai, concert de Sivori ; — 5 mai, reprise de *la Fiancée*, opéra comique, premiers débuts de Révial, premier ténor léger ; de Mme Léon, mère Dugazon ; Lesbros, baryton du théâtre de Gand, pour faciliter ces débuts, remplit le rôle du comte Saldorf ; — 7 mai, reprise de *Lucie de Lammermoor* ; — 8 mai, rentrée de Mlle Rabut, Verdellet, Auguste ; débuts de Rey, Varlet ; Mme Varlet. — BALLET. Rentrées de Mmes Varin, Page, Elisa ; M. Page ; débuts de Mlle Santi, Millot. Reprise de *les Jeux de l'Amour et du hasard*, comédie ; *le Diable amoureux*, ballet ; — 14 mai, reprise de *la Juive* ; — 18 mai, débuts de Mme Laborde-Villiomi, Jacoby et de Zelger, *Robert le Diable* ; — 19 mai, reprise de *la Dame blanche*, opéra comique, *le Malade imaginaire*, comédie ; — 20 juin, reprise de *les Diamants de la Couronne*, opéra comique ; — 30 mai, *les Huguenots*, opéra ; — du 31 mai au 26 juin, série de représentations de Mlle Fanny Elssler, première danseuse de l'Académie de musique, *la Sylphide*, *la Laitière suisse*, *la Tarentule*, *Giselle*, *Jaleo Seres*, *la Gipsy*, *le Dieu et la Bayadère* ; — 13 juin, premier début de Davelouis, premier rôle, engagé en remplacement de Rey, *Mademoiselle de Belle-Isle*, comédie ; — 29 mai, reprise de *Un mariage sous Louis XV*, comédie ; — du 28 juin, série de représentations de la troupe du théâtre de Drury-Lane, à Londres, *le Barbier de Séville*, *Arlequin chasseur*, pantomime ; — 6 juillet, spectacle extraordinaire, avec le concours de Mlle Fanny Elssler, au bénéfice du corps de ballet, *Giselle*, ballet ; — 9 juillet, reprise de *Moïse*, opéra ; — du 11 au 30 juillet, série de représentations de M. et Mme Taigny, *les Mémoires du diable*, *Un Pont Neuf*, *Vouloir c'est pouvoir*, *En pénitence*, *Trop heureux*, *le Cadet de Gascogne*, *la Somnambule* ; — 15 juillet, reprise de *les Projets de mariage*, comédie ; — 16 juillet,

Ballet.

Messieurs :
PETIPA, maître de ballet.
GUILLEMIN, premier danseur noble.
PAGE, premier danseur demi-caractère.
JULES, deuxième et troisième danseur.
HAMEL, troisième danseur coryphée.
DUCHATEAU, comiques, rôles mimes.

Mesdames et Mesdemoiselles :
VARIN-GUILLEMIN, première danseuse noble.
PAGE, première danseuse, demi-caractère.
CHEVALIER, seconde danseuse.
ELISA, troisième danseuse.
HUBERT,
TON,
MONTASSU, } coryphées.
DURUISELLE,

Messieurs et Dames du corps du ballet.
Quatre quadrilles.

Orchestre.

MM. HANSSENS, premier chef d'orchestre.
C. BOSSELET, second chef d'orchestre.
D'HAUSSY, sous-chef d'orchestre et répétiteur des chœurs.
DE GREEF, chef répétiteur de la danse.
LION, répétiteur des chœurs.

Soixante musiciens.

---

reprise de *la Fille du régiment*, opéra comique ; — 23 juillet, *Bélisaire*, opéra ; — 26 juillet, début de Couderc, premier ténor léger, reprise de *les Diamants de la Couronne ;* — 27 juillet, bénéfice de Mme Taigny, reprise de *la Somnambule*, *Vouloir c'est pouvoir*, vaudevilles ; — 28 juillet, début de Mlle Germain, reprise de *le Domino noir*, opéra comique ; — du 31 juillet au 26 août, série de représentations de Bouffé, premier sujet du théâtre du Gymnase à Paris, *le Gamin de Paris*, *le Père Turlutu*, *la Vendetta*, *Michel Perrin*, *Clément ou la femme d'un artiste*, *la Fille de l'avare*, *les Enfants de troupe*, *Pauvre Jacques*, *Jacquart*, *Mon oncle Baptiste*, *Garrick*, *l'Abbé galant ;* — 1er août, reprise de *l'Ambassadrice*, opéra comique ; — 4 août, bénéfice d'Alizard, première représentation de *Don Pasquale*, opéra bouffe de Alph. Royer et G. Vaez, musique de Donizetti.

Le Docteur . . . . MM. ALIZARD.
Don Pasquale . . . . ZELGER.
Octave . . . . . . , ... LABORDE.
Louise . . . . , ... Mme VILLIOMI-LABORDE.

1843. — 9 août, reprise de *les Fausses confidences*, comédie ; — 13 août, *Astolphe et Joconde ou les Coureurs d'aventures*, ballet ; — du 18 au 27 août, série de représentations de Poultier, premier ténor de l'Opéra, *Guillaume Tell*, *la Muette de Portici*, *la Juive*, *la Favorite ;* — 24 août, au bénéfice de Bouffé, *Garrick*, *les Enfants de troupe*, vaudeville ; — 28 août, première représentation de *la Jeunesse de Charles-Quint*, opéra comique en 2 actes, de Mélesville et Ch. Duveyrier, de Montfort ; — 29 août, première représentation de *la Part du diable*, opéra comique en 3 actes, de Scribe, musique d'Auber :

Rafaël . . . . MM. COUDERC.
Ferdinand VI. . . . . ZELGER.
Casilda . . . . Mmes GUICHARD.
Carlo . . , ... VILLIOMI-LABORDE.

Ouverture, le 4 mai.

Le lendemain, concert de Sivori, « violoniste italien, élève de Paganini ».

Les artistes en représentation, pendant cette campagne théâtrale, sont : M. et Mme Taigny, Bouffé, Poultier, premier ténor de l'Opéra, Lafont, Lhérie, des Variétés, Mlle Elssler, Fanny Cerrito. Les « premières » comprennent onze ouvrages musicaux : *Don Pasquale, la Jeunesse de Charles-Quint, la Part du diable, les Deux voleurs, les Martyrs, le Puits d'amour, Linda de Chamouny, Frère et mari, Mademoiselle de Mérange, le Furieux de l'île Saint-Dominique, le Moine.*

Le début le plus intéressant fut celui de Couderc, début laborieux, car le grand artiste fut reçu d'abord avec une sorte de défiance, et ne parvint que plus tard à conquérir l'entière faveur du public.

1843. — 31 août, reprise de *Anne de Boulen*, opéra ; — 7 septembre, reprise de *les Fausses infidélités*, comédie ; — du 11 au 28 septembre, série de représentations de Lafont, *Jean, le Chevalier de St-Georges, Catherine et Austerlitz, ou la Croix d'or, André, le Chevalier du guet, le Mariage au tambour, Halifax, les Deux Mathias;* — 29 septembre, première représentation de *la Part du diable*, opéra comique en 3 actes, de Scribe, musique d'Auber ; — 28 septembre, au bénéfice de Lafont, première représentation de *Halifax*, drame-vaudeville en 3 actes, d'A. Dumas et Dennery, *les Deux Mathias*, vaudeville en 1 acte ; — 1er octobre, reprise de *Robin des Bois*, opéra-féerie en 3 actes ; — 7 octobre, Lhérie, — 16 octobre, première représentation de *le Bourgeois grand seigneur*, comédie en 3 actes, d'Alph. Royer et G. Vaez ; — 19 octobre, exercices de Richard, acrobate ; — 22 octobre, reprise de *la Chaste Suzanne*, opéra en 4 actes ; — 23 octobre, rentrée de Mlle Lebrun, *le Dépit amoureux*, comédie en 2 actes ; — 26 octobre, reprise de *le Cheval de bronze*, opéra comique en 3 actes ; — 30 octobre, au bénéfice de Mlle Rabut, première représentation de *les Demoiselles de Saint-Cyr*, comédie en 5 actes, d'A. Dumas ; première représentation de *les Deux voleurs*, opéra comique en 1 acte, de Leuven et Brunswick, musique de N. Girard ; reprise de *la Fille mal gardée*, ballet en 2 actes ; — 14 novembre, reprise de *le Mari à bonnes fortunes*, comédie ; — du 16 novembre, série de représentations de Mlle Augusta, première danseuse, *la Sylphide, le Diable amoureux ;* — 18 novembre, reprise de *le Légataire universel*, comédie ; — 27 novembre, spectacle de gala, *la Part du diable*, opéra comique, *les Fausses infidélités*, comédie ; — 30 novembre reprise de *la Suite d'un bal masqué;* — 7 décembre, au bénéfice d'Alizard, première représentation des *Martyrs*, opéra en 4 actes, de Scribe, musique de Donizetti :

Polyeucte	MM. Laborde.
Félix	Alizard.
Sévère	Couderc.
Pauline	Mme Villiomi-Laborde.

1843. — 8 décembre, Philippe, prestidigitateur ; — 10 décembre, Deulin, Dailey, Anderson et Staffort, danseurs grotesques anglais ; — 14 décembre, par ordre, *les Diamants de la couronne;* — 19 décembre, reprise de *la Fausse Agnès*, comédie ; — 20 décembre, au bénéfice de Petipa, maître de ballet, *les Martyrs*, opéra ; *la Belle au bois dormant*, 2me tableau

Toutes ces représentations furent entremêlées de quelques séances acrobatiques.

Fanny Elssler termina son engagement en dansant au bénéfice des *Aveugles et Incurables*. « Nourrit, Malibran, Rubini, Persiani, Duprez, Rachel, ont pu recueillir des succès éclatants à Bruxelles, obtenir des ovations extraordinaires ; mais dépasser les triomphes remportés par Fanny Elssler, cela est littéralement impossible! » Cette soirée avait attiré une foule considérable. La salle, éclairée *aux bougies*, offrait un coup d'œil magnifique. Une députation de vieillards bénéficiaires est présentée, après le spectacle, à Elssler, qui, émue jusqu'aux larmes, et ne trouvant rien à dire, embrasse le président de la société et, successivement, tous les pensionnaires. A la sortie, la voiture de la danseuse, « une modeste vigilante »,

---

du 3ᵐᵉ acte ; — 21 décembre, représentation extraordinaire de Philippe, prestidigitateur physicien ; — 28 décembre, au bénéfice de Mᵐᵉ Page, première représentation de *le Puits d'amour*, opéra comique en 3 actes de Scribe et Leuven, musique de Balfe.

18.14. — Au bénéfice de Zelger, première basse, première représentation de *Linda de Chamouny*, opéra de H. Lucas, musique de Donizetti (traduction) :

Linda	Mᵐᵉˢ LABORDE.
Jacquot, orphelin savoyard.	GUICHARD.
Antoine, père de Linda	MM. ALIZARD.
Le vicomte de Serval.	LABORDE.
Le curé de Chamouny	ZELGER.
Le marquis de Bois-Fleury.	BELLECOUR.

1844. — 1ᵉʳ février, reprise de *les Plaideurs*, comédie ; — 25 février, au bénéfice de Solomé, régisseur général, première représentation de *les Mystères de Paris*, roman en 5 parties et 11 tableaux, de Goubaux et Eugène Sue ; — 26 février, au bénéfice de Couderc, première représentation de *Frère et mari*, opéra comique en 1 acte, de Humbert et Polak, musique de Clapisson, et de *Mademoiselle de Mérange*, opéra comique en 1 acte, de Leuven et Brunswick, musique de H. Potier ; reprise de *la Part du Diable*, opéra comique en 3 actes ; — 28 février, première représentation de *André Chénier*, drame en 3 actes, en vers, d'E. Wacken ; concert de Sivori, avec le concours de Mᵐᵉˢ Laborde et Julien ; reprise de *la Marquise de Carabas*, vaudeville en 1 acte ; — 5 mars, reprise de *l'Homme blasé*, *Une passion*, vaudevilles ; — 11 mars, premier début de Mˡˡᵉ Bouchez (jeune première), *le Malade imaginaire* ; reprise de *le Dieu et la Bayadère* ; — 14 mars, au bénéfice de Mᵐᵉ Laborde, première représentation de *le Furieux*, opéra en 3 actes, de Donizetti, traduit par Oppelt et Riccio ; — 17 mars, bal paré et masqué ; — 25 mars, au bénéfice de Mᵐᵉ Guichard, *les Mystères de Paris*, drame ; — 29 mars, reprise de *Norma* ; — du 1ᵉʳ au 16 avril, série de représentations de Mˡˡᵉ Cerrito, première danseuse, *la Sylphide*, *l'Élève de l'amour*, *la Somnambule*, *la Lithuanienne*, *la Gitana*, *Giselle* ; — 13 avril, au bénéfice de Verdellet, première représentation de *Lucrèce*, tragédie, de Ponsard; *le Moine*, opéra en 1 acte, de G. Oppelt, musique de Willent-Bordogni ; *le Major Cravachon*, vaudeville en 1 acte ; *la Gitana*, dansée par Mˡˡᵉ Ceritto ; — 20 avril, au bénéfice de Mᵐᵉ Guillemin, *les Mystères de Paris* ; — 25 avril, rentrée d'Alizard, *Moïse* ; — 30 avril, clôture, *Guillaume Tell*.

disent les chroniques, est traînée par des jeunes gens, aux cris de : « Vive Elssler ! », jusqu'à son hôtel, où une sérénade lui est donnée par *la Réunion lyrique*. Tudieu ! Quel enthousiasme !

La représentation du 26 juin ne put être achevée. La troupe du Théâtre-Royal de Drury-Lane, venait de Paris pour jouer une seule fois *Arlequin chasseur*, pantomime que l'on taxa d' « ignoble » et qui souleva la colère du public.

Le 15 janvier, anniversaire de la naissance de Molière, un monument est inauguré à Paris, dans la rue de Richelieu, à la mémoire de l'immortel génie. Le même jour, le Théâtre de la Monnaie affiche *le Malade imaginaire*, suivi de la cérémonie. Le buste de Molière est couronné, et un discours de Varlet est lu par Davelouis.

Les 23 et 24 janvier, RELACHE. Le roi offrait un bal aux Sociétés *la Grande Harmonie* et *la Philharmonie*.

Mme Laborde, s'étant fait entendre chez M. de L..., en dépit des clauses de son engagement qui lui interdisaient l'entrée des salons, se voit infliger une amende, dont la somme atteignait la moitié de ses appointements mensuels.

Les recettes de l'année furent de fr. 716,596.91. A ce moment-là, le répertoire du théâtre était ainsi composé :

18 grands opéras ; — 18 opéras comiques ; — 11 comédies en 5 actes ; — 10 comédies en 3 et 2 actes ; — 13 comédies en 1 acte ; — 1 tragédie ; — 53 vaudevilles ; — 14 ballets.

(1844-45)

MM. Hanssens,
Paul Philippon, } administrateurs.
Van Caneghem,
Solomé, régisseur général.
Monnier, régisseur.
Dedecker, second régisseur.
Pichler, régisseur des ballets.

Comédie, Tragédie, Drame, Vaudeville.

Messieurs :

Davelouis, premiers rôles en tous genres.
Verdellet, jeunes premiers, forts jeunes premiers, jeunes premiers au besoin.
Léon, seconds rôles, jeunes premiers au besoin.
Jules Baldy, seconds et troisièmes amoureux au besoin.
A. Géniès, pères nobles, premiers rôles marqués.
Varlet, financiers, grimes, paysans, manteaux.
Bouchez, rôles de convenance, financiers au besoin.
Bosselet, troisièmes rôles, des pères.
Stanislas, troisièmes rôles, utilités.

Mesdames et Mesdemoiselles :

Rabut, premiers rôles jeunes, tous premiers rôles y tenant, coquettes, Mars et fortes jeunes premières.
Doligny, seconds premiers rôles, jeunes mères nobles.
Marie Bouchet, } jeunes premières, in-
Thuillier, } génuités.
Caroline Bouchez, secondes amoureuses et ingénuités.
Millet, secondes et troisièmes amoureuses.
Bouzigues, mères nobles, des premiers rôles marqués.
Luguet, duègnes et caractères.
Lebrun, } premières soubrettes.
Varlet, }

Messieurs :

Duprez, premiers comiques.
Victor, } seconds comiques et des premiers.
Lemaire, }

Messieurs :

Duchateau, }
Leroy, }
Mailly, } utilités.
Tournellon, }

Grand opéra, Opéra comique et Traductions.

Messieurs :

Laborde, premier ténor.
Couderc, premiers ténors dans l'opéra comique.
Bonnamy, des premiers et forts seconds ténors dans l'opéra comique et les seconds ténors dans les grands opéras.
Laurent, barytons et Martins.
Zelger, } premières basses-tailles en
Fernando, } tous genres.
Soyer, seconds ténors, Philippe, Gavaudan et des ténors comiques.
Bellecour, premières basses comiques.
Pouget, secondes et troisièmes basses.
Victor, } ténors comiques.
Lemaire, }
Millet, coryphée ténor.

Mesdames et Mesdemoiselles :

Laborde-Villiomi, premières chanteuses à roulades.
Julien, premières chanteuses.
Rouvroy, premières chanteuses et fortes secondes en tous genres.
Guichard, premières Dugazon.
Caroline Bouchez, secondes et jeunes Dugazon.
Millet, troisièmes Dugazon et rôles de convenances.
Bouzigues, mères Dugazon et jeunes duègnes.
Luguet, duègnes et caricatures.
Augustine, coryphée et rôles de convenance.

Quarante choristes.

Ballet.

Messieurs :

Appiani, maître de ballet.
Hilariot, premier danseur noble.
Page, premier danseur demi-caractère.
Honoré, deuxième et troisième danseur.
Hamel, troisième danseur coryphée.
Duchateau, comiques, rôles mimes.

Mesdames et Mesdemoiselles :

Augusta, première danseuse noble.
Page, première danseuse demi-caractère.
Honoré, seconde danseuse.
Fanny Voisin, }
Ton. Montassu, } coryphées.
Durcisselle, }

Messieurs et Dames du corps de ballet.
Quatre quadrilles.

Orchestre.

MM. Hanssens, premier chef d'orchestre.
C. Bosselet, second chef d'orchestre.
d'Haussy, sous-chef d'orchestre et répétiteur des chœurs.
Degreef, chef répétiteur de la danse.
Lion, répétiteur des chœurs.

Soixante musiciens.

La direction entre maintenant dans sa cinquième année.

Constater cet âge, pour une entreprise aussi difficile que celle de la Monnaie, c'est faire son éloge.

Les directeurs précédents avaient succombé malgré la jouissance d'une subvention, que ceux-ci ont trouvée considérablement diminuée à leur avènement.

L'existence d'une administration théâtrale avait semblé un problème insoluble ; aujourd'hui les craintes étaient dissipées, on espérait en l'avenir, et la confiance renaissait.

Les premiers mois de la saison, qui s'ouvre le 2 mai, sont défrayés par les représentations de Ravel, premier comique du Palais-Royal, par celles d'Arnal, du Vaudeville, et de Mlle Rachel.

Puis, arrivent successivement : Mmes Doche et Stoltz, Frédérick-Lemaître, les danseuses Bertin, Smyrnoff, Taglioni, Fanny Elssler, le danseur Petipa, un ballet sous la direction de Mlle Weiss, Vieuxtemps et les demoiselles Milanollo qui se font entendre dans différents concerts.

Du 25 juillet au 11 août, représentations d'une troupe allemande sous la direction de M. Remie :

Artistes : MM. Biberhofer, Stritt, Herrmans, Seyler, Reichel, Wilke, Netz, Koch, Fruhling, Heinrich, Schneider, Friedrich, Hagen, Liebel, Wolkengauer, Klein, Gebhardt,

---

1844. — 1er mai, ouverture; reprise de *les Diamants de la Couronne*, et de *le Chalet*; — 3 mai, reprise de *Mademoiselle de Belle-Isle*, comédie ; *la Marquise de Carabas*, vaudeville ; — 5 mai, reprise de *les Martyrs*, opéra ; — 7 mai, premier début de Bonnamy, fort ténor, et Dunant, première basse, *la Juive* ; — 9 mai, reprise de *Norma*, opéra ; *l'Ecole des maris*, comédie ; — 14 mai, premier début de Laurent Quillevéré, baryton, *la Favorite* ; — 15 mai, premier début de Mlle Rouvroy, première chanteuse, *l'Ambassadrice*, opéra comique ; — 20 mai, premier début de Mme Luguet, duègne, *les Fausses infidélités*, comédie ; — 21 mai, reprise de *Tartuffe*, comédie ; *Norma*, opéra ; — 22 mai, premier début de Mlle Caroline Bouchez, *les Diamants de la Couronne*, opéra comique ; *le Roman d'une heure*, comédie ; — 24 mai, débuts de Mlle Thuillier, Mmes Bouzignes et Luguet, MM. Léon et Lemaire, *l'Ecole des maris*, *le Legs*, comédies ; — du 28 mai, série de représentations de Mlle Bertin, première danseuse ; reprise de *l'Ecole des femmes*, comédie ; — 5 juin, première représentation de *les Pilules du Diable*, féerie en 3 actes et 15 tableaux, de F. Laloue, A. Bourgeois et Constant ; — 6 juin, par ordre, *le Domino noir* ; — 9 juin, reprise de *le Barbier de Séville*, opéra comique ; — du 11 juin, série de représentations de Mme Doche, *Trop heureux*, *l'Homme blasé* ; — 13 juin, début de Géniès, *les Enfants d'Edouard*, tragédie ; — 19 juin, reprise de *le Pré-aux-Clercs*, opéra comique, et de *Valérie*, comédie ; — 27 juin, reprise de *la Muette de Portici*, opéra en 5 actes ; — 28 juin, reprise de *le Cheval de bronze*, et de *le Malade imaginaire* ; — 3 juillet, reprise de *le Concert à la cour*, opéra comique en 1 acte ; — 5 juillet, reprise de *Anne de Boulen*, opéra ; — du 8 au 23 juillet, série de représentations de Mlle Rachel, *Phèdre*, *Marie Stuart*, *Andromaque*, *Catherine II* ; — du 9 juillet, série de représentations de Ravel, premier comique du Palais-Royal, *le Tourlourou*, *les Secondes noces*, *le Vicomte de Létorière*, *la Rue de la Lune*, *les Fausses infidélités* ; — 10 juillet, reprise de *la Part du Diable* ; — 21 juillet, reprise de *la Pie voleuse* ; — du 23 au 28 juillet, série de représentations d'Arnal, premier comique du Vaudeville de Paris, *l'Homme blasé*, *Théophile*,

MEINHARDT. Mmes PIRCHER, KREUTZER, FISCHER, SCHUNCH, LIMBACK, ZIEMLICH, HOLZINGER, WETTLAUFER.

MM. CONRADIN KREUTZER et GANZ, chefs d'orchestre.

Répertoire : *Das Nachtlager von Grenada* (26 juillet et 11 août), *Die Zauberfloete* (30 juillet et 11 août), *Freischütz* (1er, 3 et 7 août), *Fidelio* (5 et 7 août), *Die Hochzeit von Figaro* (7 août), *Don Juan* (9 et 11 août).

Le séjour de la troupe allemande à Bruxelles marquera dans le souvenir de tous ceux qui attachent quelque prix aux belles productions de l'école des Mozart, des Beethoven, des Weber, etc. Les artistes de la troupe de M. Remie, sans en excepter même ceux des chœurs, accusent pour la plupart une pratique approfondie de la musique de leur nation : quelque compliquées que puissent en être parfois les combinaisons harmoniques, ils apportent dans l'attaque des intonations, dans l'entrée des diverses parties, une sûreté, une aisance qui dénotent que chez eux la musique n'est qu'un langage rythmé qui leur est presque aussi familier que leur idiome maternel ; en d'autres termes, on comprend, en les entendant, qu'ils sont nés musiciens.

Aux Allemands succède une troupe de clowns américains : William Cottrell, dit Risley, et ses deux fils, Henri, et John, surnommé *le petit Mercure*.

Au sujet de la Taglioni (Mme la comtesse Gilbert des Voisins) et de Fanny Elssler, les chroniques déclarent ne plus trouver de termes

Mina, Passé minuit ; — du 26 juillet au 14 août, série de représentations d'une troupe allemande, *Une nuit à Grenade, la Flûte enchantée, Freischütz, Fidélio, Don Juan ;* — du 29 juillet au 26 août, série de représentations de Risley (américain) et ses fils, *le Songe d'une nuit d'été ;* — 9 août, reprise de *Don Juan ;* — 16 août, première représentation de *Mademoiselle Rose*, comédie en 3 actes, d'Alph. Royer et G. Vaez ; — 17 août, reprise de *l'Ouvrier*, drame ; *Georges et Thérèse*, drame ; — 20 août, au bénéfice de Risley, *le Songe d'une nuit d'été*, ballet ; — 21 août, première représentation de *la Reine de Chypre*, opéra en 5 actes, de Saint-Georges, musique d'Halévy.

Lusignan	MM. LAURENT.
Gerard	LABORDE.
Mocenigo	COUDERC.
Catarina	Mlle JULIAN.

1844. — Du 27 au 31 août, série de représentations de Mlle Smyrnoff, première danseuse du Théâtre Impérial de Saint-Pétersbourg, première représentation de *Don César de Bazan*, drame en 5 actes, de Dumanoir et Dennery ; — 4 septembre, reprise de *le Cheval de bronze*, opéra comique ; — 12 septembre, première représentation de *Cagliostro*, opéra comique 3 actes, de Scribe et Saint-Georges, musique d'Adam ; — du 20 septembre au 2 octobre, série de représentations de Mlle Taglioni, première danseuse de l'Académie Royale de Paris, *la Sylphide, le Dieu et la Bayadère, le Diable amoureux ;* — 28 septembre, première représentation de *le Panier fleuri*, opéra comique en 1 acte, de Leuven et Brunswick, musique d'Amb. Thomas ; première représentation de *l'Esclave de Camoëns*, opéra comique en 1 acte, de Saint-Georges, musique de Flotow ; — 29 septembre, reprise de *les Huguenots ;* — du 7 au 18 octobre, série de représentations de Mlle Fanny Elssler, *Giselle, le Délire d'un Peintre, la Laitière suisse, la Paysanne grande dame, Cendrillon ;* — 20 octobre, spectacle extraordinaire au bénéfice de Solomé, régisseur ; reprise de

pour peindre leur enthousiasme à l'égard de ces deux fameuses ballerines. « Taglioni, c'est l'air. Elssler, c'est la terre combinée avec le feu ! »

Le 17 décembre, concert de Vieuxtemps; au milieu de la soirée, l'orchestre attaque tout d'un coup l'ouverture de *la Vestale*, quoique ce morceau ne fût pas porté sur le programme. Au même instant, quelques spectateurs reconnaissent, dans une loge, Spontini, qui était arrivé à Bruxelles dans la journée. Ce fut le signal d'une ovation improvisée, et le grand artiste dut s'incliner à plusieurs reprises devant la salle « debout et frémissante ».

Le produit de la dernière représentation de Mme Stoltz fut consacré à fonder un lit perpétuel pour l'hospice des *Aveugles et Incurables*.

Dix ouvrages musicaux voient le jour pendant la saison. Quelques-uns restèrent au répertoire : *La Reine de Chypre, la Sirène, le Désert, Guido et Ginevra*.

Nous trouvons aux *Archives communales* une supplique, adressée au bourgmestre et aux échevins; elle renseignera le lecteur sur le sort de deux artistes, dont l'importance avait été considérable pour

---

Cendrillon, ballet-féerie en 3 actes, avec le concours de Mlle Fanny Elssler ; — 27 octobre, par ordre, *la Reine de Chypre*; — 29 octobre, au bénéfice de Davelouis, reprise de *la Vestale*, opéra ; première représentation de *l'Héritière, ou Un coup de partie*, comédie en 5 actes, d'Empis ; — 4 novembre, concert donné par les demoiselles Milanollo ; — 18 novembre, au bénéfice de Couderc, première représentation de *la Sirène*, opéra comique en 3 actes, de Scribe, musique d'Auber.

Marco Tempesta	MM. Couderc.
Capitaine Scipion	Soyer.
Duc de Sopoli	Victor.
Bolbaya	Bellecour.
Zerlina	Mme Laborde.

1844. — 19 novembre, reprise de *la Fille du régiment*, opéra comique ; — 4 décembre, au bénéfice de Mme Guichard, première représentation de *le Juif Errant*, drame en 5 actes, de Merville et Mallian ; — du 10 au 13 décembre, représentations de Lucien Petipa, premier danseur de l'Académie Royale, *Giselle, la Peri, la Sylphide* ; — 17 décembre, grand concert de Henri Vieuxtemps, violoniste, avec le concours de Mmes Julien, Laborde et Guichard, premières chanteuses du Théâtre de la Monnaie ; — du 20 décembre 1844 au 1er janvier 1845, représentations de Mme Weiss, maîtresse de ballet de Vienne, et de sa troupe composée de 36 élèves danseuses ; — 23 décembre, première représentation de *Sarah*, opéra comique en 2 actes, de Mélesville, musique de Grisar.

1845. — 1er janvier, clôture définitive des représentations des élèves de Mme Weiss ; *la Sirène*, opéra comique ; — 6 janvier, première représentation de *la Dame de Saint-Tropez*, drame en 5 actes, d'A. Bourgeois et Dennery ; — 7 janvier, première représentation de *Marie de Rohan*, opéra en 3 actes, de Lockroy et Badon, musique de Donizetti (traduction), et de *Polichinelle*, opéra comique en 1 acte, de Scribe et Duveyrier, musique de Montfort ; —

le Théâtre de Bruxelles. Cette lettre donne, en même temps, quelques détails sur les *pensions de retraite* :

Messieurs,

Deux anciens artistes dramatiques septuagénaires, le sieur Eugène Dessessarts et la dame Roussellois, viennent, avec autant de respect que de confiance, solliciter votre intérêt et votre justice, et mettre sous vos yeux la position critique où les circonstances politiques et l'indifférence les ont placés. Depuis près d'un demi-siècle, depuis l'année 1800, domiciliés à Bruxelles et attachés à ses théâtres, ils ont consacré leurs plus belles années et leurs faibles talents aux plaisirs d'un public dont ils eurent toujours l'honneur d'obtenir les suffrages et l'estime. Aujourd'hui, Messieurs, accablés par l'âge et les infirmités qui le suivent, oubliés des anciens, et inconnus aux modernes habitués des théâtres, ils n'ont en perspective que l'indigence, qui déjà même les atteint. Cependant, Messieurs, peut-être auraient-ils quelques droits à votre bienveillance et votre sollicitude, soit comme protecteurs des arts, soit comme magistrats.

Sous le gouvernement précédent, lorsque les théâtres de Bruxelles étaient sous l'administration immédiate du feu roi Guillaume Ier, les artistes admis à la retraite, soit en vertu de l'âge, infirmités ou autres causes imprévues, obtenaient de la munificence royale une pension viagère proportionnée aux années de service, et dont le minimum était de 1,000 à 1,200 francs. Les engagements des artistes portaient même cette clause textuelle : « qu'ils étaient tenus de se conformer aux règlements établis ou à établir, pour les pensions de retraite. » A la vérité, ces règlements n'ont pas été tout à fait mis en exécution, mais les pensions n'en existaient pas moins ; la preuve en est dans celles dont jouissaient notamment feu MM. Dubreuil, Borre-

---

9 janvier, au bénéfice de Mlle Rabut, première représentation de *Marie de Rohan*, opéra en 3 actes, de Lockroy, Badon, musique de Donizetti ; première représentation de *Polichinelle*, opéra comique en 1 acte, de Scribe et C. Duveyrier, musique de Montfort ; première représentation de *le Mariage raisonnable*, comédie d'Ancelot ; Auriol, clown du Théâtre du Cirque de Paris ; — 14 janvier, reprise de *la Jeunesse de Charles-Quint*, opéra-comique en 2 actes ; — 17 janvier, par ordre, *la Reine de Chypre*, Mme Stoltz, de l'Académie de musique ; — 21 janvier, au bénéfice de Page, première représentation de *les Farfadets*, ballet en 3 actes, de Cogniard frères, musique de Pilati ; — 23 janvier, premier grand bal paré ; — 29 janvier, au bénéfice de Géniès, première représentation de *le Bouquet de bal*, comédie en 1 acte, de Charles Desnoyer ; reprise de *Moïse*, opéra ; — 1er février, au bénéfice de Desroches, contrôleur, première représentation de *Mlle de Cérigny*, vaudeville en 1 acte, de Bayard et Regnault ; *Fargeau le nourrisseur*, vaudeville en 2 actes, de Dumanoir et Dennery ; *la Reine de Chypre*, 4me et 5me actes ; — 11 février, représentation extraordinaire, première audition de *le Désert*, ode-symphonie, poème d'Auguste Colin, musique de F. David ; — du 12 au 20 février, représentations de Mme Stoltz, premier sujet de l'Académie de musique de Paris, *la Favorite*, *la Reine de Chypre* ; — 20 février, au bénéfice de Mme Stoltz, *la Favorite*, 3me et 4me actes, *la Reine de Chypre*, *le Désert* ; — 26 février, reprise de *les Diamants de la Couronne*, opéra comique ; *les Plaideurs*, comédie ; — 6 mars, reprise de *Robert le Diable*, opéra ; 12 mars, reprise de *le Petit Chaperon rouge*, opéra comique en 3 actes ; — 18 mars, première représentation de *Monsieur Dubois, ou la nouvelle noblesse*, comédie en 3 actes, de Henri Delmotte ; — 19 mars, concert de Vieuxtemps ; — du 24 mars au 8 avril, 10 représentations de Frédérick-Lemaître, premier rôle du Théâtre de la Porte Saint-Martin, *la Dame de Saint-Tropez*, *Ruy Blas*, *Don César de Bazan*, *l'Auberge des Adrets*, *les Mystères de Paris*, *Robert Macaire* ; — 14 avril, spectacle extraordinaire au bénéfice de

mans, Desfossés et autres. C'était donc pour les artistes qui étaient attachés aux théâtres de Bruxelles un espoir pour leur avenir, et un motif puissant de stimuler leur zèle.

Pour subvenir aux frais qu'exigeaient ces récompenses, on avait établi une caisse, dite des pensions, tout à fait particulière et indépendante de celle des théâtres, le roi Guillaume n'y avait mis aucuns fonds, elle était alimentée par le produit de deux représentations extraordinaires données annuellement, et pour lesquelles Messieurs les abonnés étaient contraints, par clause de leur bail, de payer la location de leurs loges. Il est de notoriété et aisé de se convaincre que ces représentations avaient, dans peu d'années, produit une somme de près de 40,000 francs, qui de fait n'appartenait pas aux administrations des théâtres, mais aux abonnés, et qu'avec raison et justice on pouvait considérer comme l'hypothèque des pensions des artistes. Il n'a jamais été question, dans la liquidation avec les délégués du roi Guillaume, de ce fond de caisse, dont personne ne pouvait disposer, pas même Sa Majesté ou ses agents ; les abonnés seuls avaient le droit de réclamation, ainsi que les artistes qui avaient coopéré aux représentations données à cet effet. Il y a donc eu abus, si l'on a disposé de ces fonds. Il est notoire qu'en 1830 il y avait encore en caisse une somme de 15 à 20,000 francs ; la preuve en est évidente, puisqu'à une époque où un jugement arbitral fut rendu en faveur des artistes alors réclamants, on fit à plusieurs d'entre eux une retenue des sommes qui leur avaient été avancées sur cette caisse d'épargne.

A différentes fois, quelques artistes ayants-droit et morts depuis adressèrent des réclamations respectueuses au feu roi Guillaume, mais aucune réponse ne leur a été faite. Aujourd'hui, messieurs, les soussignés restent seuls vivants, et ces débris malheureux des compagnies dramatiques qui se sont succédé depuis près de cinquante ans aux théâtres de Bruxelles, sont privés après de longs et loyaux services, des premiers moyens d'existence. Il ne sont pas, messieurs, des parias pour Bruxelles, où de nombreuses années les ont naturalisés, et

---

Mme Page, première représentation de *Guido et Ginevra*, opéra en 4 actes, de Scribe, musique d'Halévy ; — 25 avril, reprise de *le Maçon*, opéra comique ; — 26 avril, représentation de retraite et bénéfice de Victor, *Guillaume Tell*; reprise de *le Bénéficiaire*, vaudeville ; — 30 avril, clôture ; au bénéfice de M. et Mme Laborde, *Guido et Ginevra*, 1er acte ; *la Favorite*, 4me acte, intermède musical.

SAISON D'ÉTÉ :

1845. — 1er mai, ouverture ; reprise de *les Diamants de la Couronne*, opéra comique en 3 actes ; *le Mari à la campagne*, comédie en 3 actes ; — 2 mai, reprise de *la Reine de Chypre*, opéra en 5 actes, paroles de M. de Saint-Georges, musique d'Halévy ; — 4 mai, reprise de *le Domino noir*, opéra comique en 3 actes ; — 5 mai, premier début de Tisserant, premier ténor d'opéra comique, reprise de *le Postillon de Lonjumeau*, opéra comique, et de *le Legs*, comédie ; — 6 mai, premier début de Mme Finard, première danseuse noble, reprise de *la Sylphide*, et de *l'Ambassadrice* ; — 7 mai, reprise de *la Justice de Dieu*, drame à spectacle en 5 actes ; *l'Héritière*, vaudeville en 1 acte ; — 8 mai, reprise de *le Pré-aux-Clercs*, opéra comique ; *le Dépit amoureux*, comédie ; — 12 mai, reprise de *Guido et Ginevra* ; opéra en 4 actes ; — 13 mai, premier début de Léon Landeau, deuxième amoureux, reprise de *le Mari à la campagne*, comédie en 3 actes ; — 14 mai, reprise de *Robert le Diable*, opéra en 5 actes ; — 16 mai, reprise de *Guillaume Tell*, opéra en 4 actes ; — 18 mai, reprise de *les Huguenots*, opéra en 5 actes ; — 20 mai, reprise de *Don César de Bazan*, drame en 5 actes, premier début de Mme Luguet-Quillevéré, jeune première ; — 21 mai, début de Mlle Charton, première chanteuse, *les Diamants de la Couronne*, opéra comique ; — 23 mai, première représentation de *la Fin d'un Roué*, comédie en 1 acte, d'Edouard Romberg ; — 28 mai, reprise de *les Enfants d'Edouard*, tragédie en 3 actes ; *la Dame blanche*, opéra comique, 2 premiers actes ; — 30 mai, fermeture du Théâtre de la Monnaie, pour « réparations et embellissements ».

les dignes magistrats de cette cité, si noble, si généreuse et si hospitalière, ne verront pas sans doute deux vieillards, victimes des circonstances, aller réclamer un asile dans des maisons de charité. Ils n'ont pas vécu dans un temps où l'on paye les artistes au poids de l'or, et les économies qu'ils ont pu faire ont été absorbées par dix ou douze ans d'existence sans emplois ou secours.

L'administration actuelle des théâtres jouit, grâce à votre munificence, d'un mobilier et magasin considérables, acquis en partie, permettez-nous cette vérité, par le concours de leurs faibles talents. Elle reçoit d'ailleurs d'autres subventions, tandis que des pauvres artistes, accablés par les ans et confiants dans les conditions de leurs engagements, restent dans l'oubli et dans la misère, mot bien cruel à prononcer, et pourtant, si vrai! l'entendez-vous, messieurs, sans émotion?

Daignerez-vous, messieurs, nous permettre de vous faire observer qu'en rétablissant ce qui existait avant 1830, non seulement vous pourriez assurer aux suppliants une espèce d'existence, telle modique qu'elle puisse être, mais encore établir un mode de pension pour les artistes encore en exercice, mais que l'âge forcera bientôt à la retraite. Ce moyen de récompense et d'encouragement ne serait onéreux pour personne, et deviendrait un attrait pour les artistes de mérite qui s'empresseraient d'accourir aux théâtres de Bruxelles.

Nous aimons à penser, messieurs, que vous voudrez bien jeter sur nous un regard de commisération, nous croyons la mériter par nos services antécédents et une règle de conduite sans reproches, dont nous ne nous sommes jamais écartés.

Nous sommes avec le plus profond respect, messieurs, vos très humbles administrés,

(*Signé*) MARIE ROUSSELLOIS, E. DESSESSARTS.

16 février 1845.

ÉTAT FINANCIER DE LA CAMPAGNE 1844-45.

Du 1ᵉʳ mai 1844 au 30 mars 1845		
Recettes	fr.	697,434 03
Dépenses		725,986 71
Pertes	fr.	28,552 68

Pertes : par mois, fr. 2,595 70. — par jour, fr. 86 52.

Ce résultat est dû, en grande partie, à la concurrence du Cirque Fernando, établi depuis peu à Bruxelles, et dont se plaignait la direction, demandant en vain qu'on infligeât quelques charges à ce cirque, qui jouissait de certains privilèges.

(1845-46)

MM. Hanssens, \
Van Caneghem, } administrateurs. \
Paul Philippon, régisseur général. \
Monnier, régisseur des ballets. \
Vandevivier, régisseur des chœurs. \
Arthur d'Hotel, contrôleur en chef. \
Dreulette, \
Blum, } contrôleurs chargés du recouvrement de l'abonnement.

Comédie, Tragédie, Drame et Vaudeville.

Messieurs :

Davelouis, premiers rôles en tous genres.
Verdellet, jeunes premiers, forts jeunes premiers, jeunes premiers rôles au besoin.
Léon, seconds rôles, jeunes premiers au besoin.
Jules Baldy, second et troisième amoureux au besoin.
A. Geniès, pères nobles, premiers rôles marqués.
Baron, financiers, grimes, paysans, manteaux.
Bouchez, rôles de convenance, financiers au besoin.
Laparte, troisièmes rôles.
Bosselet, troisièmes rôles, des pères.
Stanislas, troisièmes rôles, des utilités.
Duprez, premiers comiques.
Assenac, seconds comiques et des premiers.

Mesdames et Mesdemoiselles :

Rabut, premiers rôles jeunes, tous premiers rôles y tenant, coquettes, Mars et fortes jeunes premières.
Doligny, seconds premiers rôles, jeunes mères nobles.
Laurent, jeunes premières et des jeunes premiers rôles.
Thuillier, jeunes premières, ingénuités.
Henry Leroux, secondes amoureuses et ingénuités.
Maria, troisièmes amoureuses.
Biacabe, mères nobles.
Luguet, duègnes et caractères.
Hélène Bazire, mères nobles et duègnes.
Varlet, soubrettes.
Millet, rôles de convenance.

Monsieur

Lemaire, seconds comiques et des premiers.

Grand opéra, Opéra comique et Traductions.

Messieurs :

Laborde, premier ténor.
Couderc, premiers ténors dans l'opéra comique.
Tisserand, des premiers et forts seconds ténors dans l'opéra comique, et les seconds ténors dans les grands opéras.
Laurent, barytons et Martins.
Zelger, premières basses-tailles en tous genres.
Soyer, seconds ténors, Philippe, Gavaudan et des ténors comiques.
Bellecour, premières basses comiques.
Duprez, } ténors comiques.
Lemaire, }
Descombes, coryphée ténor.

Mesdames et Mesdemoiselles :

Laborde, premières chanteuses à roulades.
Julien, premières chanteuses.
Charton, premières chanteuses et fortes secondes en tous genres.
Guichard, premières Dugazon.
H. Leroux, secondes et jeunes Dugazon.
Biagare, mères Dugazon.
Luguet, duègnes et caricatures.
H. Bazire, secondes duègnes et caricatures.
Millet, troisièmes Dugazon et rôles de convenance.
Augustine, coryphée et rôles de convenance

Messieurs :
Millet, coryphée ténor
Eug. Cannis, coryphée basse.

Quarante choristes.

Ballet.

Messieurs :
Appiani, maître de ballet.
Page, premier danseur demi-caractère.

Mesdames et Mesdemoiselles :
Rousset, première danseuse noble.
Page, première danseuse, demi-caractère.

1845. — 3 août, réouverture ; reprise de *la Reine de Chypre*, opéra en 5 actes ; — 5 août, reprise de *la Favorite*, opéra ; — 6 août, reprise de *l'Ambassadrice*, opéra comique ; — 8 août, premier début de Baron, financier, Laporte, 3me rôle ; reprise de *Marco Bomba*, ballet ; *Tartuffe, ou l'Imposteur*, comédie ; — 10 août, reprise de *Moïse*, opéra en 4 actes ; — 12 août, reprise de *Norma*, opéra en 3 actes ; — 14 août, premier début de Tourillon, laruette, Mlle Henri Leroux, 2me Dugazon ; reprise de *le Cheval de Bronze*, *Giselle* ; — 18 août, reprise de *la Part du Diable*, opéra comique ; — 20 août, Bardou, premier comique du Théâtre du Vaudeville de Paris, *Rabelais, ou le curé de Meudon*, vaudeville ; *Manche à Manche*, vaudeville ; *les Petites misères de la vie humaine*, vaudeville en 1 acte ; — 22 août, reprise de *le Petit Chaperon rouge*, opéra féerie en 3 actes ; — 25 août, reprise de *les Mémoires du Diable*, drame vaudeville en 3 actes ; *la Gazette des Tribunaux*, comédie vaudeville en 1 acte ; *Deux filles à marier*, vaudeville ; — 26 août, reprise de *la Sirène*, opéra comique ; *Giselle*, ballet ; — 27 août, reprise de *Robin des Bois*, opéra ; — 29 août, premier début de Mme Bouquet-Petit, première danseuse, reprise de *la Sylphide*, ballet en 2 actes ; *Polichinelle*, opéra comique en 1 acte ; *Brueys et Palaprat*, comédie ; — 31 août, reprise de *Lucie de Lammermoor*, opéra ; — 1er septembre, reprise de *Louise de Lignerolles*, drame en 5 actes ; — 4 septembre, Hoffmann, du Théâtre des Variétés de Paris ; — 10 septembre, reprise de *Une chaîne*, comédie en 5 actes ; — 12 septembre, premier début de Duprez, laruette, reprise de *le Maçon*, opéra comique ; — 15 septembre, reprise de *le Barbier de Séville*, opéra comique ; — 17 septembre, André Hoffmann, premier comique des Variétés, reprise de *les Trois dimanches*, comédie-vaudeville ; *Christophe, ou le cuisinier dramatique*, vaudeville en 1 acte ; — 19 septembre, reprise de *Fra Diavolo*, opéra comique ; — 22 septembre, reprise de *Bruno le fileur*, vaudeville ; *Une séparation, ou le divorce*, *Dans la loge*, vaudevilles ; — 25 septembre, premier début de Mlle Caroline Rounet, première danseuse ; — 26 septembre, représenta-

Messieurs :
Honoré, deuxième et troisième danseur.
Jean Hamel, troisième danseur coryphée.
Duchateau, comique, rôles mimes.
Hamel, } rôles mimes.
Koekelberg, }

Mesdames et Mesdemoiselles :
Leblond, } deuxièmes danseuses.
Honoré, }
Ton. Montassu, }
Duruisselle, } coryphées.
Adolphine, }
Angelina, }

Messieurs et Dames du corps de ballet.
Quatre quadrilles.

Orchestre.

MM. HANSSENS, premier chef d'orchestre.
C. Bosselet, second chef d'orchestre et premier du vaudeville.
D'Haussy, sous-chef d'orchestre et répétiteur des chœurs.
De Greep, chef répétiteur de la danse.
Van Volxem, répétiteur des chœurs.

La nouvelle année théâtrale est inaugurée, le 1ᵉʳ mai. Tout s'arrange bien, et, après les heureuses campagnes des administrateurs, on était en droit de fonder de grandes espérances sur le sort du théâtre, lorsque les circonstances vinrent changer la face des événements.

tion de Martin, la Favorite, opéra en 4 actes ; — 2 octobre, première représentation de Charles VI, opéra en 5 actes, paroles de Casimir et Germain Delavigne, musique de F. Halévy.

Charles VI	MM. Laurent-Quillevéré.
Le Dauphin	Laborde.
Le duc de Bedfort	Soyer.
Raymond	Zelger.
Gontrand	Tisserant.
Marcel	Bellecourt.
L'Homme de la forêt du Mans	Millet.
Un étudiant	Merchie.
Ludger	Martin.
Jean-sans-peur	Cannis.
Clisson	A. Hally.
Lionel	Millet,
Dunois	Descambos.
Isabelle de Bavière	Mᵐᵉˢ Villiomi-Laborde.
Odette	Julien...
Lancastre	Méry-Duruissel.

1845. — 13 octobre, reprise de Joconde, ou les Coureurs d'aventures, opéra comique en 3 actes; — 17 octobre, reprise de le Panier fleuri, opéra comique en 1 acte; — 21 octobre, reprise de les Farfadets, ballet-féerie en 2 actes; — 22 octobre, première représentation de le Gendre d'un Millionnaire, comédie en 5 actes, de Léonce et Moleri; — 24 octobre, reprise de les Premières amours, vaudeville en 1 acte; — 26 octobre, reprise de le Brasseur de Preston, opéra comique; — 31 octobre, reprise de la Famille

Le 30 mai, la Monnaie est fermée, pour cause de « réparations et embellissements ».

La troupe part pour Londres, le 2 mai, donne à Covent-Garden les principales pièces de son répertoire, puis, le 2 juillet, passe au Théâtre Drury-Lane où elle reste jusqu'à la fin du même mois, époque de son retour à Bruxelles.

Le succès de nos artistes avait été immense, mais, au point de vue financier, cette excursion fut ruineuse, et nous en verrons bientôt les conséquences.

Le 3 août, le Théâtre Royal, complètement restauré, rouvre ses portes, et inaugure la nouvelle salle par l'ouvrage capital de la saison précédente, la Reine de Chypre :

> La salle a conservé son aspect : trois rangs de loges s'élèvent encore au-dessus des galeries et du balcon. La coupole, dessinée en losanges ou tableaux, qui, chacun, renferment un sujet et une allégorie, est peinte avec une extrême élégance, la voûte semble découpée à jour sur le ciel. Le fond de la salle est d'un rouge vif, et les galeries, les loges, avec leurs colonnes sveltes et élancées, sont peintes en blanc, et ressortent avec éclat sur cette tenture sombre, mais fort riche ; tous les ornements, simples et dessinés avec goût, sont or sur blanc. Le rideau neuf est du meilleur effet, et représente des draperies rouges, frangées d'or et retombant à larges plis.

Renneville, drame-vaudeville en 3 actes ; — 6 novembre, reprise de *la Double échelle*, opéra comique en 1 acte ; — 14 novembre, première représentation de *Van Dyck*, opéra comique en 3 actes, paroles de Delmotte, musique de Willent-Bordogny ; — 20 novembre, au bénéfice de Mme Page, première danseuse, *Charles VI*, opéra ; — 30 novembre, représentation de Martin, *les Huguenots*, opéra ; — 2 décembre, reprise de *Teniers, ou la noce flamande*, opéra comique en 1 acte, de Bouilly et Pain, musique de Peellaert ; — 17 décembre, première représentation de *le Proscrit, ou le Corsaire de Venise*, opéra en 4 actes, poème de Escudier frères, musique de Verdi, adaptée sur celle d'*Ernani*, du même maître ; reprise de *le Nouveau Seigneur du village*, opéra comique ; — 20 décembre, au bénéfice de Mme Laborde, première représentation de *Zanetta, ou jouer avec le feu*, opéra comique en 3 actes, paroles de Scribe et Saint-Georges, musique d'Auber ; reprise de *le Rossignol*, opéra en 1 acte, paroles d'Etienne, musique de Lebrun ; — 22 décembre, spectacle extraordinaire, sous le patronage de LL. MM. le Roi et la Reine des Français et LL. MM. le Roi et la Reine des Belges : Les douze indiens, O-Zih-Be-Was, de l'Amérique du Nord, exécutant des exercices et danses ; — 23 décembre, M. Brindeau du Théâtre-Français ; — 26 décembre, première représentation de *le Diable à quatre*, ballet-pantomime en 2 actes, par de Leuven et Mazilier, musique d'A. Adam.

1846. — Du 6 au 14 janvier, 3 représentations de Mme Anna Thillon, première chanteuse du Théâtre de l'Opéra-Comique de Paris, *les Diamants de la Couronne*, *le Barbier de Séville*, *Lucie de Lammermoor* ; — 16 janvier, première représentation de *l'Empereur Frédéric, ou le parricide*, drame historique en 5 actes, par A. Genie ; première représentation de *Actéon*, opéra comique en 1 acte, de Scribe, musique d'Auber ; — 18 janvier, reprise de *Lucrèce Borgia*, opéra en 4 actes ; — 19 janvier, au bénéfice de J.-B. Haeck, machiniste en chef des Théâtres Royaux, première représentation (à la Monnaie) de *les Mousquetaires*, drame en 5 actes, par A. Dumas et A. Maquet ; — 28 janvier, reprise de

Le lustre a été entièrement remis à neuf; les nouvelles girandoles sont d'une grande élégance; enfin l'éclairage a reçu de notables améliorations. La loge du roi, et la grande loge d'avant-scène, qui lui fait face, ont gagné beaucoup en richesse et en légèreté. Les quatre cariatides ont été redorées. Tout le mobilier de la salle, bancs, stalles, cuirs, velours et tapisseries, a été renouvelé, et, à vrai dire, cette dépense est la partie la plus importante des frais. L'orchestre a été considérablement agrandi, ainsi que l'espace qui sépare les rangées des stalles et des galeries; de sorte que le public pourra y circuler beaucoup plus à l'aise. Les stalles sont recouvertes d'un maroquin pourpre qui fera mieux ressortir encore la blancheur éclatante des galeries et des colonnades, et les riches toilettes des dames. Les bancs du parterre sont tout neufs et en crin. Il va sans dire que les corridors, les galeries ont été repeints, et sont d'une propreté irréprochable.

Le grand foyer du public a aussi reçu une transformation complète; là, tout est fleurs, arabesques d'or, et guirlandes fraîches et aériennes; M. Tasson a répandu sur les murailles et le plafond les plus riantes couleurs de sa palette d'artiste. Le parquet est ciré à neuf, et, à chaque extrémité, une vaste cheminée en marbre blanc, surmontée d'une glace immense qui reflètera les mille lumières de lustres nouveaux et de girandoles nombreuses, remplace la décoration mesquine, qui, l'année dernière, avait soulevé de si justes critiques. De ce côté, du moins, le résultat obtenu est incontestable, et ne peut manquer de réunir les suffrages de tous les habitués du Théâtre Royal.

Des dispositions toutes récentes ont ouvert et créé deux portes et deux issues nouvelles, sous le grand escalier, de chaque côté du Théâtre Royal, l'une pour le parterre, les troisièmes galeries et les quatrièmes; l'autre pour les premières places. Les voitures seules et les abonnés auront maintenant accès par la colonnade de devant. Le contrôle a été reculé au fond du péristyle, devant l'espèce de niche où se trouvait autrefois la statue de Talma. Cette statue est placée maintenant dans une voûte creusée dans la niche même. Le public, après avoir passé devant le contrôle, est dirigé sur les petits escaliers du fond.

En définitive, la salle du Théâtre Royal est aujourd'hui tout à fait brillante et *confortable*.

André Chénier, drame en 3 actes et en vers, d'Edouard Wacken; — 29 janvier, première grande fête de nuit; — 12 février, première représentation de *le Fidèle Berger*, opéra comique en 3 actes, de Scribe et Saint-Georges, musique d'Adam; — 13 février, première représentation de *la Danse involontaire*, ballet-burlesque en 1 acte, d'Appiani; — 24 février, reprise de *les Rendez-vous bourgeois*, opéra comique; — du 6 au 10 mars, 4 représentations de Mlle Araldi, premier rôle tragique du Théâtre-Français; — 27 mars, rentrée de Couderc, *la Part du Diable*, opéra comique en 3 actes; — 2 avril, au bénéfice d'Arthur Dhotel, contrôleur, première représentation de *Lady Henriette, ou la servante de Greenwich*, ballet-pantomime en 3 actes, par de Saint-Georges et Mazilier, musique de Flotow, Burymüller et Deldevez; — 15 avril, au bénéfice de Mme Guichard, première représentation de *les Mousquetaires de la Reine*, opéra comique en 2 actes, paroles de de Saint-Georges, musique d'Halévy.

Olivier d'Entragues	MM. Couderc.
Hector de Biron	Soyer.
Le capitaine Roland	Zelger.
Norbonne	Baldy.
Rohan	Millet.
Athenaïs de Solange	Mmes Laborde.
Berthe de Simiane	Guichard.
La Grande Maîtresse	Biacabe.

1846. — 22 avril, reprise de *le Château de ma nièce*, comédie en 1 acte, en prose, par Mme Ancelot; — 30 avril, clôture, *les Mousquetaires de la Reine*.

Ses décorations intérieures sont riches et de fort bon goût ; elles font honneur au pinceau de MM. Sechan et Depléchen (de Paris), qui ont tiré le meilleur parti possible du crédit modeste qui leur était ouvert et qu'ils ne pouvaient dépasser.

Mlle Lebrun, qui se retirait après dix-sept ans de service au Théâtre de la Monnaie, donne sa soirée d'adieux, le 2 décembre. On citait cette artiste comme un modèle de ponctualité : « Depuis dix-sept ans, elle n'a pas manqué une répétition. Pendant dix-sept ans, jamais ni caprice, ni ambition, ni avidité ne lui a donné l'idée de nous quitter. » Mlle Lebrun était l'un des rares exemples d'un type qui s'en va. Elle conservait religieusement les traditions, comprenait Molière, et le faisait comprendre : « Elle sait dire, j'écris *dire* et non déclamer ; elle sait plus, elle sait *écouter*, ce qui devient chaque jour plus rare. »

La place de libraire du théâtre, « avec emplacement sur le palier des premières loges », avait été occupée jusqu'ici par M. Gambier. Le concessionnaire étant mort, en mars 1845, il fut remplacé par Lelong, l'éditeur de la rue des Pierres, qui s'installa au commencement de la saison 1845-46.

La soirée du 22 décembre donna lieu au tapage le plus épouvantable. L'affiche avait annoncé l'exhibition de douze Indiens : « O-Zib-Be-Was, de l'Amérique du Nord ». Le public, indigné d'un tel spectacle sur la scène de la Monnaie, en empêcha la continuation.

Sept opéras ou opéras comiques sont représentés pendant la campagne théâtrale.

Il faut citer *Charles VI* et *les Mousquetaires de la Reine*, dont le succès fut considérable.

Parmi les artistes en représentations, il n'y a à relever que les noms de Bardou, du Vaudeville, — Brindeau, du Théâtre-Français, — Anna Thillon, de l'Opéra-Comique.

Clôture, le 30 avril.

(1846-47)

MM. Hanssens,
Van Caneghem, } administrateurs.
Valmore,

Paul Philippon, } directeurs de la scène.
Valmore,

Monnier, régisseur.
Dedecker, second régisseur.
Duchateau, régisseur des ballets.
Vandevivier, régisseur des chœurs.
Arthur d'Hotel, contrôleur en chef.
Blum, contrôleur chargé du recouvrement de l'abonnement.

Comédie, Tragédie, Drame et Vaudeville.

Messieurs :

Robert, premiers rôles en tous genres.
Verdellet, jeunes premiers, forts jeunes premiers, jeunes premiers rôles au besoin.
Léon, seconds rôles, jeunes premiers au besoin.
Jules Baldy, seconds et troisièmes amoureux au besoin.
Quélus, pères nobles, premiers rôles marqués.
Baron, financiers, grimes, paysans, manteaux.
Bouchez, rôles de convenance, financiers au besoin.
Allié, troisièmes rôles.

Mesdames et Mesdemoiselles :

Restout, premiers rôles jeunes, tous premiers rôles y tenant, coquettes, Mars et fortes jeunes premières.
Doligny, seconds premiers rôles, jeunes mères nobles.
Boudeville, jeunes premières et des jeunes premiers rôles.
Tuillier, jeunes premières, ingénuités.
Irma, secondes amoureuses et ingénuités.
Louise, troisièmes amoureuses.
Biacabe, mères nobles.
Luguet, duègnes et caractères.
Perreymont, soubrettes.
Millet, rôles de convenance.

Messieurs :
BOSSELET, troisièmes rôles, des pères.
STANISLAS, troisièmes rôles, utilités.
DUPREZ, premiers comiques.
MICHEL, } seconds comiques et des pre-
LEMAIRE, } miers.

Messieurs :
DUCHATEAU,
LEROY,
MAILLY,
TOURNILLON, } utilités

Grand opéra, Opéra comique et Traductions.

Messieurs :
LABORDE, } premiers ténors.
MATHIEU, }
COUDERC, premiers ténors dans l'opéra comique.
BOULO, des premiers et forts seconds ténors dans l'opéra comique et les seconds ténors dans les grands opéras.
MASSOL, barytons et Martin.
ZELGER, premières basses-tailles en tous genres.
SOYER, seconds ténors, Philippe, Gavaudan et des ténors comiques.
BARIELLE, premières basses comiques.
MICHEL, } ténors comiques.
LEMAIRE, }

Mesdames et Mesdemoiselles :
LABORDE, premières chanteuses à roulades.
JULIEN, premières chanteuses.
CHARTON, premières chanteuses et fortes secondes en tous genres.
GUICHARD, premières Dugazon.
IRMA, secondes et jeunes Dugazon.
BIACABE, mères Dugazon.
LUGUET, duègnes et caricatures.
H. BAZIRE, secondes duègnes et caricatures.
MILLET, troisièmes Dugazon et rôles de convenance.
AUGUSTINE, coryphée et rôles de convenance.
Messieurs :
MILLET, coryphée ténor.
EUGÈNE CANNIS, coryphée basse.

Quarante choristes.

1846. — 1er mai, ouverture, reprise de *Norma* et de *le Maître de chapelle*; — 3 mai, reprise de *Charles VI*; — 4 mai, reprise de *les Mousquetaires de la Reine; Un mari qui se dérange*; — 5 mai, premiers débuts de Murat, deuxième danseur, et de Mlle Prévost, deuxième danseuse; — 7 mai, premier début de Barielle, première basse chantante, *les Huguenots*; — 11 mai, reprise de *le Chalet*, opéra comique; *la Danse involontaire*, ballet; *le Diplomate*, comédie-vaudeville; — 14 mai, premiers débuts de Boulo, premier ténor dans l'opéra comique, et de Mlle Colina Moulinier, première danseuse; reprise de *le Philtre*, opéra; *Giselle*, ballet; — 17 mai, reprise de *la Part du Diable*, opéra comique; — 18 mai, reprise de *la Juive*; — 19 mai, reprise de *le Postillon de Lonjumeau*, opéra comique; *la Sylphide*, ballet; — 20 mai, reprise de *les Diamants de la Couronne*; — 22 mai, reprise de *l'Ambassadrice*, opéra comique; *l'Héritière*, comédie; — 25 mai, premier début de Michel, laruette, *le Domino noir, le Panier fleuri*; — 26 mai, reprise de *Guillaume Tell*, opéra; — 27 mai, reprise de *la Danse involontaire*, ballet; — 29 mai, reprise de *la Favorite*, opéra; — 1er juin, Robert Houdin, prestidigitateur; — 2 juin, concert vocal et instrumental, donné par Mme Anna Bishop, première cantatrice des théâtres d'Italie; — 4 juin, reprise de *le Rossignol*, opéra; — 5 juin, premier début de Mlle Irma, deuxième Dugazon, reprise de *le Cheval de Bronze* et de *Actéon*; — 9 juin, reprise de *la Reine de Chypre*, opéra; — 10 juin, reprise de *le Fidèle Berger*; — 12 juin, reprise de *la Fille du régiment*; — 22 juin, reprise de *la Dame blanche*; — 25 juin, Sawyers, Wildon, Cox et Kent, clochistes chinois; — 30 juin, au bénéfice de Couderc, représentation de Massol, premier sujet de l'Académie de musique de Paris, *Lucie de Lammermoor, Charles VI*; première représentation de *le Bon garçon*, opéra comique en 1 acte, d'A. Bourgeois et

Ballet.

Messieurs :
APPIANI, maître de ballets.
PAGE, premier danseur demi-caractère.
MURAT, deuxième et troisième danseur.
JEAN HAMEL, troisième danseur coryphée.
DUCHATEAU, comiques, rôles mimes.
HAMEL, } rôles mimes.
KOEKELBERG, }

Mesdames et Mesdemoiselles :
ROUSSET, première danseuse noble.
PAGE, première danseuse demi-caractère.
LEBLOND, } secondes danseuses.
PRÉVOST, }
TON. MONTASSU, }
DURUISSELLE, }
ADOLPHINE, } coryphées.
ANGÉLINA, }

Messieurs et Dames du corps de ballet.
Quatre quadrilles.

Orchestre.

MM. HANSSENS, premier chef d'orchestre.
C. BOSSELET, second chef d'orchestre.
D'HAUSSY, sous-chef d'orchestre et répétiteur des chœurs.
DE GREEF, chef répétiteur de la danse.
VAN VOLXEM, répétiteur des chœurs.
Soixante musiciens.

Valmore se joint à Hanssens aîné et à Van Caneghem; puis, le

Lockroy, musique d'Eugène Prévost ; — du 1ᵉʳ au 24 juillet, représentations de Mᵐᵉ Naptal-Arnault, premier rôle du Théâtre de l'Odéon ; premier début de Brésil, premier rôle en tous genres ; reprise de *le Misanthrope*, comédie en 5 actes ; *Valérie*, comédie en 3 actes ; — du 8 juillet au 6 août, représentations de la troupe d'opéra allemand, *le Freischütz*, les *Noces de Figaro*, *Don Juan*, *la Flûte enchantée*, *Fidelio*, *Catarina Cornaro*, *Obéron* ; — 13 juillet, reprise de *Ruy Blas*, drame : — 18 juillet, Lafont, du Théâtre des Variétés de Paris ; — 31 juillet, reprise de *la Sylphide*, ballet en 2 actes ; — 1ᵉʳ août, reprise de *Un mariage sous l'Empire*, vaudeville en 2 actes ; *le Gamin de Paris*, vaudeville ; — 3 août, représentation extraordinaire, donnée par Alfred Ormonde et Min Waverley, du Théâtre Royal de Covent-Garden, de Londres, *Macbeth*, *Roméo et Juliette* ; — 19 août, rentrée de la troupe d'opéra, premier début de Mˡˡᵉ Restout, premier rôle, *l'Ecole des vieillards*, comédie en 5 actes ; *le Philtre*, opéra en 2 actes ; — 20 août, reprise d'*André*, vaudeville en 2 actes ; — 21 août, reprise de *Une chaîne*, comédie en 5 actes, de Scribe ; — 22 août, reprise de *la Vieille fille* ; — du 24 août, représentation de Chollet, premier sujet du Théâtre Royal de l'Opéra-Comique ; reprise de *Zampa*, *Richard Cœur-de-Lion* ; — 26 août, reprise de *le Roi d'Yvetot*, opéra comique en 3 actes ; — 31 août, premier début de Quélus, père noble, reprise de *l'Abbé de l'épée*, comédie en 5 actes, de Bouilly ; — 3 septembre, exercices de M. Canfield, hercule ; — 7 septembre, série de représentations de Raguenot, premier ténor, *Guillaume Tell*, *la Favorite* ; — 17 septembre, représentation de Mᵐᵉ Volnys, premier rôle du Théâtre-Français, *Mathilde, ou la jalousie*, *la Chanoinesse* ; — 22 septembre, début de Robert, premier rôle en tous genres, Mˡˡᵉ *de Belle-Isle* ; — du 23 septembre, série de représentations de Mathieu, premier ténor, *Lucie de Lammermoor*, *la Favorite*, *la Reine de Chypre*, *Guillaume Tell* ; — du 6 octobre, série de représentations de Marié, premier ténor, *la Juive*, *Robert le Diable*, *les Huguenots* ; —

théâtre rouvre ses portes, le 1ᵉʳ mai; la situation financière était celle-ci :

1844-45. — Pertes	fr.	44,306 60
1845-46. — Pertes		40,650 33
	fr.	84,956 93
1843-44. — Bénéfices	fr.	23,077 95
1ᵉʳ mai 1846. — Pertes.	fr.	61,878 98

Les deux premiers mois d'exploitation amenèrent, seuls, un nouveau déficit de 30,000 francs.

Il y a peu de changements dans les principaux emplois.

L'opinion n'était pas unanime sur les avantages de cette inamovibilité du personnel, mais le public se montre bienveillant pour les artistes dont l'engagement est renouvelé, et les *rentrées* s'effectuent sous des auspices favorables.

Barielle, qui remplaçait Bellecour, fut acclamé, et nous le verrons occuper une place importante au Théâtre Royal.

Le public se souciait peu des débuts. Sa curiosité était plutôt attirée par la composition de la salle que par celle de la scène. Un débat assez sérieux était survenu au sujet de certaines places, et, notamment, d'une loge d'avant-scène dont « les jeunes lions »

---

11 octobre, rentrée de Laborde, première représentation de *le Lac des fées*, grand opéra en 5 actes et 7 tableaux, de Scribe et Mélesville, musique d'Auber ; — 7 novembre, au bénéfice de Ch. de Dedecker, régisseur, *les Mousquetaires* ; — 10 novembre, première représentation de *le Trompette de M. le Prince*, opéra comique en 1 acte, de Mélesville, musique de F. Bazin ; — 11 novembre, au bénéfice de Mᵐᵉ Charton, *le Lac de fées* ; — 2 décembre, première représentation de *la Closerie des Genêts*, drame en 5 actes et 8 tableaux, de F. Soulié ; — 11 décembre, représentation de Levasseur, *le Philtre* ; — 12 décembre, au bénéfice de Quélus, première représentation de *le Serment de Wallace*, drame en 3 actes et en vers, d'Edouard Wacken ; — du 14 décembre, série de représentations de Mˡˡᵉ Fargueil, *Clarisse Harlowe*, *Gentil Bernard*, *la Gardeuse de dindons* ; — 22 décembre, au bénéfice de Mᵐᵉ Page, première représentation de *la Esmeralda*, ballet en 2 actes et 6 tableaux, par Perrot, musique de Gugny ; première représentation de *le Caquet du couvent*, opéra comique en 2 actes, de Planard, de Leuven et H. Potier ; — 23 décembre, première représentation de *Othello*, grand opéra en 3 actes et en vers, par Gustave Vaez et Alphonse Royer, musique de Rossini (traduction) ; — 29 décembre, première représentation de *Agnès de Méranie*, tragédie nouvelle en 5 actes, de Ponsard.

1847. — 20 janvier, première représentation de *Mina, ou le ménage à trois*, opéra comique en 3 actes, de Planard, musique d'Amb. Thomas ; — du 31 janvier, Mˡˡᵉ Lucile Grahn, danseuse du Théâtre Italien de Londres ; — 1ᵉʳ février, *la Part du Diable*, opéra comique ; — 9 janvier, au bénéfice de Zelger, première représentation de *Henriette d'Entragues, ou Un pacte sous Philippe III (Il Giuramento)*, opéra en 5 actes, de Mercadante, paroles françaises de G. Oppelt (traduction) ; — 14 janvier, *Bal paré et masqué* ; — 1ᵉʳ mars,

prétendaient déposséder « les lions d'âge mûr ». Mais ceux-ci tinrent bon, et ne voulurent pas se désister au profit de leurs cadets.

En outre, la direction avait essayé d'augmenter le prix des abonnements, qu'elle trouvait — à juste titre — peu elevé, en raison des frais dont la marche était toujours terriblement ascendante. La plupart des abonnés renoncent alors à leurs places, et, comme Hanssens n'avait pas dans sa caisse l'argent de son prédécesseur Molin, qui, on s'en souvient, avait joué un tour assez adroit aux habitués du théâtre, il lui fut impossible d'atteindre le même but. Ce qui est, cependant, assez particulier, c'est que toute l'aristocratie des « premières loges » avait renoncé au plaisir du spectacle, à cause d'une augmentation de *cent francs par an!*

Et, pendant ce temps, le caissier se croisait les bras, les recettes étant si faibles que son emploi n'était plus qu'une sinécure.

De plus, les indispositions se multiplièrent. Il n'y eut pas, en quelque sorte, un jour par semaine où l'on donnât le spectacle annoncé. Laborde était affligé d'une maladie persistante, et l'on songea à le remplacer par Raguenot, puis par Marié, dont les représentations ne brillèrent pas d'un éclat exceptionnel.

La première danseuse avait échoué dans ses débuts : on ne parvint à la remplacer qu'à la fin de l'année.

Dans la comédie, nouvelles calamités : Mlle Restout fut retenue

---

premières représentations de *Catarina, ou la fille du bandit*, ballet en 2 actes ; — 7 mars, reprise de *Lady Henriette*, ballet ; — 9 mars, reprise de *la Citerne d'Albi*, drame ; *le Panier fleuri*, opéra comique ; *la Chercheuse d'esprit*, vaudeville ; — 16 mars, au bénéfice d'Arthur Dhotel, contrôleur en chef, première représentation de *l'Ame en peine*, opéra fantastique en 2 actes, de Saint-Georges, musique de Flotow ; — 18 mars, au bénéfice de Mme Guichard, première représentation de *Ne touchez pas à la Reine*, opéra comique en 3 actes, de Scribe et G. Vaez, musique de X. Boisselot ; — 22 mars, bénéfice de Mlle Lucile Grahn, première danseuse ; — 25 mars, concert de Vieuxtemps, violoniste ; — 9 avril, première représentation de Mlle Dolorès et de M. Camprubi, danseurs espagnols ; — 7 avril, au bénéfice de Laborde, *les Huguenots*, 2me et 4me actes ; *le Rossignol*, opéra en 1 acte ; *la Favorite*, 4me acte ; — 9 avril, première représentation de la *Xacarilla*, opéra en 1 acte, de Scribe, musique de Martiani ; *Echec et mat*, comédie ; — 17 avril, Bardou jeune, du Théâtre du Vaudeville de Paris ; — 19 avril, au bénéfice de Mme Page, reprise de *le Diable amoureux*, ballet ; — 25 avril, début de Mlle Valton, contralto, *Charles VI ;* — 30 avril, clôture ; *la Juive*, Mathieu dans le rôle d'Eléazar.

SAISON D'ÉTÉ

1847. — 2 mai, reprise de *les Mousquetaires de la Reine*, opéra comique ; *la Esmeralda*, ballet ; — 3 mai, au bénéfice de Mlle Rousset, première danseuse, *le Diable à quatre*, 2me acte ; — 12 mai, au bénéfice du « petit personnel », *Ne touchez pas à la Reine*, opéra comique en 3 actes.

en Italie par un rhume qui dura trois mois, pendant lesquels il fut difficile de jouer le répertoire ; puis, lorsqu'elle eut débuté, il fallut bien se rendre à la triste certitude que la nouvelle pensionnaire n'arriverait pas à conquérir les bonnes grâces du public.

Et la Monnaie voyait se dresser dans Bruxelles de fâcheuses concurrences. Sans compter le Théâtre du Vaudeville, dont les spectateurs n'apprenaient guère le chemin, il y avait le Cirque, le Cirque fatidique, dont la vogue était si redoutable.

Enfin, les bals masqués, qui étaient d'un produit considérable, tant qu'ils constituaient, pour ainsi dire, le monopole du Théâtre Royal, perdirent fatalement à l'innovation de ceux des Nouveautés et du Cirque.

A toutes les causes accidentelles des embarras qu'éprouvait la direction s'ajoutait la rareté momentanée de bons ouvrages fournis par les théâtres de Paris.

En Avril, M. Hanssens déclare qu'il se trouve dans l'impossibilité de payer le mois d'appointements. Les artistes, d'un mouvement spontané, signent une déclaration par laquelle ils font l'abandon de ce mois, qui leur sera payé par *douzièmes*, à partir du 31 mai.

L'Administration communale met le théâtre en adjudication.

La clôture a lieu, le 30 avril, par *la Juive*.

Les artistes vont occuper leurs loisirs en province. La première ville exploitée est Charleroi, où l'on commence avec *Ne touchez pas à la Reine.*

(1847-48)

MM. Auguste NOURRIT, directeur.
Solomé, régisseur général.
Monnier, régisseur du Grand-Théâtre.
Collet, régisseur du Théâtre du Parc.
Quélus, régisseur de la comédie et du drame.
Duchateau, régisseur des ballets.
Arthur d'Hotel, contrôleur en chef.

Comédie, Tragédie, Drame et Vaudeville.

Messieurs :

Alexandre, premiers rôles en tous genres.
Verdellet, jeunes premiers, forts jeunes premiers, jeunes premiers rôles au besoin.
Léon, } deuxièmes amoureux et
Émile Darmy, } premiers au besoin.
Rey, seconds et troisièmes amoureux.
Quélus, pères nobles, premiers rôles marqués
Alexis Louis, financiers, grimes paysans, manteaux.
Bouchez, rôles de convenance, financiers au besoin.
Laporte, troisièmes rôles et grands raisonneurs.

Mesdames et Mesdemoiselles :

Martelleur, premiers rôles jeunes et fortes jeunes premières.
Doligny, seconds premiers rôles, jeunes mères nobles.
Thuillier, jeunes premières ingénuités.
Dés. Mayer, jeunes premières amoureuses.
Irma, secondes amoureuses.
Laure, } troisièmes amoureuses.
Amélie, }
Panien, mères nobles.
Luguet, duègnes et caractères.
Hesse, deuxièmes duègnes et premières au besoin.
Minne, deuxièmes et troisièmes duègnes.

Messieurs :

B. Ducors, } troisièmes rôles, rôles de
Stanislas, } convenance et des pères.
Duprez, premiers comiques.
Michel, } seconds comiques et des pre-
Lemaire, } miers.
Duchateau, } utilités.
Leroy, }

Mesdames et Mesdemoiselles :

Maria Lopez, soubrettes.
Millet, deuxièmes soubrettes et rôles de convenance.
Denise, utilités.

Messieurs :

Mailly, } utilités.
Tournillon, }

Grand opéra, Opéra comique et Traductions.

Messieurs :

Laborde, premiers ténors dans le grand opéra.
Couderc, premiers ténors dans l'opéra comique.
Dufresne, premiers ténors dans l'opéra comique et des jeunes premiers et seconds ténors dans le grand opéra.
Julien, ténor léger d'opéra comique, des Moker, et les seconds premiers ténors dans le grand opéra.
Massol, barytons.
Albertini, barytons, Martins et basse chantante.
Zelger, premières basses en tous genres.
Henri Alix, premières basses comiques, des secondes dans le grand opéra.
Soyer, seconds ténors, Philippe, Gavaudan et des ténors comiques.
Michel, } ténors comiques.
Lemaire, }

Mesdames et Mesdemoiselles :

Laborde, premières chanteuses à roulades.
Bouvard, premières chanteuses, Falcons, etc.
Prévost (1), jeunes premières chanteuses et secondes dans le grand opéra.
De Keyser, secondes chanteuses dans le grand opéra et opéra comique, et des Falcons au besoin.
Guichard, premières Dugazon.
Irma, secondes Dugazon.
Panien, mères Dugazon.
Luguet, duègnes et caricatures.
Hesse, deuxièmes duègnes et caricatures.
Amélie, } coryphées.
Denise, }
Quarante choristes.

Messieurs :

Jouart, troisièmes ténors coryphées.
B. Ducors, deuxièmes et troisièmes basses coryphées.

Ballet.

Messieurs :

Barrez, maître de ballet.
Page, premier danseur.
Adrien, danseur de caractère et mime, second maître de ballet.
Murat, second danseur.
Duchateau, comiques, rôles mimes.
Hamel, } rôles mimes.
Kockelberg, }

Mesdames et Mesdemoiselles :

A. Dubignon, première danseuse noble.
Lucie, seconde première danseuse.
Page, première danseuse demi-caractère.
Leblond, } secondes danseuses.
Léontine, }
Dubruissel, } coryphées et rôles mimes.
Angelina, }

Orchestre.

MM. C.-L. Hanssens, premier chef d'orchestre.
Bosselet, second chef d'orchestre, premier maître de chant.
De Greef, deuxième sous-chef d'orchestre, second maître de chant.
Van Volxem, répétiteur des chœurs.
Soixante musiciens.

(1) En attendant l'arrivée de la personne engagée pour cet emploi, Mlle Prévost, première chanteuse du Grand-Théâtre de Nantes, a consenti à s'engager avec l'administration jusqu'au 5 août prochain.

Ouverture, le 17 juin, par *la Favorite*.

Dans leur compte-rendu des premières représentations, les journaux déplorent amèrement la décadence de l'art :

> Les débuts qui viennent d'avoir lieu au Théâtre-Royal ont inspiré de tristes réflexions à ceux qui conservent quelque goût pour l'art dramatique . . . .
> Nous n'osons pas dire qu'il ne se présentera plus d'artistes capables de jouer la comédie. Mais, s'il en surgit par hasard, ce ne seront que de brillantes exceptions.

On a vu ce que pensaient les critiques, vers le commencement du siècle ; on lira ce qui fut écrit, plus tard, et ce qu'on dit encore de nos jours sur le même sujet. Et le lecteur tâchera de se former une opinion sur cette *décadence*, au moyen des raisonnements les plus ingénieux...

Parmi les artistes en représentations, il convient de signaler Roger qui, dès le premier soir, dans *la Sirène*, fut triomphalement accueilli. Pour ses adieux, le grand chanteur donna un spectacle *coupé*, où s'intercalait le 3ᵐᵉ acte de *la Reine de Chypre*. Massol y parut sous deux costumes et dans deux rôles différents : *Mocenigo* et *Lusignan*.

En juillet a lieu la réouverture du Théâtre Saint-Hubert, sous le nom de THÉATRE DE L'OPÉRA-COMIQUE, titre indiquant suffisamment le genre de pièces qu'on y jouait. La Monnaie n'ouvre plus ses

---

1847. — 17 juin, ouverture ; rentrée de Laborde, Massol, Zelger, Page, Murat, Mᵐᵉˢ Page et Leblond, premier début de Mˡˡᵉ Bouvard, première chanteuse ; reprise de *la Favorite* ; — 25 juin, reprise de *la Reine de Chypre* ; — 2 juillet, reprise de *l'Ecole des vieillards*, comédie en 5 actes ; *Giselle*, ballet ; — 4 juillet, reprise de *Charles VI*, opéra en 5 actes ; — 5 juillet, représentations d'adieux de Mᵐᵉ Doche, *le Dépit amoureux*, comédie, *Un Monsieur et une dame*, *Un changement de main*, *l'Image* ; — du 9 au 31 juillet, série de représentations de Roger, premier ténor de l'Opéra-Comique de Paris, *la Sirène*, *la Part du Diable*, *Lucie de Lammermoor*, *la Favorite*, *la Dame blanche* ; — 10 juillet, Neuville, du Théâtre des Variétés de Paris ; — 12 juillet, début de Alexandre, premier rôle, *Belle duchesse, ou Echec et mat*, comédie ; — 14 juillet, début de Mᵐᵉ Keyser, première chanteuse légère d'opéra, *la Juive*, — 21 juillet, début de Dufresne, premier ténor, *la Dame blanche* ; — 22 juillet, représentation de Mᵐᵉ Dorval, premier sujet du Théâtre-Français ; *Il était une fois un roi et une reine, ou la Main droite et la main gauche*, drame en 5 actes, de Léon Gozlan ; — 23 juillet, au bénéfice des pauvres, avec le concours de Roger, de l'Opéra-Comique, *Lucie de Lammermoor* ; — 25 juillet, Tisserant, du Théâtre du Gymnase de Paris ; — 31 juillet, au bénéfice de Roger, de l'Opéra-Comique, *la Sirène* ; — du 1ᵉʳ au 22 août, représentation de Mˡˡᵉ Julienne, première chanteuse, *Robert le Diable*, *la Juive*, *les Huguenots*, *Charles VI*, *la Favorite* ; — 3 août, première représentation de *la Jolie fille de Gand*, ballet, de de Saint-Georges, Albert, musique d'Adam ; — du 6 au 21 août, série de représentations de Mᵐᵉ Hillen, première chanteuse du Théâtre de la Haye, *les Diamants de la Couronne*, *Lucie de Lammermoor*, *la Part du Diable* ; — 12 août, représentation de Mᵐᵉ Eichfeld, première chanteuse du Théâtre de Gand, *les*

portes que trois ou quatre fois par semaine. On avait cru diminuer ainsi les frais. Mais, loin d'être plus fructueuses en devenant plus rares, les représentations se trouvent de jour en jour moins productives.

Du reste, le nombre des théâtres de Bruxelles n'était pas en rapport avec celui de ses habitants; l'exigence du public commençait, en outre, à se faire cruellement sentir, et la situation financière s'aggravait. Des demandes, des réclamations de toute nature arrivaient à l'Hôtel-de-Ville. Enfin, le 4 novembre, la démission de Nourrit est acceptée.

Les artistes jouent en société, à partir du 1er décembre, sous la conduite de commissaires, représentant chaque genre, c'est-à-dire que l'opéra, le ballet, la comédie, le vaudeville avaient nommé leur délégué respectif.

On parvient à engager Carlo, un jeune ténor avec qui Nourrit était entré en pourparlers au moment de son départ. Duprez, l'un des commissaires de la nouvelle société, se rend à Lyon, dont le théâtre était en déconfiture, espérant en ramener Boulo, Barielle et Mme Hillen, pendant que quelques artistes quittent Bruxelles : d'abord Albertini et Soyer; puis M. et Mme Laborde, qui vont à

Huguenots; — 13 août, débuts de Bernard et de Mme Dekeyser, reprise de *le Maçon;* — 31 août, début de Lac, *la Juive;* — 1er septembre, reprise de *le Domino noir;* — 6 septembre, représentation de Mlle Plunkett, première danseuse de l'Opéra, *la Jolie fille de Gand;* — 9 septembre, premier début de Mme Larche, jeune première, *Une chaîne*, comédie; — 10 septembre, rentrée de Mlle Bouvard, première chanteuse Stoltz, *Charles VI;* — 13 septembre, reprise de *le Postillon de Lonjumeau*, opéra comique; — 15 septembre, première représentation de *le Chevalier de Maison-Rouge*, drame en 5 actes, d'A. Dumas; — 16 septembre, premiers débuts d'Albertini de Mmes Larché et Corres, *le Barbier de Séville;* — 20 septembre, reprise de *le Pré-aux-Clercs*, opéra comique; — 1er octobre, reprise de *le Misanthrope*, comédie; — 4 octobre, premiers débuts de Mlle Delille et de Verner, *les Diamants de la Couronne;* — 5 octobre, premier début de Mlle Julienne, première chanteuse falcon, *la Juive;* — 19 octobre, première représentation de *Robert Bruce*, opéra en 3 actes, d'Alph. Royer et G. Vaez, musique empruntée à différentes partitions de Rossini; — 25 octobre, reprise de *le Mari à la campagne*, comédie; — du 27 octobre, série de représentations de Mlle Carlotta Grisi, première danseuse de l'Académie royale de musique; reprise de *le Diable à quatre*, *la Jolie fille de Gand;* — 1er novembre, concert de Georges Fabricius, violon solo de S. A. R. le prince de Schauenbourg-Lippe; — 4 novembre, reprise de *Ne touchez pas à la Reine*, opéra comique; — 7 novembre, reprise de *Don Pasquale*, opéra bouffe; — du 9 au 24 novembre, nouvelle série de représentations de Mlle Grisi, première danseuse de l'Opéra, *le Diable à quatre*, *la Esmeralda*, *Giselle*, *Terpsichore sur terre*, *la Péri;* — 10 novembre, *les Mousquetaires de la Reine;* — 13 novembre, par ordre, *Giselle*, *Don Pasquale;* — 16 novembre, spectacle extraordinaire au bénéfice des pauvres, avec le concours de

Liège, Mme Guichard et Couderc, à Gand. L'emploi de prima-donna échoit à Mme Julien, dont les appointements sont de 21,000 francs par an, tandis que tous les artistes touchent des sommes variant selon les recettes et le *prorata* de leurs anciens émoluments, à l'exception des chiffres ne dépassant pas 500 francs par mois, qui sont payés intégralement.

Le théâtre voit alors le public revenir pendant quelques jours; mais celui-ci ne tarde pas à déserter encore. En janvier, on ne réalise que 18,000 francs, tandis que les Galeries Saint-Hubert, qui avaient repris la comédie et le vaudeville, produisent 21,000 francs.

Voici le relevé des désastreuses recettes dans le commencement de la campagne :

Mai	8,526 francs
Juin	9,585 »
Juillet	19,913 » (Duprez)
Août	17,417 »
Septembre	13,365 »
Octobre	12,215 »
Novembre	9,024 »
Décembre	

Mlle Grisi, *le Diable à quatre*, 1er acte, *la Jolie fille de Gand*, kermesse, *la Esmeralda*, 2me acte, *la Favorite*, 2me acte, *Lucie de Lammermoor*, 4me acte, ouverture de *Zampa*; — 18 novembre, grand concert donné par Félicien David, *Christophe Colomb, ou la découverte du nouveau monde*, ode-symphonique en 4 parties, paroles de Méry, Ch. Chenbet et Sylvain Saint-Etienne, musique de Félicien David, orchestre et chant, 200 exécutants ; — 21 novembre, première représentation de *Terpsichore sur terre*, ballet-fantastique en 1 acte, Mlle Grisi remplit le rôle de Terpsichore ; — 22 novembre, premier début de Mme Jamin, première soubrette, *le Tartuffe*, comédie ; — 26 novembre, reprise de *l'Ambassadrice*, opéra comique ; — 29 novembre, rentrée de Mlle Dubignon, *Une chaîne*, comédie, *le Diable à quatre*; — 3 décembre, reprise de Mlle *de Belle-Isle*, comédie ; — 7 décembre, représentation de Mme Cinti-Damoreau, premier sujet de l'Opéra-Comique, *l'Ambassadrice, le Bouffe et le tailleur*; — 10 décembre, premier début de Carlo, jeune premier ténor, *le Chalet*; — 14 décembre, rentrée de Mlle Julien, *Norma*; — 19 décembre, première représentation de *Un caprice*, comédie en 1 acte, d'Alfred de Musset; — 22 décembre, *les Paysans*; — 25 décembre, reprise de *le Comte Ory*, opéra ; — 29 décembre, reprise de *Annette et Lubin*; — 31 décembre, reprise de *Charles VI*. 1848. — 1er janvier, reprise de *la Dernière conquête*, comédie ; — du 3 au 28 janvier, série de représentations de Flavio, premier ténor, *Robert le Diable, la Muette de Portici, Lucie de Lammermoor*; — 5 janvier, représentation de Candron, première basse comique, *la Dame blanche*; — du 8 au 20 janvier, représentation de la Troupe Hongroise, composée de 26 chanteurs et danseurs ; — 12 janvier, première représentation de *Une leçon de l'Amour*, ballet en 1 acte, de M. Adrien ; — du 18 janvier, représentations de Mlle Elian, *Robert le Diable, Lucie de Lammermoor*; — 7 février, première représentation de *les*

Les soumissionnaires à la direction du théâtre se présentent ; ce sont :

Willent-Bordogni ; — Moreau-Sainti, de l'Opéra-Comique ; — Duprez, propriétaire ; — Fleury, directeur des Théâtres de Lyon ; — Challet, directeur des Théâtres de Bordeaux, qui consentait à rompre son contrat avec Bordeaux et à perdre son cautionnement ; — Louis Surine ; — Ch. Hanssens.

Ce dernier, dans sa demande, donne les raisons pour lesquelles, selon lui, deux directeurs ont été contraints de déposer leur bilan en moins de six mois. Il trouve la cause fatale de ces faillites successives dans la liberté illimitée des théâtres, concurrences déplorables pour le Théâtre-Royal.

Enfin, après bien des hésitations, le privilège des Théâtres de la Monnaie et du Parc est accordé à Edouard Duprez (23 avril 1848).

Celui-ci arrive, est accueilli comme un sauveur et accompagné de la sympathie générale.

Mais il débute par deux procès, l'un avec Massol, l'autre avec Flavio, et toute son activité ne réussit pas à ramener l'argent dans la caisse directoriale. Il achève, tant bien que mal, la saison, et se retire après quelques mois à peine d'un règne pénible et tourmenté.

Pour donner une idée du désordre qui régna pendant cette malheureuse campagne, il suffira de citer le « *relâche* » du 7 avril, dû à la défection des machinistes, à qui il revenait un mois de salaire, et qui, refusant le service, quittèrent le théâtre après avoir fermé les robinets et en avoir emporté les clefs.

Aristocraties, comédie en 5 actes, en vers, d'Etienne Arago ; au bénéfice de Mlles Alexandrine Leblond et Léontine Pougaud ; — 19 février, bal paré ; — 20 février, rentrée de Laurent, *Charles VI*, opéra ; — 21 février, première représentation de *le Puff*, comédie en 5 actes, de Scribe ; — 25 février, reprise de *la Lettre de change*, opéra ; — 5 mars, représentation de Henri Roi, premier ténor, *la Juive* ; — 9 mars, première représentation d'un ballet-féerie joué par les enfants du Conservatoire de danse ; — 10 mars, réprésentation de Bourdais, premier ténor léger, *la Part du Diable* ; — 11 mars, première représentation de *Arlequin et Pierrot*, ballet, par Adrien, musique de Bosselet ; — 23 mars, au bénéfice de Salomé, régisseur général, première représentation de *Monte-Cristo*, drame en 5 actes, d'Alex. Dumas ; — 5 avril, première représentation de *Don Sébastien, roi de Portugal*, opéra en 5 actes, de Scribe, musique de Donizetti ; — 25 avril, reprise de *Richard Cœur de Lion*, opéra ; — 30 avril, clôture, *Don Sébastien* ; — 2 mai, représentation de la Compagnie Italienne, directrice Mme Carmen de Montenegro ; — 3 mai, au bénéfice d'Arthur d'Hotel, contrôleur en chef, reprise de *Pierre le Rouge*, vaudeville en 3 actes, *Intermède musical*, dans lequel se font entendre Albert, Flavio, Bourdais, Laurant, Zelger et Mlle Julien, *Une fille terrible*, vaudeville ; — 5 mai, représentation italienne, sous la direction de Mme Montenegro, première cantatrice, le 4me acte de *Ernani*, précédé de *Norma*.

(1848-49)

MM. MASSOL, directeur.
    Paul, directeur de la scène.
    Solomé, régisseur général, chargé de la mise en scène.
    Monnier, régisseur parlant au public.
    Collet, régisseur du théâtre du Parc.
    Alexandre Steps, régisseur du ballet.
    Damade, régisseur des chœurs.
    Millet, inspecteur.

Comédie, Tragédie, Drame et Vaudeville.

Messieurs :

Alexandre, premiers rôles en tous genres.
Verdellet, jeunes premiers, forts jeunes premiers, jeunes premiers rôles au besoin.
Léon, deuxièmes amoureux et premiers au besoin.
Rey, seconds et troisièmes amoureux.
Baron, financiers, grimes, paysans.
Bouchez, rôles de convenance, financiers au besoin.
Laporte, troisièmes rôles, grands raisonneurs et des pères.
Bernard, rôles de convenance et des pères.
Goffin, premiers comiques.
Lemaire, deuxièmes comiques et des premiers.
Minne, jeunes comiques.
Pascal, troisièmes comiques et deuxièmes au besoin.

Mesdames et Mesdemoiselles :

Doligny, premiers rôles, jeunes mères nobles.
Chollet, premiers rôles jeunes.
Dalloca, jeunes premières, ingénuités.
Paulin, premières amoureuses et deuxièmes travesties.
Marchand, deuxièmes amoureuses.
Adolphine, troisièmes amoureuses, deuxièmes au besoin.
Lavigne, troisièmes amoureuses.
D. Mayer, premières soubrettes.
Millet, deuxièmes soubrettes, premières au besoin et rôles grivois.
Lemesle, duègnes et caractères.
Minne, deuxièmes duègnes et premières au besoin.
Amélie, rôles de convenance.
D. Murat, \
Bernard,   } utilités.
Jouart, /

Opéra, Opéra comique et Traductions.

Messieurs :

Bauche, forts premiers ténors dans le grand opéra.
Garras, forts premiers ténors dans l'opéra comique et des premiers et seconds ténors dans le grand opéra.
Legrand, premiers ténors légers en tous genres.
Massol, barytons.
Planque, première basse en tous genres.
Vialet, deuxièmes et premières basses au besoin et des barytons.
Borsary, premières basses comiques, des secondes dans le grand opéra.
Girardot, seconds ténors, Philippe, Gavaudan.
Soyer, } ténors comiques.
Lemaire, }
Goffin, Laruette.
Jouart, } troisièmes ténors, grands coryphées.
Millet, }

Mesdames et Mesdemoiselles :

Potier, premières chanteuses à roulades.
Julien, premières chanteuses, Falcons, etc.
Arga, premières chanteuses et fortes secondes en tous genres.
Marchand, } premières Dugazon.
Chollet, }
E. Marchand, secondes Dugazon.
Panien, mères Dugazon.
Lemesle, duègnes et mères Dugazon.
Minne, deuxièmes duègnes et caricatures.
Joséphine, } coryphées.
Damade, }
Quarante choristes.

Messieurs :

Cannis, } troisièmes basses coryphées.
Bernard, }
Damade, } utilités.
Aly, }

1848. — 8 mai, ouverture, premier début de M. Bettini, premier ténor de l'Académie Royale de Paris, rentrée de M. Boulo, premier ténor léger, *Robert le Diable* ; — du 9 mai, série de représentations de Montdidier, *le Mari qui se dérange, Estelle ou le père et la fille, Un changement de main*, vaudevilles ; — 11 mai, premier début de Mme Hillen et de M. Borsary, rentrée de Mlles Dubignon et Lucile, *le Barbier de Séville, Terpsichore sur terre*, ballet en 1 acte ; — 12 mai, début de Mlle Marchand, première dugazon, *le Postillon de Lonjumeau* ; — 14 mai, reprise de *Lucie de Lammermoor* ; — 15 mai, reprise de *la Favorite* ; — 16 mai, premier début d'Eugène Luguet, jeune premier, et de Mme Paulin, deuxième amoureuse ; reprise de *le Jeune mari*, comédie en 3 actes ; — 18 mai, reprise de *les Diamants de la Couronne*, opéra comique ; — 19 mai, reprise de *le Maître de chapelle, le Chalet et Oscar, ou le mari qui trompe sa femme*, comédie ; — 21 mai, reprise de *Ne touchez pas à la Reine* ; — 22 mai, premier début de Laurent, premier rôle ; premier début de Mlle Marchand, deuxième Dugazon ; premier début de Lecourt, deuxième ténor ; premier début de Mlle Lodini ; rentrée de Verdelet ; reprise de *Clotilde*, drame en 5 actes; *la Lettre de change*, opéra comique ; — 25 mai, *l'Abbé de l'Epée*, drame ; — 28 mai, début de Buguet, deuxième première basse, *les Mousquetaires de la Reine* ; — 29 mai, première représentation de *les Dryades*, ballet ; — 30 mai, première représentation de *le Vieux de la Montagne*, drame ; — 31 mai, première représentation de *Gibby la Cornemuse*, opéra comique de Leuven et Brunswick, musique de Clapisson ; — 6 juin, premier début de Duprat, premier ténor ; *la Reine de Chypre* ; — 9 juin, reprise de *le Philtre*, opéra ; *le Vieux de la Montagne*, drame ; — du 13 juin, représentations de Mlle Rachel ; *Britannicus, Athalie* ; — du 20 juin, représentations de Duprez, premier ténor de l'Opéra ; *la Juive, les Huguenots, la Reine de Chypre*, etc. ; — 21 juin, reprise de *la Marquise de Senneterre*, comédie ; *les Deux pommades*, vaudeville ; — 27 juin, reprise de *le Domino noir*, opéra comique ; début de Mlle Bourlard, élève du Conservatoire de Bruxelles ; reprise de *Darando ou les grandes passions* ; — 29 juin, reprise de *Horace et Caroline*, vaudeville en 2 actes ; — 5 juillet, *le Dieu et la Bayadère*, opéra en 2 actes ; intermède musical ;

Ballet.

Messieurs :
ADRIEN, maître de ballet, et rôles mimes.
DESPLACES, premier danseur en tous genres.
MURAT, deuxième danseur, premier au besoin.
ALEXANDRE, \
PASCAL,   } deuxièmes comiques.
HAMEL,   \
KOUKELBERG, } rôles mimes.

Mesdames et Mesdemoiselles :
DUDIGNON, première danseuse.
GAYOT, deuxième première danseuse.
L. POUGAUD, seconde danseuse.
LAVIGNE, troisième danseuse coryphée.
DURUISSEL, \
TONINE,   } coryphées, rôles mimes.

Orchestre.

MM. CH. HANSSENS aîné, premier chef d'orchestre.
BOSSELET, second chef d'orchestre.
D'HAUSSY, deuxième sous-chef d'orchestre, répétiteur des chœurs.
DEGREEF, deuxième sous-chef d'orchestre, répétiteur de la danse.
VAN VOLXEM, répétiteur des chœurs.
BERNIER, répétiteur de vaudeville.
FÉTIS, pianiste.

Mattau et son nouvel instrument le Mattauphone ; — 15 juillet, première représentation de *Jérusalem*, opéra en 4 actes, d'A. Royer et G. Vaez, musique de Verdi, « adaptée sur celle d'*I Lombardi*, du même maître. »

Hélène	Mme JULIAN VAN GELDER.
Gaston	MM. DUPREZ.
Roger	ZELGER.
Comte de Toulouse	BOUGUET.
Le Légat du Pape	BORSARY.
Un écuyer	GIRARDOT.

1848. — 27 juillet, reprise de *la Sirène*, opéra comique ; — 30 juillet, par ordre, *Jérusalem* ; — 31 juillet, reprise de *Gibby la Cornemuse*, opéra comique en 3 actes ; *Une chaise pour deux*, vaudeville en 1 acte ; — 3 août, premier début de Desplaces, premier danseur ; *la Péri*, ballet en 2 actes ; reprise de *la Part du diable*, opéra comique en 3 actes ; — 6 août, reprise de *l'Ame en peine*, opéra ; — 7 août, clôture des représentations de Duprez et de Mme Julian ; *Jérusalem* ; — 9 août, bénéfice de Boulo ; première représentation d'*Haydée*, opéra comique en 3 actes.

Haydée	Mmes HILLEN.
Rafaëla	MARCHAND.
Loredan	MM. BOULO.
Andrea	LAURENT.
Malipieri	ZELGER.

1848. — 9 août, première représentation des *Espiègleries du village*, ballet ; représentation de *la Samaritaine*, vaudeville ; — 10 août, reprise de *Clotilde*, drame en 5 actes ; *Il ne faut jurer de rien*, comédie en 3 actes ; — 14 août, premier début de Chenets, premier ténor, de Mme Arga, première chanteuse, *la Favorite* ; — 17 août, première représentation de *la Duchesse de Marsan*, drame en 5 actes ; — 23 août, reprise de *la Marquise de Senneterre*, comédie ; — 29 août, reprise de *la Juive* ; — 30 août, première représentation de *le Chandelier*, comédie d'A. de Musset ; reprise de *le Collier du Roi*, drame ; — 3 septembre, dernier spectacle avant la fermeture momentanée.

Du 5 au 19 septembre. — FERMETURE MOMENTANÉE.

1848. — 19 septembre, LES ARTISTES RÉUNIS EN SOCIÉTÉ : reprise de *le Chalet*, opéra

Le Conseil Communal nomme Massol à la direction du théâtre, pour une période de trois années. Celui-ci travaille, sans succès, à constituer une troupe. Au bout de dix jours, comme il n'a pas rempli les conditions du privilège, il se trouve déchu de ses droits, et les artistes, réunis en société, obtiennent du bourgmestre l'autorisation d'exploiter les Théâtres Royaux.

Leur premier spectacle fut *la Favorite*, donnée, le 19 septembre, avec le concours de Mme Devriès, du ténor Duprat, et de la basse-taille Prilié. Mais ces représentations, offertes avec des éléments peu homogènes, mécontentent le public, malgré la présence du baryton Baroilhet. En outre, une compagnie de bouffes italiens s'installe au Théâtre des Galeries Saint-Hubert. La troupe concurrente com-

---

comique; *le Diable à quatre*, ballet; — 20 septembre, premier début de Mme de Vries, première chanteuse, Duprat, premier ténor, Prillié, basse-taille, *la Favorite;* — 22 septembre, reprise de *Guillaume Tell;* — 24 septembre, reprise de *Robert le Diable;* — du 29 septembre au 8 octobre, série de représentation de Baroilhet, premier sujet de l'Opéra, *Charles VI, la Favorite, la Reine de Chypre;* — 1er octobre, reprise de *la Muette de Portici*, opéra; — 3 octobre, reprise de *Haydée*, opéra comique; — 5 octobre, reprise de *la Sirène*, opéra comique; — 8 octobre, reprise de *la Reine de Chypre*, opéra; — 9 octobre, concert donné par Mme Alboni, avec le concours de Mme Devriès, cantatrice, et Franck, première clarinette solo de la Monnaie; — 10 octobre, clôture des représentations DES ARTISTES RÉUNIS EN SOCIÉTÉ avec le concours de Mme Alboni. — RÉOUVERTURE, 16 octobre, *le Maître de Chapelle*, opéra comique, *le Chevalier du Guet, la Permission de dix heures*, vaudeville, *la Sylphide*, 2me acte; — 17 octobre, reprise de *la Dame blanche*, opéra comique; — 19 octobre, premier début de Garras, *la Sirène;* — 22 octobre, reprise de *la Reine de Chypre;* — 24 octobre, représentation extraordinaire donnée par Mlle Alboni, *le Barbier de Séville*, 1er acte; *Bettly*, grande scène; *la Dame blanche*, 1er acte, premier début de Mlle Chollet, Dugazon; *Terpsichore sur terre*, ballet; — 27 octobre, premier début de Garcy, premier ténor; de Violette, basse, *la Part du Diable;* — 28 octobre, représentation extraordinaire de Mlle Alboni, 1. air de *la Cenerentola*, 2. Brindisi de *Lucrèce Borgia*, par l'Alboni; ouverture de *Freischütz, la Muette*, 2me et 3me actes, *Terpsichore sur terre;* — du 29 octobre au 19 novembre, série de représentations de Bauche, premier ténor ; *la Juive, la Favorite, Guillaume Tell, Lucie de Lammermoor;* — 31 octobre, premier début de Mme Potier, « première chanteuse à roulades, » *les Diamants de la Couronne;* — 6 novembre, reprise de *le Valet de Chambre*, opéra comique, *les Dryades*, ballet, *le Serpent de la Paroisse, la Fille obéissante*, vaudevilles; — 9 novembre, reprise de *le Brasseur de Preston*, opéra comique; 10 novembre, reprise de *Robert le Diable;* — 19 novembre, reprise de *les Huguenots;* — 20 novembre, reprise de *Madame de Tencin*, drame en 4 actes ; — 23 novembre, *les Mousquetaires de la Reine;* — 29 novembre, première représentation de *Nabuchodonosor*, opéra en 4 actes de F. Gravrand et Jules Guilliaume, musique de Verdi (traduction de l'opéra italien Nabuc); — du 7 décembre 1848 au 15 février 1849, série de représentations de Flavio, premier ténor, *Robert le Diable, la Muette de Portici, Jérusalem, Fra Diavolo, Don Sébastien;* — 8 février, premier début de Mme George; reprise de *la Fête du village voisin*, opéra comique; — 10 février, par ordre, *Nabuchodonosor;* — 13 décembre, première repré-

prenait, parmi ses premiers sujets : MM. Calzolari, ténor, Zucconi, basse, Fiorio, bouffe, Mme Biscotini, contralto, Mme Mengeo, prima donna.

Le Conseil Communal réintègre Massol dans ses droits, et la véritable ouverture de la campagne théâtrale a lieu le 15 octobre, par un concert, avec le concours de la cantatrice Alboni.

Le 29 novembre, première représentation de *Nabuchodonosor*, opéra de Verdi. Au commencement de la saison, on avait eu *Gibby la Cornemuse*, de Clapisson, *Jérusalem*, de Verdi, *Haydée*, d'Auber. En ajoutant le *Val d'Andorre*, d'Halévy, donné le 13 mars, nous en aurons fini avec la nomenclature des « premières » d'opéras pendant la campagne 1848-1849.

---

sentation de *les Sept Péchés capitaux*, drame en 7 actes ; — du 14 au 22 décembre, Anthiome, ténor léger, *Haydée*, *Ne touchez pas à la Reine*, *le Postillon de Lonjumeau*, *la Fiancée*, *Fra Diavolo*, *la Dame blanche;* 29 décembre, première représentation de *Anneessens ou le Martyr de la Patrie*, drame en 5 actes de G. Vaez.

1849. — 8 janvier, reprise de *la Fiancée*, opéra comique en 3 actes ; — 13 janvier, fête de nuit ; — 14 janvier, reprise de *Norma ;* — 22 janvier, début de Jules et de sa troupe; première représentation de *les Divinités aériennes*, ballet en 1 acte, reprise de *le Barbier de Séville;* — 28 janvier, premier début de St-Denis, baryton, *la Favorite;* — 2 février, reprise de *le Philtre* ; — 5 février, rentrée de Mlle Roussel, première danseuse, *Robert le Diable;* — 11 février, reprise de *Don Sébastien, roi de Portugal*, opéra en 5 actes ; — 15 février, reprise de *Lucie de Lammermoor*, début de Numa, premier ténor; — du 19 février, représentation de Marquilly, premier ténor, *la Muette de Portici;* — 20 février, reprise de *le Dieu et la Bayadère*, opéra en 2 actes ; — 22 février, au bénéfice de Hanssens, chef d'orchestre, *Guillame Tell*, Selva dans le rôle d'Arnold, *Charles IV*, 2me acte; — 27 février, reprise de *l'Enfant trouvé*, comédie en 3 actes ; — 9 mars, au bénéfice de Mlle Marchand, *Jérusalem*, opéra; — 14 mars, première représentation de *le Val d'Andorre*, opéra comique en 3 actes, paroles de St-Georges, musique d'Halévy ; — 14 mars, grand concert donné par Mme Persiani, avec le concours de Hermann, violoniste, Mecati, baryton, Carlo Michele, ténor ; — 18 mars, par ordre, *le Val d'Andorre ;* — du 28 février, série de représentations de Octave, premier ténor, et de Boucher, première basse, reprise de *les Huguenots, Charles IV;* — 29 mars, au bénéfice de Mlle Rousset et de Adrien, première représentation de *Catarina ou la Fille du Bandit*, ballet en 2 actes ; — 1er avril, reprise de *Charles VI ;* — 5 avril, au bénéfice de Prilié, première basse, et de Bosselet, deuxième chef d'orchestre, *les Huguenots;* — 12 avril, reprise de *les Joyaux de la Reine*, drame, *Catarina*, ballet; — 13 avril, au bénéfice de Mme Arga et de Mlle Pauline Marchand, *le Val d'Andorre;* — 15 avril, par ordre, *le Val d'Andorre;* — 16 avril, reprise de *le Diable à quatre*, ballet, *la Vengeance italienne ou les Français à Florence*, comédie-vaudeville en 2 actes, *la Chasse aux vautours*, vaudeville; — 18 avril, au bénéfice de Mlles Pougaud et Cayot, *le Val d'Andorre;* — 20 avril, au bénéfice de Anthiome, première représentation de *Gilles Ravisseur*, de Grisar; — 21 avril au bénéfice de Lemaire, première représentation de *les Viveurs de la maison d'or*, comédie, avec le concours de Vernier, premier comique du Vaudeville; — 30 avril, clôture, *le Maître de Chapelle*, *Norma*, 1er acte, *Ne touchez pas à la Reine*, 2me acte, *Charles VI*, 2me acte, *Gilles Ravisseur*.

Cette année fit une consommation effroyable de ténors. Il n'en défila pas moins de dix-neuf. Leur séjour n'était pas de longue durée : à peine arrivés, l'accueil du public les forçait de repartir. C'était au point que le concierge, — facétieux, mais charitable fonctionnaire, — chargé de leur trouver un logement, conseillait aux nouveau-venus de rester quelques jours à l'hôtel, et de ne pas déboucler leurs malles avant d'avoir essuyé le feu de la rampe.

RAPPORT DU THÉATRE ROYAL DE LA MONNAY

Deux femmes paraissant suspectes sont entrées au théâtre avec un billet de faveur et ont pris place au parquet. M. Awoton, médecin de 1er régiment de chasseurs à pied, en garnison à Bruxelles, s'étant plaint de la présence de ces femmes qu'il disait être des prostituées, je les ai invitées à sortir et de prendre place au 3mes loges, ce qu'elles ont fait immédiatement.

Bruxelles, le 18 décembre 1848.

(*Signé*) JANSEN.

Massol écrit au bourgmestre que, ne pouvant concilier les fonctions de directeur avec son emploi d'artiste, il donne sa démission, et désigne, pour lui succéder, Hanssens, chef d'orchestre, et Alexandre Gaudron, premier rôle. Le Conseil Communal accepte ce désistement, et autorise l'exploitation du théâtre, par les successeurs, jusqu'au 30 avril, jour de la fermeture.

(1849-50)

MM. A. QUÉLUS, directeur.
A. Vizentini, régisseur général.
Adolphe, régisseur de Saint-Hubert et du Parc.
Bardou,
Vincent, } seconds régisseurs.
Bourgeois, troisième régisseur.
Damade, régisseur des chœurs.
Rouquet, régisseur du ballet.

Grand opéra, Opéra comique et Traductions.

Messieurs :

Octave, fort premier ténor.
Martin, fort premier ténor double.
Montaubry, premier ténor léger en tous genres.
Diguet, baryton.
Brémont, première basse en tous genres.
Vialette, deuxième basse et première au besoin.
Lavillier, basse comique et troisième basse.
Verlé, second ténor en tous genres.
Marquilly, Philippe, Moreau-Sainti, deuxième ténor au besoin.
Froment, trial.
Leroy, Laruette.
Jouard, troisième ténor, grand coryphée.

Mesdames et Mesdemoiselles :

Caroline Prévost, première chanteuse à roulades.
Julien, première chanteuse, Falcon, Stoltz, etc.
Cornélis, seconde chanteuse, doublant les deux premières.
Julie Dorval, première Dugazon.
***, deuxième Dugazon.
Mancini, mère Dugazon, duègnes chantantes.
Leguet, duègnes, caricatures.
Minne, deuxième duègne.
Froment, grande coryphée.
Denise Murat,
Damade, } coryphées
Joséphine Murat, utilités.

Ballet.

Messieurs :

DESPLACES, maître de ballet et premier danseur en tous genres.
MURAT, deuxième danseur en tous genres.
BOLZAGUET, deuxième et troisième danseur.
ROUQUET, danseur comique.
PASCAL, deuxième comique.
HAMEL, }
KOUKELBERG, } rôles mimes.

Mesdames et Mesdemoiselles :

ANITA DUBIGNON, première danseuse en tous genres.
FERDINAND, première danseuse double.
LÉONTINE POUGAUD, deuxième première danseuse.
SAINTI, deuxième danseuse.
PLACIDE, }
LAVIGNE, } troisièmes danseuses coryphées.
DUBRUISSEL, rôles mimes.

Trente-deux figurants et figurantes danseuses.

École de danse.

M. ROUQUET, professeur.
Trente élèves.

Orchestre.

MM. CH.-L. HANSSENS, premier chef.
BOSSELET, deuxième chef.
CAMUS, }
VAN VOLXEM, } répétiteurs.
FÉTIS, pianiste.
DE GREEF, chef d'orchestre du ballet.
Soixante musiciens.

Comédie, Drame et Vaudeville.

Messieurs :

TONY, premiers rôles en tous genres.
QUÉLUS, grands premiers rôles, pères nobles, et Ferville.
NEROULD, jeune premier rôle.
JOLLY, jeune premier.
CHAMBÉRY, deuxième amoureux.
REY, deuxième et troisième amoureux.
ROLAND, financier, manteaux.
STOLTZ, troisième rôle, raisonneur.
BARDOU, troisième rôle.
BOUCHEZ, rôles grimes, et paysans.
BERNARD, rôles de convenance.
VERNIER, }
ARTHUR, } premiers comiques.
LEROY, comique grime.
DÉSIRÉ, }
MINNE, } deuxièmes comiques.
PASCAL, troisième comique, deuxième au besoin.

Mesdames et Mesdemoiselles :

DOLIGNY, grand premier rôle.
LÉONIE DARMONT, premier rôle jeune.
CORÈS, jeune première, ingénuité.
***, première amoureuse.
BLANCHARD, deuxième amoureuse.
MARTY, jeune coquette et deuxièmes rôles.
IRMA, soubrette, Déjazet, etc.
FROMENT, deuxième soubrette.
LUGUET, première duègne.
PONCELET, mère noble.
MINNE, seconde duègne.
DESROCHES, troisième duègne, deuxième au besoin.
HENRI, }
LAVIGNE, } troisièmes amoureuses.
ARTHUR, }
SOPHIE, J., } rôles de convenance.
JOSÉPHINE MURAT, }
PAQUERETTE, utilités.

Messieurs :
BERGERONNEAU,
DAMADE,
LEROY,
LAMBERT,
MAILLY,
HUBERT,
} utilités.

Mesdames et Mesdemoiselles :
CLAIRE,
DAMADE,
Etc.
} utilités.

Monsieur
HALY, utilités.

Orchestre de Vaudeville.

MM. SINGELÉE, chef d'orchestre.
RAIMBAULT, deuxième chef.
Dix-huit musiciens.

Artistes en représentations.

Mlle MÉQUILLET (sur la demande de M. Meyerbeer, pour créer le rôle de Fidès dans *le Prophète*).
Mlle LUCILE GRAHN (tout le mois d'octobre).

C'est Grognier, dit Quélus, qui est maintenant directeur des Théâtres Royaux de la Monnaie, du Parc et des Galeries, pour un terme de trois ans.

Le Conseil Communal avait laissé à la nouvelle administration la latitude de fermer le théâtre pendant les quatre mois d'été.

Justement émus de cette décision qui les lésait dans leurs plus

---

1849. — 30 août. Ouverture, première représentation de *Gastibelza*, drame lyrique en 3 actes, de Dennery et Cormon, musique de Maillart; — 5 septembre, débuts et rentrées, *le Chalet*, opéra comique, *Giselle*, ballet ; — 7 septembre, reprise de *Robert le Diable*; — 11 septembre, première représentation de *le Caïd*, opéra bouffe en 2 actes, de Sauvage, musique d'A. Thomas ; — 13 septembre, débuts, *Lucie de Lammermoor* ; — 15 septembre, première représentation de *la Biche au bois*, féerie; — 18 septembre, début de Brémond, *Robert le Diable*; — 19 septembre, reprise de *les Mousquetaires de la Reine*, opéra comique, *la Ciguë*, comédie ; — 20 septembre, première représentation de *la Vieillesse de Richelieu*, comédie ; — 21 septembre, début de Diguet, baryton, *Guillaume Tell*, représentation de Mlle Lucile Grahn, danseuse ; — 23 septembre, reprise de *la Reine de Chypre* ; — 25 septembre, Mlle Albani, cantatrice, Mlle Anaïs, du Théâtre-Français de Paris, Hoffmann, du Théâtre du Vaudeville de Paris ; — 30 septembre, reprise de *la Juive* ; — 2 octobre, reprise de *les Diamants de la Couronne* ; — du 3 octobre, série de représentations de Mlle Lucile Grahn, première danseuse, *Catarina, ou la fille du bandit*, *Giselle*, *la Esmeralda*, *la Jolie fille de Gand*, *la Gypsy*; — 5 octobre, premier début de Mme Mamini, duègne, de Malivert, deuxième ténor, *le Domino noir* ; — 6 octobre, début de Martin, premier ténor double, *la Favorite* ; — 9 octobre, début de Dreyton, première basse, *Robert le Diable* ; — 10 octobre, reprise de *la Marquise de Senneterre*, comédie ; — 11 octobre, reprise de *la Muette de Portici* ; — 14 octobre, reprise de *les Huguenots* ; — 21 octobre, au bénéfice des pauvres (Mlle Lucile Grahn, première danseuse), *Giselle*,

proches intérêts, les commerçants du quartier adressèrent une pétition au Conseil. Nous en extrayons le passage suivant :

Les subsides annuels étaient, il y a un an :
Du Roi	fr.	48,000
De la Ville		36,000
Total fr.		84,000

Tandis qu'aujourd'hui, les subsides on été élevés comme suit :
Le Roi au lieu de 48,000 donne	fr.	67,000
Et la Ville porte sa subvention à		48,000
De plus, elle paye le service des pompiers		2,500
Elle fait abandon du droit des pauvres		20,000
Ce qui donne un total de	fr.	137,500

En outre, le directeur de la Monnaie est affranchi des droits d'auteurs, et dispensé de payer le loyer de la salle, ce qui fait, en chiffres ronds, une subvention de 327,000 francs qui est assez élevée pour affronter la baisse des recettes pendant l'été.

Malgré tous ces avantages et une fermeture préalable de quatre mois, en dépit d'une salle fraîchement restaurée, dont l'inauguration se fit par une œuvre nouvelle : *Gastibelza*, de Maillart, la direction ne put se maintenir longtemps.

Les débuts furent très orageux. Des troubles intimes ne tardèrent pas à jeter le désordre dans l'intérieur du théâtre. Quelques artistes, hostiles à leur directeur et suivis de nombreux adeptes, affichèrent ostensiblement la plus mauvaise volonté, et empêchèrent plusieurs spectacles.

2me acte, *Esmeralda*, 1er acte, *Catarina*, dernier tableau, *le Barbier de Séville*, 1er et 2me actes, *la Favorite*, 4me acte ; — 25 octobre, représentation de Mlle Alboni, au bénéfice de Mme Luguet, *la Favorite* ; — 26 octobre, *le Docteur noir*, drame en 7 actes ; — 27 octobre, au bénéfice de Mlle Lucile Grahn, première danseuse, *la Jolie fille de Gand*, *Esmeralda*, *les Mousquetaires de la Reine*, *le Barbier de Séville*, 1er acte ; — 5 novembre, début de Depassio, première basse, *la Juive* ; — 6 novembre, première représentation de *l'Amitié des femmes*, comédie en 3 actes ; reprise de *le Diable à quatre* ; — 7 novembre, série de représentations de Mme Charton-Demeure, première chanteuse, *Haydée* ; — 13 novembre, première représentation de *le Toréador*, opéra bouffe en 3 actes, de Sauvage, musique d'A. Adam.

Coraline	Mlle Prévost.
Tracolin	MM. Montaubry.
Don Belflor	Violette.

1849. — 21 novembre, série de représentations de Mme Flora-Fabri, première danseuse du Théâtre de Londres, *le Diable à quatre* ; — 22 novembre, par ordre, *le Toréador* ; — 28 novembre, reprise de *le Lac des fées*, opéra en 5 actes ; représentation de Bardou aîné ; — 30 novembre, Mme Charton-Demeure, de l'Académie de Musique de Paris ; — 5 décembre, reprise de *Paquita*, ballet ; — 12 décembre, reprise de *le Dieu et la Bayadère* ; — 16 décembre, représentation extraordinaire au bénéfice de Mme Flora-Fabri, *le Dieu et la Bayadère*, *Paquita*, 1er acte, *la Favorite*, 4me acte, *la Dame blanche*, 1er acte ;

Voici le petit *imprimé* qui fut distribué, un soir, à tous les spectateurs, au moment où ils entraient dans la salle :

SUPPLÉMENT
AU JOURNAL L'ARTISTE
du 27 octobre 1849.

L'Administration des Théâtres Royaux a l'honneur de prévenir le public que, par suite de la persistance de l'indisposition vocale qui, depuis un mois, met Mlle JULIE DORVAL, première Dugazon, dans l'impossibilité de chanter, la marche du répertoire se trouvant entravée, elle vient, sur la demande de Mlle JULIE DORVAL, d'accorder à cette artiste la résiliation de son engagement.

Par tous les moyens qui seront en son pouvoir, l'Administration s'engage, vis-à-vis du public, à faire tout ce qui dépendra d'elle pour remplacer Mlle JULIE DORVAL dans le plus bref délai possible.

En attendant, comme il était urgent de ne pas entraver la représentation de ce soir au bénéfice de Mlle Lucile Grahn, l'administration a fait appel au concours de Mme Reyna, qui, par complaisance seulement, et **sans aucune prétention aux premières Dugazon**, a bien voulu se charger du rôle de Berthe dans les *Mousquetaires de la Reine.*

Dans l'espoir que le public voudra bien tenir compte à Mme Reyna de sa complaisance, la direction termine **en déclarant positivement** que Mme Reyna n'est engagée que comme **seconde Dugazon**, et que ce n'est que comme telle que cette artiste terminera prochainement ses débuts.

— 18 décembre, première représentation de *Madeleine*, opéra comique en 1 acte, de Scribe et G. Vaez ; — 19 décembre, première représentation de *Un conseil d'ami*, comédie en 1 acte ; — 21 décembre, reprise de *Jérusalem* ; — 30 décembre, adieux de Mlle Flora-Fabri, première danseuse, *Paquita*, ballet, *Lucie de Lammermoor*, 4me acte, *les Huguenots*, 4me acte.

1850. — 1er janvier, début de Mme Lespinasse, *les Mousquetaires de la Reine* ; — 11 janvier, reprise de *Terpsichore sur terre*, ballet, *Ne touchez pas à la Reine*, opéra comique ; pendant les entr'actes A. Rancheraye, violoniste de 9 ans et demi, exécute des morceaux de de Bériot ; — 12 janvier, fête de nuit ; — 16 janvier, reprise de *le Comte Hermann*, drame

Le 5 janvier, GRANDE FÊTE ARTISTIQUE sous le patronage de l'Administration Communale, en présence de LL. MM. le Roi et la Reine, des Princes, accompagnés des personnages de la Cour, des ministres, etc. La salle, transformée et richement décorée, fut appelée *Palais des mille et une nuits!*

Mais, quelques jours plus tard, Quélus abandonne la direction, et un appel aux soumissionnaires n'amène aucun résultat, tellement le théâtre était discrédité en province et à l'étranger par ses désastres successifs!

Trois artistes de La Haye : Chaunier, Obin et Regnault, se décident cependant à demander la direction de la Monnaie, mais ils ne peuvent s'entendre, et renoncent à l'affaire. Le Conseil Communal était sur le point d'y renoncer à son tour, lorsque se présentent MM. Hanssens, Ricard et Balathier, sous la raison sociale : Balathier et Cie, et cette proposition *in extremis* est acceptée.

Nous trouvons aux archives un long dossier imprimé à l'adresse

---

en 5 actes; — 17 janvier, reprise de *la Fille du régiment*; — 18 janvier, représentation extraordinaire, avec le concours de Mme Rita-Faventi, cantatrice; — 21 janvier, reprise de *Gilles Ravisseur*, opéra comique en 1 acte; — du 23 au 27 janvier, représentation de Baroilhet, premier sujet de l'Opéra, *la Reine de Chypre, la Favorite*, 2me et 3me actes, *Charles VI*, 3me acte, *le Barbier de Séville*, chanté en italien; — 30 janvier, reprise de *les Monténégrins;* — 2 février, Grande Fête de Nuit; — 4 février, reprise de *la Juive;* — 5 février, au bénéfice de Desplaces, *les Monténégrins, Paquita*, ballet; — 7 février, reprise de *le Lac des fées*, opéra; — 15 février, reprise de *la Sirène*, opéra comique; — 18 février, Mlle Thuillier du Théâtre du Vaudeville de Paris; — 19 février, reprise de *la Jolie fille de Gand*, ballet; — 24 février, adieux de Mme Flora-Fabri, première danseuse, *Robert le Diable*, 3me acte; — 8 mars, reprise de *Don Sébastien*, opéra; — 15 mars, reprise de *les Diamants de la Couronne*, opéra comique; — 19 mars, au bénéfice de Montaubry, premier ténor, *le Val d'Andorre*, opéra comique; — du 21 mars, série de représentations de Chollet, premier sujet de l'Opéra-Comique, — 26 mars, grand concert, *Stabat Mater*, de Rossini; — 4 avril, au bénéfice de Mme Ve Dessessarts, *Stabat Mater*, de Rossini; *Guillaume Tell*, 2me acte; *le Débutant*, comédie, avec le concours de Laferrière; — 7 avril, Laferrière et Mlle Lacressonnière, du Théâtre de la Gaîté de Paris; — 9 avril, concert donné par Apollinaire de Kontski; — 12 avril, au bénéfice de Mlle Prévost, première chanteuse; — 19 avril, première représentation de *le Moulin des Tilleuls*, opéra comique en 1 acte, de Mallian et Cormon, musique de Maillart; — 24 avril, au bénéfice de Vialette, *Nabuchodonosor, Gilles Ravisseur;* — 30 avril, clôture, au bénéfice de la crèche, *Norma*, 1er acte; *la Juive*, 2me acte; *le Barbier de Séville*, 1er et 2me actes; *la Péri, Paquita*, ballets.

SAISON D'ÉTÉ.

1850. — 9 mai, premier début de Mme Widmann, contralto, de Bouché, première basse; rentrée de Mlle Léontine Pougaud et de Murat; premier début de Mlle Cuvalié, troisième danseuse et de Topoff, danseur; reprise de *Sémiramis*, opéra en 4 actes; — 12 mai, premier début de Mlle Pollin, première danseuse; rentrée de Desplaces, maître de

du Roi, et signé : Van den Boogaerde, et classé dans un carton, sur lequel on peut lire une note, de la main même de M. de Brouckère : « *Ce document mérite d'être tiré de la poussière de l'oubli, et conservé comme un modèle d'ineptie.* »

M. Van den Boogaerde, caissier pendant plusieurs années à la Monnaie, tâche de prouver au Roi que le théâtre rapporte à la ville plus d'un million par an.

Il établit, à l'appui de son affirmation, des chiffres nombreux, parmi lesquels un tableau comparatif des dépenses effectuées annuellement par toutes les classes de la société. Dans ce tableau, de haute fantaisie, la noblesse figure pour une somme de fr. 304,971.69, tandis que les ouvriers n'atteignent que le chiffre de fr. 2,904.30.

Le sieur Van den Boogaerde et ses 69 centimes de la noblesse, méritent, en effet, de passer à la postérité. Il est évident qu'il faut être le plus étonnant des statisticiens, pour avoir, après des recherches inouïes, accouché de ces fameux 69 centimes. Mais cet

---

ballet; première représentation de *la Vivandière et le Postillon*, ballet ; — 15 mai, premiers débuts de Mmes Cabel, première chanteuse légère, de Livry, première Dugazon, Abel, premier ténor léger, Gaffré, deuxième ténor; reprise de *les Mousquetaires de la Reine;* — 16 mai, reprise de *les Jeux de l'amour*, comédie; débuts de la troupe de comédie ; — 17 mai, premier début de Martin, baryton, *la Favorite;* — 18 mai, reprise de *la Sirène;* — 22 mai, reprise de *Charles VI;* — 23 mai, reprise de *le Verre d'eau*, comédie ; — 29 mai, reprise de *la Femme de quarante ans;* — 1er juin, reprise de *les Huguenots;* — 4 juin, représentation de Mlle Marra, première chanteuse, *Lucie de Lammermoor;* — 6 juin, première représentation de *la Nymphe des eaux*, ballet ; *la Dame blanche;* — 7 juin, début de Mme Duprat ; reprise de *les Enfants d'Edouard;* — 10 juin, reprise de *le Pré-aux-Clercs;* — 20 juin, première représentation de *la Fée aux roses*, opéra-féerie en 3 actes, de Scribe et Saint-Georges, musique d'Halévy; — 21 juin, première représentation de *Un ménage parisien*, comédie en 5 actes; — 25 juin, débuts de comédie et d'opéra, *les Deux frères*, comédie ; — 27 juin, débuts, première représentation de *Horace et Lydie;* reprise de *Tartuffe;* — 30 juin, clôture d'été, *la Fée aux roses*, opéra comique; — 2 juillet, « par extraordinaire », *la Fée aux roses*, opéra comique ; — 5 et 7 juillet, même spectacle ; — 11 juillet, *le Dépit amoureux*, comédie ; *les Diamants de la Couronne*, opéra comique ; — 14 juillet, représentation donnée par Ed. Galland, premier rôle du Théâtre du Cirque de Paris ; *Murat*, pièce militaire ; — du 17 juillet au 9 août, série de représentations de Mme Laborde, première chanteuse de l'Opéra, *Lucie de Lammermoor, le Barbier de Séville, les Huguenots, les Diamants de la Couronne, la Fille du régiment, le Rossignol, le Pré-aux-Clercs, Norma;* — 9 août, au bénéfice des choristes de la Monnaie, avec le concours de Mme Laborde ; — 13 août, première représentation de *les Porcherons*, opéra comique en 3 actes, de Sauvage et de Durieu, musique d'Albert Grisar ; — 30 août, représentation extraordinaire au bénéfice des Inondés, avec le concours de Mlle Denain de la Comédie-Française, *Il faut qu'une porte soit ouverte ou fermée*, proverbe de Musset ; *les Porcherons*, opéra comique.

incompris termine son travail, dont l'idée mérite peut-être plus d'égards, en demandant « un projet de loi et la nomination d'une commission de gens compétents appartenant au pays, et dont le but serait de sauvegarder les intérêts du théâtre en Belgique. Tous les arts seraient représentés dans cette commission. » Ineptie? eh! eh!... *Chi lo sa?*

Un incident, qui aurait pu entraîner les conséquences les plus graves, se produisit à la soirée du 16 avril. Un ivrogne s'était placé aux *quatrièmes*, en compagnie d'un litre de genièvre. Il en avait déjà vidé la moitié, lorsque l'idée le prit de jeter le flacon sur la scène. Le projectile effleura la joue de Mlle Lacombe, et vint se briser aux pieds de la chanteuse, dont il est facile de concevoir l'émotion. On expulsa ce fidèle servant d'Euterpe et de Bacchus, et le spectacle, interrompu pendant quelques minutes, put continuer...

Cette campagne théâtrale vit défiler Alboni, Baroilhet, Chollet, Mmes Charton-Demeur, Laferrière, Mlles Lacressonnière, et Lucie Grahn, danseuse, etc., etc.

Elle fit connaître à Bruxelles : *Les Monténégrins*, de Limnander ; *le Caïd*, d'A. Thomas (créé aux Galeries) ; *Gastibelza*, de Maillart ; *le Toréador*, d'Adam ; et, pendant la saison d'été, *la Fée aux roses*, d'Halévy ; *les Porcherons*, de Grisar.

La comédie est maintenant sacrifiée. La première scène de Bruxelles, qui avait marché de pair avec la Comédie-Française, commençait déjà à négliger le genre qui lui valut ses plus beaux succès, et qu'elle devait bientôt abandonner, pour laisser la place aux seuls ouvrages musicaux.

(1850-51)

MM. Ch.-L. HANSSENS, directeur.
A. VIZENTINI, régisseur général,
HANSSENS, chef d'orchestre.

Opéra, Opéra comique et Traductions.

Messieurs :

OCTAVE, fort premier ténor.
BARBOT, premier ténor d'opéra comique.
AUJAC, seconds ténors en tous genres, premiers au besoin.
GIRARDOT, Trial.
MARTIN, baryton, grand opéra.
ARTHUR D'HOTEL,
BOUCHÉ, première basse de grand opéra.
VIALETTE, première basse d'opéra comique.
PRILLEUX, basse comique, Laruette.
FROMENT, deuxième ténor comique.
BORSARY, basse comique.

Mesdames et Mesdemoiselles :

CABEL, première soprano, premières chanteuses légères.
LACOMBE, première forte chanteuse soprano.
WIDEMAN, première forte chanteuse contralto.
LACOMBE, première chanteuse légère d'opéra.
NILHO, première chanteuse légère double.
BEAUCHÊNE, première Dugazon.
LIVRY, deuxième Dugazon.
MULLER, jeune mère Dugazon.

Comédie, Drame et Vaudeville.

Messieurs :

DOLIGNY, grand premier rôle.
VERDELLET, premiers rôles en tous genres.
HADINGUE, jeune premier rôle.
TONY, premier rôle de comédie.
KARL, premier comique.
BOUCHEZ, rôles grimes et paysans.
REY, amoureux.
STOLTZ, troisièmes rôles, raisonneur.
PASCAL, troisième comique.

Mesdames et Mesdemoiselles :

CARÈS, jeunes premières ingénuités.
E. LAFONT, premières ingénuités et premières amoureuses.
MARTY, jeune coquette et deuxièmes rôles.
DESPLACES, soubrettes, Déjazet.
LAVIGNE, troisièmes amoureuses, secondes soubrettes.
LUGUET, duègnes et caractères.

Ballet.

Monsieur
DESPLACES, maître de ballet, premier danseur en tous genres.
BARIQUET, deuxième danseur.
TOPOFF, troisième danseur.
MURAT, deuxième danseur en tous genres.

Mesdames et Mesdemoiselles :
POLIN, première danseuse.
CAVALLIÉ, deuxième danseuse.
LÉONTINE POUGAUD, deuxième première danseuse.

Artistes en représentation.

Mmes LABORDE, MASSON, PETIPA (pour créer le rôle de Fidès dans *le Prophète*).

Balathier et Cie, telle est, nous l'avons dit, la « raison sociale » sous laquelle la direction des Théâtres de la Monnaie et du Parc fait l'ouverture de l'Opéra, le 1er mai, par *Sémiramide*.

Un incident assez original marque la période des débuts. Le 10 mai, on commençait par *Tartuffe*, qui devait servir d'épreuve à six sujets importants. Le *premier rôle*, Tony, débutait par le personnage même de Tartuffe, qui, nul ne l'ignore, ne paraît qu'au 3me acte. A peine Tony a-t-il risqué un pas sur la scène, avant même qu'il ait remué les lèvres, un coup de sifflet se fait entendre. L'artiste ne s'attendait pas à une telle réception ; il esquisse un geste qui semble dire qu'il n'insiste pas, et se retire. Chose étrange ! Le public ne bronche pas, on croit que Tony va revenir, il n'en est rien ; même indifférence ; la toile se baisse, le public bronche de moins en moins, vingt minutes s'écoulent, pas un murmure dans la salle. La toile se lève : Monnier vient annoncer que Tony refuse obstinément de reparaître, que l'administration va sévir contre

---

1850. — 2 septembre, ouverture ; — 6 septembre, première représentation de *le Prophète*, opéra en 5 actes, de Scribe, musique de Meyerbeer.

Fidès	Mmes WIDEMAN.
Berthe	PETIPA.
Jean de Leyde	MM. OCTAVE.
Zacharie	BOUCHÉ.
Oberthal	VIALETTE.
Jonas	MARTIN.

1850. — 29 octobre, première représentation de *le Songe d'une nuit d'été*, opéra comique en 3 actes, de Rotier et de Leuven, musique d'A. Thomas.

Shakespeare	MM. BARBOT.
Falstaff	VIALETTE.
Latimer	AUJAC.
Elisabeth	Mme CABEL.

1850. — 13 décembre, première représentation d'*Attila*, opéra en 4 actes, de Danglas, musique de Verdi (traduction) — 20 décembre, première représentation de *Giralda*,

l'artiste récalcitrant, mais qu'elle demande la permission de ne pas achever *Tartuffe* et de passer tout de suite au ballet qui doit terminer la soirée. Un silence glacial, le rideau retombe lentement. Et la représentation continue sans un murmure...

Mais, le lendemain, Tony se ravisa, consentit à débuter dans *Mlle de Belle-Isle*, et... fut admis.

Le premier ténor, Aujac, qui avait choisi pour sa troisième épreuve, *la Dame blanche*, essuya des marques assez vives de mécontentement. Le directeur se vit dans l'obligation de résilier son contrat. Aujac ne se découragea pas : il fit de nouveaux débuts comme *second ténor*, et nous allons le voir tenir cet emploi, avec succès, pendant de longues années. Le *premier ténor* qui lui succéda fut Anthiome.

En Juillet, Mme Laborde, profitant du congé forcé que lui offre la fermeture de l'Opéra, vient donner une série de représentations triomphales.

A partir du mois d'août, une troupe italienne s'installe au Théâtre du Cirque.

Direction : Bocca et Quélus.

MM. Lucchesi, Morelli, Zucconi, G. Mazzi, G. Mora, Carlo Salani, Fiorio.
Mmes Medori, Aldini, Biscottini, Fiorio.

La Monnaie voit l'apparition de Edmond Galland et de sa troupe. Pendant le séjour de ces artistes, les spectacles lyriques ont lieu au Théâtre des Galeries.

opéra comique en 3 actes, de Scribe, musique d'Adam ; — 13 novembre, *Griselidis*, ballet en 3 actes ; — 29 décembre, *la Jolie Bretonne*, ballet en 2 actes.

1851. — 1er janvier, *Giralda*, opéra comique ; — 4 janvier, première fête de nuit ; — 13 janvier, reprise de *le Val d'Andorre*, opéra comique en 3 actes ; — 19 janvier, reprise de *Moïse*, opéra ; — 28 janvier, reprise de *les Monténégrins*, opéra comique ; — 2 février, reprise de *Jérusalem*, opéra ; — 14 février, reprise de *les Mousquetaires de la Reine*, opéra comique ; — 20 février, reprise de *Sémiramis*, opéra ; — 28 février, première représentation de *Stradella* opéra en 5 actes, d'E. Deschamps et E. Pacini, musique de Niedermeyer ; — 7 mars, au bénéfice de Mme Cabel, première représentation de *la Chanteuse voilée*, opéra comique en 1 acte, de Scribe et Leuven, musique de Victor Massé ; — 12 mars, reprise de *les Forges de Vulcain*, ballet ; — 18 mars, reprise de *la Queue du chien d'Alcibiade*, comédie en 1 acte ; — 19 mars, reprise de *Gilles Ravisseur*, opéra comique en 1 acte ; — 20 mars, première représentation de *Azélia*, ballet en 1 acte ; — 4 avril, première représentation de *l'Enfant prodigue*, opéra en 5 actes, de Scribe, musique d'Auber ; — 22 avril, au bénéfice de M. Monnier, *la Favorite*, *les Huguenots*, 4me acte ; — 25 avril, bénéfice de M. Arthur d'Hotel, première représentation de *Bonsoir, monsieur*

En septembre, première représentation de *le Prophète*, opéra de Meyerbeer, sur lequel on comptait beaucoup.

Les principaux rôles étaient tenus par Mmes Wideman et Petipa, Octave, Vialette, Bouché et Martin.

Ainsi que nous l'avions prévu dans notre article du 29 août dernier, *le Prophète* est tombé, dès sa première représentation, qui a eu lieu vendredi 6 septembre courant.

Cet opéra n'a pas pu même être apprécié par les amateurs, à cause de l'insuffisance des artistes qui l'ont interprété, et qui n'étaient à la hauteur de leurs rôles, ni comme acteurs, ni comme moyens, ni sous le rapport de la méthode et de la science.

Tous les principaux morceaux de chant sont passés inaperçus, ou bien l'exécution en a été désapprouvée par le public.

Parmi ceux qui ont le plus excité le mécontentement, nous devons mentionner le fameux duo entre *Fidès et Berthe*, le grand air de *Fidès*, la cavatine de *Berthe*, la scène et le trio bouffe pour ténor, baryton et basse, ainsi que la romance à deux voix, chantée par Fidès et Berthe. Ces morceaux ont causé une si pénible impression, qu'il n'est pas permis de croire que ce soient les mêmes que ceux dont le succès a été si éclatant à Paris et à Londres.

En revanche, et comme compensation aux mutilations qu'on a fait subir à l'opéra, et aux modifications de tons qui ont été introduites dans différentes parties, nous avons eu une espèce d'ouverture, arrangée par un profane qui n'a pas craint de substituer ses propres inspirations à celles du grand compositeur.

Cette ouverture n'a d'ailleurs aucune analogie avec la musique de Meyerbeer.

(*Belgique Musicale.*)

Mais voici bien le scandale le plus surprenant, le plus inattendu qu'on puisse imaginer. Les directeurs ayant à se plaindre de la critique, notamment au sujet de la première représentation de *le Prophète*, font afficher dans toute la ville, le 9 septembre 1850, la

---

Pantalon, opéra comique en 1 acte, de Lockroy et Morvan, musique d'A. Grisar; reprise de *le Caïd*, *la Juive*, 4me acte; — 26 avril, représentation extraordinaire avec Mlle Medori, premier sujet de la Compagnie Italienne; — 28 avril, bénéfice de M. Hanssens, *Bonsoir, monsieur Pantalon*, opéra comique en 1 acte; intermède musical; symphonie de Beethoven avec piano, orchestre et chœur; — 29 avril, adieux de Mme Médori, scène de *Norma*; rondeau de la *Cenerentola*; Tolacca de *Jérusalem*; *la Chanteuse voilée*, opéra comique; — 30 avril, clôture, *l'Enfant prodigue*, 1er et 2me actes; *Bonsoir, monsieur Pantalon*, opéra comique en 1 acte; *Azélia*, ballet; *le Caïd*, 2me acte.

Saison d'été.

1851. — 4 mai, reprise de *la Favorite*, opéra; *le Caïd*, opéra comique; — 7 mai, rentrée de Mme Cabel, première chanteuse légère d'opéra comique, Mme Luguet, Dugazon, Barbot, premier ténor d'opéra comique, Aujac, deuxième ténor; premier début de Mangin, première basse d'opéra comique (en remplacement de Vialette); reprise de *les Mousquetaires de la Reine*, opéra comique; rentrée de Mlle Cavallié et de Boriquet et Topoff, dans le ballet: *Marco-Bomba*, ballet; — 8 mai, reprise de *Haydée*, opéra comique en 3 actes; — 10 mai, débuts et rentrées, *la Dame blanche*, 1er acte; *Haydée*; — du 11 mai, série de représentations de Mlle Masson, premier sujet de l'Opéra, *la Favorite*; — 12 mai, rentrée

proclamation suivante, qui accompagna l'annonce du spectacle jusqu'au 26 du même mois :

> La direction des Théâtres Royaux a l'honneur de porter à la connaissance du public que, malgré son désir de remplir ses devoirs administratifs, ne pouvant parvenir à conjurer l'opposition systématique de certains organes de la presse, elle ne s'en référera désormais qu'à la conscience publique pour ses actes, et redoublera d'efforts pour maintenir les théâtres royaux au rang qu'ils doivent occuper.
> La direction, à la date du 6 septembre courant, a retiré :
> 1° A M. Perrot *(Indépendance)*, quinze entrées dont il jouissait chaque jour aux théâtres royaux, valeur annuelle . . . . fr. 9,000
> 2° A M. Deschamps *(Manneken)*, 2 entrées 1,200
> 3° A M. Deleutre *(Observateur)*, 8 entrées 4,800
> 4° A M. Hauman *(Politique)*, 5 entrées 3,000
> Total pour les quatre journaux. 18,000
> La direction ose espérer que l'opinion publique saura se fixer sur le motif et la valeur réelle des attaques incessantes de ces messieurs.

On juge de l'effet produit dans le public par ce singulier placard. Jamais scandale n'eut autant de retentissement que cette « affaire des affiches ». M. Perrot, suivi par ses collègues, intenta à la direction du théâtre un procès qui fournit nombre de séances, où plaidèrent une multitude d'avocats, et où, finalement, les demandeurs furent déboutés. Les journaux affectèrent, pendant quelques mois, de garder un dédaigneux silence sur la Monnaie, tandis qu'ils tenaient régulièrement les lecteurs au courant de ce qui se passait dans les théâtres rivaux. Puis, comme le temps est un grand guérisseur, les haines s'apaisèrent, et tout rentra dans l'ordre...

de Mme Doligny, premier rôle, premier début de Mme Léon Péchoux, forte jeune première, de Hadingue, jeune premier rôle, Verdelet, premier rôle en tous genres; reprise de Mlle *de Belle-Isle*, comédie en 5 actes; — 14 mai, débuts; reprise de *le Jeune mari*, comédie en 3 actes ; *le Postillon de Lonjumeau*, opéra comique ; — 15 mai, rentrée de Martin, baryton, Zelger, première basse, avec le concours de Mlle Masson, première chanteuse de l'Opéra de Paris; reprise de *Charles VI;* représentation de Frédérick Lemaître ; — 17 mai, reprise de *la Reine de Chypre*, opéra en 5 actes; — 18 mai, reprise de *le Polichinelle*, opéra en 1 acte; *la Chanteuse voilée;* — 20 mai, reprise de *le Val d'Andorre*, opéra comique en 3 actes ; — 21 mai, reprise de *le Songe d'une nuit d'été*, opéra comique en 3 actes; — 23 mai, reprise de *le Prophète*, opéra en 5 actes; — 26 mai, reprise de *Giselle*, ballet ; — 27 mai, reprise de *les Percherons*, opéra comique ; — 28 mai, au bénéfice de Mlle Masson, *le Prophète ; —* 2 juin, reprise de *les Diamants de la Couronne*, opéra comique en 3 actes ; — 4 juin, premier début de Chaunier, premier ténor, *la Reine de Chypre ; —* 5 juin, reprise de *Giralda*, opéra comique en 3 actes ; — 10 juin, premier début de Mme. Sainton, première chanteuse, *la Favorite ; —* 12 juin, reprise de *la Sylphide*, ballet ; — 16 juin, première représentation de *la Dame de Pique*, opéra comique en 3 actes, de Scribe, musique d'Halévy ; — 27 juin, clôture de la saison d'été, *le Prophète*.

C'est alors qu'une seconde troupe italienne s'installe au Théâtre des Galeries Saint-Hubert, qui relevait de la même direction que la Monnaie. MM. Balathier et Cie, qui voulaient faire concurrence aux Italiens du Cirque, jouaient un jeu dangereux.

Trois théâtres musicaux dans une ville comme Bruxelles, c'était trop, et les spectateurs demeuraient bouche bée devant les affiches qui annonçaient pour le même jour :

Théâtre du Cirque :   *Lucrezia Borgia ;*
— de la Monnaie :   *Haydée ;*
— des Galeries :   *Ernani.*

Ce dernier fut la victime : il ferma après quelques représentations.

Avec *le Prophète*, la Monnaie donna pendant la campagne d'hiver et la saison estivale : *Le Songe d'une nuit d'été*, d'A. Thomas ; *Attila*, de Verdi ; *Giralda*, d'Adam ; *Stradella*, de Niedermeyer ; *la Chanteuse voilée*, de Massé ; *l'Enfant prodigue*, d'Auber ; *Bonsoir, monsieur Pantalon*, de Grisar.

(1851-52)

MM. Ch. HANSSENS, directeur.
Aug. Vizentini, régisseur général.
Ch.-L. Hanssens, premier chef d'orchestre.
de Merckx, caissier-comptable.
Monnier, régisseur.

Grand opéra, Opéra comique et Traductions.

Messieurs :

Chaunier, premiers ténors, grand opéra et traductions.
Barbot, premiers ténors, opéra comique.
Aujac, seconds ténors en tous genres et premier au besoin.
Martin, barytons, des Martin et des Chollet.
Zelger, premières basses en tous genres.
Mauchin, premières basses d'opéra comique, premières basses de grand opéra au besoin et fortes secondes basses.
Borsary, basses comiques et des secondes basses en tous genres, doublant au besoin la basse d'opéra comique.
Girardot, Philippe, ténors comiques au besoin, quelquefois seconds ténors.
Prilleux, Laruette, Vizentini, basses tabliers.

Mesdames et Mesdemoiselles :

Cabel, première soprano, premières chanteuses légères.
Rey-Sainton, fortes chanteuses en tous genres, Stoltz, Viardot.
Christophe Pillot, première soprano, chanteuses légères doubles.
Leclère-Laumont, soprano, première Dugazon.
Hemberg, soprano, secondes Dugazon.
Prévost-Colon, soprano marqué, mères Dugazon.
Luguet, duègnes, caractères et rôles à caricatures.
Denise Murat, quatrième soprano, grandes coryphées.

Comédie moderne et Drame.

Messieurs :

VERDELLET, premiers rôles en tous genres.
HADINGUE, forts jeunes premiers et jeunes premiers rôles.
PRIETZ, seconds amoureux et premiers au besoin.
ARMAND, } seconds amoureux.
NEHR, }
PRILLEUX, premiers comiques marqués.
POIRIER, } jeunes premiers comiques
VONLATUM, } Regnier.
JOURDAIN, pères nobles, grands raisonneurs, grands troisièmes rôles.
BARON, financiers, grimes.
BOUCHEZ, des financiers, et des grimes.
BARDIER, troisièmes rôles, et rôles de genres.
PASCAL, rôles en tous genres.

Mesdames et Mesdemoiselles :

LÉON PÉCHOUX, jeunes premiers rôles, fortes jeunes premières.
ERNESTINE LAFONT, premières ingénuités et premières amoureuses.
AGLAÉ CÈBE, jeunes amoureuses et des ingénuités.
DERVAL, des secondes et troisièmes amoureuses.
DOLIGNY, mères nobles et des coquettes.
MARTY, des seconds rôles et des coquettes.
DESPLACES, jeunes soubrettes.
LAVIGNE, secondes soubrettes.
LUGUET, premières duègnes, caractères.
CASTEL, secondes duègnes, caractères.

Ballet.

Messieurs :

DESPLACES, maître de ballet, premier danseur.
DIEUL, second danseur et premier au besoin.
TOPOFF, troisième danseur.

Mesdemoiselles :

MARIE PETIT, première danseuse en tous genres.
NEHR, première danseuse demi-caractère.
CAVALLIÉ, forte seconde danseuse.

1851. — 1ᵉʳ septembre. Ouverture, premier début de Belval, basse-taille ; reprise de *les Huguenots* ; — 2 septembre, reprise de *la Jolie fille de Gand*, ballet, et de *le Chalet*, opéra comique ; — 4 septembre, reprise de *Jérusalem*, opéra en 5 actes ; — du 5 septembre, série de représentations de Mˡˡᵉˢ Petra Camera, Adela Guerrero, Antonio Ruez, premiers sujets, secondés par 20 danseurs et danseuses espagnols, *la Feria de Sevitta*, tableau andalou ; *Curra la Gaditana*, *la Danza Valenciana*, *Ferezano*, *Polo del Contrabandista* ; — 8 septembre, reprise de *le Bouffe et le tailleur*, opéra comique ; — 9 septembre, premier début de Mˡˡᵉ Wilhem, Dugazon, *les Mousquetaires de la Reine* ; — 11 septembre, reprise de *la Sirène*, opéra comique ; — 15 septembre, première représentation de *Bataille de Dames*, comédie en 3 actes, de Scribe et Legouvé ; *le Diable à quatre*, ballet ; — 16 septembre, premier début de Mˡˡᵉ Chambard, première chanteuse à roulades, *Robert le Diable* ; — 18 septembre, reprise de *Guillaume Tell* ; — 19 septembre, au bénéfice de Ruiz, maître de ballet espagnol, *le Barbier de Séville*, 1ᵉʳ acte, *Fin du roman* ; — 21 septembre, reprise de *le Songe d'une nuit d'été*, opéra comique ; — 23 septembre, reprise de *le Prophète* ; — 27 septembre, représentation extraordinaire donnée par Bressant et Levassor, au bénéfice des danseurs espagnols, *Brutus lâche César*, Bressant ; Mᵐᵉ *Bertrand et* Mˡˡᵉ *Raton*, Levassor ; intermède de chant par Barbot, Mangin Mᵐᵉˢ Cabel et Chambard, danse espagnole ; — 30 septembre, reprise de *le Maçon*, opéra comique en 3 actes ; — 1ᵉʳ octobre, reprise de *les Diamants de la Couronne*, opéra comique en 3 actes ; *Terpsichore sur terre* ; — 3 octobre, reprise de *Haydée* ; — 9 octobre, reprise de *le Postillon et la Vivandière*, ballet ; — du 10 octobre, série de représentations de Mˡˡᵉ Caroline Duprez, première cantatrice des Théâtres Italiens de Paris et de Londres,

Dès le début de la saison, à la suite d'un désaccord survenu entre M. Hanssens et Mˡˡᵉ Cabel, celle-ci déclare qu'elle ne peut plus chanter, et se prétend malade. On affiche : « *Changement de spectacle par suite du refus de service de Mˡˡᵉ Cabel.* » Grande colère de la cantatrice, procès, envoi réciproque de certificats, émanant de divers docteurs en médecine, au nombre de six, dont une moitié affirmait que Mˡˡᵉ Cabel était en état de chanter, tandis que l'autre moitié soutenait le contraire. L'éternelle fable du médecin « Tant pis » et du médecin « Tant mieux ». O La Fontaine !! Le public se passionne pour ce débat, en somme peu important. Le directeur écrit aux journaux, pour leur faire connaître *la vérité*. Sa pensionnaire imite cet exemple, pour *rétablir les faits*. Mais, comme, dans cette correspondance, chacun avait malmené les docteurs de la partie adverse, les six médecins écrivent à leur tour pour expliquer la situation, ce qui, naturellement, contribue à l'embrouiller encore. Enfin, comme toutes les querelles entre artistes et directeurs, ce différend ne tarda pas à être réglé. Mais le plus piquant de cet incident, c'est que les trois docteurs de la cantatrice ne s'entendaient pas eux-mêmes sur le genre d'affection dont elle était atteinte ! O Molière !!

En septembre, les représentations d'opéra alternent avec l'exhibition d'un ballet espagnol. Arrivent ensuite : Bressant et Levasseur,

---

la Somnambule, Lucie de Lammermoor, la Fille du régiment, l'Abîme de la Maladetta, Othello, le Barbier de Séville ; — 15 octobre, reprise de *la Juive ;* — 26 octobre, première représentation de *Zerline, ou la corbeille d'oranges,* opéra en 3 actes, de Scribe, musique d'Auber ; — 4 novembre, premier début de Carman, baryton, *la Favorite ;* — 6 novembre, début de Mᵐᵉ Carman, Dugazon, *la Dame blanche ;* — 16 novembre, reprise de *Giralda ;* — 19 novembre, première représentation de *l'Abîme de la Maladetta,* drame lyrique en 3 actes, de G. Duprez ; — 28 novembre, reprise de *Scaramouche,* opéra en 3 actes ; *Un caprice,* comédie en 1 acte ; — 4 décembre, reprise de *les Porcherons,* opéra en 3 actes ; *la Esmeralda,* ballet en 2 actes ; — 9 décembre, reprise de *Robert le Diable ;* — 10 décembre, représentation extraordinaire au bénéfice de Vizentini, régisseur général, avec le concours de Duprez, de Mˡˡᵉ Duprez et des artistes des Théâtres Royaux, *Othello,* 3ᵐᵉ acte ; reprise de *le Panier fleuri,* opéra comique en 1 acte ; première représentation de *Un bal sous Louis XV,* ballet en 1 acte ; — 16 décembre, au bénéfice de Mˡˡᵉ C. Duprez, *le Barbier de Séville,* 2ᵐᵉ acte ; *la Fille du régiment,* 2ᵐᵉ acte, concert vocal et instrumental ; — 22 décembre, au bénéfice des crèches ; représentation extraordinaire avec le concours de Frédérick Lemaître et de Mˡˡᵉ Clarisse Miroy, *la Dame de St-Tropez,* drame en 5 actes ; *Polichinelle,* opéra en 1 acte ; *Don César de Bazan,* 1ᵉʳ acte ; *Un divertissement ;* — 24 décembre, première représentation de *Mosquita la sorcière,* opéra comique en 3 actes, de Scribe et G. Vaez, musique de Boisselot.

1852. — 3 janvier, Grande Fête de Nuit ; — 8 janvier, première représentation de *le Démon de la nuit,* opéra en 2 actes, paroles de Bayard, musique de Rosenhain ; — 11 janvier, reprise de *Adolphe et Clara,* opéra en 1 acte ; — 12 janvier, première de Mˡˡᵉ Uranie

Duprez et sa fille Caroline, Frédérick-Lemaître et Clarisse Miroy, Alboni, etc., et, pendant la saison d'été, Mélingue, et Rachel, accompagnée d'un groupe d'artistes de la Comédie Française.

Parmi les huit opéras nouveaux qui voient le jour pendant cette campagne, il faut citer : *l'Abîme de la Maladetta*, musique de G. Duprez (Caroline Duprez jouait le rôle principal). *Raymond*, d'A. Thomas; *la Comédie à la ville*, de Gevaert; *Casilda*, musique de S. A. Monseigneur le Duc régnant de Saxe-Cobourg-Gotha.

APPOINTEMENTS D'ARTISTES.

MM. Barbot, premier ténor léger	16,000	francs.
Aujac, second ténor léger	7,200	—
Martin, baryton	10,000	—
Zelger, première basse	10,000	—
Borsary, basse comique	3,400	—
Prilleux, Laruette	5,000	—
Girardot, trial	4,200	—
Desplaces, premier danseur	5,000	—
Topoff, troisième danseur	1,000	—
Hadingue, jeune premier	3,000	—
Armand, second amoureux	1,800	—
Nehr, idem.	1,800	—
Jourdain, père noble	2,400	—
A reporter	70,800	francs.

Cambier, première chanteuse, *la Favorite*; — 14 janvier, représentation extraordinaire de Frédérick-Lemaître et Mlle Clarisse Miroy, *Paillasse*; — 23 janvier, au bénéfice de Desplaces, *le Siège de Corinthe*, opéra; — 26 janvier, grand concert donné par Emile Prudent, pianiste; — 4 février, première représentation de *Raymond, ou le secret de la Reine*, opéra en 3 actes, de Leuven et Rosier, musique d'Ambroise Thomas; — du 5 février, série de représentations de Mme Dufflot-Maillard, première chanteuse, *la Favorite*; — 6 février, au bénéfice de Mme Cabel, *Raymond, ou le secret de la Reine*, *Adolphe et Clara*, *Un bal sous Louis XV*; — 10 février, représentation (demandée) de Frédérick-Lemaître, *Robert Macaire*, drame en 6 actes; *la Tour de Nesle*, acte de la prison; — 17 février, première représentation de *la Comédie à la ville*, opéra en 1 acte, paroles de Prilleux, musique de Gevaert, au bénéfice de Prilleux; reprise de *Don Quichotte, ou les noces de Gamache*, ballet; *Un caprice*, comédie; — du 19 février, première représentation de Mme Bernonville, première chanteuse, *le Prophète*; — 20 février, reprise de *Polichinelle*, opéra en 1 acte; *Esmeralda*, ballet; — 26 février, début de Mme Barbot, *le Démon de la nuit*, opéra; *Guillaume Tell*, 2me acte; — 1er mars, au bénéfice de Mlle Froment, reprise de *la Poissarde, ou les Halles en 1804*; — du 5 mars, série de représentations de Mlle Julienne, premier sujet de l'Opéra, *Jérusalem*; — 17 mars, reprise de *les Monténégrins*, opéra en 3 actes; — du 23 mars, série de représentations de Mlle A. Lebrun de Montréal, *le Prophète*; — 30 mars, reprise de *la Sirène*, opéra en 3 actes; — 31 mars, au bénéfice d'Aujac, *Lucie de Lammermoor*, opéra; — 5 avril, reprise de *le Barbier de Séville*, opéra en 3 actes; — 11 avril, spectacle extraordinaire avec le concours de la senora Pepita Oliva, première danseuse du Théâtre de la Princesse,

Report	70,800 francs.	
MM. POIRIER, premier comique	4,000	—
BARON, financier	2,600	—
BOUCHEZ, rôles grimes	2,400	—
PASCAL, utilités	1,400	—
VIZENTINI, régisseur général	6,000	—
Mmes CABEL, première chanteuse	20,000	—
ISSAURAT, première chanteuse en double	9,600	—
REY-SAINTON, forte chanteuse	15,000	—
PRÉVOST-COLON, mère Dugazon	3,000	—
HEMBERG, seconde Dugazon	2,800	—
CAVALLIÉ, seconde danseuse	1,900	—
NEHR, première danseuse	3.400	—
M. DÉSIRÉ, jeune comique	2,400	—
Ci :	145,300 francs.	

Le troisième début de Belval devait avoir lieu dans le 1er acte de *la Juive*, et dans *la Favorite*. Il s'effectuait à la double satisfaction du public et de l'artiste, quand un incident, survenu à Mme Rey-Sainton, mit fin subitement au spectacle. A peine cette artiste a-t-elle chanté quelques mesures de son rôle, que la mémoire lui fait défaut; la voix subit une altération sensible; bref, Mme Rey-Sainton tombe dans les bras de son partenaire, en proie à une crise nerveuse qui ne cesse... que le lendemain. On dut rendre l'argent.

à Madrid, *Don Quichotte*, ballet en 2 actes; *les Monténégrins*, opéra comique; — 14 avril, première représentation de *Casilda*, opéra en 4 actes, paroles françaises de G. Oppelt, musique de S. A. Mgr le Duc régnant de Saxe-Gobourg-Gotha ; — 25 avril, au bénéfice d'Arthur d'Hotel, contrôleur; reprise de *les Visitandines*, opéra comique en 2 actes; première représentation de *la Poupée de Nuremberg*, opéra comique en 1 acte, de Leuven et A. de Beauplan, musique d'A. Adam ; — 26 avril, représentation de Mlle Alboni, *le Prophète*; — 27 avril, au bénéfice de Barbot, premier ténor; reprise de *Joseph* ; — 30 avril, représentation d'adieu de Mlle Alboni et clôture, *le Barbier de Séville*, *la Fille du régiment*; — 2 mai, représentation au bénéfice de Monnier, régisseur, *Joseph*, opéra en 3 actes; *la Poupée de Nuremberg*, opéra comique en 1 acte.

SAISON D'ÉTÉ.

1852. — 9 mai, ouverture, reprise de *le Duel aux mauviettes*, vaudeville en 1 acte; *Lazare le Pâtre*, drame en 5 acte; — du 12 mai, débuts de Damsier, premier amoureux, Mousseron, deuxième comique, Vernier, premier comique, Petit-Delamarre, père noble, Lemaire et Villette, Mlle Cèbe, première ingénuité, Mmes Maynant, Angèle et Delahay; rentrées de Mmes Doligny, Kim-Goy, Froment, Lavigne et Mime; Verdellet, Hadingue, Pavie, Nehr, Prilleux, Prosper, Baron, Désiré, Jourdain; reprise de Mlle *de la Seiglière*, comédie en 4 actes; *Un cheveu pour deux têtes* et *le Protégé*, vaudevilles; — 13 mai, reprise de *Brutus lâche César*, *la Pension alimentaire*, *Croque-Poule*, *Indiana et Charlemagne*, vaudevilles; — 14 mai, reprise de *Mlle de Belle-Isle*, comédie en 5 actes; *Qui se ressemble se gêne*; — 16 mai, première représentation de *le Porte-drapeau d'Austerlitz*, drame nouveau; première représentation de *Cinq gaillards*, dont deux

Meyerbeer, assistant, le 23 octobre, à la représentation du *Prophète*, est l'objet d'une ovation enthousiaste.

Les soirées italiennes avaient repris leur cours au Théâtre du Cirque, opposant une concurrence redoutable à la Monnaie. Les recettes subissaient le contre-coup de ce terrible voisinage. En voici un spécimen :

2 janvier,	le *Bouffe* et le *Tailleur* ; *Guillaume Tell* . . . . fr.	447 80
8 »	le *Chalet* ; première représentation de *le Démon de la nuit* .	452 —
14 »	*Paillasse*, avec Frédérick-Lemaitre	905 25
15 »	*la Juive*	542 78
16 »	le *Bouffe* et le *Tailleur* ; le *Songe d'une nuit d'été* . . .	296 50
21 »	première représentation de *le Siège de Corinthe* (reprise) .	700 50
4 février,	première représentation de *Raymond*	576 —
5 »	*la Favorite*	267 50
4 mars,	*Un bal sous Louis XV* ; *les Mousquetaires de la Reine* . .	293 50

BALS MASQUÉS.

Samedi 3 janvier	. . . . fr.		995 —
Samedi 17 »	. . . .		1,304 50
Samedi 31 »	. . . .		794 50
Dimanche-gras 22 février	. . . .		1,266 50
Mardi-gras 24 »	. . . .		2,890 50
Dimanche 29 »	grand carnaval		4,134 50
			11,385 50
		Frais des 6 bals .	7,200 —
		Reste . fr.	4,185 50

---

gaillardes, vaudeville en 1 acte ; — 21 mai, reprise de *Gabrielle*, comédie ; — 23 mai, première représentation de *Un mari trop aimé*, vaudeville en 1 acte ; — 26 mai, première représentation de *Une rivière dans le dos*, vaudeville en 1 acte ; *Un caprice*, comédie ; — 30 mai, première représentation de *Benvenuto Cellini*, drame en 5 actes ; — 8 juin, premier début de Fayolle, *Un mari charmant*, vaudeville ; — 10 juin, première représentation de *Déménagé d'hier*, vaudeville en 1 acte ; — 15 juin, début de Lassouche ; reprise de *J'ai marié ma fille*, vaudeville ; *le Jeune mari*, comédie en 3 actes ; — du 16 au 27 juin, série de représentations de Mlle Rachel, *Bajazet*, *Phèdre*, *le Misanthrope* ; *Diane*, drame ; *Virginie* ; *Adrienne Lecouvreur* ; *Andromaque*, *Horace* et *Lydie*, avec le concours des artistes de la Comédie-Française et de la Porte St-Martin ; — 17 juin, reprise de *la Poissarde*, ou *les Halles en 1804*, drame en 5 actes ; — 28 juin, première représentation de *Urbain Grandier*, drame en 5 actes, d'Alex. Dumas et Maquet ; — 8 juillet, première représentation de *les Suites d'un premier lit*, vaudeville ; — 11 juillet, première représentation de *les Nuits de la Seine*, drame en 5 actes, par Marc Fournier ; — du 15 au 27 juillet, série de représentations de Mélingue, premier rôle du Théâtre de la Porte St-Martin, *Benvenuto-Cellini*, *Lazare le Pâtre*, *la Tour de Nesle*, *les Nuits de la Seine*, *Salvator Rosa*, drames ; — 21 juillet, première représentation de *Un soufflet n'est jamais perdu*, vaudeville ; — 9 août, première représentation de *Poste restante* et *York, nom d'un chien*, vaudevilles en 1 acte ; — 11 août, première représentation de *Jusqu'à minuit*, vaudeville ; — 17 août, première représentation de *Midi à quatorze heures*, vaudeville ; — 19 août, première représentation de *Un homme de cinquante ans*, vaudeville en 1 acte ; — 29 août, Clôture.

Une lettre, dont suit la teneur, est envoyée, de l'Hôtel de Ville, à M. Hanssens, le 24 janvier 1852 :

> Monsieur,
>
> Nous croyons devoir vous adresser des observations sur la manière dont vient d'être monté, au Théâtre de la Monnaie, un des principaux ouvrages du répertoire lyrique : *le Siège de Corinthe*.
>
> Au 2ᵐᵉ acte, la toile qui représentait l'intérieur de Corinthe a été remplacée par une vue d'une ville turque ou arabe. Dans l'acte suivant, les environs de Corinthe sont figurés par un paysage de fantaisie, orné de constructions qui n'ont rien de grec.
>
> En présence des dispositions du contrat que vous avez signé, en présence des sacrifices que la liste civile et l'administration municipale s'imposent pour maintenir les théâtres royaux à un rang élevé, on ne devait pas s'attendre à rencontrer dans la suite, en scène, des invraisemblances et des négligences de cette espèce, surtout dans un ouvrage aussi important et représenté autrefois avec tant de soin.

Mais ce n'est pas la seule observation qu'Hanssens reçut à ce sujet : *L'Indépendance* écrit :

> Au second acte de *Joseph*, la toile de fond offre la perspective d'une cité mahométane aux mosquées, minarets, etc. ; mais ce qu'il y a de plus fort que cela, c'est la tente de Jacob, laquelle est ornée d'armoiries au dehors et d'une tapisserie fleurdelysée au dedans. Il faut avouer que, si le public va chercher au théâtre des leçons d'histoire, et tel est, en effet, le but sérieux de tout ce qui compose l'ensemble de l'art dramatique, il se trouvera parfaitement renseigné par une semblable mise en scène. On n'imaginerait pas, sans l'avoir vu, ce qui se commet chaque soir d'anachronismes au Théâtre Royal de Bruxelles. C'est la perfection du genre ; mais à cette perfection de l'erreur, nous préférons un peu de vulgaire exactitude, et nous croyons que beaucoup de spectateurs seront de notre avis.

Nous trouvons dans le feuilleton du même journal la description de Bruxelles en 1852, tant au point de vue de l'aspect intérieur que sous le rapport dramatique :

> Que de changements à Bruxelles depuis un quart de siècle — ne remontons pas au delà — non-seulement dans la physionomie de la ville, mais encore et surtout dans les habitudes de sa population ! Le Bruxellois qui, par un miracle renouvelé de *la Belle au bois dormant*, se réveillerait après un sommeil de vingt-cinq ans, et qui contemplerait sa vieille cité brabançonne, telle que l'ont rajeunie, ornée, parée les hommes de la génération actuelle, ce Bruxellois croirait rêver encore. Ce qui l'étonnerait le plus, ce ne serait pas de voir les équipages et les voitures publiques sillonner les rues où croissait l'herbe jadis, les magasins lutter de luxe et d'élégance avec ceux de Paris et de Londres, les boulevards animés par de nombreux promeneurs, les trottoirs dallés facilitant la circulation des promeneurs, une somptueuse galerie substituée à la sombre ruelle Saint-Hubert : ce serait l'abondance des lieux ouverts à la distraction publique et la possibilité, aujourd'hui constatée, de leur existence au sein de la capitale.
>
> Si vos souvenirs remontent à l'époque où nous supposons que notre Bruxellois s'est endormi, vous vous rappelez qu'alors un seul théâtre suffisait de reste aux besoins des habitants de la première ville du pays. Dans la semaine, les loges seules étaient occupées par un public aristocratique. Quant aux places secondaires, elles étaient ordinairement vides.

Nous n'en voulons pour preuve que les désastres inévitables subis par les entrepreneurs. Les bourgeois du temps ne se permettaient le spectacle que le dimanche. Les jours consacrés au travail, des négociants se fussent bien gardés de paraître dans un théâtre. On eût conclu de leur présence, ou qu'ils n'accordaient point à leurs affaires l'attention nécessaire, ou que celles-ci étaient trop peu importantes pour nécessiter de leur part une surveillance quotidienne.

Il n'y avait donc qu'un seul théâtre ouvert : celui de la Monnaie. Comme on n'y représentait que les genres nobles, et qu'il eût été injuste de ne pas donner satisfaction aux amis de la littérature légère, un jour par semaine était consacré au vaudeville qui se jouait dans la salle du Parc ; mais, Bruxelles ne pouvant pas fournir des spectateurs à deux théâtres à la fois, on fermait le samedi celui qui était destiné au grand opéra et à la comédie.

Ne nous occupons pas du Théâtre des Nouveautés, que sa position extra-centrale met en dehors de la question : quand on ouvrit le Vaudeville, tout le monde s'écria qu'il ne vivrait pas, et que, s'il échappait à un naufrage presque certain, il le devrait uniquement à la combinaison qui en avait fait un café-spectacle. Les glaces, les sorbets, le brûlant Moka, voire même la boisson nationale tirée du houblon, devaient seuls prolonger son agonie. Cependant les rafraîchissements disparurent, le spectacle seul resta, et sa prospérité résolut un problème considéré comme insoluble.

Quelque temps après, le théâtre Saint-Hubert fut inauguré. Oh ! pour le coup, c'en était trop. Nouvelle assurance donnée de l'impossibilité de son maintien, nouvelle prophétie d'une clôture prochaine. Pourtant le Théâtre Saint-Hubert a vécu, il vit, il vivra en dépit de ceux qui ont prononcé d'avance son oraison funèbre.

Et de deux. Quand nous serons à trois..., nous ne ferons pas de croix.

Le troisième théâtre, ouvert en concurrence avec les spectacles royaux, fut le Cirque. Il n'y avait guère d'apparence que celui-ci fût permanent. Les représentations équestres, dans une salle close, ne peuvent guère tenir qu'en une saison, qu'en cette saison d'hiver si prolongée, hélas ! sous notre ciel brumeux ; mais cette saison est précisément celle sur laquelle les autres entreprises dramatiques comptent pour réparer leurs pertes de l'été. Plusieurs troupes vinrent successivement et firent d'assez bonnes affaires, sans que celles des spectacles établis en souffrissent. Il paraît même que le succès, obtenu, l'automne dernier, par le spéculateur qui avait improvisé un hippodrome à la porte de Laeken, a fait concevoir le projet de doter Bruxelles d'un cirque permanent qui tiendrait ses séances d'hiver au lieu habituel, et, l'été, dans une arène disposée d'une façon confortable.

Ce n'était pas assez de tous ces théâtres, où l'on parle, où l'on chante, où l'on danse, où l'on chevauche, il fallait encore que de nouveaux établissements vinssent solliciter l'attention du public de Bruxelles et surtout son argent. Les cafés chantants surgirent. Le premier prospéra ; les concurrences pouvaient-elles se faire attendre ? Il y en eut bientôt une bonne demi-douzaine. Avant peu chaque quartier aura le sien.

Le Bruxellois, que nous tirons tout à coup de sa léthargie, se demandera si la tête a tourné à ses concitoyens, et quel événement a pu les faire sortir ainsi de leurs tranquilles habitudes d'autrefois. Cet événement, c'est l'introduction de la vapeur comme moyen de communication. Depuis la création des chemins de fer, la population nomade s'est largement accrue ; le nombre des étrangers qui entrent chaque jour dans la capitale a décuplé, c'est un fait que les ennemis du rail-way national sont eux-mêmes obligés de reconnaître. Or, c'est là une clientèle toute naturelle pour nos spectacles. En second lieu, les habitants de la province viennent bien plus souvent nous visiter. Ils n'attendent pas l'occasion solennelle de la kermesse pour faire ce qui n'est plus un voyage, mais une promenade. Un de nos théâtres annonce-t-il un spectacle attrayant, la première représentation d'une pièce en vogue à Paris ou l'apparition d'un artiste renommé, il arrive infailliblement des villes voisines, et grâce au chemin de fer toutes celles du pays se touchent, des amateurs qui assistent au spectacle en question, et reportent le lendemain dans leur localité des impressions dramatiques toutes fraîches.

Vous savez, Mon cher Directeur,
que je ne veux pas entendre
parler d'un nouveau chef
d'orchestre pour Dimanche
il me faudrait avoir répétés
toute ma musique de la
Douairière et de Colombine
travail que je ne puis faire
en partant Lundi matin
pour jouer le soir à Bruxelles
j'aime mieux, si Mr Bosisio
ne peut se faire remplacer
à Maestricht, abandonner ma
représentation de Dimanche
ici. et aller la donner en
Londres. où l'on m'attend d'un
jour à l'autre. Voyez.
Décidez vite. car je the [the] thang
vous en le [...] je vous l'ai.
Je suis vraiment lassé de
tout ce désordre. Un Milieu
de quel je n'aurai trouvé
qu'un bon Souvenir!
Le Votre!

Deserret

Liège 6 mai 1852.

Le 3 mars, le Roi fait annoncer « qu'il donnera, comme par le
» passé, 50,000 francs sur la Liste Civile; mais qu'il ne fera plus
» comme les années précédentes, où cette somme avait été
» augmentée à cause de circonstances particulières. »

En 1850, il avait donné 67,000 francs.

Hanssens ne peut pas payer le mois de mars. Les artistes consentent à renoncer aux poursuites, à la condition que les bénéfices du mois d'avril leur soient distribués. Ils nomment trois commissaires pour défendre leurs intérêts.

Enfin, le 16 avril, Hanssens donne sa démission, et propose Letellier pour lui succéder. Le Conseil Communal accepte, et Letellier passe un contrat avec Hanssens, qui lui cède le théâtre, et demeure son chef d'orchestre pour la durée de sa direction, à raison de 500 francs par mois.

La saison d'été comprend la période du 9 mai au 29 août. Pendant que Rachel et Mélingue jouaient à la Monnaie, Déjazet attirait la foule au Théâtre du Parc.

Ci-contre le fac-simile d'une lettre autographe de la célèbre comédienne. Nous avons retrouvé l'original dans les papiers que M. Letellier fils a mis obligeamment à notre disposition.

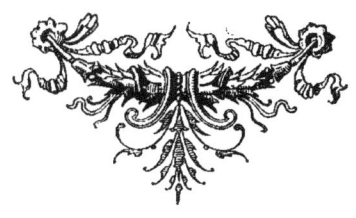

(1852-53)

MM. Théodore LETELLIER, directeur.
Augustin Vizentini, directeur de la scène.
de Merckx, cuissier-comptable.
Monnier, régisseur.
Damade, sous-régisseur.

Grand opéra et Traductions.

Messieurs :
Mirapelli, premier ténor.
Barbot, premier ténor demi-caractère.
Aujac, second ténor.
Carman, baryton.
Balanque, première basse.
Maugin, première basse, et forte seconde.
Borsary, seconde basse.
Canis, troisième basse, et coryphée.
Émile, troisième ténor, et coryphée.

Mesdames et Mesdemoiselles :
Barbot, première soprano, première chanteuse légère.
Steiner-Beaucé, forte chanteuse, Stoltz, Viardot.
Cambier, forte chanteuse, Falcon, et au besoin Stoltz.
D. Murat,
Damade,   } coryphées.
Bromet,

Opéra comique.

Messieurs :
Barbot, premier ténor.
Aujac, second ténor, et des premiers.
Carman, baryton, Martin.
Mangin, première basse.

Mesdames et Mesdemoiselles :
Lemaire, première chanteuse légère.
Carman, première Dugazon.
Willème, seconde première Dugazon.
Muller, mère Dugazon.

Messieurs :

Borsary, basse comique, et première au besoin.
Girardot, ténor comique, Philippe, au besoin quelques seconds ténors.
Prilleux, Laruette, Vizentini, Ricquier, basses, tabliers.
Canis, troisième basse.

Mesdames et Mesdemoiselles :

Foignet, première duègne.
D. Murat, \
Damade,   } coryphées.
Bromet, /

Monsieur :

Émile, troisième ténor.

Comédie moderne, Drame et Vaudeville sérieux.

Messieurs :

Verdellet, premiers rôles en tous genres.
Hadingue, forts jeunes premiers, et jeunes premiers rôles.
Sicard, premiers amoureux, et forts seconds.
Pavie, seconds amoureux, et rôles de genre.
Villette, seconds amoureux.
Prilleux, premiers comiques marqués.
Vernier, premiers comiques en tous genres.
Prosper, premiers rôles marqués, pères nobles, et grands raisonneurs.
Petit-Delamarre, des pères nobles, des troisièmes rôles et rôles de grande convenance.
Baron, financiers, grimes.
Désiré, jeune premier comique.
Lemaire, des comiques, et des grimes.

Mesdames et Mesdemoiselles :

Toscan, premiers rôles.
Baptiste, jeunes premiers rôles, fortes jeunes premières.
Corès, premières ingénuités, et jeunes premières.
L. Magnaut, jeunes amoureuses, et des ingénuités.
Doligny, mères nobles, et grandes coquettes.
Fayollé, des seconds rôles, et des coquettes.
Castelli, seconde coquette, et seconde amoureuse.
Kim-Goy, premières soubrettes.
Froment, seconde soubrette, paysanne.
Lemaire, troisièmes amoureuses, et rôles de convenance.

1852. — 1ᵉʳ septembre, Ouverture, *la Favorite* ; — 2 septembre, reprise de *Joseph* ; *le Bouffe et le Tailleur* ; — du 3 au 27 septembre, série de représentations de Mᵐᵉ Ugalde, première chanteuse de l'Opéra-Comique, *le Caïd* ; *Adolphe et Clara* ; *le Songe d'une nuit d'été* ; *l'Ambassadrice* ; *le Toréador* ; *la Fille du régiment* ; *Galathée* ; — 7 septembre, reprise de *Polichinelle*, opéra en 1 acte ; *Lucie de Lammermoor*, opéra en 4 actes ; — 10 septembre, début de Mˡˡᵉ Cambier, forte chanteuse, Balanqué, première basse, Mirapelli, premier ténor, *la Juive* ; — 16 septembre, reprise de *les Huguenots* ; — 21 septembre, reprise de *Charles VI* ; — 22 septembre, première représentation de *Galathée*, opéra comique en 2 actes, de J. Barbier et Carré, musique de Victor Massé (Mᵐᵉ Ugalde, MM. Aujac et Girardot) ; — 28 septembre, Señora Pepita Oliva, danseuse du Théâtre de Madrid ; — 29 septembre, au bénéfice de Mᵐᵉ Ugalde, *Galathée*, et *le Toréador*, (1ᵉʳ acte) ; — 30 septembre, reprise de *la Reine de Chypre*, opéra en 5 actes ; — 1ᵉʳ octobre, reprise de *Gabrielle*, comédie ; — 4 octobre, concert de Sivori, violoniste ; — du 5 au 20 octobre, série de représentations de Hermann-Léon, première basse chantante de l'Opéra-Comique, *les Monténégrins* ; *Robert le Diable* ; *les Mousquetaires de la Reine* ; *le Caïd* ; *le Songe d'une nuit d'été* ; — 7 octobre, début de Mˡˡᵉ Numa, première chanteuse légère, *les Mousquetaires de la Reine* ; — 12 octobre, première représentation de *la Chambre rouge*, drame en 5 actes, de Théodore Anne ; — 13 octobre, reprise de *Mˡˡᵉ de Belle Isle*, comédie ; — 14 octobre, début de Wielhoff et de Mˡˡᵉ Caroline Théleur, deuxièmes danseurs ; reprise de *la Péri* ; — 19 octobre, reprise de *Guillaume Tell* ; — 21 octobre, reprise de *la Juive* ; — 5 novembre, première représentation de *la Perle du Brésil*, opéra en 3 actes, de Gabriel et Saint-Etienne, musique de Félicien David ; —

Le Théâtre de la Monnaie. — 1852-53.

Messieurs :
Lassoucre, second comique.
Garnier, troisièmes rôles, et rôles en tous genres.

Mesdames et Mesdemoiselles :
Foignet, premières duègnes en tous genres.
Minne, secondes duègnes.

Ballet.

Messieurs :
Desplaces, maître de ballet, premier danseur.
Zinck, second danseur, et premier au besoin.
Topoff, troisième danseur.
Rouquet, danseur comique, rôles mimes.
Hamel,
Koekelberg, } rôles mimes.
Delcorde,
Dewine, } troisièmes danseurs, et coryphées.
François,

Mesdames et Mesdemoiselles :
Marie Duriez, première danseuse en tous genres.
Caroline Tholeur, seconde première danseuse.
Marie Cavalié, seconde danseuse, première au besoin.
Esther Théleur, } secondes danseuses.
Evelina Bertin,
Maria, troisième danseuse.
Maria Gosset, } coryphées.
Fanny,
Montassu, rôles mimes.

Corps de ballet.
Trente figurants et figurantes.

École de danse.

M. Rouquet, professeur.
Seize élèves.

---

9 novembre, reprise de *Norma* ; — 16 novembre, première représentation de *Marie Simon*, drame en 5 actes, d'Alboize et Saint-Yves ; — 18 novembre, reprise de *la Muette de Portici* ; — 20 novembre, spectacle extraordinaire, Roger, premier ténor de l'Opéra, Mlle Masson, première chanteuse du même théâtre, au bénéfice de Vizentini, directeur de la scène ; première représentation reprise de *le Prophète* ; — 23 novembre, reprise de *Giralda*, opéra comique en 3 actes ; — du 26 novembre au 17 décembre, série de représentations de Mocker, premier sujet de l'Opéra-Comique ; *les Porcherons ; le Val d'Andorre ; Gilles Ravisseur ; le Maçon ; le Déserteur* ; — 1er décembre, premier début de Mme Méquillet, forte chanteuse, *le Prophète* ; — 14 décembre, premier début de Mlle Anna Lemaire, première chanteuse légère, *le Songe d'une nuit d'été* ; — 15 décembre, spectacle gala à l'occasion de la fête anniversaire du Roi, *Norma*, 2me et 3me actes ; *le Déserteur*, 2me acte ; *la Juive*, 4me acte ; — 17 décembre, représentation d'adieux de Mocker, premier sujet de l'Opéra-Comique, *le Toréador* ; — 31 décembre, reprise de *le Sonneur de Saint-Paul*, drame.

1853. — Du 4 janvier au 30 mars, série de représentations de la Compagnie Italienne, *Don Pasquale, la Somnambule, Il Matrimonio Segreto, Il Barbiere di Siviglia, la Cenerentola, Lucia di Lammermoor, Lucrezia Borgia, Otello* ; premiers sujets : Armandi, Brignoli, Galvani, Mlles Viola, Cémine, Mme Fodor ; — 9 janvier, représentation extraordinaire par l'Opéra Français et l'Opéra Italien, avec le concours de Luigi Elena, violoniste italien, *Don Pasquale*, opéra en 2 actes ; *le Toréador*, opéra en 2 actes ; *le Panier fleuri*, opéra en 1 acte ; — 10 janvier, au bénéfice de Desplaces, première représentation de *le Paradis du Diable*, ballet-féerie ; — 12 janvier, au bénéfice de Hanssens, *Giralda*, opéra comique ; *le*

Orchestre.

MM. Ch.-L. HANSSENS, premier chef.
BOSSELET, second chef.
DEGREEF, conduisant le ballet.
MUYENS, accompagnateur, et organiste.

Artistes en représentation.

En septembre, Mme UGALDE, première chanteuse du Théâtre de l'Opéra-Comique.
En octobre, HERMANN-LÉON, première basse du Théâtre de l'Opéra-Comique.
En novembre, MOCKER, premier sujet du Théâtre de l'Opéra-Comique.

Nous voici à la première campagne de M. Letellier, qui devait demeurer de longues années à la tête du Théâtre Royal. Le nouveau directeur inaugura son règne par une saison qui ne brilla pas d'un éclat exceptionnel. Pour excuser ces ténèbres, on peut arguer que M. Letellier trouvait son théâtre en plein désordre, et que, après tous les désastres auxquels nous venons d'assister, l'entreprise inspirait peu de confiance au public.

Cependant l'année 1852-53 vit apparaître *Galathée*, de Massé; *la Perle du Brésil*, de F. David; *Si j'étais Roi*, d'A. Adam; *Madelon*, de Bazin; *la Poupée de Nuremberg*, d'Adam; *Marco Spada*, d'Auber; *le Carillonneur de Bruges*, de Grisar. Plusieurs de ces ouvrages demeurèrent longtemps au répertoire. Il y eut, en

---

Paradis du Diable; — 14 janvier, reprise de *Grandeur et décadence de M. Joseph Prudhomme*, comédie en 5 actes; — 15 janvier, Grande Fête de Nuit; — 17 janvier, première représentation de *Si j'étais Roi*, opéra comique en 3 actes, de Dennery et Brésil, musique d'Ad. Adam.

Néméa,	Mme BARBOT.
Zephoris	MM. BARBOT.
Kadoor	MANGIN.
Le Roi	CARMAN.
Zizel	AUJAC.

1853. — 24 janvier, reprise de *Casilda*, opéra en 4 actes; — 31 janvier, au bénéfice de Mirapelli, fort ténor, *le Prophète*; — 1er février, reprise de *le Puff*, comédie en 5 actes; — 7 février, première représentation de *Madelon*, opéra en 2 actes, de Sauvage, musique de Bazin; — 8 février, Grande Fête de Nuit; — 25 février, *Paul Jones*, drame en 5 actes, d'Alexandre Dumas; — 27 février, *Ernani*, opéra en 5 actes; — du 1er mars, série de représentations de Mme Laborde, première chanteuse de l'Opéra, *Lucie de Lammermoor*; — 8 mars, reprise de *la Comtesse de Leicester*, comédie en 5 actes; — 9 mars, au bénéfice de Barbot; première représentation de *le Carillonneur de Bruges*, opéra comique en 3 actes, de Saint-Georges, musique de Grisar; — 16 mars, reprise de *la Fille du régiment*, *Un bal sous Louis XV*; — 20 mars, spectacle extraordinaire, *la Fille du régiment*, *Si j'étais Roi*; — 23 mars, au bénéfice de Girardot, *le Carillonneur de Bruges*, *Guillaume Tell*, 4me acte; *le Paradis du Diable*, 1er acte; — 30 mars, représentation

outre, nombre de représentations intéressantes, notamment celles données avec le concours de Mme Ugalde, de M. Hermann-Léon, de M. Mocker et de Mme Laborde.

Mme Ugalde, qui avait commencé par *le Caïd*, produisit quelques bonnes recettes ; mais, après le départ de la charmante cantatrice, le caissier devenait fort inquiet, tellement inquiet, que la fermeture du théâtre allait être annoncée, lorsqu'une combinaison se produisit : La troupe française de la Monnaie « fusionna » avec une Compagnie Italienne, que Bocca venait de ramener en Belgique. Cet impresario, qui, pendant trois années, avait fait connaître à Bruxelles des artistes de premier ordre, ranima la confiance, et la sympathie qui s'attachait à son nom fit bien augurer de la nouvelle tentative. Malheureusement, l'opéra italien ne s'acclimatait guère à Bruxelles ; les résultats furent, cette fois encore, négatifs, et l'opéra comique français termina victorieusement la saison, alternant avec des représentations d'artistes parisiens.

Le Conseil Communal vote, en avril, 200,000 francs pour la restauration de la salle, plus un crédit de 10,000 francs pour le renouvellement des décors. Le subside, qui avait été jusqu'ici de 24,000 francs, s'élève graduellement jusqu'à 48,000 francs.

Marco Spada fournit quelques soirées assez brillantes, et termine une campagne où le directeur avait résolu un problème, dont la

---

extraordinaire au bénéfice de Barbot, premier ténor d'opéra comique ; première représentation de *la Diplomatie du ménage*, comédie en 1 acte ; reprise du *Comte Ory*, opéra en 2 actes, scène de la descente d'*Orphée aux enfers*, *Silène et Daphné*, ballet en 1 acte ; — du 1er au 18 avril, série de représentations de Mlle Masson, contralto, *Charles VI ; la Favorite ; le Prophète ; la Reine de Chypre ;* — 9 avril, spectacle-gala, *la Fille du régiment ; le Paradis du Diable ;* — du 23 avril au 2 mai, série de représentations de Saint-Léon et de Mlle Plunkett, premiers sujets de l'Opéra, *le Violon du Diable ; le Lutin de la Vallée,* ballets ; — 3 mai, *les Lundis de Madame*, comédie en 1 acte ; — 8 mai, représentation de Mme Laborde, premier sujet de l'Opéra, *les Diamants de la Couronne ;* — 11 mai, au bénéfice de Baron, *le Bonhomme Jadis*, comédie en 1 acte ; *la Femme de quarante ans*, comédie-vaudeville en 3 actes ; *les Malheurs d'un amant heureux*, comédie-vaudeville en 2 actes ; *Silène et Daphné*, ballet en 1 acte ; — 15 mai, reprise de *le Dieu et la Bayadère*, opéra en 2 actes ; — 23 mai, au bénéfice de Mlle Lemaire, première représentation de *Marco Spada*, opéra en 3 actes, de Scribe, musique d'Auber ; *Silène et Daphné*, ballet ; — 24 mai, spectacle extraordinaire, Saint-Léon et Mlle Plunkett de passage à Bruxelles donnent une seule représentation de *le Violon du Diable*, ballet ; on commence par *Galathée*, opéra comique en 2 actes ; — 25 mai, au bénéfice de Haeck, *Marco Spada*, opéra en 3 actes ; — 27 mai, au bénéfice d'Aujac, *Marco Spada*, opéra en 3 actes ; — 30 mai, au bénéfice de Monnier, *Jérusalem*, 3me acte ; *le Songe d'une nuit d'été*, 3me acte ; *Galathée*, opéra comique ; *les Grecs*, ballet ; — 31 mai, clôture, *Lucie de Lammermoor, le Paradis du Diable.*

solution paraissait impossible : celui de se maintenir sans l'appui du grand opéra, car ce genre, qui était l'élément essentiel du répertoire, n'y avait participé qu'à titre d'exception. Cependant, le jour de la clôture (30 mai), on donnait *la Muette de Portici*. Il est vrai que ce vaillant opéra ne comporte qu'une prima-donna... muette!...

1853-54)

MM. Théodore LETELLIER, directeur.
Augustin Vizentini, directeur de la scène.
Monnier, régisseur.
Alfred Bry, régisseur inspecteur.
de Merckx, caissier comptable.
Edouard Letellier, contrôleur chargé de la location.
Paul, secrétaire.

Grand opéra et Traductions.

Messieurs :

Wicart, premier ténor.
Audran, premier ténor, demi-caractère.
Aujac, } seconds ténors.
Chéri, }
Osmond Reynal, baryton.
Depoitier, première basse.
Barielle, première basse, et forte seconde.
Borsary, seconde basse.
Henry, troisième basse, et seconde.
Adrien, troisième ténor, et coryphée.
Mermaud, grand coryphée.
Haly, coryphée.

Mesdames et Mesdemoiselles :

Anna Mézières, première soprano, première chanteuse légère.
Elmire, } emploi de forte chan-
Nelly Dulon, } teuse, Stoltz, Falcon.
D. Murat, }
Helbron, }
Haly, } coryphées
Louise, }

Messieurs :

Darhay, } coryphées.
Merchié, }

Opéra comique.

Messieurs :
AUDRAN, premier ténor,
AUJAC, second ténor, et des premiers.
CHÉRI, second ténor, Moreau-Sainti, Philippe.
BARIELLE, première basse.
BORSARY, basse comique, et première au besoin.
GIRARDOT, ténor comique.
PRILLEUX, Laruette, Vizentini, Ricquier, basses tabliers.
HENRY, troisième basse, et seconde.
ADRIEN, troisième ténor.

Mesdames et Mesdemoiselles :
LEMAIRE, première chanteuse légère.
ANNA MÉZIÈRES, } premières chanteuses au
NELLY DULON, } besoin.
HILAIRE, } emploi de première Dugazon.
DRUTEL, }
STENEBRUGGEN, seconde Dugazon.
MULLER, mère Dugazon.
LAGIER, première duègne.
D. MURAT,
LOUISE,
HALY, } coryphées.
HELBRON,

Ballet.

Messieurs :
BARTHOLOMIN, premier maître de ballet.
ROUQUET, deuxième maître de ballet.
LOUIS DOR, premier danseur.
DEWINE, deuxième danseur, et premier au besoin.
ROUQUET, danseur comique, rôles mimes.
HAMEL, }
KOUKELBERG, } rôles mimes.
FRANÇOIS, troisième danseur, et coryphée.

Mesdames et Mesdemoiselles :
GUICHARD, première danseuse en tous genres.
CAROLINE THÉLEUR, première danseuse.
IRMA, seconde danseuse, première au besoin.
ESTELLE THÉLEUR, } secondes danseuses.
EUGÉNIE DUPIN, }
LACROIX, troisième danseuse.
LOUISA DUPIN,
MINA, } coryphées.
KATS,
MONTASSU, rôles mimes.

Corps de ballet.
Trente figurants et figurantes.

Ecole de Danse.

M. ROUQUET, professeur.
24 élèves.

Orchestre.

MM. CH.-L. HANSSENS, premier chef.
BOSSELET, second chef.
DE GREEF, conduisant le ballet.
FASTRÉ, organiste.
MURAT, accompagnateur.

La nouvelle salle est inaugurée le mardi 6 septembre par la « reprise » de *Lucie de Lammermoor*, et la « première » des *Noces de Jeannette*.

« Il ne s'agissait plus d'un replâtrage, ni d'une restauration ; la métamorphose était complète. »

Le Conseil Communal avait voulu satisfaire aux réclamations qui lui arrivaient de tous côtés, et doter enfin la ville d'un théâtre digne d'elle, ne prévoyant pas que le feu guettait son œuvre, et que, peu de mois à peine après son inauguration, la salle serait détruite.

M. Sechan, à qui avait été confié le soin de cette transformation, s'était appliqué à s'écarter le plus possible de l'ancien plan. Il n'avait respecté que les quatre murs : le rez-de-chaussée était maintenant relevé, pour donner au parterre une inclinaison plus sensible vers la scène, tandis que, depuis les secondes loges jusqu'au plafond, tout était abaissé. Ce dispositif n'etait pas seulement préférable pour l'œil, mais il avait encore une grande influence sur l'effet des jeux de scène, et au point de vue de l'acoustique. Quant à la décoration, elle provoqua les éloges de tous.

La réouverture d'un théâtre fermé pendant trois mois, l'apparition d'un ouvrage nouveau, les débuts de plusieurs artistes, la rentrée de chanteurs sympathiques, l'inauguration d'une salle transformée, tant d'attraits à la fois, avaient attiré une foule considérable au Grand-Théâtre. On regretta que l'architecte, en embellissant ce vaisseau, n'ait pu l'agrandir.

Osmond Raynal, porté sur le tableau de troupe en qualité de baryton, est le créateur, au Théâtre Lyrique, du rôle de Valentin dans *Faust*. Il ne réussit pas, courut la province, et finit par mourir misérablement, en 1885, coryphée à l'Opéra-Comique. Il arriva même, à ce propos, un incident assez curieux : le révolutionnaire

---

1853. — 7 septembre, ouverture, premier début de Mme Didot, première chanteuse légère, Mathieu, premier ténor, rentrée de Carman, d'Aujac, de Mlle Lemaire ; reprise de *Lucie de Lammermoor;* première représentation de *les Noces de Jeannette*, opéra comique en 1 acte, de Carré et Barbier, musique de Massé (Aujac, Mlle Lemaire); — 9 septembre, reprise de *la Fille du régiment*, opéra comique ; *le Barbier de Séville*, opéra comique ; premier début de Barielle, première basse d'opéra comique, Fleury, premier ténor léger ; — 11 septembre, reprise de *le Paradis du Diable*, ballet ; — 12 septembre, premier début de Mlle Elmire, première chanteuse falcon, Mme de Corcelles, première Dugazon; rentrée de Balanqué, première basse ; reprise de *les Huguenots*, opéra en 5 actes ; — 13 septembre, reprise de *le Postillon de Lonjumeau*, opéra comique en 3 actes ; *la Vivandière*, ballet ; — 15 septembre, reprise de *la Favorite*, opéra ; — 16 septembre, reprise de *Haydée*, opéra comique ; — 20 septembre, reprise de *le Chalet*, opéra comique ; *la Péri*, ballet ; — 21 septembre, reprise de *la Juive*, opéra ; — 22 septembre, premier début d'Audran, premier ténor léger de l'Opéra-Comique ; reprise de *la Dame blanche*, opéra comique en 3 actes ; — 23 septembre, reprise de *Robert le Diable*, opéra ; — 24 septembre, reprise de *Giralda*, opéra comique ; — 28 septembre, reprise de *le Prophète*, opéra ; — 29 septembre, reprise de *le Nouveau Seigneur*, opéra comique ; — 4 octobre, reprise de *le Val d'Andorre*, opéra comique ; — 5 octobre, première représentation de *la Brésilienne*,

Lisbonne « ex-forçat », auteur dramatique et limonadier, qui fonda la *Taverne du Bagne*, les *Pommes de terre frites*, etc., était, au moment de la mort de Raynal, directeur d'une scène minuscule, connue à Paris sous le nom de *Bobino*. Il organisa un « bénéfice » pour la veuve, et fit imprimer, dit-on, des affiches ainsi conçues :

Représentation au bénéfice de la veuve de
RAYNAL
MORT DE FAIM
Au service du Théâtre National de l'Opéra-Comique.

L'autorisation d'un tel affichage fut refusée.

Reynal est remplacé, à la Monnaie, par Carman, déjà connu, et qui fit simplement une rentrée.

Le ténor Wicart et la basse Depoitier, qui font partie de la troupe pour la première fois, forment avec Carman le fameux *trio belge*, dont la réputation fut presque européenne.

Wicart est né à Tournai, et a fait ses études au Conservatoire de Bruxelles, dans la classe de Géraldi. Il débuta à Liége dans *Lucie de Lammermoor*, puis se décida à concourir pour l'admission à l'École de Musique de Paris, où il fut admis en qualité de pensionnaire. Ses études terminées, il chanta à Nantes et à Lyon, et arriva enfin à Bruxelles. Sa voix facile, sonore et large, la justesse

---

ballet ; — 6 octobre, premier début d'Arnoldi, première basse de grand opéra, en remplacement de Balanqué, *les Huguenots*; — 7 octobre, reprise de *le Songe d'une nuit d'été*, opéra comique ; — 10 octobre, reprise de *le Bouffe et le Tailleur*, opéra comique ; — 11 octobre, reprise de *Guillaume Tell*; — 13 octobre, reprise de *le Toréador* ; — 17 octobre, spectacle gala, *Lucie de Lammermoor*; — 20 octobre, reprise de *le Dieu et la Bayadère*, premier début de Mlle Choinet ; — 21 octobre, reprise de *Robert le Diable* ; — 25 octobre, concert donné par Mlles Carolina et Virgina Ferni, violonistes ; — 5 novembre, première représentation de *les Amours du Diable*, opéra féerie en 3 actes, paroles de de Saint-Georges, musique d'A. Grisar ; — 6 novembre, représentation de Bauche, fort ténor, *les Huguenots* ; — 17 novembre, au bénéfice de Vizentini, directeur de la scène, *les Amours du Diable* ; — 25 novembre, reprise de *Si j'étais Roi*, opéra comique en 3 actes ; — 1er décembre, reprise de *la Reine de Chypre*, opéra en 5 actes ; — 4 décembre, reprise de *les Rendez-vous bourgeois*, opéra comique en 1 acte ; — 12 décembre, début de Dobbels, première basse, en remplacement d'Arnoldi, *les Huguenots ;* — 16 décembre, au bénéfice des pauvres, *les Amours du Diable ;* — 18 décembre, reprise de *la Perruche*, opéra comique en 1 acte ; — 20 décembre, première représentation de *les Amours d'une rose*, ballet en 2 actes ; — 22 décembre, première représentation de *le Sourd ou l'auberge pleine*, opéra comique en 3 actes, de Leuven et Langlé, musique d'Adam ; — 27 décembre,

LE TRIO BELGE

CARMAN   WICART   DEPOITTIER

impeccable de ses intonations, la cadence toujours rythmée de ses phrases musicales, l'incroyable souplesse de son organe qui lui permettait de chanter avec autant de perfection *Guillaume Tell* que *la Favorite*, lui acquirent du premier coup la sympathie du public bruxellois.

Carman, de son véritable nom Carmanne, est né à Liége, et y a fait ses études sous la direction du même Géraldi, qui était professeur dans les deux villes. Comme son camarade Wicart, il alla ensuite au Conservatoire de Paris, d'où il sortait après trois années pour débuter à Rouen, à Marseille et enfin à Bruxelles.

Carman possédait une voix admirablement timbrée, et montrait autant d'autorité dans l'opéra que de grâce dans l'opéra comique. Il avait un caractère irascible, très nerveux, mais, comme chez tous les artistes affligés de ce désagrément, dont ils sont les premières victimes, le cœur était loyal et généreux. On raconte qu'un jour sa femme, qu'il adorait, chantant à Anvers *les Noces de Jeannette*, Carman qui s'habillait pour la deuxième pièce, entend, de sa loge, les protestations qui accueillaient la chanteuse. Il n'avait pas encore passé son habit, il s'élance en bras de chemise sur la scène, en battant des mains, et pendant le moment de silence et de stupeur que provoque cette entrée inattendue, il jette à Mme Carman, atterrée, cette phrase épique : « Ils te chutent ? Moi, Carman, je t'applaudis ! » Voilà un admirable trait d'audace en même temps que d'amour conjugal. Sa femme exerça une grande influence sur la destinée du baryton, et la fin tragique de Mme Carman vint ajouter aux fièvres

---

reprise de *Otello*, opéra en 4 actes ; — 30 décembre, reprise de *la Part du Diable*, opéra comique en 3 actes.

1854. — 9 janvier, premier début de Mlle Adrienne, Dugazon, *le Maitre de chapelle* ; — 12 janvier, reprise de *Madelon*, opéra en 2 actes ; — 13 janvier, reprise de *Terpsichore sur terre*, ballet ; — 16 janvier, reprise de *la Muette de Portici*, opéra ; — 27 janvier, première représentation de *le Bijou perdu*, opéra en 3 actes, paroles de de Leuven et Deforges, musique d'A. Adam ; — 3 février, au bénéfice de Bosselet ; reprise de *les Diamants de la Couronne* ; — du 4 au 10 février, série de représentations de Mme Tedesco, première chanteuse de l'Académie de musique, *la Favorite, le Prophète, la Reine de Chypre* ; — 10 février, par ordre, représentation de Mme Tedesco, *le Prophète* ; — 11 février, au bénéfice de Prilleux, *les Diamants de la Couronne* ; — 14 février, au bénéfice de Mlle Duriez, *la Dame blanche*, opéra comique en 1 acte ; *le Sourd, les Amours d'une rose* ; — 15 février, reprise de *la Jolie fille de Gand*, ballet ; — 17 février, au bénéfice de Desplaces, maître de ballet, *la Part du Diable*, opéra comique ; *la Brésilienne* ballet ; — 3 mars, au bénéfice de Monnier, régisseur ; reprise de *la Reine de Chypre* ; — 6 mars, concert de Mlle Louise Barwolf, âgée de douze ans ; — 13 mars, première représentation de *Georgette*, opéra en 1 acte, Gevaert ; — 15 mars, première représentation

artistiques du mari une douleur suprême, digne du plus grand respect. Carman est actuellement professeur au Conservatoire de Liège.

Avec sa figure imberbe, sa tête fine, bien attachée, Depoitier avait l'air d'un enfant de chœur plutôt que d'un comédien appelé à représenter des héros, à porter la pourpre royale.

Il y a de cela... quelques années. Depuis, la moustache a poussé fièrement, comme celle d'un mousquetaire, et, pour ne pas demeurer en reste avec les cheveux, elle a pris le parti de grisonner, sans cependant rien perdre de son allure cavalière.

La vie de Depoitier est toute de travail. Né à Liège en 1831, il étudia le chant au Conservatoire de cette ville ; puis, à Paris, avec Duprez. Il était doué d'un organe généreux et d'une volonté de fer : Il fit de rapides progrès. Un jour, — il n'avait pas du tout, à ce moment-là, l'envie d'embrasser la carrière dramatique, — il rencontre, à Liège, son ami Piedbœuf, le violoniste, qui se disposait à organiser un concert. Depoitier lui propose son concours pour cette soirée, et l'on convient qu'on donnera *le Songe d'une nuit d'été*. Son succès dans Falstaff fut tel, qu'Alexandre May, qui dirigeait alors l'Opéra de Liège, l'engagea immédiatement, sans répertoire, en qualité de basse chantante (1853).

Trois semaines s'étaient à peine écoulées que, la basse d'opéra étant partie, Depoitier joue, au pied levé, *Robert le Diable* et tient les deux emplois jusqu'à la fin de la saison, ou plutôt jusqu'au moment où May fut emprisonné pour dettes, et que le théâtre fut

---

du *Juif Errant*, opéra en 5 actes, paroles de Scribe, musique de Halévy ; — 21 mars, au bénéfice d'Audran ; reprise de *Fra Diavolo*, opéra comique en 3 actes ; intermède de chant ; — 29 mars, débuts de M¹¹ᵉ Emilie Price, danseuse âgée de 7 ans, et de Ferdinand Price, danseur âgé de 9 ans ; grand divertissement ; — 31 mars, au bénéfice d'Aujac, *le Caïd* ; *la Dame blanche*, 1ᵉʳ acte ; un ballet ; — 4 avril, au bénéfice d'Ed. Letellier, contrôleur, *les Amours du Diable* ; — 18 avril, au bénéfice de M¹¹ᵉ Lemaire, reprise de *la Fée aux roses* ; — 26 avril, au bénéfice de Barielle, *les Amours du Diable*, opéra ; — 29 avril, au bénéfice des pauvres ; représentation extraordinaire, avec le concours de M¹¹ᵉ Rosa Kastner, *les Noces de Jeannette*, *Guillaume Tell*, 2ᵐᵉ acte ; intermède vocal et instrumental par M¹¹ᵉˢ Rosa Kastner et Lemaire ; *Un bal sous Louis XV*, ballet ; — 12 mai, au bénéfice de Hanssens ; première représentation de *la Lanterne magique*, opéra en 3 actes, de Van Peene et Miry ; — 19 mai, au bénéfice de Girardot, *le Comte Ory* ; reprise de *l'Ours et le Pacha*, vaudeville en 1 acte ; — 22 mai, au bénéfice de Haeck, machiniste, *les Amours du Diable* ; — 24 mai, par ordre, *la Lanterne magique* ; *Georgette* ; — 31 mai, au bénéfice de Carman et de M¹¹ᵉ Duriez ; clôture, *le Barbier de Séville*, 1ᵉʳ acte ; *la Fille du régiment*, 2ᵐᵉ acte ; *le Bijou perdu*, 2ᵐᵉ acte ; un divertissement.

fermé. L'année suivante, il était engagé au Théâtre de la Monnaie.

Le soir de son troisième début — il venait de jouer *la Juive*, et avait été admis, à une grande majorité — Depoitier quitte son costume ; dans une hâte fiévreuse, il descend précipitamment de sa loge, le cœur débordant de joie ; il jette un bonsoir au concierge, s'engouffre dans la rue Neuve, bondit jusqu'à la gare du Nord, où il saute dans le dernier train pour Liège.

Il arrive au milieu de la nuit, prend sa course jusque dans le quartier qu'habitait sa famille, et, du bout de la rue, dans le silence, se met à crier : « M'man ! M'man ! » Sa mère, qui dormait depuis longtemps, se réveille à cette voix aimée, ouvre la fenêtre : « Je suis reçu ! clame Depoitier, Maman ! je suis reçu ! » La pauvre femme croyait encore rêver. La voilà presque dans la rue, en toilette de nuit, recevant dans ses bras son héros, qu'elle couvre de baisers orgueilleux... Ce grand enfant venait de dépouiller l'hermine de Brogni !

Il faut entendre, aujourd'hui encore, Depoitier raconter cette anecdote, les yeux pleins de larmes, comme un bon fils qu'il fut, et comme un véritable artiste, capable de ressentir ces nobles émotions.

Après une période de débuts, généralement favorable aux artistes, le public, capricieux, montra autant de sévérité qu'il avait témoigné de bienveillance envers les sujets nouveaux. A un moment même, il ne se passait plus de soirée qui ne fût troublée par de nombreuses marques de mécontentement.

Une représentation des *Huguenots*, surtout, souleva les plus grandes colères. Les pauvres artistes, objets d'un tumulte effroyable, refusaient d'*achever* l'opéra. Comme toujours en semblable circonstance, la police dut intervenir, des arrestations eurent lieu, et la soirée n'alla pas jusqu'au bout.

Mais, comme toujours aussi, cette hostilité du public fut de courte durée. La direction, profitant d'une accalmie, s'empressa de reprendre *la Muette de Portici*, œuvre qui avait encore un grand prestige à Bruxelles, car elle y évoquait des souvenirs patriotiques. Mathieu se montrait pour la première fois dans Mazaniello. Le Duc et la Duchesse de Brabant assistèrent à cette représentation.

La mise en scène offre parfois de bizarres anachronismes. En voici un, relevé dans cette soirée, et qu'il est impossible de ne pas signaler, ne fût-ce que par respect pour la vérité historique :

La décoration du 3me acte devait représenter une place publique, à Naples. Le rideau de fond qui avait servi jusque-là réalisait le mieux possible les recherches archéologiques. Mais, soit qu'il n'existât plus, soit que son état de vétusté ne permît plus d'en faire usage, on l'avait remplacé. Et par quoi?... Par une vue du vieux Paris, avec le portail de Notre-Dame en perspective !...

Enfin, la saison s'achève d'une façon relativement calme, et la clôture a lieu le 30 mai. C'est de cette campagne théâtrale que date la détermination d'abandonner, à la Monnaie, les ouvrages dramatiques, pour y représenter exclusivement l'opéra, l'opéra comique, et le ballet.

Du 1ᵉʳ septembre au 1ᵉʳ mai 1854, la comptabilité accuse :

Dépenses . . . . fr. 438,438 71
Recettes 412,399 55
Déficit 26,039 16

(1854-55)

MM. LETELLIER, directeur.
AUGUSTIN VIZENTINI, directeur de la scène.
MONNIER, régisseur.
ALFRED BRY, régisseur-inspecteur.
DE MERCKX, caissier-comptable.
ÉDOUARD LETELLIER, contrôleur chargé de la location.
PAUL, secrétaire.

Grand opéra.

Messieurs :
WICART, premier ténor.
AUDRAN, premier ténor demi-caractère.
AUJAC, second ténor.
CHÉRI, second ténor.
CARMAN, baryton.
DEPOITIER, première basse.
BARIELLE, première basse, et forte seconde.
BORSARY, seconde basse.
HENRY, troisième basse, et seconde.
ADRIEN, troisième ténor, et coryphée.
MERMAND, grand coryphée.
HALY, coryphée.

Mesdames et Mesdemoiselles :
ANNA MÉZIÈRES, première soprano, chanteuse légère.
ELMIRE, forte chanteuse, Stoltz.
NELLY DULON, forte chanteuse, Falcon.
MURAT,
HEILBRONN,
HALY,
LOUISE,
} coryphées.

Messieurs :
DARDAY,
MERCHIE,
} coryphées.

Opéra comique.

Messieurs :
AUDRAN, premier ténor.
AUJAC, second ténor, et des premiers.
CHÉRI, second ténor, Moreau-Sainti, Philippe.
BARIELLE, première basse.
BORSARY, basse comique, et première au besoin.
GIRARDOT, ténor comique.
PRILLEUX, Laruette, Vizentini, Ricquier, basses, tabliers.
HENRY, troisième basse, et seconde.
ADRIEN, troisième ténor.
MERMAND, grande utilité.

Mesdames et Mesdemoiselles :
LEMAIRE, première chanteuse légère.
ANNA MEZIÈRES,
NELLY-DULON, } premières chanteuses au besoin.
VANDENHAUTE,
HILAIRE,
DRUTEL, } emplois de premières Dugazon.
STEENBURUGGEN, seconde Dugazon.
MULLET, mère Dugazon.
LAGIER, première duègne.
D. MURAT,
LOUISE,
HALY, } coryphées.
HELDRON,

Ballet.

Messieurs :
BARTHOLOMIN, premier maître de ballet.
ROUQUET, deuxième maître de ballet.
LOUIS DOR, premier danseur.
DEWINNE, deuxième danseur, et premier au besoin.
ROUQUET, danseur comique, rôles mimes.
HAMEL,
KOUKELBERG, } rôles mimes.
FRANÇOIS, troisième danseur, et coryphée.

Mesdames et Mesdemoiselles :
GUICHARD, première danseuse en tous genres.
CAROL THÉLEUR, première danseuse.
IRMA, seconde danseuse, première au besoin.
ESTELLE THÉLEUR,
EUGÉNIE DUPIN, } secondes danseuses.
LACROIX, troisième danseuse.
LOUISE DUPIN,
MINA, } coryphées.
KATS,
MONTASSU, rôles mimes.

M. ROUQUET, professeur de l'école de danse.

Orchestre.

MM. CH.-L. HANSSENS, premier chef.
BOSSELET, second chef.
DEGREEF, conduisant le ballet.
FASTRÉ, organiste.
MURAT, accompagnateur.

Parmi les nouveaux noms, on en voit deux qui ne tardèrent pas à devenir populaires à Bruxelles : ceux de Borsary et de Barielle.

Le premier est l'objet d'une véritable légende, et, aujourd'hui encore, dans les conversations de « foyer », on cite souvent ses *mots* d'un esprit quelque peu... gaulois. Restriction faite de ses expressions, parfois très libres, il était d'un caractère jovial, toujours prêt à la riposte, et d'une philosophie véritable, sous des dehors amusants. Au physique, d'une taille et d'un embonpoint énormes. On conte que, le soir, à l'issue de la représentation, une douzaine de chopes de bière ne le faisaient pas reculer.

Barielle était Marseillais — dans toute l'acception du mot. Doué d'un organe splendide, il n'était pas du tout musicien. Un jour, pendant les répétitions de *l'Étoile du Nord*, il arrive au théâtre, agité, ému, fiévreux. On s'empresse autour de lui, et, comme on l'interrogeait sur les motifs de son inquiétude : « Eh bien ! dit-il, il y a dans mon rôle une intonation que je ne parviens pas à saisir ; lorsque ce moment est franchi, c'est, pour moi, comme si la pièce était achevée : je passe d'un *sol bémol* à un *fa dièse*. Je ne suis pas f.... d'attraper ce *fa dièse !* »... Voici comment Barielle racontait la première représentation du *Pardon de Ploërmel*, à l'Opéra-Comique, où il créa le rôle du chasseur : « Au premier acte : Faure, Marie Cabel, Sainte-Foy — rien. Au deuxième acte — rien ; il est vrai qu'il se passe dans la nuit. Troisième acte — mon air. J'entre en scène : « *En chasse, en chasse, en chasse !* » Un triomphe. L'Empereur se penche hors de sa loge, et s'écrie : *Bravo, Barielle !* Ce n'était rien. Je rentre dans la coulisse où se tenait Meyerbeer aux écoutes ; l'illustre maître se jette dans mes bras en pleurant, et en m'appelant SON DIGNE INTERPRÈTE : — *L'Étoile du Nord* fut un grand succès ! »

Le Théâtre de la Monnaie, après trois mois de clôture, rouvre ses portes, par *la Juive*.

Le système de débuts où le public manifeste son opinion par applaudissements ou par sifflets, est supprimé. On adopte le mode du *vote*, plus en rapport maintenant avec l'esprit et l'éducation du public, et qui évite à l'artiste des humiliations dont son amour-propre et sa dignité même ne peuvent que souffrir cruellement.

1854. — 31 août, Ouverture. — Wicart, fort ténor, Depoitier, première basse, Mme Dullon, première chanteuse falcon, Mme Mézières, première chanteuse légère ; reprise de *la Juive*, opéra en 5 actes ; — 1er septembre, premier début de Mlle Hilaire, première Dugazon ; rentrée d'Audran, premier ténor léger, Mlle Lemaire, première chanteuse légère ; reprise de *les Mousquetaires de la Reine*, opéra comique en 3 actes ; — 3 septembre, reprise de *le Bouffe et le Tailleur*, opéra comique en 1 acte ; — 4 septembre, rentrée de Mlle Elmire, contralto, *la Reine de Chypre* ; — 5 septembre, premier début de Chéri, deuxième ténor, Mlle Drutel, deuxième Dugazon ; reprise de *le Chalet*, opéra comique en 1 acte, début de Mlle Guichard, première danseuse ; reprise de *la Sylphide*, ballet ; — 6 septembre, reprise de *la Dame blanche*, opéra comique ; — 11 septembre, reprise de *les Diamants de la Couronne*, opéra comique ; — 12 septembre, reprise de *Robert le Diable* (en l'absence d'une chanteuse légère, on ne peut exécuter le 2me et le 4me actes) ; — 13 septembre, reprise de *le Barbier de Séville*, opéra comique en 4 actes ; *le Postillon et la Vivandière*, ballet ; — 15 septembre, reprise de *la Favorite*, opéra ; — 19 septembre, reprise de *le Toréador*, opéra comique en 2 actes ; *le Diable à quatre* ; — 20 septembre, reprise de *les Hugue-*

Malheureusement, cette coutume n'était pas destinée à durer longtemps. Elle servit de prétexte à des abus ; les amis ou adversaires des débutants achetèrent d'abord un grand nombre de places, afin d'obtenir la majorité des voix, et quelquefois le public se trouva désappointé devant un résultat contraire à son idée et à ses désirs.

Aussi, dès 1857, renoncera-t-on à tout scrutin : on reviendra aux anciens usages. Cependant, le public se désintéressera de plus en plus de ces manifestations, et le temps est proche où les trois débuts disparaîtront définitivement. Il faut supposer que ce dernier *modus agendi* est le meilleur, puisqu'il fut désormais adopté, et qu'il prit date précisément de l'époque où le Théâtre de la Monnaie s'élevait à un niveau artistique qu'il n'avait pas atteint jusque-là.

Voici — avec un spécimen de bulletin — le résultat des premiers votes :

Comme il est aisé de le deviner, il suffisait, pour exprimer son suffrage, de détacher un des côtés, en suivant le pointillé.

---

nots, 1ᵉʳ, 3ᵐᵉ, 4ᵐᵉ et 5ᵐᵉ actes; — 23 septembre, reprise de *la Part du Diable*, opéra comique ; — 25 septembre, reprise de *les Amours du Diable*, opéra féerie ; — 30 septembre, premier début de Mˡˡᵉ Dobré, première chanteuse légère, *Guillaume Tell;* — 1ᵉʳ octobre, premier début de Mˡˡᵉ Dumas, première Dugazon, *la Dame blanche;* — 4 octobre, reprise de *le Maître de chapelle*, *Robert le Diable*, 2ᵐᵉ et 4ᵐᵉ actes ; *Terpsichore sur terre*, ballet ; — 9 octobre, reprise de *le Val d'Andorre*, opéra en 3 actes ; — — 10 octobre, début de Mᵐᵉ Vandenhaute, forte chanteuse, en remplacement de Mˡˡᵉ Dullon, *la Juive ;* — 20 octobre, reprise de *le Prophète*, opéra ; — 23 octobre, reprise de *la Sirène*, opéra comique ; — 24 octobre, reprise de *la Fille du régiment ;* — 3 novembre, première représentation de *Polichinelle*, opéra en 1 acte ; *Jovita*, ballet en 2 actes ; — 8 novembre, reprise de *le Juif Errant*, opéra en 5 actes ; — du 9 novembre, série de représentations de Mˡˡᵉ A. Cinti, première chanteuse d'opéra comique, *le Barbier de Séville ;* — 20 novembre, reprise de *le Bijou perdu*, opéra comique ; — 21 novembre, reprise de *Giralda*, opéra comique en 3 actes ; — 23 novembre, reprise de *le Caïd*, opéra bouffe en 2 actes ; — 28 novembre, reprise de *Si j'étais Roi*, opéra comique en 3 actes ;

DÉBUTS ET RENTRÉES

NOM DE L'ARTISTE	SPECTATEURS AYANT DROIT DE VOTER	NOMBRE DES VOTANTS	BULLETINS AFFIRMATIFS	BULLETINS NÉGATIFS
MM. Aujac	776	450	432	18
Borsary		344	303	41
Mmes C. Théleur		266	232	34
Irma		327	306	21
E. Théleur		324	274	50
MM. Audran	385	201	198	3
Barielle		200	187	13
Mme Lemaire		198	193	5
Mme Elmire	888	460	430	30
M. Rouquet	304	113	108	5
M. Girardot	333	174	173	1
M. Dewinne	356	107	103	4
MM. Wicart	629	324	311	13
Dor		267	254	13
Mme Muller		273	229	44
M. Prilleux	388	154	151	3
M. Guichard	623	289	276	13
Mme Dupin	375	148	145	3
M. Reynal	742	387	215	172
Mme Lagier	670	140	135	5
M. Depoitier	828	518	494	24
Mmes Hilaire		407	384	23
Dulon		537	229	308
M. Carman	951	510	467	43
Mme Dobré	988	510	456	54
Mme Vandenhaute	959	376	369	7
Mme Esther	667	302	221	81

Après la période des débuts, qui se termina assez heureusement, comme on l'a vu, apparaît de nouveau la *Muette de Portici*. La perspective de Notre-Dame de Paris, qui représentait, l'année précédente, la place publique de Naples, est remplacée. Cette fois, c'est au *Prophète* qu'on emprunte la toile de fond, et les fantoches napolitains s'agitent dans l'intérieur de la ville de Münster. Mais le célèbre duo : « *Amour sacré de la patrie!* » est acclamé frénétiquement ; les artistes quittent la scène triomphants, le directeur rayonne, le public sort enthousiasmé, le caissier se frotte les mains, tout le monde est content.

Fin décembre 1854, première représentation de *l'Étoile du Nord*. Tout laissait croire que la saison serait exceptionnellement brillante, lorsqu'un événement, aussi imprévu qu'inexplicable, vint ruiner ces espérances. Le dimanche 21 janvier, un terrible incendie éclate, qui détruit le théâtre de fond en comble.

La veille, on avait fait relâche. La troupe de la Monnaie était à Louvain, où Vizentini donnait le concert annuel à son profit.

Le dimanche, à huit heures et demie du matin, les machinistes posaient le décor du *Prophète*, qu'on devait jouer le soir, lorsqu'ils furent surpris par les flammes et n'eurent que le temps de s'enfuir. A onze heures, il ne restait plus que les quatre murs.

Ce sinistre, dont on ne connut jamais bien exactement les causes, creusa trois fosses : deux machinistes et un pompier, surpris dans les combles par la fumée, moururent asphyxiés, héros ignorés, victimes de leur devoir.

Le Bourgmestre, M. de Brouckère, qui était parti la veille pour Paris, fut rappelé immédiatement. Son premier mot — après avoir

---

— 1ᵉʳ décembre, reprise de *Giselle*, ballet en 2 actes ; *Polichinelle*, opéra en 1 acte ; — 4 décembre, première représentation de *l'Etoile du Nord*, opéra comique, en 3 actes, paroles de Scribe, musique de Meyerbeer.

Peters	MM BARIELLE.
Danilowitz	AUDRAN.
G. Scrawonski	AUJAC.
Gritzenko.	PRILLEUX.
Catherine	Mᵐᵉˢ LEMAIRE.
Prascovia.	ESTHER.
Première cantinière	HILAIRE.
Deuxième cantinière	BÉRARDIE.

1854. — 13 décembre, au bénéfice [de Vizentini, directeur de la scène, *l'Etoile du Nord*; — 14 décembre, reprise de *Fra Diavolo*, opéra comique en 3 actes ; — 19 décembre, reprise de *le Comte Ory*, opéra en 2 actes.

1855. — 1ᵉʳ janvier, reprise de *le Juif Errant*, opéra en 5 actes ; — 4 janvier, reprise de *le*

compati à toute l'immensité du désastre — fut celui-ci : « Le théâtre est brûlé? Eh bien! la ville en construira un autre. »

En effet, cet excellent magistrat, qui a laissé tant de souvenirs à Bruxelles, et dont on ne peut plus prononcer l'éloge sans tomber dans la banalité, convoqua, quelques heures après son arrivée, tout le personnel du théâtre, le rassura par la promesse de son appui en cette circonstance désespérée, et fit tant que, le soir même, un acte d'association était signé entre les artistes, avec M. Letellier pour gérant, — que, onze jours après, le Théâtre du Cirque (Alhambra) était complètement métamorphosé, décoré et propre au grand opéra, — que la liste d'abonnements était de beaucoup plus considérable qu'à la Monnaie, — enfin, qu'on inaugurait la nouvelle scène, le 4 février, avec *Guillaume Tell*.

Salle comble! La distribution de la pièce était connue, à l'exception de deux rôles : Guillaume et Gessler. Le baryton Carman, que des chagrins de famille éprouvaient cruellement, ne put pas jouer. La basse chantante Barielle se chargea de son rôle, et abandonna Gessler à Borsary.

Le succès fut immense ; les témoignages de sympathie s'adressaient non seulement aux artistes, mais aussi à Letellier, frappé par la catastrophe, au moment où il allait recueillir le prix des sacrifices et des laborieux efforts de deux années.

Le Conseil Communal avait pris de promptes mesures :

La salle sera reconstruite sur l'emplacement actuel.

Le Collége recevra et fera étudier : 1° les plans concernant la reconstruction dans le périmètre actuel, soit en conservant les gros murs, soit en les reportant aux limites du périmètre actuel ; 2° les plans concernant la reconstruction en conservant le périmètre des trois côtés, et en avançant la façade vers la place de la Monnaie. La remise de ces plans devra être faite avant le quinze février.

Nouveau Seigneur du village, opéra comique en 1 acte ; — 11 janvier, reprise de *Charles VI*, opéra en 5 actes ; — 13 janvier, Grande Fête de Nuit ; — 19 janvier, première représentation de *les Deux roses*, ballet ; — 22 janvier, Incendie du Théâtre-Royal.

1855. — 4 février, inauguration de la salle du Cirque ; reprise de *Guillaume Tell ;* — 15 février, au bénéfice de Bartholomin, *les Huguenots ;* — 22 février, au bénéfice de Prilleux, *Guillaume Tell ;* — 1er mars, au bénéfice de Bosselet, *le Pré-aux-Clercs ;* — du 6 mars, concerts de H. Vieuxtemps, violoniste ; — 12 mars, au bénéfice de Mme Tedesco, *la Favorite ;* — 17 mars, première représentation de *l'Enfance du Christ*, oratorio de Berlioz.

Joseph	MM. Audran.
Jacob	Barielle.
Hérode	Depoitier.
Marie	Mme Anna Lemaire.

Quel que soit le plan qui prévale, les études seront faites de manière à pouvoir inaugurer la salle le 1ᵉʳ septembre prochain.

Une somme de 100,000 francs, divisée en deux crédits distincts, a été mise à la disposition du Collége, pour faire face aux besoins présents et prendre les mesures nécessaires à la continuation des représentations théâtrales.

Pendant ce temps, des listes de souscription s'ouvraient, de tous côtés, au profit des victimes de l'incendie. Il est regrettable de ne pouvoir les citer toutes, car ce serait un magnifique exemple de charité.

Le baron de Peellaert, le compositeur plusieurs fois applaudi dans la salle qui venait de brûler, envoya cent francs.

L'éminent directeur du Conservatoire écrivait la lettre suivante :

Bruxelles, le 22 janvier 1855.

A Monsieur le Rédacteur en chef de L'INDÉPENDANCE BELGE.

Je vous aurai beaucoup d'obligation, si vous voulez bien annoncer dans votre journal que j'organise quatre concerts historiques, dont les deux premiers seront donnés au profit des pauvres de la ville de Bruxelles, et les deux autres au bénéfice des artistes de l'orchestre et des chœurs du Théâtre Royal, qu'un événement funeste vient de frapper d'une manière cruelle dans les faibles ressources de leur existence.

Ces concerts se suivront de quinzaine en quinzaine pendant les mois de février et de mars.

Le premier aura pour objet la musique du seizième siècle, à l'église, au concert et dans la danse.

Dans le deuxième je ferai entendre les spécimens intéressants des transformations de la musique dramatique en Italie, en France et en Allemagne, depuis son origine jusqu'à l'époque actuelle.

Le troisième est destiné à faire connaître les plus belles compositions religieuses et profanes, vocales et instrumentales, du dix-septième siècle.

1855. — 28 mars, première représentation de *la Promise*, opéra comique en 3 actes, paroles de de Leuven et Brunswick, musique de Clapisson ; — 29 mars, représentation de la Grande Harmonie, *Georgette*, opéra comique, de Gevaert ; — 30 mars, au bénéfice de Mˡˡᵉ Lemaire, *la Promise*, opéra comique ; — 11 avril, au bénéfice de Mˡˡᵉ Elmire, *la Promise*, *la Favorite*, *l'Esclave Styrienne* ; — 16 avril, *Isoline ou les chaperons blancs*, opéra en 4 actes, de Gaucet et Soubre ; — 19 avril, au bénéfice de Hanssens, *l'Etoile du Nord*, opéra comique ; — 23 avril, au bénéfice de Barielle, *l'Etoile du Nord*, opéra comique ; — 26 avril, au bénéfice d'Aujac, *Robert le Diable*, opéra ; — 30 avril, première représentation de *Azélia*, ballet ; — 3 mai, au bénéfice d'E. Letellier, *l'Etoile du Nord*, opéra comique ; — 9 mai, au bénéfice de Girardot ; première représentation de *la Fille invisible*, opéra comique en 3 actes, de Soubre ; intermède de chant ; — 16 mai, au bénéfice d'Audran, *le Maître de chapelle*, *la Dame blanche*, 2ᵐᵉ et 3ᵐᵉ actes ; *l'Etoile du Nord*, 2ᵐᵉ acte ; intermède de chant ; — 24 mai, au bénéfice de Monnier, *Georgette*, intermède de chant ; *Jérusalem* ; — 30 mai, au bénéfice de Wicart, *Guillaume Tell* ; — 31 mai, bénéfice des pauvres ; clôture.

Dans le quatrième, un choix de compositions les plus belles et les moins connues des compositeurs les plus célèbres des dix-huitième et dix-neuvième siècles sera exécuté par des artistes d'élite, par un grand orchestre et par un chœur nombreux.

Dans chacune de ces séances je ferai l'exposé historique de chaque genre de musique, à l'époque qui sera l'objet du concert.

Une souscription est ouverte pour les quatre concerts et pour des places numérotées, à raison de seize francs (4 francs par concert). La souscription pour un seul concert est du prix de cinq francs. Les billets pris à la porte se payeront 6 francs.

Un second avis, qui sera publié dans peu de jours, fera connaître le programme des quatre concerts, le local où ils seront donnés, ainsi que leurs dates, et indiquera les lieux où les souscriptions seront reçues.

J'espère que le patronage et la coopération des nobles cœurs ne feront pas défaut à cette œuvre philanthropique.

Agréez, Monsieur, l'expression de ma parfaite considération.

FÉTIS.
Maître de chapelle du Roi,
directeur du Conservatoire royal de musique.

Un autre envoi, qui arrivait de bien loin :

Saint-Pétersbourg, le 29 janvier (10 février) 1855.

A Monsieur le Rédacteur en chef du journal L'INDÉPENDANCE BELGE.

Les artistes du Théâtre Impérial français de Saint-Pétersbourg me chargent de vous faire tenir un mandat de 1,000 francs, que vous trouverez ci-joint, montant d'une souscription faite entre eux, au profit des victimes les plus nécessiteuses de l'incendie du Théâtre Royal de la Monnaie.

Votre numéro du 24 janvier dernier annonçait qu'on recevait dans vos bureaux les offrandes de ceux qui voudraient venir au secours des personnes les plus cruellement frappées dans ce grand désastre ; c'est ce qui m'a fait prendre la liberté de vous adresser notre collecte.

Pour ma part je suis vivement affecté de ce sinistre ; car je ne puis oublier que pendant trois ans j'ai fait partie du personnel de ce beau théâtre qui n'est plus aujourd'hui qu'un monceau de cendres.

Veuillez agréer, etc.

E. DAVELOUIS.

PREMIÈRE LISTE.

M. Vernet.	fr.	8 »	Report . . fr.	130 »
Mme Velnys		20 »	M. Perrot.	40 »
M. Ernest.		4 »	M. Paul Bondois	8 »
M. Léon Monrot.		8 »	M. Péchena	8 »
M. Neuville		12 »	M. E. Davelouis.	40 »
M. Peysard		8 »	Mlle Mila	12 »
Mme Louise Mayer		20 »	M. Dussert	8 »
M. Montdidier		12 »	M. et Mme Lemenil.	12 »
Mlle Zoé		2 »	M. le comte Appraxime	4 »
Mme Arnould Plessy		12 »	M. Karadeneff	20 »
M. Tétard.		4 »	M. Gnédéonoff (général)	80 »
M. Julien Deschamps		8 »	M. Frédéric	12 »
Mlle C. Peltier		4 »	M. Huguet	12 »
Mlle Malvina		8 »	MM. Petipa père et fils	12 »
A reporter . . fr.		130 »	Total . . fr.	398 »

DEUXIÈME LISTE. — *Artistes Italiens.*

M. E. Tamberlick . . . . . fr.	80 »		Report . . fr.	334 40
M. D. Tagliafico	12 »	M. Debassini.		41 20
M. J. Matzniff	12 »	M. Lablache		40 »
M. Carol	20 »	M. Romoni		40 »
M. Lablache de Méric	40 »	M. Marax		20 »
Mme de Lagrange	41 20	M. Bourdot		20 »
M. E. Polonini	8 »	M. Pugni, maestro		8 »
M. Calzolari	80 »	M. N. N.		98 40
M. A. Didot	41 20	Première liste		398 »
A reporter . . fr.	334 40	Somme égale au mandat . fr.		1000 »

Le Théâtre du Cirque donne tout le répertoire que son installation provisoire lui permet de jouer.

L'Étoile du Nord, interrompue en plein succès, produit de belles recettes, alternant avec les concerts de Vieuxtemps.

Puis : *Isoline*, de Soubre — un ballet : *Azélia* — *l'Enfance du Christ*, oratorio de Berlioz, créé à Bruxelles.

L'illustre maître conduisait lui-même l'exécution de son œuvre. A la première, un petit incident : Barielle qui, sans doute, n'avait pas eu assez de temps pour apprendre son rôle, commet quelques erreurs, anticipe sur la mesure, perd la tête, se fourvoie de plus en plus, et, finalement, est obligé de s'arrêter. Alors, une voix étrange s'élève. On ne sait d'où elle vient; la sonorité en est d'autant plus surprenante que le pauvre Barielle, anéanti, était dans une immobilité complète. Le public, un moment interdit, s'aperçoit enfin que, de son pupitre, Berlioz chantait lui-même le rôle, attendant que son malheureux interprète reprît la partie.

La saison clôture, le 31 mai.

Le même soir, à minuit, le quartier de la Montagne du Parc était en grand émoi :

Un piquet de pompiers stationnait au haut de la rue des Douze-Apôtres, et une lueur éblouissante éclairait par instants toute la place de la Chancellerie. Bientôt la foule se pressa, curieuse, et l'on vit placer, devant l'hôtel de M. Ch. de Brouckère, de nombreux pupitres devant lesquels s'aligna tout l'orchestre du Théâtre de la Monnaie. Alors les torches s'allumèrent, et, mêlant leurs rouges reflets à la clarté blanche de la lumière électrique, projetèrent autour d'elles une sorte de jour fantastique au milieu de la nuit humide et sombre. On aperçut alors, en avant de l'orchestre, tout le personnel chantant du Théâtre de la Monnaie, depuis Audran et Wicart jusqu'au plus infime choriste, depuis Mmes Dobré et Vandenhaute jusqu'à la dernière dame des chœurs, qui se tenaient devant la porte de l'hôtel, les dames ayant toutes à la main un bouquet, les hommes tête nue.

Au milieu de ce chœur splendide étaient M. Letellier, le directeur, et M. Vizentini, le régisseur général. Dans le vestibule de l'hôtel, on apercevait les dames du corps de ballet, premiers sujets et choristes, tenant toutes également leur bouquet à la main. Dans la rue, derrière l'orchestre, MM. du corps de ballet. Puis de ci, de là, dispersés, on apercevait tous les employés du Théâtre, tous les ouvriers qu'il emploie, depuis les donneurs de contre-marques, jusqu'aux machinistes, jusqu'aux habilleuses et ouvreuses.

Le personnel du théâtre incendié de la Monnaie allait manifester à M. Ch. de Brouckère sa reconnaissance de l'appui dévoué, persévérant et efficace, qu'il a trouvé dans ce digne magistrat, après le désastre qui compromettait l'avenir de tant de malheureux.

Au signal donné par M. Letellier, M. Charles Hanssens fait exécuter à son orchestre l'ouverture d'*Obéron*; puis, M. Letellier entre dans l'hôtel et reparaît bientôt sur le seuil de la porte accompagné de M. Ch. de Brouckère qu'une longue acclamation salue, entremêlée d'interminables applaudissements. Le silence rétabli, on entonne une cantate composée pour la circonstance. (La musique, d'un grand caractère, est de M. Ch. Hanssens, les paroles de M. Victor Prilleux.) Mlle Lemaire, MM. Wicart, Carman et Depoitter chantent les soli ; les chœurs sont exécutés par toute la troupe chantante du Grand-Théâtre ; les choristes-chefs d'attaque, du côté des dames, s'appellent Mlle Dobré, Vandenhaute, Hilaire, Bérardier ; les chefs d'attaque des chœurs d'hommes sont Audran, Barielle, Aujac, Borsary. Tout ce monde chante à pleine voix et à plein cœur : C'est très beau et c'est très-touchant.

Entre deux des morceaux qui composent la cantate, M. Letellier s'avance vers M. le bourgmestre, et lui remet un écrin qui renferme trois médailles, et une grande feuille de parchemin roulée sur laquelle a été calligraphiée la cantate de reconnaissance suivie des signatures de tout le personnel du Théâtre. Nouvelle ovation. La cantate reprend, et à la dernière explosion du chœur, toutes les dames s'avancent vers M. Ch. de Brouckère qui disparaît presque sous une avalanche de bouquets.

La cantate finie, de toutes parts les applaudissements éclatent ; les exécutants applaudissent au bourgmestre, la foule applaudit les exécutants. M. Ch. de Brouckère dit alors : « Mesdames, Messieurs, je suis trop ému en ce moment... mais veuillez entrer ; je vous » remercierai tout à l'heure ! » Répondant à cette invitation aimable, la foule chantante et la cohorte instrumentale mêlée à l'escadron léger du ballet envahissent l'hôtel, — et voilà tout le personnel du Théâtre-Royal pénétrant dans les salons où Mme de Brouckère, secondée par Mme Nagelmackers, sa fille, par Mme Henri de Brouckère, et par son fils, M. Alfred de Brouckère, fait avec M. le bourgmestre les honneurs d'une hospitalité luxueuse et charmante à la fois à tous ces invités cordialement accueillis comme ils sont affectueusement venus.

Une médaille commémorative, de grand module, fut offerte au bourgmestre. Elle était l'œuvre du graveur Hart et portait pour exergue, d'un côté :

LE PERSONNEL DU THÉATRE ROYAL RECONNAISSANT
A CHARLES DE BROUCKÈRE, BOURGMESTRE.

Au revers, avec les armes de la ville :

BRUXELLES, LE XXX MAI MDCCCLV.

(1855-56)

MM. Théodore LETELLIER, directeur.
Augustin Vizentini, directeur de la scène.
Monnier, régisseur.
Alfred Bry, régisseur-inspecteur.
de Merckx, caissier-comptable.
Édouard Letellier, contrôleur, chargé de la location.
Paul, secrétaire.

Grand opéra et Traductions.

Messieurs :

Noranti, premier ténor.
Audran, premier ténor, demi-caractère.
Aujac, } seconds ténors.
Lebreton, }
Carman, baryton.
Depoitier, première basse.
Barielle, première basse, et forte seconde.
Borsary, seconde basse.
Ducos, troisième basse, et seconde.
Mermand, troisième ténor, et coryphée.
Richard, grand coryphée.
Darbay, } coryphées basses.
Van Goor, }

Mesdames et Mesdemoiselles :

De Jolly, première soprano, première chanteuse légère.
Vandenhaute, forte chanteuse.
D. Murat, }
Hambourg, }
Mathilde, } coryphées.
Louise, }

Messieurs :

Blondeau, } coryphées basses.
Jourdan, }
Vandenbosch, } coryphées ténors.
Axexandre, }

Opéra comique.

Messieurs :
AUDRAN, premier ténor.
AUJAC, second ténor, et des premiers.
LEBRETON, second ténor, Moreau-Sainti, Philippe.
BARIELLE, première basse.
BORSARY, basse comique, et première au besoin.
GERPRÉ, ténor comique.
LESBROS, Laruette, Vizentini, Ricquier, basses tabliers.
DUCOS, troisième basse, et seconde.
MERMAND, troisième ténor.
RICHARD, grande utilité.

Mesdames et Mesdemoiselles :
LEMAIRE, première chanteuse légère.
KLOTZ, première chanteuse double.
DE JOLLY, première chanteuse au besoin.
HILAIRE, première Dugazon.
BERNARDINI, deuxième première.
CAROLINE GILBERT, mère Dugazon, et première duègne.
D. MURAT,
HAMBOURG, coryphées.
MATHILDE,

Ballet.

Messieurs :
ADRIEN, premier maître de ballet.
ROUQUET, deuxième maître de ballet.
LOUIS DOR, premier danseur.
DEWINNE, deuxième danseur, et premier au besoin.
ROUQUET, danseur comique, rôles mimes.
KOUKELBERG, rôles mimes.
FRANÇOIS, troisième danseur, et coryphée.

Mesdames et Mesdemoiselles :
GUICHARD, première danseuse en tous genres.
GALBY, deuxième première danseuse en tous genres.
DUPIN, seconde danseuse, première au besoin.
BILLON,
DEMERSON, secondes danseuses.
LACROIX, troisième danseuse et deuxième.
MONTASSU, rôles mimes.

Corps de ballet.
Trente figurants et figurantes.

École de danse.

M. ROUQUET, professeur.
Vingt-quatre élèves.

Orchestre.

MM. CH.-L. HANSSENS, premier chef.
BOSSELET, second chef, conduisant le ballet.
THOURY, second chef.
FASTRÉ, organiste.
MURAT, accompagnateur.
RAYMOND, souffleur.

La saison commence au Théâtre du Cirque.

On avait l'espoir d'inaugurer bientôt la nouvelle salle, mais l'installation provisoire se prolongea jusqu'en mars.

On chante le répertoire courant.

SITUATION DU MOIS DE SEPTEMBRE 1855.

Recettes.		Dépenses.	
A la porte . . . . . . fr.	25,087 55	Artistes d'opéra . . . fr.	18,857 77
Abonnements	7,703 28	Artistes du ballet	3,640 »
Subside 1/9	10,889 »	Administration	4,928 01
Droit des pauvres, septembre	1,042 99	Chœurs	3,800 »
Id juin, juillet, août	1,975 22	Corps de ballet.	1,600 »
		Enfants du ballet	210 »
		Orchestre	6,310 40
		Postes et buralistes . . .	200 »
		Machinistes	1,666 66
		Habilleuses	169 »
		Feux	450 »
		Frais généraux	7,994 33
Fr.	46,698 04	Fr.	49,826 17

Déficit : fr. 3,128 13.
Certifié conforme, Th. Letellier.

Durant le mois d'octobre, Mlle Caroline Duprez donne une série de représentations. Son père, le célèbre ténor, l'accompagnait à Bruxelles.

En décembre, Mlle Alboni puis le violoniste polonais Wienawski ne parviennent pas à dériver le Pactole dans la caisse du théâtre, qui subit, chaque mois, un déficit.

Wicart était allé débuter à l'Opéra. Le jour de son audition à l'Académie de Musique, un autre ténor, Julian, s'y faisait entendre. La direction de l'Opéra engagea Wicart, et M. Letellier emmena Julian à Bruxelles, où il débuta dans *Guillaume Tell*.

1855. — 31 août, Ouverture, reprise de *Guillaume Tell*; — 3 septembre, reprise de *Giralda*, opéra comique ; — 4 septembre, reprise de *les Mousquetaires*, opéra comique ; — 5 septembre, reprise de *la Juive*, opéra ; — 6 septembre, reprise de *la Part du Diable*; — 7 septembre, reprise de *le Toréador*, opéra comique ; — 10 septembre, reprise de *la Dame blanche*, opéra comique ; — 13 septembre, reprise de *les Diamants de la Couronne*, opéra comique ; — 17 septembre, reprises de *le Bouffe et le Tailleur*, opéra comique et de *le Barbier de Séville*, opéra comique ; — 18 septembre, reprise de *Robert le Diable*, opéra ; — 19 septembre, première représentation de *les Deux bouquets*, ballet ; — 21 septembre, reprise de *les Huguenots*, opéra ; — 24 septembre, reprise de *l'Etoile du Nord* ; — 30 septembre, reprise de *la Muette de Portici*, opéra ; — du 2 au 30 octobre, reprise de *la Fille du régiment*, opéra comique ; — du 2 au 13 octobre, représentations de Mlle Caroline Duprez, *l'Etoile du Nord*, *Robert le Diable*, *les Diamants de la Couronne*, *le Pré-aux-Clercs* ; — 3 octobre, reprise de *la Favorite*, opéra ; — 18 octobre, reprise de

Wicart tenta sa première épreuve dans *la Juive*.

Au moment de *la Pâque* — la toile était encore baissée — l'artiste s'asseyait à peine à la place que doit occuper Eléazar, lorsqu'un choriste lui dit : « Monsieur Wicart, vous êtes dans le fauteuil qui a servi à Nourrit et à Duprez. » Notre ténor se sent envahi par une peur insurmontable ; un épouvantable *trac* le saisit : et la légende veut qu'au moment où le rideau levait, Wicart ait expulsé... ce que Molière appelait « le superflu de la boisson ». Le pauvre artiste perdit un peu la tête, et son succès ne fut pas aussi grand qu'il était en droit de l'espérer. Wicart retourna à Bruxelles, en décembre, et reprit son emploi, à la grande joie des dilettanti.

Après les premières représentations de *Miss Fauvette*, du *Muletier de Tolède* et de *Jaguarita l'Indienne*, le mois de mars est consacré aux « bénéfices », et l'on arrive ainsi à l'inauguration de la nouvelle salle, — celle qui existe encore aujourd'hui.

---

24 MARS 1856

RÉOUVERTURE DU THÉATRE ROYAL DE LA MONNAIE

JAGUARITA L'INDIENNE

Opéra comique d'HALÉVY.

Feuilleton de *l'Étoile belge* :

Nous voici donc dans la salle. — Traitée dans le style le plus riche du grand siècle, comme la salle de Versailles, elle est d'un aspect éblouissant et d'une dimension qui étonne, surtout après l'étendue du vestibule et du foyer. Cet effet grandiose provient de ce que le plafond recouvre tout le vaisseau ; le plafond d'avant-scène est supprimé. Cette disposition, en ajou-

---

Lucie de Lammermoor, opéra ; — 1er novembre, reprise de *le Songe d'une nuit d'été*, opéra comique ; — 5 novembre, reprise de *le Caïd*, opéra comique ; première représentation de *Un jour de carnaval à Venise*, ballet en 1 acte ; — 13 novembre, première représentation de *Miss Fauvette*, opéra comique en 1 acte, de Carré et Barbier, musique de Victor Massé ; — 16 novembre, reprise de *Si j'étais Roi*, opéra comique ; — 20 novembre, reprise de *Fra Diavolo*, opéra comique ; — 29 novembre, représentation de la Grande Harmonie, *Miss Fauvette*, *les Diamants de la Couronne* ; — 4 décembre, reprise de *le Comte Ory*, opéra ; — du 14 au 30 décembre, 6 représentations de Mme Alboni, *le Barbier de Séville*, *la Favorite*.

1856. — 2 janvier, première représentation de *le Muletier de Tolède*, opéra comique en 3 actes, de Clairville, musique d'A. Adam ; — 12 janvier, premier bal paré ; — 17 janvier, représentation de la Grande Harmonie, *le Muletier de Tolède* ; — 6 février, première représentation de *Jaguarita l'Indienne*, opéra comique en 3 actes, de Saint-Georges et de

tant au caractère imposant de l'ensemble, nous paraît devoir être en même temps très favorable à l'acoustique. Le chanteur, de cette façon, placé à la rampe, se trouvera dans la salle, et la remplira tout entière de l'éclat de son organe.

La salle est, comme le plafond, de forme elliptique, ce qui donne à tous les contours des galeries, une grâce que n'ont pas les salles circulaires. Les deux grandes loges d'avant-scène sont répétées dans la salle, ce qui la fait paraître complète, comme celle de l'Opéra.

Disons en passant que l'une des loges d'avant-scène est destinée au Roi, et l'autre au duc de Brabant. — Toutes deux ont des escaliers particuliers. Une des loges du rez-de-chaussée est réservée au bourgmestre ; une des deux autres grandes loges, au corps diplomatique.

Le plafond est traité dans le style Louis XIV. On sait que les architectes de cette époque cherchaient à relier leurs plafonds à l'architecture du vaisseau qu'ils recouvraient. M. Poelaert, sous ce rapport, a cherché à imiter Versailles. Au lieu de faire un plafond à caissons, il a placé un ciel sur des portiques et des colonnes en peinture, qui reposent sur une corniche dont les riches consoles sont dorées en or jaune et vert, selon l'usage du temps.

La salle se trouve donc prolongée en peinture, et la galerie qui surmonte la corniche est disposée en une courbe élégante et gracieuse.

Le plafond, au lieu de représenter ces banalités mythologiques dont on a tant abusé, a servi à retracer une idée toute nationale, et offre au spectateur *la Belgique protégeant les arts*. — La figure monumentale de la Belgique, due à l'habile crayon de M. Hendrickx, est assise sur un trône, au pied duquel le lion belge étend sa fauve majesté. A sa droite, est la Peinture, due au pinceau de M. Verheyden ; à sa gauche, la Musique, œuvre de M. Hamman. Les deux autres figures, la Sculpture et l'Architecture, sont de M. Ch. Wauters. Dans l'azur d'un ciel immense planent des génies ailés et des figures allégoriques, composés par MM. Nolot et Rubé, décorateurs de l'Opéra, qui ont exécuté toute cette partie de la décoration, pour laquelle les artistes belges que nous avons nommés se sont bornés à fournir des cartons.

Le manteau d'avant-scène est en velours cramoisi, aux plis cossus et sévères, surmontés de lambrequins en brocart d'or, portant les armes de la nation. Les draperies rouges des loges d'avant-scène forment de riches baldaquins, traités dans le style du temps de Louis XIV, et surmontés des armes de l'Etat et de la ville de Bruxelles.

La loge royale se complète par deux génies en or plein, qui supportent des faisceaux de lumière, répétés aux colonnes des trois autres grandes loges, qui montent des premières aux troisièmes, et sont surmontées d'un motif à entablement que supportent des groupes d'enfants sculptés. Cet entablement lui-même est couronné par de larges vases remplis de fleurs dorées.

La disposition générale de la salle est restée ce qu'elle était : loges de parterre, balcon, trois rangs de loges, et paradis. — Cette disposition n'est certes pas la plus favorable à la

---

Leuven, musique d'Halévy ; — 13 février, reprise de *Jérusalem*, opéra ; — 20 février, au bénéfice de Vizentini, *Jaguarita l'Indienne*, opéra comique ; — 28 février, au bénéfice d'Edouard Letellier, *Jaguarita l'Indienne*, opéra comique ; — 3 mars, au bénéfice de Mlle Lemaire, *Jaguarita l'Indienne*, opéra comique ; — 5 mars, au bénéfice d'Aujac, *la Juive* ; — 10 mars, au bénéfice de Carman, *Guillaume Tell* ; — 12 mars, représentation de Wienawski, violoniste ; — 13 mars, représentation de la Grande Harmonie, *Jaguarita l'Indienne*, opéra comique ; — 24 mars, ouverture de la nouvelle salle du Théâtre-Royal.

REPRÉSENTATIONS EXTRAORDINAIRES APRÈS LA SAISON THÉATRALE.

1856. — 15 juillet, réouverture à l'occasion des Fêtes Nationales ; reprise de *les Huguenots*, opéra ; — 22 juillet, spectacle gala, *la Juive*, 1er acte ; *Cantate*, *Robert le Diable*, 3me acte ; — 23 juillet, concert de Fétis ; — 24 juillet, *Cantate*, *Guillaume Tell* ; — 28 juillet, fermeture.

beauté du coup d'œil. Les loges de parterre ne sont pas de nature à rehausser l'éclat de l'ensemble, et la saillie du balcon nuit toujours à la clarté d'une partie de la salle. Mais le public a ses habitudes faites, et il serait téméraire de chercher à les contrecarrer. Le dessin primitif a donc été maintenu, avec cette légère différence qu'un vaste amphithéâtre occupe le fond du troisième rang comme du quatrième.

Toute l'ornementation de la salle est en relief, modelée en sculptures massives, représentant des attributs de musique et des écussons, auxquels se mêlent des cartouches contenant des noms de grands artistes, et des groupes d'enfants prenant des attitudes diverses.

Dans tous les théâtres à balcon, celui-ci nuit généralement à la vue des spectateurs des premières. Il n'en sera pas ainsi à Bruxelles, et l'architecte a habilement triomphé de cette difficulté.

La balustrade des balcons est d'un rouge pâle sur lequel les ornements se détachent avec bonheur, tandis que le velours d'un rouge plus sombre qui tapisse le fond des loges est de nature à faire admirablement ressortir les toilettes.

Le meuble du balcon est en velours et or; un divan adossé aux loges forme le second rang.

Le balcon des secondes est conçu dans le même style opulent, et porte, au centre de chacune des trois faces de la salle, des cadres élégants contenant des tableaux qui représentent la Tragédie, la Musique et la Danse. Ces peintures sont l'œuvre de MM. Nolot et Rubé.

La décoration du troisième rang est en partie peinte, en partie sculptée; les ornements sont riches encore, mais ici les sujets font défaut.

Toutes les loges de face, au premier et au second rang, ont de petits salons séparés par des draperies rouges de la plus grande richesse.

L'ameublement des stalles et du parquet est en velours rouge. Les fauteuils sont à bascule, ce qui doit faciliter la circulation, et l'on s'est résigné à sacrifier un certain espace pour la commodité des spectateurs.

Malgré ces précautions, la salle, qui ne contenait jadis que 1,200 personnes, en pourra contenir 1,700, les jours d'abonnement courant, et un plus grand nombre, les jours d'abonnement suspendu, le directeur ayant ces jours-là la faculté de placer plus de quatre spectateurs dans les loges.

Il nous faut dire un mot de l'éclairage. Nous avons mentionné les girandoles fixées aux avant-scènes. Un second rang de 8 girandoles sera établi au niveau des troisièmes loges. Vient ensuite le lustre, et ici nous placerons une légère critique. Ce lampadaire, suspendu au milieu d'un immense espace, manque de grandiose, paraît mesquin et insuffisant. L'ancien lustre était un lustre de palais, et non pas un lustre de théâtre. Il était splendide, mais il n'éclairait pas. Celui-ci éclairera peut-être, mais il ne produira pas d'effet. Nous ne croyons pas du reste qu'il ait été fait pour la salle, ou moulé d'après les dessins de l'architecte. Nous croyons plutôt qu'on l'a acheté tout fait, et c'est peut-être un tort. Certes, pour acquérir une œuvre pareille, il était inutile d'aller jusqu'à Paris, et les fabriques belges eussent livré mieux, peut-être à meilleur marché.

La scène est de dimensions très-vastes, et l'on a empiété, pour l'étendre, sur la galerie du fond. Aussi large que celle de l'Opéra, à peu de chose près aussi profonde, elle pourra servir à rendre les effets les plus puissants, et nous émettons, à ce propos, l'espoir que le régisseur et les machinistes chercheront à régler leurs dispositions de manière à rendre, mieux que dans le passé, l'illusion que le peintre a voulu produire. Rien n'empêchera désormais que l'on apporte à la mise en scène toute la perfection qui, sous ce rapport, existe à Paris, même dans des théâtres secondaires.

Grâce aux améliorations sans nombre introduites dans ce vieil édifice, grâce à cette brillante renaissance accomplie sous l'inspiration habile d'un de nos concitoyens, et avec l'appui constant et fidèle de nos magistrats, la ville de Bruxelles se trouve posséder un théâtre digne de son rang de capitale d'un pays qui aime les arts et sait les honorer. Pour la richesse et le style, pour l'élégance et le confortable, nous n'avons plus rien à envier à des cités rivales. Espérons que ceux à qui l'avenir réserve le privilège d'exploiter cette brillante enceinte sauront y convier la foule par l'attrait de leurs spectacles et la constance de leurs efforts.

Nous ne voulons pas devancer le jugement de l'opinion publique. Cette description succincte et fidèle n'est pas une réclame : M. Poelaert n'en a pas besoin. Mais nous croyons pouvoir lui prédire un grand et légitime succès. De ce succès nous serons heureux sans réserve, parce qu'il appartiendra tout entier à notre pays.

Espérons aussi qu'il nous sera pardonné, par qui de droit, d'avoir violé la plus féroce de toutes les consignes, pour soulever un coin de cette toile... qui n'est pas encore placée, et qui, — disons-le pour être complet, — sera rouge.

Louis Hymans.

Voilà donc la troupe définitivement réinstallée sur la place de la Monnaie.

Le 22 avril, *Relâche :* Mort d'Anna Lemaire.

En mai, « première » du *Trouvère*. L'opéra de Verdi n'obtient qu'un médiocre succès. On trouvait généralement l'action peu compréhensible, — le livret obscur. L'année suivante, le *Trouvère* est représenté à l'Opéra, — aussitôt repris à la Monnaie ; dès lors, il s'acclimate tellement à Bruxelles qu'il ne se passe guère d'année sans qu'on en donne quelques représentations.

Clôture, le 31 mai, par *Guillaume Tell*.

Bruxelles est en fête du 15 au 30 juillet, pour le 25me anniversaire du règne de Léopold Ier.

Le Théâtre de la Monnaie, comme toujours, participe grandement à ces réjouissances publiques et, en spectacle-gala, fait entendre une cantate de circonstance, appelant la bénédiction du ciel sur le Roi des Belges. Cette composition était d'Hanssens ; sa réussite fut telle qu'on en demanda une deuxième exécution.

Le 23 : concert vocal et instrumental, sous la direction de M. Fétis, et, le 28, fermeture définitive.

(1856-57)

MM. Théodore LETELLIER, directeur.
Monnier, régisseur général.
Alfred Bry, régisseur.
de Merckx, caissier-comptable.
Édouard Letellier, contrôleur, chargé de la location.
Paul, secrétaire.
Schemelser, inspecteur.

Grand opéra, Traductions.

Messieurs :
Wicart, premier ténor.
Aujac, } seconds ténors.
Forest, }
Carman, baryton.
Depoitier, première basse.
Borsary, première basse, et forte seconde.
Darbay seconde basse.
Émile, troisième basse, et seconde.
Alexandre, troisième ténor, et coryphée.
Van Goor, grand coryphée.

Mesdames et Mesdemoiselles :
D'Hellens, première soprano, première chanteuse légère.
Vandenhaute, forte chanteuse.
D. Murat, }
Hambourg, } coryphées.
Heilbronn, }
Louise, }
Messieurs :
Blondeau, } coryphées basses.
Jourdan, }
Vandenbosch, coryphée ténor.

Opéra comique

Messieurs :
Montaubry, premier ténor.
Aujac, second ténor, et des premiers.

Mesdames et Mesdemoiselles :
De Maesen, première chanteuse légère.
de Aynssa, première chanteuse.

Messieurs :

Forest, second ténor, Moreau-Sainti, Philippe.
Barielle, première basse.
Borsary, basse comique, et première au besoin.
Bourdais, ténor comique, Trial.
Mengal, Laruette, basses tabliers.
Darbay, troisième basse, et seconde.
Émile, troisième ténor.

Mesdames et Mesdemoiselles :

D'Hellens, première chanteuse au besoin.
Hilaire, première Dugazon.
Charles, deuxième première.
Bourdais, deuxième Dugazon.
Muller, mère Dugazon.
Meuriot, duègne.
D. Murat, }
Hambourg, } coryphées.

Ballet.

Messieurs :

Adrien, premier maître de ballet.
Rouquet, deuxième maître de ballet.
Dewine, deuxième premier danseur.
Ruby, jeune premier danseur comique.
Rouquet, danseur comique, rôles mimes.
Koukelberg, rôles mimes.
François, troisième danseur, et coryphée.

Mesdames et Mesdemoiselles :

Guichard, première danseuse en tous genres.
Dupin, deuxième première danseuse en tous genres.
Billon, }
Nancy Tenhagen, } secondes danseuses.
Zorn, troisième danseuse, et deuxième.
Montassu, rôles mimes.

Corps de ballet.
Trente figurants et figurantes.

École de danse.

M. Rouquet, professeur.
Vingt-quatre élèves.

Orchestre.

MM. Ch.-L. Hanssens, premier chef.
Bosselet, second chef.
Tourey, conduisant le ballet.
Fastré, organiste.
Murat, accompagnateur.
Mailly, souffleur.

Dans ce tableau, on ne remarque qu'un nom nouveau pour le grand opéra, celui de Mlle d'Hellens, première chanteuse légère. Il y a des modifications plus importantes dans le personnel de l'opéra comique : Montaubry, premier ténor, déjà connu à Bruxelles; Forest, second ténor; Mengal, laruette; Mme de Maësen, première chanteuse légère; Mlle de Aynssa, qui n'avait paru sur aucune scène, etc. M. René remplaçait Vizentini dans les fonctions de régisseur général.

Mlle de Maësen, qui a laissé un nom connu au théâtre, ne réussit pourtant pas. Elle est remplacée par Mme Rauis, qui échoue à son tour. Viennent ensuite successivement : M.Mmes Ménehaud, Marietta, Almonti, Céline Mathieu, qui subissent le même sort, et le répertoire allait se trouver compromis, lorsque Letellier réengage Mlle Elmire, qui rentre en décembre. A Mme Jolly succède Mlle d'Hellens.

Fin février, débute Anna Delly, qui est vertement chutée, donne lieu à des scènes tumultueuses, refuse de résilier, et se maintient jusqu'au retour de Marie Cabel.

Enregistrons aussi l'arrivée de Ledent, qui double Aujac.

Jusqu'ici, la faveur des abonnements à prix réduits n'était accordée qu'aux officiers de l'armée belge. Letellier étendit cette concession aux élèves de l'Université, — mesure dans laquelle il avait été devancé par les directeurs de Gand et de Liège.

Le 18 novembre, première représentation des *Vêpres siciliennes*, dont les répétitions avaient été présidées par Scribe et Verdi. Le succès fut fortement contesté dans la presse et l'*Uylenspiegel*, qui publie un plaisant compte rendu, relève, entre autres anachronismes, celui du librettiste qui, au quatrième acte, parle « d'*arquebuses allumées*, cinquante ans avant l'invention de la poudre ! »

La campagne 1856-57 fut l'une des moins intéressantes à tous les points de vue, et s'acheva péniblement, le 31 mai.

Deux jours avant la clôture, une foule énorme s'était portée vers l'église SS. Michel et Gudule, où un service anniversaire était célébré à la mémoire d'Anna Lemaire. Montaubry et Depoitier s'y firent entendre, ainsi que l'orchestre conduit par Hanssens.

Un concert est donné le 29 juillet, en présence de la Famille Royale.

Artistes : Mmes ARTOT ; CABEL.
MM. WICART ; CARMAN ; DEPOITIER ; J. BLAES ; SERVAIS ; VIEUXTEMPS.

En août, le Conseil Communal nomme Quélus directeur de la Monnaie, à partir de septembre 1858.

Les soumissions adressées à l'Hôtel-de-Ville avaient été nombreuses :

MM. MAURICE BOUQUET, homme de lettres, à Marseille, associé pour le théâtre de cette ville avec M. Tronchet ; — BOCAGE, qui avait dirigé l'Odéon (1848-49) ; — QUÉLUS, directeur des Galeries ; — LECOSERS, ancien directeur du Théâtre Lyrique et du Vaudeville ; — ROBERT DE ROLECOURT, directeur du Théâtre de Liège ; — LOUIS ROLAND, ancien directeur à Nantes et à Lille ; — RICARD, ancien directeur à Lille et à Liège.

Premières Représentations.

1856. 30 septembre. — **Le Château en loterie**, opéra comique en 1 acte, de Gaffé, musique de Fastré.

18 novembre. — **Les Vêpres Siciliennes**, opéra en 5 actes, de Scribe et Duveyrier, musique de Verdi. (Wicart, Carman, Depoitier et M{mc} Vandenhaute.)

25 novembre. — **Le Farfadet**, opéra comique en 1 acte, de Planard, musique d'A. Adam.

Marcelin	MM. Carman.
Bastien	Aujac.
Le Bailli	Borsary.
Babet	Mmes Hilaire.
Laurette	Charvet.

1857. 13 février. — **Les Sabots de la Marquise**, opéra comique en 1 acte, de J. Barbier et M. Carré, musique de E. Boulanger. (Carman, Fay, Mmes de Aynssa, Hilaire.)

22 mai. — **Spadillo le Tavernier**, opéra comique en 1 acte, de Michaëls, musique de Vivier.

Ballets.

1856. 8 septembre. — **Le Satyre et les Napées**, 1 acte.

1857. 28 janvier. — **Yvonnette**, 1 acte.

23 février. — **Les Naufragés**, 1 acte.

27 mai. — **Le Diablotin**, 2 actes, d'Adrien.

Répertoire (reprises).

Les Huguenots.
Les Mousquetaires de la Reine.
Guillaume Tell.
La Dame Blanche.
Les Diamants de la Couronne.
La Fille du Régiment.
Le Songe d'une Nuit d'été.
La Juive.
Le Caïd.
Jérusalem.
Le Toréador.
La Muette de Portici.
Le Domino Noir.
Le Postillon de Lonjumeau.
Si j'étais Roi!
Le Barbier.
Le Nouveau Seigneur.
Haydée.
Polichinelle.
L'Ambassadrice.
La Part du Diable.
Le Comte Ory.
La Reine de Chypre.
La Favorite.
Zampa.
Le Prophète.
Ne touchez pas à la Reine.
L'Éclair.

Ballets.

Giselle.
Les Deux bouquets.
Le Diable à quatre.
Les Amoureux de Jeannette.
La Fille mal gardée.

Remplacements d'Artistes.

Mmes de Maesen remplacée par Mlles Rauis.
    Rauis   »   Menehoud.
    Menehoud   »   Mar. Almonti.
    Mariette Almonti »   Cél. Mathieu.
    Céline Mathieu »   Elvire.

Rentrée de Mme Marie Cabel.
Début de Ledent, second ténor.

Artiste en Représentations.

1856. 21 novembre. — Vincent Colasanti, professeur d'ophicléide.

Recettes.

1856. Septembre . . . . . . fr.	46,196	25
Octobre	33,615	75
Novembre	35,906	»
Décembre	35,525	75
1857. Janvier.	33,941	75
Février	42,019	75
Mars	33,027	»
Avril	30,957	»
Mai.	37,775	25
Subvention	80,000	»

Représentations Extraordinaires.

1856. 4 décembre. — Grande Harmonie. *Haydée* . . . . fr.	1,500	»
18 décembre. — Philharmonie . . .	1,500	»
27 décembre. — Spectacle gala, en présence du Roi et du duc Maximilien. *Les Vêpres Siciliennes*	4,933	50
1857. 22 janvier. — Grande Harmonie. *Zampa, Yvonnette*.	1,500	»
12 janvier. — Bénéfice d'E. Letellier. *Le Prophète*.	4,082	»
4 mars. — Bénéfice de René. *Le Prophète*	2,121	75
9 mars. — Bénéfice d'Aujac. *Le Prophète*	1,509	75
12 mars. — Philharmonie. *Si j'étais Roi, Les Meuniers*	1,500	»
31 mars. — Bénéfice de Carman. *Guillaume Tell*	2,435	50
16 avril. — Grande Harmonie. *Le Prophète*.	1,800	»
28 avril. — Bénéfice de Barielle . . .	1,665	75
19 mai. — Bénéfice de Hanssens . . .	1,819	75
26 mai. — Bénéfice de Mlle Elmire . .	1,213	50
28 mai. — Bénéfice des pauvres honteux	2,233	50

(1857-58)

MM. Théodore LETELLIER, directeur.
Alfred Bry, régisseur.
de Merckx, caissier-comptable.
Édouard Letellier, contrôleur, chargé de la location.
Paul, secrétaire.
Schemelser, inspecteur.

Grand opéra, Traductions.

Messieurs :
Wicart, premier ténor.
Aujac, } seconds ténors.
Killy, }
Carman, baryton.
Depoitier, première basse.
Filliol, première basse, et forte seconde.
Borsary, seconde basse.
Darray, troisième basse, et seconde.
Émile, troisième ténor, et coryphée.
Fortuné, grand coryphée.

Mesdames et Mesdemoiselles :
Barbot, première soprano, première chanteuse légère.
de Aynssa, } chanteuses doubles.
Feitlinger, }
Elmire, forte chanteuse, Stoltz.
Vandenhaute, forte chanteuse, Falcon.
D. Murat, }
Eugénie, } coryphées.
Heilbronn, }
Henriette, }

Opéra comique.

Messieurs :
Montaubry, premier ténor.
Aujac, second ténor et des premiers.
Killy, second ténor, Moreau-Sainti, Philippe.

Mesdames et Mesdemoiselles :
Barbot, première chanteuse légère.
de Aynssa, première chanteuse.
Feitlinger, forte première Dugazon, jeune première chanteuse.

Messieurs :
FILLIOL, première basse.
BORSARY, basse comique, et première au besoin.
GOURDON, ténor comique, Trial.
LAVERGNE, Laruette, basses tabliers.
DARUAY, troisième basse et seconde.
ÉMILE, troisième ténor.
VANDENBOSCH, grande utilité.

Mesdames et Mesdemoiselles :
CÈBE, deuxième première Dugazon.
AUGUSTA COLAS, jeune Dugazon.
MULLER, mère Dugazon.
MEURIOT, duègne.
D. MURAT,
HAMBOURG, } coryphées.
EUGÉNIE,

Ballet.

Messieurs :
LEFÈVRE, premier maître de ballet.
ROUQUET, deuxième maître de ballet.
GREDELUE, premier danseur.
VINCENT, deuxième premier danseur.
SORIA, troisième danseur, et deuxième.
RUBY, jeune premier danseur comique.
ROUQUET, danseur comique, rôles mimes.
KOUKELBERG, rôles mimes.
FRANÇOIS, troisième danseur, et coryphée.

Mesdames et Mesdemoiselles :
LISEREUX, première danseuse noble.
BETTON, deuxième première danseuse, demi-caractère.
COMBES, seconde danseuse, première au besoin en tous genres.
BUISSERET, } secondes danseuses.
ADÈLE FERRUS,
PAULINE, } troisièmes danseuses.
WOLF,
MONTASSU, rôles mimes.

Corps de ballet.
Trente figurants et figurantes.

École de danse.
M. ROUQUET, professeur.
Vingt-quatre élèves.

Orchestre.
MM. CH.-L. HANSSENS, premier chef.
BOSSELET, second chef.
TOUREY, conduisant le ballet.
FASTRÉ, organiste.
MURAT, accompagnateur.
MAILLY, souffleur.

Killy était un jeune ténor qu'on avait remarqué, l'année précédente, au Théâtre des Nouveautés. Il était engagé pour seconder Aujac.

Filliol remplace Barielle, qui venait de débuter, avec succès, à l'Opéra-Comique, dans les *Mousquetaires de la Reine*. Parmi les débutants on remarque encore la chanteuse légère Mme Barbot, qui est encore aujourd'hui au théâtre, où elle a pris l'emploi des duègnes, et le trial Gourdon, qui entra plus tard à l'Opéra-Comique en qualité de *laruette*.

Le personnel du ballet est presque entièrement renouvelé.

Carman, Wicart et Depoitier, les trois inséparables, contractent, ainsi que Montaubry, MM^{mes} Vandenhaute, Elmire et Cèbe, un engagement avec le futur directeur Quélus pour la campagne 1858-59.

L'une des premières reprises est celle de *la Reine de Chypre*. Ici, un léger incident : On connaît le fameux duo où se trouve la phrase « *Triste exilé* », chantée d'abord par le baryton, puis par le ténor. Carman et Wicart en étaient les interprètes. Ce dernier avait l'habitude de remonter la scène, soit pour arranger une partie de son costume, soit pour chasser la salive, qui souvent est trop abondante chez certains chanteurs, et il choisissait de préférence, pour son petit manège, le moment où son partenaire disait la phrase. Carman avait enduré cet accroc à la vérité scénique, tout en maugréant contre l'artiste qui en prenait tant à son aise. Enfin, à la quatrième représentation, il n'y tint plus. Il s'arrête au milieu de la mélodie, va chercher Wicart, le prend par la main, et l'ayant ramené devant le trou du souffleur, lui dit, du ton le plus naturel : « Pardon, monsieur, c'est à vous que s'adresse ce que je chante ! » Et il reprend le motif, suivi par l'orchestre, devant le public ébahi, qui ne souffle mot.

Cet incident n'altère en rien, du reste, les bonnes relations des deux camarades, qui ne tardent pas à l'oublier. Mais Wicart ne recommença plus.

On trouvera ci-contre deux autographes, dont les originaux nous ont été communiqués par M. Letellier.

Le 4 décembre, on donnait *Haydée*, et *les Amoureux de Jeannette*, ballet, pour la *Grande Harmonie*. Cette société musicale avait l'habitude, — conservée depuis, — d'*acheter* quelques représentations chaque année ; c'est-à-dire que, pour une somme fixée par le directeur et par la société, — celle-ci disposait du spectacle et du théâtre, qu'elle pouvait garnir à son gré.

Or, ce soir-là, la salle était bondée. On sait que, vers la fin du deuxième acte d'*Haydée*, éclate un grand *tutti*, immédiatement suivi d'un *pianissimo*, très inattendu. Dans ce silence, on entendit, aux quatrièmes galeries, une voix féminine s'écrier : « *Maman, c'est plus dormir, savez-vous ? ça va finir !* » On juge de l'effet produit, dans le public et même parmi les artistes, par cette boutade lancée avec l'accent flamand le plus pur !

Le 20 janvier, apparaît *le Trouvère*, nouvelle version, d'après la traduction de Pacini, représentée à l'Opéra de Paris.

Dans le ballet *Marco Bomba*, donné le 1er février, le danseur comique Ruby faisait une chute qui était accompagnée d'un coup

Monsieur,

J'ai l'honneur de vous envoyer un projet d'acte, afin de vous livrer tout ce qui a été ajouté au cheval de bronze pour le transformer en grand opéra.

Si ce qui vous est proposé par nous vous convient, veuillez avoir l'extrême bonté de me le faire savoir au plus tôt.

Recevez, Monsieur, l'assurance de ma haute considération.

Auber

Les représentations ont été arrêtées pour cause de maladie, mais elles vont être reprises la semaine prochaine. Ce contretemps est d'autant plus fâcheux que les recettes se maintiennent très belles.

Paris, 9 octobre 1857

Paris, le 30 novembre 1857

Mon cher Théodore,

Comme vous ne monterez pas Obéron cet hyver, je vous prie de vouloir bien en expédier toute la collection à Lyon, grande vitesse où l'on me le demande avec instance. Si, plus tard, vous vous décidez à mettre en scène cet opéra, j'aurai soin de vous remplacer tout ce que je vous demande. Il suffira de m'en prévenir 15 jours à l'avance.

On adressera le colis à M. Georges Hainl, chef d'orchestre du grand théâtre à Lyon.

Malgré votre double infidélité, je n'en suis pas moins

Votre infiniment dévot
Castil-Blaze

Avisez-moi par un mot du départ de cet envoi.

retentissant de *tam-tam*. Le musicien chargé d'ordinaire de ce rôle instrumental a souvent des loisirs, et prend la douce habitude de passer presque toutes ses soirées dans une somnolence que les artistes pourraient prendre pour une opinion. Un abonné charitable, dont le fauteuil était derrière l'instrumentiste, pria un jour celui-ci de ne pas interrompre son somme, et se chargea de donner lui-même le coup de *tam-tam*. Mais le mouvement avait été remarqué. A la représentation suivante, un autre habitué voulut obtenir l'honneur de faire sa partie dans l'orchestre. Puis, ce fut un troisième amateur, et, finalement, on se bouscula pour arriver au moment du *forte*. Ces scènes animaient un peu le coin des abonnés, dont la plupart imitaient souvent l'exemple du musicien, et qui furent tenus en éveil pendant quelque temps. Ce qu'il y a de plus curieux, c'est que, un soir, le sieur W..., dans sa précipitation à passer avant les autres, lança à toute volée le coup de *tam-tam* trois mesures trop tôt.

Parmi les « premières » : *Maître Pathelin*, *les Dragons de Villars* et *Martha*. Dans l'opéra de Flotow, Depoitier jouait Plumkett. Il avait consciencieusement appris à filer, et son rouet eut autant de succès que les « couplets du Houblon ».

On donna encore *Hermold-le-Normand*, opéra en un acte du cru. La musique était d'Agniez, qui se fit appeler plus tard *Agnesi*, au Théâtre Italien, où il chantait les basses.

Puis, le 19 avril, *Sainte-Claire*, opéra en trois actes, traduit de l'allemand par Gustave Oppelt, musique du Prince Ernest de Saxe-Cobourg-Gotha. Cette production fut jouée quatre fois.

Letellier et Hanssens reçurent l'Ordre de Saxe-Cobourg. Le régisseur René eut aussi une distinction; mais il la trouva probablement indigne des soins qu'il avait mis à monter cette pièce, car il n'en parla pas, et on ne la découvrit que plus tard, abandonnée dans un tiroir de sa loge : c'était une médaille de sauvetage !

La clôture de l'année et la fin de l'exploitation Letellier sont pour le directeur l'occasion de nombreux témoignages de sympathie. Letellier, qui avait quelque peu régénéré le Théâtre Royal et l'avait su conduire pendant dix années consécutives, fut accueilli par des applaudissements enthousiastes, à la fin de la dernière représentation, lorsque Mme Barbot et Montaubry le traînèrent en scène.

L'orchestre et les chœurs se joignirent à cette manifestation, en donnant une sérénade sous ses fenêtres, rue des Princes.

Premières Représentations.

1857. 1er décembre. — **Maître Pathelin**, opéra comique en 1 acte, de Leuven et Langlé, musique de Bazin.

1858. 20 janvier. — **Le Trouvère**, opéra en 4 actes, musique de Verdi, remanié d'après la dernière version de l'opéra.

    Manrique . . . . . . MM. Wicart.
    Le comte de Luna . . . Carman.
    Fernand. . . . . . . Depoitier.
    Ruiz . . . . Émile.
    Léonore. . . . . . . Mmes Vandenhaute.
    Azucéna. . . . . . . Bardot.

1er février. — **Le Mariage extravagant**, opéra comique en 1 acte, de Cormon, musique d'E. Gautier.

13 février. — **Martha ou le marché de Richemont**, opéra comique en 3 actes, de Friederick, musique de F. de Flotow, — première représentation de la version française, par Danglas.

    Lionel . . . . MM. Montaubry.
    Plumkett . . . . . . Depoitier.
    Tristan . . . . Filliol.
    Lady Henriette . . . . . Mmes Barbot.
    Nancy . . . . de Ayssa.

16 mars. — **Hermold-le-Normand**, opéra en 1 acte (créé à Bruxelles), de Michaëls, musique d'Agniez.

19 avril. — **Sainte-Claire**, opéra en 3 actes, de G. Oppelt, musique de S. A. Mgr le Duc de Saxe-Cobourg-Gotha.

13 mai. — **Les Dragons de Villars**, opéra comique en 3 actes, de Cormon et Lockroy, musique d'Aimé Maillart.

    Bellamy . . . . MM. Carman.
    Sylvain. . . . . Montaubry.
    Thibault . . . . Gourdon.
    Un Pasteur . . . . . . Borsary.
    Rose Friquet. . . . . . Mmes Barbot.
    Georgette . . . . Feitlinger.

Ballets.

1857. 7 décembre. — **Chloris à la Cour de Diane**, 2 actes.

1858. 19 mai. — **Une fête Andalouse**, 1 acte, de Lefèvre, musique de Schozdopole.

Répertoire (reprises).

La Reine de Chypre.
Les Mousquetaires de la Reine.
Jérusalem.
Domino noir.
Le Bouffe et le Tailleur.
La Dame blanche.
Les Diamants de la Couronne.
Haydée.
Le Songe d'une Nuit d'été.
La Juive.
Le Toréador.
Le Caïd.
Robert le Diable.
La Favorite.
Le Prophète.
La Fille du Régiment.
Les Huguenots
Le Postillon de Lonjumeau.
Fra Diavolo.
L'Étoile du Nord.
Les Vêpres Siciliennes.
Le Farfadet.
La Fanchonnette.
Guillaume Tell.
Le Comte Ory.
Zampa.
La Muette de Portici.
Joconde.
L'Éclair.

Ballets.

Giselle.
Les Meuniers.
Le Diable à quatre.
Les Amoureux de Jeannette.
Ondine.

Remplacements d'Artistes.

Lavergne, remplacé par Mlles Guillemet.
Guillemet,   »   Mengal.
Betton,   »   Lamoureux.
Lamoureux,   »   Ortot

Artiste en Représentations.

Mlle Champon, pianiste.

Recettes.

1857. Septembre	fr.	45,713 75
Octobre		37,864 75
Novembre		37,837 »
Décembre		33,346 75
1858. Janvier		38,696 25
Février		41,171 50
Mars		34,616 75
Avril		34,908 75
Mai		47,452 »
Subvention		80,000 »

Représentations Extraordinaires

1857. 19 novembre. — Grande Harmonie. *Fra Diavolo* . . . . fr.	1,500 »
3 décembre. — Philharmonie. *La Fanchonnette*	1,500 »
7 décembre. — Grande Harmonie. *Haydée*	1,500 »
17 décembre. — Spectacle gala en présence de la Duchesse de Brabant.	
1858 7 janvier. — Grande Harmonie. *Joconde*	1,500 »
10 janvier. — Par ordre. *Le comte Ory*.	3,027 »
14 janvier. — Par ordre (le Duc de Brabant) *L'Étoile du Nord*.	
17 janvier. — Par ordre (la Duchesse de Brabant). *Haydée*.	
24 janvier. — Par ordre. *Zampa* . . .	3,325 75
4 février. — Bénéfice d'Ed. Letellier. *Le Trouvère*	4,659 50
4 mars. — Philharmonie. *Le comte Ory*.	1,500 »
14 mars. — Par ordre. *Martha* . . .	4,018 »
18 mars. — Bénéfice de Mlle Elmire. *Le Trouvère*	1,698 50
25 mars. — Par ordre. *Fra Diavolo, Hermold*.	
8 avril. — Philharmonie. — *Zampa* . .	1,500 »
13 avril. — Bénéfice de Rouqueplan. *Les Mousquetaires de la Reine*. . .	596 »
15 avril. — Bénéfice des pauvres honteux. *Martha, Les Amoureux de Jeannette*.	1,800 »
19 avril. — Spectacle gala en présence du Duc et de la Duchesse de Brabant. *Sainte-Claire* (première représentation).	
28 avril. — Bénéfice de Hanssens. *Le Trouvère*	1,425 75
10 mai. — Bénéfice de Carman. *Guillaume Tell*	2,925 »
13 mai. — Bénéfice de Réné. *Les Dragons de Villars*	2,716 »
19 mai — Bénéfice d'Aujac. *Le comte Ory*	1,639 50
26 mai. — Bénéfice de Paul Camut. *Guillaume Tell*	2,087 50
27 mai. — Bénéfice de Borsary. *Les Dragons de Villars*	1,800 »

(1858-59)

MM. J.-B. QUÉLUS, directeur.
A. MAYER, régisseur général.
ALFRED BRY, régisseur.
GABRIEL, régisseur des chœurs.
ROYER, secrétaire et inspecteur du service de la salle.
DE MERCKX, caissier-comptable.
ÉDOUARD LETELLIER, contrôleur, chargé de la location.
BLUM, percepteur de l'abonnement.
CHARLES HAECK, machiniste en chef.
FEIGNAERT, costumier.
BARDIN, coiffeur.
Mme CAROLINE, costumière.

Grand opéra, Traductions.

Messieurs :

WICART, premier ténor.
AUJAC, second ténor.
KILLY, } seconds, et troisièmes ténors.
PETIT, }
CARMAN, baryton.
DEPOITIER, première basse.
VAN HUFFLEN, première basse, et forte seconde.
BORSARY, seconde basse.
DARBAY, troisième basse, et seconde.

Mesdames et Mesdemoiselles :

DE JOLLY, première soprano, première chanteuse légère.
DE AYSSAN, } chanteuses doubles.
FEITLINGER, }
VANDENHAUTE, forte chanteuse, Falcon.
ELMIRE, forte chanteuse, Stoltz.
D. MURAT, }
EUGÉNIE, } coryphées.
HEILBRONN, }
HENRIETTE, }

Messieurs :
J. Vrijdagh, troisième ténor, et grand coryphée.
J. Vandenbosch, coryphée ténor.
Vangoor, coryphée basse.

Messieurs :
Blondeau, } coryphées basses.
Seure,
Vandenbosch, coryphée.

Opéra comique.

Messieurs :
Monjauze, premier ténor.
Aujac, second ténor, et des premiers.
Killy, second ténor, Moreau-Sainti, Philippe.
Van Hufflen, première basse.
Borsary, basse comique, et première au besoin.
Gourdon, ténor comique, Trial.
Mengal, Laruette, basses tabliers.
Darbay, troisième basse, et seconde.
J. Vrydagh, troisième ténor.
Vandenbosch, grande utilité.

Mesdames et Mesdemoiselles :
de Jolly, première chanteuse légère.
de Aynssa, première chanteuse.
Feitlinger, forte première Dugazon, jeune première chanteuse.
Cèbe, deuxième première Dugazon.
A. Gros, mère Dugazon.
Meuriot, duègne.
A. Murat,
Henriette, } coryphées.
Eugénie,

Ballet.

Messieurs :
Desplaces, premier maître de ballet.
Rouquet, deuxième maître de ballet.
Gredelue, premier danseur.
Vincent, deuxième premier danseur.
A. Van Hamme, troisième danseur, et deuxième.
Laurençon, jeune premier danseur comique.
Rouquet, danseur comique, rôles mimes.
Koukelberg, rôles mimes.
François, troisième danseur coryphée.

Mesdames et Mesdemoiselles :
Gredelue-Lizereux, première danseuse noble.
Dor, deuxième première danseuse, demi-caractère.
Bertha, seconde danseuse, première au besoin, tous genres.
Petit,
Adèle Ferrus, } secondes danseuses.
Pepita Rouquet, troisième danseuse.
Triponetti,
Virg. Tribout, } coryphées.
Montassu, rôles mimes.

Corps de ballet.
Trente-deux figurants et figurantes.

École de danse.

M. Rouquet, professeur.
Vingt-quatre élèves.

Orchestre.

MM. Ch.-L. Hanssens, premier chef.
Bosselet, second chef.
de Greef, conduisant le ballet.
Édouard, organiste-accompagnateur.

Adolphe-Jean-Baptiste Grognier dit Quélus, né à Aurillac (Cantal), le 14 janvier 1813, était un ancien marin, devenu premier rôle de drames à la suite de circonstances bizarres. Il dirigea aussi le Théâtre des Galeries, et fut nommé professeur de déclamation au Conservatoire Royal de Bruxelles, où sa classe était très suivie. Il a laissé plusieurs ouvrages, entre autres une brochure assez remarquable sur l'art dramatique. Il avait obtenu l'indigénat belge et il est mort le 14 décembre 1883.

Quélus fit l'ouverture du théâtre, le 1er septembre, par *les Huguenots*. Rentrée de Carman, Wicart et Depoitier; Mmes Vandenhaute et Feitlinger; début de Mme de Jolly (Marguerite) et de Van Hufflen (Saint-Bris).

La troupe d'opéra comique commence par *la Sirène*, où Monjauze débute avec éclat. C'était un élégant cavalier, un comédien charmant, un chanteur de goût et d'expression; la voix peu volumineuse, mais d'un timbre plein de fraîcheur. Outre de fort beaux appointements, il pouvait disposer de trente mille livres de rentes, possédait maison à la ville, maison à la campagne, chevaux et voitures : un artiste peu ordinaire, comme on le voit.

Quentin Durward, l'opéra de Gevaert, qui avait remporté un si brillant succès à Paris, est mis à l'étude. Aujac devait représenter Louis XI, personnage très difficile à incarner; il fit le voyage de Paris pour prendre les conseils de Couderc, créateur du rôle. L'administration régla la mise en scène avec le plus grand soin, et *Quentin Durward* obtint en Belgique le même triomphe qu'en France.

Carman jouait Crèvecœur, rôle créé par Faure. Son succès n'atteignit pas tout ce qu'on était en droit d'espérer, tandis qu'il voyait, à ses côtés, Mengal soulever la salle dans le rôle de Prilleux : Pavillon, qu'il interprétait avec l'accent... marollien. Pour imiter le créateur, doué d'un embonpoint respectable, Mengal s'était affublé d'un faux ventre. « Parbleu ! » s'écria un jour l'irascible Carman, « tu as du succès, grâce au ventre de Prilleux ! » — « Oui, mon ami, » riposte Mengal, « mais tu ne ferais pas mal d'endosser la cuirasse de Faure ! »

Quélus était favorable aux compositeurs belges, car après *Quentin Durward* il donne *l'Eau merveilleuse*, de Grisar, opéra bouffe en 2 actes, qu'on avait joué pour la première fois à Bruxelles, en 1839, et que le public retrouve maintenant sous la forme d'un opéra comique en un acte. Mais cette œuvre ne vit pas longtemps le feu de la rampe.

Rigoletto ne tarde pas à subir le même échec. Paris avait applaudi, l'année précédente, l'œuvre de Verdi ; mais Bruxelles ne ratifia point ce jugement, et, malgré le talent des interprètes, la pièce tomba. Cependant, cette rigueur ne fut pas de longue durée, car, depuis, *Rigoletto* a été repris bien souvent à la Monnaie.

La Demoiselle d'honneur, de Semet, ne trouve pas grâce non plus devant le public. Dès le premier acte, les murmures, les trépignements, les acclamations dérisoires déconcertent les artistes, et le tumulte ne fait que croître jusqu'à la chute du rideau, qui déchaîne une véritable tempête de sifflets. Cette représentation n'eut pas de lendemain...

Il faut s'empresser de constater le chaleureux accueil fait à la comédie de Molière : *Le Médecin malgré lui*, mis en musique par Gounod, et à *Stradella*, opéra en 3 actes, de Flotow.

Le 6 mars, pour la représentation des *Artisans réunis*, exécution triomphale d'un chœur chinois, avec des costumes chinois et des gestes... plus chinois encore. La musique était du chef d'orchestre Bosselet ; le titre de l'œuvre *Cahin-caha*.

La saison se termine par une brillante série de représentations de Mlle Artot, cantatrice belge.

Plus de 40 ouvrages lyriques, dont 8 nouveaux, avaient été exécutés pendant cette campagne. On avait donné 229 représentations, 119 pour les abonnés.

Quentin Durward avait été la pièce... de résistance.

Premières Représentations.

1858. 5 octobre. — **Quentin Durward**, opéra comique en 3 actes, de Cormon et Carré, musique de Gevaert.

Quentin Durward	MM. Monjauze.
Louis XI	Aujac.
Crèvecœur	Carman.
Pavillon	Mengal.
Lesly le balafré	Van Hufflen.
Tristan l'Ermite	Borsary.
Lemaugrabin	Gourdon.
Isabelle	Mmes de Jolly.
Ameline	Meuriot.
Rispah	Cèbe.

29 novembre. — **Rigoletto**, opéra en 3 actes, adaptation d'Edouard Duprez, musique de Verdi.

Rigoletto	MM. Carman.
Le Duc	Wicart.
Sparafucile	Depoitier.
Monterone	Borsary.
Borsa	Krybagh.
Gilda	Mmes Vandenhaute.
Madeleine	Meuriot.

2 décembre. — **Les Chaises à Porteurs**, opéra comique en 1 acte, de Dumanoir et Clairville, musique de V. Massé.

1859. 3 janvier. — **Les Désespérés**, opéra comique en 1 acte, de De Leuven et J. Moinaux, musique de Bazin.

31 janvier. — **La Demoiselle d'honneur**, opéra comique en 3 actes, de Mestépès et Kauffmann, musique de Semet.

25 février. — **Le Médecin malgré lui**, opéra comique en 3 actes, d'après Molière, par Carré et Barbier, musique de Gounod.

Sganarelle	MM. Carman.
Léandre	Aujac.
Lucas	Gourdon.
Valère	Borsary.
Géronte	Mengal.
Jacqueline	Mmes Fettlinger.
Martine	Cèbe.

7 mars. — **Stradella**, opéra en 3 actes, de G. Oppelt et P. Royer, musique de Flotow.

25 avril. — **La Esmeralda**, opéra en 4 actes, de V. Hugo, musique de Lebeau.

6 mars. — **Cahin-caha**, chœurs de Bosselet.

Ballets.

1858. 14 septembre. — **L'Ecossaise**, 1 acte.
8 novembre. — **Faust et Marguerite**, 2 actes, de Panizza.
1er décembre. — **La Brésilienne**, 1 acte.
1859. 2 février. — **Une Nuit de Folie**, 1 acte.
25 mars. — **La Fée aux Perles**, 2 actes.

Répertoire (reprises).

Les Huguenots.
Le Chalet.
La Fanchonnette.
La Juive.
La Reine de Chypre.
La Fille du Régiment.
La Sirène.
Le Trouvère.
Le Barbier.
Robert le Diable.
Le Toréador.
Le Mariage extravagant.
Guillaume Tell.
Le Pré-aux-Clercs.
Le Prophète.
La Favorite.
Le Domino noir.
L'Eau merveilleuse.
Les Mousquetaires de la Reine.
Lucie de Lammermoor.
Jérusalem.
Les Diamants de la Couronne.
La Dame Blanche.
Le Caïd.
Brésilienne.
Le Cheval de Bronze.
Haydée.
Le Diable à quatre.
La Fête du Village voisin.
Martha.

Ballets.

Le Postillon et la Vivandière.
L'Écossaise.
Giselle.
Ondine.
Les Tableaux parlants.

Remplacements d'Artistes.

Killy échoue.
Barbot débute comme doublure de Monjauze.

Artistes en Représentations.

9 mars 1858. — Concert de Mlle D. Champon, pianiste.

Du 12 avril au 5 mai 1859. — Mlle Artot, de l'Académie de Musique. (Recettes 19,552 francs.)

Recettes.

1858. Septembre	fr.	49,371 75
Octobre		49,657 25
Novembre		40,854 »
Décembre		45,991 »
1859. Janvier		49,269 25
Février		39,120 75
Mars		45,831 25
Avril		41,865 50
Mai		32,781 50
Subvention		80,000 »

Représentations Extraordinaires.

18 novembre 1858. — Grande Harmonie. *Quentin Durward* . . . . fr.	1,500 »
30 novembre. — Philharmonie. *Quentin Durward*	1,500 »
21 décembre. — Grande Harmonie. *Le Caïd; Faust*	1,500 »
3 janvier 1859 — Bénéfice de Adolphe. *Le Cheval de Bronze*	3,344 25
17 janvier. — Bénéfice de Carman. *Guillaume Tell*.	
1er février. — Bénéfice de Mlle Elmire. *Le Prophète*	2,488 »
8 février. — Philharmonie. *Le Cheval de Bronze*	1,500 »
16 février. — Bénéfice de Mme Vandenhaute. *Les Huguenots*	2,376 »
17 février. — Grande Harmonie. *Le Cheval de Bronze*	1,500 »
3 mars. — Bénéfice des pauvres honteux. *Le Médecin malgré lui*	3,333 »
10 mars. — Bénéfice de Hanssens. *Stradella*	1,878 »
17 mars. — Bénéfice d'E. Letellier. *Stradella*	4,363 75
22 mars. — Philharmonie. *Guillaume Tell*	1,800 »
23 mars — Bénéfice de Desplaces. *Le Cheval de Bronze*	2,474 »
1er avril. — Bénéfice de Bosselet. *Stradella*	2,077 25
12 avril. — Philanthropie. *Le Barbier* .	4,840 50
3 mai. — Grande Harmonie. *Stradella* .	1,800 »
19 mai. — Bénéfice de Borsary. *Stradella*	1,637 25

(1859-60)

MM. J.-B. QUÉLUS, directeur.
    A. Mayer, régisseur général, chargé de la mise en scène.
    Alfred Bry, régisseur.
    Philippe, régisseur des chœurs.

Grand opéra, Traductions.

Messieurs :
Wicart, premier ténor.
Aujac, second ténor.
Carman, baryton.
Depoitier, première basse.
Marchot, seconde basse.
Borsary, troisième basse, et seconde.
Hénault, troisième et second ténor au besoin.
Darbay, troisième basse, et seconde.
Luwel, troisième ténor, et coryphée.
Vandenbosch, }
Dassoul, } ténors coryphées.
Gignez, }
Vangoor, coryphée basse.

Mesdames et Mesdemoiselles :
Vandenhaute, forte chanteuse Falcon.
Valli, forte chanteuse, Stoltz.
Vié, }
Cèbe, } soprani.
Octavie Lowe, }
Murat, }
Heilbronn, }
Dassoul, } coryphées.
Lemay, }

Messieurs :
Blondeau, }
Sucre, } coryphées basses.

Opéra comique.

Messieurs :
Audran, premier ténor.
Aujac, second ténor, et des premiers.

Mesdames et Mesdemoiselles :
Picquet-Wild, première chanteuse légère.
Dupuy, première chanteuse.

Messieurs :
HÉNAULT, second ténor, Moreau-Sainti, Philippe.
MARCHOT, première basse.
BORSARY, basse comique, première au besoin.
GOURDON, ténor comique, trial.
MENGAL, basses tabliers, Laruette.
DARBAY, troisième basse, et seconde.
VANDENBOSCH, grande utilité.

Mesdames et Mesdemoiselles :
VIÉ, première Dugazon.
CÈBE, deuxième et première Dugazon.
OCTAVIE LOWE, des chanteuses, des Dugazons.
MULLER, mère Dugazon.
MEURIOT, duègne.
D. MURAT,
HEILBRONN,
DASSOUL,   } coryphées.
LEMAY,

Cinquante choristes.

Ballet.

Messieurs :
DESPLACES, premier maître de ballet.
ROUQUET, deuxième maître de ballet.
DESPLACES, premier rôle mime.
GREDELUE, premier danseur.
GUILLEMIN, premier danseur demi-caractère.
CHARLES, troisième danseur, et deuxième.
DASTREVIGNE, premier danseur comique.
ROUQUET, danseur comique, rôles mimes.
KOUKELBERG, rôles mimes.

Mesdames et Mesdemoiselles :
DECHAUX, première danseuse noble.
VICINELLI, deuxième 1re danseuse demi-caractère.
FERRUS,
BERTHA,   } secondes danseuses.
FLORA LEHMANN,

Monsieur
FRANÇOIS, troisième danseur coryphée.

Vingt-quatre élèves.

Orchestre.

MM. CH.-L. HANSSENS, premier chef.
BOSSELET, second chef.
DE GREEF, conduisant le ballet.
ÉDOUARD, organiste-accompagnateur.

Septante-deux musiciens.

En tête du personnel on retrouve la majeure partie des noms connus et aimés.

Mme Valli remplace Mme Elmire.

Audran, qui avait laissé de bons souvenirs, succède à Monjauze, puis résilie et, au bout de quelque temps, rentre de nouveau.

Mlle Octavie Lowe était une jeune cantatrice, premier prix du Conservatoire de Bruxelles.

Parmi les artistes qui échouèrent, citons Mlle Dupuy, chanteuse légère à 1,200 francs par mois, et Mlle Vié, Dugazon. Par une combinaison, dont il serait difficile de comprendre les rouages, Mlle Dupuy remplace Mlle Vié, et ses appointements sont portés à 1,500 francs. Voilà donc une jeune chanteuse qui, après échec, accepte un emploi inférieur au sien, tout en obtenant des émoluments supérieurs. On avait voulu, sans doute, lui offrir une compensation. Comme les directeurs font bien toutes choses!

M˟˟ Dupuy fut remplacée par M˟˟ Boulart, alors âgée de vingt-quatre ans.

Sophie Boulart, élève de M˟˟ Damoreau, était sortie du Conservatoire, en 1853, avec les premiers prix de chant et d'opéra comique. Elle était alors une grande jeune fille mince, à la voix délicieuse, chantant déjà avec goût, et douée d'un excellent instinct du théâtre. Elle débuta à l'Opéra-Comique, sous la direction de M. Perrin, dans *les Noces de Jeannette*. Elle joua le répertoire, et fit quelques créations : dans *les Sabots de la Marquise, la Chercheuse d'esprit, Don Pèdre*, et notamment dans *Quentin Durward*.

La jeune artiste, peu satisfaite du sort qui lui était fait sur la scène de l'Opéra-Comique, qui comptait alors une pléiade de brillantes cantatrices, partit pour la Belgique. Elle s'engagea à Gand, où sa réussite fut tellement éclatante qu'on l'appela bientôt à Bruxelles; là, elle tint pendant sept ans l'emploi des chanteuses légères, aux plus avantageuses conditions, et avec un succès qui ne se démentit jamais; elle créa sur la scène de la Monnaie : *Faust, le Pardon de Ploërmel, les Dragons de Villars, la Reine Topaze*, etc. C'est à Bruxelles qu'elle épousa M. Adolphe Mayer, alors régisseur général de la Monnaie. A la fin de la campagne 1864-65, M˟˟ Mayer-Boulart fut obligée de quitter le théâtre; elle avait conservé sa voix pure et séduisante, mais les atteintes d'une bronchite capillaire avaient altéré sa respiration, sur laquelle elle ne pouvait plus compter.

Depuis que M. Mayer occupait les fonctions de régisseur à l'Opéra, M˟˟ Mayer-Boulart habitait Asnières, vivant fort retirée. Elle y est morte le 14 juin 1889.

Les débuts furent très orageux, et les habitués témoignaient leur mécontentement de façon bruyante.

La presse entreprit une espèce de croisade contre le public de la Monnaie. Ce renversement des usages établis avait de quoi étonner. Généralement les journaux ne s'occupent, en effet, que de l'appréciation des œuvres dramatiques; ils en critiquent l'exécution et s'efforcent d'indiquer aux artistes les progrès à réaliser. Mais la marche du répertoire se trouvait entravée, non pas par l'insuffisance des interprètes, mais par le caprice des auditeurs, et il était naturel que la presse essayât de ramener ces derniers au sentiment de la justice et de la dignité.

Enfin, deux œuvres devaient rendre le calme au Théâtre Royal : la réception à la Monnaie de *le Diable au Moulin*, opéra comique de Gevaert, qui avait vu le jour au Parc, et la « première » du *Pardon de Ploërmel*.

Quélus avait projeté de donner le *Faust* de Gounod, que le Théâtre Lyrique venait de faire connaître. On sait que le chef-d'œuvre du compositeur français fut représenté d'abord en opéra comique, c'est-à-dire avec le dialogue. Puis, on s'aperçut des développements que pouvait prendre à la scène ce grand ouvrage ; on constata qu'il importait de lui donner l'allure d'un opéra, et Gounod remplaça le « poème » par les récits que l'on connaît. Or, l'éditeur Choudens ne livra plus la partition que sous cette forme.

Quélus met *Faust* à l'étude avec la nouvelle version, tout en conservant la distribution d'opéra comique, c'est-à-dire : ténor léger, chanteuse légère et basse chantante, — comme il est d'usage encore dans les théâtres qui possèdent les deux troupes. Mais les artistes d'opéra réclamèrent et menacèrent leur directeur d'un procès.

— Eh bien ! je distribue *Faust* en grand opéra tout à fait, s'écrie celui-ci. — Non, ripostent les artistes d'opéra comique, nous exigeons les rôles qui ont été créés par les titulaires de nos emplois, ou nous ferons valoir nos droits devant les tribunaux. — Mais, puisque *Faust* est maintenant un grand opéra, je suis obligé de confier les rôles aux artistes de ce genre. — Alors jouez en opéra comique. — Mais je ne puis pas !

Enfin, en présence d'une situation aussi difficile, et sous l'avalanche de papier timbré qui s'amoncelait sur lui, le malheureux Quélus prit un parti extrême, mais d'un effet certain : il retira *Faust* des études.

Et, comme un procès n'arrive jamais seul, il fallut conjurer encore celui que voulait intenter Wicart, parce qu'on avait profité d'une indisposition *constatée*, pour faire chanter *la Muette de Portici* à Cœuilte, ténor *double*, engagé au cours de la saison.

En janvier, *Phœdé*, opéra comique en 1 acte, paroles et musique d'Oscar Stoumon, qui devait être plus tard à la tête du théâtre, est accueilli favorablement.

On se souvient que la campagne précédente s'était terminée par des représentations de Mlle Artot. La cantatrice faisait maintenant les délices de Berlin, où sa vogue prenait des proportions énormes. Les commerçants exploitèrent ce succès, et Bruxelles voyait arriver d'Allemagne les *pâtés-Artot*, les *polkas-Artot*, les *cigares-Artot*, etc.

Un grand événement musical se préparait. Les 23 et 28 mars, Wagner vient donner deux concerts; il conduit lui-même l'exécution de ses œuvres. Ovations! Mais à Bruxelles, comme partout, le maître rencontre d'ardents admirateurs et des ennemis. S'il faut s'en rapporter aux journaux, il est difficile d'établir de quel côté penchait la balance. On était peu converti encore aux doctrines musicales de Wagner, et un critique s'écrie : « *Nous repoussions ces procédés en théorie; l'application n'a fait que nous affermir dans la conviction qu'elles conduisent dans une direction opposée à celle où se trouve le véritable but de l'art.* » Ce journaliste ne prévoyait guère l'avenir, — pour ce qui concerne son pays, du moins.

Les 20, 21, 22 avril, relâche. Le bourgmestre de Brouckère, qui avait répandu ses bienfaits sur le personnel de la Monnaie, lors de l'incendie, venait de mourir. Le deuil fut général dans Bruxelles, et les artistes en demeurèrent longuement attristés.

A ce moment-là, une Compagnie Italienne, sous la direction de Merelli, s'était installée au Théâtre du Cirque. Cette salle de spectacle avait sauvé l'Opéra, quelques années auparavant. Mais elle commençait à devenir inquiétante, et l'on verra par la suite combien elle est redoutable pour le Théâtre de la Monnaie, qu'elle menace constamment d'une puissante concurrence. Le Cirque — aujourd'hui l'Alhambra — peut être compté au premier rang parmi les « risques à courir » pour la Monnaie.

Les Italiens avaient débuté par *Il Trovatore* et *Lucrezia Borgia*. Leur troupe comprenait : le ténor Galvani, le baryton Squarcia, le *buffo* Ciampi, le contralto M{ме} Vietti. Orsini conduisait l'orchestre,

Ce fut une époque de rivalités. Les Italiens affichaient-ils *Il Trovatore* ? les chanteurs français donnaient *le Trouvère*. Si la Monnaie annonçait *le Barbier de Séville*, le Cirque jouait *Il Barbiere di Siviglia*.

Merelli fait répéter *Ernani*. Immédiatement Quélus met cet opéra à l'étude — et pour qu'il n'y ait pas confusion, placarde *Hernani*, avec l'orthographe française, tandis qu'il est d'usage de l'écrire *Ernani*, comme en Italie, — la première version venant de ce pays.

Les artistes des deux théâtres eurent en ville des discussions qui, d'un peu, tournaient au pugilat — deux camps bien distincts s'étaient formés dans le public — même, les spectateurs témoignaient, dans chaque théâtre, leurs préférences pour l'autre.

Un soir, à la Monnaie, le public demandait *bis* au final du second acte d'*Hernani*. Les partisans des Italiens sifflent, — tumulte prolongé! — Carman, Wicart et Depoitier, qui étaient en scène, tirent leur épée et menacent les perturbateurs. Une scène épouvantable s'ensuivit, et le rideau fut prudemment baissé. Cependant, cette équipée n'eut pas de suites, grâce à la sympathie que — fort heureusement — les trois artistes inspiraient à la population bruxelloise.

Enfin, le 31 mai amena la clôture et la cessation des hostilités.

Premières Représentations.

1859. 16 novembre. — **Le Diable au Moulin**, opéra comique en 1 acte, de Cormon et Carré, musique de Gevaert. (MM. Audran, Gourdon, Mmes Dupuy, Cèbe.)

16 décembre. — **La Belgique**, chant national, de Devos et Benoit.

23 décembre. — **Le Pardon de Ploërmel**, opéra comique en 3 actes, de MM. Carré et Barbier, musique de Meyerbeer.

Hoël	MM. Carman.
Corentin	Aujac.
Le chasseur	Depoitier.
Le faucheur	Hénault.
Dinorah	Mmes Boulart.
Pâtres	{ Dupuy. Cèbe. }

1860. 19 janvier. — **Phœdé**, opéra comique en 1 acte, de Stoumon. (Mme Dupuy, MM. Cœuilte, Mengal.)

25 janvier. — **Les Charmeurs**, opéra comique en 1 acte, de Leuven, musique de Poise.

Julien	MM. Hénault.
Maître Robin	Marchot.
Georgette	Mmes Dupuy.
Mme Michel	Meuriot.

14 mai. — **Hernani**, opéra en 4 actes, de Verdi.

Hernani	MM. Wicart.
Don Carlos	Carman.
Ruy Gomès	Depoitier.
Elvire	Mme Vandenhaute.

Ballet

1860. 9 janvier. — **Le Bijou du Roi**, 3 actes, de Desplaces, musique d'Adam.

Répertoire (reprises).

Robert le Diable.
Le Chalet.
Le Barbier.
Les Mousquetaires de la Reine.
Le Toréador.
Les Huguenots.
Les Diamants de la Couronne.
Maître Pathelin.
Fra Diavolo.
Le Prophète.
La Dame Blanche.
Les Noces de Jeannette.
La Favorite.
Le Caïd.
Stradella.
Quentin Durward
Le Mariage extravagant.
La Juive.
Le Trouvère.
La Fille du Régiment.
Le Nouveau Seigneur.
Jérusalem.
Le Domino Noir.
Une Nuit de Folie.
La Part du Diable.
Haydée.
Rigoletto.
Faust et Marguerite.
L'Ambassadrice.
Si j'étais Roi.
Le Bouffe et le Tailleur.
La Muette de Portici.
La Reine de Chypre.
Galathée.
Le Maître de Chapelle.
Gustave III.
Le Pré-aux-Clercs
Les Dragons de Villars.

Ballets.

Giselle.
La Brésilienne.
Le Diable à quatre.
Les Meuniers
Le Postillon et la Vivandière.
La Esmeralda.
La Péri.

Artistes en Représentations.

1859. 30 décembre. — Mlle Sannier de l'Opéra.
1860. 24 et 28 mars. — 2 concerts de Richard Wagner. Recette des 2 concerts, 3,518 francs.

Remplacements d'Artistes.

Mme Picquet-Wild échoue.
Mlle Dupuy remplace Mlle Vié.
Mme Boulart » Mlle Dupuy.
Audran résilie.
Arnauld remplace Audran, et échoue.
Audran fait sa rentrée.
Cœuilte, ténor, débute en novembre.
Mlle Vallé résilie en janvier.
Mlle Sannier remplace Mlle Vallé.

Nécrologie.

1860. 20 avril — Mort du bourgmestre Ch. de Brouckère, bienfaiteur des artistes

Accidents.

1860. Février. — Pendant une représentation de les *Charmeurs* Mlle Dupuy se démet le bras. Elle a le courage d'achever la pièce.

Recettes.

1859. Septembre	fr.	48,561 25
Octobre		39,525 »
Novembre		39,230 50
Décembre		41,910 75
1860. Janvier		50,674 »
Février		39,474 75
Mars		41,273 50
Avril		35,483 75
Mai		40,379 75
Subvention		80,000 »

Représentations Extraordinaires.

1859. 3 décembre. — Bénéfice des Pauvres honteux. *L'Ambassadrice* . . fr.	2,400 »
6 décembre. — Grande Harmonie. *L'Ambassadrice*	1,800 »
16 décembre. — Par ordre. *La Fille du Régiment*	1,837 75
19 décembre. — Philanthropie *Les Diamants*	2,400 »
29 décembre. — Philharmonie. *La Fille du Régiment*	1,800 »
1860. 16 janvier. — Bénéfice d'Adolphe. *Le Pardon de Ploërmel*	3,772 »
26 janvier. — Bénéfice d'E. Letellier. *Le Pardon de Ploërmel*	4,786 »
9 février. — Bénéfice de Bosselet. *Le Pardon de Ploërmel*	2,195 50
14 février. — Philharmonie. *La Favorite*	1,800 »
17 février. — Bénéfice d'Aujac. *Le Pardon de Ploërmel*	2,436 25
14 mars. — Grande Harmonie. *Le Pardon de Ploërmel*	1,500 »
16 mars. — Bénéfice de Carman. *Guillaume Tell*	2,402 »
23 mars. — Bénéfice de Depoitier. *Gustave III*	1,979 50
27 mars. — Philharmonie. *Le Pardon de Ploërmel*	1,500 »
30 mars. — Bénéfice de Desplaces. *Le Pardon de Ploërmel*	1,638 25
24 avril. — Bénéfice de Hanssens. *Les Dragons de Villars*	2,284 25
14 mai. — Bénéfice de Mme Vandenhaute. *Hernani*	1,804 50
15 mai. — Pauvres honteux. *Les Dragons de Villars*	1,502 50
22 mai. — Bénéfice de Mme Boulart. *Giralda*	4,085 75
26 mai. — Grande Harmonie. *Les Dragons de Villars*	1,800 »
30 mai. — Bénéfice de Borsary. *Giralda*	2,770 »

(1860-61)

MM. J.-B. GROGNIER-QUÉLUS, directeur.
A. MAYER, régisseur-général, chargé de la mise en scène.
ALFRED BRY, régisseur.
PHILIPPE, régisseur des chœurs.
LABARRE, secrétaire.

Grand opéra, Traductions.

Messieurs :

WICART, premier ténor.
AUJAC, second ténor.
CARMAN, baryton.
DEPOITIER, première basse.
BATAILLE, seconde basse.
BORSARY, troisième basse, et seconde.
HENAULT, troisième, et second ténor au besoin
VANDENBOSCH, } ténors coryphées.
GIGNEZ,
VANGOOR, } coryphées basses
BLONDEAU,

Mesdames et Mesdemoiselles :

VANDENHAUTE, forte chanteuse, Falcon.
ELMIRE, forte chanteuse, Stoltz.
LITSCHNER, soprano, première chanteuse.
DUPUY,
CÈBE, } soprani.
DUFRESNOY,
D. MURAT,
HEILBRONN, } coryphées.
LEMAY,

Opéra comique.

Messieurs :

JOURDAN, premier ténor.
AUJAC, second ténor, et des premiers.
HÉNAULT, second ténor, Moreau-Sainti, Philippe.

Mesdames et Mesdemoiselles :

BOULART, première chanteuse légère.
LITSCHNER, première chanteuse.
DUPUIS, première Dugazon, jeune chanteuse.
CÈBE, deuxième première Dugazon.

Messieurs :
BATAILLE, première basse.
BORSARY, basse comique, première au besoin.
FERET, ténor comique, trial.
MENGAL, basses tailleurs, Laruette.
DARDAY, troisième basse, et seconde.
VANDENBOSCH, grande utilité.

Mesdames et Mesdemoiselles :
PÉRILLET, mère Dugazon.
MEURIOT, duègne.
D. MURAT,
HEILBRONN,   coryphées.
LEMAY,

Cinquante choristes.

Ballet.

Messieurs :
DESPLACES, premier maître de ballet.
ROUQUET, deuxième maître de ballet.
DESPLACES, premier rôle mime.
GREDELUE, premier danseur.
GUILLEMIN, premier danseur demi-caractère.
RUBY, premier danseur comique.
ROUQUET,   rôles mimes.
KOUKELBERG,

Mesdames et Mesdemoiselles :
DECHAUX, première danseuse noble.
NAVARRE, deuxième première danseuse demi-caractère.
VERULY,
ELISA DELAMARRE,   secondes danseuses.
MARIE WESMAEL,
Monsieur
FRANÇOIS, troisième danseur coryphée.

Orchestre.

MM. CH.-L. HANSSENS, premier chef.
BOSSELET, second chef.
DE GREEF, conduisant le ballet.
ÉDOUARD, organiste-accompagnateur.

Septante-deux musiciens.

La saison commence par une reprise de *l'Étoile du Nord*, qu'on avait peu jouée, la troupe d'opéra comique ne comprenant pas les éléments nécessaires. A part Aujac, les interprètes étaient nouveaux : Mme Boulart (Catherine), Jourdan (Danilowitz), Bataille (Peters, rôle créé par Bataille), Mlle Dupuy (Prascovia), Mengal (Gritzenko).

Endymion, ballet de Desplaces, musique de Stoumon, obtient un très honorable succès.

L'Administration Communale fait connaître que la direction du théâtre sera libre à la fin de la campagne. Parmi les nombreux soumissionnaires était inscrit M. Carvalho, qui avait récemment dirigé le Théâtre Lyrique, et qui administra ensuite avec tant d'habileté l'Opéra-Comique jusqu'à la terrible catastrophe qui détruisit la salle Favart.

Le choix du Conseil se porta sur Théodore Letellier, pour la période triennale 1861-64. L'ancien directeur de la Monnaie signa tout d'abord des engagements avec plusieurs artistes, et déclara qu'il ne conserverait pas Ch. Hanssens.

Quelques jours après, un banquet était offert à leur chef par les musiciens de l'orchestre. Quélus, répondant à un toast, s'écria : « Le directeur ne représente qu'une clef, celle de la caisse. On peut le remplacer. Mais ce qu'on ne remplace pas, c'est un artiste comme M. Hanssens... » Ces paroles soulevèrent un tonnerre d'applaudissements.

La primeur de la saison fut d'abord *Herculanum*, de Félicien David. Le directeur avait mis tous ses soins et une distribution de premier ordre au service de cette œuvre ; il avait fait de grands frais de costumes, de décors et de mise en scène. Les répétitions furent dirigées par le compositeur lui-même. On apprécia la musique, on jugea le poème écrit en fort beaux vers, et, au bout de quelques représentations... la salle était déserte.

Cette année-là, c'est l'opéra comique qui fournit les plus belles recettes. On accourt à *la Dame Blanche* comme à une nouveauté. Il faut ajouter que la « petite troupe » — Jourdan en tête — était exceptionnellement composée.

Dès les premiers jours de février, la Compagnie Italienne de Merelli se réinstalle au Cirque.

On attendait impatiemment la « première » du *Faust*, de Gounod, depuis longtemps à l'étude. Elle eut lieu le 25 février, sous sa forme primitive, c'est-à-dire en opéra comique. Succès retentissant. A la fin de la soirée, Gounod, qui avait assisté aux répétitions, parut sur la scène, entouré de ses principaux interprètes, Mme Boulart, Jourdan et Bataille.

La presse est généralement élogieuse. Cependant, un journaliste reproche à la musique de Gounod « *de planer dans les régions inaccessibles à l'intelligence de la masse du public* ».

Autres temps, autres mœurs.

Le succès de *Faust* fut, un moment, interrompu par deux fâcheux incidents : Carman quitte Bruxelles, pour aller recueillir le dernier soupir de sa mère ; puis Bataille se blesse grièvement au poignet, et se trouve dans l'impossibilité de jouer pendant plusieurs jours.

Le 20 mars : *L'Habit de Mylord*, opéra en un acte, dont la musique était de M. Lagarde, « *agent de change, à Paris* », et *l'Enchanteresse*, ballet de Desplaces.

Mais un événement important se produit le 9 avril. On donne *le Siège de Calais*, tragédie lyrique en quatre actes, d'Édouard Wacken, musique de Charles-Louis Hanssens, chef d'orchestre à la Monnaie. Interprètes : Carman, Wicart, Depoitier, Aujac,

MM^{mes} Dupuy et Vandenhaute. Hélas! c'est un échec complet qu'il faut enregistrer, et un nom à inscrire au chapitre nécrologique : quelques jours avant l'apparition de son œuvre, le librettiste mourait à Bruxelles (5 avril).

Le Siège de Calais devait être retiré immédiatement de l'affiche, lorsque Depoitier — dont le « bénéfice » allait avoir lieu — en sollicita une seconde représentation. Malgré la sympathie dont jouissait dans le public l'excellente basse, malgré la nationalité des deux auteurs et du bénéficiaire, — tous trois Belges — la salle resta vide.

Le 31 mai, pour la clôture — spectacle *coupé* — le théâtre était comble. Le public voulait offrir une marque d'estime à des artistes qui avaient rempli leur tâche avec éclat, et dont plusieurs quittaient Bruxelles, — et témoigner sa sympathie à leur directeur, qui fut regretté pour son talent, sa probité et sa courtoisie.

L'inséparable trio Carman-Wicart-Depoitier se rendait à Lyon. Bataille et Mlle Delamarre étaient engagés à Bordeaux, Jourdan à l'Opéra-Comique, Desplaces à Marseille, Vandenhaute à Londres, Hénault à Strasbourg, tandis que Mengal prenait la direction des Galeries Saint-Hubert, où il s'assura le concours de Mlle Cèbe et de Gourdon, ancien trial de la Monnaie.

Pendant son administration, Quélus avait mis à la rampe 26 ouvrages nouveaux, dont 19 opéras ou opéras comiques et 7 ballets :

Quentin Durward; Rigoletto; les Désespérées; les Chaises à porteurs; la Demoiselle d'honneur; le Médecin malgré lui; Stradella; la Esmeralda; le Diable au Moulin; le Pardon de Ploërmel; Phœbé; les Charmeurs; Ernani; Herculanum; Rita; Faust; l'Habit de Milord; le Siège de Calais.

Parmi les reprises on peut citer : *L'Eau merveilleuse; le Cheval de Bronze; le Tableau parlant; la Fête du Village voisin; la Part du Diable; l'Ambassadrice; Si j'étais Roi; Galathée; les Noces de Jeannette; Gustave III; Masaniello; le Songe d'une Nuit d'été.*

BALLETS : *Faust et Marguerite; une Nuit de folie; la Fée aux Perles; le Bijou du Roi; Endymion; les Étudiants; l'Enchanteresse.*

Premières Représentations.

1860. 29 novembre. — **Herculanum**, opéra en 4 actes, de Méry et Hadot, musique de Félicien David (Wicart, Depoitier, Borsary, Mmes Elmire, Vandenhaute.)

27 décembre. — **Rita ou le Mari battu**, opéra en 1 acte, de G. Vaez, musique de Donizetti.

1861. 25 février. — **Faust**, opéra comique en 5 actes, de Barbier et Carré, musique de Gounod.

Faust	MM. Jourdan.
Méphistophélès	Bataille.
Valentin	Carman.
Wagner	Borsary.
Marguerite	Mmes Boulart.
Siébel	Dupuy.
Dame Marthe	Meuriot.

20 mars. — **L'Habit de Mylord**, opéra comique en 1 acte, de T. Sauvage et de Léris, musique de Lagarde.

9 avril. — **Le Siège de Calais**, opéra en 3 actes, de Wacken, musique de Ch. Hanssens.

Ballets.

1860. 2 décembre. — **Endymion**, 1 acte.

1861. 7 janvier. — **Les Étudiants**.

20 mars. — **L'Enchanteresse**, 2 actes, de Desplaces.

Répertoire (reprises).

Le Pardon de Ploërmel.
La Favorite.
Haydée.
Le Trouvère.
Guillaume Tell.
Jérusalem.
Les Mousquetaires.
Le Pré-aux-Clercs.
Les Huguenots.
Le Domino Noir.
Le Chalet.
Giralda.
La Fille du Régiment.
Les Dragons de Villars.
Le Farfadet.
Hernani.
Le Caïd.
Robert le Diable.
Le Toréador.
Le Prophète.
L'Étoile du Nord.
La Juive.
Les Noces de Jeannette.
La Dame Blanche.
Mazaniello.
Le Songe d'une nuit d'été.
Le Diable à quatre.
Rigoletto.
La Muette de Portici.
Le Cheval de Bronze.
Quentin Durward.
Le Barbier de Séville.

Ballets.

Le Bijou du Roi.
Une Nuit de folie.
Les Amoureux de Jeannette.
La Péri.
Ondine.

Remplacements d'Artistes.

Mlle Litschner échoue; elle est remplacée par Mme de Mesmacker, qui échoue à son tour, et est remplacée par Mlle Hillen, qui ne réussit pas. Rentrée de Mlle de Aynssa.

Mlle Périllet échoue, et est remplacée par Mlle Gay.

Mlle Rouvroy débute en avril.

Artistes en Représentations.

Perrugi, baryton du théâtre d'Anvers, remplace deux fois Carman dans le rôle de Valentin, de *Faust*.

Brion d'Orgeval, basse du théâtre d'Anvers, remplace Bataille, malade, dans le rôle de Méphistophélès, de *Faust*.

Recettes.

1860. Septembre	fr.	57,176 75
Octobre		43,542 75
Novembre		40,862 50
Décembre		44,670 50
1861. Janvier		36,071 50
Février		30,698 25
Mars		37,915 50
Avril		39,523 50
Mai		42,880 25
Subvention		80,000 00

Représentations Extraordinaires.

1860. 12 décembre. — Bénéfice de Carman. *Le Maître de Chapelle*; *les Dragons de Villars* . . . . . fr.	2,234 50
17 décembre. — Philharmonie . . .	2,000 »
28 décembre. — Bénéfice de Mme Vandenhaute. *Les Huguenots*	1,923 75
1861. 9 janvier. — Harmonie. *Herculanum*	2,000 »
24 janvier. — Bénéfice de Hanssens. *Robert le Diable*	2,230 25
29 janvier.— Philharmonie. *Songe d'une Nuit d'été*	1,800 »
7 février. — Bénéfice de Bosselet. *La Dame blanche*	994 25
15 mars. — Bénéfice de Desplaces. *Les Huguenots*	959 95
19 mars. — Bénéfice d'E. Letellier. *Faust*	4,729 25
2 avril. — Bénéfice de Jourdan. *Les Mousquetaires*	2,315 75
10 avril. — Représentation de la Philharmonie. *Faust*	1,800 »
22 avril. — Représentation de la Philharmonie. *Le Prophète*	2,000 »
24 avril. — Bénéfice de Mlle Elmire. *Herculanum*	1,149 25
2 mai. — Bénéfice de Mme Boulart. *Le Barbier*	4,578 25
9 mai. — Bénéfice de Dupuy. *L'Ambassadrice*	2,188 »
11 mai. — Représentation de la Grande Harmonie. *Faust*	2,000 »
21 mai. — Bénéfice de Mlle Cèbe. *Le Cheval de Bronze*	2,355 25
22 mai. — Philharmonie. *Guillaume Tell*	2,000 »
28 mai. — Bénéfice de Borsary. *Le Cheval de Bronze*	2,212 25

(1861-62)

MM. THÉODORE LETELLIER directeur.
FERDINAND ROUX, régisseur général.
ALFRED BRY, régisseur.
DUCOS, régisseur des chœurs.
DE MERCKX, caissier-comptable, secrétaire.
ÉDOUARD LETELLIER, contrôleur, chargé de la location.
BLUM, percepteur de l'abonnement.
MAX, inspecteur général, économe, chargé du contentieux.

Grand opéra, Traductions.

Messieurs :
BERTRAND, premier ténor.
AUJAC, second ténor.
TRAIN, second ténor.
ISMAËL, baryton.
PÉRIÉ, première basse.
BONNEFOY, première basse, et forte seconde.
BERRY, seconde basse.
BORSARY, basse en tous genres, grande utilité.
PIERRE GALIS, troisième basse, et seconde.
ÉMILE,) troisièmes ténors, et cory-
ROUVERROLIS,) phées.

Mesdames et Mesdemoiselles :
REY-BALLA, forte chanteuse, Falcon.
ELMIRE, forte chanteuse, Stoltz.
HAENEN,) soprani, premières chanteuses.
BONNEFOY,)
DUPUY,
MICHEL, } soprani Duguzons.
GOMBAULT,)
D. MURAT,
E. LEYDER,
KEUIT, } coryphées.
VINKEL,

Opéra comique.

Messieurs :
JOURDAN, premier ténor.
AUJAC, second ténor, et des premiers.

Mesdames et Mesdemoiselles :
BOULART, première chanteuse légère.
HAENEN, première chanteuse.

Messieurs :

Train, second ténor, Moreau-Sainti, Philippe.
Ismaël, baryton.
Bonnefoy, première basse.
Berry, basse comique et première au besoin.
Borsary, basse en tous genres, grande utilité.
Charles, ténor comique, trial.
Lemaire, Laruette, basses tabliers.
Pierre Galis, troisième basse, et seconde.
Emile, troisième ténor.

Mesdames et Mesdemoiselles :

Bonnefoy, jeune chanteuse.
Dupuy, forte première Dugazon, jeune première chanteuse.
Michel, deuxième première Dugazon, jeune mère Dugazon.
Gombault, jeune Dugazon.
Meuriot, duègne.
D. Murat,
Leyder,   } coryphées.
Aurélie,

Cinquante-cinq choristes.

Ballet.

Messieurs :

Justamant, premier maître de ballet.
Rouquet, deuxième maître de ballet.
Gredelue, premier danseur.
Guillemin, deuxième premier danseur.
Bertoto, deuxième danseur.
Prosper, troisième danseur.
Ruby, premier danseur comique.
Rouquet, danseur comique, rôles mimes.
Koukelberg, rôles mimes.

Mesdames et Mesdemoiselles :

Dor, première danseuse noble.
Delechaux, première danseuse demi-caractère.
Girot, seconde danseuse, et première en tous genres.
Wesmael,   } secondes danseuses.
Dutertre,
Monsieur
François, coryphée.

Orchestre.

MM. Ch.-L. HANSSENS, premier chef.
Bosselet, second chef.
Callandini, conduisant le ballet.
Édouard, organiste-accompagnateur.
Gouverneur, souffleur.

Septante-deux musiciens.

Les débuts du grand quatuor offrent, cette année, un intérêt tout particulier. Il s'agit de juger les successeurs d'artistes estimés depuis de longues années, en possession de toute la faveur publique, dont le remplacement paraissait impossible.

Mais ici-bas personne n'est indispensable, et c'est au théâtre surtout que cet adage — devenu banal — peut s'appliquer avec le plus de justesse.

Le « trio belge » était parti pour Lyon, où il ne rencontrait pas entièrement la vogue dont il avait joui à Bruxelles. On raconte même que Carman souleva une véritable tempête par son attitude devant la salle, qui n'appréciait pas assez promptement ses qualités, et qu'il se vit dans l'obligation de faire des excuses — sur la scène même… Enfin, Wicart, seul, resta à Lyon.

Les artistes qui venaient prendre à Bruxelles cette lourde succession furent accueillis favorablement.

Le ténor Bertrand affronte le public dans *le Trouvère* et *Robert le Diable*.

Les trois épreuves d'Ismaël ont lieu dans *le Trouvère*, *le Barbier*, *Guillaume Tell*. Ceux qui ne croyaient pas à l'émotion des débutants eussent pu être renvoyés à ce baryton, dont l'exemple les eût facilement convaincus. En effet, Ismaël était en proie au « trac » le plus épouvantable, en dépit de ses succès antérieurs — malgré ses qualités si rares, si variées et son extraordinaire souplesse, qui firent de lui l'un des plus remarquables artistes de son époque, un chanteur capable de faire valoir, à un égal degré, les beautés du drame lyrique et les spirituelles finesses de l'opéra comique.

Ce fut encore dans les mêmes ouvrages que la basse Périé et Mme Rey-Balla prirent rang du premier coup. Puis, *la Fille du Régiment* permit d'apprécier la troupe d'opéra comique. Letellier était décidément un habile impresario et un homme heureux.

Le divorce de Mme Cabel, qui était alors au Théâtre Lyrique, venait d'être prononcé, et avait été enregistré à l'Etat-Civil de Bruxelles.

A la reprise de *Faust* (Mme Mayer-Boulart, Jourdan, Bonnefoy, Ismaël), on rétablit divers tableaux, notamment celui de la *Nuit de Valpurgis*, qui avait été supprimé.

Immédiatement après, Mme Miolan-Carvalho fait sa première apparition à Bruxelles. L'éminente cantatrice était alors dans tout l'éclat de son magnifique talent, et elle produisit une impression profonde. Il serait superflu d'analyser ici les dons remarquables, la voix charmeuse, la pureté et l'élévation de style, la facilité de vocalisation, la force et la netteté d'articulation, qui ont fait de Mme Miolan l'une des gloires françaises.

La Compagnie Italienne de Merelli donnait, chaque année, une série de spectacles au Théâtre du Cirque. Mais, cette fois, Bruxelles se vit menacé de deux troupes : Letellier, que les lauriers italiens empêchaient de dormir, voulut à tout prix éteindre cette concurrence. Soutenu dans ses projets par la Ville, il part pour Paris. A peine a-t-il mis pied à terre que les *agents lyriques* se précipitent sur lui comme sur une proie. Dès le lendemain, plusieurs listes étaient mises en circulation, entre autres la proposition Toffoli-Escudier avec les artistes de Lumley, au chiffre de 96,000 francs pour trente représentations. Letellier communique ce projet aux Echevins, par voie télégraphique. On hésite, on commente, on va prendre un parti, lorsqu'un arrangement inattendu survient : Les Italiens de Merelli déserteront le Cirque et joueront à la Monnaie. L'événement artistique sera la présence de Mlle Patti « *une cantatrice de 17 ans et 1/2, déjà parvenue à l'éclat d'étoile de première grandeur, qui, après avoir obtenu en Amérique les plus enthousiastes succès, est allée à Londres et à Berlin, où elle est l'idole du monde aristocratique* ».

PRINCIPAUX ARTISTES :

Mmes Loriani et Trebelli, soprani ; Casaloni, contralto.

MM. Montanari, ténor ; Zacchi, baryton ; Agnesi, basse ; Borella, bouffe ; Orsini, chef d'orchestre.

En effet, du 15 janvier au 27 mars, la Compagnie Italienne donne dix-sept représentations, et la Patti se fait entendre dans cinq rôles différents. Le succès fut étourdissant ; le public bruxellois était heureux de connaître maintenant le petit prodige et d'avoir applaudi les premiers gazouillements de ce rossignol célèbre.

Avec Mme Tedesco, de l'Opéra, il faut signaler le retour de Mme Miolan-Carvalho et l'arrivée de Marie Sass, de l'Opéra, qui joue *le Trouvère*, *la Favorite* et *la Juive*.

Au milieu de toutes ces attractions, il y eut place pour un grand nombre de reprises et pour sept ouvrages nouveaux, sans compter les ballets : *Les Trovatelles*, de Duprato ; *Maître Claude*, de J. Cohen ; *la Pagode*, de Fauconier ; *Stella Monti*, de Kettenus ; *Philémon et Baucis*, de Gounod ; *le Templier*, de Nicolaï, et *la Ferme*, de Stoumon, qui, décidément, devenait un fournisseur attitré.

La fin de la saison est marquée par la décision que prend le Conseil Communal de reviser entièrement le cahier des charges.

Premières Représentations.

1861. 8 novembre. — **Les Trovatelles**, opéra comique en 1 acte, de CARRÉ et LORIN, musique de DUPRATO.

21 novembre. — **Maitre Claude**, opéra comique en 1 acte, de SAINT-GEORGES et LEUVEN, musique de COHEN.

1862. 22 janvier. — **La Pagode**, opéra en 2 actes, de SAINT-GEORGES, musique de FAUCONIER.

Mars. — **Stella Monti**, opéra comique en 3 actes, de DEMOULIN, musique de KETTENUS.

21 mars. — **Philémon et Baucis**, opéra comique en 2 actes, de BARBIER et CARRÉ, musique de GOUNOD.

Baucis	Mme MIOLAN-CARVALHO.
Philémon	MM. JOURDAN.
Jupiter	BONNEFOY.
Vulcain	ISMAËL.

28 mars. — **Le Templier**, opéra en 5 actes, traduit de l'allemand par DANGLAS, musique de NICOLAÏ.

7 mai. — **La Ferme**, opéra comique en 2 actes, paroles et musique de STOUMON.

Ballets.

1861. 1er septembre. — **Les Filles du Ciel**, 1 tableau, de JUSTAMANT.

1er octobre. — **Le Magicien**, 2 tableaux.

19 octobre. — **Les Contrebandiers**, 2 tableaux.

21 novembre. — **Le Fils de l'Alcade**, 1 acte.

1862. 29 janvier. — **Un bal travesti**, 1 acte.

10 mars. — **Le Joueur de Biniou**, 1 acte.

Répertoire (reprises).

Galathée.
Le Trouvère.
La Fille du Régiment.
Robert le Diable.
La Dame Blanche.
L'Eclair.
Le Chalet.
Guillaume Tell.
Le Barbier de Séville.
Haydée.
La Favorite.
La Juive.
Les Diamants de la Couronne.
Le Songe d'une nuit d'été.
Le Caïd.
Les Dragons de Villars.
Le Pardon de Ploërmel.
Les Huguenots.
Faust.
Lucie.
Norma.
Le Postillon de Lonjumeau.
Rigoletto.
La Sirène.
Le Prophète.
Le Bouffe et le Tailleur.
Les Mousquetaires de la Reine.
La Pie voleuse.
Le Comte Ory.
Mireille.
La Somnambule.
La Reine de Chypre.
Martha.
Don Pasquale.
Don Juan.
La Traviata.
Herculanum.
Joseph.
Noces de Figaro.
La Fiancée.
La Part du Diable.

Ballets.

Une Fête villageoise.
Giselle.

Remplacements d'Artistes.

Mme Gennetier débute dans *le Caïd*, puis résilie.
Lemaire est remplacé par Châteaufort.
Tapian remplace, pour quelques jours, Bertrand, indisposé.
Mlle Vronen débute dans *Guillaume Tell* ; puis résilie.
Mlle Biondini, chanteuse légère de grand opéra, débute en février, et échoue.
Mme Faure-Brière remplace Mme Mayer-Boulart, pour quelques représentations.
Neveu, laruette, débute en avril.

Artistes en Représentations.

Du 7 décembre 1861 au 31 janvier 1862 — 13 représentations de Mlle Miolan : *Le Comte Ory; Lucie; la Somnambule ; Faust ; les Mousquetaires de la Reine.* (Recettes, fr. 43,770.50.)

1862. Du 13 au 16 janvier. — 2 représentations de Mme Tedesco, de l'Opéra : *La Favorite; la Reine de Chypre.*

Du 15 janvier au 8 mars. — 17 représentations de la Compagnie Italienne Merelli, avec le concours de Mlle A. Patti : *Martha ; Don Pasquale; Don Juan ; la Fille du Régiment ; la Traviata.* (Recettes, 56,475 francs.)

Du 14 au 31 mars. — 4 représentations de Mlle Miolan : *Le Barbier ; les Noces de Jeannette ; Faust ; Philémon et Baucis ; Mireille ; le Pardon de Ploërmel* (valse du 2me acte). (Recettes, fr. 7,631.75.)

Du 2 au 15 mai. — 6 représentations de Mlle Marie Sass, de l'Opéra : *Le Trouvère ; les Huguenots ; la Juive.* (Recettes, fr. 9,800.50.)

En mai, concert des frères Saurel, pianiste âgé de 8 ans, et violoniste âgé de 9 ans.

Représentations Extraordinaires.

1861. 27 septembre. — Par ordre. *Haydée*	fr. 2,361	75
1862. 21 avril. — Bénéfice de Mlle Elmire.	2,125	»
29 avril. — Bénéfice de Bosselet	1,066	73
12 mai. — Bénéfice de Hanssens	2,361	25
14 mai. — Bénéfice de Boulart	3,695	25
23 mai. — Bénéfice de Jourdan	1,795	»
24 mai. — Bénéfice des Pauvres de Gand	1,086	»
26 mai. — Bénéfice d'Aujac	371	50
28 mai. — Bénéfice de Borsary	2,146	25

Recettes.

1861. Septembre	fr. 49,664	50
Octobre	38,707	»
Novembre	29,214	75
Décembre	40,172	25
1862. Janvier	53,578	50
Février	43,029	75
Mars	38,194	75
Avril	28,375	25
Mai	35,932	50
Subvention	80,000	»

(1862-63)

MM Théodore LETELLIER, directeur.
Ferdinand Roux, régisseur-général.
Alfred Bry, régisseur.
Ducos, régisseur des chœurs.
de Merckx, caissier-comptable.
Paul, secrétaire.

Orchestre.

MM. Ch.-L. HANSSENS, premier chef.
Bosselet, second chef.
Callandini, conduisant le ballet, l'opéra au besoin, chef du chant.
Édouard, organiste-accompagnateur.
Gouverneur, souffleur.

Grand opéra, Traductions, Opéra comique.

Ténors :
MM. Bertrand.
Jourdan.
Aujac.
Costi-Caussade.
Émile.
Carrier, } comiques.
Petit-Delamarre, }

Basses :
MM. Martin, baryton.
Périé.
Bonnefoy.
Borsary.
Pierre Galès.

Chanteuses :

Mlles Monrose.
Rey.
Demaesen.
Dupuy.

Mme Michel-Costi.
Mlle Rosina.
Mme Meuriot, duègne.

Ballet.

MM. Justamant, premier maître de ballet.
Bertotot, deuxième maître de ballet.

Rôles mimes :

MM. Justamant.
Koukelberg.

Mme Montassu.

Danseurs :

MM. Lamy, aîné.
Lamy, jeune.
Bertotot.
Charles, comique.

Danseuses :

Mmes Pargès.
Girot.
Wesmael.
Mendez.

Ecole de danse :

M. Bertotot, professeur.

Le Conseil Communal s'était occupé des modifications au cahier des charges, proposées par la section des Beaux-Arts, à la demande du concessionnaire. Il avait supprimé l'abonnement au parquet, élevé le prix des stalles à 4 francs au lieu de fr. 3.50, et rétabli les bals, disparus depuis quelques années. Letellier eût encore voulu que, au lieu de la somme minima de 25,000 francs qu'il devait affecter à l'entretien et au renouvellement des décors et costumes, on lui imposât seulement l'obligation de maintenir le tout en bon état. Mais ce désir fut repoussé.

L'opéra comique *Faust* est transformé en grand opéra. Cette métamorphose ne contente pas tout le monde. On trouve que la distribution alourdit ainsi l'allure générale de l'ouvrage, et que le dialogue est préférable aux récits qui l'ont remplacé. Quelques jours après, reparaît *Faust* en opéra comique. Mais les partisans du drame lyrique réclament, et Letellier commençait à devenir perplexe, lorsque, comme il arrive souvent dans les situations embarrassées, une idée géniale traversa son cerveau. Il distribua doublement l'œuvre de Gounod, et, dans la même semaine, l'affiche porte :

Faust, *grand opéra en 5 actes*
et Faust, *opéra comique en 5 actes.*

Pendant le premier mois, Mme Mayer-Boulart tient l'emploi de chanteuse légère, en attendant l'arrivée de Mlle Monrose, qui débute dans le *Songe d'une Nuit d'Été*, et *Lalla-Roukh*, de Félicien David, alterne avec les représentations de Mlle Wertheimber.

La reprise du *Domino Noir* ne fut pas favorable à Mlle Monrose. Son talent placide ne s'accommodait guère d'un rôle comme celui d'Angèle, qui exige tant de finesse et des tons si variés dans l'interprétation. Un regrettable incident signala la fin de cette soirée. A la chute du rideau, une partie du public se mit à applaudir, l'autre protesta par quelques *chut* énergiques. Les applaudissements se prolongeant, la toile se relève, et Mlle Monrose, accompagnée de Jourdan, vient saluer le public, croyant à un rappel. Les deux artistes sont accueillis par une bordée de sifflets, dont le premier effet sur Mlle Monrose se traduisit en une syncope. La malheureuse artiste fut transportée au foyer, et l'on eut toutes les peines du monde à la ramener chez elle, où elle resta alitée, plusieurs jours.

Le vendredi 5 décembre, *la Reine de Saba*, opéra de Gounod. Presque tous les morceaux de cette belle partition sont goûtés comme ils le méritent, et le public confond, dans ses applaudissements, l'œuvre, les interprètes et la mise en scène, dont la direction avait fait largement les frais. Gounod, qui avait dirigé les dernières répétitions, se dérobait modestement dans une baignoire d'avant-scène, et, à un moment donné, son entourage put voir deux grosses larmes couler de ses yeux. Le maître quitta Bruxelles, le lendemain, après avoir écrit une longue lettre de remerciements et de félicitations au personnel de la Monnaie.

La reprise de la *Servante Maîtresse*, par Mme Dupuy, Bonnefoy et Carrier, est l'objet d'un véritable scandale. Plusieurs jeunes gens, mécontents de cette « *exhumation* », sifflèrent à outrance l'adorable page de Pergolèse. Les pauvres artistes ne savaient que faire. Bonnefoy s'enfuit dans la coulisse. Quant à Carrier, on annonça qu'il résiliait. Mlle Dupuy paya d'audace : elle fit un signe à l'orchestre, et *bissa* le morceau qu'on venait de huer... Quelques jours après, la direction imposa à ses pensionnaires une seconde représentation de cet opéra-comique et... *la Servante Maîtresse* fut, dès lors, un succès!

Du 15 janvier au 15 février, une avalanche de rhumes, de bronchites fond sur les artistes. Il ne se passait pas un seul jour qu'on ne changeât le spectacle, une, deux et même trois fois. C'est ainsi qu'un soir *le Barbier de Séville* fut chanté avec le concours de trois artistes étrangers à la troupe.

Bertrand était le plus gravement atteint. Les docteurs le condamnèrent au repos, et la direction dut pourvoir à son remplacement. Ce fut alors un défilé de ténors, à qui le public ne permettait pas un trop long séjour dans Bruxelles.

Le brave Letellier avait besoin d'une occasion heureuse qui relevât un peu son courage. Elle s'offrit à lui sous la forme d'une *Chatte Merveilleuse*. La féerie de Grisar ramena, d'un coup de baguette, l'argent dans la caisse, la sécurité chez les afficheurs et le calme dans le cabinet directorial. Ce fut la pièce la plus productive de l'année.

Le 9 février, les sœurs Delepierre, virtuoses de 6 et 9 ans, se font entendre devant un public émerveillé. Ces enfants-prodiges maniaient si gracieusement l'archet, qu'après les avoir rappelées maintes fois, on eut l'ingénieuse idée de leur jeter des bonbons. C'était bien le genre d'ovation qui convenait à leur âge, et la plus jeune des deux sœurs se mit immédiatement à croquer ces sucreries, provoquant des cris de joie dans la salle. Sous cette délicate attention se cachait peut-être une pensée profonde. Ne voulait-on pas rappeler ainsi les gracieuses créatures aux plaisirs de leur âge, et leur conseiller d'abandonner un peu l'archet pour la raquette et le cerceau, de préférer quelquefois à l'atmosphère empoisonnée du théâtre le soleil et le grand air qui eussent ramené les roses sur leur teint de lys...? Peut-être une allusion à la durée de la gloire — aussi éphémère que celle des fondants...?

La saison théâtrale est terminée par *Freischütz*, de Weber, avec M.Mmes de Maesen, Andrée, MM. Bertrand et Périé — un charmant opéra comique, *le Don Juan de village*, musique de Bryon d'Orgeval, basse chantante, qui avait plus d'une corde à sa lyre — la délicieuse partition d'Ambroise Thomas : *le Roman d'Elvire*, et quelques représentations de la Compagnie Italienne, sous la direction de Merelli.

Clôture, le 31 mai, par *la Reine de Saba*.

Premières Représentations.

1862. 5 septembre — **L'Éventail**, opéra comique en 1 acte, de CARRÉ et BARBIER, musique de BOULANGER.

7 septembre. — **Faust**, de GOUNOD, repris en grand opéra.

Faust	MM. BERTRAND.
Méphistophélès	PÉRIÉ.
Valentin	MARTIN.
Marguerite	Mmes REY.
Siébel	DUPUY.

27 octobre. — **Lalla-Roukh**, opéra comique en 2 a., de H. LUCAS et M. CARRÉ, mus. de F. DAVID.

Nourreddin	MM. JOURDAN.
Baskir	BONNEFOY.
Lalla-Roukh	Mmes MONROSE.
Mirza	DUPUY.

3 décembre. — **Le Maréchal-Ferrant**, opéra comique en 1 acte, paroles de XXX., musique de STEVENIERS.

5 décembre. — **La Reine de Saba**, grand opéra en 5 actes de BARBIER et CARRÉ, mus. de GOUNOD.

Adorinam	MM. BERTRAND.
Soliman	PÉRIÉ.
Amrou	AUJAC.
Thanor	MARTIN.
Methosaël	BONNEFOY.
Sador	PIERRE GALÉS.
Balkis	Mmes REY.
Bénoni	DUPUY.

1863. 3 février — **La Chatte merveilleuse**, opéra comique en 3 actes, paroles de DUMANOIR et DENNERY, musique de GRISAR.

28 février. — **La Fleur du Val Suzon**, opéra comique en 1 acte, de TURPIN DE SANÇAY, musique de G. DONAY.

7 avril. — **Le Joaillier de St-James**, opéra comique en 3 actes, de St-GEORGES et DE LEUVEN, musique de GRISAR.

20 avril. — **Le Freischütz**, grand opéra en 3 actes, de WEBER, récitatifs de BERLIOZ et adaptation française d'É. PACINI. (Bertrand et Périé, Mmes de Maesen et Andrée.)

6 mai. — **Le Don Juan de Village**, opéra comique en 1 acte, de CHAZOT, musique de BRYON D'ORGEVAL.

23 mai. — **Le Roman d'Elvire**, opéra comique en 3 actes d'A. DUMAS et DE LEUVEN, musique d'AMB. THOMAS.

Ballets.

1862. 22 décembre. — **Les Songes**, 1 acte.
1863. 6 mai. — **Le Royaume des Fleurs**.

Répertoire (reprises).

La Juive.
Fra Diavolo.
Le Chalet.
Le Barbier de Séville.
Lucie de Lammermoor.
Faust, opéra.
Le Maître de Chapelle.
La Fille du Régiment.
La Dame Blanche.
La Muette de Portici.
Les Huguenots.
Les Dragons de Villars.
L'Éclair.
Le Toréador.
Bonsoir, Monsieur Pantalon.
Les Contrebandiers.
Le Pardon de Ploërmel.
Faust, opéra comique.
Galathée.
Le Caïd.
Le Postillon.
Les Mousquetaires de la Reine.
Le Songe d'une Nuit d'été.
Le Joueur de Biniou.
La Part du Diable.
Le Bouffe et le Tailleur.
Rose et Colas.
Le Trouvère.
La Favorite.
Roméo et Juliette.
Le Comte Ory.
Polichinelle.
Robert le Diable.
Le Domino noir.
La Servante Maîtresse.
Le Magicien.
Les Diamants de la Couronne.
Martha.

Ballets.

Giselle.
Une Fête Villageoise.

Remplacements d'Artistes.

En février, Bertrand, indisposé, est successivement remplacé par Talon, Mathieu, Louant, etc.

Par suite d'indispositions on donne *le Barbier de Séville*, avec Froment, M. et Mme Ricquier-Delaunay, du Théâtre d'Anvers.

Pour la même cause, Mlle Olivier joue *les Huguenots* et *Robert le Diable*.

Artistes en Représentations.

1862. Septembre. — Mme Mayer-Boulart

Du 1er au 7 novembre. — Mlle Wertheimber, de l'Opéra-Comique.

28 décembre. — Mlle Dupuy, chanteuse légère.

1863. 6 février. — Concert Prudent, pianiste.

9 et 13 février. — Renard, de l'Académie de Musique. (*La Juive, Lucie.*)

Du 16 au 28 février. — Trois concerts de Mlles Delepierre, violonistes.

11 avril. — Dupuy.

7 mai. — Six représentations de la Compagnie Italienne, direction Merelli : Mmes Lafon, Elisa Volpini, Siaschetti, MM. Carion, Zacchi, Agnesi, Rossi.

Représentations Extraordinaires.

1862. 15 novembre. — Philharmonie. *Faust*, grand opéra.
19 novembre. — Grande Harmonie.
26 décembre. — Philharmonie. *La Part du Diable*.
1863 14 janvier. — Philharmonie.
21 janvier. — Grande Harmonie.
27 janvier. — Société Française.
3 mars. — Représentation de gala, en l'honneur du Prince de Danemark.
7 avril. — Bénéfice d'Aujac. Première représentation de *le Joaillier de St-James* 1,593 50
15 avril. — Grande Harmonie.
21 avril. — Bénéfice de Ed. Letellier . 4,714 »
24 avril. — Bénéfice de Hanssens . . 1,457 25
25 avril. — Philharmonie.
2 mai. — Grande Harmonie.
5 mai. — Bénéfice de Bertrand . . . 1,385 25
21 mai. — Bénéfice de Dupuy . . . 2,783 50
25 mai. — Bénéfice de Jourdan . . . 2,854 25
30 mai. — Bénéfice de Borsary . . . 1,088 »
Du 3 janvier au 15 mars, série de 10 bals.
Recette totale . . . . 37,920 »

Recettes.

1862. Septembre . . . . fr.	61,318 47
Octobre	53,723 55
Novembre	55,916 22
Décembre	66,935 56
1863. Janvier	59,695 88
Février	61,333 »
Mars	56,634 59
Avril	55,454 83
Mai	49,666 35
Subvention	80,000 »

(1863-64)

MM. Théodore LETELLIER, directeur.
Ferdinand Roux, régisseur-général.
Alfred Bry, régisseur.
Ducos, régisseur des chœurs.
de Merckx, caissier-comptable.
Édouard Letellier, contrôleur, chargé de la location.
Blum, percepteur de l'abonnement.

Orchestre.

MM. Ch.-L. HANSSENS, premier chef.
Bosselet, second chef.
Callandini, conduisant le ballet, l'opéra au besoin, chef du chant.
Édouard, organiste-accompagnateur.
Gouverneur, souffleur.
    Orchestre complet.

Grand opéra, Traductions, Opéra comique.

Ténors :

MM. Bertrand.
Jourdan.
Aujac.
Tyckaert.
Dubouchet.
Mengal.

Chanteuses :

Mmes Mayer-Boulart.
Meillet.
Borghèse.
Demaesen.
Faivre.
Cèbe.
Saül.
Guille, mère Dugazon, duègne.

Basses :

MM. Meillet.
Lederac.
Périé.
Brion.
Borsary.
Pierre Galès.

Coryphées utilités :

Mmes Murat.
Dumas.
Augustine.
Rivière.
Heilbronn.
Hamel.

Quarante-cinq choristes.

Ballet.

MM. Justamant, premier maître de ballet.
Bertotot, deuxième maître de ballet.

Rôles mimes :
MM. Justamant.
Koukelberg.
Mme Montassu.

Danseurs :
MM. Alexandre Paul.
Bertotot.
Dominique.

Danseuses :
Mmes Dumilatre.
Girod.
Wesmael.
Pepita.
Ferrus.

Les portes du théâtre se rouvrent, le 1er septembre, avec *l'Ambassadrice* et *le Mariage extravagant*. Puis, *les Huguenots, la Juive, le Trouvère, le Barbier de Séville, Galathée* et *le Maître de chapelle* défrayent les premières soirées.

Meillet, baryton d'opéra comique, sortait du Théâtre-Lyrique où, entre autres créations, il s'était fait remarquer dans *le Médecin malgré lui*, que l'administration reprend, le mois suivant, tout exprès pour lui. Il débute dans *le Maître de Chapelle*.

Sa femme, Mme Meillet, conquiert facilement ses droits de cité, dans *les Huguenots* et *la Juive*.

Mlle Faivre, une transfuge du Théâtre-Lyrique, artiste de grand talent, produit, elle aussi, une très heureuse impression dans *l'Ambassadrice*. Elle épousa bientôt M. Réty, et chanta dès lors sous le nom de Mme Faivre-Réty. De ce mariage naquit une charmante fille, Bernerette, aussi gracieuse que son nom, et qui est aujourd'hui Mme Gandrey, la femme de l'habile directeur du Théâtre de Monte-Carlo.

Mlle Borghèse subit ses épreuves dans *Galathée* et *le Trouvère*, et rencontre une certaine opposition.

Léderac, malgré sa superbe voix, ne parvient pas à réunir tous les suffrages, et résilie bientôt. Il est remplacé par Roudil, qui sut acquérir, depuis, une certaine réputation, et dont l'organe clair, limpide, au timbre généreux, atteignait facilement les notes les plus aiguës de la voix de ténor.

Brion d'Orgeval, qui avait remporté des succès sur la scène de la Monnaie comme compositeur, y est favorablement accueilli en qualité de basse chantante.

La saison commence mal. Bertrand, périodiquement indisposé,

finit par tomber gravement malade. Mᵐᵉ Mayer-Boulart fait signifier à Letellier qu'elle est alitée et ne reprendra pas, de longtemps, son service.

Presque tous les artistes payent leur tribut aux premiers froids. De là, brusques changements de spectacles, relâche inaccoutumés, répertoire entravé...

L'arrivée de Mˡˡᵉ Friedberg, remplaçant Mᵐᵉ Dumilâtre, qui n'avait pas eu l'heur de plaire, calma un peu ce désarroi ; le ballet remplaça l'opéra comique, et la nouvelle danseuse passa bientôt au rang d'étoile de première grandeur.

Malgré tout, quelques « premières » à noter : *Bonsoir Voisin*, de Poise ; *le Jardinier et son Seigneur*, essai modeste de Delibes, le compositeur exquis de *Lakmé* et de *le Roi l'a dit*, qui écrivait alors, pour les Bouffes-Parisiens, *les Vieilles gardes* et des pochades comme *l'Omelette à la Follembuche* ou *l'Ecossais de Chatou!*...

Puis, *Obéron*, opéra fantastique de Weber, qui eut un véritable retentissement ; au dernier acte, on avait intercalé un ballet de Justamant : *Le Papillon et les Demoiselles*.

Ensuite, *l'Orco*, de Stoumon, à qui on devait déjà un ballet et deux opéras comiques.

On commentait beaucoup la réussite de Joseph Dupont, au concours du prix de Rome. La presse proclama les qualités naissantes de l'un des premiers chefs d'orchestre actuels.

En janvier, concerts de Carlotta Patti ; résultat négatif. « Elle ne » rappelle », dit le *Guide musical*, « le talent si extraordinaire de sa » sœur, que par ses excentricités. »

Les indispositions persistent, la grippe poursuit son œuvre, dont les principales victimes sont Mᵐᵉ Mayer-Boulart et Bertrand, et l'on assiste à un long défilé d'artistes étrangers sur la scène de la Monnaie.

Enfin, arrive Roger, et chacune de ses apparitions est un triomphe. Voilà l'art dans toute sa puissance : Tandis que Carlotta Patti, malgré sa jeunesse, sa beauté, ses dons naturels, sa célébrité proclamée par les mille trompettes de la réclame, n'aboutit qu'à une déception, Roger, au seuil de la cinquantaine, presque sans voix, privé de l'un de ses bras, venu à Bruxelles sans la moindre annonce, remporte un succès grandiose. Roger resta lui-même, sachant éviter soigneusement toute comparaison avec ses illustres devanciers, Nourrit et Duprez. Avec lui s'éteignait le dernier représentant de la grande école française.

Lettre autographe.

Cher M. Edouard

Avant de partir, votre père m'avait dit que je chanterais Mercredi et Vendredi. La représent.^{on} de demain est venue déranger cette marche du répertoire, mais j'apprends que l'on fixe à Jeudi la reprs.^{on} Bordary, et que je ne chante même pas Dimanche prochain.

Il est doux de faire du bien, mais je ne puis consacrer une semaine entière à des œuvres dont je n'aurai le cachet que dans l'autre monde, attendu qu'il faut vivre d'abord dans celui-ci.

Jeudi bénéfice de Veuve
Samedi concert de charité
c'est un peu trop.

Je consens donc à chanter Jeudi au bénéfice Bordary, à condition de chanter Dimanche prochain.

Si vous voulez donner le Prophète le 2 ou le 3 il est temps de le répéter, ce que nous pourrons faire Vendredi, Samedi et Lundi.

Ne m'annoncez donc pas Jeudi, cher Monsieur Edouard, si je ne dois pas chanter Dimanche.

Mille amitiés

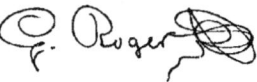
G. Roger

Premières Représentations.

1863. 28 septembre. — **Bonsoir Voisin**, opéra comique en 1 acte, de Brunswick et A. de Beauplan, musique de Poise. (M. Meillet et Mlle Faivre.)

23 octobre. — **Le Jardinier et son Seigneur**, opéra comique en 1 acte, de Michel Carré et Barrière, musique de Léo Delibes. (Mmes Faivre, Guille, MM. Aujac, Mengal, Dubouchet.)

16 novembre. — **Obéron**, opéra en 3 actes, traduction de Nuitter, Beaumont et Chazot, musique de Weber.

Obéron	MM. Aujac.
Huon de Bordeaux	Jourdan.
Sérasmin	Meillet.
Sadack	Mengal.
Aboulifar	Dubouchet.
Rézia	Mmes Mayer-Boulart.
Puck	Borghèse.
Famine	Faivre.

1864. 8 janvier. — **L'Orco**, opéra en 2 actes, de Louis Hymans, musique de Stoumon.

10 avril. — **Gilles Ravisseur**, opéra comique en 1 acte, de Sauvage, musique de Grisar.

Ballets.

1863. 2 décembre. — **Royaume des Fleurs.**

19 décembre. — **Flamina**, 2 actes.

1864. 1er février. — **Les Hamadryades.**

12 mars. — **L'Étoile de Messine.**

26 mai. — **Les Amazones**, 2 actes.

Répertoire (reprises).

L'Ambassadrice.
Le Mariage Extravagant.
Les Huguenots.
Le Maître de Chapelle.
Galathée.
La Juive.
Le Trouvère.
La Dame Blanche.
Robert le Diable.
Le Domino Noir.
Lucie de Lammermoor.
Martha.
Faust.
Le Songe d'une Nuit d'été.
Le Pré-aux-Clercs.
Les Noces de Figaro.
La Favorite.
La Reine de Saba.
La Muette de Portici.
Le Médecin malgré lui.
Fra Diavolo.
Les Diamants de la Couronne.
La Fille du Régiment.
Le Comte Ory.
Robert le Diable.
Le Barbier de Séville.
La Fête Villageoise.
Le Caïd.
Les Mousquetaires de la Reine.
Les Dragons de Villars.
Quentin Durward.
Le Pardon de Ploërmel.
Lucrèce Borgia.
Le Nouveau Seigneur du Village.

Ballets.

Ondine.
Le Diable à quatre.
Giselle.

Remplacements d'Artistes.

Septembre. — Léderac résilie, et est remplacé par Roudil.

Mlle Dumilâtre résilie, et est remplacée par Mlle Friedberg.

Octobre. — Caubet remplace Bertrand, indisposé, dans *la Juive* et *les Huguenots*.

Novembre. — Mmes Bessin-Pouillet et Baudier remplacent, successivement, Mme Mayer-Boulart, malade.

Décembre. — Sapin, de l'Opéra, remplace Bernard dans *le Trouvère*.

Mme Balbi, joue, par indisposition, *la Fille du Régiment*.

Mme Meillet remplace Mme Mayer dans *Obéron*.

Mme Ferraris prend l'emploi de Mlle Friedberg.

Artistes en Représentations.

1864. 7, 12 et 18 janvier. — Concerts donnés par Carlotta Patti, avec Jaëll, pianiste, Laub, violoniste, et Kellermann, violoncellistes. (Recettes, fr. 7,853-75.)

22 janvier et 4 février. — Représentations de Roger, *la Favorite* et *les Huguenots*. (Rec., fr. 6,980-75.)

21 mars. — Mlle Ferraris, première danseuse de l'Opéra.

10 avril. — Mlle Alexandra Calipoliti, danseuse orientale.

Du 26 décembre 1863 au 6 mars 1864. — Série de 10 bals. (Recettes, 30,650 francs.)

Recettes.

1863.	Septembre . . . . . fr.	66,283 28
	Octobre	53,196 74
	Novembre	62,641 25
	Décembre	64,883 73
1864.	Janvier	73,936 89
	Février	72,866 32
	Mars	59,602 49
	Avril	61,364 75
	Mai	45,686 33
Subvention	. . . .	80,000 »

Représentations Extraordinaires.

1863. 14 novembre. — Grande Harmonie.

28 novembre. — Philharmonie.

12 décembre. — Philharmonie. *Martha*.

1864. 14 janvier. — Bénéfice de la Société Française.

29 janvier. — Philharmonie. *Obéron*.

21 janvier. — Grande Harmonie.

23 février. — Par ordre. *Les Huguenots*. 3,672 25

25 février. — Bénéfice de la veuve Borsary. *Les Huguenots* (4me acte), les *Mousquetaires de la Reine* (1er acte), *Maître Pathelin*, *Giselle* . 1,332 25

1er mars. — En l'honneur de Rossini. Cantate, *le Comte Ory*.

17 mars. — Bénéfice d'Aujac. *Le Pardon de Ploërmel* 1,114 50

19 mars. — Grande Harmonie. *Quentin Durward*.

6 avril. — Bénéfice de Jourdan. *Richard Cœur-de-Lion*, *Gilles Ravisseur* . . 2,745 50

9 avril. Philharmonie. *La Fille du Régiment*.

18 avril. — Bénéfice de Ed. Letellier. *Le Cheval de Bronze*. Danse par Mlle Ferraris 4,720 75

20 avril. — Bénéfice de Bosselet. *Le Cheval de Bronze* 693 75

30 avril. — Grande Harmonie. *Le Cheval de Bronze*.

3 mai. — Bénéfice de Mengal *Giralda* . 2,442 70

13 mai. — Bénéfice de Bertrand. *Freischütz* . . . . 2,034 »

24 mai. — Bénéfice de Bouland *Le Bijou Perdu* 2,866 60

26 mai. — Bénéfice de Justamant. *Calendini. Robert le Diable* 875 75

27 mai. — Bénéfice de Hanssens *Les Noces de Figaro* 1,565 75

Nécrologie.

1863. 10 novembre. — Mort de Borsary.

Le 28 mars, la Compagnie Italienne reprend le cours de ses représentations au Théâtre du Cirque. Mais elle ne tarde pas à plier bagage et s'enfuit sous d'autres cieux, plus hospitaliers.

Le dimanche, 10 avril, l'affiche portait : « *Dans les entr'actes, M*^{lle} *Alexandra Calipoliti, danseuse de caractère des Théâtres de Moscou, Saint-Pétersbourg, Stockholm, exécutera les danses orientales. Great attraction !* Or, il advint que le public, étonné d'abord, se mit à rire bruyamment, puis, se fâcha, et qu'à la fin l'orchestre fut renforcé d'un groupe d'instruments aigus, peu harmonieux, mais significatifs pour la danseuse *orientale* des théâtres *septentrionaux*. Bref, les annales du théâtre ne pourraient enregistrer un second exemple d'une telle mystification.

La saison se termine par les reprises attendues de *Richard Cœur-de-Lion* et de *Gilles Ravisseur*, œuvres de deux musiciens belges.

(1864-65)

MM. Théodore LETELLIER, directeur.
Delabarre, secrétaire.
Marcel Briol, régisseur général.
Alfred Bry, régisseur.
Ducos, régisseur des chœurs.
de Merckx, caissier comptable.
Edouard Letellier, contrôleur, chargé de la location.
Blum, percepteur de l'abonnement.
Victor, inspecteur.

Orchestre.

MM. Ch.-L. HANSSENS, premier chef.
Bosselet, second chef.
Callandini, conduisant le ballet, l'opéra au besoin, chef du chant.
Edouard, organiste accompagnateur.
Prosper, accompagnateur pianiste.
Gouverneur, souffleur.

Grand opéra, Traductions, Opéra comique.

Ténors :

MM. Wicart.
Jourdan.
Holtzem.

MM. Joliet.
Metzler.
Danglès, ténor comique.

Basses :

MM. Roudil.
Barré.
Coulon.
Mederic.

MM. Mengal.
Ferraud.
Pierre.
Pennequin.

Chanteuses :

Mmes Meyer-Boulart.
Blarini.
Charry.
Elmire.
Moreau.

Mmes Faivre-Réty.
Arquier.
Dubarry
Marie Gronin.
Bernouville, mère Dugazon.

Ballet.

MM. Monplaisir, premier maître de ballet.
Bertotot, deuxième maître de ballet.

Rôles mimes :

M. Koukelberg.

Mme Montassu.

Danseurs :

MM. Charansolin.
Paul.

MM. Bertotot.
Ajax, premier danseur comique.
Hanssen, second danseur comique.

Danseuses :

Mmes Boschetti, en représentation.
Laurati.
Gamberini.

Mmes Robert.
Olympe.
Dutertre.
Stéphanie.

Corps de Ballet :
Vingt-six dames.   Douze hommes.

École de Danse :
M. Bertotot, professeur.

Wicart reparaît sur la scène de ses triomphes. Coulon, successeur de Périé, avait quitté le Grand-Opéra de Paris depuis plusieurs années, et avait parcouru la province.

Meillet est remplacé par Barré, qui venait de Marseille. Ce baryton avait appartenu au Théâtre Lyrique; il alla ensuite à l'Opéra-Comique. Ses créations sont nombreuses dans ces deux théâtres. Barré etait un fin comédien et un musicien distingué. Dans les dernières années, il avait pris, à la salle Favart, un emploi qui tenait du baryton et du ténorino, et qui répondait un peu à celui de Couderc vers la fin de sa carrière : les rôles qui demandent surtout des qualités scéniques. Barré est mort en 1885.

Holtzem recueille la lourde succession d'Aujac, qui, pendant de longues années, avait su s'attirer la sympathie générale.

L'emploi de Mlle Borghèse échoit à Mme Elmire, et celui de Mlle de Maesen, à Mlle Moreau.

Le ballet, plus complet, est entièrement renouvelé.

Le directeur avait demandé une augmentation de subside, qui fut refusée, mais le Conseil Communal l'autorisa à surélever le prix des places et l'abonnement mensuel fut ainsi fixé :

Loges à salon, de premier rang }	
Loges, entre-colonnes, premier rang } par place . . . . . . fr.	90
Avant-scènes des premières }	
Loges de balcon	80
Loges de face, et entre-colonnes, deuxième rang	60
Stalles et balcons	60
Baignoires (compartiment des stalles)	65
» (compartiment du parquet)	60
» (compartiment du parterre)	55
Parquet	45

Le parterre à 2 francs par place.

Dès l'ouverture de la Monnaie — 1ᵉʳ septembre, par *les Huguenots* — une troupe allemande, sous la direction de M. Hildebrandt, s'installe au Théâtre du Cirque, et commence par *le Freischütz*.

Principaux artistes : Mlles Lichtmay, Von Bevendorf, Seelig, Hessert, Schoenwald, Richter. — MM. Luker, Hocheinser, Lang, Clas.

M. Letellier inaugure sa saison par *le Docteur Mirobolan*, si impitoyablement maltraité qu'il n'eut pas de lendemain, et *la Reine Topaze*, de Massé.

Dans ce dernier ouvrage, Mme Boulart interprétait le rôle spécialement écrit pour l'organe exceptionnel de Mme Carvalho, et elle y triompha. Jourdan et Barré complétaient un excellent ensemble.

Immédiatement après, *Silvie*, opéra comique, et *Bouchard d'Avesnes*, opéra en cinq actes.

L'événement d'octobre fut le début de Mlle Lichtmay, dans *le Trouvère* et *les Huguenots*. Cette cantatrice produisit une impression profonde, tant par la beauté de sa voix que par ses qualités dramatiques et musicales. « Mais », dit *l'Indépendance Belge*, « l'idée de chanter un rôle en allemand dans un opéra où les autres personnages s'expriment en français, a paru au moins singulière, et, pour être sincère, nous devons avouer que nous l'avons trouvée, nous-mêmes, assez étrange. Nous avions tort, puisqu'elle a réussi. Il y a tant de chanteurs et de chanteuses dont la prononciation manque de correction et de netteté, qu'on n'a guère trouvé de différence entre l'allemand de Mlle Lichtmay et le français qu'on est habitué à entendre. »

Premières Représentations.

1864. 12 octobre. — **Le Docteur Mirobolan**, opéra comique en 1 acte, de Cormon et Tainon, musique de Gautier.

17 octobre. — **La Reine Topaze**, opéra comique en 3 actes, de Locroy et Battu, musique de Victor Massé. (Mmes Boulart et Dubarry, MM. Jourdan, Barré, Danglès et Mengal.)

4 novembre. — **Sylvie**, opéra comique en 1 acte, de J. Astingt, musique de Girard.

16 décembre. — **Bouchard d'Avesnes**, opéra en 5 actes, de Van Peene, musique de Nirg.

1865. 4 mars. — **Lara**, opéra comique en 3 actes, de Cormon et Carré, musique de Maillart. (MM. Jourdan, Brion, Barré, Ferraud et Metzler, Mmes Boulart, Faivre, Arquier et Bernouville.)

20 mars. — **La Statue**, opéra en 4 actes, de Carré et Barbier, musique de Reyer. (MM. Wicart, Roudil, Holtzem et Brion, Mme Moreau.)

12 avril. — **Mireille**, opéra comique en 3 actes, de Carré et Barbier, musique de Gounod.

Vincent	MM. Jourdan.
Ramon	Brion.
Ourrias	Barré.
Mireille	Mmes Meyer.
Taven	Faivre.

24 avril. — **Le Captif**, opéra comique en 1 acte, de Cormon, musique de Lassen.

11 mai. — **Roland à Roncevaux**, opéra en 4 actes, poème et musique de Mermet. (MM. Wicart, Coulon, Roudil et Holtzem, Mlles Charry et Moreau.)

Ballets.

1864. 4 septembre. — **La Fête des Voiles**, 3 tableaux, de Monplaisir, musique de Giazza.

18 septembre. — **Les Nations**, 1 acte, de Monplaisir.

20 octobre. — **Les Amoureux de Jeannette**, 1 acte, d'Adrien, musique de Tourez.

26 novembre. — **La Mascarade Italienne**, 1 acte, de Monplaisir.

Décembre. — **L'Ile des Amours**, de Monplaisir.

1865. 26 mai. — **Vrain-Vraa**, 1 acte, par Monplaisir, musique de Bosselet.

Répertoire (reprises).

Les Huguenots.
La Juive.
Lucie de Lammermoor.
Robert le Diable.
La Favorite.
Le Prophète.
Le Trouvère.
Guillaume Tell.
Rigoletto.
La Reine de Chypre.
Le Comte Ory.
Les Mousquetaires de la Reine
Le Songe d'une nuit d'été.
Le Barbier de Séville.
Les Dragons de Villars.
Zampa.
Les Noces de Jeannette.
Le Chalet.
Le Maître de Chapelle.
La Fille du Régiment.
La Dame Blanche.
Les Diamants de la Couronne.
L'Eclair.
Le Nouveau Seigneur du Village.
La Part du Diable.
Bonsoir Voisin.
Bonsoir, Monsieur Pantalon.
Le Domino noir.
Fra Diavolo.
Si j'étais Roi.
Galathée.
Le Pardon de Ploërmel.
La Chatte merveilleuse.
L'Étoile du Nord.
Le Toréador.

Ballets.

Le Postillon et la Vivandière.
Giselle.
Terpsichore sur terre.
Le Jugement de Pâris.
La Sylphide.
Faust et Marguerite.
Le Palais de Dentelles.
Les Divertissements.

Remplacements d'Artistes.

Odezenne remplace Médéric.
Gilbert Didier » Odezenne.
Brion d'Orgeval » Gilbert Didier.
Prunet » Joliet.
Gravière » Prunet.
Mme Ebrard-Gravière remplace Mme Blarini.
Mme Ebrard-Gravière, résilie.

Artistes en Représentations.

Mlle Boschetti, première danseuse de l'Opéra, 17 représentations. (Recettes, fr. 21,357.25.)

Mlle Claire Bruniska, Théâtre Impérial de Varsovie.

Mlle Sanzavecci, Théâtre Impérial de Paris.

Mlle Laurati, Théâtre de Milan, 6 mois.

Vannaud, baryton, Théâtre d'Anvers, 3 représentations.

Meillet, 2 représentations.

Berton, deuxième ténor léger, 1 représentation.

Coladoghi, première basse d'opéra comique (mal accueilli).

Mme Marie Cabel, première chanteuse d'opéra comique de Paris, 30 représentations.

Mme Lichtmay, première forte chanteuse du Théâtre Allemand du Cirque, 7 représentations. (Recettes, fr. 10,973.25.)

Mme Brus-Mabrug, forte chanteuse de Lille, 2 représentations.

Mme Audibert, première chanteuse de l'Opéra, 1 représentation. (Recettes, 2,635 francs.)

Mme Zina Mérante, première danseuse

Représentations Extraordinaires.

1864. 5 novembre. — Spectacle gala.
Grande Harmonie (Prince de Galles) fr. 2,000 »
10 décembre. — Grande Harmonie . . 2,000 »
1865. 20 janvier. — Société Française . 2,000 »
25 janvier. — Grande Harmonie . . . 2,000 »
Du 7 janvier au 26 mars. — Série de dix bals parés et masqués 27,279 50
7 avril. — Bénéfice d'E. Letellier. . . 5,701 25
18 avril. — Bénéfice de Mlle Boulart . . 2,315 50
22 avril. — Grande Harmonie . . . . 2,000 »
27 avril. — Bénéfice de Briol 2,331 25
4 mai. — Bénéfice de Jourdan. *Lara* et *les Rendez-vous bourgeois*, interprétés par la troupe de grand opéra 2,638 »
13 mai. — Bénéfice de Hanssens . . . 1,840 50
20 mai. — Bénéfice de Bosselet . . . 2,121 25

Recettes.

1864. Septembre	fr.	72,094 30
Octobre		63,040 55
Novembre		57,783 72
Décembre		61,276 »
1865. Janvier		67,113 88
Février		74,776 55
Mars		70,969 45
Avril		61,460 09
Mai		47,267 23
Subvention		80,000 »

Les Bruxellois ne tardèrent pas à s'accoutumer à cette fusion des langues — harmonieusement réunies par la langue musicale — et le cas de Mlle Lichtmay sera suivi de nombreux exemples.

Mme Mayer-Boulart fait signifier à la direction qu'elle est hors d'état de continuer son service. Mme Cabel est aussitôt engagée pour la remplacer. Mais la présence de l'excellente cantatrice eut une influence heureuse sur la santé de son émule, et, Mme Boulart s'étant rétablie comme par enchantement, le public profita du concours des deux chanteuses aimées.

Le succès de cette saison fut *Lara*, l'opéra comique de Maillart. *La Statue*, de Reyer, n'obtint pas les applaudissements que méritait cette originale et puissante partition, et *Mireille* fut froidement accueillie : « Succès négatif, après tout, » s'écrie un critique à propos des délicieuses mélodies que l'immortel poème de Mistral a inspirées à Gounod, « succès négatif, car le libretto n'a pas le sens commun, et, Dieu merci ! les pastorales pures et simples ont fait leur temps. »

Après celle-là, on pourrait « tirer l'échelle » : mais il reste à enregistrer *Roland à Roncevaux*, de Mermet, et *le Captif*, opéra comique de Lassen, qui terminent la campagne, dont la clôture s'effectue le 31 mai.

(1865-66)

MM. Théodore LETELLIER, directeur.
 Delabarre, secrétaire.
 Marcel Briol, régisseur général.
 Alfred Bry, régisseur.
 Ducos, régisseur des chœurs.
 de Merckx caissier comptable.
 Edouard Letellier, contrôleur chargé de la location.
 Blum, percepteur de l'abonnement.
 Victor, inspecteur.

Orchestre.

MM. Ch.-L. HANSSENS, premier chef.
 Bosselet, second chef.
 Robin, second chef, conduisant spécialement le ballet, et chef du chant.
 Edouard, organiste accompagnateur.
 Prosper, accompagnateur pianiste.
 Gouverneur, souffleur
  Orchestre complet.

Grand opéra, Traductions, Opéra comique.

Ténors :

MM. Morère.   MM. Ch. Achard.
 Jourdan.   Nieberg.
  M. Achard, ténor comique.

Basses :

MM. Vidal.
Depoitier.
Monnier.
Mengal.

MM. Ferraud.
Pierre.
Toussaint.

Chanteuses :

Mmes Artot.
Marimont.
Daniele.
Moreau.
Erembert.

Mmes Dumestre.
Arquier.
Fossombroni.
Aurélie.

Ballet.

M. Vincent, maître de ballet.   M. Hanssen, régisseur.

Rôles mimes :

Mme Montassu.

Danseurs :

M. Vincent.   M. Paul.
M. Hanssen, mime comique.

Mlle Désirée Artot était engagée, pour les deux premiers mois seulement ; elle fut remplacée, à partir de novembre, par Mlle Marimon, de l'Opéra-Comique.

La troisième prima-donna est Mlle Daniele, qui arrivait d'Italie, précédée d'une excellente réputation. Mlle Daniele est aujourd'hui Mme Houtekiet, femme de l'avocat bien connu à Bruxelles.

Le successeur de Wicart est Morère, de l'Opéra, un ténor dont la voix faisait merveille, et qui, après un éclair de véritable célébrité, est mort, il n'y a que quelques années, à l'Hospice des Aliénés, de Paris, atteint de la folie des grandeurs.

Monnier venait de La Haye.

L'Opéra-Comique cédait à la Monnaie Charles Achard. C'est le frère de Léon Achard, qui partageait avec Montaubry l'emploi des premiers ténors à la salle Favart. Tous deux sont les fils de l'ex-artiste du Palais-Royal.

Les rôles de *trial* sont dévolus à un autre Achard, qui n'est point parent de ceux-ci.

Coulon est remplacé par Vidal, de l'Opéra.

Depoitier, que nous avons vu, pendant de longues années, première basse de grand opéra, rentrait en qualité de basse chantante.

Ouverture, le 1ᵉʳ septembre par *les Huguenots*. Le bruit courait que Ch. Hanssens avait été *remercié* par la direction. Au moment où le maestro s'assit au pupitre, une ovation spontanée lui témoigna combien le public était heureux de le voir revenir.

Dès les premiers jours, est mis à l'étude *le Capitaine Henriot*, de Gevaert. Le maître était à Bruxelles, où il présidait aux répétitions de sa cantate nationale : *Jacques Van Artevelde*, donnée pendant de grandes fêtes organisées dans la capitale. Il dirigea les derniers travaux du *Capitaine Henriot*, et fit l'abandon de ses droits d'auteur au profit de l'*Hospitalité des Vieillards* (Sainte-Gertrude) qui tenait toutes ses ressources de la bienfaisance publique. Gevaert assista au succès de son ouvrage et, à la chute du rideau, s'entendit demander par acclamations, mais il se déroba modestement à cette ovation.

Echo du Parlement : C'est une œuvre de maître. Le talent de Gevaert y a subi une transformation dont il faut d'abord tenir compte. La touche de *Quentin Durward* est plus vigoureuse, plus accentuée ; celle du *Capitaine Henriot* est plus fine, plus souple. Elégance, distinction, vérité scénique, telles sont les qualités saillantes de l'œuvre.

L'instrumentation est, comme toujours, claire, ingénieuse et d'une sonorité splendide..... Cette musique gagne à être entendue souvent. J'ai vu des amateurs froncer dédaigneusement le sourcil à la première représentation, s'épanouir d'aise à la seconde, et éclater en transports d'enthousiasme à la troisième.

Encore deux succès pour Stoumon : *La Reine des prairies*, ballet en 2 actes, exécuté le 24 octobre, et suivi bientôt du *Naufragé*, autre ballet.

Le 20 octobre, apparition de *Violetta (la Traviata)*, de Verdi, traduction française d'Edouard Duprez. La presse bruxelloise réservait un accueil plus que froid à la musique du compositeur italien, ce qui souleva l'indignation des journaux parisiens. *Le Guide musical*, de Bruxelles, fut traité de « Wagnérien » et lança lui-même à *l'Art musical*, de Paris, l'épithète de « Verdilâtre! »

Une autre traduction : *La Somnambule* (reprise), permit à Mᵐᵉ Marimon de déployer ses qualités. Tout Bruxelles voulut entendre ses trilles, ses vocalises et son *fa* suraigu.

La soirée du 30 novembre peut compter parmi les plus belles que relatent les annales du Théâtre de la Monnaie. On y donnait la « première » de *l'Africaine*.

L'Indépendance belge s'écrie :

Dans *l'Africaine*, l'intérêt est puissant dès les premières scènes... Les morceaux pathétiques du second acte, les détails si pittoresques et si nouveaux du troisième, les trésors de mélodie prodigués dans le quatrième, les poétiques inspirations qui, dans le dernier tableau, élèvent l'art jusqu'aux plus hautes sphères du sentiment, ces parties si diversement caractérisées, se faisant valoir l'une et l'autre par les oppositions de leur coloris, ont montré ce que peut la variété des effets de musique. Il n'y a pas d'opéra plus long que *l'Africaine*, il n'y en a pas de moins fatigant !

L'Office de Publicité ajoute :

Partout le succès de *l'Africaine* a été éclatant, nulle part le succès n'a été plus chaleureux, plus sincère qu'à Bruxelles.

Et *l'Étoile belge* réplique, dans un style imprégné de conviction :

Le grand réaliste a galvanisé le corps et les membres du squelette inerte, péniblement soudé par M. Scribe. C'est merveille de voir ce cadavre s'animer sous sa main gigantesque, et l'on serait parfois tenté de croire que, nouveau Prométhée, il a dérobé le feu du ciel !

Ces rapides extraits démontrent suffisamment en quelle estime on tenait la musique de *l'Africaine*... en 1865.

Le théâtre fait relâche, pendant sept jours, par suite de circonstances douloureuses :

Le 10 décembre : Mort de Léopold Ier.
Le 16   »   Cérémonie des funérailles.
Le 17   »   Entrée à Bruxelles du Roi Léopold II, précédé de S. M. la Reine.

On exécute, à la Monnaie, une œuvre symphonique de circonstance composée par M. B.-C. Fauconier, et le théâtre rouvre ses portes avec *Si j'étais Roi*.

Fin décembre, la concurrence surgit encore, et inquiète derechef la direction : Une Compagnie Italienne ouvre une *saison* de trois mois au « *Théâtre National du Cirque* », sous la direction de Gatti :

Soprani : Signora Kennet, Sarolta ; — *Contralto* : Silvia ; — *Primi tenori* : Signore Danieli, Pancani ; — *Primi baritoni* : Cresei, Ronconi ; — *Basso* : Baculi ; — *Directore d'orchestra* : Signore Vianesi.

Aussitôt, Letellier entre en pourparlers avec Bagier, directeur du Théâtre Ventadour, de Paris, à qui il demande une partie de sa troupe italienne. D'autre part, le sieur Gatti, dont l'entreprise rencontrait des obstacles, quitte Bruxelles, et les artistes, abandonnés à eux-mêmes, poursuivent l'exploitation en société.

Les Italiens ne réussissent pas mieux à la Monnaie qu'au Cirque. La Compagnie recrutée par Letellier n'avait, du reste, d'autres sujets remarquables que Mlle Ziezzi (Zeiss) et Agnesi (Agniez), deux Belges qui avaient *italianisé* leur nom, puis, Mme Lagrange, sur le déclin de sa carrière.

Un autre insuccès fut celui de *Mariage de Don Lope*, opéra comique, d'Edouard de Hartog.

Enfin, la campagne est clôturée. *Quentin Durward* avait inauguré la saison, *le Capitaine Henriot* la termine. Voilà du dilettantisme patriotique, et Gevaert devait voir non sans émotion ses compatriotes rendre justice à son génie.

L'année qui prend fin avait été, en somme, des plus heureuses. L'Opéra en avait fait presque tous les frais ; *l'Africaine* pouvait à juste titre revendiquer la plus grande part de cette préférence.

Un point à noter dans l'histoire de la Monnaie : Quand le grand opéra prospère, l'opéra comique est abandonné ; l'opéra comique prospère-t-il, on abandonne le grand opéra. Ce mouvement de bascule s'est répété jusqu'en ces dernières années, où, généralement, l'opéra comique semble plus volontiers délaissé.

Premières Représentations.

1865. 19 septembre — **Le Capitaine Henriot**, opéra comique en 3 actes, de Sardou et G. Vaez, musique de Gevaert.

René de Mauléon.	MM. Jourdan.
Henri IV	Monnier.
Don Fabrice	Depoitier.
Bellegarde	Achard.
Pastorel	Mengal.
Blanche d'Etianges	Mmes Erembert.
Fleurette	Dumestre.
Valentine de Rieulles	Arquier.

20 octobre. — **La Traviata**, opéra en 4 actes, de Verdi (traduction française d'Edouard Duprez).

Rodolphe d'Orbel.	MM. Jourdan.
d'Orbel, père	Monnier.
Le Docteur	Depoitier.
Le Vicomte de Letorières	Barbot.
Violetta	Mmes Aptot.
Clara	Arquier.

30 novembre. — **L'Africaine**, opéra en 5 actes, de Scribe, musique de Meyerbeer.

Vasco de Gama	MM. Morère.
Nélusko	Monnier.
Don Pédro	Vidal.
Don Alvar	Barbot.
Le Grand inquisiteur.	Depoitier.
Le Grand Brahmine	Féraud.
Sélika	Mmes Erembert.
Inès	Moreau.

9 et 10 décembre. — **Œuvre symphonique**, de B.-C. Fauconier : 1º Marche funèbre. *Le Roi est mort* (Léopold Ier); 2º Marche triomphale. *Vive le Roi!* (Léopold II).

1866. 15 mars. — **Le Mariage de Don Lope**, opéra comique en 1 acte, de Barbier, musique d'Edouard de Hartog.

Ballets.

1865. 24 octobre. — **La Reine des Prairies**, 2 actes, de Vincent, musique de Stoumon.

1866. 7 janvier. — **Le Naufragé**, 1 acte, de Vincent, musique de Stoumon.

Répertoire (reprises).

Les Huguenots.
Lucie de Lammermoor.
La Juive.
Le Trouvère.
Roland à Roncevaux.
Guillaume Tell.
Robert le Diable.
Traviata.
La Somnambule
Don Pasquale.
La Dame Blanche.
La Fille du Régiment.
Si j'étais Roi.
Le Barbier de Séville.
Le Domino noir.
Les Mousquetaires de la Reine
Le Maître de Chapelle.
Les Diamants de la Couronne.
Le Mariage Extravagant.
Les Noces de Jeannette.
Giralda.
Le Postillon de Lonjumeau.
Le Toréador.
Zampa.
Le Pré-aux-Clercs.
Les Noces de Figaro.
Le Cheval de Bronze.
Les Dragons de Villars.
Le Songe d'une Nuit d'été.
Le Pardon de Ploërmel.
La Reine Topaze.
Quentin Durward.
Le Sourd ou l'Auberge pleine.
Les Rendez-vous Bourgeois.

Ballets.

La Nymphe Egérie.
Faust et Marguerite.

Représentations Italiennes

Sémiramide.
Il Barbieri.
Martha.

Remplacement d'Artiste.

En novembre, Achard est remplacé par Barbot.

Artistes en Représentations.

Mme Artot, cantatrice du Théâtre Royal de Berlin, donne 17 représentations. (Recette, 47,350 francs.)

Mme Doreci, première chanteuse, 2 représentations.

Mme Deponti, première chanteuse, 2 représentations.

Mme Brus-Mabrue, première chanteuse, 4 représentations

Mlle Esterbin-Daniele, premier prix du Conservatoire de Paris, 2 représentations.

Flachat, baryton du Théâtre Royal d'Anvers.

Soto, première basse d'opéra comique, 2 représentations.

Alexis Tasson, première basse du Théâtre Royal de La Haye.

Vivier, premier cor de l'Opéra.

Représentation de la troupe du Théâtre Italien de Paris, sous la direction de Bagier ; Agucci, Baragli. Agnesi, Lagrange, Mme Ziezzi ; chef d'orchestre : Accursi.

Représentations Extraordinaires.

1865 4 novembre. — Grande Harmonie.		
1866. 6 janvier. — Grande Harmonie fr.	2,000	»
20 janvier. — Société Française	2,000	»
27 janvier. — Philharmonie	2,000	»
3 mars. — Philharmonie	2,000	»
21 mars. — Grande Harmonie	3,000	»
24 mars. — Philharmonie	2,000	»
14 avril. — Philharmonie	2,000	»
19 avril. — Bénéfice de Letellier	5,478	75
27 avril. — Bénéfice de Hanssens	2,232	25
28 avril. — Grande Harmonie	2,000	»
16 mai. — Bénéfice de Mengal	4,086	»
23 mai — Bénéfice de Jourdan	3,382	50
29 mai. — Bénéfice de Bosselet	600	25
30 mai. — Bénéfice de Mre Marimon.	2,764	25

Recettes.

1865.	Septembre	67,686	76
	Octobre	70,232	77
	Novembre	60,687	97
	Décembre	78,673	25
1866.	Janvier	96,270	12
	Février	88,257	62
	Mars	67,104	72
	Avril	65,509	06
Subvention		80,000	»
Recettes des 10 premières de *l'Africaine*		45,155	25

(1866-67)

MM. LETELLIER, directeur.
    Delabarre, secrétaire.
    Félix Potel, régisseur général.
    Féraud, régisseur.

Orchestre.

MM. Ch.-L. HANSSENS, premier chef.
    Bosselet, second chef.
    Henri, second chef, conduisant spécialement le ballet, et chef du chant.
    Prosper, organiste accompagnateur.
    Van Hoek, souffleur.

Grand opéra, Traductions, Opéra comique.

Ténors :

MM. Dulaurens.	MM. De Keghel.
Jourdan.	Vrydag.
Barbet.	Achard, ténor comique.

Gignez, coryphée, troisième ténor.

Basses :

MM. Vidal.	MM. Chappuis.
Jamet.	Féraud.
Monnier.	Vermatte.
Félix.	Thomas.
Mengal.	

Chanteuses :

Mmes Daniele, pendant la saison.
Marimon, ⎫
Miolan, ⎬ en représentations.
Moreau.
Erembert.

Mmes Flory.
Estagel.
Viette.
Aurélie

Ballet.

M. Mazillier, maître de ballet.   M. Hanssen, régisseur.

Rôles mimes :

M. Deridder.   Mme Montassu.

Danseurs :

M. Mazillier.   M. Porget.
M. Hanssen, mime comique.

Danseuses :

Mmes Dulaurens.
Jaquetti.
Riçois.

Mmes Anna Serindat.
Camille.

Dulaurens est l'ancien ténor de l'Opéra. Il était passé par Lyon, et débuta brillamment, à Bruxelles, dans *les Huguenots*.

Barbet est un premier prix du Conservatoire de Paris. Il partagea les rôles de son emploi avec de Keghel, artiste belge, qui, après une carrière des mieux remplie, devait revenir à la Monnaie une vingtaine d'années plus tard.

Depoitier est remplacé par Jamet, lauréat du Conservatoire de Bruxelles, qui ne tarda pas à embrasser la « carrière italienne ».

Le successeur de Féraud est Chappuis — qui s'orthographiait alors *Chapuy* (?). C'est ce comédien consciencieux qui tient encore actuellement l'emploi de seconde basse et de laruette. Chappuis est donc aujourd'hui dans sa vingt-troisième année de service à l'Opéra de Bruxelles. Il se fit connaître dans *les Charmeurs*.

La saison s'ouvre par un succès : *le Voyage en Chine*. L'œuvre de Bazin fut qualifiée de « bouffonnerie », de « platitude musicale » ; mais le public, en désaccord avec la presse, accourut en foule.

Puis, coup sur coup, deux opéras comiques de Poise : *Les Charmeurs* et *les Absents*.

A la reprise des *Dragons de Villars*, qui servait de début à Mlle Flory, il se produit un fâcheux incident. La jeune *Dugazon* achevait à peine le premier couplet de *la Ballade de l'Ermite*, quand des « chut » assez nombreux protestent contre son admission. Mlle Flory essaie vainement de dire le grand couplet; la force lui manque, elle va se trouver mal, et Monnier la ramène dans la coulisse. On baisse le rideau, la représentation est suspendue. Au bout de dix minutes, la toile est relevée, et le régisseur annonce que Mlle Flory venait d'apprendre la mort de son père, et que, la douleur qu'elle avait éprouvée à cette fatale nouvelle l'ayant privée de ses moyens, elle demandait l'indulgence du public. Cet appel fut entendu. Les foules ont des instincts généreux que l'on n'invoque jamais en vain, et la malheureuse artiste continua son rôle, encouragée par la bienveillance des spectateurs... Mais Mlle Flory ne trouva pas toujours grâce devant le parterre, et elle ne tarda pas à résilier.

C'est Mme Dumestre qui lui succède, tandis que son mari prend l'emploi de baryton, dans lequel Félix (Th. Ritter) n'avait pas réussi. Dumestre sortait de l'Opéra. Il parcourut ensuite la province française, partout acclamé — à Marseille notamment, où son superbe organe et sa fougue méridionale étaient fort appréciés.

Pendant les Fêtes Nationales, réapparition de l'éternelle *Muette de Portici*. Le souvenir de l'époque tourmentée pendant laquelle avait été représenté cet opéra souleva, cette fois encore, des démonstrations patriotiques parmi la masse des spectateurs, composée des classes laborieuses — l'élément vraiment populaire.

C'est en l'année 1866-67 que fut adopté le nouveau diapason à l'orchestre de la Monnaie. Curieuse remarque : les chanteurs avaient été les premiers à revendiquer avec acharnement cette innovation, et ce sont eux qui s'en plaignirent le plus vite; lorsqu'une tonalité les gênait, ils réclamaient à cor et à cri des transpositions.

Mme Marimon rentre, en novembre, dans *la Reine Topaze*; puis, joue, sans succès, Marguerite, de *Faust* (en opéra comique).

Le 18 décembre, « première » de *le Docteur Crispin*, opérabouffe des frères Ricci : « *L'ouvrage*, dit un journaliste, *a obtenu un assez beau succès. C'est plutôt un pastiche, habilement fait, qu'une œuvre de génie, une imitation heureuse de la manière des maîtres italiens plutôt qu'une conception originale. Telle qu'elle est cependant, cette musique plaît au public par le peu de fatigue qu'elle cause à l'auditeur et la simplicité toute primitive de certains motifs. Elle a, en outre, le mérite de mettre en relief le talent des chanteurs.* » Jamet jouait Crispino, et Mlle Marimon, Annette. Chappuis créait le rôle du docteur, qu'il a toujours conservé depuis.

La concurrence à la Monnaie est, cette année, le *Théâtre National du Cirque*, où florissait l'opéra flamand.

Les journaux français vantaient à l'envi une cantatrice nouvelle, M⁽ˡˡᵉ⁾ Harris, qu'on annonçait comme une merveille. Les admirateurs ne craignaient pas de déclarer qu'elle éclipserait facilement toutes les étoiles du firmament lyrique, et ferait pâlir les Carvalho et les Patti. Letellier s'empresse d'engager cet oiseau rare ; il reprend en hâte *la Somnambule*, et M⁽ˡˡᵉ⁾ Harris... quitte Bruxelles, après quatre représentations.

Cependant la direction s'occupait des études de *Mignon*, qui ne durèrent pas moins de trois mois. M⁽ˡˡᵉ⁾ Daniele avait effectué plusieurs voyages à Paris afin de travailler son rôle avec Ambroise Thomas. Le maître vint à Bruxelles pour les dernières répétitions de son œuvre, et *Mignon* fut un succès de plus à ajouter au brillant répertoire du théâtre.

La campagne se termine par les « premières » de *Une croyance Bretonne*, opéra comique du cru, de *Pierre le Grand à Saardam*, de Lortzing, et une solennité : la reprise de *Don Juan*, de Mozart.

Après la fermeture, les musiciens de l'orchestre se font entendre — comme toutes les années — dans les concerts du Waux-Hall. C'est la première fois qu'ils y sont dirigés par Joseph Dupont.

Premières Représentations.

1866. 3 septembre. — **Le Voyage en Chine**, opéra comique en 3 actes, de Labiche et Delacour, musique de Bazin.

Henri de Kernoisan	MM. Jourdan.
Pompéry	Monnier.
Alidor de Rosenville	Achard.
Bonneteau	Mengal.
Mario	Mmes Daniele.
Berthe	Flory.
Mme Pompéry	Viette.

6 septembre. — **Les Charmeurs**, opéra comique en 1 acte, de Leuven, musique de Poise.

21 septembre. — **Les Absents**, opéra comique en 1 acte, de Daudet, musique de Poise.

18 décembre. — **Le Docteur Crispin**, opéra comique en 4 actes, de Nuitter et Beaumont, musique des Frères Ricci.

1867. 29 mars. — **Mignon**, opéra comique en 3 actes, de Carré et Barbier, musique d'Amb. Thomas.

Wilhelm Meister	MM. Jourdan.
Lothario	Jamet.
Laërte	Barbet.
Frédéric	Achard.
Jarno	Chappuis.
Mignon	Mmes Daniele.
Philine	Moreau.

5 avril. — **Une Croyance Bretonne**, opéra comique en 1 acte, de Humbert, musique de Balthazar-Florence.

13 mai. — **Pierre le Grand à Saardam**, opéra comique en 3 actes, traduit de l'Allemand par Danglas, musique de Lortzing.

Ballets.

1866. 5 octobre. — **Le Berger et les Abeilles**, 1 acte.

16 décembre. — **Le Burlickmann vengé**, 1 acte, de Bernier.

28 décembre. — **Diavoline**, 1 acte.

1867. 1er mars. — **Une Fête au Port**, divertissement en 1 acte, de Mazillier.

Répertoire (reprises).

Les Huguenots.
Robert le Diable.
La Juive.
Lucie de Lammermoor.
La Muette de Portici.
Roland à Roncevaux.
Le Trouvère.
Faust.
L'Africaine.
Guillaume Tell.
Othello.
La Reine de Saba.
La Favorite.
Don Juan.
Violetta.
La Somnambule.
Docteur Crispin.
Le Chalet.
Les Dragons de Villars.
Le Capitaine Henriot.
Les Absents.
Les Mousquetaires de la Reine.
La Fille du Régiment.
Zampa.
La Reine Topaze.
Les Diamants de la Couronne.
Lara.
La Sirène.
La Lettre de Change.
Le Maître de Chapelle.
Les Monténégrins.
Galathée.
La Dame Blanche.
Le Domino noir.
Bonsoir, Monsieur Pantalon.
Le Cheval de Bronze.
Le Mariage extravagant.
Les Rendez-vous Bourgeois.

Ballets.

Faust et Marguerite.
La Vivandière.

Remplacements d'Artistes.

Dumestre, remplace Félix.
Flory, première Dugazon, remplacée par Mme Dumestre.
Mlle Jacquetti, danseuse, remplacée par Mlle Cassini.

Artistes en Représentations.

1867. Du 12 au 25 février. — 4 représentations de Mlle Harris.
Mlle Monteau Lambert, forte chanteuse du Théâtre de Toulouse.
Mlle Bléau, chanteuse légère du Théâtre Royal d'Anvers.
1866. 7 novembre. — Mlle Elmire, contralto.
Mlle Césa, première chanteuse du Théâtre Royal d'Anvers.
Mlle Balbi-Verdrier, première chanteuse du Théâtre de Gand.
Bach, premier ténor du Théâtre Royal d'Anvers.

Artistes, chanteurs et instrumentistes, qui se sont produits dans des concerts.

Société royale des Artisans réunis.
Libotton, premier violoniste.
Tebert, premier violon.
Prosper Desavel, pianiste.
Mengal, premier cor, et laruette.
Mailly, professeur de piano et d'orgue.
Jouret, professeur de piano.
Cornélis, professeur de chant au Conservatoire.
Wieniawski, violon solo de l'Empereur de Russie.

Nécrologie.

Mlle Letellier, fille du directeur, morte du choléra, en septembre 1866.
Merckx, caissier-comptable, décédé le 5 juin 1866.

Représentations extraordinaires.

1866. 13 octobre. — Spectacle gratis : *La Muette de Portici*, à midi; subside du Collège . . . . fr.	2,500	»
10 novembre. — Grande Harmonie . .	2,000	»
24 novembre. — Philharmonie . .	2,000	»
8 décembre. — Grande Harmonie . .	2,500	»
15 décembre — Philharmonie. . . .	2,500	»
1867. 16 janvier. — Société Française .	2,500	»
19 janvier. — Philharmonie	2,000	»
9 février. — Grande Harmonie . . .	2,500	»
16 février. — Philharmonie.	2,500	»
23 avril. — Bénéfice d'E. Letellier . .	5,697	25
27 avril. — Grande Harmonie	2,000	»
13 mai. — Bénéfice de Potel	2,401	75
17 mai. — Bénéfice de Hanssens . . .	2,731	»
24 mai. — Bénéfice de Bosselet . . .	1,894	50
27 mai — Bénéfice de Mengal . . .	3,984	»
30 mai. — Bénéfice de Jourdan . . .	2,414	50
Du 23 février au 31 mars, série de 5 bals . . . . fr.	17,799	»

Recettes.

1866. Septembre . . . . . . fr.	51,751	46
Octobre	62,697	99
Novembre	60,477	94
Décembre	71,096	77
1867. Janvier	56,307	79
Février	57,890	05
Mars	60,693	51
Avril	57,902	84
Mai	54,513	38
Subvention	80,000	»

(1867-68)

MM. Théodore LETELLIER, directeur.
Delabarre, secrétaire.
Félix Potel, régisseur général.
Féraud, régisseur.

Orchestre.

MM. Ch.-L. HANSSENS, premier chef.
Bosselet, second chef.
Champenois, second chef, conduisant l'opéra et le ballet, chef du chant.
Prosper, organiste accompagnateur.
Van Hoek, souffleur.
Orchestre complet.

Grand opéra, Traductions, Opéra comique.

Ténors :

MM. Dulaurens.   MM. Tykaert.
    Jourdan.   Etienne,   } ténors comiques.
    Barbet.   Girardot,   }
    Laurent.   Heurion, troisième ténor.

Basses :

MM. Vidal.   MM. Chappuis.
    Jamet.   Féraud.
    Dumestre.   Vermatte.
    Ricquier-Delaunay.   Thomas.
              M. Codelaghi.

Chanteuses :

Mmes Danièle.
Wallack.
Lambelé.
Bedora.

Mmes Dumestre.
Pauline Killiau.
Neulat.
Aurélie.

Cinquante choristes.

Ballet.

M. Lamy, maître de ballet.

M. Hanssen, régisseur, second maître de ballet.

Rôles mimes :

M. Deridder.

Mme Meyssart.

Danseurs :

M. Lamy.

M. Lamy, jeune.

M. Hanssen, mime comique.

Danseuses :

Mme Lamy.

Mme Jacquetti.

Mme Cassani.

Réouverture dans des conditions peu favorables, par *Guillaume Tell*. Malgré une exécution satisfaisante, le public reste froid et montre une grande réserve à l'égard de Dulaurens.

La troupe d'opéra comique commence, le lendemain, avec *le Barbier de Séville*.

Dès les premiers jours, la marche du répertoire est arrêtée. Plusieurs artistes sont indisposés ; d'autres résilient leur engagement : le trouble naît dans l'administration.

Le 8 septembre, l'affiche porte *Guillaume Tell*. Mais, le soir, une bande annonce « Relâche », Dulaurens ayant « refusé son service ». Le surlendemain, à l'entrée du ténor, dans la même pièce, un orage épouvantable éclate dans la salle. On siffle, on hurle, on pousse des cris d'animaux. Dulaurens essaie vainement d'achever le récit du premier acte, et tombe entre les bras de Dumestre. Le spectacle est changé, et *les Dragons de Villars* terminent la soirée.

Cependant, quelques jours plus tard, Dulaurens reparaît ; il est assez heureux pour gagner la faveur du parterre, et tout le monde oublie le fâcheux incident : « M. Dulaurens, dit un journaliste, n'a jamais eu autant de succès que depuis qu'il s'est avisé de se moquer un peu du public. Ce bon public est ainsi fait : il faut qu'on lui marche sur le pied, pour qu'il vous respecte. »

Mais les enrouements livrent sans pitié le Théâtre de la Monnaie aux chanteuses de passage. De plus, la presse entreprend une campagne contre l'orchestre, proclamé cependant l'un des premiers qui fussent en Europe, et contre son chef, Ch. Hanssens. Personne ne contestait la valeur de l'éminent artiste, mais on lui reprochait de vieillir, et, par ce fait, de n'avoir plus la vigueur nécessaire...

« C'est un musicien qui a une indigestion permanente, dit l'*Indépendance*, et qui roule chaque soir son petit rocher harmonieux avec la mauvaise humeur la plus apparente. » Et *la Semaine libérale* ajoute : « Son bâton va mécaniquement et le plus vite possible pour arriver au plutôt au bout de la *besogne*. Va comme je te pousse, c'est toujours assez bon. »

Il est aisé de comprendre que Letellier avait une large part dans ces amers reproches.

Mlle Nau débute dans *Lucie*, puis résilie, et est remplacée par Mlle Corradi. Mme Erembert reparaît dans *les Huguenots*, où elle reçoit un accueil glacial.

Le Fils du brigadier est la première nouveauté de la saison ; l'opéra comique de Massé n'affronte les feux de la rampe que pour essuyer la dédaigneuse froideur du public.

Et pendant ce temps-là, *le Théâtre du Cirque* (Opéra Flamand) avait rouvert ses portes avec Warnots, Blauwaert, Galesloot, Reubsat, Bergh ; Mmes Messemaekers, Chauveau, Coellen, etc.

Après les reprises de *Martha* et de *Lara*, une grande « première » : *Roméo et Juliette*, de Gounod. La presse proclame la valeur de la partition, et répand des fleurs sur les interprètes, la mise en scène et la décoration... Et Vérone était représentée par une toile de fond, qui laissait apercevoir une superbe vue de Venise, une « cité » pourtant bien connue, et qui ne ressemble à aucune autre ville. Mais, à ce moment-là, on était moins exigeant que de nos jours. Que les temps sont changés !...

Le succès de *Roméo* ne fut cependant que relatif. Le public accepta moins favorablement que les artistes cette œuvre admirable, et les applaudissements allaient plutôt aux deux interprètes principaux, Mlle Daniele et Jourdan.

La direction s'empresse de mettre à l'étude un autre ouvrage de Gounod, et *la Colombe* éclôt à la Monnaie, le 5 décembre, en même temps qu'un nouveau ballet : *La Fée amoureuse*, de Stoumon qui, décidément, devenait le fournisseur ordinaire de la chorégraphie à Bruxelles.

Mlle Wallack résilie en janvier, au moment où les répétitions d'un ouvrage du cru : *Le Béarnais*, de Radoux, étaient très avancées. Letellier avait spécialement engagé, pour créer *Don Carlos*, Mlle Sallard, du Théâtre Lyrique. Celle-ci accepta le rôle abandonné par Mlle Wallack, et incarna admirablement la Belle Gabrielle.

Voici venir Offenbach avec son *Robinson Crusoé !* Les ouvrages fantaisistes du maestro, *la Belle Hélène* particulièrement, attiraient tous les soirs la foule au Théâtre des Galeries. Le public fut un peu désorienté devant ce nom d'Offenbach qu'il rencontrait pour la première fois sur l'affiche du Grand-Théâtre. Il s'attendait peut-être aux *cascades* dont il avait l'habitude, et se trouva tout déconcerté en entendant une suite de morceaux où la trivialité était remplacée par la distinction, où les motifs faciles le cédaient à la poésie et au charme. Il ne comprit pas, et le grand amuseur de Parisiens blasés, qui, pour une fois, ôtait son masque et son faux nez, fut puni par où il avait péché. *Robinson* fut retiré de l'affiche au bout de quelques jours.

Quand il s'y met, le public abat artistes et auteurs comme de simples fantoches. C'est le tour maintenant de *Don Carlos*, de Verdi. Cependant le maître italien en était déjà à la période où sa *manière* subit cette transformation qui nous donna *Aïda* et *Otello*. C'est dans la tragédie de Schiller que les librettistes de Verdi ont *puisé* leur sujet. Si le nom des personnages est le même, rien ne se rapproche moins des héros de Schiller que ceux de Méry et de Du Locle. Les auteurs avaient négligé de rendre la grandeur des types, et s'étaient attachés à découvrir des situations propres aux développements musicaux. L'événement leur donna tort.

Et, pour continuer la série, *la Jolie fille de Perth*, de l'immortel Bizet, vient sombrer encore devant les mauvaises dispositions du public, et sous une interprétation dont la faiblesse était due en partie à la précipitation des études.

Pour conjurer le mauvais sort, Letellier engage Mlles Baretti et Sasse, de l'Opéra.

Enfin, la saison se termine par des représentations italiennes dont les lendemains étaient fournis par la troupe d'opéra comique renforcée de Mme Miolan-Carvalho. L'éminente cantatrice apporta un regain de succès à *Roméo et Juliette*, et contribua à clôturer la campagne plus brillamment qu'elle n'avait été inaugurée.

Premières Représentations.

1867. 14 octobre. — **Le Fils du Brigadier**, opéra comique en 3 actes, de Labiche et Delacour, musique de Massé

18 novembre. — **Roméo et Juliette**, opéra en 5 actes, de Barbier et Carré, musique de Gounod.

Juliette.	Mmes Danièle.
Stephano	Dumestre.
Roméo	MM. Jourdan.
Capulet	Ricquier-Delaunay.
Mercutio	Barbet.
Frère Laurent	Jamet.
Tybalt	Laurent.

5 décembre. — **La Colombe**, opéra comique en 2 actes, de Carré et Barbier, musique de Gounod.

Horace	MM. Jamet.
Le Majordome	Laurent.
Mazet	Mmes Dumestre.
Sylvie	Wallack.

1868. 30 janvier. — **Le Béarnais**, opéra comique en 3 actes, de Kirsch, musique de Radoux.

17 février. — **Robinson Crusoé**, opéra comique en 3 actes, de Cormon et Crémieux, musique d'Offenbach.

Robinson	MM. Jourdan.
Sir William Crusoé	Ricquier.
Toby	Barbet.
Jimcocks	Etienne.
Vendredi	Mmes Danièle.
Suzanne	Dumestre.
Edwige	Nau.
Deborah	Neulat.

11 mars. — **Don Carlos**, opéra en 5 actes, de Miry et Du Locle, musique de Verdi.

Don Carlos	MM. Delaurens.
Rodrigue	Dumestre.
Philippe II	Vidal.
Le Grand Inquisiteur	Jamet.
La princesse Eboli	Mmes Sallard.
La reine Elisabeth	Erembert.

14 avril. — **La Jolie fille de Perth**, opéra comique en 3 actes, de Saint-Georges et Adenis, musique de Bizet.

Henri	MM. Jourdan.
Le duc de Rothsay	Ricquier-Delaunay.
Ralph	Jamet.
Catherine Glover	Mmes Danièle.
La bohémienne Mab	Dumestre.

Ballets.

1867. 23 septembre. — **La Sirène**, 1 acte.

29 septembre. — **Divertissement**, de Lamy.

5 décembre. — **La Fée amoureuse**, 2 actes, de Stoumon.

1868. 21 janvier. — **Faune et Bergère**, 2 actes, de Lamy, musique de Fievet.

28 avril. — **Klida**, 1 acte, de Lamy, musique de Méry.

Répertoire (reprises).

Guillaume Tell.

Les Huguenots.

Robert le Diable.

La Muette de Portici.

La Juive.

L'Africaine.

Lucie de Lammermoor.

La Favorite.

Le Trouvère.

Rigoletto.

Martha.

Don Juan.

Violetta.

Faust.

Le Barbier de Séville.

La Dame Blanche.

Les Dragons de Villars

Le Domino noir.

Lara.

La Fille du Régiment

Le Toréador.

Le Chalet.

Le Rossignol.

Le Maître de Chapelle.

Les Noces de Jeannette.

Galathée

Le Songe d'une Nuit d'été.

Mignon.

Sylvie.

Rose et Colas.

Le Bouffe et le Tailleur.

Le Docteur Crispin.

Terpsichore sur Terre.

Artistes en Représentations.

1868. Du 13 au 30 avril. — Sept représentations de Mme Sasse.

Du 11 au 28 mai. — Sept représentations de Mme Carvalho.

Mlle Lagye, première chanteuse légère du Théâtre de Liége, 5 représentations.

Durwart, premier ténor du Théâtre d'Anvers, 7 représentations.

Mlle Hustache, première chanteuse légère du Théâtre de Rouen, 5 représentations.

Blum, premier ténor léger du Théâtre Lyrique, 2 représentations.

Léon, Laruette, artiste du Théâtre du Parc, 1 représentation.

Mlle Baretti, ex-artiste du Théâtre de l'Opéra-Comique, 3 représentations.

Wicart, fort ténor du Théâtre de Rouen, 2 représentations.

Feitlinger, première basse du Théâtre de Gand, 2 représentations.

Mlle Elmire, contralto, 1 représentation.

Mlle Borghèse, contralto du Théâtre d'Anvers. 1 représentation.

Artistes de la Compagnie Italienne.

Mmes Carlotta Barozzi, première chanteuse soprani.
    Zucchi, id.
    Paolina Castri, id.
    E. Muzzio.
    Lucia Chambresi, contralto.
    Arnoldi, deuxième chanteuse.
MM. Tomben, premier ténor.
    Melchiorre Vidal, premier ténor.
    Napoleone Verger, premier baryton.
    A. Capario, deuxième baryton.
    Fiorizelli, première basse.
    Giacomelli, première basse.
    Zucchi, chef d'orchestre.

(Il Trovatore ; Somnambule ; Norma ; Ernani ; Lucrèce Borgia.)

Représentations Extraordinaires.

1867. 24 septembre — A midi. *La Dame Blanche* . . . . fr.	2,500	»
24 septembre. — Le soir. *Faust* . . .	3,683	50
26 septembre. — A midi. *La Muette de Portici*	2,500	»
26 septembre. — Le soir. *La Dame Blanche*	3,785	»
29 septembre. — Spectacle gala. *La Fille du Régiment*.	4,940	75
16 octobre. — Spectacle gala. *Les Huguenots*	2,544	»
9 novembre. — Philharmonie	2,000	»
7 décembre. — Grande Harmonie . .	2,500	»
11 janvier. — Philharmonie	2,500	»
18 janvier. — Grande Harmonie . . .	2,500	»
24 janvier. — Société Française . . .	2,500	»
5 mars. — Spectacle gala. *Le Béarnais*.	2,934	»
7 mars. — Grande Harmonie	2,000	»
14 mars. — Philharmonie	2,000	»
4 avril. — Grande Harmonie	2,000	»
16 avril. — Bénéfice de Jourdan . . .	4,008	»
20 avril. — Bénéfice de Mlle Daniele . .	2,179	25
22 avril. — Philharmonie	2,000	»
25 avril. — Société protectrice de l'Enfance	1,773	»
27 avril. — Bénéfice de Hanssens. . .	674	25
Recettes des dix premières représentations de *Roméo*.	35,610	10
Du 22 février au 22 mars. — 4 bals . .	12,942	»

Recettes.

1867. Septembre . . . . . f.	56,958	50
Octobre	46,980	29
Novembre.	58,458	62
Décembre.	64,736	28
1868. Janvier	49,298	70
Février	59,523	64
Mars	53,898	70
Avril	68,413	12
Mai	36,744	75
Subvention	80,000	»

(1868-69)

MM. Théodore LETELLIER, directeur.
    Lavergne, secrétaire.
    Félix Potel, régisseur général.
    Féraud, régisseur.
    Thomas, régisseur des chœurs.

Orchestre.

MM. Ch.-L. HANSSENS, premier chef.
    Bosselet, second chef.
    Buzio, second chef, conduisant l'opéra et le ballet, chef du chant.
        Orchestre complet.

Grand opéra, Traductions, Opéra comique

Ténors.

MM. Warot.   MM. Lapissida.
    Jourdan.   Tournade ⎫
    Barbet.   Lallement, ⎭ ténors comiques.
        M. Henrion, coryphée, troisième ténor.

Basses :

MM. Jamet.   MM. Féraud.
    Dumestre.   Blondeau.
    Lepers.   Vermatte.
    Chappuis.   Thomas.
        M. E. Terrain.

Chanteuses :

Mmes Marimon.
Sallard.
Dumestre.

Mmes Pauline Killiau.
Neulat.
Aurélie.

Ballet.

M. Lamy, maître de ballet.

M. Hanssen, régisseur, second maître de ballet.

Rôles mimes :

M. Deridder.

Mme Meyssart.

Danseurs :

M. Lamy.

M. Lamy jeune.

Hanssen, mime comique.

Danseuses :

Mmes Lamy.
Jacquetti

Mmes Cassani.
Delas.

Ouverture le 1er septembre, par *le Maître de Chapelle* et *le Docteur Crispin*.

Le tableau de la troupe n'est guère modifié que par les noms de Massy, Giraudet et de Mlle Marty.

Du reste, ces trois sujets résilient à la fin du premier mois, ainsi que Lepers, Terrain, Mme Lombia, etc.

Mlle Marimon, qu'on avait fêtée deux ans auparavant, reprend sa place au théâtre.

On a remarqué le nom de Lapissida. Cet artiste, qui avait passé une année aux Galeries St-Hubert, en qualité de second comique, devait, plus tard, diriger le même Théâtre de la Monnaie, où il débutait alors modestement, dans l'emploi de « troisième ténor », aux appointements de 350 fr. par mois.

Dès les premiers jours, Letellier se rend à Paris. Il en ramène Mlle Godefroy et Warot, obligeamment cédés par Perrin, directeur de l'Académie Nationale de Musique ; la troupe d'opéra fut ainsi constituée.

Warot, d'Anvers, appartenait à une famille de musiciens. Il avait débuté à l'Opéra-Comique, dans *les Monténégrins*, et remplacé, à l'Opéra, Morère dans *Don Carlos*, et Naudin dans *l'Africaine*, — après avoir créé, dans cette dernière pièce, le rôle de Don Alvar. « Warot, essentiellement bourgeois et bienveillant », dit Albert Vizentini, dans sa *Physiologie des Théâtres Parisiens*, « offre l'apparence d'un premier clerc de notaire, et n'a qu'une passion : le billard. » Mais Warot n'aimait pas que le billard. Il avait aussi le goût du théâtre, et, pour enthousiasmer les Bruxellois, il n'eut qu'à paraître dans *la Muette*.

Signalons, au début de la saison, la « première » de *Maître Wolfram*, de E. Reyer.

C'est Bosselet qui dirigeait l'orchestre, à la répétition générale, tandis que son chef de file, Hanssens, écoutait, dans la salle, la partition du maître peu connu encore. Tout à coup, une voix domine l'orchestre : « Mais c'est très beau, cela..., très beau. Je » demande à prendre la place de Bosselet; je sollicite l'honneur de » conduire un ouvrage aussi remarquable. » C'était Hanssens qui, entraîné par la musique de Reyer, poussait ce cri d'admiration, montait au pupitre et recevait des mains de son collègue le bâton que celui-ci lui cédait respectueusement. *Maître Wolfram* fut conduit par le premier chef d'orchestre, en dépit des usages qui accordaient le commandement à son second pour les pièces en un acte.

Cependant le public ne ratifia pas ce jugement, et Reyer n'obtint qu'un succès d'estime.

Le Premier jour de bonheur, qui suit *Maître Wolfram*, ne réussit à faire applaudir que Mme Marimon. Quelques jours plus tard, l'aimable cantatrice manqua de s'empoisonner. Elle avait imaginé, pour renforcer ses cordes vocales, qui éprouvaient une faiblesse momentanée, de prendre un peu de belladone; mais la dose était trop forte. Elle fut obligée de s'aliter, le délire survint et les docteurs eurent beaucoup de peine à conjurer le mal. Huit jours après, elle était sur le point de se remettre, lorsque le souvenir du danger qu'elle avait couru exerce sur ses nerfs une influence telle que le délire reparaît et qu'il lui faut de nouveau garder la chambre. Mais elle ne tarde pas à revenir de cette seconde secousse, et elle est enfin rendue à l'admiration de son fidèle public.

Pendant cette maladie, Mme Poinsot, de l'Opéra, est chargée de l'intérim. Mlle Franchino joue avec un certain succès le rôle de Sélika à la reprise de *l'Africaine*, mais *la Juive* lui fut moins favorable, et souleva même un tel orage que la cantatrice se trouva mal, en scène, et demeura plusieurs heures en catalepsie.

En décembre, Adelina Patti chante *le Barbier*, *Lucie* et *Faust*. Elle électrise la salle ; les spectateurs étaient debout, applaudissant et trépignant ; les dames agitaient leurs mouchoirs et leurs éventails, pendant que les musiciens de l'orchestre s'étaient levés, et s'associaient à ces témoignages d'admiration: enfin, jamais tel délire ne s'était emparé du public de la Monnaie!

Ces trois soirées produisirent plus de 52,000 francs.

Mme Patti se rendait en Russie, mais Letellier ne voulut pas la laisser partir sans obtenir sa signature *pour une seule représentation*, en mars, au prix de 8,000 francs.

Aujourd'hui la diva a doublé son cachet. — Ce dernier spectacle devait, du reste, faire entrer dans la caisse directoriale la somme de 18,000 francs.

La campagne 1868-69 est la première qui s'arrête en mai, réduisant au nombre de huit les neuf mois d'exploitation ordinaire. Letellier avait obtenu cette faveur, ainsi que la restitution provisoire de son cautionnement de 25,000 francs. L'année théâtrale avait commencé dans des conditions quelque peu défavorables ; même, le Collège se vit dans la nécessité de prévenir Letellier que, si la troupe n'était pas immédiatement améliorée, la résiliation de son contrat serait soumise au Conseil. En octobre, Letellier devait rendre les 25,000 francs, mais il affirme, tout au contraire, qu'il est dans l'impossibilité de payer intégralement les appointements du mois précédent, et demande que l'Administration lui vienne en aide. Le Collège ne veut rien entendre et va mettre Letellier en demeure de s'exécuter, lorsque celui-ci lui adresse la lettre suivante :

Bruxelles, le 31 décembre 1868.

Messieurs,

J'ai l'honneur de vous prier de bien vouloir m'accorder la résiliation de mon privilège de directeur du Théâtre Royal de la Monnaie, pour l'année théâtrale prochaine.

Ce n'est pas sans un vif regret que je demande à la Ville d'accepter ma démission ; mais des charges énormes qui pèsent sur l'entreprise que je dirige m'amèneraient à une ruine certaine, complète, si je continuais avec les seules ressources dont je dispose.

Je vous avoue, Messieurs, que sans les représentations providentielles de Mme Patti, il m'eût été impossible d'achever l'année sans un grand désastre, car je me trouverai sûrement encore, à la fin de la campagne, en présence d'un déficit de 45 à 50,000 francs, que je ne vois la possibilité de pouvoir combler.

En présence de cette situation déplorable, jugez, Messieurs, de ce qui adviendrait, si vous me forciez à continuer mon exploitation.

Mon seul refuge serait dans une faillite!

Aucun de vous ne voudra me contraindre à entacher mon nom, après avoir, pendant quinze années, sacrifié mon repos et mes ressources.

En vue d'assurer les plaisirs du public, j'avais engagé MM. Jourdan, Jamet, M. et Mme Dumestre jusqu'à la fin de mon privilège : MM. Jourdan et Jamet ont bien voulu me remettre leur signature. J'ose compter que la Ville interviendra auprès de mon successeur pour lui faire accepter l'engagement de M et Mme Dumestre ; pareille chose a été faite par la Ville à mon égard pour M Jourdan ..

Agréez, etc.

Letellier.

Cet engagement de M. et Mme Dumestre devint l'objet d'un procès que les deux artistes intentèrent à la ville, rendant celle-ci responsable des clauses antérieurement souscrites par son concessionnaire.

Le Conseil Communal accepte la démission de Letellier pour la fin de la saison courante, et élabore un nouveau cahier des charges.

Les premiers jours de 1869 voient le début de Mlle Cordier dans le *Pardon de Ploërmel*, l'apparition de Mlle d'Edelsberg dans *la Favorite*, et les représentations à « prix réduits » de *Faust* et du *Barbier de Séville*. Comme tout change ! Quinze jours plus tôt, il fallait payer vingt francs le privilège d'entendre ces deux derniers chefs-d'œuvre.

Du 21 au 25 janvier, relâche pour deuil national : décès de S. A. R. le Duc de Brabant. La mort du prince et les épidémies qui ravageaient Bruxelles contribuèrent à rendre plus fâcheuse encore la situation du Grand-Théâtre.

APERÇU DE QUELQUES RECETTES :

1er février.	*Cendrillon* (deuxième représentation) . . . . . fr.	753 25
2	»	*La Juive*	699 25
3	»	*Faust*	387 25
5	»	*Les Huguenots* (avec Mlle d'Edelsberg) . . .	1,096 75
6	»	Bal	772 00
7	»	*L'Africaine*	1,331 50

Letellier, qui était parti pour Paris, revient le 9 février et déclare qu'il va afficher la fermeture du théâtre, à moins que ses pensionnaires ne se constituent en société jusqu'à la fin de la campagne. Les portes de la Monnaie restent closes, en effet, durant trois jours ; les artistes acceptent alors les offres de leur directeur ; mais, au moment où la décision de la troupe est communiquée à Letellier, celui-ci se ravise et consent à continuer lui-même l'année théâtrale. Le 27, même débâcle : le directeur se trouve dans la nécessité de se retirer à la fin du mois — « des ressources personnelles lui permettront de payer les dettes actuelles, mais il doit s'imposer le devoir de n'en point contracter de nouvelles, étant hors d'état de les acquitter ». Les artistes forment de nouveau une association et transmettent au Conseil Communal l'engagement pris entre eux. Mais alors Letellier reparaît sur la scène ; « un nouvel ami vient, dit-il, à son secours, et lui permet de payer les appointements du mois de février qui sont dus... »

Et pendant ce temps, le théâtre était en procès, d'abord avec Mme Carvalho, qui avait signé pour un mois, à partir du 20 février, et que la peur de l'épidémie empêchait de se rendre à Bruxelles ; puis, avec Mlle d'Edelsberg qui, le 24 février, avait « refusé son service », obligeant le théâtre à faire relâche, et avait fini par quitter la ville ; ensuite avec Warot, qui avait prêté son concours à un concert particulier, et à qui le directeur avait infligé une amende de 1,000 francs.

Le 23 mars, Patti chante *la Somnambule*.

Alboni se fait entendre le 5 avril, dans la messe de Rossini ; elle touche un cachet de 4,000 francs et produit une recette de 10,101 francs.

Marie Sasse paraît au commencement d'avril ; puis dans deux représentations des *Huguenots*, avec Belval et Mme Carvalho, et qui rapportent plus de 20,000 francs.

Le 30 avril amène la clôture de la saison théâtrale et la fin de la direction Letellier. Le nouvel impresario désigné était Vachot.

Avec la retraite de Letellier s'effectuait celle de Hanssens, le chef d'orchestre, qui avait su élever le niveau musical, à l'Opéra de Bruxelles.

Premières Représentations.

1868. 9 septembre. — **Le Sorcier**, opéra comique en 1 acte, d'ANAÏS MARCELLI.
26 septembre. — **Maître Wolfram**, opéra comique en 1 acte, de MÉRY et THÉOPHILE GAUTIER, musique de REYER.
4 novembre. — **Le premier jour de bonheur**, opéra comique en 3 actes, de DENNERY et CORMON, musique d'AUBER. (Mmes Marimon, Paula, MM. Jourdan, Carman, Guffroy.)

Ballets.

1868. 3 décembre. — **Bul-Bul la Circassienne**, 2 actes de BEUMER.
1869. 13 février. — **La Bouquetière**, 1 acte, de CH. MIRY.
30 mars. — **La Sultane**, 2 actes, de FIEVET.

1869. 17 novembre. — Hommage rendu à la mémoire de Rossini : 1° *Barbier de Séville*, opéra comique, 3 premiers actes ; 2° air de la *Pie Voleuse* ; 3° *Stabat Mater*, par Warot, Cazeaux, Mme Sallard et les chœurs ; 4° Prière de *Moïse*.

1869. Du 21 au 25 janvier. — Relâche. Deuil National, décès de S. A. R. le Duc de Brabant ; 4 jours de relâche ; 4 jours d'appointement retenus.
27 janvier. — Relâche pour le service religieux du Duc de Brabant.

Appointements mensuels.

Massi, 4,000 francs ; Warot, 5,000 francs ; Jourdan, 4,500 francs ; Barbet, 1,200 francs ; Lapissida, 350 francs ; Lepers, 1,000 francs ; Carman, 1,400 francs ; Dumestre, 2,600 francs ; Giraudet, 1,000 francs ; Cazeaux, 1,600 francs ; Jamet, 1,400 francs ; Chappuis, 400 francs ; Féraud, 200 francs ; Terrin, 350 francs ; Tournade, laruette, 400 francs ; Tournade, trial, 600 francs ; Guffroy, 600 francs.
Mmes Marimon, 5,500 francs ; Sallard, 2,400 francs ; Lombia, 1,100 francs ; Ferrey, 1,000 francs ; Marty, 2,250 francs ; Godefroy, 2,500 francs ; Dumestre, 1,600 francs ; Killiam, 400 francs ; Aurélie, 200 francs ; Neulat, 500 francs.

Répertoire (reprises).

La Muette de Portici.
Les Huguenots.
L'Africaine.
Robert le Diable.
La Juive.
Guillaume Tell.
La Favorite.
Lucie de Lammermoor.
Le Trouvère.
La Somnambule.
Roméo et Juliette.
Le Docteur Crispin.
Faust.
La Dame Blanche.
Les Diamants de la Couronne.
Le Barbier de Séville.
Le Songe d'une nuit d'été.
Haydée.
Le Pardon de Ploërmel.
Les Dragons de Villars.
Le Pré-aux-Clercs.
Le Domino Noir.
La Fille du Régiment.
Cendrillon.
Le Toréador.
Galathée.
Le Caïd.
Le Chalet.
Le Maître de Chapelle.
Le Postillon de Longjumeau.
L'Etoile du Nord.

Ballets.

Faune et Bergère.
Klida.
Giselle.

Remplacements d'Artistes.

Massi,	remplacé par	Warot.
Lepers,	»	Cormon.
Giraudet,	»	Cazeaux.
Tirrain,	»	Tournade.
Tournade,	»	Guffroy.
Mmes Marty, remplacée par Mmes Godefroy.		
Godefroy,	»	Inès Lambert.
Dumestre,	»	Paula.
Lombia,	»	Peyret.

Artistes en Représentations.

1868. 21 novembre. — Mme Poinsot, de l'Opéra.

Du 23 au 30 décembre. — 3 représentations d'Ad. Patti. (Recettes, 52,828 francs.)

1869. 4 janvier. — Mlle Cordier, de l'Opéra-Comique.

15 janvier au 6 février. — 3 représentations de Mlle Van Edelsberg.

23 mars. — Une seule représentation d'Ad. Patti. (Recettes, 17,907 francs.)

5 avril. — Mme Alboni.

Du 7 au 25 avril. — 5 représentations de Mme Sasse. (Recettes, fr. 13,275-75.)

15 et 21 avril. — 2 représentations des *Huguenots*, avec Mmes Marie Sasse, Miolan-Carvalho et M. Belval. (Recettes, fr. 20,692-25.)

Du 1er au 30 mai. — Compagnie Italienne, directeur E. Coulon.

Du 10 juillet au 10 août. — Troupe du Théâtre de la Porte Saint-Martin (Paris) : *Patrie*, drame de Sardou.

Artistes engagées au cours de la saison.

Mmes Franchiro et Duguers.

Représentations Extraordinaires.

1868. 24 septembre. — Matinée. *La Juive* . . . . fr.	2,500	»
24 septembre. — Le soir. *Le Docteur Crispin*	1,438	»
26 septembre. — Matinée. *La Favorite*.	2,500	»
26 septembre. — Le soir. *La Fille du Régiment*.	3,422	25
17 octobre. — Philharmonie	2,000	»
31 octobre. — Grande Harmonie . . .	2,000	»
17 novembre. — Représentation en l'honneur de Rossini	4,172	»
5 décembre. — Philharmonie	2,000	»
12 décembre. — Grande Harmonie . .	2,000	»
19 décembre. — Philharmonie . . .	2,750	»
1869. 9 janvier. — Bal pour Grande Harmonie et Philharmonie	2,000	»
16 janvier. — Philharmonie	2,000	»
6 février au 7 mars. — 4 bals masqués .	6,090	»
26 février. — Société Française . . .	2,500	»
4 mars. — Grande Harmonie	2,500	»
13 mars. — Philharmonie	2,500	»
20 mars. — Grande Harmonie. . . .	2,000	»
30 mars. — Bénéfice de Fiévet . . .	651	75
3 avril. — Philharmonie	2,000	»
5 avril. — Messe de Rossini . . .	10,101	»
12 avril. — Bénéfice de Jourdan . . .	3,813	»
17 avril. — Grande Harmonie. . . .	2,000	»
26 avril. — Bénéfice d'E. Letellier . .	3,527	»
28 avril. — Bénéfice de Hanssens . .	624	»
30 avril. — Bénéfice de M. et Mme Bosselet et Potel	1,788	50

Recettes.

1868. Septembre . . . . . . fr.	51,007	11
Octobre	51,716	14
Novembre	56,133	45
Décembre	106,562	38
1869. Janvier	46,282	16
Février	34,486	07
Mars	59,441	73
Avril	83,386	01
Subvention	80,000	»

Le 2 mai, la troupe lyrique française est remplacée par une Compagnie Italienne, sous la direction de E. Coulon.

Artistes : MM. Piccioli, primo tenore *assoluto;* Jourdan, primo tenore ; Giovanni, primo tenore ; Tessoni, secondo tenore ; Mendioroz, barytono ; E. Coulon, primo basso *assoluto;* Scolara, primo basso buffo ; Vairo, primo secondo basso ; Willemi, tersio basso ; Lafond, tersio basso.

Mmes Palmeri, prima donna *assoluta mezzo soprano;* Calisto, prima donna *assoluta soprano;* Morensi, prima donna *contralto;* Corradi, prima donna *soprano;* Allieri, *comprimaria.*

MM. Singelée, Chef d'orchestre ; Saluberti, répétiteur ; trente-six choristes.

Répertoire : *Rigoletto,* de Verdi ; *Lucrezia,* de Donizetti ; *Un Ballo in Maschera,* de Verdi ; *Il Barbiere di Siviglia,* de Rossini ; *Ernani,* de Verdi ; *Norma,* de Bellini ; *Sonnambula,* de Bellini ; *Trovatore,* de Verdi ; *Don Pasquale,* de Donizetti ; *Traviata,* de Verdi ; *Linda di Chamounix,* de Donizetti ; *Lucia di Lammermoor,* de Donizetti ; *Crispino e la Comare,* de Ricci ; *Maria di Rohan,* de Donizetti ; *Fausto,* de Gounod.

Cette saison d'été n'obtient qu'un médiocre succès, les résultats financiers ne sont pas brillants, et Coulon quitte Bruxelles, après avoir loué la salle du Cirque, où il viendra, en octobre, installer un Opéra Italien, à demeure.

En juillet, spectacle-gala en l'honneur du Vice-Roi d'Egypte, organisé par le nouveau directeur, Vachot, avec le concours des artistes de l'Opéra de Paris.

LE TROUVÈRE.

Manrique	MM.	Delabranche.
Comte de Luna		Maurel.
Fernand		Ponsard.
Léonore	Mmes	Marie Sasse.
Azucena		Bloch.
Inès		Aurélie.

Immédiatement après — du 10 juillet au 10 août — la troupe du Théâtre de la Porte St-Martin donne à la Monnaie une trentaine de représentations du drame flamand de Sardou : *Patrie!*

Principaux artistes : Dumaine, Charly et Ch. Lemaître ; Mmes Fargueil et Léonide Leblanc.

L'orchestre était dirigé par Vizentini.

(1869-70)

MM. VACHOT, directeur.
LAVERGNE, secrétaire et inspecteur général du contrôle.
BAUCE, régisseur général.
CARLO, régisseur.

Orchestre.

MM. SINGELÉE, premier chef.
BOSSELET, scond chef.
BUZIAU, second chef, conduisant l'opéra et le ballet.
PROSPER, organiste.

Ténors :

MM. MORÈRE.   MM. AUJAC.
    PESCHARD.   HERSTALL.
    BILLION.   LAPISSIDA.

Basses :

MM. COULON.   MM. MAUREL.
    AROY.   CHAPPUIS.
    MÉRIC.   MELCHIOR.
    BLONDEAU.   VERMATTE.

Chanteuses :

Mmes ZINA D'ALTI.   Mmes NORDET.
    DERASSE.   PESCHARD.
    STERNBERG.   NEULAT.
    SAUNIER.   AURÉLIE.

Ballet.

MM. Hus, maître de ballet.
Hanssen, régisseur, second maître de ballet.

MM. Deridder, rôles mimes.
Charançonnay,) danseurs.
Poigny,)
Hanssen, mime comique.

Mmes Olympia Corilla.
Rosetti.
Cassani.
Clara Hus.

Mme Meypart, rôles mimes.

L'ouverture a lieu, non pas le 1er septembre, comme d'habitude, mais seulement le 9.

C'est dans *les Mousquetaires de la Reine* que les pensionnaires de Vachot font, pour la première fois, connaissance avec le public bruxellois : Peschard, premier ténor ; Bouvart, chantant par complaisance les seconds ténors, en attendant l'arrivée du titulaire de l'emploi; Mlle Derasse, chanteuse légère; Mlle Nordet, dugazon ; Troy, basse chantante et baryton de grand opéra, qui fut le héros de la soirée.

Ce dernier paraissait sous les traits du capitaine Roland. Au milieu de son grand air éclatèrent des applaudissements si prolongés que l'orchestre fut contraint de s'arrêter. Mais Troy avait continué... Lorsqu'il s'aperçut que l'accompagnement lui faisait défaut, il s'arrêta à son tour. Puis, sur un signe du maestro, orchestre et chanteur attaquent de nouveau, bien en même temps et parfaitement en mesure, — mais pas du tout au même endroit. Les musiciens essayent vainement de « rattraper » l'intrépide Troy, qui continuait bravement, et prennent le sage parti de se taire. L'air du capitaine Roland fut terminé sans le concours de l'orchestre, les musiciens s'étant donné rendez-vous au point d'orgue, où ils retrouvèrent avec eux le public qui couvrit leurs accords de ses bravos.

Aujac, qui avait été successivement premier et second ténor et qui avait fait un stage au Théâtre des Galeries dans le répertoire d'Offenbach, rentrait à la Monnaie en qualité de trial.

Les Huguenots font les frais de la première soirée de grand opéra. (Morère, Coulon, Troy, Méric, Mmes Zina d'Alti, Sternberg.) Mlle Sternberg, fille d'un facteur de pianos, est aujourd'hui Mme Ve Vaucorbeil.

Entre autres réformes, Vachot avait abaissé le prix de l'abonnement, et il laissait aux abonnés la faculté de céder leur loge.

Les débuts et « rentrées » sont rétablis. On constata l'utilité de ce retour aux anciennes traditions, mais on fut déconcerté par un début inattendu et d'un tout autre genre : celui de la claque. Cette institution, qui ne devait jamais parvenir à s'acclimater dans le Théâtre de la Monnaie, eut maille à partir avec les habitués et la presse. Le directeur en rejeta la responsabilité sur les artistes, qui se défendirent de cette accusation... Et le public chutait, sifflait même, chaque fois que les chevaliers du lustre battaient des mains.

Le 2 octobre, réouverture du Théâtre du Cirque, par une troupe italienne, sous la direction de M. Coulon :

Ténors : MM. Bolis — Augusti — Minetti ; — *baryton :* Mendioroz ; *basse :* Scolara. *Chanteuses :* Mmes Pozzi Brazenti — Luisa Cari — Esther Sessi — Noella Guidi. *Chef d'orchestre :* Orsini.

Au commencement de novembre, les représentations italiennes sont suspendues pour cause de réparations à la salle. Elles reprennent le 15, mais pour aboutir, le mois suivant, à une déconfiture générale.

Les débuts les plus éclatants furent ceux de Mlle Jeanne Devriès, dans *la Traviata*. Cette cantatrice, qui épousa plus tard le ténor Dereims, est la sœur de Fidès, de Maurice et d'Hermann Devriès. Leur mère, Rosa Devriès, de La Haye, avait donné, en septembre 1848, à la Monnaie une série de représentations fort suivies.

La reprise de *Galathée* servit de première épreuve à Mlle Adelina Cortez, contralto, qui obtint un magnifique succès de... cheveux, dans le rôle de Pygmalion. Elle s'était affublée d'une perruque masculine, dont la couleur fauve ne cadrait guère, paraît-il, avec ses traits. Dans la scène finale du premier acte, un geste brusque fait tomber ce déguisement capillaire, et livre passage à une abondante chevelure d'ébène, qui se répand comme un flot d'encre sur les épaules de l'actrice. On juge de la confusion du pauvre Pygmalion ; mais le public, blasé sur les chignons postiches et tous les artifices de la coiffure théâtrale, le public, émerveillé de voir de vrais cheveux, — car les cheveux noirs de Mlle Cortez étaient bien à elle, — le public, oubliant le personnage, la situation, l'illusion scénique, fait à la femme une chaleureuse ovation. Cet incident, qui eût produit une recette si on avait pu l'annoncer sur l'affiche, devint l'épisode capital de la soirée.

Le 1er décembre, concert organisé par l'impresario Strakosch, *la Messe de Rossini*.

Quelques jours après, *Il Trovatore*, par la troupe des Italiens, de Paris. En janvier, représentations de Roger, qui commence par *le Prophète*. Le 11 février, *Une folie à Rome*, opéra comique, musique de Ricci.

En février, Mlle Wertheimber.

Le 14 mars, « première » de *les Roussalkas*, opéra en deux actes, musique de Mme la baronne de Maistre ; succès d'estime.

Un concours avait été ouvert à Paris pour la composition d'un opéra comique en trois actes sur un poème de de Saint-Georges, intitulé *le Florentin*. Parmi les partitions les plus remarquées se trouvait celle d'un jeune compositeur lyonnais, Emile Pichoz. Cet ouvrage est reçu à la Monnaie ; la direction le met à l'étude, dès les premiers jours de décembre. *Le Florentin* fut joué au bénéfice de Singelée, le 29 avril 1870, par Mme Devriès, MM. Nordet et Peschard et... n'eut pas de lendemain !

En cette année 1869-1870, devait se produire un événement de la plus haute importance : l'apparition d'une œuvre de Wagner sur le Théâtre de la Monnaie. C'est grâce à l'influence et aux incessants efforts de Brassin que *Lohengrin* dut sa première exécution en français. L'éminent pianiste parvint, à force d'adresse et de diplomatie, à entraîner Vachot dans cette périlleuse entreprise, et il obtint le concours du capellmeister, Hans Richter, l'ami et le disciple de Wagner, qui conduisit les études.

Les répétitions de *Lohengrin* furent marquées par des accidents de toute nature ; de plus, il fallut engager le ténor Blum pour remplacer Peschard, qu'une grave maladie forçait à garder le lit; pendant les travaux nécessités par la préparation de cette importante « première », Hans Richter eut avec le directeur un nombre considérable de démêlés, que Léon Dommartin a plus tard rappelés de très spirituelle façon : (1)

Un bon type, ce Richter, et un fameux musicien. Il fallait le voir aux prises avec le père Vachot, qu'il appelait, dans son jargon germanique, « Mosié Fajotte », de l'air d'un carnassier qui aiguise ses crocs.

Richter, doux comme un agneau dans les circonstances ordinaires de la vie, devenait féroce, dès qu'il s'agissait de son idole. Le père Vachot avait sa manie d'arrangement, voulait sabrer à tort et à travers dans l'opéra; l'autre poussait des hurlements, prenait à témoin les dieux et les hommes, les chanteurs, l'orchestre, les machinistes et les pompiers ; il allait gémissant d'une voix lamentable, faisant de grands bras :

— « Il me coupe tout ! ! ! »

Mais l'idée la plus triomphale du père Vachot fut celle d'introduire un ballet au second acte, — sous prétexte que ça manquait de divertissement ! ! !

Une bonne petite entrée de ballet à la suite du cortège nuptial arrangerait tout.

Ce jour-là, Richter, suffoqué par l'indignation, pensa mourir. — Vachot aussi, — l'autre ayant parlé sérieusement de l'étrangler.

(1) *La Chronique*.

Lohengrin remporte un éclatant succès, malgré les imperfections de sa mise en scène. La moyenne des dix premières recettes fut de 3,500 francs.

Empruntons à M. Charles Tardieu (1) l'intéressante description de la physionomie de la salle, le soir de la « première ».

> On respire à peine. Les dames s'éventent, les hommes passent leurs mouchoirs sur leurs fronts ruisselants. Tout le monde est brisé. Abandonnons notre stalle, et faisons un tour dans les couloirs pour nous remettre, et pour recueillir les impressions d'un chacun. Quel changement depuis dix ans ! Je me rappelle le concert donné, dans cette même salle de la Monnaie, par Richard Wagner, dirigeant l'exécution de quelques morceaux de son œuvre. La foule applaudissait, parce que l'effet de cette musique est irrésistible ; mais, pendant les entr'actes, que de sarcasmes isolés, que d'éreintements de parti pris ! J'entends encore des gens qui n'avaient prêté à l'exécution qu'une oreille discrète et prévenue, et qui, jugeant sur la foi de critiques allemands et français, adversaires passionnés de la nouvelle école, faisaient des gorges chaudes de la musique de l'avenir. La musique de l'avenir ! Cela disait tout. Le mot de Bischoff, le critique défunt de *la Gazette de Cologne*, ce mot faussement attribué à Wagner lui-même, avait fait fortune. *Tannhœuser, Lohengrin* et le reste, c'était la musique de l'avenir, donc cela était absurde et détestable, et, parmi les musiciens eux-mêmes, plus d'un, aujourd'hui converti par l'étude à l'admiration de cet art nouveau qu'il ignorait alors, ne se gênait nullement pour condamner sans rémission les conceptions insensées de cet audacieux Wagner, de ce téméraire, de ce révolutionnaire, de cet ambitieux auquel on refusait alors assez généralement le génie et la science. On ne le condamne plus aujourd'hui. On ne le dénigre plus avec le même sans-façon, et, à en juger par le public de la première représentation, ses partisans paraissent avoir la majorité. Sans doute, il y a encore des débineurs grincheux, et je puis même vous citer quelques débinages assez amusants. On disait à un artiste de l'orchestre : « Wagner vous a taillé de la besogne. Votre tâche semble des plus ardues. » — « Oh ! non, répond le symphoniste ; rien de plus facile ; on entre, on commence et l'on finit quand on veut. » — La plaisanterie est drôle, mais elle n'abusera que ceux qui n'auront aucune idée de l'instrumentation savante et voulue du maître novateur. Pour donner dans ce panneau, il faut n'avoir jamais lu ou entendu une note de Wagner. Autre exemple : Je passais derrière le parterre, après le premier acte, lorsque j'entendis un artiste distingué, dont la voix de ténor et le talent de chanteur ont fait jadis les beaux jours du Théâtre de la Monnaie, pendant plusieurs campagnes, résumer ainsi son opinion : « C'est du Verdi tout pur. » Pourquoi pas de l'Offenbach ? La boutade serait plus gaie, et moins éloignée de la vérité, car Offenbach blague, le rire aux lèvres, ces mêmes traditions lyriques que Wagner démolit le plus sérieusement du monde. Offenbach donne à la fortune des chiquenaudes, Wagner des coups de lance. Du Verdi tout pur ! Impossible de tomber plus mal. Mais ce ne sont là que des mécontentements exceptionnels qui se cachent dans les petits coins. Notez, je vous prie, ce contraste : il y a dix ans, aimer et défendre Wagner, c'était faire preuve de mauvais goût et d'imbécillité. A ce jeu on passait pour un ignorant ou pour un fou. Les plus indulgents vous tournaient le dos en refusant de discuter une opinion que l'on daignait n'attribuer qu'au désir de braver le sentiment public, pour vous créer à peu de frais une originalité. C'était la mode de conspuer Wagner ; maintenant la mode a tourné, et je vois bien des gens qui, sans conviction, sans aucune idée personnelle en matière d'art, se paient le genre de l'admiration wagnérienne, parce qu'elle est bien portée. Hier, le wagnérisme était un paradoxe ou une hérésie ; aujourd'hui, c'est déjà une religion ; espérons que demain ce ne sera pas un fanatisme aveugle et indépendant.

(1) *Le Précurseur.*

Premières Représentations.

1870. 11 février. — **Une Folie à Rome**, opéra comique en 3 actes, de Wilder, musique de Ricci frères (Mmes Jeanne Devriès, Peschard, Amélie. MM. Troy, Froment, Ricquier, Delaunay.)

14 mars. — **Les Roussalkas**, opéra en 2 actes, d'Edm. Morvan, musique de Mme la baronne de Maistre. (Mme Fidès Devriès. MM. Troy, Peschard, Aujac.)

22 mars. — **Lohengrin**, opéra en 3 actes, adaptation française de Nuitter, musique de Wagner.

Henri L'oiseleur	MM. Pons.
Lohengrin	Blum.
Frédéric de Trébamond	Troy.
Le Héraut	Maurel.
Elisa de Brabant	Mmes Sternberg.
Ortrude	Derasse.

29 avril. — **Le Florentin**, opéra comique en 3 actes, de Saint-Georges, musique de Pichoz. (Mmes Devriès et Nordet. M. Peschard) — une seule représentation.

Ballets.

1869. 10 septembre. — **Un Bal sous Louis XIII**, 1 acte, par Hus

15 octobre. — **Divertissement**, par Hanssen.

15 décembre. — **Un Bal masqué**.

1870. 11 janvier. — **Une Fête nautique**, 1 acte, de Lagye et Hanssen.

16 mars. — **Les Belles de Nuit**, 1 acte, de Stoumon.

8 juillet. — **L'Argentier de la Cour**, drame national inédit, de Louis Hymans, J Rousseau et Ariste. 5 actes et 7 tableaux.

Jean de Louvain	MM. Ariste.
Jonathas	Emmanuel.
Godefroid d'Estinnes	Rosambeau.
Le Pleban de Ste-Gudule	Schron.
Esaü	Petit.
Le duc Warceslas	T. Rolland.
Maître Sausse	Cicery.
Oribert	De Winter.
Marie d'Embléve	Mmes J. Clarence.
Rebecca	Marty.
La Duchesse	Buglet.
Un Page	Durieux.

Chef d'orchestre : Durieux, du Théâtre des Galeries.

Répertoire (reprises).

Les Huguenots.
Le Prophète.
Robert le Diable.
La Muette de Portici.
Guillaume Tell.
La Juive.
La Favorite.
Lucie de Lammermoor.
Le Trouvère.
Rigoletto.
Don Pasquale.
Le Comte Ory.
Violetta.
Martha.
Les Mousquetaires de la Reine.
Le Barbier de Séville.
La Dame Blanche.
Haydée.
Fra Diavolo.
Maître Pathelin.
Si j'étais Roi.
Le Postillon de Lonjumeau.
Le Chien du Jardinier.
Le Voyage en Chine.
Mignon.
La Fille du Régiment.
Le Maître de Chapelle.
Le Chalet.
Les Noces de Jeannette.
Galathée.
Le Bouffe et le Tailleur.
Bonsoir, Monsieur Pantalon.
Les Amours du Diable.
Bonsoir Voisin.
Le Nouveau Seigneur du Village.

Appointements mensuels.

Morère, 5,500 francs ; M. et Mme Peschard, 5,500 francs ; Froment, 1,500 francs ; Pons, 1,400 francs ; Chappuis, 425 francs ; Delaunay-Ricquier, 1,300 francs ; Troy, 3.500 francs ; Maurel, 500 francs ; Aujac, 800 francs ; Cifolelly, 300 francs ; Lapissida, 450 francs.

Mmes Devriès, 3,250 francs ; Derasse, 2,500 francs ; Sternberg, 1,500 francs ; Cortez, 1,800 francs ; Nordet, 2,000 francs ; Neulat, 500 francs.

Remplacements d'Artistes.

Méric remplacé par Ricquier-Delaunay.
Coulon » Pons.
Mme Saunier remplacée par Adelina Cortez.
Mlle d'Alti » Devriès.
Peschard, malade, est remplacé à différentes reprises par Blum, qui, ensuite, lui succède entièrement.
Mlle Olympia Corilla est remplacée par Mlle Schlager.

Artistes en Représentations.

1869 12 décembre. — Delabranche, *la Juive*. (Recettes, fr. 2,242-50.)
17 décembre. — Concert. Messe de Rossini, sous la direction de Strakosch.
Mme Marie Battu, de l'Opéra
Mme Alboni, contralto.
Hohler, premier ténor du Théâtre de S. M. (Londres).
Tagliafico, basse du Théâtre de Covent-Garden.
Mlle Théresa Carreno, pianiste.
Henri Vieuxtemps, violoniste.
Botesini, contrebassiste.
Trenka, accompagnateur.
22 septembre — Artistes du Théâtre Italien de Paris. *Il Trovatore*. Mmes Krauss et Morensi MM. Nicolini, Verger, Sallard et Arnoldi.
1870. 2 janvier. — Roger, de l'Opéra, *le Prophète*. (Recettes, fr. 3,130-75.)
13 février. — Mlle Wertheimer de l'Opéra, *le Prophète*. (Recettes, 2,280 francs.)
Bouvard, deuxième ténor.
Dequerci, premier ténor du Théâtre de Lille.
Blum, ténor du Théâtre Lyrique de Paris.
Armandi, premier ténor.
Harvin, premier ténor.
Mme Vinoy, première chanteuse du Théâtre de Gand.
Mme Pradal, première chanteuse du Théâtre de Liége.
Mlle Landouse, harpiste.
Lys, premier patineur du Théâtre Impérial de Paris.
Mlle Adraken, première patineuse.

Artistes engagés au cours de la saison.

Froment et Mlle Devriès.

Représentations Extraordinaires.

1869. 24 septembre. — Représentation gratuite à midi. *La Dame Blanche*. Le soir. *Robert le Diable*. Subside communal . . . . fr.	4,153	»
25 septembre. — A midi. *La Favorite* .	2,500	»
9 octobre. — Philharmonie.	2,000	»
20 octobre. — Grande Harmonie . . .	2,000	»
27 novembre. — Société Française . .	2,000	»
7 décembre. — Grande Harmonie . .	2,000	»
16 décembre — Grande Harmonie . .	2,000	»
17 décembre. — Messe solennelle de Rossini par la troupe de Strakosch.		
18 décembre. — Bal de la Société Française	2,500	»
1870. 6 janvier. — Société Française. de bienfaisance. *Don Pasquale*.		
14 janvier. — Grande Harmonie.		
22 janvier. — Société Française . . .	2,000	»
29 janvier. — Grande Harmonie . . .	2,000	»
3 février. — Spectacle gala. *Rigoletto* .	5,517	50
12 février. — Société Française . . .	2,200	»
19 mars — Pour la crèche de Molenbeek-St-Jean. *Si j'étais Roi* . . .	2,000	»
20 mars. — Société Française. . . .	2,500	»
8 avril. — Pour les enfants de feu Lavergne. *Les Roussalkas*, opéra inédit.		
16 avril — Société Française	1,500	»
19 avril. — Société Française	2,750	»
23 avril. — Pour les victimes de St-Gilles, grand concert donné par *les Chasseurs volontaires*. La musique des Grenadiers Belges, la Société Royale orphéonique de St-Gilles et les artistes du théâtre.		
30 avril. — Grande Harmonie.		
9 mai. — Représentation au bénéfice de Poigny, danseur, pour son exemption du service militaire. *Lohengrin*.		

Recettes.

1869. Septembre	. . . . . . fr.	56,750 14
Octobre	. . . .	48,317 01
Novembre	. . . .	51,889 67
Décembre	. . . .	60,544 09
1870. Janvier	. . . .	58,024 09
Février	. . . .	54,560 14
Mars	. . . .	56,946 87
Avril	. . . .	69,065 37
Subvention	. . . .	80,000 »

A la fin de la campagne, Vachot adresse au Conseil Communal un rapport d'où il résulte que le déficit s'élevait à la somme de fr. 5,040.08 ; il demande un subside pour les réparations de décors et la suppression des débuts et du ballet.

Le 8 juillet, en saison d'été, « première » d'un drame national inédit, de Louis Hymans, J. Rousseau et Ariste : *L'Argentier de la Cour*, qui n'eut que quelques représentations.

Les terribles événements dont l'Europe allait être le théâtre attiraient l'attention publique. A la veille de tant de désastres et de deuils, une immense anxiété s'emparait de tous les esprits. On comprend que le spectacle, de quelque genre qu'il fût, n'attirât personne. La parole était au canon...

(1870-71)

MM. VACHOT, directeur.
    Lavergne, secrétaire et inspecteur général du contrôle.
    Bauce, régisseur général.
    Carlo, régisseur.

Orchestre.

MM. SINGELÉE, premier chef.
    Bosselet, second chef.
    Buziau, second chef, conduisant l'opéra et le ballet
    Prosper, organiste.

Grand opéra, Traductions, Opéra comique.

Ténors :

MM. Warot.	MM. Aujac.
Peschard.	Lemaire.
Dequercy.	Lapissida.

Basses :

MM. Christiani.	MM. Ben-Aben.
Falchieri.	Chappuis.
Monnier.	Lambert.

Chanteuses :

Mmes J. Devriès.	Mmes Nordet.
F. Devriès.	Peschard.
Sternberg.	Neulat.
Marie Dubois.	Aurélie.

Ballet.

M. HOLTZER, maître de ballet.

Danseurs.	Danseuses :
MM. CHARANÇONNAY.	Mmes ADELINA THÉODORE.
POIGNY.	CAMPAYER.
CHARLES.	MORY.
	C. CÉRIT.

La deuxième année de la direction Vachot commence par un acte de bienfaisance. Après la première période des débuts, une magnifique représentation fut organisée au bénéfice des victimes de la guerre, et son produit, destiné aux soldats blessés.

Cette saison fut exceptionnellement brillante au point de vue artistique, pour tous les théâtres de Bruxelles, et en particulier pour la Monnaie.

Le Paris théâtral n'était plus dans la ville assiégée par les Teutons. Il était venu demander à Bruxelles, pour la durée des épouvantables événements que l'on sait, une hospitalité qui lui fut accordée avec la généreuse et fraternelle cordialité dont la Belgique a toujours usé à l'égard de sa sœur, la France — et plus que jamais pendant l'épreuve douloureuse que traversait cette chère patrie déchirée, meurtrie et mutilée...

C'est ainsi qu'on put voir défiler à la Monnaie une véritable pléiade d'artistes illustres :

Faure, Mmes Carvalho, Patti, Heilbronn, Bloch, Marie Sasse, Hamaekers, Wertheimber, Marimon, Daniele, Marie Battu, etc.

26 REPRÉSENTATIONS DE M. FAURE.

1870.	26 décembre.	—	2me représentation.	La Favorite . . . . . fr	5,246 25
	28	id.	3me id.	Guillaume Tell	6,300 25
	30	id.	4me id.	Guillaume Tell	4,409 75
1871.	4	janvier. —	5me id.	La Favorite	5,362 50
	15	id.	7me id.	Guillaume Tell	5,187 50
	19	id.	8me id.	Faust	8,183 50
	28	id.	9me id.	Guillaume Tell	4,000 »
	29	id.	10me id.	Faust	4,877 50
	2	février. —	11me id.	La Favorite	5,604 50
	4	id.	12me id.	Guillaume Tell (bureau fermé, Philharmonic).	4,000 »
	6	id.	13me id.	La Muette de Portici . . .	6,388 25
	8	id.	14me id.	La Muette de Portici . . .	3,910 75
				A reporter . . fr.	63,470 75

				Report . . . fr.	63,470 75
1871.	12 février.	— 15me représentation.		La Favorite	5,670 25
	14 id.	16me	id.	Faust	7,352 75
	16 id.	17me	id.	La Favorite	4,159 25
	19 id.	18me	id.	Faust	4,707 25
	23 id.	19me	id.	Don Juan	5,647 75
	25 id.	20me	id.	Don Juan	5,933 50
	28 id.	21me	id.	Don Juan	4,421 25
	3 mars.	— 22me	id.	Don Juan	4,882 75
	5 id.	23me	id.	Les Huguenots (2me acte), Guillaume Tell (3 actes) .	4,642 »
	7 id.	24me	id.	Don Juan	5,549 50
	11 id.	25me	id.	Don Juan (Grande Harmonie).	4,000 »
	14 id.	26me	id.	Faust	5,505 »
	16 id.	27me	id.	Don Juan	4,552 »
	20 id.	28me	id.	La Favorite	8,588 50
				Fr.	139,082 50

25 représentations payées à M. Faure 1,500 francs, soit 37,500 francs.
Dernière représentation, moitié de la recette, soit fr. 4,299 25.   41,799 25

                     Reste à la direction . . . . . fr.   97,283 25

26 représentations donnent une moyenne de *3,741 francs par représentation*.

Outre ces artistes, outre la troupe ordinaire qui comptait quelques sujets d'élite, il faut citer, dans le nombre considérable de chanteurs et de chanteuses qui se firent entendre à Bruxelles :

Montaubry, une connaissance du public belge ; Lhérie, le créateur de *Carmen* et de *le Roi l'a dit*, qui remplaçait le ténor Peschard, et qui, depuis, a pris l'emploi de baryton dans les compagnies italiennes ; de Keghel, un artiste belge, qui revint, à plusieurs reprises, sur la scène du Grand-Théâtre ; Engel, qui succéda à Lhérie dans *le Songe d'une nuit d'été*, et joua Tybalt de *Roméo et Juliette* ; Brion d'Orgeval engagé spécialement pour chanter Leporello dans *Don Juan*, à côté de Faure ; Wicart, dont les Bruxellois n'avaient pas oublié les triomphes ; enfin, Mme Derasse et Lauwers, engagés pour *Lohengrin*, etc.

Le répertoire fut des plus complet et des plus varié.

Dans les « premières », nous trouvons :

L'Ombre, de Flotow, et *Elisabeth de Hongrie*, opéra dont le principal mérite consistait à être le produit musical du neveu de Meyerbeer, M. Beer.

Pour les œuvres du cru : *La Jeunesse de Grétry*, opéra comique, de Pardon, et *la Madone*, ballet de Stoumon, dont la muse était toujours féconde.

Premières Représentations.

1870. 19 octobre. — **L'Ombre**, opéra comique en 3 actes, de Saint-Georges, musique de Flotow.

   Fabrice . . . . MM. Lhérie.
   Le Docteur . . . . Ben-Aben.
   Jeanne . . . . Mmes Fidès Devriès.
   Mme Abeille . . . . . . Nordet.

1871. 5 février. — **Le Billet de Marguerite**, opéra comique en 3 actes, de Cormon, musique de Gevaert. (MM. Lhérie, Ben-Aben, Aujac, Mmes Fidès Devriès, Nordet.)

18 mars. — **Elisabeth de Hongrie**, opéra en 4 actes, de Saint-Georges, musique de Beer.

10 avril. — **La Jeunesse de Grétry**, opéra comique en 2 actes, de Lhoest, musique de Pardon.

Ballets.

1870. 3 novembre. — **Une Fête hongroise**, 1 acte.

20 novembre. — **Le Nid d'amour**.

1871. 7 février. — **La Madone**, 2 actes, de Chappuis, musique de Stoumon.

Recettes.

1870. Septembre	. . . . . fr.	66,145 41
Octobre	. . . .	64,233 10
Novembre	. . . . . .	76,169 83
Décembre	. . . . . .	78,083 11
1871. Janvier	. . . . . .	88,263 04
Février	. . . .	95,085 61
Mars	. . . .	61,406 39
Avril	. . . .	82,300 11
Subvention	. . . . . .	80,000 »

Remplacements d'Artistes.

Dequercy	est remplacé par	Barbet.
Falchieri	»	Jamet.
Christiani	»	Barbera.
Barbera	»	Bonnefoy.
Bonnefoy	»	Feitlinger.
Peschard	»	Lhérie.

Répertoire (reprises).

Faust.
Robert le Diable.
La Favorite.
Le Prophète.
Guillaume Tell.
Le Trouvère.
Les Huguenots.
La Juive.
Lohengrin.
La Muette
Lucie de Lammermoor
Don Juan.
Violetta.
Roméo et Juliette.
La Somnambule.
Haydée.
La Dame Blanche.
Les Dragons de Villars.
Le Songe d'une Nuit d'été.
Le Postillon de Lonjumeau.
Les Diamants de la Couronne.
Le Barbier de Séville.
Zampa.
Le Domino noir.
Fra Diavolo.
Le Pardon de Ploërmel.
Le Pré-aux-Clercs.
Le Docteur Crispin.
Le Toréador.
La Fille du Régiment.
Le Caïd.
Les Noces de Jeannette.
Le Maître de Chapelle.
Le Bouffe et le Tailleur.
Le Chalet.
Le Sorcier

Ballet.

Giselle.

Artistes en Représentations.

1870. 22 septembre. — Mme Marie Sasse, de l'Opéra.
27 septembre. — Mlle Bloch, 4 représentations. (Recettes, fr. 10,355.75.)
31 octobre. — Mme Lemoine-Cifolelli.
31 octobre. — Mlle Hamaeckers, de l'Opéra.
3 et 5 novembre. — Mlle Marimon, de l'Opéra-Comique.
9 novembre. — Mlle Heilbronn, de l'Opéra-Comique.
16 novembre. — Montaubry.
Du 22 octobre au 17 février. — Mme Miolan-Carvalho, du Théâtre Lyrique. (Recettes, 77,868 fr.).
Du 26 décembre au 20 mars — Faure, de l'Opéra, 20 représentations. (Recettes, fr. 149,251.50.)
1871. 30 mars. — Belval, de l'Opéra.
9 avril. — Mme Ad. Patti. (Recettes, 15,974 francs.)
Augier, première basse du Théâtre de Bordeaux.
Mlle Wertheimber, contralto, de l'Opéra.
Mlle Danicle, de l'Opéra-Comique de Paris.
Christophée, première basse du Théâtre de Lille.
De Keghel, premier ténor du Théâtre de Rouen.
Alexié, première basse du Théâtre d'Alger.
Faures, première basse du Théâtre de Liége.
Laurent, premier ténor du Théâtre Lyrique de Paris.
Mme Mendié Loustani, première chanteuse du Théâtre de Milan.
Gens, premier ténor du Théâtre de Metz.
Mme Marie Battu, première chanteuse de l'Opéra.
Mme Ricquier-Delaunay, première chanteuse du Théâtre de Gand.
Mazurini, premier ténor du Théâtre de Bordeaux.
Mme Lhéritier, première chanteuse du Théâtre de Gand.
Engel, premier ténor du Théâtre de l'Opéra-Comique.
Huet, ténor léger du Théâtre Royal d'Anvers.
Brion d'Orgeval, basse chantante.
Wicart, ex-fort ténor du Théâtre de Bruxelles.
Dulaurens, premier ténor du Théâtre de Lyon.
Wieten, premier ténor du Théâtre de Liége.
Mme Derasse, forte chanteuse.
Lauwers, première basse, engagé pour *Lohengrin*.
Mme Chappuis, première chanteuse d'opéra comique.
Armand des Roseaux, chanteur comique des concerts de Paris.
Mme Rousset, première danseuse de l'Alcazar de Bruxelles.
Lannoy, premier violoncelle du roi de Portugal.
Wauters, organiste, accompagnateur de Faure.

Représentations Extraordinaires.

1870. 10 septembre. — Pour l'Association belge des secours aux militaires.
24 septembre. — Spectacle gratis, à l'occasion du quarantième anniversaire de l'Indépendance Nationale.
25 septembre. — A midi. Spectacle gratis. *Les Diamants de la Couronne*.
1er octobre. — Pour l'Ambulance. *Le Maître de Chapelle*, *les Huguenots*. Intermède vocal et instrumental.
La Brabançonne, chantée par Sasse et les chœurs.
2 octobre. — *La Bruxelloise*, hymne à la paix, chantée par Mlle Block et les chœurs.
22 octobre. — Bénéfice des pauvres de Bruxelles. *Les Huguenots* (2 actes), avec Miolan-Carvalho.
25 octobre. — Grande Harmonie. *La Fille du Régiment*.
10 novembre. — Pour l'œuvre du Comité de la Paix. *Robert le Diable*.
29 novembre. — Grande Harmonie. *Faust*. Miolan-Carvalho.
17 décembre. — Grande Harmonie. *Le Prophète*.
24 décembre. — Bénéfice des blessés de la guerre Franco-Allemande. *La Favorite*, avec Faure.
1871. 9 janvier. — Bénéfice des victimes de la guerre. *La Favorite*.
28 janvier. — Grande Harmonie. *Guillaume Tell*.
18 février. — Bénéfice de l'Association des artistes de Paris, avec le concours des artistes du Théâtre de la Monnaie, des Galeries, du Parc, du Molière, et des artistes des théâtres de Paris en représentations.
11 mars. — Grande Harmonie.
30 mars. — Bénéfice de Bauce, régisseur général. *Robert le Diable*.
4 mai. — Bénéfice de Préaux, contrôleur en chef. *Le Chalet*, intermède musical.

Nécrologie.

1871. 8 avril. — Mort de Ch. Hanssens.

Le Billet de Marguerite fut l'occasion d'un nouveau succès pour Gevaert. A la fin de la soirée, le maître parut sur la scène, traîné par ses interprètes, et le public lui fit une chaleureuse ovation.

Nous ne nous attarderons pas à l'appréciation fort élogieuse des journaux sur l'œuvre de Gevaert, et nous donnerons — à titre documentaire — un compte rendu d'un tout autre genre, signé par le conservateur du matériel au Théâtre de la Monnaie.

NOTE POUR MONSIEUR L'ÉCHEVIN FUNCK

La mise en scène du *Billet de Marguerite* n'est pas à l'abri de la critique.

A la fin du premier acte, les compagnons tonneliers partent en tenue de voyage, au second acte, ils sont dans un atelier et au travail, la grande part dans le même costume, les autres ayant conservé une partie de la tenue avec la chemise blanche que l'on porte de nos jours.

Au troisième acte, ils viennent à la noce en costume suisse, et la scène se passe en Allemagne. Si M. Feignaert avait suivi les instructions, ils venaient à la noce en habit français avec le chapeau tyrolien.

Il n'y a pas encore eu un costume de fait, cette année, pour l'opéra.
6 février 1871. *Signé :* VAN STEEN.

Gevaert est nommé directeur du Conservatoire royal de Bruxelles, auquel il devait donner l'appui de son talent et de sa science.

Le 8 avril une triste nouvelle afflige tout Bruxelles : la mort de l'ancien chef d'orchestre, Charles-Louis Hanssens. C'était un musicien de valeur, un artiste sincère, — un honnête homme.

Malgré tous les éléments de succès dont il avait disposé, Vachot ne parvint à se concilier ni la faveur de la presse, qui l'attaquait souvent, ni celle du Collège, qui le malmena avec une certaine dureté. Mais l'énergique directeur se défendait comme un beau diable, et sa correspondance, conservée aux archives, démontre avec quelle causticité il répondait aux attaques. On raconte qu'un jour il traita les conseillers communaux « d'épiciers », ce qui ne manqua pas de soulever un *tolle* général, dont retentirent longtemps les voûtes de l'Hôtel-de-Ville !

Ce dernier trait terminera le récit de la saison 1870-71.

(1871-72)

MM. Jules-Henry VACHOT, directeur.
Bauce, régisseur-général, parlant au public.
Lapissida, régisseur.
Alexandre, régisseur des chœurs.

Orchestre.

MM. SINGELÉE, premier chef.
Buziau, second chef, conduisant l'opéra et le ballet, chef du chant.

Grand opéra, Traductions, Opéra comique.

Ténors :

MM. Warot.
Genevois.
Barbet.

MM. Lapissida.
Dubouchet, } ténors comiques.
O. Lafont, }

M. Philippe Jourdan.

Basses :

MM. Vidal.
Boyer.
Lassalle.
Arsandau.

MM. Lauwers.
Chappuis.
Mechelaere.
Blondeau.

Chanteuses :

Mmes Von Edelsberg, forte chanteuse contralto, engagée en représentations pour la saison.
Sternberg.
Durand Hitchcock.

Mmes Hasselmans.
Nordet.
Michelli.
Neulat.
Aurélie.

Cinquante choristes.

Ballet.

MM. Hanssen, maître de ballet et danseur de caractère.
Charles, régisseur, second maître de ballet.

Rôles mimes :

M. Hanssen.   M. Deridder.

Danseurs :
MM. Charançonnay.
Poigny.
Charles.

Danseuses :
Mmes Adelina Théodore.
Laurençon.
Joséphine Invernizzi.
Dolorès.

Huit coryphées.
Corps de ballet : Seize dames et douze hommes.
École de danse.

Artistes en représentations.

MM. Faure; Achard. — Mmes Patti; Girard; Galli-Marié.

La saison commence le 3 septembre, en dépit de la coutume établie d'ouvrir le théâtre le 1er.

Mais on ne renonce pas à l'usage « antique et solennel » qui, presque chaque année, ramène *les Huguenots* à l'inauguration de la campagne.

Les nouveaux visages étaient nombreux :

Après une courte absence, Vidal retrouva ses fidèles partisans; on rendit aussi justice à Lassalle, le baryton actuel de l'Opéra ; mais ils furent rares, les artistes qui trouvèrent grâce devant la sévérité du public. « On exécute », dit un journaliste, « de pauvres chanteurs, dont la seule faute, en somme, est d'avoir cru la scène bruxelloise au même niveau que l'Opéra de Carcassonne ou de Perpignan. »

Malgré tout, le tableau de troupe ne subit que trois changements : Genevois est remplacé successivement par Fabre, Bresson et Cabel, — après Mlle Durant arrivent, à tour de rôle, Mlles Girard, Baretti, Monrose et Mme Cabel. A Lafont succèdent Tournade et Vranitz.

Vachot continue à être attaqué par la presse, et ses débats avec le Conseil Communal sont fréquents.

La réforme musicale de la Monnaie est, sans doute, le problème important du moment, mais il n'est pas le seul et il y aurait mille choses à dire encore sur le soin à apporter à la mise en scène, sur l'importance d'innombrables détails archéologiques de décors, de costumes et de mobilier qui ont été rarement pris au sérieux chez nous, où on les traite avec un dédain et une négligence impardonnables.

La scène de la Monnaie est un champ libre ouvert aux anachronismes les plus bouffons, aux invraisemblances les plus échevelées qui s'y donnent la main dans une ronde fantastique bien faite pour plonger un homme de goût dans l'ahurissement le plus profond ! (1)

Cependant, la première nouveauté, *Coppelia*, satisfait les plus délicats ; — il est vrai que c'est un ballet. Voici, au sujet du charmant ouvrage de Delibes, une édifiante lettre adressée à *la Chronique* par le directeur :

Mon cher rédacteur,

Je lis dans votre numéro du 8 décembre courant un aimable dialogue entre deux abonnés. Vous me demandez de bien vouloir, la main sur la conscience, vous renseigner sur ce que coûte *Coppelia*.

Je crains que vous ne me fassiez là une mauvaise affaire. Placer un directeur entre deux abonnés... La position est délicate !

Vous me demandez de mettre la main sur la conscience Pourquoi faire ? Personne ne croit à la conscience d'un directeur de théâtre. Il a beau écrire, expliquer, donner des chiffres : c'est parfaitement inutile. Les jours se suivent et apportent de nouvelles *charges !* Vous pourrez apprécier bientôt ce mot à double entente !

Voici donc, pour vous complaire, le duplicata des notes et des dépenses de *Coppelia* :

Voyage à Paris du maître de ballet . . . . fr.	150 »
Achat de la partition	850 »
Transport	4 50
Note du costumier	1,480 »
Note du machiniste	1,664 35
Note du peintre	1,332 80
Note du bottier	295 »
Accessoires, fleurs	48 »
	5,824 65

Je vous envoie ci-jointes, comme annexes, ces différentes notes que je vous prie de me retourner après les avoir examinées.

Vous verrez bien que vous-même vous faites erreur en supposant que la vérité est aussi loin de 500 francs que de 5,000 francs, puisque je dépasse cette dernière somme de beaucoup.

Je vois souvent les théâtres de Paris produire les chiffres des dix premières représentations à succès ; cela se traduit pour la direction par de bons billets de mille francs.

Voici les recettes réalisées, à la Monnaie, par les quatre premières représentations de *Coppelia* (données, remarquez-le, avec un opéra comique en sus), — alors que la dépense

---

(1) *La Gazette.*

journalière est en moyenne de 2,480 francs. — Et ce chiffre des frais de chaque jour, je puis, sur ma conscience, l'établir aussi facilement que les comptes exacts de *Coppelia*.

Recettes des quatre premières représentations de *Coppelia* :
Mercredi 29 novembre. *Noces de Jeannette*, *Coppelia* . . fr. 535 50
Vendredi 1ᵉʳ décembre. *Le Chalet*, *Coppelia* . . . . . 337 »
Dimanche 3 décembre. *Le Postillon de Lonjumeau*, *Georgette*, *Coppelia* 1,707 25
Jeudi 7 décembre. *Bonsoir voisin*, *Georgette*, *Coppelia* . . . 320 »

Voilà. Qu'en dites-vous ?
Agréez mes civilités. J.-H. VACHOT.

Hamlet, d'Amb. Thomas, après avoir traversé une période de répétitions très tourmentée, et vaincu mille obstacles divers, est couronné d'un éclatant triomphe. Faure, engagé en représentations, incarnait le rôle du Prince de Danemark, dans lequel il était si complet.

A la « première », incident inattendu : S. M. le Roi, dont la présence était annoncée, arrive au milieu du duo : « *Doute de la lumière...* »; la salle entière lui fait une ovation prolongée; l'action est interrompue; les dilettanti, qui veulent, avant tout, entendre la musique, protestent énergiquement, et, — singulier effet d'acoustique! — on aurait cru le Roi chuté comme un simple comédien...

Décidément *Hamlet* ne parvenait pas, sans encombre, à son exécution, et le pauvre Vachot n'avait pas de chance.

Le chroniqueur du *Guide Musical*, — détail piquant : c'est Stoumon qui remplissait alors ces fonctions, — fait précéder sa critique d'un chapitre assez humoristique :

Le métier d'impresario exige tout de même une forte dose de stoïcisme et de confiance en son étoile. L'homme qui aurait des nerfs, ou qui se ferait des monstres des petites misères de la vie humaine, y laisserait bien vite sa peau. Pensez donc : à grands frais, vous montez une pièce nouvelle. Pour en assurer le succès, un célèbre chanteur et une demi-étoile ont été engagés. La première représentation doit avoir lieu le soir même; la salle est entièrement louée ; notre caissier tient, sous clef, une recette formidable.

Il est six heures. Vous dînez d'excellent appétit, comme un homme à qui la fortune daigne faire des risettes.

On sonne.
— Entrez, Joseph.
— Ah ! Monsieur, le célèbre chanteur a la pituite, voici les certificats de MM. Purgon et Diafoirus. Il faut tout de suite annoncer un relâche et rendre la recette.

Tableau !

Enfin, vous vous remettez d'une alarme aussi chaude. A grand renfort d'affiches, vous annoncez aux populations que l'indisposition grave et constatée du célèbre chanteur sera guérie dans les quarante-huit heures et que, par conséquent, la première représentation de la pièce nouvelle aura lieu irrévocablement le surlendemain.

> Les quarante-huit heures s'écoulent, la guérison du célèbre chanteur est complète. Votre caissier a remis sous clef une recette formidable. Il est six heures. Vous redînez d'excellent appétit, comme un homme à qui la fortune redaigne faire des risettes.
> On resonne.
> — Entrez, Joseph.
> — Ah! Monsieur, la demi-étoile vient d'avoir une pâmoison. Voici les certificats de MM. Thomès et Desfonandrès, il faut tout de suite réannoncer un relâche et rendre la recette.
> Patatras!!
> ... Depuis quinze jours, cette petite scène a dû se renouveler cinq ou six fois pour M. Vachot. Si ces relâches ruineux, ces contre-temps qui mettent votre entreprise à deux doigts de sa perte, vous attiraient les sympathies du public ou, tout au moins sa pitié, ce serait une consolation ; mais non, ces relâches intempestifs, ces changements de spectacle à la dernière heure, paraissent au public des mystifications, qu'il impute volontiers à l'incurie, à l'imprévoyance du directeur.
> ... Nous considérons comme une faute grave la spéculation qui consiste à accumuler, à force de réclames, sur un seul artiste ou sur un seul ouvrage, toute la curiosité du public. Que l'artiste tombe malade, que l'ouvrage fasse four, et vous en arrivez à ne faire plus avec les pièces du répertoire, qui pourraient produire un bon billet de mille, que des recettes de vingt-sept francs cinquante centimes.

Hamlet précédait *le Bal Masqué*, dont une troupe de passage avait fait connaître la version italienne, et *le Vaisseau Fantôme*, qui ne vogua que quelques soirs, — à prix réduits, dès le troisième.

Cette diminution du prix des places fut innovée par Vachot, qui donnait ainsi les opéras comiques ou les vieux opéras — mais elle n'augmenta jamais les recettes.

Parmi les pièces indigènes : *Georgette*, de Gevaert, — *la Coupe Enchantée*, de Radoux, et *la Dot de Régine*, de Barwolf, le violoncelliste, qui fait encore aujourd'hui partie de l'orchestre.

Au nombre des artistes en représentations :

Mmes Patti, Ristori, Cabel, Marie Rose ;

Achard, Vieuxtemps, etc.

Le tableau de troupe — que nous avons reproduit, comme toujours, tel que la direction le publia au début de la campagne — annonçait encore Galli-Marié ; mais l'excellente artiste ne parut pas à Bruxelles pendant cette saison.

Le 27 janvier 1872, Faure est nommé « Inspecteur des études de chant au Conservatoire Royal de Bruxelles ».

Le Conseil Communal fait appel aux soumissionnaires pour la direction du théâtre ; se présentent :

JOURDAN, ancien ténor de la Monnaie ; — BONNEFOY, du Théâtre de Lille ; — CALABRESI, ancien directeur du Théâtre de Liége ; — MONTAUBRY, ex-artiste de la Monnaie ; — AVRILLON, secrétaire de l'Opéra de Paris.

Ce dernier l'emporta sur ses concurrents.

Premières Représentations.

1871. 26 décembre. — **Hamlet**, opéra en 5 actes, de Carré et Barbier, musique d'Amb. Thomas.

Hamlet	MM. Faure.
Claudius	Vidal.
Laërte	Barbet.
Polonius	Chappuis.
L'ombre du feu roi	Mechelaere.
La reine Gertrude	Mmes Sternberg.
Ophélie	Sessi.

2 décembre. — **Georgette**, opéra comique en 1 acte, de Vaez et Alph. Royer, musique de Gevaert.

1872. 15 janvier. — **La Coupe enchantée**, opéra comique en 2 actes, de Pellier-Quensy et Kirsch, musique de Radoux.

1er février. — **La Dot de Régine**, opéra comique en 1 acte, de Ch. Ruth, musique de Barwolf.

5 mars. — **Le Bal masqué**, opéra en 3 actes, adaptation française d'Edouard Duprez, musique de Verdi.

3 avril. — **Elie**, oratorio en 2 parties de Mendelssohn.

6 avril. — **Le Vaisseau fantôme**, opéra en 3 actes, adaptation française de Nuitter, musique de Wagner.

Ballets.

1871. — 29 novembre. — **Coppelia**, 2 actes, de Delibes.

Répertoire (reprises).

L'Africaine.
Guillaume Tell.
Lohengrin.
Les Huguenots.
Le Prophète.
La Muette de Portici.
La Favorite.
Le Trouvère
Robert le Diable.
Elisabeth de Hongrie.
Faust.
La Juive.
Lucie de Lammermoor.
Rigoletto.
Le Barbier de Séville.
Les Amours du Diable.
La Dame Blanche.
Maître Pathelin.
Le Nouveau Seigneur du Village.
L'Eclair.
Les Noces de Jeannette.
Les Dragons de Villars.
La Fille du Régiment.
Bonsoir Voisin.
Le Maître de Chapelle.
Le Postillon de Lonjumeau.
Zampa.
Le Songe d'une Nuit d'été.
Joconde.
Les Mousquetaires de la Reine.
Galathée.
Haydée.
Le Chalet.
Le Domino noir.
Fra Diavolo.
Le Caïd.

Ballets.

Les Nations.
Giselle.
Le Rêve d'un Pêcheur.
La Madone.

Remplacements d'Artistes.

Mme Durand remplacée par Mlle Girard.
Mlle Girard » Mme Baretti.
Mme Baretti » Mlle Monrose.
Lafont » Tournade.
Tournade » Vranitz.
Genevois » Fabre.
Fabre » Bresson.
Bresson » Cabel.

Artistes en Représentations.

1871. Du 23 septembre au 4 octobre. — 4 représentations de Achard, premier sujet de l'Opéra-Comique. (Recettes, fr. 11,883.25.)

Du 17 au 20 octobre. — 2 représentations de Patti. (Recettes, 31,120 francs.)

Du 8 décembre 1871 au 31 janvier 1872. — 19 représentations de Faure de l'Opéra. (Recettes, fr. 99,454.70.)

17 décembre. — Concert populaire de musique classique. Directeur, Samuel. (Recettes, 3,321 fr.)

1872. 24 janvier. — Ballet viennois, avec Mlles Katti Lanner, Berthe Lendu et M. Francesco.

9 février. — Mme Cabel, du Théâtre de l'Opéra-Comique.

5 mars. — Mme Marie Rose. (Recettes, fr. 2,358.70.)

Mme Méjare, première chanteuse du Théâtre de Lille.

Dulaurens, premier ténor.

Ketten, premier ténor.

Aniccie, première basse du Théâtre Italien de Paris.

Mlle Haussmann, chanteuse des concerts de Paris.

Brion d'Orgeval, première basse.

Mme Chilli-Boulo, première chanteuse du Théâtre de Gand.

Mlle Duboucher, première Dugazon du Théâtre de l'Alcazar.

Mme Rolibaert, première chanteuse légère.

Mme Sessi, première chanteuse, de l'Opéra de Paris.

Mme Danis Barnolf, première chanteuse du Théâtre de Bruges.

17 février. — Concert. Olga, pianiste, — Vieuxtemps, violoniste.

1871. 12 décembre. — Compagnie Italienne, sous la direction de Mme Ristori. *Marie Antoinette*, drame historique en 5 actes, avec prologue et épilogue. (Mmes Ristori, Gianzana, Nobeli, Rossigunali, Casati, Montrozza, Boryonzoni, Grisostoni, Tognotti. MM. Glech, Majeroni, Venero, Mezzidolli, Romain, Emili, Sportini, Luigi, Ricclé, Grudare, Frederice, Ruili, Giovanni.)

Représentations Extraordinaires.

1871. 28 octobre. — Grande Harmonie. *Les Huguenots*.

18 novembre. — Grande Harmonie. *Le Domino noir, Bonsoir Voisin*.

19 décembre. — Grande Harmonie. *La Favorite*, avec Faure.

1872. 9 janvier. — Bénéfice de la Crèche de la rue de Malines. *La Muette de Portici, Coppelia*.

13 janvier. — Grande Harmonie. *L'Africaine*.

26 janvier. — Société Française de bienfaisance. *Guillaume Tell*.

30 janvier. — Grande Harmonie. *Hamlet*, avec Faure et Mme Sessi.

17 février. — Représentation donnée par les Dames de France pour « la délivrance du territoire ». *La Muette de Portici* (2me acte), *Guillaume Tell* (3me acte).

5 mars. — Bénéfice de Singelée, premier chef d'orchestre. *Le Bal masqué*, avec Mme Marie Rose.

12 mars. — Grande Harmonie. *Le Bal masqué*.

27 mars. — Bénéfice de Nordet, première Dugazon *Joconde*.

1er avril. — Bénéfice de Bauce, régisseur général. *Hamlet* (3me acte), *le Barbier de Séville* (2me acte), *les Huguenots* (4me acte), *Coppelia* (ballet 1 acte).

15 avril. — Bénéfice de Mlle Hasselmans, première chanteuse. *Hamlet*.

1er mai. — Bénéfice de Mlle Théodore, première danseuse. *Coppelia*.

2 mai. — Bénéfice de Pierre, préposé contrôleur. *Faust et Marguerite*, fantastique.

15 mai. — Bénéfice de Mlle Sternberg, forte chanteuse. *Faust et Marguerite*.

23 septembre. — Pour les orphelins de la guerre. *La Dame Blanche*, avec L. Achard, premier ténor de l'Opéra-Comique.

Recettes.

1871. Septembre	fr.	54,558 91
Octobre		66,688 24
Novembre		46,485 23
Décembre		80,666 94
1872. Janvier		108,142 95
Février		50,202 26
Mars		49,183 13
Avril		50,056 46
Subvention		80,000 »

Ce qu'il y a de curieux, c'est que, lorsque Avrillon eut accepté le théâtre dans les conditions où il le trouvait, le Roi alloua un subside de 100,000 francs; et la ville, ne voulant pas demeurer en reste, accorda la même somme.

Voilà donc l'Opéra bruxellois avec une subvention de 200,000 francs au lieu de 80,000.

On ne tardera pas à voir les résultats de ce nouveau budget...

(1872-73)

MM. François-Hippolyte AVRILLON, directeur.
Victor Prilleux, secrétaire général.
Ernest Avrillon, secrétaire chargé de la location.
Vermandele, employé-comptable.
Pierre, employé à la location.
Maillard, percepteur de l'abonnement.

Service de la scène.

MM. Jules Puget, directeur de la scène et du chant.
Lapissida, régisseur de la scène.
France-Perrot, souffleur de musique.
Deux avertisseurs.

Grand Opéra, Traductions, Opéra comique.

Ténors :

MM. Warot.　　　　　　　　MM. Barbet.
　　Jourdan.　　　　　　　　　　Philippe Jourdan.
　　Vinay.　　　　　　　　　　　Lapissida.
　　Guérin, ténor trial.

Barytons :

M. Roudil.　　　　　　　　　M. Martin.

Basses :

MM. Bérardi.　　　　　　　　MM. Mechelaere.
　　Courtois.　　　　　　　　　　Mengal.
　　Steveni.　　　　　　　　　　Chappuis.
　　Lauwers.

Coryphées :

MM. Steps.   MM. Hertz.
    Frennet.   Blondeau.
           M. Cervelli.

Chanteuses :

Mmes Sternberg, ⎫   Mmes Edant-Lecuyer, deuxième contralto.
      de Taïsy, ⎬ Falcons.   Darsaux,   ⎫
      Devriès,   ⎭   Ambre,   ⎬ Dugazons.
      Sorandi,   ⎫ chanteuses légères. Aurélie,   ⎭
      A. Isaac, ⎭   Enault Chevalier, duègne.

              Mme Csillag, contralto.

Coryphées :

Mlle Murat.   Mlle Sons

Accompagnateurs :

M. Prosper Vandensavel.   M. Lauwers.
                                M. Murat.

Ballet

MM. L. Petipa, directeur de la danse et du Conservatoire.
    Hanssen, maître de ballet.
    Poigny, régisseur.
    Lagay, ⎫ répétiteurs.
    Dewiat, ⎭

           Deux avertisseurs.

Danseurs et rôles mimes.

MM. Hanssen, ⎫ rôles.
    Deridder, ⎭
    Charançonnay, premier danseur noble.
    Poigny, premier danseur demi-caractère.
    Waldenberg, deuxième danseur.
Mme Charançonnay, rôle mime.

Danseuses :

Mmes Adelina Théodore, ⎫ premières dan-   Mmes Alice Dupuis, seconde danseuse.
      Carrière,   ⎬ seuses.   Neufcour,   ⎫ troisièmes danseuses.
      Joséphine Salada, seconde danseuse.   Champavert, ⎭

Coryphées :

Mlles Gauthier.   Mlles Vidal.
       Tessaro.   Vercammen.
       Forêt.   Sergis.
       Dolorès.   Duchamel.
Premier quadrille : Huit danseuses.   Deuxième quadrille : Huit danseuses.
              Douze danseurs, hommes.

Conservatoire et École.

MM. Petipa, directeur.   MM. Charançonnay, ⎫ professeurs.
    Hanssen, professeur.   Waldenberg,   ⎭

Chœurs.

M. Aimès, directeur des chœurs.

14 premiers dessus.	10 tailles.
12 deuxièmes dessus.	10 premières basses.
8 enfants de chœurs.	13 secondes basses.
12 premiers ténors.	

MM. Panneels, Steps, Charlot, répétiteurs.

Orchestre.

M. Joseph Dupont, premier chef. — M. Buziau, deuxième chef.

12 premiers violons.	4 bassons.
11 deuxièmes violons.	2 cornets à piston.
8 altos.	2 trompettes.
8 violoncelles.	1 tuba.
8 contrebasses.	4 trombones.
3 flûtes.	1 grosse caisse.
3 hautbois.	1 triangle tambour.
3 clarinettes.	1 timbalier.
1 saxophone.	1 cymbalier.
6 cors.	2 harpes.

Un garçon d'orchestre.

Bande sur le théâtre.

Un chef. — Douze musiciens.

Costumes.

M. Faignaert, chef.   M. Bardin, coiffeur.
Mme Marie, costumière.   Douze employés.

Décorations.

MM. Charles Haeck, machiniste en chef.
Daran, peintre décorateur.
Vingt-deux machinistes.

Employé du contrôle.

M. Joseph, contrôleur principal.
Vingt employés, placeurs et ouvreuses.

Le directeur de la scène, Puget, est l'ex-ténor du Théâtre-Lyrique.

Prilleux, de retour à Bruxelles, prend les fonctions de secrétaire. Jourdan, Warot, Roudil, Martin, Mengal et Chappuis sont connus du public de la Monnaie.

Bérardi, porté sur le tableau comme première basse, est l'artiste qui, plus tard, sur cette même scène, fut premier baryton, puis entra à l'Opéra de Paris.

Nous avons vu déjà Mmes Sternberg et Devriès.

Mlle A. Isaac figure ici comme troisième chanteuse. C'est l'admirable cantatrice — l'une des plus grandes de l'époque — qui est actuellement à l'Opéra-Comique.

Guérin est un comédien plein de verve, doublé d'un excellent musicien, qui tiendra, pendant de longues années, l'emploi de trial.

La dugazon, Mlle Ambre, a fait une très honorable carrière en qualité de première chanteuse légère.

Enfin, c'est la première fois que Joseph Dupont dirige l'orchestre de la Monnaie, auquel il apportait l'appui de son talent et de ses convictions artistiques, et qu'il devait placer à un rang si élevé. Son futur associé, Lapissida, occupe maintenant les fonctions de régisseur.

Ouverture, avec *Guillaume Tell*. La salle est complètement restaurée, les décors sont repeints, les chœurs augmentés et... disciplinés, l'orchestre reconstitué ; tout présage une campagne exceptionnellement brillante.

Mais les débuts furent très orageux : un grand nombre d'artistes échouèrent ; on vit successivement défiler quatre basses chantantes et quatre barytons d'opéra comique ; ces changements entravaient la marche du répertoire, et grevaient le budget de frais imprévus et inutiles. De plus, les concurrences devenaient redoutables, et le nombre s'en augmentait sans cesse ; l'Alcazar attirait la foule avec *La Fille de Mme Angot;* et, malgré la munificence royale et communale, on n'était pas sans craintes, quant aux résultats pécuniaires.

Ces remaniements enrichirent la troupe de deux cantatrices aimées : Mlles Hamaekers et Battu, de l'Opéra ; mais les innombrables représentations de débuts qu'on improvisait chaque jour occupaient le temps consacré aux études, et il faut aller jusqu'en février pour rencontrer une nouveauté, l'unique nouveauté de la saison : *Tannhäuser*, de Wagner.

Les Parisiens avaient sifflé l'ouvrage, sans l'entendre ; les Bruxellois écoutèrent et applaudirent ; le wagnérien Dupont avait électrisé tout le monde !

Faire connaître *le Tannhäuser* était une belle et hardie entreprise : c'était contribuer à la rénovation musicale. Même si elle avait dû échouer, pareille tentative méritait d'être encouragée. L'accueil que Bruxelles fit à l'œuvre de Wagner récompensa, mieux que les meilleurs éloges, les efforts de tous ceux qui avaient contribué à son succès.

Au milieu de cette joie, un seul homme se refusait à partager l'enthousiasme général : le caissier du théâtre! Les *balances* mensuelles étaient, en effet, fort attristantes. Avrillon arrivait de l'Opéra, et voulait trop généreusement diriger son administration, s'imaginant peut-être que Bruxelles offrait autant de ressources que Paris; — il perdit 150,000 francs en six mois.

Il y avait plus de vingt ans qu'on n'avait vu une faillite à la Monnaie!

Tout le monde se plaisait à reconnaître l'incontestable probité du malheureux directeur; mais, ce qu'on s'expliquait malaisément, c'est que le désastre financier éclatât juste au moment où la subvention venait d'être plus que doublée.

Il faut remarquer que le personnel était considérablement augmenté; le nombre des musiciens était porté à 82, celui des choristes à 80, le ballet comprenait maintenant 60 sujets. Outre les appointements, la direction était bien forcée d'*habiller* tous ses nouveaux pensionnaires, pour chaque pièce qu'elle montait, même celles du répertoire, puisqu'elles n'avaient jamais exigé une mise en scène aussi importante; ces frais supplémentaires étaient énormes, et ils devaient fatalement amener la ruine.

Les artistes se constituent en société, sous la régie *gratuite* de Quélus, qui, depuis treize ans, désintéressé du théâtre, vivait, à Molenbeek, d'une fortune modeste et honorablement acquise.

Cette administration vit le retour de Faure, et termina, tant bien que mal, la campagne, le 2 mai, par *le Trouvère*.

Le Conseil Communal s'était empressé, dès la retraite d'Avrillon, de nommer un directeur, afin que celui-ci eût le loisir de former une troupe digne de Bruxelles. Son choix désigna Campocasso.

L'intelligent imprésario eut l'occasion de débuter, avant la saison 1873-74, par un spectacle qu'il fut chargé d'organiser, le 16 juin, en l'honneur du Shah de Perse : *L'Africaine*, avec Warot, Roudil, Mmes Battu, Hamaekers et la danseuse Lamy, dans le ballet de *Faust*, intercalé au 4me acte de l'opéra de Meyerbeer. Les dépenses s'élevèrent à une quinzaine de mille francs — la recette ne dépassa guère dix mille francs. Il y eut donc quatre ou cinq mille francs à porter au budget du Shah... ou de la ville.

Premières Représentations.

1873. 20 février. — **Le Tannhäuser**, opéra en 3 actes, de Richard Wagner. (Traduction de Ch. Nuitter.)

Tannhäuser	MM. Warot.
Wolfram	Roudil.
Reinmar	Bérardi.
Elisabeth	Mmes Marie Battu.
Vénus	Hamaekers.
Un jeune pâtre	Adèle Isaac.

Ballets.

1872. 14 octobre. — **Le Marché des Innocents**, 1 acte, par Petipa.

1873. 4 mars. — **Les Fleurs animées**, 1 acte, par Hanssen, musique de Lagye.

Remplacements d'Artistes.

Courtois est remplacé par Soto.

Soto	»	Feitlinger.
Feitlinger	»	Desgoria.

Mme Sorandi, première chanteuse légère, remplacée par Mlle Hamaekers.

Martin est remplacé par Garcia.

Garcia	»	Lourdes.
Lourdes	»	Fluchat.

Mme Sternberg, forte chanteuse, résilie.

Mmes Moisset et Ambre résilient.

Mlle Csillag, remplacée par Mlle Sarolta, qui résilie à son tour.

Artiste engagé au cours de la saison.

Roussel.

Répertoire (reprises).

Guillaume Tell.
L'Africaine.
Robert le Diable.
Faust.
La Muette de Portici.
Le Prophète.
La Favorite.
Lucie de Lammermoor.
Les Huguenots.
Hamlet.
La Juive.
Violetta.
Rigoletto.
Don Juan.
Les Mousquetaires de la Reine.
Le Pré-aux-Clercs.
La Fille du Régiment.
Les Noces de Jeannette.
Le Maître de Chapelle.
Haydée.
Le Barbier de Séville.
La Dame Blanche.
Le Domino Noir.
Le Songe d'une Nuit d'été.
Le Mariage extravagant.
Le Postillon de Lonjumeau.
Les Diamants de la Couronne.
Bonsoir, Monsieur Pantalon.
Zampa.
Le Cheval de Bronze.
Giralda.
Lara.
Mignon.
Les Rendez-vous bourgeois.
Les Dragons de Villars.

Ballets.

Coppelia.
Giselle.
La Madone.

Artistes en Représentations.

1872. 12 octobre. — Concert de Gounod.
6 novembre. — *Gallia*, Mlle Weldon.
10 novembre. — Mlle Von Edelsberg.
17 novembre. — Concert populaire de musique classique, sous la direction de Vieuxtemps.
22 novembre. — Mlle Battu, de l'Opéra.
1873. — Mme de Taisy, cantatrice.
29 mars. — Faure, de l'Opéra.
Dulaurens, premier ténor du Théâtre d'Anvers.
Mme Hasselmans, première chanteuse du Théâtre de Gand.
Mme Gaston Lacaze, forte chanteuse.
Caillot, baryton de l'Opéra-Comique.
Mme Lhéritier, première chanteuse du Théâtre d'Anvers.
Danery.
Ketten, premier ténor léger du Théâtre de Gand.
Jourdan Savigny, premier ténor.
Monnier, premier baryton d'Anvers.
Roussel, fort ténor.
Mme Alida Van Gelder.
Lutz, du Théâtre Lyrique.
Weilsten, cantatrice des théâtres de Londres.
Mlle Holmberg.
Mlle Wéry, du Théâtre d'Anvers.

Représentations Extraordinaires.

1872. 24 septembre. — Par ordre. En présence des *Riflemen*, les tireurs suisses et hollandais. *Lucie de Lammermoor*.
22 novembre. — Sous le patronage de S. M. la Reine avec le concours de Mlle Battu. *L'Africaine*.
17 décembre. — Grande Harmonie. *Faust*.
1873. 18 janvier. — Grande Harmonie. *La Muette de Portici*.
10 février. — Bénéfice de Jourdan. *Lara*.
21 février. — Grande Harmonie. *Les Diamants de la Couronne, le Marché des Innocents*.
17 mars. — Bénéfice de Mengal et de Mlle Dartaux. *Mignon*.
22 mars. — Grande Harmonie. *Le Tannhäuser*.

Recettes.

1872. Septembre	fr.	64,181 02
Octobre		58,474 12
Novembre		60,394 86
Décembre		62,211 97
1873. Janvier		59,494 63
Février		61,338 65
Mars		76,369 94
Avril		91,094 69
Subvention		200,000 »

(1873-74)

MM. A.-D. CAMPOCASSO, directeur-administrateur.
Joseph DUPONT, premier chef d'orchestre.
Buziau, chef d'orchestre.
C. Legenisel, deuxième chef d'orchestre.
Vienne, directeur de la scène.
Lapissida, régisseur de la scène, et régisseur parlant au public.
Martin, deuxième régisseur.
Hanssen, maître de ballet.
Waldenberg, régisseur du ballet.
Hutaut, secrétaire-général, contrôleur.
Charles Haeck, machiniste en chef.
Faignaert, costumier.
Daran, peintre décorateur.
Bardin, coiffeur.
Vermandele, caissier-comptable.
Pierre, chef du service de la salle.
Joseph, contrôleur principal.
Maillard, percepteur de l'abonnement.

Grand opéra, Traductions, Opéra comique.

Ténors :

MM. Warot.
    Duwart.
    Leroy.
    Peschard.
    Lingel.

MM. Fernando.
    Laurent-Pascal.
    Vantrapp.
    Lapissida.

Barytons :

M. Roudil.   M. Monnier.

Basses :

MM. Echetto.   MM. Mechelaere.
      Bacquie.   Mengal.
      Chappuis.

Coryphées :

MM. Descamp.   MM. Blondeau.
      Frennet.   Rullaert.
      Hertz.

Chanteuses :

Mmes Marie Battu,   ⎫   Mmes Campo-Lavato, première Dugazon.
     Carbonnel,   ⎬ fortes chanteuses.   Aurélie, deuxième Dugazon.
     Legenisel,   ⎭   Bertin, deuxième contralto, mère Du-
     Ganetti,   ⎫   gazon.
     Hamaekers,   ⎬ chanteuses légères.   Vantrapp, deuxième mère Dugazon et
     Cécile Mezeray, première Dugazon.   coryphée.

Coryphées :

Mlle Louise Maes.   Mlle Murat.

Accompagnateurs :

MM. Vandensavel.   M. Murat.
      Mailly.

Ballet.

Danseurs :

MM. Charançonnay, premier danseur noble.
      Grietens, premier danseur demi-caractère.
      Waldenberg, deuxième danseur.
      Hanssen,   ⎫
      Deridder,   ⎬ rôles mimes.

Danseuses :

Mmes Lanny,   ⎫ premières dan-   Mmes Alexandrowa, seconde danseuse.
     Anaïs Maillart, ⎬ seuses.   Champavert, troisième danseuse.
     Thérésa Dorel, seconde danseuse.   Charançonnay, rôle mime.

Coryphées :

Mlles Forêt.   Mlles Dolorès.
      Tessaro.   Duhamel.

Douze danseurs, hommes.
Vingt-quatre danseuses.

Réouverture, le 4 septembre. Selon l'usage de plus en plus antique et toujours solennel, c'est dans *les Huguenots* que s'effectuent les rentrées et les débuts.

Warot, Roudil, Mmes Battu, Hamaekers, Joseph Dupont et le nouveau *Marcel*, Echetto, sont salués par des applaudissements chaleureux.

Puis, *le Songe d'une nuit d'été* fait connaître les artistes d'opéra comique, Duwast, Bacquié, Laurent-Pascal, Mmes Garcetti et Mézeray.

Duwast ne tarde pas à résilier, et est remplacé par Leroy.

Bacquié est un artiste qui, après avoir chanté à l'Opéra-Comique, parcourut victorieusement la province. Sa voix mordante de basse chantante, son habileté scénique l'ont fait proclamer comme l'un des meilleurs *Méphistophélès*. Il est mort en 1886, au théâtre de Cette, dont il était directeur.

Mlle Mézeray s'essayait modestement dans l'emploi de Dugazon.

La période des débuts, cette année encore, est très orageuse et plusieurs artistes résilient.

Dans *Martha*, Mlle Ganetti est tellement sifflée qu'elle se trouve mal tout d'un coup sur la scène; on baisse aussitôt la toile, on expulse les siffleurs, dont le principal était un personnage très connu; le rideau se relève; Mlle Ganetti est rappelée, et *l'Air de la Rose* bissé!

On se plaignait dans le public et dans la presse de la réinstallation des claqueurs au parterre du théâtre. Voici, *in extenso*, la lettre que répondit Campocasso aux observations du Conseil communal :

Bruxelles, 16 septembre 1873.

Monsieur le bourgmestre,

J'ai l'honneur, Monsieur le bourgmestre, de vous accuser réception de la lettre dans laquelle vous me signalez qu'il existe au Théâtre de la Monnaie un groupe de claqueurs.

Je décline toute responsabilité dans cette organisation ; en admettant qu'elle existe, ce dont je doute fort, il faudrait admettre que cette organisation provient des artistes et par conséquent, est payée par eux. J'avoue très sincèrement que cela changerait mes idées complètement sur leurs habitudes, ils aiment beaucoup à recevoir énormément d'argent, mais n'aiment pas à en donner.

Monsieur l'inspecteur du théâtre pourra, Monsieur le bourgmestre, vous renseigner sur la parcimonie que je mets à délivrer des billets dits de faveur, je n'en donne absolument qu'à la presse et à des artistes de passage se rendant dans les villes de la province.

Recevez, M. le bourgmestre, l'assurance de mon profond respect.

Campocasso.

Parmi les débuts intéressants, il faut signaler celui du ventilateur qu'on attendait avec impatience. Jamais instrument à vent n'obtint un tel succès !

Les reprises succèdent aux reprises, et le commencement de la saison menaçait de n'avoir qu'un intérêt relatif, lorsque l'Opéra de la rue Le Peletier est détruit par l'incendie. A quelque chose malheur est bon. Bruxelles bénéficia de ce sinistre, et put applaudir quelques-uns des artistes devenus libres : Mmes Marie Sasse, Leavington, MM. Salomon et Depassio.

Le 11 novembre, Galli-Marié commence une série de représentations, au cours desquelles elle triomphe, mais qu'elle a la fâcheuse idée de vouloir terminer par une tentative... téméraire : elle chante le rôle de Marguerite dans *Faust!* Ses qualités si étranges, si personnelles, si merveilleuses, devenaient, pour ainsi dire, inutiles dans un personnage fait de poésie, d'idéal, — de simplicité, — et la voix de *mezzo* n'atteignait que difficilement les notes élevées de la partition...

Pour le 1er janvier, Campocasso, qui, à ses qualités de directeur expérimenté savait joindre les avantages d'un homme aimable, eut, à l'égard de son personnel, une attention charmante. Il fit afficher au foyer des artistes une note par laquelle il dispensait ses pensionnaires de la visite « aussi ennuyeuse que traditionnelle », et leur annonçait qu'ils pouvaient passer à la caisse, et toucher, tout de suite, les appointements qui ne leur étaient dus que le 14 janvier.

Dans cette originale façon de souhaiter la bonne année aux artistes, Campocasso n'a pas eu, que nous sachions, beaucoup d'imitateurs parmi ses collègues.

Après un tel trait, on aurait pu croire que le théâtre traversait une ère de prospérité ; cependant, quelques jours plus tard, le directeur demande au bourgmestre la résiliation de son contrat. Il est vrai que les reprises du *Tannhäuser* et de *Rigoletto*, sur lesquelles on comptait beaucoup, n'avaient donné aucun résultat...

A la reprise des *Dragons de Villars*, le public témoigne son mécontentement avec tant de vigueur, le tumulte devient si violent que le *paradis* se met à invectiver le parterre, et à le bombarder de projectiles !

Au milieu de ces agitations, il n'était pas facile de songer à enrichir le répertoire. Les œuvres nouvelles que fait connaître Campocasso sont rares et leur durée fut éphémère : *Le Passant*, de Coppée, mis en musique par Paladilhe — un opéra-comique du cru : *Pierrot fantôme*, de Vercken — *Maximilien ou le Maître chanteur*, opéra en 4 actes, de Limnander, joué à la fin de la saison — un ballet de Guiraud : *Gretna-Green*.

Premières Représentations.

1874. 4 mars. — **Pierrot fantôme**, opéra comique en 1 acte, de Vercken.

12 mars. — **Le Passant**, opéra comique en 1 acte, de F. Coppée, musique de Paladilhe.

Sylvia	Mmes Carbonnel.
Zanetto.	Galli-Marié.

28 avril. — **Maximilien**, opéra en 4 actes, de Trianon, musique de Limnander. (Mmes Battu et Mézeray. MM. Roudil, Echetto, Laurent, Monnier et Mechelaere.)

Ballet.

1874. 5 janvier. — **Gretna-Green**, 1 acte, de Guiraud.

Remplacements d'Artistes.

Mme Bourgeois, première duègne, remplacée par Mme Bertin.

Mélinge, trial, remplacé par Lingel.

Duwast, ténor léger, remplacé par Leroy.

Leroy remplacé par Peschard.

Mlle Ganetti, première chanteuse d'opéra comique, remplacée par Mlle Singelée (résiliée).

Mme Lamy remplacée par Mme Gosselin.

Mlle Thérèse Dorel, deuxième danseuse, résiliée le 3 octobre.

Auber, baryton d'opéra comique, chante deux mois, en attendant l'arrivée du titulaire Monnier.

Mengal résilie le 5 mars.

Répertoire (reprises).

Les Huguenots.
Faust.
Le Trouvère.
L'Africaine.
La Favorite.
La Muette de Portici.
La Juive.
Robert le Diable.
Martha.
Le Prophète.
Guillaume Tell.
Tannhäuser.
Rigoletto.
Le Comte Ory.
Roméo et Juliette.
Charles VI.
Violetta.
Le Songe d'une Nuit d'été.
Le Domino noir.
Le Maître de Chapelle.
Si j'étais Roi.
La Dame Blanche.
Haydée.
Le Chalet.
La Fille du Régiment.
Les Mousquetaires de la Reine.
Le Postillon de Lonjumeau.
Fra Diavolo.
Mignon.
Le Barbier de Séville.
Galathée.
Bonsoir, Monsieur Pantalon.
Le Voyage en Chine.
L'Ombre.
Lara
Les Dragons de Villars.
Le Caïd.

Ballets.

Les Nations.
Le Postillon et la Vivandière.
Le Carnaval de Venise.
Ondine.
Le Val Purgis (de *Faust*).

Artistes en Représentations.

1873 Du 12 au 20 octobre. — 6 représentations de Marie Sasse. (Recettes, fr. 20,285-50.)

11 novembre. — Mme Galli-Marié, de l'Opéra-Comique.

20 novembre. — Salomon, de l'Opéra.

Du 12 au 30 janvier. — 11 représentations de Mme Galli-Marié, de l'Opéra-Comique. (Recettes, fr. 29,029-25.)

29 janvier. — Monjauze, du Théâtre Lyrique.

13 mars. — Mlle Singelée.

Villa Armandi, premier ténor.

Depassio, basse de l'Opéra.

Mlle Leavington, contralto de l'Opéra.

Mme Jeanne Devriès, première chanteuse du Théâtre d'Anvers.

1874. 1er avril. Achard, premier ténor de l'Opéra-Comique.

Mlle Henriette Muller, première chanteuse du Théâtre de Berlin.

Accidents.

1873. 30 décembre. — Commencement d'incendie dans le bureau directorial.

Représentations Extraordinaires.

1873. 26 septembre. — A midi, représentation gratuite. *La Muette de Portici.*

28 octobre. — Grande Harmonie. *Robert le Diable.*

15 novembre. — Grande Harmonie. *Mignon*, avec Mme Galli-Marié.

18 décembre. — Grande Harmonie. *La Juive.*

1874. 4 janvier. — Premier concert populaire, directeur Dupont.

31 janvier. — Grande Harmonie. *Guillaume Tell.*

4 mars. — Bénéfice de Mengal.

5 mars. — Spectacle gala *Le Tannhäuser.*

7 mars — Grande Harmonie. *Roméo et Juliette.*

26 avril. — Spectacle gala, en présence de la Famille royale. *Charles VI.*

30 avril. — Par ordre, en présence de LL. MM. le Roi et la Reine. *Maximilien*, opéra en 4 actes.

Recettes.

1873. Septembre	fr.	67,343 16
Octobre		77,251 06
Novembre		82,572 90
Décembre		59,250 31
1874. Janvier		59,636 75
Février		77,794 39
Mars		66,031 12
Avril		82,816 27
Subvention		200,000 »

Le 18 avril, les musiciens de l'orchestre offrent à Joseph Dupont un banquet auquel la presse et quelques notabilités bruxelloises étaient conviées. Gevaert, retenu à Paris, s'excusa télégraphiquement en ces termes :

> Transmettez aux artistes mes regrets sincères de ne pouvoir assister au banquet et d'être privé de porter la santé de l'artiste de talent, du chef intelligent et dévoué, Joseph Dupont.

Une somme de 140,090 francs est votée par le Conseil Communal pour réparations de décors et costumes. Enfin, le dimanche 3 mai, à minuit, l'heure mystérieuse des sombres crimes, la COMPAGNIE LYRIQUE rend le dernier soupir, avec le meurtre de la Saint-Barthélemy. On avait inauguré la campagne par *les Huguenots ;* il fallait la terminer par *les Huguenots ;* — c'est dans l'ordre.

(1874-75)

MM. A.-D. CAMPOCASSO, directeur-administrateur.
Joseph DUPONT, premier chef d'orchestre.
Buziau, chef d'orchestre.
Lapisssida, régisseur général.
Farolle, deuxième régisseur.
Hanssen, maître de ballet.
Lamy, professeur du Conservatoire de danse.
Lafont, régisseur du ballet.
Fiévet, bibliothécaire.

Grand opéra, Traductions, Opéra comique.

Ténors :

MM. Marius Salomon (de l'Opéra).	MM. Lapissida.
Blum.	Gerpré.
Laurent.	Dervilliers.
Farolle.	

Barytons :

M. Devoyod (de l'Opéra).   M. Rougé.

Basses :

MM. ECHETTO.
HENRI RÉGNIER.
TAPIAU.

MM. CHAPPUIS.
MECHELAERE.

Chanteuses :

Mmes MARIE LESLINO,
  SALLA, } fortes chanteuses.

Mmes PRIOLA (de l'Opéra-Comique),
  HAMAEKERS (de l'Opéra), } premières chanteuses légères.

CHAUVEAU, première Dugazon.
MARCELLE ORIENTIS, deuxième Dugazon.
FAIGLE, mère Dugazon.
LOUISE MAES, troisième Dugazon.

Artistes en Représentation.

Mme MARIE SASSE, jusqu'en octobre.
Mlles ROSINE BLOCH, dans le courant de novembre.
CHRISTINE NILSONN, dans le mois de Mars.

Ballet.

Danseurs :

MM. LAMY, premier danseur noble.
LAFONT, premier danseur demi-caractère.
DUCHAMP, deuxième danseur.
HANSSEN,
DERIDDER, } rôles mimes.

Danseuses :

Mmes LAMY, première danseuse noble.
ADELINA GELDA, première danseuse demi-caractère.
CLARA HUSE, seconde danseuse.
VON DAHLERN, troisième danseuse.

Pièces nouvelles et principales reprises.

La Flûte enchantée, grand opéra de MOZART.
Rienzi, grand opéra de WAGNER.
La Reine de Chypre, grand opéra d'HALÉVY.
La Perle du Brésil, remis en grand opéra par FÉLICIEN DAVID.
Hamlet, grand opéra d'AMBROISE THOMAS.
Les Martyrs, grand opéra de DONIZETTI.
Le Val d'Andore, opéra comique d'HALÉVY.
Les Noces de Figaro, opéra en 5 actes de MOZART.

L'année théâtrale s'ouvre, cette fois, sous les plus heureux auspices, — et par un autre opéra que *les Huguenots !*

Non seulement le public se rend avec empressement aux invitations de l'affiche, mais il applaudit, chaque soir, avec une *furia* extraordinaire, pièce et interprètes.

Ovation pour Salomon, qui venait de l'Opéra, et dont la voix fraîche était bien celle d'un véritable fort ténor.

Ovation pour Devoyod, valeureux artiste, mettant au service d'un organe superbe toute la fougue d'un tempérament tragique.

Ovation pour Mlle Priola, charmante cantatrice, qui arrivait de l'Opéra-Comique, et qui alla, quelques années plus tard, mourir à Marseille, d'une maladie contractée depuis longtemps, et dont l'issue fut peut-être avancée par des débuts malheureux, — ce qui fit dire que les Marseillais l'avaient tuée.

Ovation pour Mlle Salla, qui débutait à la Monnaie comme CONTRALTO, et qui entra ensuite à l'Opéra en qualité de FALCON, et à l'Opéra-Comique, où elle fit sa première apparition dans *la Traviata*, par un rôle de CHANTEUSE LÉGÈRE !

Ovation pour Joseph Dupont et pour tous les pensionnaires qui effectuaient leur rentrée.

Mais il ne faudrait pas supposer que ces excellentes dispositions aient duré longtemps. Parmi les nouveau-venus, plusieurs artistes étaient loin de plaire au public; les débuts avaient été supprimés, et, à plusieurs reprises, il se produisit dans la salle de la Monnaie des troubles d'une certaine gravité. On avait organisé de vraies cabales, dont bon nombre de chanteurs furent victimes. Campocasso perdait un peu la tête, et, dans son affolement, il se vit plus d'une fois obligé de convoquer au foyer les abonnés pour recevoir leurs plaintes et leur fournir des explications.

Le service intérieur se ressentait de ce désarroi, et, un beau jour, en octobre, une dispute épouvantable éclate entre Guillot, le ténor qui avait succédé à Blum, Mlle Chauveau, la Dugazon, — et le directeur.

Enfin, le 9 novembre, Campocasso envoie sa démission, et offre d'abandonner à son successeur les bénéfices réalisés jusqu'à ce jour, plus une somme de 30,000 francs. Ces bénéfices étaient assez considérables, les recettes ayant atteint un taux exceptionnellement élevé.

On ne comprenait donc guère les craintes du directeur, qui, du reste, ne se plaignait nullement des recettes, mais des frais toujours croissants, et s'effrayait pour l'avenir.

Le Conseil Communal rejette la demande de Campocasso, mais accepte sa démission pour la fin de la campagne.

Et, cependant, les spectacles commençaient après l'heure indiquée sur les affiches, et les contraventions pleuvaient sur la tête du régisseur.

En voici un spécimen :

Ville de Bruxelles.

N° 2529

2ᵉ DIVISION
de Police.

Pro Justitia.

L'an mil huit cent soixante-quatorze, le *dix-huit* du mois de *décembre, vers 7 heures 45' du soir*.

Nous, *Dielman, Ferdinand*, Commissaire de police de la ville de Bruxelles, *avons constaté que le sieur Lapissida, Alexandre, né à Volkranze en 1839, régisseur-général au Théâtre de la Monnaie, n'a fait commencer la représentation du 18 courant qu'à 7 heures 45', alors que les affiches du jour annonçaient que la dite représentation commencerait à 7 heures et demie.*

En conséquence et en exécution de l'article 1ᵉʳ, § 2 de l'ordonnance de police du *14 mai 1819*, nous avons déclaré à *Lapissida, Alexandre*, qu'il se trouvait en contravention au prédit article et que procès-verbal serait dressé à sa charge.

De tout quoi le présent procès-verbal a été dressé pour servir et valoir ce que de droit.

Bruxelles, date que dessus.

Signé : Dielman.

Le répertoire fut alimenté par quelques reprises importantes, telles que *Roméo et Juliette*, *les Noces de Figaro*, *la Perle du Brésil*, remaniée en grand opéra, — et *la Reine de Chypre*, qui fut le succès de la saison. Pas une seule « première » ! C'est un fait unique dans les annales du théâtre de la Monnaie.

En novembre paraît Mˡˡᵉ Belloca, dans un concert-spectacle, où elle chante en six langues différentes : en allemand, en anglais, en russe, en italien, en français, — voire même en latin. La cantatrice polyglotte était secondée par Poncelet (saxophone), Herman (violon), Merck (cor).

Le 3 février, spectacle-gala à l'occasion du mariage de la princesse Louise : *Les Huguenots*, avec Mˡˡᵉ Ferrucci, de l'Opéra.

Puis, Nilsson joue *Faust*, *Hamlet* et *Mignon*. Parmi les artistes en représentations il faut encore citer Mmes Marie Sasse, Rosine Bloch, MM. Monjauze, Achard, Sylva, Dauphin, etc.

Une Compagnie Italienne s'était installée au Théâtre de l'Alhambra, où son séjour ne fut pas de longue durée. (Artistes principaux : Mme Artot, MM. Padilla, Sani-Borella, etc.)

Les candidats à la concession du Théâtre de la Monnaie sont Lenoir, Coulon, Vachot, Stoumon et Calabresi.

Le Conseil Communal choisit ces derniers pour un terme de 3, 6 et 9 années. Ils étaient commandités par plusieurs personnes appartenant à la finance, à l'industrie et à la haute société bruxelloise, et qui avaient souscrit des parts de 5,000 francs dans l'association.

Depuis de longues années on n'avait plus vu de Belge tenir le sceptre directorial. Il faut remonter jusqu'au règne de Charles Hanssens aîné.

Campocasso était nommé directeur du Théâtre-Lyrique, à Paris, en remplacement d'Arsène Houssaye, démissionnaire. Il voulait emmener Joseph Dupont, mais l'éminent chef d'orchestre refusa de s'expatrier.

Premières Représentations.

Néant.

Budget des Dépenses.

Pour le mois de septembre.

Personnel, administration et personnel de la scène, comprenant les appointements du directeur, du machiniste, du costumier, du coiffeur, du régisseur, du magasinier, etc., etc.	7,745 »
Personnel du service de la salle (contrôle, chefs de poste), etc.	480 »
Artistes du chant et de la danse	40,375 »
Les appointements de Mlle Sasse.	10,000 »
Personnel des chœurs	9,010 »
Personnel du ballet	5,945 »
Orchestre	12,570 »
Frais généraux	12,028 15
Total des dépenses. . fr.	98,153 15

Décomposition des frais généraux.

Frais de bureau . . . . fr.	361 35
Affiches et afficheurs	719 77
Eclairage	3,330 95
Musique de la scène	380 »
Contributions et patente	356 80
Retenue par la ville (article 8 du cahier des charges)	3,125 »
Service de la scène, figuration extraordinaire	610 72
Droits d'auteurs	132 »
Frais à répartir, etc., etc.	1,593 »

Appointements mensuels.

Personnel lyrique.

Salomon, 4,500 francs ; Blum, 3,600 francs ; Laurent, 1,600 francs ; Anthelme Guillot, 4,000 francs ; Devoyod, 5,000 francs ; Rougé, 1,500 francs ; Echetto, 1,700 francs ; Regnier, 1,200 francs ; Tapiau, 400 francs ; Chappuis, 550 francs ; Mechelaere, 550 francs.

Mmes Leslino, 1,000 francs ; Salla, 1,000 francs ; Priola, 5,625 francs ; Hamaekers, 3,000 francs ; Chauveau, 1,500 francs ; Mlle Sasse, 1,250 francs par représentation, la onzième gratuite.

Personnel chorégraphique.

Lamy, 650 francs ; Lafont, 350 francs ; Hanssen, 550 francs.

Mmes Lamy, 1,400 francs ; Adelina Gedda, 650 francs ; Hus, 400 francs ; Vandalhern, 350 francs.

Répertoire (reprises).

Guillaume Tell.
L'Africaine.
Roméo et Juliette.
La Juive.
Faust.
Les Huguenots.
La Favorite.
Lucie de Lammermoor.
La Muette de Portici.
Martha.
Robert le Diable.
Le Trouvère.
La Perle du Brésil.
Le Bal Masqué.
La Reine de Chypre.
Charles VI.
Hamlet.
Violetta.
La Fille du Régiment.
Le Maître de Chapelle.
Les Dragons de Villars.
Le Barbier de Séville.
Mignon.
L'Ombre.
Bonsoir Voisin.
Le Songe d'une Nuit d'été.
Le Chien du Jardinier.
Zampa.
Maître Pathelin.
Le Nouveau Seigneur du Village.
Les Noces de Jeannette.
Le Bouffe et le Tailleur.
Fra Diavolo.
Le Chalet.
Le Domino noir.
La Dame blanche.
Les Noces de Figaro.

Ballets.

Coppelia.
Giselle.

Recettes.

1874.	Septembre . . . . . . fr.	88,402 35
	Octobre	70,616 92
	Novembre	70,930 79
	Décembre	74,283 50
1875.	Janvier	74,167 35
	Février	17,013 50
	Mars	19,625 40
	Avril	18,527 25
Subvention		200,000 »

Artistes en Représentations.

1874. Du 10 septembre au 4 octobre. — Mlle Marie Sasse, de l'Opéra-Comique. 10 représentations. (Recettes, fr. 39,504-50.)

Mme Rosine Bloch. 2 représentations. (Recettes, fr. 5,934-50.)

Mme Belloca, du Théâtre Italien. Le Barbier de Séville.

M. Sylva, de l'Opéra.

Mme Ferrucci, de l'Opéra.

Mlle de Rasse.

M. Dauphin, de l'Opéra-Comique.

Mme Marion, première chanteuse du Théâtre de Gand.

M. Monjauze, de l'Opéra-Comique.

M. Achard, de l'Opéra-Comique.

1875. Du 1er mars au 15 avril. — Mme Nilsson. 5 représentations. (Recettes, fr. 72,820-50.)

Remplacements d'Artistes.

Blum est remplacé par Guillot.
Guillot » Richard.
Régnier » Peytou.
Peytou » Labat.
Labat » Petit.

Lestellier, troisième ténor, engagé le 8 octobre.

Wierl, première basse d'opéra comique, résilie sans jouer.

Cabales.

1874. 11 septembre. — Contre Régnier, première basse d'opéra comique.

14 septembre. — Contre Guillot, ténor d'opéra comique.

21 septembre. — Contre Blum, premier ténor d'opéra comique.

20 octobre. — Contre Peytou, première basse d'opéra comique.

25 octobre. — Contre Mlle Leslino, première chanteuse.

20 novembre. — Contre Labat, basse d'opéra comique.

Accidents.

1874. 12 octobre. — Commencement d'incendie pendant une répétition de la Juive. Le manteau d'arlequin prend feu. Panique dans le personnel. Pas de suites graves.

Représentations Extraordinaires.

44me anniversaire de l'Indépendance Nationale. Matinées gratuites : 23 septembre, les Dragons de Villars; 25 septembre, la Favorite.

1874. 24 octobre. — Grande Harmonie. Charles VI.

14 novembre. — Grande Harmonie. Lucie de Lammermoor.

9 décembre. — Grande Harmonie. Guillaume Tell.

25 décembre. — En présence du Prince de Saxe-Cobourg, fiancé de la Princesse Louise. Spectacle gala. Guillaume Tell.

1875. 9 janvier. — Grande Harmonie. Faust.

2 février. — Bénéfice de la Crèche. La Perle du Brésil. (Recettes, 5,205 francs.)

3 février. — Spectacle gala, à l'occasion du mariage du prince Philippe avec la princesse Louise. En présence de LL. MM. le Roi et la Reine, de S. A. le prince de Saxe-Cobourg-Gotha, de S. A. R. le prince de Galles, de LL. AA. le Comte et la Comtesse de Flandre, de la princesse Clémentine, du prince Aug. de Saxe, de S. A. la princesse Clotilde, de S. A. R. Mgr. le duc d'Aumale, de l'archiduc Joseph, des princes Auguste et Pierre, des Ministres de France, de Russie, de Grèce, d'Allemagne, des Ambassadeurs de S. M. Britannique, du Brésil, de Suède, des Pays-Bas, de Turquie, d'Autriche, d'Italie, des Ministres, des Généraux, du Bourgmestre, des Échevins, des Dames d'honneur et de la Cour. Les Huguenots, avec Mlle Ferrucci, première chanteuse de l'Opéra.

4 février. — Spectacle gratuit.

6 février. — Premier bal masqué, avec Arban, chef d'orchestre des bals de l'Opéra.

9 février. — Fête de Nuit. 70 musiciens et 42 choristes (chœurs dansés).

13 mars. — Grande Harmonie. La Fille du Régiment.

19 mars. — Société Française. La Reine de Chypre.

9 avril. — En présence du Duc et de la Duchesse de Hesse. La Reine de Chypre.

12 avril. — En présence de LL. MM. le Roi et la Reine. Faust avec Mme Nilsson.

23 avril. — Bénéfice des chœurs. La Reine de Chypre. (Recettes, fr. 2,588-50.)

29 avril. — Bénéfice et adieux de Warot. La Reine de Chypre. (Recettes, fr. 3,748-75.)

30 avril. — Bénéfice de Lapissida. Les Huguenots. (Recettes, fr. 2,311-75.)

1er mai. — Bénéfice de Cloetens. Les Noces de Figaro. (Recettes, 1,969 francs.)

Stoumon & Calabresi

(1875-85)

(1875-76)

MM. STOUMON, } directeurs.
CALABRESI, }
Joseph DUPONT, premier chef d'orchestre.
Souweine, chef d'orchestre.
Lapissida, régisseur général.
Henri, régisseur.
Lamy, maître de ballet.
Duchamp, régisseur du ballet.
Vandensavel, } pianistes-accompagnateurs.
Mailly, }
France Perrot, régisseur-avertisseur.
Frévet, bibliothécaire.
Bullens, chef de la comptabilité.
Charles Haeck, machiniste en chef.
Faignaert, costumier.
Bardin, coiffeur.
Jean, préposé à la location, contrôleur en chef.
Joseph, contrôleur.
Maillard, percepteur de l'abonnement.

Grand opéra, Traductions, Opéra comique.

Ténors :

MM. Sylva, de l'Opéra (en représen-
tations.)
Warot.
Bertin.

MM. Barbet.
Guérin.
Lestellier.
Lapissida.

Barytons :

M. Devoyod. M. Morlet.

Basses :

MM. Echetto. MM. Chappuis.
Neveu. Mechelaere.

Chanteuses :

Mmes Alice Bernardi. Mmes Delanoue.
Alice Renaud. Ismaël.
Hamaekers. Louise Maes.
Derivis. Léonie.
Alice Reine.

Coryphées :

MM. Frennet. MM. Blondeau.
Genneville. Rullaert.
Hertz. Vermatte.
Steps. Thonon.
Vanderlinden. Descamp.

Ballet.

Danseurs :

M. Lamy. M. Deridder.
M. Duchamp.

Danseuses :

Mmes Lamy. Mmes Lucia Zuliani.
Palmyra Bringhetti. Margottini.
Mme Mauri.

Coryphées :

Mmes Lucia Zuliani. Mmes Monti.
Ortori. Duhamel.
Dolorès. Huss.
Rostaing. Colette.

Vingt-huit danseuses. Douze danseurs.

Ici commence l'ère de prospérité du Théâtre de la Monnaie.

Stoumon et Calabresi reprennent la première scène belge, au lendemain des directions malheureuses de Vachot et d'Avrillon, après le passage tourmenté de Campocasso.

Calabresi venait de Gand avec une réputation de directeur habile. Stoumon apportait la bienveillance de la presse, l'amitié des confrères qui avaient ramé avec lui sur la galère du journalisme, et il était connu du public par le nombre considérable de ballets qu'il avait fait représenter à l'Opéra de Bruxelles.

Aidés par des collaborateurs dévoués et capables, déployant eux-mêmes une habileté reconnue, favorisés par les circonstances, recrutant des troupes auxquelles la vogue s'attache immédiatement, présidant au choix du répertoire avec un discernement indiscutable, rencontrant dans le public et la presse l'appui le plus sympathique, ils vont exploiter le théâtre pendant neuf années consécutives, avec un succès artistique et financier sans précédent.

Leur coup d'essai fut un coup de maître. Une troupe de premier ordre leur permet de donner libre carrière à leurs goûts artistiques...

Parmi les nouveaux visages, citons : Bertin, le charmant ténor de l'Opéra-Comique; Morlet, de l'Opéra-Comique aussi, qui, en sortant de la Monnaie, créa une foule d'opérettes en vogue; Neveu, toujours de l'Opéra-Comique, basse chantante au timbre mordant, disparu aujourd'hui.

Puis Mme Derivis, de l'Opéra, et LES TROIS ALICES, comme on les nommait dans la ville : Alice Bernardi, Alice Reine et Alice Renaud, qui débutait alors, et dont la fin tragique eut tant de retentissement.

L'année théâtrale commence par des représentations de Sylva. La voix de clairon et le style large du prestigieux artiste produisent le plus grand effet dans *le Trouvère*, *Robert le Diable*, *le Prophète*, *la Juive* et *l'Africaine*. Une opposition assez hostile surgit pourtant dans une certaine partie du public. Le 25 novembre, M. N***, abonné, donne de telles marques de désapprobation, pendant le duo du 4me acte de *l'Africaine*, que Sylva l'interpelle, et, de la scène, le traite de lâche !

Quelques jours après, un nouvel incident se produit encore. On jouait *la Muette*. Devoyod, peu satisfait du mouvement qu'avaient pris l'orchestre et Warot, dans le fameux duo, manifestait le mécontentement le plus visible; puis, n'y tenant plus, il descend vers le pupitre du chef d'orchestre et bat la mesure avec le pied, — ostensiblement. Dupont se lève, frémissant; il brandit son archet, qu'il laisse retomber à plusieurs reprises, avec bruit, sur la boîte du souffleur, et il rétablit le rythme... Et le public ne bronche pas !

Le Requiem, de Verdi, exécuté pour la première fois à Bruxelles, n'attire que peu de monde, mais obtient un honorable succès. Une Compagnie Italienne parcourait l'Europe, et faisait connaître l'œuvre composée pour l'anniversaire de la mort du grand poète italien, Manzoni.

Pour remplacer Mlle Renaud, malade, l'administration engage Mlle Van den Berghe, qui fit désormais partie de la troupe.

Libert succède à Barbet qui, en quittant Bruxelles, partit pour Alger ; quelques jours après son arrivée, pendant la représentation des *Mousquetaires de la Reine*, — sur la scène même, il fut frappé d'aliénation mentale. C'était un spectacle pénible ; l'infortuné Barbet s'efforçait d'achever son rôle ; le public l'applaudissait pour l'encourager ; mais, à la fin de la soirée, il était fou furieux, et se débattait contre des ennemis imaginaires...

Joseph Dupont est nommé Chevalier de l'Ordre de Léopold, le 1er janvier. Un banquet de cent cinquante couverts réunit les artistes de l'orchestre et de la scène. Trois toasts à la santé du maestro sont portés par MM. Anspach, Gevaert et Stoumon.

Le 12 janvier, Mme Lucca, attendue depuis longtemps, commence par *l'Africaine* une série de représentations. La tragédienne lyrique venait d'être victime d'un accident qui aurait pu entraîner les plus graves conséquences. Elle se rendait, en voiture, de son château à Zurich. Près du lac, pour une cause restée ignorée, ses chevaux s'emportent, et Pauline Lucca est précipitée dans l'eau, tandis que son mari essaye en vain de maîtriser l'attelage. On eut toutes les peines du monde à retirer la pauvre chanteuse ; on la soigna énergiquement, et elle en fut quitte pour un bain forcé et une grande peur.

Mais l'événement de la saison fut la « première » de *Carmen*. Ne nous attardons pas au compte-rendu de cette soirée — plus mémorable qu'on ne l'avait prévu sans doute, car l'immortel chef-d'œuvre de Bizet avait été accueilli froidement à Paris, et c'est grâce à une interprétation irréprochable, à l'appui éclairé de la presse bruxelloise, que cette merveilleuse musique est, dès aujourd'hui, universellement connue.

A la répétition générale, Calabresi se cassa la jambe. Le sympathique impresario se remit promptement de ce fâcheux accident.

Avec *Carmen*, nous voyons au tableau des « premières », un petit opéra comique de Joseph Michel : *Aux Avant-postes* ; — puis deux ballets : *Les Fumeurs de Kiff*, d'Emile Mathieu, qui conquérait modestement ses droits d'entrée, et préparait déjà sa triomphale *Richilde ;* et *la Moisson*, récoltée sous le voile de l'anonyme, musique de Stoumon, qui avait eu la délicatesse de ne pas signer une œuvre représentée sur son propre théâtre.

Pour clore le récit de cette campagne, ajoutons qu'elle fut marquée par de nombreuses paniques : le 25 mars, l'*artifice* de *la Reine de Saba* communique le feu aux décors, sur une étendue de trois mètres ; — quelques jours plus tard, même accident ; — le 5 avril, au 5me acte du *Prophète*, la *ferme* du palais qui disparaît dans les dessous, y arrive tout enflammée ; grâce à de rapides secours, ce commencement d'incendie fut promptement conjuré.

La saison se termine par les représentations à bénéfice. Pour les adieux de Devoyod, la femme du bénéficiaire, Mme Devoyod-Acs, se fit entendre devant une salle plus que comble.

Premières Représentations.

1875. 2 décembre. — **Requiem**, de Verdi.

1876. 1ᵉʳ février. — **Carmen**, opéra comique, en 3 actes, de Meilhac et Halévy, musique de G. Bizet.

Don José . . . . MM.	Bertin.
Escamillo	Morlet.
Zuniga	Neveu.
Le Dancaïre	Chappuis.
Le Remendado	Guérin.
Moralès	Pellin.
Carmen . . . . Mᵐᵉˢ	Derivis.
Micaëla	A. Renaud.
Frasquita	Reine.
Mercédès	Léon.

20 avril. — **Aux Avant-postes**, opéra, en 1 acte, de Ohnet, musique de Joseph Michel.

Ballets.

1875. 15 octobre. — **La Moisson**, 1 acte, de Stoumon.

1876. 15 avril. — **Les Fumeurs de Kiff**, 3 tableaux, de Gaston Bérardi, musique d'Émile Mathieu.

Nécrologie.

1875. Septembre. — Décès, à Ostende, de M. Singelée, ancien chef d'orchestre du Théâtre.

Octobre. — Décès de M. Philippe Thibeau, ancien régisseur général de la Monnaie.

Décès de M. Walravens, musicien de l'orchestre.

Décès de M. Vandensavel, organiste accompagnateur du Théâtre.

Décès de M. Bauwens, musicien de l'orchestre.

Répertoire (reprises).

La Reine de Chypre.
Les Huguenots.
La Muette de Portici.
Le Trouvère.
La Somnambule.
Robert le Diable.
Faust.
La Juive.
L'Africaine.
Lucie de Lammermoor.
Le Prophète.
La Favorite.
La Traviata.
La Dame Blanche.
Le Barbier de Séville.
Le Chalet.
Les Travestissements.
Bonsoir Voisin.
Mireille
Le Pardon de Ploërmel.
Le Pré-aux-Clercs.
La Poupée de Nuremberg.
Fra Diavolo.
Le Postillon de Lonjumeau.
Les Noces de Jeannette.

Ballets.

Coppelia.
Ondine.

Remplacements d'Artistes.

Barbet remplacé par Libert.
Mᵐᵉˢ A. Renaud remplacée par Mᵐᵉˢ Van den Berghe
Bringhetti » Viale.

Artistes en Représentations.

Du 8 octobre 1875 au 5 janvier 1876. — Sylva, premier ténor de l'Opéra. 18 représentations.
1875. Du 22 octobre au 6 décembre. — Warot, ténor. 6 représentations.
1876. Du 12 janvier au 7 février. — Mme Pauline Lucca. 9 représentations. (Recettes, 83,976 francs.)
Du 24 mars au 4 avril. — Sylva. 13 représentations.
Murs. — Mlle Ferrucci et Mlle Montoya.

Appointements mensuels.

Ténors : Sylva, 7,000 francs ; Warot, 5,600 francs ; Bertin, 2,200 francs ; Hurt Libert, 1,400 francs ; Guérin, 600 francs ; Lestellier, 500 francs.
Barytons : Devoyod, 5,000 francs ; Morlet, 1,500 fr.
Basses : Echetto, 2,200 francs ; Neveu, 1,800 francs ; Chappuis, 500 francs ; Mechelaere, 550 francs.
Chanteuses : Mmes Bernardi, 2,560 francs ; Renaud, 500 francs ; Hamaekers, 4,000 francs ; Dérivis, 4,000 francs ; Reine, 2,000 francs ; Delanoue, 300 francs ; Ismaël, 500 francs ; Van den Berghe, 1,500 francs.
Danseurs : Lamy, 825 francs ; Duchamp, 275 francs.
Danseuses : Mmes Lamy, 1,350 francs ; Viale, 850 francs ; Mauri, 475 francs ; Zuliani, 500 francs.
Total par mois : 48,425 francs.

Recettes et Dépenses.

Du 1er septembre au 30 avril. Frais d'éclairage, 25,069 francs. Frais de chauffage, 3,998 francs.

Recettes. Abonnements	fr. 128,824	13
Locations et bureaux	549,250	50
Subsides	204,000	»
Représentations diverses	49,200	»
Bals	26,427	»
Divers	11,882	72
Total . . fr.	969,584	35
Dépenses	937,792	84
Bénéfice . . . . fr.	31,791	51

Représentations Extraordinaires.

1875. 16 octobre. — Grande Harmonie. *La Reine de Chypre*.

30 octobre. — Bénéfice de la Crèche de Laeken. *Le Pardon de Ploërmel* (Recettes, fr. 3,520-25.)

16 novembre. — Grande Harmonie. *Mireille; les Noces de Jeannette*.

18 décembre. — Grande Harmonie. *Robert le Diable* (Sylva).

1876. 8 janvier — Grande Harmonie. *Le Pré-aux-Clercs; la Poupée de Nuremberg*.

7 février — Bénéfice de Mlle Pauline Lucca, *Fra Diavolo* (1er et 2me actes); *Faust* (3me acte). (Recettes, 9,121 francs.)

8 février. — Grande Harmonie. *Le Prophète*. (Sylva).

14 mars. — Grande Harmonie. *Carmen*.

8 avril. — Bénéfice de Cloetens, contrôleur en chef. *Rigoletto; Ondine*. (Recettes, fr 4.361-50)

27 avril. — Bénéfice de Warot. *Faust*. (Recettes, fr. 3,754-25.)

29 avril. — Bénéfice de Devoyod. *L'Africaine*, avec Mme Devoyod-Acs. (Recettes, fr. 5,095-50.)

4 mai. — Bénéfice de Lapissida. *Carmen; le Prophète* (3me acte). (Recettes, fr. 4,526-50.)

5 mai. — Une représentation au Théâtre de Huy, avec le personnel du Théâtre de la Monnaie. *Rigoletto*.

25 mai. — Bénéfice de Mlle Hamaekers. *Lucie de Lammermoor; la Poupée de Nuremberg*. (Recettes, fr. 2,484-25.)

1875. 2 décembre. — *Requiem*, de Verdi, par la troupe Italienne. (Achard, Epovoleri, Mmes Duval et Barlani ; chef d'orchestre : Muzio.)

(1876-77)

MM. STOUMON, } directeurs.
CALABRESI, }
Joseph DUPONT, premier chef d'orchestre.
Henri Warnots, chef d'orchestre.
Lapissida, régisseur général.
Masson, régisseur.
Hanssen, maitre de ballets.
Duchamp, régisseur du ballet.
Emile Mathieu, } pianistes accompagnateurs.
Paul Mailly, }

Grand opéra, Traductions, Opéra comique.

Ténors :

MM. Tournié.   MM. Lemercier.
Bertin.   Guérin.
Pellin.   Masson.

Barytons :

M. Devoyod.   M. Morlet.

Basses :

MM. Montfort.   MM. Mechelaere.
Dauphin.   Boutigny.
M. Chappuis.

Chanteuses :

Mmes JENNY HOWE.
ALICE BERNARDI.
HAMAEKERS.
DERIVIS.
ALICE RENAUD.

Mmes AMÉLIE LUIGINI
EUGÉNIE RICHARD.
ISMAËL.
LOUISE MAES.
LÉONIE.

Mme LOUISE COUDERC.

Ballet.

Danseurs :

MM. POIGNY.
HANSSEN.
DUCHAMP.

MM. WAGNER.
DERIDDER.

Danseuses :

Mmes JUDITH DAVID.
ROSINA VIALE.

Mmes EMILIA MAURI.
LUCIA ZULIANI.

S'il est au monde un théâtre qui fit la joie des architectes et des maçons, c'est l'Opéra de Bruxelles.

Au temps du romantisme, la forme classique de l'édifice était le sujet des plaisanteries de la petite presse, qui raillait, peut-être avec plus d'esprit que de raison...

D'ordinaire, le feu n'épargne rien ; or, après le grand incendie de la Monnaie, toute la partie monumentale était demeurée intacte ; on avait pu hausser la construction, et en refaire tout l'intérieur, sans se préoccuper du dehors. Puis, on ajouta deux avant-corps, de chaque côté de la colonnade, pour agrandir le foyer, et en ouvrir l'accès par de magnifiques escaliers.

On venait maintenant d'élever un étage, *en attique*, au-dessus de la corniche qui couronne les bas-côtés.

Ce ne sont pas là, du reste, les seules améliorations architecturales, et *la Chronique* en fait un récit assez détaillé :

VOYAGE DANS UN LABYRINTHE

Le public ne se doute pas de ce qu'est un théâtre de *l'importance du Théâtre de la Monnaie*. Il entre, il voit un large péristyle, des escaliers faciles et des couloirs nombreux. Dans la salle, il est charmé par de belles proportions architecturales et une décoration très riche, presque trop riche. Il écoute des opéras, des chefs-d'œuvre, des œuvres délicates ou spirituelles. On a tout fait pour lui épargner le revers de ces splendeurs et de ces plaisirs.

Une promenade autour, au-dessous et au-dessus de cette salle, de ces couloirs et de ces escaliers, n'en est pas moins des plus intéressante.

La direction avait convoqué la presse, mercredi, pour un voyage dans ce qu'on pourrait nommer les ateliers et les magasins de l'Opéra. M. Bordiau, l'architecte qui vient de compléter les aménagements de notre scène lyrique, était notre cicerone.

La plus heureuse des améliorations apportées à l'intérieur de l'édifice, au point de vue de la santé des spectateurs, consiste en l'établissement d'une machine qui souffle alternativement dans la salle le chaud et le froid.

Je voudrais vous faire la description de ces appareils ; elle prendrait malheureusement trop de place.

Et puis, entre nous, je pense que je n'en sortirais pas.

Il suffira, du reste, au public de savoir que la Ville de Bruxelles s'est inquiétée de la santé des spectateurs du théâtre qu'elle subventionne, et que la machine installée par M. Bordiau, avec toutes ses ramifications, souffle dans la salle, à volonté, soit de l'air frais, soit de l'air chaud, soit de l'air humide, dans les proportions exigées aux diverses saisons.

En même temps que l'air pris à l'extérieur pénètre dans l'édifice, l'atmosphère corrompue qui s'y trouve est attirée à l'extérieur par un puissant aspirateur : de sorte que le renouvellement se fait quand on veut et comme on veut.

Le sous-sol, où l'on est parvenu à établir cette amélioration considérable, sans que la construction générale en souffre, contenait jadis des caveaux infects, où, l'an passé encore, les choristes et les figurants étaient obligés d'aller revêtir leurs costumes.

On nous a fait voir ces antres, ces cavernes, ces enfers, vous les nommerez comme vous voudrez ; une chose incompréhensible, c'est que choristes et figurants ne se soient pas mis en grève depuis longtemps et n'aient pas déclaré qu'ils ne « travailleraient » plus, si on ne leur donnait des lieux convenables pour s'habiller en princes, en soldats, en moines ou en chevaliers.

Quand on s'est résigné à accepter pareille situation, on a montré une dose de patience vraiment exceptionnelle.

Aujourd'hui, choristes et figurants sont supérieurement installés au premier étage du couronnement du théâtre construit cette année.

Ils ont là de vastes pièces, où toutes choses sont rangées dans un ordre parfait. Les magasins sont près des loges, sous le toit. L'air et la lumière entrent partout en abondance. D'immenses armoires renferment les costumes des nombreux opéras restés au répertoire. On ne se figure pas ce qu'une intelligence pratique arrive à caser dans des espaces relativement restreints. Il faut avoir les bosses de la combinaison mathématique et de la méthode bien développées pour arriver à un pareil résultat.

Pour voir et pour admirer tout cela, on nous a fait descendre et monter, virer par le flanc gauche, marcher par le flanc droit, nous courber, nous amincir ; on nous a aussi un peu étouffés et un peu glacés — par des escaliers étroits et obscurs, par des échelles, par des corridors perfides, où des marches inattendues nous donnaient des secousses dans l'ombre.

Du sous-sol au faîte, dans la coupole, où se trouve l'armature du lustre, en passant par les vastes balcons suspendus où le mécanisme des décors s'est montré à nous sous la forme d'une forêt de cordes et d'un peuple de poulies — nous avons parcouru, guidés par MM. Stoumon et Bordiau, le royaume le plus semblable à un labyrinthe que j'eusse jamais visité. Et tout cela m'a paru admirablement combiné, à la fois très compliqué et très simple.

Je ne puis donc que féliciter M. Bordiau du résultat de son travail, et l'administration communale d'avoir eu M. Bordiau à sa disposition. R de M.

Réouverture, le dimanche 3 septembre, devant un public nombreux, composé en grande partie d'étrangers. Par un retour à la tradition, on donne *les Huguenots !*

Le lendemain, la troupe d'opéra comique fait son apparition dans *Philémon et Baucis*.

Le nouveau fort ténor, Tournié, rapportait d'Anvers d'abondants lauriers; Bruxelles lui en fournit une nouvelle moisson.

Dauphin n'était pas tout à fait inconnu du public; il fut favorablement accueilli, et nous allons le voir tenir, pendant une longue période, l'emploi difficile de basse chantante.

Afin d'alléger de sa rude tâche Mme Derivis, la direction engage Mme Donadio, qui sut tout de suite conquérir la salle.

La première nouveauté de la saison est *Piccolino*. Le charmant opéra comique de Guiraud est apprécié, non seulement à cause de sa valeur même, mais encore pour la façon dont il était monté. Il eût été impossible de l'entourer de plus de soins, de lui donner une meilleure interprétation et une mise en scène plus riche, en un mot, « de jeter plus intelligemment », comme dit un journaliste, « l'argent par les fenêtres, avec la certitude qu'il rentrera bientôt par les portes ».

A la « troisième » de *Piccolino*, incident assez bizarre : — Morlet, qui jouait Musaraigne, était affligé d'un rhume opiniâtre. Impossible de changer le spectacle — pas moyen de remplacer Musaraigne. — Que faire? une chose bien simple : Morlet se contente de débiter le dialogue de son rôle et d'animer la pièce de sa franche gaieté; quant à la partie chantée, ses partenaires s'en chargent, les couplets du 1er acte sont chantés par Pellin, ceux du 2me acte par Pellin et Guérin, et ainsi de suite... En quelques minutes de travail, on avait improvisé ces « doublures » *in extremis*, et le public — qui ne connaissait pas encore l'ouvrage — n'y vit que du feu.

Le 20 novembre, retour de la Lucca, qui ramène avec elle les salles brillantes, et... les places à quinze francs. Elle commence par *l'Africaine*. L'armée de ses disciples enthousiastes et de ses juges sévères se retrouve, à cette occasion, sur le terrain où plus d'un combat s'était engagé lors de son premier séjour à Bruxelles.

Comme précédemment, son jeu dramatique semble passionné aux uns, exagéré aux autres. Mme Lucca chanta *le Trouvère*, *Faust*, *les Huguenots* et *la Favorite*.

La direction montait à grands frais *Aïda*. Elle avait obtenu un subside extraordinaire de 50,000 francs pour l'exécution de l'œuvre de Verdi. Aussi s'empressa-t-elle de faire venir, de l'Opéra, l'interprète principale, Mme Fursch-Madier. Cette cantatrice était la femme du chef d'orchestre Madier de Montjau, et la belle-fille du député de ce nom. Mais tout cela n'eût point suffi, si elle n'avait eu un réel talent et une voix magnifique.

Premières Représentations.

1876, 4 novembre. — **Piccolino**, opéra comique, en 3 actes, de Sardou, musique de Guiraud.

Frédéric	MM. Bertin.
Tidmann	Dauphin.
Musaraigne	Morlet.
Annibal	Pellin.
Strozzi	Chatillon.
Comète	Guérin.
Marcassonne	Chappuis.
Piccolino-Marthe	Mmes Derivis.
Mme Tidmann	Ismaël.
Angélique	Renaud.

1877, 15 janvier. — **Aïda**, opéra, en 4 actes, traduction française de G. Du Locle, musique de Verdi.

Aïda	Mmes Fursch-Madier.
Amnéris	Bernardi.
Une prêtresse	Blum.
Rhadamès	MM. Tournié.
Le roi	Dauphin.
Amonasro	Devoyod.
Ramfis	Montfort.

8 avril. — **Sir William**, opéra comique, de Cuveliers, musique de Colyns. (Mlle Blum, Morlet et Guérin.)

Artistes engagés au cours de la saison.

Mlle Donadio, pour doubler Mme Derivis.

Mme Fursch-Madier, engagée principalement pour *Aïda*.

Châtillon, du Théâtre du Parc, engagé spécialement pour la création du rôle de Strozzi dans *Piccolino*.

Remplacements d'Artistes.

Mlle Jenny Howe résilie.

Mlles Crudère est remplacée par Mlles Tostani.
Tostani » Blum.

Répertoire (reprises).

Les Huguenots.
La Favorite.
Robert le Diable.
Le Prophète.
La Muette de Portici.
Guillaume Tell.
L'Africaine.
Le Trouvère.
La Reine de Chypre.
Faust.
La Traviata.
Le Barbier de Séville.
Mireille.
Carmen.
La Fille du Régiment.
Les Noces de Jeannette.
Le Domino noir.
Le Pré-aux-Clercs.
Le nouveau Seigneur du Village.
Les Dragons de Villars.
Mignon.
L'Ombre.
Lara.

Ballets.

Coppelia.
Les Fumeurs de Kiff.
Gretna Green.

Artistes en Représentations.

1876. Du 20 novembre au 11 décembre. — Mme Pauline Lucca. 7 représentations. (Recettes, 38,785 francs.)

Du 26 décembre 1876 au 15 février 1877.— Artistes de la Compagnie dramatique Italienne. (E. Rossi, E. Ruffi, G. Caneva, J. Cristiri, J. Fiacchi, S. Crisostomi, N. Vizzori, G. Paretti, G. Mincelli, R. Cianchi, Mazzei, Melzi, J. Ambragi. Mmes Dare, E. Cattanio, E. Glecch, Paretti, G. Brizzi, E. Mazzei, E. Melzi.)

1877. 10 février au 11 mars. — Série de 4 bals. (Recettes, 28,032 francs.)

Du 16 février. — Série de représentations de Galli-Marié.

29 et 31 mars. — Artistes de la Comédie Française. (Maubant, Prudhon, Boucher, Martel, Joliet, Royer, Truffier. Mmes Provost, Poussin, Mlles Reichemberg, Marie Martin, Thénard.)

Du 14 au 21 avril. — Mme Nilsson. 3 représentations. (Recettes, 34,080 francs.)

Appointements mensuels.

Ténors : Tournié, 8,000 francs ; Bertin, 2,600 francs ; Pellin, 1,200 francs ; Lemercier, 500 francs ; Guérin, 600 francs.
Barytons : Devoyod, 5,500 francs ; Morlet, 1,600 fr.
Basses : Montfort, 1,500 francs ; Dauphin, 1,500 fr., Chappuis, 550 francs ; Mechelaere, 550 francs.
Chanteuses : Mmes Fursch-Madier, 5,000 francs ; Bernardi, 2,000 francs ; Hamaekers, 4,000 francs ; Dérivis, 4,600 francs ; Renaud, 500 francs ; Luigini, 900 francs ; Richard, 300 francs ; Ismaël, 500 francs ; Tostanie, 600 francs ; Blum, 1,200 fr.
Danseurs : Hanssen, 550 francs ; Poigny, 500 francs ; Duchamps, 275 francs.
Danseuses : Mmes David, 2,000 francs ; Zuliani, 500 francs ; Viale, 850 francs ; Mauri, 475 francs.
Total par mois, 48,850 francs.

Représentations Extraordinaires.

1876. 29 septembre. Spectacle gala, en présence de LL. MM. le Roi et la Reine, pour les Membres du Congrès. *Carmen.* (Recettes, 4,071 francs.)

31 octobre. — Grande Harmonie. *Philémon et Baucis ; les Noces de Jeannette.*

14 novembre. Grande Harmonie. *Piccolino.*

19 décembre. — Grande Harmonie. *Faust.*

1877. 27 janvier. — Grande Harmonie. *Traviata.*

17 mars. — Spectacle gala, en présence de LL. MM. le Roi et la Reine. *Le Barbier de Séville.*

24 mars. — Spectacle gala, en présence de LL. MM. le Roi et la Reine. *Les Dragons de Villars.*

9 avril. — Spectacle gala, en présence de LL. MM. le Roi et la Reine. *Aïda.*

29 et 31 mars. — Artistes de la Comédie Française. (Recettes, fr. 9,783-50.)

Du 26 décembre 1876 au 15 février 1877. — Compagnie Italienne, direction Rossi. (Recettes, 38,785 francs.)

Recettes et Dépenses.

Recettes. Abonnements	. . . fr.	109,898 91
Locations et bureaux	. .	639,317 »
Subsides	. . . . .	204,000 »
Représentations diverses.		47,500 »
Bals	. . . .	28,032 »
Divers.	. . . . . .	3,564 34
Subsides extraordinaires	.	50,000 »
	Total . . . fr.	1,082,511 25
Dépenses	. . . .	1,061,970 02
Bénéfice	. . . . fr.	20,342 23

Recettes de *Aïda.* Du 15 janvier au 2 mai, 50 représentations, fr. 174,717-60.

Enfin, le 15 janvier, le théâtre livre sa grande bataille. Depuis deux semaines, il n'y avait plus aucune place disponible. Le public, qui s'était arraché les coupons, se pressait, se heurtait, se bousculait en masses compactes, dans tous les coins de la salle.

L'ouvrage de Verdi fut salué par des acclamations répétées. Les directeurs avaient fait preuve d'un goût, d'une minutie dans les détails, d'une largesse dont Bruxelles n'avait jamais eu d'exemple jusque-là. La mise en scène était proclamée supérieure à celle de l'Opéra. Elle laissait bien loin les féeries ordinaires que le public avait l'habitude de voir défiler sous ses yeux, par son caractère strictement historique, original et pittoresque. Décors, costumes, accessoires étaient exécutés d'après des bas-reliefs et des hiéroglyphes égyptiens, récemment restaurés — mise en scène de Lapissida.

La musique réservait une surprise. Le Verdi du *Trouvère* n'était plus reconnaissable, et on sentait déjà l'influence de l'école moderne. L'interprétation dépassa toutes les espérances. Bref, *Aïda* fournit cinquante représentations qui produisirent 174,717 francs, c'est-à-dire une moyenne de recettes de 3,500 francs environ.

Le lendemain Galli-Marié, engagée pour la fin de la saison, paraît d'abord dans *Carmen*, son immortelle création, puis elle joue encore *Piccolino*, *les Dragons de Villars*, *Mignon*, *l'Ombre* et *Lara*.

Le 8 avril, « première » d'un ouvrage indigène, *Sir William*, opéra comique de Coveliers, musique de Colyns; ensuite trois représentations de Nilsson dans *Faust*, *Violetta* et *les Huguenots*.

Quelques spectacles dramatiques avaient alterné avec les soirées lyriques. D'abord Rossi était venu, accompagné de sa troupe, jouer *Hamlet*, *Macbeth*, *Louis XI;* en outre, les artistes de la Comédie-Française avaient donné, pour la première fois, les deux représentations annuelles que nous allons retrouver désormais à chaque saison, et qui sont toujours très brillantes. C'est l'impresario Gaudrey qui servit d'intermédiaire entre la direction de la Monnaie et les pensionnaires du Théâtre-Français.

La saison théâtrale se termina, selon les usages, par les « bénéfices », et clôtura la deuxième année du règne heureux de Stoumon et Calabresi.

(1877-78)

MM. STOUMON, } directeurs.
CALABRESI, }
Joseph DUPONT, premier chef d'orchestre.
Th. Warnots, chef d'orchestre.
Lapissida, régisseur général.
Masson, régisseur.
Hanssen, maître du ballet.
Duchamp, régisseur du ballet.
Paul Mailly, } pianistes accompagnateurs.
Emile Guérin, }

Grand opéra, Traductions, Opéra comique.

Ténors :

MM. Tournié.   MM. Lemercier.
    Bertin.   Guérin.
    Lefèvre.   Masson.

Barytons :

M. Devoyod.   M. Guillen.

Basses :

MM. Queyrel.   MM. Chappuis.
    Choppin.   Mechelaere.

Chanteuses :

Mmes Minnie Hauck.   Mmes Lurie.
    Fursch-Madier.   Ismaël.
    Alice Bernardi.   Lucy.
    Hamaekers.   Louise Maes.
    Faderth.   Léonie.

Mme Blum.

Ballet.

Danseurs :

MM. Poigny.
Hanssen.
Duchamp.

MM. Wagner.
Deridder.

Danseuses

Mmes Theresina Ricci.
Rosina Viale.

Mmes Emilia Mauri.
Lucia Zuliani.

Décidément *les Huguenots* sont destinés à inaugurer les saisons théâtrales. C'est par l'œuvre de Meyerbeer que commence encore celle-ci.

Les anciens artistes de la troupe : Mmes Fursch-Madier, Hamaekers et Blum, Tournié et Devoyod, sont acclamés.

Le successeur de Montfort est Queyrel, une basse qui appartint un moment au Théâtre-Lyrique, fit les beaux jours de Marseille et de Lyon, et qui, dans ces dernières années, a quitté le théâtre pour la gérance d'un restaurant, à Carri, petite station provençale au bord de la Méditerranée.

La séance solennelle de réouverture est suivie d'une soirée de bataille. On attendait avec impatience la prima donna, Mlle Minnie Hauck, qui venait d'Allemagne, précédée d'une belle réputation. A sa première apparition, dans *Faust*, la chanteuse n'avait pas eu l'heur de plaire au public. Ce soir-là, au 2me acte du chef-d'œuvre de Gounod, deux malencontreux bouquets, offerts par un ami maladroit — à moins que ce ne soit par un ennemi adroit — achèvent de perdre la partie, déjà fort compromise. L'opposition n'attendait que le moment pour se montrer, et... elle se montra.

Cependant Mlle Hauck surmonte cette hostilité, et effectue deux autres débuts très heureux. Elle résilie néanmoins son engagement, mais pour rentrer un mois plus tard, et chanter, dès lors, tout son répertoire en langue italienne.

Méphistophélès était tenu par Chopin, un artiste qui fit partie de l'Opéra-Comique, et s'en alla ensuite en province, où sa carrière ne fut pas de longue durée. Il fut remplacé, au bout d'un mois, par Dauphin.

Lefèvre chanta, pendant plusieurs années, les seconds ténors, changea ensuite d'emploi, et, après avoir inauguré l'Alhambra, sous la malheureuse direction d'Oppenheim, joua l'opérette au Théâtre de la Bourse.

Cette année — la moins fructueuse de l'association Stoumon et Calabresi — fut cependant l'une des plus fertiles en « premières », comme au point de vue du nombre et de la variété des artistes.

Les directeurs ne montent pas moins de six ouvrages. C'est d'abord un petit opéra comique de Maréchal, *les Amoureux de Catherine*, — puis, *Paul et Virginie*, de Massé, qui n'eut que quelques représentations, — ensuite une œuvre indigène, *Georges Dandin*, d'Émile Mathieu, suivie de près par *Cinq-Mars*, que Gounod venait de faire représenter à l'Opéra, et qui fut reçu à la Monnaie avec la même froideur que *Paul et Virginie*. Enfin *la Guzla de l'Emir*, de Th. Dubois, qui eut un sort plus heureux. Pour la danse, *la Vision d'Harry*, ballet de Balthasar-Florence.

Parmi les reprises importantes il faut citer *Lohengrin* et *Aïda*.

Les artistes en représentations sont nombreux :

Mlle Fouquet, du Théâtre-Lyrique, crée le rôle de Virginie et, malgré tout son talent, ne parvient pas à sauver l'œuvre de Massé ; même, elle contribue à son échec. La malheureuse cantatrice se trouvait sur le point de faire une création d'un tout autre genre ; elle était, selon l'expression consacrée, dans une position... intéressante, et très... avancée. Il était malaisé, dans ces conditions, de la prendre pour la pudique héroïne de Bernardin de St-Pierre, — d'autant que, quand Virginie était couchée, une indiscrète *rotondité*, qu'il eût été impossible de ne pas voir à ce moment-là, jetait la désillusion dans l'esprit du spectateur le plus convaincu ou le plus myope. Or, en Belgique, — comme en France — le ridicule tue...

Faure attire une foule enthousiaste avec *Faust, la Favorite, Hamlet, Guillaume Tell*, et produit, en huit soirées, la somme de 67,925 francs.

En décembre, Mlle Dudlay, de la Comédie-Française, accompagnée de quelques artistes recrutés au Conservatoire et dans les théâtres de Paris, joue *Horace*.

Quelques jours plus tard, la troupe du tragédien Salvini s'installe à la Monnaie, et y représente *Othello, Macbeth* et *la Mort civile*.

Arrive ensuite Maria Derivis qui chante *Carmen, l'Etoile du Nord* et *Mireille*.

Le 24 avril, Rubinstein se fait entendre ; et, le 4 mai, on applaudit la cantatrice Louisa Faïde, entourée des artistes allemands de Rotterdam.

L'année est fertile aussi en incidents et accidents :

Au commencement de décembre, par suite d'avarie dans les machines, le dernier acte de *Faust* se passe d'apothéose. Le rideau de fond commençait à monter dans les frises, lorsqu'il retomba brusquement, et, malgré tous les efforts des machinistes, on ne put le relever. Mais qui se releva? Ce fut Marguerite (Mme Fursch-Madier), qui, effrayée du danger dont elle était menacée, ne songea plus qu'elle avait rendu son âme à Dieu, revint de l'autre monde, et se mit à courir, au grand ahurissement du public.

Le mois suivant, après le 3me acte d'*Hamlet*, au moment où le public rappelait frénétiquement les interprètes, Mme Bernardi met le pied dans la trappe, encore ouverte, qui sert à l'apparition du spectre, se blesse à la jambe, et ne doit son salut qu'à la présence d'esprit de Faure. L'éminent artiste se précipita au secours de sa camarade, et fut assez heureux pour la retenir et l'empêcher de disparaître dans les dessous.

Maintenant, c'est *Robert le Diable* qui fournit la chronique des incidents. Au dernier acte, le rideau, qui doit se lever pour le tableau de l'église, reste accroché, — et la cérémonie nuptiale se passe... derrière la toile. A la représentation suivante, même *accroc!*

Le 29 novembre, Mlle Lurie reçoit sur la tête l'échelle qui sert à gravir jusqu'à l'orgue. Quelques instants après, pendant la danse, une trappe se dresse, tout à coup, sans qu'on sache pourquoi, à une hauteur de deux mètres, au milieu du ballet, jetant l'effroi parmi les danseuses et l'hilarité dans la salle. Et, comme un malheur n'arrive jamais seul, — le même fait se produit trois jours plus tard — causant la chute de deux ballerines.

Le 9 janvier, nouvel incident; mais cette fois nous aimons mieux laisser la parole au signataire du rapport, et nous allons reproduire — avec le plus grand respect — la prose de ce fonctionnaire.

9 janvier 1878.

Ce soir, pendant l'ouverture de *Carmen* : il y a eu grande rumeur sur la scène, d'où se faisaient entendre dans la salle, des cris : au secours, à l'assassin, au grand étonnement du public. C'était le sous-régisseur, en état d'ivresse, qui infligeait à son fils une correction de beau-père, et faisait un tapage à n'entendre pas Dieu tonner.

L'année 1877-78 n'amena pas les résultats financiers que l'intelligente direction était en droit d'espérer. Les recettes tombèrent à 844,000 francs, et la perte de l'exercice est de 80,000 francs.

Ce résultat est dû, mi-partie aux échecs successifs subis par la plupart des ouvrages nouveaux, mi-partie à l'ouverture d'un cirque auquel était allée tout droit la vogue du public, cette vogue facile, inconsciente, capricieuse, qui tourne à tous les vents ; peut-être encore à une tentative des directeurs qui voulaient augmenter le prix des places — innovation contre laquelle le public s'insurgea.

Mais nous ne tarderons pas à constater que, dans l'avenir, les efforts de Stoumon et Calabresi furent couronnés par la victoire.

Premières Représentations.

1877. 12 septembre. — **Les Amoureux de Catherine**, opéra comique de J. BARBIER, musique de MARÉCHAL. (M. Lefèvre, Mlle Faberth.)

10 novembre. — **Paul et Virginie**, opéra en 4 actes, de M. CARRÉ et JULES BARBIER, musique de V. MASSÉ.

Paul	MM. BERTIN.
M. de Ste-Croix	DAUPHIN.
Domingue	DEVOYOD.
M. de la Bourdonnais . . .	MECHELAERE.
Un intendant	FRENNET.
Virginie	Mmes FOUQUET.
Méala	BERNARDI.
La mère de Paul	LONATI.
La mère de Virginie	ISMAËL.
Un négrillon	MAES.

25 décembre. — **Georges Dandin**, comédie de Molière, transformée en opéra comique, en 2 actes, par COVELIERS, musique d'E. MATHIEU. (MM. Dauphin, Lefèvre, Guérin, Chappuis, Mmes Lonati, Ismaël.)

1878. 11 janvier. — **Cinq-Mars**, opéra en 5 actes, de P. POIRSON et L. GALLET, musique de GOUNOD.

Cinq-Mars	MM. TOURNIÉ.
De Thou	DEVOYOD.
Louis XIII	LEFÈVRE.
Le père Joseph	QUEYREL.
de Fontrailles	GUILLEN.
Hélène	Mmes FURSCH-MADIER.
Marion Delorme	HAMAEKERS.
Ninon de Lenclos	LURIE.

12 février — **La Guzla de l'Emir**, opéra comique en 1 acte, de BARBIER et CARRÉ, musique de TH. DUBOIS. (Mlle Blum, MM. Lefèvre, Chappuis, Guérin.)

Ballet.

La Vision d'Harry, de BALTHASAR-FLORENCE.

Nécrologie.

1878. Août. — Décès de M. Letellier, ancien directeur du Théâtre de la Monnaie.

Répertoire (reprises).

Les Huguenots.
Faust.
Le Trouvère.
Robert le Diable.
La Juive.
Aïda.
Violetta.
Hamlet.
La Favorite.
Guillaume Tell.
Lohengrin.
Rigoletto.
Mireille.
L'Africaine.
Le Chalet.
Fra Diavolo.
Mignon.
Le Barbier de Séville.
La Dame Blanche.
La Poupée de Nuremberg.
Don Pasquale.
Carmen.
La Fille du Régiment.
Le Domino noir.
L'Etoile du Nord.
Le Philtre.

Remplacements d'Artistes.

Choppin, remplacé par Dauphin.
Mlles Faberth, remplacée par Mlles Redouté.
Mauri, » » Pontebillo.

Artistes en Représentations.

1877. Du 10 novembre. — Mlle Fouquet, du Théâtre Lyrique. *Paul et Virginie.*

Du 15 novembre. — Faure. *Faust; la Favorite; Hamlet; Guillaume Tell.* 8 représentations. (Recettes, fr. 67,925.50.)

1er décembre. — Mlle Dudlay, de la Comédie Française, avec le concours de Mmes Fayolle, Rebel, Sisos, MM. Chameroy, Guitry, Frayner, Richard. *Horace.*

Du 18 au 31 décembre. — Représentations de la troupe italienne dramatique. Salvini, Diligenti, Cristofori, de Rosa, Joli, Cermanini, Mlles Checchi, Hoffmann, Bozzo, A. Valazza. *Othello; Macbeth; la Mort civile.*

1878. 3 mars. — Seran, ténor du Théâtre de Gand, Don José. *Carmen.* 2 représentations.

27 mars. — Carrière, premier ténor.

4 avril. — Maria Derivis. *Carmen; l'Etoile du Nord; Mireille.*

24 avril. — Ant. Rubinstein, pianiste. (Recettes, fr. 4,633.50).

4 mai. — Les artistes de la troupe allemande de Rotterdam avec le concours de Mlle Louise Faïde.

Recettes et Dépenses.

Recettes.		
Abonnements	fr.	93,823 39
Locations et bureaux		468,880 50
Subsides		204,000 »
Représentations diverses.		46,500 »
Bals		26,459 »
Divers		5,200 »
Total	fr.	844,863 82
Dépenses		924,786 52
Perte	fr.	79,922 70

Représentations Extraordinaires.

47me anniversaire de l'Indépendance Nationale. Matinées gratuites, 23 septembre, *Fra Diavolo.* 26 septembre, *le Trouvère.*

1877. 6 novembre. — Grande Harmonie. *Aïda.*

11 décembre. — Grande Harmonie. *Don Pasquale; la Poupée de Nuremberg.*

1878. 2 février. — Grande Harmonie. *Cinq-Mars.*

26 février. — Grande Harmonie. *Carmen.*

27 février. — Représentation pour la Crèche de Laeken sous le patronage de S. M. la Reine. *Carmen.*

23 mars. — Bénéfice de Cloetens. *Les Huguenots.* (Recettes, 5,514 francs.)

9 avril. — Grande Harmonie. *L'Etoile du Nord.*

26 avril. — Bénéfice de Lapissida. *L'Africaine.* (Recettes, fr. 6,187.50.)

Août. — Noces d'argent du roi Léopold II. Spectacle gala. *Aïda.* (Recettes, 933 francs, subside, 15,000 francs.)

Appointements mensuels.

Ténors : Tournié, 8,000 francs ; Bertin, 3,000 francs ; Lefèvre, 1,350 francs ; Lemercier, 500 francs ; Guérin, 600 francs.

Barytons : Devoyod, 5,500 francs ; Guillen, 1,350 fr.

Basses : Queyrel, 800 francs ; Dauphin, 1,800 francs ; Chappuis, 550 francs ; Mechelaere, 550 francs.

Chanteuses : Mmes Fursch-Madier, 5,000 francs ; Bernardi, 2,000 francs ; Hamaekers, 4,000 francs ; Blum, 1,200 francs ; Lurie, 800 francs ; Ismaël, 500 francs ; Redouté, 1,800 francs.

Danseurs : Hanssen, 500 francs ; Poigny, 550 francs ; Duchamps, 300 francs.

Danseuses : Mmes Ricci, 700 francs ; Viale, 950 francs ; Zuliani, 500 francs ; Pontebillo, 475 francs.

Artistes du chant et de la danse, 48,575 francs ; orchestre, 12,670 francs ; chœurs, 9,675 francs ; ballet, 6,005 francs ; direction, administration et personnel du service de la scène et de la salle, 10,580 francs.

Total par mois, 87,505 francs.

(1878-79)

MM. STOUMON, } directeurs.
CALABRESI, }
Joseph DUPONT, premier chef d'orchestre.
Th. Warnots, chef d'orchestre.
Lapissida, régisseur général.
Masson, régisseur.
Hanssen, maître du ballet.
Duchamp, régisseur du ballet.
Maes, } pianistes-accompagnateurs.
Émile Guérin, }

Grand opéra, Traductions, Opéra comique.

MM. Tournié.   MM. Laurent.
    Rodier.   Guérin.
    Lefèvre.   Masson.
    Mauras.

Barytons :

M. Couturier.   M. Soulacroix.

Basses :

MM. Gresse.   MM. Chappuis.
    Dauphin.   Mechelaere.

Chanteuses :

Mmes Fursch-Madier.   Mmes Dupouy.
    Alice Bernardi   Ismaël.
    Hamaekers.   Zélie.
    Marguerite Vaillant.   Louise Maes.
    Elly Warnots.   Léonie
    Lonati.

Ballet.

Danseurs :

MM. Poigny.   MM. Duchamp.
Hanssen.   Deridder.

Danseuses :

Mmes Amélie Colombier.   Mmes Nelly.
Rosina Viale.   Lucia Zuliani.

Ce tableau comprend plusieurs noms d'artistes qui devaient bientôt gagner la faveur du public bruxellois.

D'abord, Gresse, Dauphin et Soulacroix, ces trois anabaptistes, qui eussent pu former un autre *trio belge*, et que la direction sut s'attacher pendant de longues années.

Dauphin est déjà connu.

Gresse conquit tous les suffrages, du premier coup. Sa superbe voix — large et sonore d'un bout à l'autre de l'échelle vocale — faisait merveille, et il devint bientôt l'enfant gâté des Bruxellois, qu'il ne quitta que pour entrer à l'Opéra.

Soulacroix sut aussi mériter l'affection des habitués de la Monnaie. Il interpréta les rôles les plus divers, toujours applaudi, toujours sympathique, toujours fringant, et, comme son camarade, quitta Bruxelles pour Paris, où il ne tarda pas à devenir l'idole du public de l'Opéra-Comique.

Rodier avait chanté deux ans à Anvers, presque ignoré des Bruxellois, auxquels Saint-Saëns voulut le faire connaître. Il demeurera à Bruxelles jusqu'à la fin de la direction Stoumon et Calabresi.

Mauras, qui devait tenir l'emploi de « second ténor, *en double* », ne put se rendre à son engagement. Il était lié par le service militaire. Quelque temps après, il débuta à l'Opéra-Comique, puis partit pour l'Amérique, pour rentrer ensuite premier sujet à la salle Favart. En 1887, il arrive à la Monnaie en qualité de ténor léger, et, deux ans après, meurt d'une terrible maladie à l'hôpital Saint-Jean.

Couturier était un solide baryton d'opéra, à la voix puissante, tout frais émoulu du Conservatoire de Paris. Il avait suivi en Belgique sa camarade de classe, Mlle Vaillant, qu'il ne tarda pas à épouser, à Bruxelles même, en l'église protestante du Musée (le 22 février 1879).

Marguerite Vaillant venait de remporter un éclatant premier prix, dans une scène de *Mireille*. Les directeurs de la Monnaie avaient été émerveillés de la fraîcheur de sa voix, de ses charmes physiques, de la grâce touchante avec laquelle elle incarnait l'héroïne de Mistral. Ils lui signèrent un engagement, devançant ainsi Carvalho, directeur de l'Opéra-Comique, auquel le gouvernement français laisse pleins droits sur les lauréats. Un procès assez retentissant fut intenté à Mlle Vaillant, et la jolie transfuge dut payer un dédit de quinze mille francs.

Elly Warnots partageait avec elle l'emploi de chanteuse légère. C'est la fille du professeur de chant bien connu, et elle fut vite appréciée par les dilettanti.

Tous ces jeunes artistes formaient un élément précieux pour la composition d'une troupe recrutée à peu de frais, grâce à la perspicacité des directeurs.

L'ouverture de la saison s'effectue le 5 septembre — cette fois par *l'Africaine*.

A une représentation des *Huguenots*, au cinquième acte — au moment où des coups de feu sont tirés sur Valentine, Raoul et Marcel — un figurant ajuste Gresse, à bout portant, et lui brûle la barbe. Le sympathique chanteur en fut quitte pour la peur, car son appendice, en *crêpé*, sortait des magasins du coiffeur.

Le 5 décembre, on donnait *le Cheval de bronze*. A la fin du deuxième acte, le brave cheval... de bronze reste au milieu de sa route, se débattant et agitant les pattes parmi les nuages... en bois. La pauvre Péki ne se trouvait guère à l'aise dans une semblable situation. Mais, malgré les cris d'effroi qui se firent entendre autour d'elle, la belle se tint bravement cramponnée à son coursier, attendant qu'il se décidât à fendre les airs — exercice auquel il se refusait obstinément. Néanmoins, Péki sut délivrer Stella de sa captivité céleste et la ramener sur la terre, dans un palais magnifique, au milieu de tout un peuple prosterné.

Après la période des débuts et des reprises, nous avons quelques représentations d'Adelina Patti et de M. Nicolini, dont les recettes s'élèvent à 115,772 francs. On fait à la cantatrice ses ovations accoutumées, mais son partenaire est accueilli assez froidement. La somme des cachets touchés par les deux artistes n'est pas inférieure à 60,000 francs.

Le 10 décembre, les comédiens du Théâtre-Français, parmi lesquels Sarah Bernhardt et Mounet-Sully, se font applaudir par une salle absolument bondée.

Le 19 décembre, Mlle Heilbronn inaugure une brève série de représentations (la *Traviata* et *Faust*). Elle ne s'était fait entendre qu'une fois à Bruxelles, en 1870, lorsqu'elle y passa pour se rendre en Russie. Elle venait alors de quitter Paris, après un échec à l'Opéra-Comique et des triomphes faciles dans l'opérette. Mais maintenant elle était dans la plénitude de son talent et dans toute la floraison de son ardente nature. Son succès fut très grand.

En janvier, Faure fait une trop courte réapparition. Le grand artiste chante *Guillaume Tell*, *Faust*, *la Favorite*, *Hamlet* et *l'Etoile du Nord*. Enregistrons, enfin, le retour, en avril, de Patti et de Nicolini.

Cette année, il faut attendre jusqu'en février avant de voir une nouveauté. Il était écrit que les théâtres belges seraient une cour d'appel devant laquelle les compositeurs malheureux porteraient leurs différends, et tâcheraient de faire casser le jugement qui les avait frappés d'abord. Et il était écrit aussi que, lorsque ce jugement serait injuste, le public de Bruxelles ne craindrait pas de donner une leçon à son voisin de Paris. Il en fut ainsi avec *le Timbre d'argent* que Saint-Saëns apportait du Théâtre Lyrique et qui vit la salle confondre dans les bravos l'œuvre et les interprètes.

La fin de la campagne est marquée par une création : *L'Orage*, opéra en un acte d'Armand Silvestre, musique de M. Urich, jeune compositeur, d'origine anglaise. Cette partitionnette renfermait de jolis morceaux, et, bien qu'elle ait été jouée peu de jours avant la clôture, sa réussite fut telle que les auteurs n'hésitèrent pas à la transformer en trois actes et qu'elle figure maintenant — sous le titre de *le Pilote* — dans le programme qui vient d'être publié pour la saison de 1890, au Casino de Monte-Carlo.

Premières Représentations.

1879. 10 février. — **Le Timbre d'argent**, opéra fantastique, en 8 tableaux, de Michel Carré et J. Barbier, musique de Saint-Saëns. (Rodier, Soulacroix, Lefèvre, Mmes Vaillant, Lonati, Viale.)

2 mai. — **L'Orage**, opéra comique, en 1 acte, d'A. Silvestre, musique de John Urich.

Appointements mensuels.

Ténors : Tournié, 8,000 francs ; Rodier, 3,500 francs ; Lefèvre, 1,350 francs ; Guérin, 600 francs ; Voulet, 500 francs.

Barytons : Couturier, 3,000 francs ; Soulacroix, 1,000 francs.

Basses : Gresse, 1,300 francs ; Dauphin, 1,800 francs ; Chappuis, 550 francs ; Mechelaere, 550 francs.

Chanteuses : Mmes Fursch-Madier, 5,000 francs ; Bernardi, 2,000 francs ; Hamaekers, 3,000 francs ; Vaillant, 1,800 francs ; Warnots, 1,800 francs ; Lonati, 1,000 francs ; Dupouy, 400 francs ; Ismaël, 500 francs.

Danseurs : Hanssen, 500 francs ; Poigny, 550 francs ; Duchamps, 300 francs.

Danseuses : Mmes Cora, Adriana, 1,000 francs ; Viale, 950 francs ; Zuliani, 500 francs ; Ferrario, 500 francs.

Total par mois, 41,950 francs.

Remplacements d'Artistes.

Laurent, remplacé par Voulet.
Mme Colombier, remplacée par Mme Dora-Adranne.

Répertoire (reprises).

Aïda.
L'Africaine.
Guillaume Tell.
Robert le Diable.
Faust.
Les Huguenots.
Roméo et Juliette.
Violetta.
Lucie de Lammermoor.
Le Trouvère.
La Reine de Saba.
Cinq-Mars.
Le Prophète.
Hamlet.
Jérusalem.
La Somnambule.
Lohengrin.
La Favorite.
Mireille.
La Dame Blanche.
Le Toréador.
L'Étoile du Nord.
Les Diamants de la Couronne.
Le Barbier de Séville.
Le Cheval de Bronze.
Les Mousquetaires de la Reine.
Le Nouveau Seigneur du Village.
Giralda.
L'Épreuve villageoise.
Zampa.

Artistes en Représentations.

1878. Du 31 octobre au 19 novembre. — Mme Patti et Nicolini. *La Traviata; Lucie de Lammermoor; Faust; le Barbier de Séville; le Pardon de Ploërmel; Aïda; le Trouvère; Hernani; la Somnambule; Roméo et Juliette.* 7 représentations. (Recettes, fr. 115,772-90.)

10 décembre. — Artistes de la Comédie Française. (Mounet-Sully, Silvain, Davrigny, Boucher, Mmes Sarah Bernhardt, Schmit, Lecomte, Alice Lody.)

Du 19 décembre. — Série de représentations de Mme Heilbronn. *Traviata; Faust.*

1879. Du 16 au 31 janvier. — Faure. *Guillaume Tell; Faust; la Favorite; l'Étoile du Nord; Hamlet.* 7 représentations. (Recettes, fr. 46,848-50.)

Du 19 au 26 avril. — Mme Patti et Nicolini. 3 représentations. (Recettes, 26,583 francs.)

Recettes et Dépenses.

Recettes. Abonnements . . . . fr.	85,393	32
Locations et bureaux. . .	562,303	25
Subsides	204,000	»
Représentations diverses .	67,438	»
Bals	29,382	»
Divers	7,794	06
Total. . . fr.	956,310	63
Dépenses	917,408	73
Bénéfice . . . . fr.	38,901	90

Représentations extraordinaires.

1878. 22 août. — Représentation gala. Noces d'argent de LL. MM. le Roi et la Reine. *Aïda.*
24 août. — Représentation gratuite pour les Instituteurs et Institutrices du Royaume. *Aïda.*
8 septembre. Représentation gala, en présence de LL. MM. le Roi et la Reine. *L'Africaine.*
48me anniversaire de l'Indépendance Nationale. Matinées gratuites. 24 septembre, *Toréador.* 26 septembre, *la Dame Blanche.*
26 octobre. — Grande Harmonie. *La Dame Blanche.*
27 octobre. — Spectacle gala, en présence de LL. MM. le Roi et la Reine, et du Duc et de la Duchesse de Saxe-Cobourg. *Robert le Diable.*
28 octobre. — Spectacle gala. *Roméo et Juliette.*
31 octobre. — Spectacle gala, avec Mme Patti. (Recettes, fr. 15,878-50.)
26 novembre. — Grande Harmonie. *Roméo et Juliette.*
5 décembre. — Bénéfice de la Crèche de Laeken, sous le patronage de S. M. la Reine. *Le Cheval de Bronze.* (Recettes, 3,000 francs.)
21 décembre. — Grande Harmonie. *Les Huguenots.*
1879. 10 février. — Spectacle gala, en présence de LL. MM. le Roi et la Reine et de la princesse Philippe. *Le Timbre d'Argent.*
11 février. — Grande Harmonie. *La Reine de Saba.*
8 mars. — Grande Harmonie. *Le Timbre d'Argent.*
29 mars. — Bénéfice des inondés de Szegedin (Autriche). *Jérusalem.* (Recettes, 3,500 francs.)
3 avril. — Bénéfice de Lapissida, régisseur. *Le Cheval de Bronze* (1er acte); *Jérusalem* (2me et 3me tableaux). (Recettes, fr. 3,932-50.)
12 avril. — Bénéfice de Cloetens. *Jérusalem.* (Recettes, fr. 5,958-75.)
1er mai. — Bénéfice des victimes de la catastrophe de Frameries. Spectacle gala en présence de LL. MM. le Roi et la Reine et les Ministres *Jérusalem.* (Recettes, 3,000 francs.)

(1879-80)

MM. STOUMON, } directeurs.
CALABRESI, }
Joseph DUPONT, premier chef d'orchestre.
Th. Warnots, chef d'orchestre.
Lapissida, régisseur général.
Masson, régisseur.
O. Poigny, maître de ballet.
Duchamp, régisseur du ballet.
Emile Guérin, } pianistes-accompagnateurs.
Maes, }

Grand opéra, Traductions, Opéra comique.

Ténors :

MM. Sylva.   MM. Lefèvre.
    Massart.   Voulet.
    Rodier.   Guérin.
            M. Masson.

Barytons :

M. Devoyod.   M. Soulacroix.

Basses :

MM. Gresse.   MM. Chappuis.
    Dauphin.   Lonati.

Chanteuses :

Mmes Fursch-Madier.
Duvivier.
Rebel.
Devriès-Dereims.
Elly Warnots.
Blanche Deschamps.

Mmes Lonati.
Guille.
Ismaël.
Gros.
Louise Maes.
Léonie.

Ballet.

Danseurs :

MM. Poigny.
Duchamp.

MM. Ph. Hanssen.
Deridder.

Danseuses :

Mmes Adelina Gedda.
Bartholetti.

Mmes Esselin.
Francesca.

L'Africaine inaugure l'année théâtrale — servant de rentrée aux artistes de la saison précédente, ainsi qu'à Sylva et Devoyod, de retour au bercail.

Le lendemain, *la Traviata* ramène une cantatrice aimée, Mme Devriès-Dereims.

Les nouveau-venus sont Massart, Mmes Duvivier, Deschamps et Rebel.

Massart sortait du Conservatoire de Bruxelles, après avoir abandonné les galons de lieutenant pour faire ses études vocales sous la direction de M. Warnots. Il fit mentir le fameux proverbe : « *Nul n'est prophète en son pays* », et, après plusieurs années, s'en alla à Lyon, et de là en Italie. Il débuta à la Monnaie dans *la Favorite*.

Blanche Deschamps était élève du Conservatoire de Paris. C'est encore un exemple de la perspicacité de Stoumon et Calabresi, qui la découvrirent, à Bruxelles, dans les salons de M. Berardi. Elle devint l'admirable chanteuse que l'on sait, et, après un long séjour à la Monnaie, entra à l'Opéra-Comique, où elle ne tarda pas à prendre une première place. Mlle Deschamps commença la carrière dans l'emploi de Galli-Marié, et débuta dans *Mignon*.

Mlle Duvivier était le contralto en titre. Elle déploya des qualités exceptionnelles de style et de sentiment dramatique dans *la Favorite* et *le Trouvère*, et son procès fut gagné du premier coup.

Mlle Rebel, une fort agréable personne, douée d'une jolie voix, fut également accueillie avec faveur.

L'événement de la campagne 1879-80 fut, le 10 février, la « première » de *la Flûte enchantée*. On a bien lu : la « première » de *la Flûte enchantée*, — en 1880 !

Premières Représentations.

1880. 10 février. — **La Flûte enchantée**, opéra comique en 5 actes, adaptation française de Nuitter et Beaumont, musique de Mozart.

Pamina	Mmes E. Warnots.
Reine de la nuit	Devriès-Dereims.
Papagena	Lonati.
Première fée	Rebel.
Deuxième fée	Deschamps.
Troisième fée	Duvivier.
Tamino	MM. Rodier.
Papageno	Soulacroix.
Surastro	Gresse.
Monostatos	Dauphin.
Manès	Lonati.
Deux prêtres d'Osis	Lefèvre et Chappuis.
Deux hommes d'armes	Voulet et Boutens.

1er avril. — **La Bernoise**, opéra comique en 1 acte, de Solvay, musique d'Emile Mathieu. (Soulacroix, Dauphin, Chappuis, Mme Lonati.)

Remplacements d'Artistes.

Mmes Guille, remplacée par Mmes Corva.
    Corva » Deroittes.

Répertoire (reprises).

L'Africaine.
Robert le Diable.
Le Prophète.
Lohengrin.
La Favorite.
Le Trouvère.
Lucie de Lammermoor
Jérusalem.
Faust.
Rigoletto.
Charles VI.
Violetta.
Freischütz.
Carmen.
Mignon.
Le Cheval de Bronze.
Les Dragons de Villars.
La Dame Blanche.
Giralda.
L'Etoile du Nord.
Le Toréador.
L'Epreuve Villageoise.

Artistes en Représentations.

1880. Du 1er février au 11 mars. — Mme Albani, du Théâtre Italien de Paris. 7 représentations. (Recettes, fr. 54,450.50)

Le 25 et 27 mars. — Artistes de la Comédie Française. 2 représentations. *Oscar; le Mari qui trompe sa femme; Un cas de conscience; la Pluie et le beau temps; le Fou rire, la Bénédiction; Mlle de la Seiglière; le Pour et le Contre.* (Coquelin aîné, J. Febvre, Thiron, Prud'hon, Roger, Garraud, Boyer, Mmes Broisat, Ricquier, J. Samary, Brindeau, Persoons.)

21 et 24 avril. — Mme Miolan Carvalho. 2 représentations.

Appointements mensuels.

Ténors : Sylva, 9.500 francs; Massart, 600 francs; Rodier, 3,500 francs; Lefèvre, 1,350 francs; Voulet, 500 francs; Guérin, 600 francs; Masson, 250 francs.

Barytons : Devoyod, 4,000 francs; Soulacroix, 1,200 francs.

Basses : Giesse, 1,600 francs; Dauphin, 2,000 fr.; Chappuis, 550 francs; Lonati, 400 francs.

Chanteuses : Mmes Fursch-Madier, 5,000 francs; Duvivier, 1,000 francs; Rebel, 1,200 francs; Devriès, 3,500 francs; Warnots, 2,000 francs; Lonati, 1,200 francs; Ismaël, 500 francs; Deschamps, 1,000 francs; Stella Corva, 400 francs.

Danseurs : Poigny, 550 francs; Duchamps, 300 fr.

Danseuses : Mmes Gedda, 850 francs; Bartholetti, 875 francs; Esselin, 500 francs; Francesca, 450 francs; Dewitte, 200 francs.

Total par mois, 45,575 francs.

Recettes et Dépenses.

Recettes. Abonnements . . . fr.	89,693	54
Locations et bureaux . .	574,114	25
Subsides	204,000	»
Représentations diverses.	52,106	»
Bals	25,857	»
Divers	6,454	47
Total . . . fr.	952,225	26
Dépenses	872,618	48
Bénéfice	79,606	48

Représentations Extraordinaires.

1879. 5 septembre. — En présence du Prince Royal de Suède et de Norvège. *La Dame blanche.*

24 et 26 septembre. — Représentations gratuites.

25 octobre. — Grande Harmonie. *Jérusalem.*

27 novembre. — Bénéfice de la Crèche de Laeken, sous le patronage de S. M. la Reine. *L'Etoile du Nord.*

29 novembre. — Grande Harmonie. *Giralda* et le ballet du *Cheval de Bronze.*

20 décembre. — Bénéfice du Denier des Écoles et des pauvres. *Jérusalem.* (Recettes, 3,500 francs.)

23 décembre. — Grande Harmonie. *Les Dragons de Villars ; l'Epreuve Villageoise.*

1880. 20 janvier. — Grande Harmonie. *Le Prophète.*

26 janvier. — Grande Harmonie. *La Flûte enchantée.*

27 janvier. — Spectacle gala, en présence de LL. MM. le Roi et la Reine, le Prince Ernest II, Charles duc régnant de Saxe-Cobourg. *La Flûte enchantée.*

7 février. — Bal, OEuvre de la Presse pour les pauvres de Bruxelles. (Recettes, 31,208 francs.)

5 mars. — En présence de LL. MM. le Roi et la Reine, de l'Archiduc Rodolphe d'Autriche et S. A. Impériale l'Archiduchesse Stéphanie. *La Favorite.*

8, 10, 14 et 15 mars. — Spectacle gala, en présence de LL. MM. le Roi et la Reine, de l'Archiduc Rodolphe d'Autriche et S. A. Impériale l'Archiduchesse Stéphanie.

13 mars. — Bénéfice de la Société de bienfaisance française. *La Flûte enchantée.* (Recettes, 3,500 francs.)

18 mars. — Représentation gala, offerte par la ville, en l'honneur de S. A. I. l'Archiduc Rodolphe d'Autriche, en présence de LL. MM. le Roi, la Reine et la Princesse Stéphanie, du Comte et de la Comtesse de Flandre, de tous les ministres, des ambassadeurs, des bourgmestres de l'agglomération bruxelloise et des hauts fonctionnaires. *Le Freischütz.* (Recettes, 12,591 francs.)

23 mars. — Grande Harmonie. *La Favorite.*

7 avril. — Bénéfice de J. Cloetens, contrôleur en chef. *L'Africaine.* (Recettes, 6,254 francs.)

16 avril. — Bénéfice de Lapissida, régisseur. *Charles VI.* (Recettes, fr. 3,424-50.)

17 avril. — Grande Harmonie. *Le Freischütz.*

22 avril. — Bénéfice de Devoyod. *Charles VI.* (Recettes, 4,865 francs.)

24 avril — Représentation de Mme Carvalho. *Faust.* (Recettes, 4,168 francs.)

21 mai. — Concert au bénéfice des pauvres, donné par la Société de Vienne (Mannergesangverein). (Recettes, 10,606 francs.)

Le chef-d'œuvre de Mozart n'avait pas encore été représenté devant le public bruxellois — si ce n'est, vingt ans plus tôt, *promené* par une troupe allemande, qui montrait l'ouvrage du maître de Salzbourg comme un nouveau phénomène. Jamais l'idée de monter cet ouvrage en français n'était venue aux directeurs — quelque audacieux qu'ils fussent — tant l'entreprise en paraissait périlleuse! En réalité, c'était une tâche difficile, et la direction eut une chance bien rare : celle de disposer d'artistes réunissant le talent et le courage nécessaires pour mener à bonne fin cette besogne redoutée, et de pouvoir s'assurer en même temps le concours d'un Maître tel que Gevaert, qui se chargea des études. Ce fut un éclatant succès.

Du 1er février au 11 mars, Albani donne sept représentations. Il régnait dans le public une sorte d'appréhension à l'égard de la diva, encore inconnue à Bruxelles. Certains bruits venant d'Italie étaient peu faits pour inspirer la confiance. On racontait qu'Albani avait été sifflée à Milan... La cantatrice entre en scène au milieu de la froideur générale; mais au bout de quelques minutes, l'admirable chanteuse, qui est aussi une remarquable comédienne, avait conquis la salle, et la soirée ne fut plus qu'un long triomphe.

Mais voici une pièce indigène : *La Bernoise*, opéra comique en un acte, de Lucien Solvay pour le livret, et d'Emile Mathieu pour la musique. Nous avons la faveur d'enregistrer un succès. Solvay avait composé un tableau agréable avec un sujet naïf, fort allègrement traité par Mathieu, qui se préparait à donner une œuvre plus importante et mieux en rapport avec son tempérament musical.

Après deux spectacles dramatiques par un groupe de comédiens du Théâtre-Français, citons deux représentations de Mme Carvalho. Depuis dix ans, l'artiste si fêtée dans une foule de créations charmantes, n'était plus retournée à Bruxelles, et on s'attendait à bien des désillusions. — O merveilleuse puissance de l'art! — pas une ride! — C'est toujours la même voix, le même charme, la même grâce, qu'elle posséda longtemps encore, et qui furent toujours admirables.

Le lundi 3 mai, la Monnaie ferme ses portes qu'elle va rouvrir le 1er juillet, pour les fêtes de 1880.

(1880-81)

MM. STOUMON, } directeurs.
CALABRESI,
Joseph DUPONT, premier chef d'orchestre.
Th. Warnots, chef d'orchestre.
Lapissida, régisseur général.
Masson, régisseur.
O. Poigny, maître de ballet.
Duchamp, régisseur du ballet.

Grand opéra, Traductions, Opéra comique.

Ténors :

MM. Sylva.   MM. Lefèvre.
    Massart.   Voulet.
    Rodier.   Guérin.
              M. Masson.
              Barytons :
M. Devoyod.   M. Soulacroix.
              M. Lonati.
              Basses :
MM. Gresse.   MM. Chappuis.
    Dauphin.   Boutens.
              Chanteuses :
Mmes Fursch-Madier.   Mmes Lonati.
    Duvivier.   Hervey.
    Rebel.   Ismaël.
    Blanche Deschamps.   Louise Maes.
    Bosman-Huyk.   Léonie.

Ballet.

Danseurs :

MM. Poigny.
Duchamp.

MM. Ph. Hanssen.
Deridder.

Danseuses :

Mmes Adelina Gedda.
Ricci-Poigny.

Mmes Esselin.
Valain.

La campagne commence, cette fois, deux mois avant la date habituelle.

Le Gouvernement a voté un subside supplémentaire pour l'exploitution du théâtre pendant les fêtes de juillet et août, avec l'obligation de donner les œuvres d'auteurs belges : *Richard Cœur-de-Lion*, de Grétry, — *Gilles Ravisseur*, de Grisar, — *Quentin Durward*, de Gevaert.

Dans leur précipitation à préparer cette *season* extraordinaire, il est aisé de comprendre que les directeurs n'eurent guère le temps de recruter des éléments pour leur troupe. Du reste, leurs pensionnaires avaient gagné toutes les sympathies du public, et le mieux était de conserver le même personnel. Aussi ne voyons-nous que deux noms nouveaux : celui de Mme Bosman et celui de Mlle Hervey, toutes deux élèves du Conservatoire de Bruxelles.

La première faisait partie du ballet, à l'arrivée de Stoumon et Calabresi. Lorsque ces intelligents impresarii voulurent doter leur scène de l'œuvre immortelle de Bizet, *Carmen*, ils choisirent quelques danseuses pour renforcer les chœurs des cigarières. Mme Bosman appartenait au groupe de ballerines chantantes. Les directeurs, frappés du timbre de sa voix, facilitèrent son admission au Conservatoire; et, maintenant, elle débute sur ce même théâtre, dans cette même pièce de *Carmen* (rôle de Micaëla), où elle fait ses premiers *pas*, en qualité de chanteuse, cette fois.

Mme Fursch-Madier, assez gravement indisposée, fut remplacée par Mlle Baux, de l'Opéra. En juillet, Mlle Bilbaut-Vauchelet, de l'Opéra-Comique, et, en août, Mlle Marie Vachot, vinrent compléter la troupe.

Ces trois artistes furent favorablement appréciées.

Mlle Baux, avec sa magnifique prestance et son bel organe, produisit la meilleure impression.

Mlle Bilbaut-Vauchelet, sortie depuis peu du Conservatoire de Paris, où elle avait reçu les leçons de l'éminent professeur Saint-Yves Bax, charma les dilettanti par la pureté de son style, la fraîcheur de sa voix et la grâce qui s'attachait à toute sa personne. Mlle Bilbaut retourna ensuite à l'Opéra-Comique, où elle épousa son camarade Nicot, le délicieux ténorino. Elle est aujourd'hui retirée du théâtre et ne se fait plus entendre que par intervalles dans les concerts.

M{^{lle}} Marie Vachot, fille de l'ancien directeur de la Monnaie, aujourd'hui M{^{me}} Jouanne, reçut également l'accueil le plus flatteur.

Ouverture, le 1{^{er}} juillet.

Grétry inaugure la série des œuvres nationales. *Richard Cœur-de-Lion*, monté avec le texte primitif, un luxe très remarquable de décors et de mise en scène et une interprétation digne du chef-d'œuvre, fut un succès magnifique.

Cette soirée est suivie d'une véritable solennité, événement musical et patriotique : la reprise de *la Muette de Portici !* Le souvenir qui se rattachait à ce glorieux opéra était gravé dans l'esprit de tous. La salle comble, prête à se soulever d'enthousiasme, fait une ovation aux survivants des journées de septembre, qui s'étaient installés dans une loge d'entre-colonnes, et salue, par des acclamations répétées, le fameux duo : *Amour sacré de la patrie*, chanté par Sylva et Devoyod.

Les Monténégrins prennent le second tour parmi les œuvres belges. L'opéra comique de Limnander ne figurait pas, tout d'abord, sur la liste des ouvrages imposés, mais de hautes influences furent, paraît-il, plus fortes que la commission : *Les Monténégrins* occupèrent la place de *Quentin Durward*, représenté plus tard, au milieu de l'hiver.

Signalons une reprise de *la Bernoise* ; le passage de la basse Paravey, aujourd'hui directeur de l'Opéra-Comique (*Faust* et *Mireille*), et la « première » d'un ballet : *La Nuit de Noël*, de Stoumon (sans Calabresi).

La campagne se poursuit alors avec une suite de soirées intéressantes, parmi lesquelles il faut placer, en première ligne, celle de *Quentin Durward*, costumes et décors nouveaux.

En décembre, les directeurs font notifier à l'Administration communale « *l'impossibilité où ils se trouvent d'entreprendre pour un nouveau terme de trois ans l'exploitation de la Monnaie, si on ne leur fournit pas le moyen de faire face aux exigences de la situation toute nouvelle qui leur a été créée par les prétentions des auteurs français, qui modifie complètement les conditions du cahier des charges et qui les empêcherait à l'avenir de maintenir le Théâtre-Royal au niveau auquel ils ont su l'élever* ». Il en résulte un subside supplémentaire de 15,000 francs.

Premières Représentations.

1881. Mars. — **Le Chanteur de Médine**, opéra comique en 1 acte, de DELONGCHAMPS, musique de FRANÇOIS-MARIE DEMOL.

Sélim	MM. LEFÈVRE.
Nassam	CHAPPUIS.
Aboulifar	GUÉRIN.
Zulma	Mme LONATI.

8 avril. — **Le Capitaine Raymond**, opéra comique, de COVELIERS, musique de COLYNS. (Rodier, Soulacroix, Dauphin, Mme Deschamps).

Ballet.

1880, 14 octobre. — **La Nuit de Noël**, de STOUMON.

Appointements mensuels.

Ténors : Sylva, 9,500 francs ; Massart, 1,500 francs ; Rodier, 4,000 francs ; Lefèvre, 1,350 francs ; Voulet, 500 francs ; Guérin, 600 francs ; Masson, 250 francs.
Barytons : Devoyod, 4,500 francs ; Soulacroix, 1,500 francs.
Basses : Gresse, 1,800 francs ; Dauphin, 2,000 fr. ; Chappuis, 550 francs ; Lonati, 550 francs.
Chanteuses : Mmes Fursch-Madier, 5,800 francs ; Duvivier, 1,400 francs ; Rebel, 1,800 francs ; Bosman, 500 francs ; Hervey, 350 francs ; Lonati, 1,500 francs ; Ismaël, 500 francs ; Deschamps, 1,200 francs.
Danseurs : Poigny, 550 francs ; Duchamp, 325 fr.
Danseuses : Gedda, 850 francs ; Ricci, 700 francs ; Esselin, 500 francs ; Valain, 500 francs.
Total par mois, 44,275 francs.

Répertoire (reprises).

Les Huguenots.
Robert le Diable.
Freischütz.
L'Africaine.
Charles VI.
Faust.
La Muette.
Lucie de Lammermoor.
Jérusalem.
Le Prophète.
La Favorite.
Aïda.
Guillaume Tell.
La Juive.
La Traviata.
Rigoletto.
La Somnambule.
Le Trouvère.
Carmen.
Richard.
Le Toréador.
Les Dragons de Villars.
L'Épreuve Villageoise.
Gilles Ravisseur.
Les Diamants de la Couronne.
La Flûte enchantée.
Les Monténégrins.
Mireille.
La Bernoise.
Piccolino.
Zampa.
Raymond.
Quentin Durward.

Artistes en Représentations.

1888. Du 1er juillet. — M¹¹e Baux, première chanteuse, de l'Opéra. *Robert; l'Africaine; Faust; Freischütz.*

20 juillet. — M¹¹e Bilbaut-Vauchelet, première chanteuse, de l'Opéra-Comique. *Les Diamants de la Couronne; la Flûte enchantée.*

Du 21 aout. — M¹¹e Marie Vachot, première chanteuse. *Lucie; la Flûte enchantée; Mireille.*

31 août. — Paravey, première basse du Théâtre d'Anvers. *Faust; Mireille.*

1881. Du 11 au 29 janvier. — Mme Albani, cantatrice des Théâtres Italiens de Paris et de Londres. 6 représentations. (Recettes, fr. 34,423-50.)

14 avril. — Planté, pianiste.

Mai. — Artistes de la Comédie-Française, sous la direction de Coquelin et Dieudonné. 4 représentations : *Une chaîne; Gringoire; Ernest; l'Aventurière; les Précieuses ridicules; Jean Marie; les Rieuses; Gabrielle.*

Recettes et Dépenses.

Recettes. Abonnement . . . . fr.	89,219	44
Locations et bureaux . .	647,314	25
Subsides	204,000	»
Représentations diverses.	54,000	»
Bals	33,152	»
Divers.	9,852	63
Subsides extraordinaires .	177,499	47
Total. . . fr.	1,215,037	79
Dépenses	1,092,870	43
Bénéfices . . . . fr.	122,167	36

Représentations Extraordinaires.

1880. 6 novembre. — Grande Harmonie. *Les Monténégrins.*

30 novembre. — Au bénéfice de la Crèche de Laeken. *Charles VI.*

4 décembre. — Grande Harmonie. *Aïda.*

1881. 8 janvier. — Grande Harmonie. *La Juive.*

5 février. — Au bénéfice des inondés de la Belgique. *Quentin Durward.*

12 février. Grande Harmonie. *Quentin Durward.*

25 février. — Société de bienfaisance française. *Zampa.*

7 mars. — Au bénéfice des inondés de la Belgique, sous le patronage de LL. MM. le Roi et la Reine, avec le concours de Mme Albani (qui abandonne son cachet de 5,000 francs). *Rigoletto.* (Recettes, 10,831 francs.)

12 mars. — Grande Harmonie. *Zampa.*

23 mars. — Bénéfice de Cloetens, contrôleur en chef. *L'Africaine.* (Recettes, fr. 6,251-50.)

6 avril. — Bénéfice de Devoyod. *Rigoletto; Hamlet* (2me acte). (Recettes, fr. 6,332-50.)

9 avril. — Grande Harmonie. *Rigoletto.*

20 avril. — Bénéfice de Lapissida, régisseur général. *Le Trouvère; la Flûte enchantée* (2 actes). (Recettes, fr. 4,197-50.)

En janvier, six représentations de Mme Albani. Recettes : 34,423 francs ; les chiffres ont leur éloquence.

Le 15 janvier, les eaux font irruption dans le foyer du public, le plancher est inondé, le plafond se crevasse. A la suite de cet accident, les spectateurs virent se fermer les portes du foyer, ce qui ne dut pas être une bien grande privation, si, dans ce temps-là, on n'avait pas plus l'habitude d'y aller qu'aujourd'hui...

Trois jours après, la première danseuse, la gracieuse Gedda, avait fait un voyage à Anvers, avec l'intention de rentrer à l'heure du spectacle. Mais le train qui devait la ramener fut bloqué par les neiges, et on l'attendit en vain.

Cet hiver, du reste, fut très rigoureux. A l'une des représentations du *Prophète*, avant les exercices des patineurs, Lapissida, en habit et en cravate blanche, vient excuser l'un des interprètes qui s'était trouvé fatigué durant le cours de la soirée. « Tiens ! » s'écrie une voix aux galeries supérieures, « je croyais qu'il allait annoncer le dégel ! »

Puisque nous en sommes au chapitre des incidents, enregistrons celui du 20 février. Dans un entr'acte de *Quentin Durward*, une altercation des plus vive éclate entre Dupont et Devoyod. L'entr'acte dura plus d'une demi-heure, et le régisseur fut obligé de demander l'indulgence pour l'irascible baryton « subitement indisposé ».

A quelques jours de là, Devoyod jouait le rôle de Valentin dans *Faust*. On sait que, à la rentrée des troupes, il doit faire nuit. Or, le gazier avait oublié de baisser les lumières, et le public entendit la voix tonnante du nerveux artiste s'écrier : « La nuit, s'il vous plaît ! »

La saison clôture le 30 avril, après avoir révélé deux opéras comiques d'auteurs belges : *Le Chanteur de Médine* et *le Capitaine Raymond*.

(1881-82)

MM. STOUMON, } directeurs.
CALABRESI, }
Joseph DUPONT, premier chef d'orchestre.
Th. Warnots, chef d'orchestre.
Lapissida, régisseur général.
Léon Herbaut, régisseur.
O. Poigny, maître de ballet.
Duchamp, régisseur du ballet.
Maes, } pianistes accompagnateurs.
Emile Guerin, }

Grand opéra, Traductions, Opéra comique.

Ténors :

MM. Vergnet.   MM. Jouanne.
    Massart.   Mansuède.
    Rodier.   Guérin.

Barytons :

M. Manoury.   M. Soulacroix.
            M. Fontaine.

Basses :

MM. Gresse.   MM. Chappuis.
    Dauphin.   Boutens.

Chanteuses :

Mmes Duvivier,
Calvi,
Alice Rabany,
De Monval,
Blanche Deschamps.

Mmes Bosman-Huyk,
Lonati,
Hervay,
Ismaël,
Angèle.

Ballet.

Danseurs :

MM. Poigny,
Duchamp.

MM. Ph. Hanssen,
Deridder.

Danseuses :

Mmes Adelina Gedda,
Ricci-Poigny.

Mmes Elvira Gedda,
Adèle André.

Le fort ténor Vergnet sortait de l'Opéra de Paris, où il avait chanté les rôles de demi-caractère. Il remplaçait Sylva, avec des qualités toutes différentes, mais fort remarquables, et qui ne manquèrent pas d'être appréciées.

Jouanne venait de Marseille. C'était un charmant ténorino, avec le physique et la taille d'un « premier rôle ». Il épousa Mlle Vachot, que nous avons vue en représentations pendant la campagne précédente.

Manoury, après son départ de l'Académie de Musique, avait chanté à Anvers, Marseille, Milan et Turin. Dans cette dernière ville il créa *Hamlet*, rôle dans lequel il excellait. Il est aujourd'hui directeur du Conservatoire de New-York. Manoury venait après Devoyod. Il ne possédait pas la voix retentissante de son prédécesseur, mais il avait peut-être plus de charme; c'était un chanteur de goût et un comédien distingué : *Varietas delectat!*

Mlle Calvé, élève de Puget et de Mme Viardot, était douée d'une voix sympathique et d'une beauté sculpturale; elle réunit tous les suffrages dès sa première apparition dans *Faust*. Lorsqu'elle quitta Bruxelles, elle entra à l'Opéra-Comique; puis s'en alla en Italie, et, en 1889, nous la retrouvons à Paris, au Théâtre-Italien de la Gaîté.

Mlle Rabany était au début de sa carrière; elle avait tout récemment terminé ses études à l'école de Duprez. Son père était un homme de lettres très aimé à Paris, M. Asseline. Elle débuta, à la Monnaie, dans *Mireille*.

L'ouverture s'effectue encore avec *les Huguenots*; mais, cette fois, on avait une excuse : l'œuvre de Meyerbeer n'avait pas vu la rampe depuis deux ans.

Le premier acte intéressant de la direction est la reprise de *la Statue*. L'opéra de Reyer était demeuré dix-sept années dans les cartons de la Monnaie. Les goûts du public suivaient la marche rapide des événements, et c'est à ces heureux progrès que l'on doit, en grande partie, le succès du compositeur français, autrefois incomplètement apprécié, parce que, comme tous les réels talents, il devançait en quelque sorte son époque. Loin de paraître surannée, la partition de Reyer sembla donc, au contraire, tout à fait d'actualité. Elle était dignement interprétée par Mlle Bosman, MM. Rodier, Dauphin, Chappuis et Jouanne.

De 18 au 23 octobre, Sarah Bernhardt joue *Hernani*, *Adrienne Lecouvreur* et *la Dame aux Camélias*.

Dès le commencement de la saison, on s'était livré aux études d'un ouvrage que Massenet avait porté à la Monnaie : *Hérodiade*. Le jeune maître était plusieurs fois venu à Bruxelles, accompagné de son fidèle éditeur, Hartmann, et avait dirigé lui-même les dernières répétitions.

Jamais nouveauté n'avait excité à un aussi haut degré la curiosité publique. Pendant trois mois, le monde artiste s'occupa d'*Hérodiade* et de Massenet. Les places furent littéralement prises d'assaut pour plusieurs représentations.

Enfin la « première » a lieu le 19 décembre. Presque tous les morceaux de la partition sont acclamés avec enthousiasme, plusieurs sont bissés, de nombreux rappels éclatent après chaque acte, et, à la fin, l'auteur, demandé à grands cris sur la scène..., a le bon goût de ne pas paraître. Tel est le bilan de cette soirée triomphale, qui a dû faire saigner le cœur de bien des impresarii, ne fût-ce que celui de Vaucorbeil, qui était dans la salle, — en bonne compagnie, du reste. En effet, à cette solennité assistaient les directeurs et la presse de Paris, les sommités des lettres et des arts, accourus de tous les coins de la Belgique, de la France, — et d'ailleurs.

Le talent élégiaque et gracieux de Massenet, « ce grand enjôleur de femmes, devenu tout à coup grand enjôleur de foules », fut mis encore en relief par les interprètes, en tête desquels Manoury, Mmes Duvivier et Deschamps.

Détail piquant et caractéristique : le soir de la « première », au moment même où le public envahissait la salle, Stoumon et Calabresi, en bras de chemise, promenaient fiévreusement la *brosse* sur la partie d'un décor — un escalier — que, par un oubli invraisemblable, les peintres avaient laissé inachevé.

Premières Représentations.

1881. 19 décembre. — **Hérodiade**, créé à Bruxelles, opéra en 3 actes, de MILLIET et GRÉMONT, musique de MASSENET.

Jean	MM. VERGNET.
Hérode	MANOURY.
Phanuel	GRESSE.
Vitellius	FONTAINE.
Le Grand prêtre	BOUTENS.
Une voix	MANSUÈDE.
Salomé	Mmes DUVIVIER.
Hérodiade	DESCHAMPS.
La Sulamite	LONATI.
Jeune Babylonienne	HERVEY.

Appointements mensuels.

Ténors : Vergnet, 8,000 francs; Massart, 2,500 fr.; Rodier, 4,000 francs; Jouanne, 1,400 francs; Mansuède, 150 francs; Guérin, 600 francs.

Barytons : Manoury, 3,500 francs; Soulacroix, 1,800 francs; Fontaine, 450 francs.

Basses : Gresse, 1,800 francs; Dauphin, 2,000 francs; Chappuis, 550 francs.

Chanteuses : Mmes Hamaekers, 2,000 francs; Duvivier, 2,000 francs; Calvé, 700 francs; Rabany, 1,800 francs; Deschamps, 1,000 francs; Bosman, 1,000 francs; Lonati, 1,500 francs; Hervey, 400 francs; Ismaël, 500 francs.

Danseurs : Poigny, 575 francs; Duchamps, 325 fr.

Danseuses : Mmes Gedda, 900 francs; Ricci, 700 fr.; Gedda, 500 francs; André, 350 francs.

Total par mois, 41,000 francs.

Répertoire (reprises).

Les Huguenots.
Carmen.
La Favorite.
Les Dragons de Villars.
Mireille.
Faust.
Mignon.
La Traviata.
Le Prophète.
Guillaume Tell.
Fra Diavolo.
La Flûte enchantée.
La Dame Blanche.
Les Amours du Diable.

Ballets.

La Nuit de Noël.
Giselle.

Recettes et Dépenses.

Recettes. Abonnement . . . . fr.	105,078	87
Locations et Bureaux . .	587,294	»
Subsides	219,000	»
Représentations diverses .	25,000	»
Bals	34,049	»
Divers	5,187	76
Total. . . fr.	975,600	63
Dépenses	931,910	43
Bénéfice . . . . fr.	43,699	20

55 représentations consécutives d'*Hérodiade* produisent une moyenne de recettes dépassant 4,000 francs, abonnement non compris.

Artistes en Représentations.

1881. Du 18 au 23 octobre. — Sarah-Bernhardt. 4 représentations. *Hernani; la Dame aux Camélias; Adrienne Lecouvreur.* (Recettes, fr. 41,598-50.)

1882. 15 avril. — Artistes de la Comédie Française. (Joliet, Davrigny, Lerou, Thiron, Prudhon, de Féraudy, Maubant, Mounet-Sully, Martel, Mmes Baretta, Persoons, Dudlay, Fayolle, Lerou, Vrignault). *Les Ouvriers; l'Été de la Saint-Martin; Bataille de Dames; Phèdre; Il faut qu'une porte soit ouverte ou fermée.*

Représentations Extraordinaires.

1881. 29 octobre. — Grande Harmonie. *Les Huguenots.*
29 novembre. — Grande Harmonie. *La Statue.*
24 décembre. — Grande Harmonie. *Fra Diavolo; Giselle* (2me acte).
1882. 22 janvier. — Grande Harmonie. *Guillaume Tell.*
25 février. — Grande Harmonie. *Carmen.*
8 mars. — Bénéfice de Cloetens. *Les Huguenots.* (Recettes, fr. 5,893-50.)
18 mars. — Société Française. *Les Amours du Diable.*
21 mars. — Grande Harmonie. *Les Amours du Diable.*
Bénéfice de Lapissida. *Hérodiade.* (Recettes, fr. 6,231-50.)

Remplacements d'Artistes.

Mlle Rebel, remplacée par Mlle Hamaekers.

Nécrologie.

1882. 6 mars. — Décès de Wicart, ex-premier ténor du Théâtre de la Monnaie.

Massenet, invité à dîner à la Cour, fut nommé chevalier de l'Ordre de Léopold.

Voici comment *la Gazette* raconte la troisième représentation d'*Hérodiade* :

> Ils l'ont vu enfin ! heureux abonnés de la Monnaie ! C'était vendredi soir ; il était dans les coulisses comme finissait le deuxième acte d'*Hérodiade*. Une formidable acclamation s'éleva tout à coup : Massenet ! Massenet !
>
> Lui chercha à fuir d'abord, mais des mains solides l'empoignèrent. Et puis, on l'avait sermonné depuis trois jours, on lui avait fait comprendre qu'en refusant de se montrer, il les privait d'un plaisir auquel ils avaient droit. Il se laisse traîner à la rampe. Mais l'ayant vu, ils voulurent le revoir, histoire de se dédommager de la déception que sa fuite leur avait causée le soir de la première. Et puis, ils n'étaient pas d'accord sur la couleur du ruban rouge qu'il portait à la boutonnière. Etait-ce le ponceau de la Légion d'honneur ou l'amarante de l'Ordre de Léopold ? Ils recommencèrent à crier pour qu'il revînt.
>
> Il revint, traîné cette fois par les femmes. C'était bien l'Ordre de Léopold qu'il portait, et il en résulta un redoublement d'enthousiasme. Lui, mit la main gauche sur le cœur et la main droite envoya quelques baisers à la ronde. Satisfaits de l'avoir contemplé et justement fiers de leur victoire, ils se montrèrent généreux, et ne se le firent pas traîner devant eux une troisième fois.
>
> Ils l'ont vu, ils sont heureux.

Le 29 janvier, entre le 2me et le 3me acte de *Guillaume Tell*, un commencement d'incendie, causé par la chute d'une lampe sur le plancher, cause un moment de panique dans le personnel du théâtre. Le danger est promptement conjuré, grâce au zèle et à l'habileté des pompiers de service.

Hérodiade, dont les lendemains étaient fournis par le répertoire, est jouée cinquante-cinq fois de suite, jusqu'à la fin de la saison. Le jour de la clôture, Massenet monte au pupitre et conduit lui-même son œuvre.

Le lendemain une grande partie de la troupe part pour Londres, où elle débute au Théâtre de Covent-Garden.

(1882-83)

MM. STOUMON, } directeurs.
CALABRESI,
Joseph DUPONT, premier chef d'orchestre.
Léon Jehin, chef d'orchestre.
Lapissida, régisseur général.
Léon Herbaut, régisseur.
O. Poigny, maître de ballets.
Duchamp, régisseur de ballets.
Maes, } pianistes accompagnateurs.
Emile Guérin,

Grand opéra, Traductions, Opéra comique.

Ténors :

MM. Jourdain.   MM. Delaquerrière.
    Massart.   Mansuède.
    Rodier.   Guérin.

Barytons :

M. Maurice Devriès.   M. Soulacroix.
           M. Boussa.

Basses :

MM. Gresse.   MM. Chappuis.
    Dauphin.   Stalport.

Chanteuses :

Mmes Duvivier.
Hamaekers.
Blanche Deschamps.
Calvé.
Marie Maurel.
Bosman.

Mmes C. Begond.
Angèle Legault.
Lonati.
Dargent.
Ismaël.
Magari.

Ballet.

Danseurs :

MM. Poigny.
Duchamp.

MM. Ph. Hanssen.
Deridder.

Danseuses :

Mmes Adelina Gedda.
Ricci-Poigny.

Mmes Elvira Gedda.
Viola Giselle.

Parmi les artistes nouveaux : Jourdain, Maurice Devriès, Delaquerrière, Jehin, Mlles Bégond et Legault.

Le premier s'était essayé à l'Opéra avant de venir à la Monnaie, où il demeura plusieurs années et eut l'honneur de créer *Sigurd*; il alla ensuite remporter des succès à Lyon et à Liége. Jourdain est actuellement directeur du Grand-Théâtre de cette dernière ville.

Maurice Devriès, qui appartient à cette nombreuse famille d'artistes, tous applaudis à Bruxelles, est, lui aussi, un chanteur de mérite. Il créa également un rôle dans *Sigurd*, et rallia de chauds partisans en Belgique.

Delaquerrière débutait par l'emploi de second ténor qu'il tint avec un certain succès. Il est aujourd'hui l'un des pensionnaires appréciés de l'Opéra-Comique de Paris.

Mlle Bégond, élève du Conservatoire de Liége, commençait sa carrière dans les rôles difficiles de chanteuse légère.

Quant à Mlle Legault, dugazon, elle sortait de l'École Duprez. C'est la sœur de la charmante comédienne de ce nom.

Nous aurons à nous occuper longuement de Léon Jehin, car nous retrouverons chaque année l'excellent et sympathique chef d'orchestre sur le tableau de la troupe.

La campagne s'ouvre par les reprises importantes d'*Hérodiade* et de *Carmen*.

Puis, sur le scénario d'un ballet appelé *les Sorrentines*, Stoumon brode une partition vive, légère et colorée.

Jean de Nivelle confirme à nouveau le talent si fin et si distingué de Delibes, mais la presse constate que Mlle Bégond, malgré tout son savoir et toute sa bonne volonté, n'avait traduit ni la physionomie, ni l'expression du joli rôle d'Arlette. Mlle Mézeray, de l'Opéra-Comique, lui succède et sauve du naufrage une œuvre de mérite, injustement dédaignée.

Après *Jean de Nivelle*, reprise de *la Fête au Village voisin*, le délicieux petit opéra comique qu'on n'avait pas donné depuis vingt-cinq ans.

Dans *les Noces de Jeannette*, Soulacroix, en coupant le pain, se fait une profonde entaille à la main; le sang coule en abondance; le courageux baryton ne s'arrête pas, il enroule la serviette autour de la blessure, il continue son rôle sans broncher et attend le baisser du rideau pour songer à se faire panser.

Le mois de janvier est exceptionnellement brillant.

D'abord *Méphistophélès* est exécuté pour la première fois en français. L'ouvrage important de Boïto, dont l'auteur avait dirigé lui-même les dernières répétitions, obtient le succès le plus éclatant.

Immédiatement après, on affiche *l'Anneau de Nibelung*, de Wagner, par la troupe allemande d'Angelo Neumann. Première audition de la cantatrice Materna. Les spectacles wagnériens n'obtinrent pas l'approbation générale, mais ils démontrèrent que l'œuvre du maître n'était pas incompréhensible pour les musiciens belges, et c'est, en effet, de ce moment que date le véritable point de départ du « wagnérisme » en Belgique.

Quelques jours après la retraite de la troupe allemande, une dépêche de Venise apportait la nouvelle de la mort subite de Wagner. Un ardent ennemi de la France venait de tomber. Mais devant la tombe, les haines doivent s'apaiser..., l'Art seul survit, et c'est en son nom que nous jetons quelques fleurs sur le cercueil de l'admirable artiste, du génial poète!

Joseph Dupont organisa, à la mémoire du maître, une audition de ses œuvres, et termina la saison des Concerts, à l'Alhambra, avec des fragments de *Lohengrin*, du *Vaisseau Fantôme*, du *Tannhäuser*, de *Tristan et Yseult*, de *Parsifal* et des *Maîtres Chanteurs*. On y entendit le baryton Blauwaert, le ténor Van Dyck et, pour la première fois, Mme Caron, l'éminente tragédienne lyrique, devenue aujourd'hui l'une des gloires du Théâtre de la Monnaie.

Premières Représentations.

1882. 28 novembre. — **Jean de Nivelle**, opéra comique en 3 actes, de Gondinet et Gille, musique de Léo Delibes. (Rodier, Soulacroix, Guérin, Chappuis, Boussa, Mmes Bégond, Deschamps, Calvé, Lonati.)

1883. 19 janvier. — **Méphistophélès**, opéra en 5 actes, poème et musique d'A. Boïto, représenté en français, pour la première fois à Bruxelles. (Gresse, Jourdain, Delaquerrière, Mmes Duvivier, Deschamps.)

Ballet.

1882. 26 octobre. — **Les Sorrentines**, musique de Stoumon.

Représentations Allemandes.

1883. Du 23 janvier. — Représentations du Théâtre Wagner, direction, Angelo Neumann. Répertoire : *L'Anneau des Nibelungen*, festival dramatique en 3 journées et un prologue : 23 janvier, première journée. *Le Rheingold* (l'Or du Rhin); 24 janvier. *La Walkure*, drame lyrique en 3 actes; 26 janvier. *Siegfried*, drame lyrique en 3 actes et 4 tableaux ; 27 janvier. *Die Götterdämmerung* (le Crépuscule des Dieux), drame lyrique en 3 actes et 5 tableaux. Artistes de la troupe allemande. (Voir au tableau des artistes en représentations.)

Répertoire (reprises).

Robert le Diable.
Martha.
Guillaume Tell.
La Dame Blanche.
Mignon.
Les Noces de Jeannette.
Faust.
Les Dragons de Villars.
Hérodiade.
Zampa.
Le Chalet.
L'Eclair.
L'Africaine.
Carmen.
La Muette de Portici.
Lucie de Lammermoor.
La Fête au Village voisin.
La Poupée de Nuremberg.
Le Cheval de Bronze.
Les Noces de Figaro.
Si j'étais Roi.
Coppelia.

Artistes en Représentations.

1882. Du 10 décembre. — Mlle Cécile Mézeray, de l'Opéra-Comique (rôle d'Arlette de *Jean de Nivelle*).

1883. Du 23 janvier au 1er février. — Artistes de la troupe allemande du Théâtre Wagner. (Ad. Walnofer, Em. Scaria, P. Ribert, G. Unger, J. Liebau, F. Pischeckl, R. Riberti, F. Krückl, Mmes Elise Lindemann, C. Oestberg, A.-F. Materna, Krauss, Anna Slüsmer, G. Kellmig, R. Bleiter, Th. Milar, Bertha Hinrischen, Elise Tellé, Orlande Riegler, Augusta Ihle, Hermine Voigt, Berthine Hinrischen. (Recettes, fr. 61,665-50.)

Appointements mensuels.

Ténors : Jourdain, 4,500 francs ; Massart, 3,000 fr. ; Rodier, 4,000 francs ; Delaquerrière, 1,300 francs ; Mansuède, 175 francs ; Guérin, 600 francs.

Barytons : Devriès, 3,000 francs ; Soulacroix, 2,000 francs ; Boussa, 1,300 francs.

Basses : Gresse, 2,400 francs ; Dauphin, 2,000 fr. ; Chappuis, 550 francs.

Chanteuses. Mmes Duvivier, 3,500 francs ; Hamaekers, 1,800 francs ; Deschamps, 1,200 francs ; Calvé, 1,200 francs ; Bosman, 1,200 francs ; Begond, 600 francs ; Legault, 500 francs ; Lonati, 1,500 francs ; D'Argent, 300 francs ; Ismaël, 500 francs ; Maguri, 250 francs.

Danseurs : Poigny, 575 francs ; Duchamp, 325 fr.

Danseuses : Gedda, 900 francs ; Ricci, 700 francs ; Gedda, 500 francs ; Giselle, 450 francs.

Total par mois, 40,825 francs.

Représentations Extraordinaires.

1882. 21 octobre. — Grande Harmonie. *Hérodiade*.

21 novembre. Grande Harmonie. *L'Eclair* ; *les Sorrentines*

15 décembre. — Concert au bénéfice des inondés de la Haute Italie et de la Belgique, avec le concours de Mlle Hamaekers, de l'Opéra.

19 décembre. — Grande Harmonie. *La Muette de Portici ; les Noces de Jeannette*.

1883. 6 janvier. — Bénéfice des inondés de la Vallée du Rhin. *La Fête du Village voisin*.

20 janvier. — Grande Harmonie. *La Fête du Village Voisin ; la Poupée de Nuremberg*.

24 février. — Grande Harmonie. *Mignon*.

17 mars. — Grande Harmonie. *Méphistophélès*.

2 avril. — Bénéfice de Cloetens, contrôleur. *Robert le Diable*. (Recettes, 6,206 francs.)

6 avril. — Société Française. *Méphistophélès*.

17 avril. — Bénéfice de Lapissida, régisseur. *Si j'étais Roi*, (Recettes, fr. 5,345-75.)

Recettes et Dépenses.

Recettes. Abonnement	fr.	99,918 70
Locations et bureaux		546,611 75
Subsides		219,000 »
Représentations diverses		34,000 »
Bals		37,514 »
Divers		10,307 69
Total	fr.	946,352 14
Dépenses		906,388 33
Bénéfice	fr.	39,963 81

(1883-84)

MM. STOUMON, } directeurs.
CALABRESI, }
Joseph DUPONT, premier chef d'orchestre.
Léon Jehin, chef d'orchestre.
Lapissida, régisseur général.
Léon Herbaut, régisseur.
O. Poigny, maître de ballet.
Duchamp, régisseur du ballet.
Maes, } pianistes-accompagnateurs
Flon, }

Grand opéra, Traductions, Opéra comique.

Ténors :

MM. Jourdain.   MM. Goeffoel.
    Massart.   Mansuède.
    Rodier.   Guérin.
           M. Delaquerrière.

Barytons :

MM. Maurice Devriès.   M. Soulacroix.
           M. Boussa.

Basses :

MM. Gresse.   MM. Chappuis.
    Lorrain.   Stalport.
           M. Schmidt.

Chanteuses :

Mmes Griswold.
Caron.
Hamaekers.
Blanche Deschamps.

Mme Bosman.

Mmes Angèle Legault.
C. Bégond.
Ismaël
Magari.

Ballet.

Danseurs :

MM. Poigny.
Duchamp.

MM. Louis François.
Deridder.

Danseuses :

Mmes Adelina Rossi.
Ricci-Poigny.

Mmes Lelia Rossi.
Pastore.

Réouverture, le 1er septembre, avec l'absence ordinaire de tout cérémonial,

« L'heure sonne, » dit M. L. Solvay, « les portes s'ouvrent, et un flot d'étrangers en vestons courts et en chapeaux mous, parfois avec une valise à la main ou une couverture de voyage sur les épaules, s'engouffrent paisiblement dans le temple profane. Aux étrangers quelques Bruxellois se mêlent çà et là... On en profite, naturellement, pour passer en revue, sous prétexte de rentrées et débuts, les pièces les plus usées du répertoire. Les étrangers sont ravis, les autres se résignent. Respectons l'antique usage. »

Dans la troupe, quelques physionomies nouvelles :

Mme Caron va tenir une telle place au Théâtre de la Monnaie, qu'il est inutile de la présenter au lecteur, si ce n'est pour signaler ses débuts.

Mlle Griswold, de l'Opéra, — à qui on reprochait sa prononciation « à l'américaine », dit un journal, — fut remplacée par Mlle Arnaud, artiste liégeoise, élève de M. Warnots, une transfuge de Marseille et de Lyon, et qui fit à Bruxelles d'éclatants débuts.

Lorrain sortait de l'Opéra, où il tenait, avec les qualités les plus brillantes, l'emploi de basse chantante. Il résilia néanmoins son engagement à la fin du premier mois, et sa succession fut recueillie par Durat, qui se partagea les rôles avec Smidt, 1er prix du Conservatoire de Bruxelles.

Signalons encore Goeffoel — Mlle Rossi, une séduisante ballerine — et Renaud, engagé au cours de la saison, dans un emploi modeste, d'où il s'éleva bientôt au premier rang.

Les Concerts Populaires, sous la direction de J. Dupont, s'installent à la Monnaie, et prennent un nouvel essor. Le prix de la location de la salle est de 1,200 francs, — soit 4,800 francs pour la saison de quatre concerts.

Le 7 janvier, l'Opéra de Bruxelles livre une grande bataille, que Paris n'avait pas voulu engager, — et la gagne sur toute la ligne : il s'agit de *Sigurd*. Sur le nom de Reyer, on pouvait risquer une grosse partie, et il y avait des chances pour ne la point perdre. Depuis quinze ans, l'auteur de *la Statue* aspirait au jour où *Sigurd* verrait le feu de la rampe. Il ne perdit pas pour attendre, et la Belgique — intelligente et hospitalière — lui fit un accueil chaleureux. L'œuvre admirable du maître français fut présentée dans des conditions exceptionnelles d'étude, de mise en scène et d'interprétation.

Cette fois, la presse parisienne s'émut ; des flots d'encre furent répandus sur cette victoire hors frontière et sur les inquiétudes que donnait le Théâtre-Lyrique, tant demandé, — théâtre qu'on ne pouvait trouver que dans la capitale voisine.

Un autre triomphe était la consécration d'un ouvrage lyrique où tout se déroulait, autrement que par le *découpage* en airs, duos et récits. Reyer rompait avec la forme traditionnelle de « l'opéra à compartiments », en le remplaçant par le drame lyrique. Il faisait agir des personnages, et non chanter des virtuoses.

En février, Mme Albani, de retour à Bruxelles, y retrouve son succès habituel ; puis, Lassalle fait une heureuse apparition dans *Guillaume Tell*.

De temps en temps, la Monnaie offre au public un acte inédit d'auteur belge. Cette année la chance favorisa le jeune pianiste-accompagnateur, Philippe Flon, qui fit représenter un petit ouvrage, *le Panache blanc*, et dont on encouragea les débuts.

Voici maintenant une œuvre importante, qui est encore une source de rénovations : *Manon*, de Massenet. On sait que dans cette partition d'opéra comique, le « poème » est remplacé par le mélodrame ; les personnages dialoguent, tandis que l'orchestre *parle*, et que des récitatifs viennent parfois couper le chant. Quelques journalistes parisiens en avaient fait un reproche à Massenet ; mais, à Bruxelles, on aime — paraît-il — les tendances... révolutionnaires. Il est cependant un point fort étonnant ; c'est que *Manon* y réussit moins qu'à l'Opéra-Comique, On apprécia la Muse captivante du jeune maître, mais la presse constate que l'interprétation avait plus d'une faiblesse... Il est certain que la partition de Massenet ne tardera pas à être classée dans une ville aussi artiste que Bruxelles.

La direction de la Monnaie avait ouvert un concours d'opéra comique et de ballet, devant un jury composé de Gevaert, J. Dupont et G. Frédérix. Après de nombreuses séances, consacrées à l'examen de treize opéras comiques, les jurés déclarèrent qu'aucun ouvrage ne méritait les honneurs de la scène ; pour les ballets, leur choix se porta sur *le Poète et l'Etoile,* de J. Steveniers, qui fut représenté le 21 avril 1884.

La saison se termine par la « trente-septième » de *Sigurd.*

Premières Représentations.

1884. 7 janvier. — **Sigurd**, opéra en 4 actes, de C. Du Locle et A. Blau, musique d'E. Reyer. (Créé à Bruxelles.)

Sigurd	MM. Jourdain.
Günther	Devriès.
Hagen	Gresse.
Grand prêtre d'Odin	Renaud.
Rudiger, envoyé d'Attila	Boussa.
Irnfrit " "	Goeffoel.
Hamart " "	Mansuède.
Ramune	Stalport.
Brünehilde	Mmes R. Carox.
Hilda	Bosman.
Uta	Deschamps.

15 février. — **Le Panache blanc**, opéra comique en 1 acte, d'A. Carré et Audebert, musique de Ph. Flon. Créé à Bruxelles. (Delaquerrière, Soulacroix, Chappuis, Guérin, Blondeau, Mmes Legault, Bégond.)

18 mars. — **Manon**, opéra en 5 actes, de Meilhac et Gille, musique de Massenet.

Des Grieux	MM. Rodier.
Comte des Grieux	Schmidt.
Lescaut	Soulacroix.
de Brétigny	Renaud.
Guillot de Morfontaine	Guérin.
L'Aubergiste	Chappuis.
Manon	Mmes Arnaud.
Poussette	Legault.
Javotte	Bégond.
Rosette	Magard.
La servante	Maes.

Ballet.

1884. 21 avril. — **Le Poète et l'Etoile**, ballet en 1 acte, de Berlier, musique de Steveniers.

Nécrologie.

1883. 14 décembre. — Décès, à Bruxelles, de Quélus, ancien directeur de la Monnaie.

1884. Février. — Décès, à Paris, de Vachot, ancien directeur de la Monnaie.

Répertoire (reprises).

Robert le Diable.
La Dame Blanche.
La Favorite.
Mireille.
Si j'étais Roi!
Faust.
Martha.
La Poupée de Nuremberg.
La Muette de Portici.
La Fête au Village voisin.
Hérodiade.
Le Barbier de Séville.
Les Dragons de Villars.
Carmen.
Les Dragons de Villars.
Le Pardon de Ploërmel.
Méphistophélès.
Les Huguenots.
Giralda.
L'Eclair.
Le Maître de Chapelle.
La Fille du Régiment.
Les Noces de Jeannette.
La Traviata.
Galathée.
Rigoletto.
Guillaume Tell.
Joconde.
Les Sorrentines.
Coppelia.

Remplacements d'Artistes.

Mlle Griswold, remplacée par Mlle Arnaud.
Lorrain, remplacé par Durat.
Mlle Adelina Rossi, remplacée par Mlle Scorlino.
Renaud, engagé, le 11 octobre, comme baryton-basse.

Artistes en Représentations.

1884 13, 16, 19, 21 et 27 février. — Mme Albani. *Faust; Rigoletto; Mephistophélès; Violetta; Lucie.* (Recettes, fr. 64,874-03.)

3 mars. — Mlle Hasselmans, première chanteuse légère du Théâtre Royal d'Anvers.

1er mars. — Lassalle, premier sujet de l'Opéra. *Guillaume Tell.* (Recettes, fr. 4,876-50.)

20 mars. — Dauphin, première basse du Théâtre de Gand.

Recettes et Dépenses.

Recettes. Abonnement . . . . fr.	101,843	38
Locations et bureaux . . .	566,627	25
Subsides	219,000	»
Représentations diverses .	29,000	»
Bals	34,474	»
Divers	10,402	58
Total . . . fr.	961,347	21
Dépenses	919,855	28
Bénéfice . . . . fr.	41,491	93

Appointements mensuels.

Ténors : Jourdain, 4,500 francs ; Massart, 3,000 fr. ; Rodier, 4,000 francs ; Delaquerrière, 1,400 francs ; Goffoel, 350 francs ; Mansuède, 200 francs ; Guérin, 600 francs.

Barytons : Devriès, 3,500 francs ; Soulacroix, 2,000 francs ; Boussa, 450 francs ; Renaud, 250 fr.

Basses : Gresse, 2,400 francs ; Schmidt, 400 francs ; Chappuis, 550 francs.

Chanteuses : Mmes Arnaud, 3,000 francs ; Caron, 1,100 francs ; Hamaekers, 1,800 francs ; Deschamps, 1,500 francs ; Bosman, 1,500 francs ; Legault, 1,200 francs ; Begond, 600 francs ; Ismaël, 500 francs ; Magari, 325 francs.

Danseurs : Poigny, 575 francs ; Duchamps, 325 fr.

Danseuses : Mmes A. Rossi, 1,500 francs ; Ricci, 700 fr. ; L. Rossi, 500 francs ; Pastora, 500 francs.

Total par mois, 41,950 francs.

Représentations Extraordinaires.

1883. 27 septembre. — Premier concert de l'Association des artistes musiciens.

28 septembre. — Spectacle gala en l'honneur de S. M. le Roi d'Espagne. *Faust.* (Recettes, fr. 12,234-50.)

13 octobre. — Grande Harmonie. *Faust.*

20 octobre. — Grande Harmonie. *Le Barbier de Séville.*

20 octobre. — Bénéfice de la Crèche de Laeken, sous le patronage de S. M. la Reine. *Si j'étais Roi.*

29 octobre. — Spectacle gala, en présence de LL. MM. le Roi et la Reine et du Prince Héritier du Portugal.

1er novembre. — Spectacle gala. *Hérodiade.* En présence du Prince Héritier du Portugal.

13 novembre. — Grande Harmonie. *Faust.*

5 décembre. — Société Française de bienfaisance. *Giralda.*

8 décembre. — Deuxième concert de l'Association des Artistes musiciens.

15 décembre. — Grande Harmonie. *Le Pardon de Ploërmel.*

20 décembre. — Bénéfice de l'Œuvre des vêtements. *La Muette ; la Poupée de Nuremberg.*

1884. 19 janvier. — Grande Harmonie. *Les Huguenots.*

23 février. — Troisième concert de l'Association des Artistes musiciens.

28 février. — Bénéfice de l'Œuvre des vêtements et de l'Ecole primaire. *Le Barbier de Séville.*

12 mars. — Grande Harmonie. *Si j'étais Roi.*

20 mars. — Bénéfice de J. Cloetens. *Faust.* (Recettes, fr. 6,137-50.)

29 mars. — Grande Harmonie. *Sigurd.*

21 avril. — Bénéfice de Lapissida. *Joconde ; le Poète et l'Etoile.* (Recettes, fr. 5,666-50.)

19 mai. — Concert de la Société Royale *l'Orphéon de Bruxelles.*

(1884-85)

MM. STOUMON, } directeurs.
CALABRESI, }
Joseph DUPONT, premier chef d'orchestre.
Léon Jehin, chef d'orchestre.
Lapissida, régisseur général.
Léon Herbaut, régisseur.
O. Poigny, maître de ballet.
Duchamp, régisseur de ballet.
Flon, } pianistes-accompagnateurs.
Dubois, }

Grand opéra, Traductions, Opéra comique.

Ténors :

MM. Jourdain.   MM. Delaquerrière.
    Verhees.   Voulet.
    Rodier.   Desy.
              M. Guérin.

Barytons :

M. Seguin.   M. Soulacroix.
              M. Renaud.

Basses :

MM. Gresse.   MM. Schmidt.
    Durat.   Frankin.
              M Chappuis.

Chanteuses :

Mmes Caron.
Hamann.
Blanche Deschamps.
Potel.
Bosman.

Mmes Beringier.
Angèle Legault.
Verheyden.
Ismael.

Ballet.

Danseurs :

MM. Poigny.
Duchamp.

MM. Ph. Hanssen.
Deridder.

Danseuses :

Mmes Fioretta-Brambilla.
Ricci-Poigny.

Mmes Magliani.
Pastore.

Un aimable trio de chanteuses nouvelles : Mlles Hamann, Potel et Béringier.

La première est une belle personne, à la taille majestueuse, avec des bras de statue et un port de reine. Lorsque nous aurons ajouté que tous ces charmes se trouvaient réunis chez une cantatrice habile, douée d'une jolie voix, nous aurons constaté l'accueil que reçut Mlle Hamann auprès du public délicat devant lequel elle se présentait.

Mlle Potel, à qui la fortune ne voulut pas sourire à Bruxelles, est une chanteuse de talent, qui a fait les beaux jours des grandes villes françaises. Elle est la fille d'un ancien pensionnaire de l'Opéra-Comique. Dans ces dernières années, elle avait épousé l'impresario Bernard, mort subitement au moment où il composait une troupe pour Marseille, où sa succession fut recueillie par Stoumon et Calabresi.

Quant à Mlle Béringier, elle venait d'obtenir un premier prix au Conservatoire de Paris. La direction comptait beaucoup sur elle, mais la jeune artiste n'était pas faite, semble-t-il, pour la vie fiévreuse du théâtre ; elle lui préféra l'existence calme du foyer et épousa l'un de ses camarades de classe, M. Gos, qui abandonna la musique pour l'agriculture. Aujourd'hui, ils vivent tous deux dans *leurs terres*, aux environs de Toulon, et ne se font entendre que dans les concerts de bienfaisance, se souvenant à propos de leurs talents pour les mettre au service de la charité.

N'oublions pas Mlle Verheyden, qui faisait des débuts timides en qualité de seconde dugazon, et qui partit ensuite pour la province, élevée tout d'un coup au rang de première chanteuse.

Le successeur de Massart, Verhees, était, dit-on, boucher à Boom. Il se découvrit un fort joli filet... de voix, et embrassa la carrière lyrique, où il réussit pleinement.

Le cahier des charges est modifié ; il contient quelques innovations intéressantes. La première et la plus importante réforme concerne l'orchestre. Désormais toute place devenue vacante sera l'objet d'un concours ; la Ville impose le nombre minimum des musiciens et le chiffre de leurs appointements. La deuxième a trait à la concession même de la salle ; le Collège se réserve la faculté d'en disposer quatre fois par an, à des conditions qu'il fixera, en faveur de la Société des Concerts ou de toute autre entreprise similaire.

Le 3 septembre, on installe le téléphone qui relie le Théâtre au Palais de Laeken et au Châlet Royal d'Ostende.

La soirée du lundi 8 septembre devait enfin doter la Monnaie de l'oiseau bleu tant rêvé, une chanteuse légère d'opéra comique. On jouait *les Diamants de la Couronne*. Hélas ! Mlle Potel était malade, et elle ne put aller au-delà du premier acte. On rendit l'argent. La malheureuse artiste résilia son engagement.

Cette même détermination fut prise aussi par Mlle Béringier qui avait paru dans *Manon*. Mme Vaillant-Couturier retourne alors à Bruxelles, effectue sa rentrée dans son rôle favori, *Mireille*, puis joue délicieusement l'ouvrage de Massenet.

Après *Sigurd*, on reprend *le Barbier de Séville* (22 septembre). Les élections, qui avaient eu lieu dans la journée, étaient favorables aux catholiques, et la foule se portait devant les bureaux du journal *le Patriote*, situés rue Léopold, derrière le Théâtre, où se produisait une manifestation des plus bruyantes. Au deuxième acte, à l'entrée de Bazile (Gresse), une véritable tempête se déchaîne dans la salle : on crie, on hurle, on siffle. Le brave Gresse était, fort heureusement, d'un naturel assez calme : il ne se *démonte* pas ; sa voix puissante parvient à dominer le tumulte, et il chante l'air de *la Calomnie*, applaudi comme à l'ordinaire. Mais, toute la soirée, on entendit pendant les dialogues la rumeur qui venait de la rue Léopold.

Le 11 décembre, on donnait *le Pré-aux-Clercs*. Au deuxième acte, Isabelle (Mme Vaillant-Couturier) doit entrer par le fond, appuyée sur la reine (Mlle Hamann), au moment où Cantarelli (Guérin) dit à Comminge (Soulacroix), qui remonte pour lui tendre la main : « *Voici Isabelle qui s'avance.* » Or, Mme Vaillant-Couturier était en retard en quittant le foyer, elle entre en scène par la première issue qui se présente à elle, et Isabelle paraît juste dans le dos de Comminge et de Cantarelli ! Même aventure arriva, en 1887, dans *Haydée*, à Engel et Gandubert.

Le 15 décembre, « première » de *le Trésor*, opéra comique en un acte, de Coppée, musique de Ch. Lefèvre.

C'est dans le cours de cette campagne que Gevaert fut nommé inspecteur du Théâtre Royal de la Monnaie, fonctions qu'il devait ne conserver que jusqu'en 1889, au moment du départ de Dupont et Lapissida.

Esprit supérieur, lettré délicat, musicien érudit, conteur plein d'humour et d'esprit, Gevaert occupe la première place parmi les musiciens belges contemporains. Depuis qu'il a pris la direction du Conservatoire de Bruxelles (1871) et qu'il a reçu le titre de Maître de Chapelle du Roi des Belges, il jouit d'une autorité incontestée, qu'il doit autant à sa haute situation qu'à ses rares mérites, à sa science musicale et à son érudition. Après une brillante carrière de compositeur dramatique que vingt succès retentissants ont consacrée, il s'est livré plus particulièrement aux travaux littéraires et d'érudition. Son grand ouvrage sur *l'Histoire et la Théorie de la Musique de l'Antiquité*, l'a définitivement établi parmi les écrivains de premier ordre. Au Conservatoire même, il a relevé le niveau en instituant des classes de chant d'ensemble, d'orchestre, de perfectionnement pour le piano et le violon ; à leur tête il a su placer des maîtres éminents. Il a renouvelé complètement le répertoire des concerts, et fait connaître au public les grandes partitions de Bach, de Haendel, de Glück, de Beethoven, de Mozart, de Palestrina, etc., qu'on ignorait presque en Belgique. En un mot, dans toutes les branches de l'art musical son influence s'est exercée de la façon la plus heureuse.

Il est aisé de comprendre quel appui, quelle force, quelle lumière peut apporter un tel maître dans le mouvement artistique de l'Opéra de Bruxelles.

Stoumon et Calabresi ayant annoncé leur retraite pour la fin de l'année courante, qui amène l'expiration de leur contrat, six compétiteurs sont en présence :

MM. BERNARD, ex-directeur du Grand-Théâtre de Marseille ; — CAMPOCASSO, ex-directeur du Théâtre de la Monnaie ; — VERDHURDT, professeur de chant à Bruxelles ; — WAROT, ex-artiste du Théâtre de la Monnaie; — ALHAIZA, artiste dramatique ; — LENOIR, ex-artiste lyrique.

Le Conseil Communal donna ses préférences à Verdhurdt.

Né à Namur, Verdhurdt-Fétis avait chanté les barytons sur diverses scènes françaises ; il s'était retiré depuis peu à Bruxelles, où il jouissait d'une certaine notoriété, et avait publié plusieurs ouvrages sur la musique.

M. Reyer avait promis au Théâtre de la Monnaie une œuvre nouvelle : *Salammbô*. Les journaux annoncèrent que, par suite du départ de Stoumon et Calabresi, il retirait sa parole, et portait son ouvrage à l'Opéra de Paris.

Pour leurs étrennes, les directeurs s'offrirent une éclatante reprise d'*Obéron*, qui fournit de superbes recettes et fut bientôt suivie de *la Muette de Portici*, qui, cette fois, ne produisit ni révolution, ni... argent.

Enregistrons, après le retour de Mme Albani, le chaleureux accueil fait à *la Tzigane*, ballet de l'infatigable Stoumon, aux *Scènes des Horaces* de Saint-Saëns, et au ravissant opéra comique de Poise : *Joli Gilles*, qui fut l'occasion d'un succès pour Soulacroix et Mlle Legault dans les figurines de Gilles et Violette, et arrivons enfin à l'événement important de la saison : la « première » des *Maîtres Chanteurs*.

C'était une grande bataille artistique, une date dans l'histoire, un combat qui rappelait ceux d'*Armide* et d'*Alceste !*

Victor Wilder avait accompli son rude et admirable travail de traduction, pour Bruxelles, qui voyait *créer*, en français, la « comédie musicale » du maître de Bayreuth.

La victoire fut éclatante. On s'était disputé les places à prix d'or ; plus d'un parterre avait été payé quarante francs, tandis que les fauteuils d'orchestre atteignaient le double de cette somme. La salle était magnifique : S. M. la Reine et S. A. R. la Comtesse de Flandre occupaient les baignoires d'avant-scène. Le Tout-Bruxelles des grandes « premières » et aussi le Tout-Paris des arts, étaient là. La soirée ne fut qu'un long triomphe pour Wagner, pour ses interprètes, pour le maëstro Dupont et pour les directeurs, dont ce coup d'audace signalait la retraite.

Stoumon et Calabresi semblaient vouloir augmenter encore les regrets que laissait leur départ, et marquer ainsi la dernière période d'une administration qui fut exceptionnellement brillante, et dont les résultats avaient été jusque-là uniques dans les annales du Théâtre de la Monnaie.

Avec eux, s'en allaient les premiers artistes de la troupe : Gresse, Mmes Caron et Bosman étaient engagés à l'Opéra ; Mlle Deschamps et Soulacroix, à l'Opéra-Comique.

Premières Représentations.

1884. 15 décembre. — **Le Trésor**, opéra comique en 1 acte, de Coppée, musique de Charles Lefèvre. (Delaquerrière, Soulacroix, Mlle Legault.)

1885. 7 février. — **Joli Gilles**, opéra comique en 2 actes, musique de Poise. (Soulacroix, Delaquerrière, Guérin, Chappuis, Schmidt, Mmes Legault, Verheyden, Ismaël.)

7 mars. — **Les Maîtres chanteurs de Nuremberg**, opéra en 3 actes, de R. Wagner. (Joué à la Monnaie pour la première fois en français.) Traduction française de V. Wilder.

Eva	Mmes Caron.
Madeleine	Deschamps.
Walter de Stoltzing	MM. Jourdain.
Hans-Sachs	Seguin.
David	Delaquerrière.
Beckmesser	Soulacroix.
Pogner	Durat.
Kothner	Renaud.

20 avril. — **Scènes des Horaces**, de Corneille, opéra, musique de Saint-Saëns. (Mme Caron, Seguin.)

Ballet.

1885. 27 mars. — **La Tzigane**, ballet inédit en 1 acte, de E. Cattier, réglé par Poigny, musique de Stoumon. Créé à Bruxelles.

Cadeaux offerts par S. M. la Reine aux artistes de la Monnaie.

Gresse, une bague avec trois brillants.

Jourdain, une bague ornée d'émeraudes aux couleurs nationales françaises.

Mme Caron, un bracelet en brillants.

Chappuis, une perle montée en épingle.

Calabresi et Stoumon, un objet d'art en bronze.

Répertoire (reprises).

Les Huguenots.

Si j'étais Roi.

Faust.

Les Diamants de la Couronne.

Les Dragons de Villars.

Guillaume Tell.

Carmen.

Le Barbier de Séville.

Sigurd.

Le Chalet.

Joconde.

La Dame Blanche.

La Favorite.

Le Bouffe et le Tailleur.

Méphistophélès.

La Juive.

Manon.

Galathée.

L'Eclair.

Mireille.

La Poupée de Nuremberg.

Norma.

Le Pré-aux-Clercs.

La Muette de Portici.

Obéron.

Robert le Diable.

L'Etoile du Nord.

La Traviata.

Coppelia.

Artistes en Représentations.

1885. 28 avril. — Mlle Albani

18, 20, 21, 22, 23 et 24 juillet. — Les artistes de la Comédie Française et de la Porte-Saint-Martin. *Théodora*, drame en 5 actes de V. Sardou, musique de Massenet. (Marais, Ph. Garnier, Volny, Faille, Paul Reney, Angelo, Léon Noël, etc., Mmes Sarah Bernhardt, Marie Laurent, Marie Durand, etc.)

Recettes et Dépenses.

Recettes.	Abonnement	fr.	103,201 16
	Locations et bureaux		534,566 »
	Subsides		219,000 »
	Représentations diverses		45,000 »
	Bals		37,282 »
	Divers		11,896 81
	Total	fr.	950,945 97
Dépenses			894,708 60
Bénéfice		fr.	56,237 37

Appointements mensuels.

Ténors : Jourdain, 5,000 francs; Verhees, 3,500 fr.; Rodier, 4,000 francs; Delaquerrière 1,800 francs; Voulet, 400 francs ; Disy, 250 francs ; Guérin, 600 francs.

Barytons : Seguin, 3,500 francs ; Soulacroix, 2,200 francs ; Renaud, 500 francs.

Basses : Gresse, 2,500 francs; Durat, 1,000 francs; Schmidt, 700 francs; Frankin, 375 francs; Chappuis, 550 francs.

Chanteuses : Mmes Caron, 3,000 francs; Hamman, 2,300 francs; Deschamps, 1,500 francs; Bosman, 1,700 francs; Legault, 1,350 francs; Verheyden, 500 francs; Ismaël, 500 francs; Foulon, 250 francs; Vaillant, 3,500 francs.

Danseurs : Poigny, 575 francs ; Duchamps, 325 fr.

Danseuses : Mmes Lamy, 1,000 francs; Ricci, 700 francs; Magliani, 450 francs; Pastora, 500 francs.

Total par mois, 45,025 francs.

Direction de M. Verdhurt.

1885. Du 26 juin au 2 juillet. — 9 représentations de Mme Sarah-Bernhardt *Théodora*, drame de VICTORIEN SARDOU.

Représentations Extraordinaires.

1884. 25 octobre. — Premier concert de l'Association des Artistes musiciens.

28 octobre. — Grande Harmonie. *Guillaume Tell.*

15 novembre. — Deuxième concert de l'Association des Artistes musiciens.

21 novembre. — Représentation donnée par le Conseil communal pour le 50me anniversaire de la fondation de l'Université libre.

24 novembre. — Bénéfice du denier des instituteurs et institutrices révoqués. *Les Huguenots.*

25 novembre — Grande Harmonie. *Mireille.*

13 décembre. — Troisième concert de l'Association des Artistes musiciens.

20 décembre. Grande Harmonie. *Manon.*

1885. 20 janvier. — Grande Harmonie. *La Juive.*

24 janvier — Société des Marçunvins. Bénéfice du denier des instituteurs et institutrices révoqués. *La Juive.*

14 février — Quatrième concert de l'Association des Artistes musiciens.

26 février. — Bénéfice de Cloetens, contrôleur en chef. *La Juive.* (Recettes, 118-50.)

28 février. — Spectacle gala, en présence de LL. MM. le Roi et la Reine et de LL. AA. RR. le Comte et la Comtesse de Flandre, offerte par la Société royale de la Grande Harmonie. *Sigurd.*

14 mars. — Bénéfice de la Tombola nationale cléricale pour soulager les ouvriers sans travail. *Les Huguenots.*

26 mars. — Spectacle gala en l'honneur de S. A. R. le Prince de Galles et le Prince Albert, son fils. *Obéron.*

24 mars. — Grande Harmonie. *Obéron.*

8 avril. — Spectacle gala offert par le Conseil Communal, à l'occasion du 50me anniversaire de la naissance du Roi. En présence de LL. MM. le Roi et la Reine, du Prince Rodolphe et de la Princesse Stéphanie, du Prince et de la Princesse Philippe de Saxe-Cobourg-Gotha, du Sénat, du Bourgmestre, etc.

9 avril. — Spectacle gala. *Sigurd.* (Recettes, 7,500 francs.)

20 avril. — Bénéfice de Lapissida. *Obéron.* (Recettes. fr. 6,108-50.)

(1885-86)

MM. VERDHURDT, directeur.
A. WAECHTER, administrateur
J. COPETTE, secrétaire de la direction.
BULLENS, chef de la comptabilité.
LAPISSIDA, régisseur général.
FLON, chef des chœurs.
HERBAUT, régisseur des chœurs.
PERROT, régisseur-avertisseur.
LOMBAERTS, machiniste en chef.
LYNEN, } peintres-décorateurs.
DEVIS, }
Vingt machinistes.

Orchestre.

MM. JOSEPH DUPONT, }
L. JEHIN, } chefs d'orchestre.
PH. FLON, }
FIÉVET, bibliothécaire.
Quatre-vingts musiciens.

Grand opéra, Traductions, Opéra comique.

Ténors :

MM. DEVILLIERS.   MM. FURST.
VILLARET.   GANDUBERT.
ENGEL.   IDRAC.
DEREIMS.   FRANZ STAPPEN.
NERVAL.   SEUILLE.

Barytons :

M. Bérardi.   M. Frédéric Boyer.
                      M. Renaud.

Basses :

MM. Dubulle.   MM. Chappuis.
    Herman Devriès.   Frankin.
                      M. Seguier.

Sopranos dramatiques :

Mᵐᵉ Montalba.   Mᵐᵉ Clario.
                      Mᵐᵉ Fierens.

Chanteuses légères :

Mᵐᵉˢ Cécile Mézeray.   Mᵐᵉˢ Wolf.
     Thuringer.   Barria.
                      Mᵐᵉ Lecomte.

Contraltos :

Mᵐᵉ Jane Huré.   Mᵐᵉ Passama.
                      Mᵐᵉ Caroline Barbot.

Ballet.

MM. J. Hanssen, maître de ballet.
F. Duchamp, régisseur.

Mᵐᵉˢ Adelina Rossi.   Mᵐᵉˢ Teresa Magliani.
     Gabrielle Esselin.   Angiolina Bertoglio.
MM. Saracco.   MM. Ph. Hanssen.
    F. Duchamp.   Deridder.

Voilà, certes, une troupe de tout premier ordre.

A côté de tels artistes, si l'on jette un coup d'œil sur la nomenclature des pièces jouées pendant cette saison, on trouve trois opéras et un ballet nouveaux, avec un répertoire aussi varié et aussi complet que les années précédentes.

Et l'on s'étonnera peut-être du désastreux résultat que tant d'éléments de succès ne purent conjurer.

Il s'agit ici, non pas de défendre une cause, mais simplement de constater — avec le moins de commentaires possible — les événements qui ont précipité la déconfiture de la nouvelle administration, et réduit Verdhurdt à la triste nécessité de fermer son théâtre, alors que la campagne n'était pas encore arrivée à son terme.

Avant de présenter la saison 1885-86 au point de vue artistique — et nul ne peut contester qu'elle fût très brillante — nous allons tâcher de soulever un coin du rideau derrière lequel se dérobe la question financière — celle des gros sous, qu'un caissier expérimenté appelait, avec assez d'à-propos, « la *cuisine* de la *Monnaie* » (1).

*
* *

Jusqu'en 1880, les droits d'auteurs avaient été perçus conformément à un tarif fixe ; mais, depuis ce moment, la Société des Auteurs dramatiques, s'appuyant sur le bénéfice d'un traité diplomatique conclu entre la France et le Portugal, revendiqua, en ce qui concerne la Belgique, l'application d'un traité similaire. Le litige fut porté devant les tribunaux, qui reconnurent les prétentions de la Société. Les droits se perçurent, dès lors, en raison d'arrangements nouveaux, beaucoup plus onéreux pour le Théâtre de la Monnaie.

Stoumon et Calabresi firent valoir auprès de la Ville l'aggravation de dépenses résultant des récentes dispositions, et sollicitèrent un subside supplémentaire, qui leur fut accordé. De là, ces 15,000 francs qui se remarquent, à partir de 1880, dans les tableaux de recettes. En outre, dès l'année 1875, S. M. la Reine accorde gracieusement, pour sa loge, une somme de 4,000 francs.

Donc, pour 1880-81 nous relevons :

Subside communal . . . . fr.	100,000
» royal . . . . , . .	100,000
» supplémentaire.	15,000
Loge de la Reine	4,000
Total . . . . fr.	219,000

Les 15,000 francs supplémentaires ne furent pas maintenus dans le cahier des charges de Verdhurdt (2).

L'Administration Communale, persuadée que les avantages étaient très grands pour le directeur de la Monnaie, imposa des conditions beaucoup plus rigoureuses au concessionnaire — qui les accepta.

Mais d'autres difficultés surgissaient devant Verdhurdt. Jamais direction ne trouva sur sa route plus de pierres d'achoppement. La constitution de la troupe fut d'une grande difficulté, et se chiffra

---

(1) La plupart des renseignements qui suivent nous ont été très aimablement fournis par M. Waechter, l'habile administrateur de la direction Verdhurdt, qui a publié, à ce sujet, une brochure clairement écrite et révélant un financier très entendu en la matière.

(2) Dupont et Lapissida ont obtenu, à leur entrée en fonctions, le rétablissement de ce subside.

par des sacrifices énormes; la plupart des artistes qui composaient le personnel lyrique de Stoumon et Calabresi refusèrent de s'enrôler sous la bannière Verdhurdt. Celui-ci rencontra la plus grande résistance chez les capitalistes, — tant on avait de préventions contre le théâtre, avec les clauses imposées par le Collège, — et tant on redoutait l'impopularité du directeur succédant aux deux associés qui avaient su se concilier les faveurs du public, des financiers et du pouvoir !

La jeune administration ne le céda pas à son aînée, quant aux résultats financiers, malgré tous les désastres qui se liguèrent contre ses efforts. Une grève, qui ne put être réprimée qu'avec l'intervention des troupes, et après effusion de sang, troubla la Belgique. La Cour et l'aristocratie délaissèrent l'Opéra, et ce fut une perte irréparable. D'autre part, la saison subit une véritable crise de ténors. Dans le courant du mois de décembre, nous notons sept « relâches, » par impossibilité de constituer un spectacle, « faute de ténor chantant le répertoire »; en janvier, nous voyons le théâtre contraint de fermer sept fois encore ses portes, pour des raisons semblables.

Afin d'édifier le lecteur, nous mettons sous ses yeux un tableau comparatif de recettes — où nous n'avons examiné que ce qui peut donner une juste idée de la faveur publique, c'est-à-dire les places prises à la location et à l'ouverture des bureaux. Pour les abonnements, ils varient d'année en année, même d'un mois à l'autre, et ne peuvent pas offrir de garanties sérieuses sur l'avenir financier d'une gestion théâtrale.

	STOUMON ET CALABRESI. — 1884-85.	VERDHURDT. — 1885-86	
Septembre .	66,000 francs.	84,000 francs.	
Octobre . .	64,000 »	69,000 »	
Novembre .	62,000 »	68,000 »	
Décembre .	67,000 »	64,000 »	(7 relâches.)
Janvier . .	79,000 »	60,000 »	»
Février . .	98,000 »	76,000 »	
Mars . . .	86,000 »	79,000 »	

*
* *

Et maintenant que cette aride question de chiffres a été, croyons-nous, suffisamment éclaircie, nous avons hâte d'étudier la campagne 1885-86 sous le rapport artistique.

L'ouverture s'effectue par *l'Africaine*, le 5 septembre; la soirée permettait de présager un heureux avenir, et ne fut troublée qu'à un certain moment par les éclats de rire d'un groupe d'abonnés. Une jeune basse — qui fit depuis un court passage à l'Opéra, et qui s'essayait alors dans des rôles modestes — devait, à « l'acte du vaisseau », interroger le baryton en ces termes : « *Nélusko, que chantes-tu donc là?* » C'est, du reste, à peu près tout le rôle. Le brave artiste, sans doute très troublé, se trompe, et dit : « *Nélusko, que chantes-ton du là ?* » Bizarre effet de la peur!...

Le 18 septembre, le ténor Gallois se présentait dans *le Trouvère*. Au commencement de la pièce, pendant le morceau qu'il chante dans la coulisse, le malheureux débutant est victime d'un accident bien redouté des chanteurs — il exhale... un *couac!* — On rit bruyamment dans la salle. Il faut convenir que cette attitude du public n'est pas faite pour donner du courage à celui qui affronte sa rigueur. Dès le 2ᵐᵉ acte, Gallois était pris d'une peur bleue, d'un *trac* formidable; à son entrée du 3ᵐᵉ, il essaye d'articuler quelques sons, mais en vain ; la voix ne sort pas, il esquisse un geste désespéré — et se retire. On alla quérir immédiatement Furst, qui termina la pièce.

Le 13 décembre, à ce même *Trouvère*, trente personnes dans la salle ! — on rend l'argent.

Verdhurdt fait connaître, le 25 janvier, une œuvre de grande valeur : *Les Templiers*, opéra en 5 actes, qui ouvre l'ère prospère des « premières ».

Le 2 mars, *Saint-Mégrin*, opéra en 4 actes, des frères Hillemacher. Cette touchante collaboration est déjà un titre à la sympathie générale : de plus, les deux artistes sont des musiciens français de grand talent, et dont la Muse élégante, tendre, affinée, avait admirablement brodé l'intéressant livret tiré du beau drame d'Al. Dumas : *Henri III et sa Cour*.

Saint-Mégrin, interprété par l'élite de la troupe, ne fut qu'un long triomphe.

Au chapitre anecdotique, cette « première » peut s'inscrire pour deux traits assez piquants.

Au 1ᵉʳ tableau, la duchesse de Guise doit oublier son mouchoir sur un canapé, où, tout à l'heure, son mari va le trouver. Ce point de départ est, pour ainsi dire, le pivot de la pièce. Or, pendant son duo avec la duchesse de Guise (Mˡˡᵉ Mézeray), St-Mégrin (Furst) s'aperçoit que le mouchoir, par un hasard assez curieux, est resté accroché à la collerette de la chanteuse. Il réfléchit un moment — et prend tout simplement le parti de décrocher le mouchoir récalcitrant, et d'aller lui-même le remettre, bien en évidence, à sa place. Au même acte, le duc de Joyeuse (Boyer) fait « tirer son horoscope ». Le sympathique baryton était soigneusement habillé, admirablement costumé, et il avait consciencieusement complété sa toilette par une paire de gants de la plus belle teinte. La réplique arrive; Boyer frémit d'épouvante; — Trop tard! — l'orchestre n'attendra pas! — Et... Joyeuse se voit dans l'effroyable obligation de tendre au chiromancien sa main toute gantée. Ce qui prouve, une fois de plus, l'utilité d'une répétition générale, *en costume*. — usage établi dans le moindre théâtre parisien, et qui n'a pu encore s'acclimater à Bruxelles, — à la Monnaie, tout au moins.

Dès le 18 mars, *Pierrot Macabre*, délicieux ballet de Lanciani, modeste chef d'orchestre, dont la spirituelle partition est digne d'un maître.

Le 10 avril, *Gwendoline* ajoute un fleuron de plus à la couronne de Chabrier. Le compositeur parisien, à qui l'on doit tant de pages charmantes, avait écrit deux actes ravissants, qui, habilement interprétés, soulevèrent l'enthousiasme des dilettanti.

Cette soirée nous fournit encore un incident — qui n'est pas banal : Mlle Thuringer, dans une sortie un peu vive, s'embarrasse dans sa robe, si malheureusement, qu'elle « s'étale » de toute sa longueur sur les planches, et tombe — la tête vers le fond, et le... dos au public. *Shocking !*

**
* **

Voilà donc, en moins de trois mois, quatre nouveautés importantes — et quatre succès !

Mais il est temps de jeter un rapide coup d'œil sur la troupe.

Défilent parmi les ténors : Devilliers, un artiste très apprécié dans les grandes villes de province; Dereims, de l'Opéra, un chanteur doublé d'un tragédien, le seul de la famille Devriès (à laquelle il est allié), qui ne se fût point encore produit à Bruxelles; Furst, de l'Opéra-Comique, dont le succès fut très franc; Villaret, de l'Opéra, qui, malgré son âge, vint recueillir une ample moisson de lauriers, et chanta à côté de son fils ; Idrac, Gallois et, enfin, Engel et Gandubert, que nous n'allons plus quitter.

Les barytons sont Bérardi et Boyer.

Le premier avait tenu, à la Monnaie, en 1872-73, l'emploi de basse noble.

Sa voix s'était considérablement étendue, tout en conservant son timbre et son ampleur.

Frédéric Boyer fit sensation : quel que fût le spectacle, si son nom était sur l'affiche, la salle était comble. Le public se délectait de cette voix claire et bien émise, de ce style irréprochable, de cette science merveilleuse, qui ont fait classer Boyer parmi les plus grands chanteurs de notre époque.

Les basses étaient Dubulle et H. Devriès. Celui-ci, beau-frère de Dereims, appartient à cette famille d'artistes déjà citée, qui s'est répandue sur toutes les scènes de l'Europe, — et il tient de race. Quant à Dubulle, l'un des meilleurs élèves d'Obin, il serait difficile de rencontrer un chanteur qui sût plus habilement composer un rôle, donner plus de relief à une physionomie, et déployer plus d'aptitudes dramatiques.

N'oublions pas Saracco, danseur émérite et mime de talent, qui, l'année suivante, recueillit la lourde succession d'Hanssen.

Parmi les dames, quelques noms charmants : Mlle Mézeray qu'on avait applaudie à différentes reprises sur la scène de la Monnaie, et dont l'impeccable talent faisait l'admiration de tous ; Mme Montalba, une véritable artiste, dans toute l'acception du mot ; Mlle Thuringer, qui venait de l'Opéra, et qui, en quittant Bruxelles, abandonna les rôles de chanteuse légère (dans lesquels elle éprouvait décidément trop d'émotions) pour prendre ceux de forte chanteuse ; Mlle Lecomte, une gracieuse dugazon, qui, à une jolie voix et à un physique agréable, joignait les qualités d'une comédienne accomplie.

Verdhurdt fit encore connaître deux élèves du Conservatoire de Bruxelles : Mlle Wolf, dont la carrière ne fut pas de longue durée, mais qui avait produit une grande impression dès ses débuts, et Mlle Fierens, une chanteuse dramatique, à la voix puissante, qui obtint à Marseille les plus chaleureux succès.

Artistes en représentations : Mme Caron, Lassalle et Escalaïs — tous trois de l'Opéra.

*
* *

Avec des éléments aussi variés et aussi intéressants, avec un directeur intelligent, perspicace et éclectique, il était permis de concevoir de grandes espérances. Hélas ! il faut bien se rendre à la réalité. Verhurdt n'alla pas jusqu'au bout de la saison...

Les artistes se constituent en société, sous la gestion de Lapissida, et atteignent tant bien que mal la fin de la campagne.

Et, comme il est préférable de terminer ce récit sur une note gaie, nous relaterons le petit accident survenu au dernier acte de la dernière pièce jouée. On donnait *le Barbier de Séville* pour la clôture. A un moment, Almaviva se jette aux pieds de Rosine et se découvre respectueusement. Or, en retirant son chapeau, notre bouillant cavalier — ces choses-là n'arrivent qu'aux amoureux — enleva aussi sa perruque, qu'il ne voulut, naturellement, plus remettre, et c'est ainsi qu'Engel — car c'était lui! — fit ses adieux au public bruxellois.

Après de longs et laborieux services, le chef d'orchestre Dupont et le régisseur Lapissida, qui avaient collaboré à diverses administrations, et contribué à nombre de succès, tout en restant dans la coulisse, pensèrent qu'il était temps de se montrer. Le Conseil Communal fut de cet avis, et les nomma directeurs du Théâtre Royal de la Monnaie.

Premières Représentations.

1886. 25 janvier. — **Les Templiers**, opéra en 5 actes, de J. Adenis, Arm. Silvestre et Lionel Bonnemère, musique de Litolff. (Créé à Bruxelles.)

René de Marigny	MM. Engel.
Jacques de Molay	Bérardi.
Philippe-le-Bel.	Dubulle.
Enguerrand de Marigny . .	Renaud.
Châtillon.	Gandubert.
Lord Mortimer	Nolly.
Le Crieur	Séguier.
Le Légat	Frankin.
Un héraut	Seuille.
Isabelle	Mmes Montalba.
Marie.	Maes.
Un page	Esselin.

2 mars. — **Saint-Mégrin**, opéra en 4 actes, de Dubreuil et Eug. Adenis, musique des frères Hillemacher. (Créé à Bruxelles.)

Saint-Mégrin	MM. Furst.
Duc de Joyeuse.	Boyer.
Duc de Guise	Renaud.
Duc d'Épernon	Gandubert.
Côme Ruggieri	Dévriès.
Henri III	Nerval.
Seigneur de Bussy. . . .	Frankin.
Seigneur de Saint-Luc . .	Séguier.
Saint-Paul	Vérin.
Catherine, duchesse de Guise.	Mmes C. Mézeray.
Robert, page de la duchesse.	Wolf.
Madame de Cossé	C. Bardot.
Marie.	Bolle.
Un page	Zoé.

10 avril. — **Gwendoline**, opéra en 2 actes, de Catulle Mendès, musique d'E. Chabrier. (Créé à Bruxelles.)

Gwendoline	Mme Thuringer.
Harald	MM. Bérardi.
Le vieil Armel	Engel.
Trick	Frankin.
Oella	Seuille.

Ballet.

1886. 18 mars. — **Pierrot Macabre**, ballet fantastique en 2 tableaux, musique de Lanciani. (Créé à Bruxelles.)

Répertoire (reprises).

L'Africaine.

Roméo et Juliette.

Rigoletto.

Si j'étais Roi!

Le Trouvère.

Le Chalet.

Le Pré-aux-Clercs.

Les Huguenots.

Le Maître de Chapelle.

La Favorite.

La Traviata.

La Fille du Régiment.

La Juive.

Joconde.

Bonsoir, Monsieur Pantalon.

Haydée.

La Muette de Portici.

Le Voyage en Chine.

Lucie de Lammermoor.

Le Barbier de Séville.

Aïda.

Le Farfadet.

Le Docteur Crispin.

Faust.

Maître Pathelin.

Giralda.

Ballets.

Ondine.

Coppelia.

Artistes en Représentations.

1885. 20 novembre. — Villaret, premier ténor de l'Opéra *Les Huguenots*.

25 novembre. — Adieux de Villaret. *Les Huguenots* (1er, 2me, 3me et 4me actes); *la Muette de Portici* (2me acte).

1886. 12 janvier. — Lassalle, de l'Opéra. *Hamlet* (3me acte); *Henry VIII* (4me acte).

30 mars. — Concert : Chœur Russe.

20 avril. — Escalaïs, de l'Opéra. *Guillaume Tell*.

21 avril. — Mme Caron. *La Juive*.

Représentations Extraordinaires.

1885. 31 octobre — Premier concert de l'Association des Artistes musiciens.

7 novembre. — Spectacle gala. *Le Pré-aux-Clercs*.

14 novembre. — Grande Harmonie. *Le Pré-aux-Clercs*

5 décembre. — Deuxième concert de l'Association des Artistes musiciens.

15 décembre. — Grande Harmonie. *Roméo et Juliette*.

1886. 16 janvier. — Grande Harmonie. *Le Barbier de Séville*.

18 janvier. — Bénéfice de Cloetens. *Aïda*. (Recettes, 6,174 francs.)

13 février. — Troisième concert de l'Association des Artistes musiciens.

16 février. — Grande Harmonie. *Haydée; le Farfadet*.

6 mars. — Quatrième concert de l'Association des Artistes musiciens.

24 mars. — Grande Harmonie. *Les Templiers*.

27 avril. — Loges maçonniques. *Les Templiers*. (Recettes, 3,240 francs.)

4 mai — Bénéfice de Chappuis. *Faust* (1er et 2me actes); *Robert le Diable* (3me acte, 1er tableau); *le Barbier de Séville* ; *les Huguenots* (4me acte); *Jérusalem* (trio). (Recettes, fr. 6,478-50.)

Dupont & Lapissida

(1886-89)

(1886-87)

MM. Joseph DUPONT et LAPISSIDA, directeurs.
Joseph DUPONT, directeur de l'orchestre.
L. Jehin, premier chef d'orchestre.
Ph. Flon, deuxième chef d'orchestre, chef des chœurs.
LAPISSIDA, directeur de la scène.
Falchieri, régisseur de la scène, parlant au public.
Léon Herbaut, deuxième régisseur.
Saracco, maître de ballet.
Duchamp, régisseur du ballet.
Beauvais,
Triaille,   } pianistes-accompagnateurs.
Paul Mailly,
Fievet, bibliothécaire.
Bullens, chef de la comptabilité.
Charles Lombaerts, machiniste en chef.
Feignaert, costumier.
Bardin, coiffeur.
Colle, armurier.
Jean Cloetens, préposé à la location, contrôleur en chef.
Maillard, percepteur de l'abonnement.
Lynen,
Devis,   } peintres décorateurs.

Grand opéra, Traductions, Opéra comique.

Ténors :

MM. Sylva.   MM. Cossira.
    Engel.   Larbaudière.
    Berroney.   Nerval.
    Gandubert.   Durand.

Barytons :

M. Séguin. M. Giraud.
M. Renaud.

Basses :

MM. Bourgeois MM. Chappuis.
Isnardon. Frankin.
M. Seguier.

Chanteuses :

Mmes Litvinne. Mmes Balensi.
Marie Vuillaume. Thuringer.
Martini. Wolf.

Mmes Angèle Legault.
Gayet.
Gandubert.

Coryphées :

Mmes Vlemingkx. Mmes Fleurix.
Legros. Léonard.
Zoé Tilman. Krier.
MM. Vanderlinden. MM. Simonis.
Blondeau. Pennequin.
Schmeer. Dobblaere.

Ballet.

Danseurs :

MM. Saracco. MM. Desmet.
Duchamp. Deridder.

Danseuses :

Mmes Cleofe Lavezzari, première danseuse.
Consuelo de Labruyère, première danseuse demi-caractère.
Térésa Magliani, } deuxièmes danseuses.
Emilia Righettini, }
Enrichetta Righettini, troisième danseuse.

Coryphées :

Mmes Vanlancker, Mmes J. Matthys.
Tribout. Zuccoli.
Desmet. Vangoethem
Schacht. M. Matthys.
Trente-huit danseuses. Douze danseurs.

Chœurs :

16 premiers dessus. 14 premiers ténors.
14 deuxièmes dessus. 10 seconds ténors.
8 enfants de chœurs. 9 premières basses.
 11 secondes basses.

Orchestre.

Quatre-vingts musiciens.

12 premiers violons	3 bassons.
11 deuxièmes violons	4 trompettes.
8 altos.	1 tuba.
8 violoncelles.	4 trombones.
8 contrebasses.	1 grosse caisse.
3 flûtes.	1 triangle-tambour.
3 hautbois.	1 timbalier.
3 clarinettes.	1 cymbalier.
1 saxophone.	1 harpe.
6 cors.	

Musique de scène.

Un chef.   Vingt musiciens.
Vingt machinistes.
Vingt employés placeurs et ouvreuses.
Trente habilleurs et habilleuses.

On peut dire que jamais nomination ne fut accueillie avec plus de sympathie que celle de Dupont et Lapissida.

Il est inutile de présenter au lecteur les deux associés qui avaient su, par leur activité, leur talent et leur probité, rendre leur nom, pour ainsi dire, populaire à Bruxelles, non seulement dans le monde artiste, mais encore dans le public tout entier.

Après le passage tourmenté de M. Verdhurdt, on ne s'était pas dissimulé que la succession Stoumon et Calabresi était toujours vacante; on avait apprécié combien elle était lourde, et ce n'est pas sans appréhension qu'on envisageait l'avenir de l'Opéra de Bruxelles.

L'arrivée de Dupont et Lapissida dissipa ces alarmes. On les connaissait, on les avait vus à l'œuvre depuis de longues années ; on savait que rien de ce qui touchait la scène dont ils prenaient la direction ne leur était étranger, — en un mot, qu'ils étaient *de la maison*.

Le premier, réputé comme l'un des plus éminents maëstros de l'époque, était secondé dans sa rude tâche par un artiste de valeur, qui avait grandi dans l'orchestre même de la Monnaie : Léon Jehin.

Lapissida avait donné maintes preuves éclatantes de son savoir et de son expérience, et il s'adjoignit un second, dont le talent était attesté par une longue carrière : Falchieri, ancienne basse chantante.

La nouvelle direction fut donc investie, tout de suite, de la confiance générale, et l'on va voir combien elle sut s'en rendre digne, — car, dès ce moment, le Théâtre de la Monnaie s'éleva à un niveau où il sera désormais malaisé de le maintenir.

* * *

Cependant, les commencements furent fort difficiles. Sylva, le premier ténor, sur lequel les directeurs fondaient à bon droit de grandes espérances, débute... par un rhume ; et — en dépit de tous les usages — la réouverture s'effectue par un opéra comique, — et un dimanche! C'est *Zampa* qui sauve la situation, le 5 septembre, avec Engel dans le principal rôle.

Sylva fut successivement remplacé dans l'*Africaine* par Massart et Verhees, déjà connus à Bruxelles. Il débuta ensuite dans cet ouvrage, mais pour céder bientôt son rôle à Cossira, qui, du premier coup, conquit le public, grâce à des qualités naturelles tout à fait exceptionnelles, et qui, après avoir fait pendant un an la joie des Bruxellois, intenta un procès assez retentissant à Dupont et Lapissida, partit pour Lyon, où il plaida encore contre son nouveau directeur, et arriva enfin à l'Opéra de Paris, où il s'est créé une place enviable.

L'Africaine servit aussi de début à Mme Litvinne (de son vrai nom, Litvinnoff). La nouvelle falcon était douée d'un physique majestueux et de l'une des plus belles voix qu'il soit possible d'entendre. Elle n'eut pas de mal à se concilier la faveur des habitués, et, après un séjour de deux ans à la Monnaie, alla rejoindre à l'Opéra ses deux beaux-frères Jean et Edouard de Reszké, les deux admirables artistes que Paris acclame depuis longtemps.

Mireille, *Maître Pathelin* et *le Chalet* servent d'épreuves à la troupe d'opéra comique.

Dans l'œuvre de Gounod se révèle Mme Vuillaume, une jeune et jolie chanteuse — véritable tempérament d'artiste — qu'une prochaine création, *Lakmé*, devait bientôt placer très haut dans l'estime des dilettanti.

Dans *Mireille* aussi Mme Gandubert interpréta avec agrément le petit rôle d'Andreloun, et le public apprécia le baryton Giraud, remplacé à la fin du mois par Corpait, qui ne tarda pas à résilier à son tour, laissant l'emploi vacant.

Dans *Maître Pathelin*, paraissent Larbaudière, un charmant ténorino, et Mme Gayet, une aimable duègne.

Sylva effectue son second début sous la cotte de mailles de

Robert ; mais son indisposition persiste, et il est doublé par Lamarche, puis par Escalaïs, et enfin par De Keghel qui demeura attaché à la troupe.

On reprend ensuite *le Prophète,* où le grand ténor était si complet, et qui fournit une série de représentations fort suivies — mais Sylva, dont la santé était toujours chancelante, se décide à rompre définitivement son contrat.

Dans *Robert le Diable* on fait connaissance avec Mlle Martini, une falcon dramatique à la voix puissante, et dont l'ardeur tragique produisit un réel effet dans plusieurs rôles ; et *la Favorite* sert de début à Mlle Balensi, contralto, en qui l'on fêta la femme plus encore que l'artiste, mais qui abandonna bientôt la carrière lyrique.

Mlle Castagné, de l'Opéra-Comique, l'originale *Galli-Marié,* joue *Carmen* et *les Dragons de Villars,* et c'est le répertoire — le bon et vieux répertoire — qui alimente les spectacles jusqu'à la « première » de *Lakmé* — 29 novembre.

*
* *

Cette soirée doit certainement prendre rang parmi les plus belles qu'on ait vues au Théâtre de la Monnaie. Il serait difficile, en effet, d'enregistrer un succès plus franc, plus vrai, — plus durable. La délicieuse musique de Delibes valut de véritables triomphes à ses principaux interprètes : à Mlle Vuillaume, qui incarnait avec une grâce toute personnelle l'indolente Lakmé — à Engel, qui donnait une nouvelle preuve de son immense talent et de son admirable souplesse, — à Renaud, dont la belle voix sonnait à merveille dans les stances du Brahmine, et pour qui cette création fut le véritable point de départ dans la grande faveur du public.

Le soir de la « première », incident : l'affiche portait, pour le rôle de Mallika, le nom de Mlle Wolf. Mais une heure avant le lever du rideau, on annonce que la jeune artiste est très gravement indisposée, et hors d'état de chanter. Cette fâcheuse nouvelle plonge les directeurs et le personnel dans le plus grand embarras ; Delibes, qui avait dirigé les répétitions, et qui venait d'arriver au théâtre, était frappé de désespoir, lorsqu'on se souvint que Mlle Castagné avait joué Mallika à l'Opéra-Comique. On eut toutes les peines du monde à la retrouver — chez des amis, où elle dînait. Enfin, le temps de revoir à la hâte les parties principales du rôle, d'en revêtir le costume, et la représentation commença. Le public n'avait rien perdu pour attendre.

Mlle Wolf était, en effet, malade. Elle voulut, quelque temps après, reprendre son emploi, mais elle n'était qu'imparfaitement remise, et elle abandonna le théâtre au moment où la plus belle carrière s'ouvrait devant elle.

Le 19 janvier, *l'Amour Médecin* précède d'une semaine *les Contes d'Hoffmann*.

Dans cette dernière œuvre, Offenbach s'est élevé par moments à la hauteur d'un grand musicien. Le sceptique railleur avait, cette fois, jeté le masque, et l'accueil chaleureux que lui fit le public bruxellois ne rappelait en rien celui qui avait été réservé à *Robinson*, quelques années plus tôt. L'originale réunion des trois célèbres Contes d'Hoffmann, en une action qui se tient, où l'intérêt ne languit pas, et que Barbier — le librettiste-poète à qui Gounod est redevable de tant d'admirables livrets — avait si habilement composés sur une trame légère, produisit la plus grande impression, et donna les sensations les plus diverses, passant du plaisant au tragique, avec cette note continue d'étrangeté qui lui donne un caractère si empoignant.

Engel avait mis tant de soins dans la composition de son rôle que, pour rendre plus scrupuleusement les traits d'Hoffmann, il n'avait pas hésité à s'affubler d'un faux nez et d'un faux menton ! — Mlle Vuillaume, que *Mireille*, *Lakmé* et *la Fille du Régiment* avaient mise en vedette, charma tout le monde sous le costume de la poupée, et traduisit à merveille les élans dramatiques de la fameuse scène avec le docteur Miracle. Le reste de l'interprétation reçut les plus grands éloges : le moindre rôle était dignement distribué.

A la « quatrième », pendant le duo du 2me acte entre Giulietta et Hoffmann, le feu prend à l'un des candélabres de l'escalier du fond ; — Nerval, qui jouait Pitichinaccio, armé d'un linge humide, entre en scène et éteint l'incendie, sans que ni Mlle Vuillaume ni Engel se fussent aperçus de rien.

Mais l'événement capital de la saison est *la Valkyrie*. C'était la première fois que le drame de Richard Wagner était interprété en français, et cette tentative avait attiré — outre le public bruxellois qui se bousculait aux portes — une foule considérable de fanatiques, venus de tous côtés, mais plus particulièrement de Paris, et dont les places étaient retenues depuis un mois.

L'admirable traduction de Victor Wilder — travail titanesque —

reçut tous les suffrages ; la décoration, exécutée d'après des procédés nouveaux que Lapissida était allé étudier lui-même en Allemagne, produisit le plus grand effet ; la distribution comprenait les premiers sujets de la troupe d'opéra, auxquels s'était joint un groupe de chanteuses, élèves du Conservatoire, qui représentait les Valkyries ; l'orchestre, considérablement renforcé et... invisible, ou tout au moins dissimulé sur un plancher mobile qui s'abaissait par un système hydraulique, était conduit par le magistral et ensorcelant bâton du wagnérien Dupont. Selon le mode en vigueur à Bayreuth, un rideau, spécialement installé, s'ouvrait par les côtés ; la salle était plongée dans l'obscurité pendant toute la durée de chaque acte, et les applaudissements, qui souvent interrompent l'action, étaient interdits avant le dernier accord de l'orchestre. Les artistes étaient un peu désorientés par l'absence des bravos encourageants, mais, après le baisser du rideau, la plus large compensation leur était réservée, car ils étaient salués par trois, quatre et jusqu'à cinq rappels successifs — et collectifs.

En un mot, tout concourut au succès de cette œuvre géniale, et la deuxième partie de la Tétralogie des *Nibelungen* recevait à Bruxelles la consécration... française.

Deux ballets : *Myosotis*, de Flon, et *le Lion Amoureux*, de Pardon, confirment l'estime en laquelle les Bruxellois tenaient les deux compositeurs.

*
* *

Après une rapide apparition de Mme Caron, et deux soirées dramatiques où les artistes de la Comédie-Française donnent *Francillon*, l'année embellit ses derniers jours par quatre représentations avec le concours d'une étoile : Marcella Sembrich. La grande cantatrice fit salle comble avec *Lucie*, *la Traviata*, *la Somnambule* et *le Barbier*, qu'elle chantait en italien, tandis que ses partenaires lui donnaient la réplique en français.

C'est en cette année 1886-87 que fut enfin installé au Théâtre de la Monnaie le nouvel orgue qu'on demandait à grands cris depuis longtemps. Cet instrument, digne de la première scène belge, sortait des ateliers de MM. Schyven et Cie ; il est composé de vingt jeux et deux claviers, avec pédale séparée.

Premières Représentations.

1886. 29 novembre. — **Lakmé**, opéra comique en 3 actes, de Gondinet et P. Gille, musique de L. Delibes.

Lakmé	Mmes Vuillaume.
Mallika	Castagné.
Miss Ellen	Legault.
Miss Rose	Gandubert.
Mistress Bentzon	Gayet.
Gérald	MM. Engel.
Nilakantha	Renaud.
Frédéric	Isnardon.
Hadji	Gandubert.
Un dombeu	Durand.
Un marchand	Fleurix.
Un Kouravar	Séguier.

1887. 19 janvier. — **L'Amour médecin**, opéra comique en 3 actes, de Ch. Monselet (d'après Molière), musique de Poise. (Gandubert, Renaud, Larbaudière, Nerval, Chappuis, Frankin, Blondeau, Séguier, Krier, Mmes Legault et Gandubert.)

28 janvier. — **Les Contes d'Hoffmann**, opéra comique en 3 actes, de Jules Barbier, musique de J. Offenbach.

Hoffmann	MM. Engel.
Coppélius, Daperdutto, Miracle	Isnardon.
Schlemil	Renaud.
Spallanzani	Chappuis.
Cochenille, Pitichinaccio, Frantz	Nerval.
Crespel	Frankin.
Hermann	Séguier.
Nathanaël	Larbaudière.
Luther	Vanderlinden.
Olympia, Giulietta, Antonia	Mmes Vuillaume.
Nicklause	Legault.
Un fantôme	Wolf.

9 mars. — **La Valkyrie**, drame lyrique en 3 actes, de Richard Wagner. (Représenté pour la première fois en français). Traduction de V. Wilder.

Siegmound	MM. Engel.
Wotham	Séguin.
Hounding	Bourgeois.
Sieglinde	Mmes Martini.
Brunehilde	Litvinne.
Fricka	Balensi.

Mmes Legault, Thuringer, Pauer, Wolf, Hellen, Van Besten, Coomans, Baudelet.

Ballets.

1886. 11 décembre. — **Myosotis**, 1 acte, de P. Flon.

1887. 22 mars. — **Le Lion Amoureux**, 1 acte, de Cosseret et Agoust, musique de F. Pardon (avec chœurs et soli). Mme Gandubert, Larbaudière, Saracco. Duchamps, Deridder, Mmes Scorlino, Lavezzari, Righettini, Magliani, etc.

Répertoire (reprises).

Zampa.

L'Africaine.

Mireille.

Maître Pathelin.

Le Chalet.

Robert le Diable.

La Favorite.

La Traviata.

Les Huguenots.

La Dame Blanche.

Galathée.

La Fille du Régiment

Le Prophète.

Carmen.

Hérodiade.

Les Dragons de Villars.

Le Pardon de Ploërmel

Le Farfadet.

Le Toréador.

La Juive.

Sigurd.

Les Rendez-vous Bourgeois.

Le Médecin malgré lui.

La Muette de Portici.

Faust.

Lucie de Lammermoor.

La Somnambule.

Le Barbier de Séville.

Artistes en Représentations.

1886. 6 septembre. — Massart. *L'Africaine*,
9 septembre. — Verhees. *L'Africaine*.
17 septembre. — Dubulle, de l'Opéra. *La Favorite*.
20 septembre. — Hourdin, de l'Opéra. *Robert le Diable*.
23 septembre. — Mlle Hasselmans. *La Dame Blanche*.
Lamarche, de l'Opéra. *Robert le Diable*
En novembre. — Mlle Castagné, de l'Opéra-Comique. *Carmen ; les Dragons de Villars ; Lakmé*.
27 décembre. — Mlle Rémy. *Carmen* (Micaëla).
1887. 3 janvier. — Escalaïs, de l'Opéra. *Robert le Diable*.
Du 9 mars. — Dans *la Valkyrie*, cinq élèves du Conservatoire de Bruxelles. Mlles Pauer, Hellen, Van Besten, Coomans, Baudelet.
26 mars. — Mme Caron, de l'Opéra.
7 et 9 avril. — Les Artistes de la Comédie-Française. (Febvre, Thiron, Laroche, Worms, Prudhon, de Féraudy, Truflier, Mmes Reichemberg, Bartet, Schmidt, Kalb. *Francillon*, comédie en 3 actes, d'Alexandre Dumas. (Recettes, 9,369 fr.)
14 avril. — Mlle Chassériaux.
Du 19 avril. — 4 représentations de Mme Marcella Sembrich. *Lucie de Lammermoor ; Violetta ; la Somnambule ; le Barbier de Séville*. (Recettes, 20,272 francs.) (Dans *le Barbier de Séville*, Falchieri, régisseur, chante le rôle de Bazile, et David, de passage à Bruxelles, celui de Figaro.)

Représentations Extraordinaires.

1886. 9 novembre. — Grande Harmonie. *Les Huguenots*.
16 novembre. — Œuvre des vêtements de Molenbeek.
23 novembre. — Société Française.
1887. 8 janvier. — Grande Harmonie. *Les Dragons de Villars*.
15 février. — Grande Harmonie. *Lakmé*.
5 mars. — Grande Harmonie. *Les Contes d'Hoffmann*.
26 mars. — Les Chasseurs-Eclaireurs. *Lakmé*.
14 avril. — Bénéfice de Cloetens. *Les Huguenots*. (Recettes, 6,375 francs.)
Du 19 février au 20 mars. Quatre bals. (Recettes, 35,531 francs.)

Remplacements d'Artistes.

1886. 6 septembre. — Par indisposition de Sylva, Massart chante *l'Africaine*.
9 septembre. — Par indisposition de Sylva, Verhees chante *l'Africaine*.
17 septembre. — Par indisposition de Bourgeois, Dubulle chante *la Favorite*.
20 septembre. — Par indisposition de Bourgeois, Hourdin chante *Robert le Diable*.
23 septembre. — Par indisposition de Mlle Wolf, Mlle Hasselmans chante *la Dame Blanche*.
24 septembre. — Par indisposition de Sylva, Cossira chante *l'Africaine*.
1er octobre. — Par indisposition de Mlle Balensi, Mlle Martini chante *la Favorite*.
18 octobre. — Par indisposition de Corpait, Renaud chante *Carmen*.
29 novembre. — Par indisposition de Mlle Wolf, Mlle Castagné chante *Lakmé*.
4 décembre. — Par indisposition de Mme Gandubert, Mlle Thuringer chante *la Favorite*.
9 décembre. — Par indisposition de Mlle Litvinne, Mlle Martini chante *les Huguenots*.
10 décembre. — Par indisposition de Mlle Castagné, Mlle Martini chante *Lakmé*.
25 décembre. — Par indisposition de Mlle Thuringer, Mlle Legault chante *Robert le Diable*.
1887. 1er janvier. — Par indisposition de Mlle Thuringer, Mlle Legault chante *la Juive*.
8 février. — Par indisposition de Mlle Balensi, Mlle Martini chante *la Favorite*.
9 février. — Par indisposition de Mlle Balensi, Mlle Van Besten chante *Sigurd*.
25 février. — Par indisposition de Cossira, De Keghel chante *la Juive*.

En septembre. — Berroney résilie sans avoir chanté.

21 février. — Engel cède son rôle de Lakmé à Gandubert. Celui-ci est remplacé, dans le rôle d'Hadji par Larbaudière.

2 mars. — Engel cède son rôle des Contes d'Hoffmann à De Keghel.

(1887-88)

MM. DUPONT et LAPISSIDA, directeurs.
Joseph DUPONT, directeur de l'orchestre.
Léon Jehin, chef d'orchestre.
Ph. Flon, deuxième chef d'orchestre, chef des chœurs.
LAPISSIDA, directeur de la scène.
Falchieri, régisseur général, parlant au public.
Léon Herbaut, deuxième régisseur.
Saracco, maître de ballet.

Grand opéra, Traductions, Opéra comique.

Ténors :

MM Engel.
Mauras.
Gandubert.

MM. Boon.
Nerval.
Seuille.

Barytons :

M. Séguin.

M. Renaud.

M. Rouyer.

Basses :

MM. Vinche.
Isnardon.

MM. Chappuis.
Frankin.

M. Pothier.

Chanteuses :

Mmes Caron.
Melba.
Landouzy.

Mmes Storell.
Haussmann.
Van Besten.

Mmes Ang. Legault.
Walter.
Gandubert.

Ballet.

Danseurs :

MM. Saracco.
Duchamp.

MM. Desmet.
Deridder.

Danseuses :

Mmes Sarcy.
Térésa Magliani.

Mmes Emilia Righettini.
Enrichetta Righettini.

Mme Zuccoli.

Les vacances n'avaient pas été perdues, et le public de la réouverture (samedi 10 septembre) put le constater, car il avait les prémices d'une salle renouvelée, étincelante, où se conciliaient les ordonnances communales, relatives au sauvetage, et le luxe moderne.

Cette fois encore *les Huguenots* ouvrent le feu. Les directions qui se sont succédé ont une préférence marquée pour cette œuvre qui leur permet de présenter, dans des rôles caractéristiques, les principaux sujets de leur troupe.

Les artistes d'opéra comique se font entendre, le lendemain, dans *Haydée*, et le mois d'ouverture se partage les soirées entre *les Huguenots, Haydée, Mignon, Robert le Diable, le Chien du Jardinier, le Médecin malgré lui, la Favorite, l'Africaine, les Dragons de Villars,* et enfin, pour clôturer septembre, la passionnante *Valkyrie*.

✢
✢ ✢

C'est alors que nous assistons à un véritable défilé d'artistes :

La campagne avait commencé avec des chanteuses recommandables, telles que Mlle Léria, qui n'eut guère l'occasion de faire valoir ses rares qualités, — Mlle Storrel, qui effectuait ses premiers pas sur la scène, et qui jouait déjà comme si elle avait eu plusieurs années de « planches », — Mlle Haussmann, une *Galli-Marié* à la physionomie étrange et expressive, qui ne tarda pas à résilier, et qui fut remplacée par Mlle Devigne, actuellement premier sujet dans les Compagnies Italiennes, — Mlle Van Besten, une bonne élève du

Conservatoire de Bruxelles, — Mme Walter, excellente duègne, qui venait de Liége, et, avec elles, Mmes Litvinne, Martini, Legault et Gandubert, déjà appréciées du public.

Mais, à ce moment, la troupe fut renforcée de trois cantatrices dont les noms brillèrent d'un éclat exceptionnel, et qui, par leur talent varié, formèrent un trio unique peut-être dans les théâtres lyriques : Caron, Melba et Landouzy !

La première avait laissé à Bruxelles les souvenirs les plus vivaces, et, après quelques démêlés avec la direction de l'Opéra, elle rentra simplement au bercail, où l'attendaient de nouveaux triomphes.

Mme Melba suivait les cours Marchesi. On sait quel accueil lui était réservé en Belgique. D'origine américaine, elle prononçait d'abord assez difficilement la langue française, et elle chanta en italien pendant quelques mois.

Quant à Mme Landouzy, elle vivait en province, presque ignorée, et c'est aux concerts du Waux-Hall qu'elle se révéla au public bruxellois. Son succès fut immédiat et ne se démentit plus.

Une autre étoile ne tarda pas à scintiller dans le firmament de la Monnaie : Mlle Sarcy, première danseuse, qui venait de l'Opéra.

N'oublions pas les charmantes élèves du Conservatoire, qui se faisaient entendre — par intervalles — dans la *Valkyrie* : Mlles Wolf jeune, Baudelet, Coomans, Bauveroy, Fischer, et Mlle Falize, qui resta définitivement attachée au théâtre, où sa jolie voix lui acquit bientôt toutes les sympathies, — et enregistrons le passage de Mlle Blanche Deschamps, dont le prestige était toujours très grand à Bruxelles.

Dans l'élément masculin, quelques changements : Tournié ayant résilié, Engel prit l'emploi de fort ténor, où il fut secondé par Duzas, engagé au cours de la saison. Ce jeune artiste était un élève aimé du grand Obin, dont il avait su écouter les remarquables leçons, et il fit honneur au maître.

Les rôles de ténors, laissés vacants par Engel, furent alors tenus par Mauras, qui, après deux années de succès, fut impitoyablement ravi à l'admiration du public et à l'amitié de ses camarades par une cruelle maladie.

Parmi les nouveau-venus, se trouvent encore : Rouyer, qui sortait du Conservatoire de Paris, et qui recueillait la lourde succession de Boyer et de Soulacroix, — Vinche, dont les débuts furent très applaudis, — Boon, lauréat du Conservatoire de Bruxelles.

Il faut encore relater la courte apparition des ténors Glück et Prévost, et celle de Delaquerrière qui, pour les débuts de Mme Landouzy, vint se faire applaudir deux fois dans *le Barbier*.

* * *

Il est aisé de se convaincre que, avec des éléments aussi multiples et aussi variés, la campagne 1887-88 fut l'une des plus intéressantes qu'on ait jamais vues au Théâtre de la Monnaie.

Le tableau des « premières » ne comprend pas moins de sept ouvrages nouveaux : trois opéras et un ballet, représentés pour la première fois à Bruxelles, — un opéra et deux opéras comiques *créés* à Bruxelles.

Les Pêcheurs de Perles font acclamer à nouveau le nom du regretté Bizet, tant aimé en Belgique !

Gioconda, de Ponchielli, qui avait fait triomphalement le tour de l'Italie, et dont on donnait pour la première fois la version française, n'obtint qu'un succès relatif, en dépit des soins et du luxe dont l'avait entourée la direction.

L'adorable ballet de Delibes, *Sylvia*, attire la foule des amateurs de chorégraphie ; et, comme un succès en annonce un autre, l'éminent compositeur voit applaudir un autre de ses chefs-d'œuvre : *Le Roi l'a dit*, où sa muse délicate a brodé la plus délicieuse partition sur le plus fin et le plus spirituel des poèmes d'opéra comique.

Le célèbre ténor Capoul et Armand Silvestre, l'humoristique conteur, le charmant poète, avaient tiré du *Jocelyn*, de Lamartine, un livret d'opéra, que Benjamin Godard mit en musique. Les directeurs de la Monnaie reçurent cet ouvrage important et le mirent à la scène, dès les premiers jours de 1888. Mme Caron incarnait Laurence, et Engel interprétait Jocelyn ; ils produisirent une profonde impression.

Au milieu de scènes de tendresse et de poésie se trouvait un tableau dont l'effet fut saisissant, le fameux tableau de la guillotine : l'échafaud est dressé dans un coin du théâtre, on distingue les marches et la première partie de la plate-forme ; c'est là que l'évêque est exécuté, au milieu de la populace ivre de sang. Cette scène fut le sujet de nombreuses discussions ; les uns y avaient éprouvé une grande sensation d'art, d'autres s'effrayaient de son réalisme et lui reprochaient de donner à la pièce un caractère révolutionnaire : les premières loges furent presque désertées ; mais le public ne cessa d'applaudir cette puissante partition qui ne tarda pas à faire le voyage à Paris. Elle y fut représentée à l'Opéra-Populaire — sans le tableau de l'échafaud — et Capoul reparut sur la scène pour interpréter son propre héros.

Deux petits opéras comiques voient ensuite le feu de la rampe : *Le Dîner de Madelon*, de Lefèvre, une jeune compositeur-chanteur, très connu et très apprécié à Bruxelles, et *Une Aventure d'Arlequin*, des frères Hillemacher, les auteurs applaudis de *St-Mégrin*.

*
* *

Quelques petits accidents :

Le héros du premier est Renaud. Pendant le duel au *navaja*, dans *Carmen*, où il jouait Escamillo, sa culotte se fend du genou à… la ceinture. Le malheureux n'avait pas de caleçon…!

Au 1ᵉʳ acte de *Haydée*, trois « entrées » manquées coup sur coup. La première passe inaperçue, grâce à l'habileté des artistes. La seconde est assez piquante : Engel (Lorédan) était en scène ; il devait y être rejoint par Gandubert (Andréa), qui s'était attardé au foyer. Engel, ne le voyant pas paraître, occupait le théâtre comme il pouvait, improvisant de son mieux et regardant toujours, d'un œil suppliant, du côté où devait arriver le personnage : puis, ne sachant que faire, il se met à dire : « Oh ! le voici… comme il court… » Or, pendant ce temps-là, on était allé chercher Gandubert, qui, s'apercevant que sa réplique est passée, s'affole, prend la première porte qui se présente à lui, et entre… juste dans le dos d'Engel, c'est-à-dire du côté opposé à celui que désignait Lorédan. Mais le plus curieux, c'est que, quelques minutes après, Gandubert racontait, dans la coulisse, sa mésaventure à l'artiste qui jouait Malipiéri (cherche, lecteur !); celui-ci, mis en gaieté par le récit, laisse à son tour passer sa réplique, et manque son entrée — tout à fait de la même façon !

Mais voici un accident d'une autre nature : la reprise du *Maçon*.

Les directeurs avaient fait connaissance avec l'œuvre d'Auber dans leur extrême jeunesse ; ils en avaient conservé une impression… durable, et ils ne voulurent pas priver la nouvelle génération d'un ouvrage qui fit les délices de nos pères. Ils s'avisèrent de l'exhumer, mais le public, effrayé d'un tel sacrilège, ne voulut pas permettre qu'on profanât ainsi les sépultures, et c'est à un enterrement de 1re classe que nous assistons :

Le deuil est conduit par

        POTHER.   FRANKIN.
        BOON.   Mlle STORREL.

viennent ensuite :

        Mlle LEGAULT, GANDUBERT, Mme WALTER, etc.

Puis, Lapissida que les larmes inondent, et Jehin, la tête basse, pris de remords, *coupable* de n'avoir point *coupé*...

Le cortège s'arrête sur la scène de la Monnaie, c'était le lieu indiqué pour la sépulture. Lapissida essaye de prononcer quelques paroles d'adieux, elles sont interrompues par les sanglots : « Fils infortuné, » tu étais un mirage de jeunesse, c'est tout mon passé, toutes mes » joies, — toute ma vie, que je chérissais en toi... Je t'avais tiré des » cartons, j'avais soigneusement secoué la poussière séculaire dont » tu étais couvert, j'avais fait pour toi des frais de décors et de cos- » tumes... j'avais même prié nos artistes d'opéra comique de venir » te rendre une visite quotidienne — pieux pèlerinage qui dura plus » d'un mois... Et maintenant te voilà... Emmenez-moi de ce champ » de douleur... Adieu, maçon, adieu! » — « Abonnés, priez pour lui! » murmure le serrurier. Quelques ricanements aux fauteuils en guise de pelletées de terre, et la funèbre cérémonie est terminée...

. . . .

Et, trois jours plus tard, l'Opéra-Comique de Paris affichait, pour la matinée du dimanche :

LE MAÇON
opéra comique, d'AUBER.

Et il encaissait le maximum!
Trahit sua quemque voluptas.

        *
   * *

Comme toutes les années, pour la semaine sainte, les comédiens du Théâtre-Français donnent deux représentations dramatiques; puis, après la clôture de la saison — du 2 juin au 2 juillet — la troupe du Théâtre Ducal de Saxe-Meiningen occupe la scène de la Monnaie, où elle joue les principales œuvres de son magnifique répertoire.

Premières Représentations.

1887. 25 novembre. — **Les Pêcheurs de Perles**, opéra en 3 actes, de Cormon et de Michel Carré, musique de Bizet.
Nadir	MM. Mauras.
Zurga	Renaud.
Nourabad	Frankin.
Leïla	Mme Landouzy.

28 décembre. — **Gioconda**, opéra en 4 actes et 5 tableaux, de Boïto, musique de Ponchielli. (Première représentation de la version française de T. Gorris et P. Solanges.)
Enzo Grimaldo	MM. Engel.
Barnaba	Seguin.
Alvise Badoër	Vinche.
Iseppo	Seville.
Zuane	Pothier.
Gioconda	Mmes Litvinne.
Laura Adorno	Martini.
L'Aveugle	Van Besten.

1888. 25 février. — **Jocelyn**, opéra en 4 actes et 8 tableaux, de Armand Sylvestre et Capoul, musique de B. Godard (créé à Bruxelles).
Jocelyn	MM. Engel.
L'Évêque	Seguin.
Le Père de Laurence	Isnardon.
Un vieux pâtre	Vinche.
Un écolier	Frankin.
L'époux de Julie	} Rouyer.
Un muscadin	
Un muscadin	Gandubert.
Laurence	Mmes Cahon.
La Mère de Jocelyn	Van Besten.
Julie	Storri.
Un montagnard	Legault.
Une jeune fille	Falize.

6 mars. — **Le Dîner de Madelon**, opéra comique en 1 acte, de Désaugiers, musique de M. Lefèvre (créé à Bruxelles).
Benoît	MM. Isnardon.
Vincent	Nerval.
Madelon	Mlle Legault.
Un caporal	M. Pothier.
Un commissionnaire	Krier.

22 mars. — **Une Aventure d'Arlequin**, opéra comique en 2 tableaux, de Judicis, musique des frères Hillemacher (créé à Bruxelles).
Arlequin	MM. Isnardon.
Léandre	Boon.
Scaramouche	Rouyer.
Le commissaire	Nerval.
Isabelle	Mmes Gandubert.
Colombine	Legault.
Mme Scaramouche	Walter.

9 avril. — **Le Roi l'a dit**, opéra comique en 3 actes, en vers, de Gondinet, musique de L. Delibes.
Benoît	MM. Gandubert.
Marquis de Moncontour	Renaud.
Miton	Isnardon.
Merlussac	Rouyer.
Gautru	Chappuis.
Pacôme	Nerval.
Javotte	Mmes Landouzy.
Marquise de Moncontour	Walter.
Marquis de Flarambel	Legault.
Marquis de la Bluette	Gandubert.
Demoiselles de Moncontour	{ Falize. Passemoore. Maes.

Répertoire (reprises).

Les Huguenots.
Haydée.
Mignon.
Le Médecin malgré lui.
Le Chien du Jardinier.
La Favorite.
Robert le Diable.
L'Africaine.
Les Dragons de Villars.
La Valkyrie.
Le Barbier de Séville.
Le Farfadet.
Carmen.
Rigoletto.
Mireille.
Le Trouvère.
La Traviata.
Guillaume Tell.
Le Sourd, ou l'Auberge pleine.
Maître Wolfram.
La Juive.
Le Maçon.
Lucie de Lammermoor.
Le Caïd.
Lakmé.
Hamlet.
Faust.

Ballets.

Myosotis.
Pierrot Macabre.

Première Représentation.

Ballet.

1888. 2 février. — **Sylvia**, 2 actes et 3 tableaux, de Mérante et Barbier, musique de L. Delibes. (Mmes Sarcy, Zuccoli, Magliani, M. Saracco, etc.)

Artistes en Représentations.

Gluck. *L'Africaine.*
Prévost. *Guillaume Tell.*
Mlle Blanche Deschamps, de l'Opéra-Comique. *Les Dragons de Villars; la Favorite; Carmen; Mignon.*
Delaquerrière, de l'Opéra-Comique. *Le Barbier de Séville.*
Deux représentations par les Artistes de la Comédie-Française. Febvre, de Féraudy, Truffier, Garraud, Jolliet, Laugier, Falconnier, Worms, Leloir, Baillet, Le Bargy, Mmes Amel, Broisat, Ludwig, Persons, Bartet, Frémaux. *On ne badine pas avec l'amour; le Petit Hôtel; l'Etincelle; l'Ami Fritz; le Jeu de l'Amour et du Hasard.* (Recettes, 14,366 francs.)

Représentations extraordinaires.

1887. 8 novembre. — Grande Harmonie.
22 novembre. — Bénéfice de l'Œuvre des vêtements de Molenbeck.
29 novembre. — Société Française.
10 décembre. — Grande Harmonie.
1888. 7 janvier. — Grande Harmonie. *Les Pêcheurs de Perles.*
3 mars. — Grande Harmonie. *Gioconda.*
16 avril. — Bénéfice de Cloetens. (Recettes, fr. 6,215-75.)
5 mai. — Bénéfice des artistes des chœurs. (Recettes, fr. 3,993-75.)
Du 11 février au 11 mars. — Série de quatre bals. (Recettes, 33,615 francs.)
Du 2 juin au 2 juillet. — Représentations de la troupe du Théâtre Ducal de Saxe-Meiningen. *Jules César; la Pucelle d'Orléans; le Camp de Wallenstein; les Piccolomini; la Mort de Wallenstein; Marie Stuart; le Marchand de Venise; Guillaume Tell; Un Conte d'hiver; Veille des Trois Rois.*

Remplacements d'Artistes.

Tournié remplacé par Engel et Duzas.
Engel   »   » Mauras.
Mlle Haussmann remplacée par Mlle Devigne.
Mlle A. Rossi   »   » Mlle Sarcy.
En octobre, Falchieri intente un procès à la direction, et résilie.

Remplacements Divers.

1887. 23 septembre. — Tournié, remplacé par Engel. *La Favorite.*
29 septembre. — Engel, remplacé par Gandubert. *Les Dragons de Villars.*
10 octobre. — Engel, remplacé par Mauras. *Mignon.*
15 octobre. — Mlle Haussmann, remplacée par Mlle Martini. *La Favorite.*
17 octobre. — Engel, remplacé par Mauras. *La Favorite.*
28 octobre. — Mauras, remplacé par Gandubert. *Mignon.*
13 novembre. — Mlle Léria, remplacée par Mlle Morel. *Guillaume Tell.*
1888. 18 janvier. — Frankin, remplacé par Chappuis. *Lucie de Lammermoor.*
22 janvier. — Engel, remplacé par Duzas. *Gioconda.*
25 février. — Mme Gandubert, remplacée par Mlle Falize. *Jocelyn.*
25 février. — Boon, remplacé par Gandubert. *Jocelyn.*
28 février. — Seguin, remplacé par Renaud. *Les Huguenots.*
16 avril. — Engel, remplacé par Mauras. *Rigoletto.*
19 avril. — Mauras, remplacé par Gandubert. *Lakmé.*

Engagements au cours de la saison.

Mlles Louise Maes.
Passemoore.
Falize.
12 octobre. — Nerval est nommé régisseur parlant au public.

(1888-89)

MM. DUPONT et LAPISSIDA, directeurs.
Joseph DUPONT, directeur de l'orchestre.
Léon Jehin, } chefs d'orchestre.
Ph. Flon,
LAPISSIDA, directeur de la scène.
Nerval, régisseur parlant au public.
Léon Herbaut, régisseur.
Saracco, maître de ballet.

Grand opéra, Traductions, Opéra comique.

Ténors :

MM. Engel.   MM. Gandubert.
    Chevallier.   Nerval.
    Mauras.   Boon.

Barytons :

M. Seguin.   M. Renaud.
                          M. Rouyer.

Basses :

MM. Vinche.   MM. Isnardon.
    Gardoni.   Chappuis.
              M. Pothier.

Chanteuses :

Mmes Caron, ⎫ en représentations pen-
Melba, ⎭ dant toute la saison.
Landouzy,
Cagniard.
Rocher.

Mmes Ruelle.
Ang. Legault.
Gandubert.
Walter.
L. Maes.

Ballet.

Danseurs :

MM. Saracco.
Duchamp.

MM. Desmet.
Deridder.

Danseuses :

Mmes Sarcy.
Térésa Magliani.

Mmes Zulia Longhi.
Galvani.

Mme Zuccoli.

A la troupe, déjà si complète, se sont ajoutés quelques noms nouveaux :

Chevallier, que sa voix étendue et puissante fit surnommer le ténor-trompette, et qui, après avoir chanté avec succès plusieurs rôles du répertoire, se fit remarquer dans une belle création : *Fidélio ;*

Mlle Cagniard, artiste distinguée, qui seconda merveilleusement Mme Caron, se contentant pour ses débuts d'un rang secondaire, mais qui ne tardera pas à prendre la place à laquelle son talent lui donne droit ;

Mlle Ruelle, engagée pour les rôles de *princesses*, mais qui résilia après le premier mois, et fut remplacée par Mlle Pelosse ;

Mlle Rocher, appelée à tenir l'emploi difficile de contralto ;

Gardoni, qui partagea avec Vinche celui de basse profonde ;

Puis, l'administration s'assura, pour la création du *Roi d'Ys*, le concours de Mme Durand-Ulbach. Cette cantatrice, que les Parisiens avaient longuement applaudie dans les concerts classiques, est la fille du romancier bien connu. Elle se fit vivement apprécier à Bruxelles par sa magnifique voix, son style et sa déclamation.

A tous ces éléments vinrent se joindre parfois des artistes qui ne faisaient pas partie de la troupe : Mlle Deschamps et Frédéric Boyer, dont le nom est synonyme de succès ; — Talazac, qui faisait, pour ainsi dire, sa première apparition à Bruxelles, car on ne l'avait entendu qu'une seule fois, dans un concert organisé à l'Alhambra ; — la célèbre tragédienne lyrique allemande, Mme Materna ; — enfin, les comédiens du Théâtre-Français, dans leurs deux représentations annuelles.

La saison 1888-1889 est non seulement la plus brillante et la plus prospère de la direction Dupont et Lapissida, mais aussi la plus belle dont on ait souvenance. Elle marquera dans l'histoire artistique du pays, car elle vit — ce qui était sans précédent — le succès de trois musiciens belges : Blockx, Mathieu et Tinel. Et ce ne sera pas un des moindres honneurs de cette administration d'avoir ouvert toutes larges les portes du théâtre aux compositeurs nationaux.

Milenka, ballet en deux actes de P. Berlier et Blockx, inaugure victorieusement l'ère des « premières », suivie de près par *Richilde*, poème et musique d'Emile Mathieu. Le jeune maître avait débuté modestement à la Monnaie même, en qualité de répétiteur ; puis, nous l'avons vu conquérir, pas à pas, ses grandes entrées, et nous le retrouvons aujourd'hui triomphant devant ses compatriotes, qui applaudissent une œuvre magistrale, longuement préparée, dont il avait puisé le sujet dans l'histoire du pays, et où il mettait en scène, avec un double talent de librettiste et de musicien, l'une des plus étranges figures qui aient traversé le moyen âge.

Nadia, charmant opéra comique en un acte, de P. Milliet, musique de Bordier, arrive agréablement entre cette œuvre sérieuse et *le Roi d'Ys*, de Lalo, que Paris avait acclamé, et qui ne souleva pas moins d'enthousiasme à Bruxelles.

A la répétition générale de ce dernier ouvrage, Mauras, qui devait jouer le rôle de Myllo, se trouve subitement indisposé ; on le transporta chez lui ; hélas ! il ne devait plus reparaître...

Engel se trouvait dans la salle ; il consentit à *lire* le rôle, et il déchiffra la partition avec une sûreté et une vaillance qui témoignaient, une fois de plus, de son magnifique talent.

Talazac, le créateur de Myllo à l'Opéra-Comique, fut mandé en hâte, et reçut un accueil aussi flatteur que la pièce.

L'emploi de Mauras fut tenu jusqu'à la fin de la saison par Montariol, qui venait de Lille, et qui prit ensuite la « carrière italienne », où il obtient des succès, et par Gandubert, second ténor, dont les fréquentes excursions dans le domaine des premiers ténors étaient très heureuses.

Fidélio, de Beethoven, n'était connu en Belgique que par les fragments exécutés dans les concerts, ou par les quatre représentations que donnèrent des troupes nomades allemandes en 1844 et 1846. En offrant cette partition au public, MM. Dupont et Lapissida lui assuraient donc tout l'attrait d'une nouveauté.

Les récitatifs avaient été écrits par Gevaert sur la traduction de Th. Antheunis. Celui-ci a suivi le texte allemand de l'édition populaire de Breitkopf et Härtel, et il a résumé la partie parlée en des récits. (Il en fut ainsi pour *Faust*, avec cette différence que c'est Gounod, le compositeur lui-même, qui s'est complété.)

Il serait difficile de trouver une œuvre qui eût été l'objet d'une étude plus sérieuse, de soins aussi minutieux — aussi religieux. Pas une phrase, pas une note n'a été négligée. Antheunis s'était résigné à transformer trois, quatre, cinq fois, des textes déjà changés et admis, subordonnant sa collaboration à celle du grand artiste et du savant dont il partageait la rude tâche. Pour que le lecteur ait une idée du culte véritable qui avait présidé à ces travaux, ajoutons que, sur son manuscrit, Gevaert avait annoté même les respirations ! Enfin, pour l'édifier sur l'effet artistique de cette soirée, il suffira de dire que Mme Caron interprétait Fidelio, qu'elle était entourée de Chevallier, Renaud, Gandubert, Gardoni, Mlle Falize, etc. — et que Dupont conduisait l'orchestre.

*
* *

En décembre, une mauvaise nouvelle surprend le monde des théâtres : Jehin quitte Bruxelles. Le sympathique chef d'orchestre s'en allait dans les contrées ensoleillées ; il venait d'être ravi par M. Gandrey, directeur du théâtre de Monte-Carlo. Jehin n'oubliera jamais — quels que soient ses triomphes futurs — sa soirée d'adieux, où le public et les artistes rendirent si hautement justice à son talent, à son aménité, à sa modestie.

22 janvier, exécution d'un oratorio à trois parties : *St-François*, de Tinel. Grand succès.

30 janvier. Relâche. Mort de l'Archiduc Rodolphe d'Autriche.

2 mars. Fête de Nuit de la Presse et premier Bal Masqué.

En avril, Mme Materna chante, en allemand, *la Valkyrie*, et attire le fidèle public de Wagner.

Le 13 et le 16 du même mois, Frédéric Boyer, qui faisait la campagne théâtrale à Bordeaux, traverse la France pour se faire acclamer dans *le Barbier*. Engel avait repris, à cette occasion, le rôle d'Almaviva, dans lequel il était incomparable, et Mme Landouzy chantait Rosine. Encore un trio d'artistes qu'il est difficile de trouver réunis !

* * *

Quelques jours après, le théâtre était en deuil. Le pauvre Mauras, qu'on avait dû transporter à l'hôpital St-Jean, venait de mourir, après avoir subi plusieurs opérations chirurgicales. L'émotion fut profonde à Bruxelles. Outre l'estime en laquelle le tenait le public, et l'amitié qu'il inspirait à tous ses camarades, le malheureux artiste était si jeune, si ardent, si heureux de vivre, qu'on ne voulait pas croire à sa mort...

Les obsèques eurent lieu le 29 avril. Le journal du théâtre, *l'Eventail*, nous donne une relation détaillée de la cérémonie :

> Une foule considérable a assisté, lundi, au service funèbre, célébré dans la chapelle de l'hôpital Saint-Jean, à la mémoire de l'artiste regretté.
>
> Etaient là tous ceux qui appartiennent au monde des arts ; tous les artistes et le personnel complet de la Monnaie, des députations d'artistes des autres théâtres bruxellois, des écrivains, des peintres, des sculpteurs, des musiciens, un grand nombre de dames, tous les médecins et les élèves de l'hôpital, etc., etc.
>
> Dans la cour et les couloirs, ainsi qu'aux abords de l'hôpital se trouvaient réunis des milliers de curieux.
>
> Le cercueil disparaissait sous les couronnes et les fleurs. Notons : celles des directeurs et des artistes, des chœurs, du ballet, des machinistes et garçons de théâtre, des employés de la salle de la Monnaie, des abonnés, de l'Opéra-Comique de Paris, du *Cercle des Arts et de la Presse*, etc., etc.
>
> A l'issue de la cérémonie, le corps a été conduit à la gare du Midi en attendant son départ pour Marseille où aura lieu l'inhumation.
>
> Le cortège a pris par le boulevard Botanique, la rue Neuve, passant ainsi devant le théâtre de la Monnaie, la rue Grétry et les boulevards du centre.
>
> Les cordons du poêle ont été tenus alternativement par MM. Dupont et Lapissida et tous les artistes de la Monnaie.
>
> La foule a accompagné le cortège jusqu'à la gare, les dames artistes suivaient en voiture.
>
> A la gare, au moment où le corps allait être déposé dans la voiture mortuaire, M. Joseph Dupont a prononcé un touchant discours d'adieu. Il a rappelé les grandes et belles qualités de l'artiste et de l'homme dans un langage élevé qui a profondément ému les assistants.
>
> M. Victor Reding a parlé au nom du *Cercle des Arts et de la Presse* et un compatriote de Mauras a lu une pièce de vers.
>
> Mme Mauras, brisée par la douleur, avait tenu à assister à la triste cérémonie.

Ainsi disparaissait l'un des artistes les plus brillants et les mieux doués de notre époque — un homme des plus sympathique, tombé en pleine jeunesse, en plein succès !

*
* *

A la suite d'une demande de modifications au Cahier des Charges, rejetée par le Conseil Communal, MM. Dupont et Lapissida donnent leur démission. Le Collège fait un appel aux soumissionnaires; se présentent : M. Vizentini, administrateur du Théâtre-Michel, à St-Pétersbourg ; — M. Gunsbourg, directeur du Théâtre Arcadia, de la même ville ; — M. Lenoir, directeur du Grand-Théâtre de Liège.

Les journaux ne croyaient guère à ces nominations, et annonçaient déjà que, devant une situation difficile, le Conseil Communal accorderait à Dupont et Lapissida ce qu'ils demandaient, et les prierait de retirer leur démission, lorsque, au dernier moment, MM. Stoumon et Calabrési, qui dirigeaient alors le Grand-Théâtre de Marseille, se présentèrent, et... furent nommés.

*
* *

Le soir de la clôture, Dupont et Lapissida furent l'objet d'une manifestation dont il faut renoncer à décrire l'enthousiasme.

Salle plus que comble — tous les abonnés à leur poste. Pendant la représentation, des applaudissements frénétiques saluent les artistes qui faisaient leurs adieux, et dont la plupart emportaient la sympathie générale. A la fin de la soirée, la salle entière, debout, frémissante, demande les deux directeurs. Dupont quitte le pupitre, et paraît en scène, entraînant Lapissida. Un tonnerre de bravos marque cette entrée; l'émotion est à son comble; le théâtre est inondé de petits carrés de papier blanc sur lesquels on a imprimé ces simples mots : Au Revoir. La toile se relève jusqu'à six fois de suite; et toujours Dupont et Lapissida se tiennent par la main, les larmes aux yeux, saluant sous les applaudissements, prêts à défaillir; et toujours le rideau est-il à peine baissé qu'il se relève de nouveau; on veut saluer encore ces valeureux artistes qui depuis de longues années avaient attaché leur nom à la scène de la Monnaie, qui, après être demeurés dans le rang et avoir contribué obscurément à la fortune de leur théâtre, en avaient pris les rênes dans le moment le plus difficile, et qui, avec une probité, une conscience, une simplicité dignes des plus grands éloges, avaient constamment maintenu l'Opéra de Bruxelles à un niveau qu'il avait rarement atteint jusque-là...

Cependant, le public s'écoule lentement, comme à regret, et lorsque la salle est vide, la scène s'emplit : c'est « *le théâtre* » qui vient dire un dernier adieu à ses directeurs. Au milieu des cadeaux, des souvenirs personnels, parmi les fleurs, les palmes, et les couronnes, dont une, magnifique, avait été offerte par la Presse Bruxelloise — fait unique, croyons-nous, dans les annales du théâtre — apparaissent deux magnifiques bronzes : les bustes de Dupont et Lapissida, dont les frais d'exécution avaient été couverts par les artistes.

Mais ce ne sont pas les seuls témoignages de regret que nous ayons à enregistrer, et *l'Etoile Belge* nous donne le compte-rendu d'une cérémonie touchante, les adieux des commanditaires mêmes du théâtre :

> La manifestation est des plus flatteuse pour commandités et commanditaires. Voilà, par hasard, des artistes de la trempe de Dupont et Lapissida, qui ont rencontré des Mécènes intelligents, des Mécènes qui fussent, comme on dit, dans le mouvement.
>
> En remettant à leurs amis et associés deux superbes bronzes, un *Apollon* au directeur de la musique, une *Vigilance* au directeur de la scène, M. E. Anspach a prononcé une petite allocution émue et vibrante et, rendant hommage au talent de MM. Dupont et Lapissida, il a non seulement exprimé au nom de ses collègues de la commandite le regret que leur association artistique eût été interrompue si brutalement, mais il a garanti aux directeurs sortants, que le jour où ceux-ci s'engageraient dans une nouvelle entreprise d'un ordre aussi essentiellement artistique que celle à laquelle ils ont été arrachés, ils pourraient compter sur les mêmes commanditaires.
>
> De chaleureux applaudissements ont ratifié la portée de ces chaleureuses paroles, auxquelles M. Dupont a répondu, au nom de la direction, par quelques mots qu'une émotion très forte faisait s'étrangler dans la gorge.
>
> Et, puisque nous parlons de la commandite Dupont-Lapissida, le public nous saura gré de mettre sous ses yeux quelques chiffres et renseignements significatifs.
>
> Cette société de commanditaires fut formée au capital de 200,000 francs d'abord, protégée ensuite par 25,000 francs de garantie annuelle. Total : 225,000 francs.
>
> Par pur amour du grand art, en tout désintéressement, les commanditaires n'ont jamais cessé d'encourager leurs commandités-directeurs, et auront contribué de la sorte à justifier la grande réputation justement méritée de l'Opéra de Bruxelles.
>
> Dans ces conditions, les sacrifices d'argent consentis par ces personnes dévouées et compétentes ont été à la hauteur des capacités directoriales et des exigences artistiques.
>
> Les actionnaires ne bénéficient même plus de leurs places, et les directeurs abandonnent tout profit en liquidation éventuelle.
>
> Le bilan se solde avec la perte, non recouvrée, des premières années, à concurrence précisément du tiers, à peu près, de la commandite pour neuf ans. C'est donc l'honneur, plus que l'argent, qui revient à ces messieurs.
>
> Et nous sommes heureux de les féliciter à leur tour.

Dupont et Lapissida quittent le Théâtre de la Monnaie, en emportant les sincères regrets du monde artiste, des habitués, de la presse, du public, et — ce qui est plus rare — de tout le personnel.

Premières Représentations.

1888. 19 décembre. — **Richilde**, drame lyrique en 4 actes et 10 tableaux, poème et musique d'E. Mathieu. (Créé à Bruxelles.)

Osbern	MM. Engel.
Albert de Béthune	Gardoni.
Robert le Frison	Renaud.
Malgy	Rouyer.
Wédric	Gandubert.
Richilde	Mmes Caron.
Odile	Cagniard.
Arnold	Falize.
Baudouin	Legion.

1889. 18 janvier. — **Nadia**, opéra comique en 1 acte, de P. Milliet, musique de Bordier. (Gandubert et Rouyer, Mmes Gandubert, Legault et Walter.)

7 février. — **Le Roi d'Ys**, opéra en 3 actes et 5 tableaux, d'Ed. Blau, musique d'E. Lalo.

Mylio	MM. Talazac.
Karnac	Renaud.
Le Roi	Gardoni.
Saint-Corentin	Rouyer.
Jahel	Boon.
Margared	Mmes Durand-Ulbach.
Rozenn	Landouzy.

15 mars. — **Fidélio**, opéra en 3 actes et 4 tableaux, de Beethoven, récitatifs de Gevaert, traduction française d'Antheunis.

Fidélio (Léonore)	Mmes Caron.
Marceline	Falize.
Florestan	MM. Chevallier.
Le Ministre	Renaud.
Pizarro	Seguin.
Jaquino	Gandubert.
Rocco	Gardoni.

22 janvier. — **Saint-François**, oratorio à 3 parties, de Tinel.

Ballet.

1888. 3 novembre. — **Milenka**, 2 actes, de Berlier, musique de J. Blockx. (Créé à Bruxelles.) (Mmes Sarcy, Saracco, MM. Saracco et Duchamp.)

Répertoire (reprises).

Sigurd.
Le Roi l'a dit.
Le Farfadet.
Faust.
Les Pêcheurs de Perles.
Rigoletto.
Le Caïd.
Le Bouffe et le Tailleur.
La Favorite.
Lucie de Lammermoor.
La Juive.
Le Nouveau Seigneur du Village.
La Fille du Régiment.
Lakmé.
Mireille.
Philémon et Baucis.
Les Maîtres Chanteurs.
Zampa.
Carmen.
Hamlet.
Bonsoir, Voisin.
Guillaume Tell.
Le Pré-aux-Clercs.
Les Noces de Jeannette.
Roméo et Juliette.
La Valkyrie.
La Traviata.
Le Chien du Jardinier.
Le Barbier de Séville.
Lohengrin.

Ballets.

Sylvia.
Faune et Bergère.

Artistes en Représentations.

1888. 18 novembre et 2 décembre. — Mlle Deschamps, de l'Opéra-Comique. *Carmen*.

1889. Du 7 février. — Talazac, de l'Opéra-Comique. 10 représentations. *Le Roi d'Ys*.

Du 2 avril. — Mme Materna, de l'Opéra de Vienne. *La Valkyrie*.

13 et 16 avril. — Frédér. Boyer. *Le Barbier de Séville*.

18 avril. — Les Comédiens du Théâtre-Français : Mounet-Sully, Laroche, Martel, Joliet, Samary, Villain, Hamel, Mmes du Minil, Bertiny. *Œdipe-Roi*.

20 et 21 avril. — Febvre, Leloir, A. Lambert, Joliet, Laugier, Berr, Mmes Bartet, Pierson, Hadamard, Rachel Boyer. *Mademoiselle de Belle-Isle; l'Ecole des Maris; les Femmes savantes; Il ne faut jurer de rien*.

Nécrologie.

1889. 30 janvier. — Relâche. Mort de l'Archiduc Rodolphe d'Autriche.

26 avril. — Mort du ténor Mauras.

29 avril. - Obsèques du ténor Mauras.

Représentations Extraordinaires.

1888. 10 octobre. — Spectacle gala, en l'honneur du Lord-Maire de Londres. *Faust*.

6 novembre. — Représentation pour l'Œuvre des vêtements de Molenbeck.

10 novembre. — Grande Harmonie. *Le Roi l'a dit; Sylvia*.

19 novembre. — Société Française. *Lakmé*.

4 décembre. — Bénéfice de la Crèche de Laeken. *Zampa*.

11 décembre. — Bénéfice des ouvriers. *Lucie de Lammermoor; Philémon et Baucis*.

15 décembre. — Grande Harmonie. *Les Maîtres chanteurs*.

1889. 12 janvier. — Grande Harmonie, *Philémon et Baucis; les Noces de Jeannette*.

22 janvier. — Concert de Tinel. *Saint-François*.

23 février. — Grande Harmonie. *Richilde*.

2 mars. — Fête de nuit de la Presse, avec le concours des artistes de Bruxelles. Premier bal masqué.

20 mars. — Bénéfice de Cloetens. *Lakmé*.

9 mai. — Dernier concert populaire sous la direction de Joseph Dupont. Exécution de divers fragments de *Siegfried*.

Le Théâtre de la Monnaie

en 1888.

La répétition générale de « Le Roi l'a dit »

IL est midi. La sonnerie électrique se fait entendre. Elle annonce au personnel du théâtre, répandu sur la place, aux alentours, dans les établissements voisins, que la répétition va commencer. Autrefois cet appel avait lieu au moyen d'une petite cloche qu'agitait le régisseur, à l'entrée des artistes — ce qui avait bien son caractère. Mais les dieux s'en vont...

Les choristes, les musiciens s'engouffrent dans l'étroit passage qui conduit à la scène, où ils arrivent bien avant les artistes et l'administration ; car là, comme ailleurs, la ponctualité est exigée chez les petits, quand l'exactitude des grands, qui devrait être leur politesse, serait beaucoup plus utile. Singulier illogisme et, d'ailleurs, ressemblance parfaite avec tout autre monde qu'on aurait tort de considérer comme plus positif que celui-ci.

Puis, les premiers sujets arrivent, emmitouflés, d'un pas mesuré et lent, sans se presser — comme des gens qui savent qu'on ne commencera pas sans eux. Ils se rencontrent chez le concierge, achèvent leur cigare, et jasent volontiers, pendant qu'on les attend là-haut; — la loge de ce fonctionnaire est un terrain neutre *où il est beaucoup parlé*. On a souvent dit qu'il existe entre les artistes — et malgré tout — une véritable camaraderie. Le concierge doit être certainement fixé.

Après cette classique station chez le cerbère des coulisses, Gautru, la main sur l'épaule du petit marquis de Flarambel, Pacôme, batifolant avec la très noble dame de Moncontour, Merlussac, causant familièrement avec la jeune Angélique, gravissent l'escalier et se trouvent enfin sur la scène.

Qu'on s'imagine un immense magasin de décors, tout ombré par la poussière d'un demi-siècle, et où règne le plus complet désordre, le provisoire le plus absolu. Devant cela — la salle : un grand trou noir, béant, vide, effrayant, qui donne le vertige et attire comme un gouffre. Il est midi. A la nuit, ce trou resplendira de « mille feux », la blancheur des épaules va rivaliser avec l'éclat des diamants : le monde à l'envers. Et c'était enivrant hier, ce sera enivrant demain — et toujours, puisqu'il n'y a de vraiment charmant que le mensonge, j'entends le mensonge théâtral, *id est* l'illusion.

Voilà donc la famille de Moncontour au grand complet, avec sa livrée, son professeur de belles manières, son fils... artificiel, sa soubrette confidente, ses futurs gendres. Elle se trouve devant cet inévitable, respectable, formidable triumvirat composé du chef d'orchestre, du régisseur général et... du souffleur, image vivante de la conscience pour les hommes de théâtre, parce qu'il a toujours quelque chose à vous reprocher. Comment devient-on souffleur ? C'est une grave question, que je ne suis jamais arrivé à résoudre.

Généralement, le directeur se tient dans la salle, à la faveur des ténèbres, dans une loge bien obscure; il écoute, observe, et... ne souffle mot. Que voudriez-vous qu'il fît contre trois? Mais, ici, pas de directeur — quoiqu'il y en ait deux. Ils ont quitté leur auréole, et ne se montrent que comme chef d'orchestre et régisseur général.

« Pourquoi ne commence-t-on pas? Qu'attend-on? — Est-ce
» qu'on va nous faire rester ici jusqu'à demain? — Je joue ce soir,
» moi! — Et moi donc? je quitte la répétition à quatre heures,
» quoi qu'il advienne. — On sera donc toujours en retard dans ce
» théâtre? » Ce sont les derniers arrivés.

« Comment? il y a du monde dans la salle? — Mais non. —
» — Cependant, j'entends causer. — Certainement, toute la presse
» est là. — La presse? il y a des journalistes? Mais c'est ennuyeux,

» on est gêné pour répéter. — Attends, je vais jouer dans mes
» bottes. — Oh! moi, je ne donne pas ma voix, soyez-en certain. »
Ce sont les artistes qui, prévoyant que la salle serait garnie, ont mis
leur plus belle toilette.

« — Tiens, vous voilà, Philomèle, on vous disait en retard.
» — Mais non, je suis arrivée depuis longtemps. Et ce n'est pas
» sans mal ; je ne sais pas si j'irai jusqu'à la fin de la répétition,
» tellement je suis fatiguée ! Oh ! à bout de forces, je me trouverai
» mal, certainement. Figurez-vous... »

Tout à coup, un brouhaha parmi la foule répandue sur la scène !
Cette multitude, agitée un moment par la houle, s'ouvre sur deux
rangs comme pour livrer passage à quelque personnage important
qu'on ne voit pas encore, mais dont on entend la voix sympathique :
« Oh! mon Dieu! oh! mon Dieu! oh! mon Dieu! » Puis, apparaît
un homme de haute taille, redingote défaite, tête nue, longue barbe
à tous les vents, s'épongeant le front avec un mouchoir. Il arrive
ému, agité, fiévreux. C'est Delibes.

« Mes enfants, que d'excuses... retard... impossibilité... venir
» plus tôt... Oh! mon Dieu, faire attendre tant de monde... pas
» fini déjeuner. Ah ! voilà ma petite Javotte, vous n'êtes pas trop
» fatiguée ? Non ! Alors vous serez exquise. Le marquis de Moncon-
» tour est-il en voix? J'espère que ses couplets vont sonner ! Ma
» gracieuse Agathe, que vous êtes charmante d'avoir accepté de
» jouer ce petit rôle ! Et mon ténor, où est mon ténor ? Ah! mon
» ami, je vous recommande la petite phrase du duo, vous savez :
» si, do, ré, fa, fa dièse, faites-moi bien sentir le dièse. Tiens ! c'est
» Chimène ; mon enfant, votre rôle n'est pas long, mais il est impor-
» tant, et c'est cette raison qui m'a fait insister pour qu'on vous
» le donnât. Voilà le brave Merlussac ; j'aurais voulu vous offrir
» un rôle mieux en rapport avec votre talent ; j'avais l'espoir de
» faire ajouter une scène pour vous, je n'ai pas pu l'obtenir de
» Gondinet, il paraît que cela aurait trop allongé la pièce. Léon,
» veillez bien aux entrées; avertissez surtout Pacôme, il est tou-
» jours en retard. Messieurs des chœurs, soyez bien à la réplique.
» Enfin, tout est bien, nous pouvons commencer. Quelle distribu-
» tion idéale ! que je suis heureux ! et quel orchestre ! Ce sera une
» exécution parfaite. Mon cher Dupont, nous commençons, si vous
» le voulez bien... »

Place au théâtre ! glapit le régisseur Léon.

Le premier qui parle, à l'amende! tonne Lapissida.

Pan! pan! pan! fait le bâton de Dupont.

La répétition commence...

*
* *

Le gaz est levé, la salle est éclairée; aux fauteuils trônent les membres de la presse, cet aréopage inquiétant, qu'on doit — avant tout — satisfaire. C'est de cette épreuve qu'ils vont emporter leur première impression; il faut qu'elle soit bonne. Ils sont les oracles du public, — et des artistes. Et ne comptez pas les « illusionner » : Ils connaissent la pièce avant les interprètes; quelques-uns sont même venus avec la partition; ils vont sûrement prendre des notes. Diable! tenons-nous!...

L'orchestre exécute l'ouverture. Les artistes sont dans la coulisse, derrière les portants, chacun près de la porte par où il va entrer tout à l'heure. Du foyer arrivent quelques sons : la, do, mi, la! — C'est le ténor qui « fait » sa voix.

Derrière la toile de fond, quelques conversations; les choristes émettent leurs pronostics sur le sort de la pièce : — C'est amusant. — La musique est jolie. — Ce sera bien rendu. — Je crois bien, l'auteur se donne assez de mal. — Dites qu'il nous en donne. — C'est un drôle de titre, *le Roi l'a dit*. Qui donc joue le rôle du Roi? — Personne, il n'y a pas de Roi. — Ah! je dois rire. — « *Le Roi l'a dit...* », murmure un timide, en regardant le titre sur le livret, « pourquoi l'apostrophe? » — « Parce que dans cette pièce on apostrophe le Roi », réplique le facétieux Pacôme qui passe par là. — « Ah! merci! »

« *Si* bémol, *si* bémol! » grince tout à coup une voix qui domine l'orchestre, « le basson fait *si* bémol! On n'a donc pas fait les corrections? » — « Je vous ai déjà dit *si* bémol! », confirme la parole brève de Dupont, « ce devrait être entendu, que diable! » — « Mais il n'y a rien de marqué! », insiste le basson qui passe sa partie au chef d'orchestre. On vérifie, on corrige, on recommence.

*
* *

Enfin, l'ouverture est jouée. Le trille de la sonnette électrique annonce le lever du rideau. La famille de Moncontour est en scène. Le Marquis doit être présenté au Roi, et il a oublié le salut traditionnel; tout le monde s'escrime à faire des révérences...

« Tiens ! c'est original, ce début », chuchote-t-on aux fauteuils d'orchestre.

Mais la révérence est retrouvée, le Marquis part dans sa chaise à porteurs, Javotte, restée seule, va tirer son galant rustique d'un placard — l'inévitable duo d'amour — charmant, du reste. Puis, la leçon de maintien. Tout va bien. Arrivée des quatre demoiselles de Moncontour, qui chantent un chœur auquel viennent se mêler leurs petits amoureux, et qui est interrompu par la brusque apparition de la Marquise. La mise en scène devient très compliquée : « Il faut recommencer cela, ce n'est pas assez réglé. » On recommence.

Ah ! c'est que nous sommes loin des opéras italiens, où chacun se place devant la rampe, *en rang d'oignons*, pour chanter sa partie dans l'ensemble, — les chœurs bien rangés, de chaque côté ! Et telle cantatrice célèbre ne choisira jamais, pour ses tournées, des pièces comme *le Roi l'a dit*, s'il faut en croire l'anecdote que voici :

Il paraîtrait que c'est le mari qui est chargé du soin de répéter pour la chanteuse. Il s'assoit devant le trou du souffleur, règle les mouvements, désigne les points d'orgue, indique les traditions. Les autres artistes s'arrangent comme ils peuvent de ce sans-gêne, et répètent de leur mieux. A Londres, à Covent-Garden, un ténor, étonné du procédé et inquiet pour son propre compte, demande timidement : « Où se tiendra donc madame pendant le duo que je chante avec elle ? ». — « Où elle se tiendra ? répond négligemment le mari, où il n'y aura pas de courants d'air, cher monsieur ! »...
Ab uno disce omnes...

*
* *

Le premier acte est fini, la toile tombe ; les derniers accords de l'orchestre sont couverts par les bravos qui montent des fauteuils ; les musiciens, pour se joindre à cette manifestation, applaudissent des pieds, leurs mains étant encore occupées. Delibes salue, agitant son mouchoir, souriant, mais toujours ému, agité, fiévreux, — toujours sympathique.

Un petit entr'acte, pendant que les machinistes posent le second décor, tandis que les musiciens vont fumer une cigarette sur le trottoir du théâtre.

*
* *

La sonnette retentit de nouveau. La répétition recommence, mais, cette fois, sans interruption; il n'y aura pas d'entr'acte entre le *deux* et le *trois*. Il faut se hâter, la nuit va tomber, et la plupart des artistes jouent ce soir...

Enfin, c'est fini. Avant de remonter dans leur loge, les interprètes rôdent un moment dans les coulisses, prêtent l'oreille aux bruits qui viennent des corridors, cherchant à recueillir les impressions des critiques.

Mais leur figure s'illumine. Dans le tohu-bohu de la sortie, parmi les phrases qui s'entrechoquent, au milieu des opinions qu'on échange, un mot domine : « Charmant! charmant! charmant! »

. . . .

On sait avec quelle chaleur le public ratifia, le lendemain, le jugement de la presse.

Propos de Foyer

ANS un théâtre, il peut y avoir jusqu'à six foyers : le foyer du public, le foyer des artistes, le foyer de la danse, le foyer des chœurs, le foyer de l'orchestre, et même le foyer des machinistes.

Je ne dirai rien de ces deux derniers, qui n'existent pas à la Monnaie ; il ne sera point question non plus du foyer des chœurs, qui sert, en même temps, d'entrepôt pour les accessoires, et dans lequel les choristes ont peu de temps pour se délasser, ni de celui du public, où l'on ne va guère, et je n'aurai garde de m'attarder aux « propos » que l'on peut entendre dans le foyer de la danse, — ne voulant pas donner d'entorse à la vérité...

*
* *

Parcourez un dictionnaire d'architecture, et vous trouverez, au mot THÉÂTRE, que le foyer des artistes doit être large, aéré, avec un plafond élevé, qu'il doit prendre jour sur la rue, afin d'être éclairé sans le gaz pendant la journée, et pour qu'il soit possible d'y maintenir, le soir, une température douce.

Eh bien! celui de la Monnaie est étroit, bas de plafond, privé d'air et de lumière ; le gaz y brûle de midi à minuit.

Pauvre déshérité ! Quelle piteuse mine tu fais avec tes deux misérables divans, qui ont eu la gloire de reposer tant de... célébrités lyriques, et qui pourtant sont, ainsi que toi, demeurés modestes ! Comme tu te dérobes humblement à la comparaison avec les soies et les velours des riches costumes, dans le bariolage des travestissements ! Que ton air suppliant me touche, et comme il semble appeler le passage des Conseillers Communaux — qui n'arrivent pas !

Le piano *de location*, qui cache l'un de tes murs, ne parvient pas à te donner un air de fête. Il est vrai qu'il ne parvient pas non plus à donner le ton, n'ayant plus subi l'opération de *l'accord* depuis un temps immémorial.

Ton cadran séculaire n'a jamais consenti, à son « tour », à nous fixer sur le moment d'entrer en scène ; et il faut encore lui savoir gré de ses bienveillantes perturbations, qui nous permettent quelquefois de discuter un retard et d'éviter ainsi l'amende de Damoclès, toujours suspendue sur la tête du comédien qui se grime trop consciencieusement.

Et ta glace ? la grande glace antique, en face du piano, mise là pour dissimuler la vieille muraille qui en lézarde le tain, et dont les ornements, pour n'appartenir à aucun style, n'en datent pas moins des époques les plus reculées, en a-t-elle assez vu ? Combien devant elle se sont agitées de silhouettes ? Combien de corsages s'y sont courbés ! de bras, arrondis ! de tailles, renversées ou ployées ! de jupes, trémoussées ! Ah ! si elle pouvait parler ! si elle pouvait reproduire tout ce qu'elle a reflété de sourires satisfaits, même ceux qui cachaient des larmes !...

Que de choses vous avez vues, que de « propos » ont été tenus devant vous, ô meubles chers à mon cœur, — beaucoup plus qu'à la bourse communale.

*
* *

Autrefois, les foyers étaient le rendez-vous des personnages les plus distingués. Sous l'Empire et au commencement de la Restauration, le droit d'y entrer était l'un des privilèges du corps diplomatique. La porte de communication s'ouvrait devant les chambellans, les aides de camp de l'Empereur, les premiers gentilshommes de la chambre du Roi, les capitaines des gardes et les notabilités. Les entr'actes offraient alors un curieux spectacle ; c'était comme un déshabillé de la salle des maréchaux : partout les yeux ne rencontraient que des plaques d'or, des cordons rouges — voire même des « cordons bleus » !

Les gens de lettres, qui avaient leurs entrées au foyer de l'Opéra, y étaient tout à fait déplacés ; on ne leur accordait pas la plus légère attention.

Le foyer de l'Opéra-Comique était un salon d'artistes. On y rencontrait des compositeurs, des écrivains, des peintres, des femmes gracieuses et sachant causer.

Mais ce n'était pas, comme à la Comédie-Française, le ton de la « haute société ».

Il y eut encore un foyer célèbre, à l'époque de la Révolution, et qui était comme une sorte de club, à la fois politique et... galant : celui du Théâtre Montansier — actuellement les Variétés — qui a laissé de véritables souvenirs.

*
* *

Mais les temps sont changés !

Aujourd'hui, Floridor, lorsqu'un jeune artiste lui demande quelques conseils, commence par celui-ci : « Arriver le premier au foyer, en partir le dernier. » Serait-ce parce qu'on y attaque volontiers les absents ?

Floridor exagère — vraisemblablement. On a bien autre chose à dire que des méchancetés — tout au moins à la Monnaie — et, pendant que la mère de la chanteuse use ses yeux et ses doigts sur une vieille broderie, et que la femme du ténor prépare le bol de bouillon chaud, on occupe plutôt les entr'actes à « *faire des mots* », ou à en raconter.

Les *mots* d'artistes ? Il en court des quantités effroyables, et leur simple énumération suffirait à remplir plusieurs volumes. Ils ne sont pas toujours neufs, mais ils provoquent souvent la curiosité des *jeunes*, tandis que les *vieux* se plaisent à répéter encore ce qu'ils ont dit cent fois.

Quant aux autres « propos » qu'on peut entendre au foyer, il serait malaisé de les connaître. Au rez-de-chaussée, l'initiation serait peut-être possible par le concierge, mais, au premier étage, c'est tout différent. Le « salon de conversations » a la forme d'un cube — ou d'un tombeau. Or, chacun sait que rien n'est muet comme la tombe, et que les meubles ne parlent pas.

Les Dessous du Théâtre de la Monnaie

Que le lecteur se rassure ! Ceci ne sera point une révélation d'intrigues, de secrets administratifs, de *dessous* directoriaux ; et, s'il est question de *manœuvres*, ce mot sera appliqué dans sa signification propre ; bref, il ne s'agit pas de machinations, mais de *machineries*.

Nous allons visiter les coins les plus intéressants, les plus curieux, les plus inexplorés du théâtre ; des endroits accidentés, encombrés, pleins d'obstacles de tous genres, et nous tâcherons de ne subir aucune surprise, de conjurer tout péril et d'éviter les chutes.

**

On appelle « dessous d'un théâtre » l'espace immense qui s'étend en profondeur, se subdivise en étages, sous toute la surface de la scène, et sert à la manœuvre des décors et au jeu des machines. Le même plan se trouve à peu près répété à chacun des étages inférieurs, excepté pour les *costières*, qui sont remplacées par un rail dans le premier dessous, et qui ne se trouvent plus dans les autres.

Or, le Théâtre de la Monnaie est si habilement aménagé, à ce point de vue, que les machines et les décors de *Sigurd*, par exemple, furent exécutés avec la plus grande facilité et le résultat le plus heureux, lorqu'à l'Opéra même on les déclara tout d'abord impossibles.

C'est un art véritable que celui qui a trait à la construction, à l'équipe, à la plantation des décors et à l'aménagement de tous les accessoires concourant à l'action scénique.

Et c'est presque une science, que de savoir *filer*, *charger*, *équiper*, *planter*, *régler*, se servir d'un *gril*, d'un *treuil*, manœuvrer une *ferme*, un *chariot*, une *trappe*, un *châssis*, une *herse*, un *mât*, une *plantation*, un *praticable*, un *truc*, opérer un *changement à vue*, un *raccordement*, courir du *côté cour* au *côté jardin* sur un *pont volant*, etc., etc.

*
* *

Le nombre des machinistes de la Monnaie est important, — et variable. De même que des congés sont accordés pour les pièces dont la décoration est simple, de même on augmente parfois, pour une mise en scène compliquée, le personnel, auquel viennent se joindre des aides externes.

Le service est organisé avec précision; l'ensemble des machinistes prend le nom d'*équipe*, et se divise en trois brigades : la brigade de la scène, qui est la plus importante, la brigade du cintre et la brigade des dessous. Il est, en effet, nécessaire que, dans la précipitation d'un changement de décor, ou pendant les incendies de *Sigurd*, de la *Valkyrie*, de *Richilde*, chacun soit à son poste; et c'est ici qu'apparaissent les pompiers armés de leurs lances.

Tous font preuve d'une force, d'une vigueur, d'une adresse, d'une rapidité vraiment admirables. Il est prodigieux de voir ces courageux ouvriers maintenir en équilibre et transporter à de longues distances d'immenses châssis dont le développement atteint parfois jusqu'à dix mètres, et dont le poids est fort inégalement réparti, en raison de leur forme le plus souvent irrégulière.

*
* *

Mais, postons-nous près de l'escalier qui communique avec la scène, et qui conduit aux étages supérieurs où se trouvent les loges des artistes, des chœurs, du ballet, de la figuration, les magasins de costumes, coiffures, chaussures et armures.

Dans une heure, le spectacle va commencer, et les gaziers sont déjà à la besogne. Nous allons assister au défilé le plus original, le plus étrange et le plus pittoresque.

Ce sont d'abord les *habilleurs* et *habilleuses*, les *costumiers* et les *coiffeurs*. Ils vont se mettre en devoir de tirer des malles ou des placards les costumes, les perruques, les chaussures, les maillots, et de préparer les objets de toilette et de grimage dans la loge de chaque artiste.

Puis, arrivent les choristes, hommes et femmes, tranquilles et méthodiques, — silencieux; puis, des groupes bruyants, c'est le ballet; enfin, un régiment de gens en casquettes, ce sont les *comparses* ou *figurants*.

Voici MM. les artistes; ils gravissent, inquiets, préoccupés, mais avec lenteur, pour ne pas s'essouffler, les trente marches qui les conduisent dans leur *home*, ils essayent déjà leur voix dans l'escalier, très sonore, et, par conséquent, très rassurant.

Déjà le régisseur est apparu; on entend sa voix grondeuse; et la silhouette du souffleur se profile le long du corridor. Puis, défilent les chefs de service, les électriciens, les mécaniciens, les accessoiristes, les artificiers, les hydrauliciens, voire même les écuyers.

Maintenant, c'est le tour des musiciens; nous ne les verrons guère, car ils ne prendront pas l'escalier; ils descendront au contraire par un chemin souterrain; mais nous les devinons à l'odeur de tabac qui subitement a envahi l'arrière du théâtre...

Tiens! la rampe est allumée... on éclaire aussi la scène. Une vague rumeur arrive jusqu'ici par delà le rideau, à travers lequel on aperçoit très distinctement le lustre resplendissant. Le public est dans la salle.

On sonne : « En scène, en scène, on va commencer! » psalmodie une voix blanche.

Tout à coup, un bruit formidable et confus, un cliquetis d'armes, des cris, des appels, c'est la marée descendante; le personnel va nous envahir. Nous ne sommes plus en sûreté. Il est temps de gagner la rue...

La Loge Royale

CE titre évoque la vision d'une soirée de grand apparat, avec son cortège d'uniformes chamarrés de décorations, d'épaules blanches constellées de diamants; puis, l'apparition des souverains — devant un public impatient — sous le rayonnement des lustres.

Pour désigner ces représentations, qui sont devenues rares, on se sert du mot GALA, qui signifie plutôt : Fête ou Festin à la Cour.

En Italie — à Naples — c'était une cérémonie célébrée plusieurs fois par mois. La salle de spectacle — outre son éclairage ordinaire — était illuminée par cent quatre-vingts candélabres à cinq branches : *Quintuplicata illuminazione.* Il était défendu, sous peine de prison, d'applaudir avant que la Loge Royale en eût donné le signal.

A Londres — le jour de l'ouverture du Parlement — les pairs étaient en grand costume; et, à l'entrée de la Cour, l'orchestre entonnait l'hymne national — le public debout, tête nue.

En France, l'apparition d'un souverain n'est plus, depuis longtemps, l'occasion d'un déploiement de luxe. Quand Napoléon Ier allait à la Comédie-Française, l'affiche ne le mentionnait même pas. L'administration du théâtre n'était prévenue qu'au dernier moment,

L'Empereur se plaçait au fond d'une loge grillée, au-dessous de la loge officielle, et s'en allait, le plus souvent, sans avoir été aperçu.

Il est inutile de dire ce que sont ces représentations en Belgique. Du reste, la Loge Royale est fort rarement occupée, au Théâtre de la Monnaie ; MM. Dupont et Lapissida n'ont eu que trois fois l'honneur d'y accompagner Leurs Majestés. Cette cérémonie a lieu avec le traditionnel flambeau qu'on porte à bout de bras, en marchant à reculons — ce qui doit être terriblement gênant, dans la précipitation et le trouble, pour gravir un escalier et répondre aux questions que les augustes personnages daignent vous adresser, afin, peut-être, de dissiper votre émotion, toujours grandissante.

Ce n'est donc pas de la loge officielle que je veux parler, mais de la petite loge qui est immédiatement en-dessous, au rez-de-chaussée, timide et discrète, protégée par des écrans : de la « baignoire royale ».

*
* *

C'est là que — presque tous les soirs — la Reine vient assister au spectacle.

Comme elle miroite aux yeux du débutant, cette loge obscure ! Il sait que son ombre dérobe une femme — une Reine — une artiste... Il n'ignore pas que, s'il a le droit d'espérer l'indulgence royale, il doit aussi compter avec un juge.

Et quel orgueil, lorsqu'après le baisser du rideau — alors qu'il est remonté à la hâte dans sa loge, et qu'il jette un dernier regard sur son costume et sur son grimage, il entend derrière la porte la voix du régisseur s'écriant : « Sa Majesté vous invite à venir recevoir ses félicitations. »

Le pauvre artiste qui, à l'instant, subissait l'une des plus violentes émotions humaines, celle d'un début, s'apprête à éprouver une nouvelle frayeur. La « porte de communication » s'ouvre devant lui, et il franchit, tout tremblant, le seuil de la baignoire — où, de tous les points de la salle, d'indiscrètes lorgnettes cherchent à le reconnaître.

Le voilà en présence de cette Reine si affable ; il peut contempler ces traits que la douleur n'a pu flétrir, et qui ont conservé cet air de noblesse, de bonté, de grandeur, si heureusement tempéré par la grâce féminine dont témoignent les premiers portraits de la souveraine.

C'est alors un spectacle touchant et sublime que le rapprochement de ces deux puissances humaines : La Royauté et l'Art. La Reine parlant — presque familièrement — à un comédien, s'intéressant aux moindres détails de sa vie privée, l'interrogeant sur son pays, sa famille, ses études — avec ce tact, cette mesure, cette simplicité qu'elle apporte à la moindre action.

Et quelle justesse dans ses appréciations artistiques ! Du haut de l'échelle sociale, elle semble regarder les hommes et leurs œuvres comme un brillant panorama. Tel un voyageur, arrivé au sommet d'une montagne, contemple le paysage qui se déroule à ses pieds. Elle voit juste, quoique de loin — vrai, quoique de haut.

***

Mais Sa Majesté ne prodigue pas aux seuls artistes cette bienveillance — qu'elle pousse même parfois jusqu'à venir sur la scène. Elle s'arrête alors devant le plus humble choriste, devant le dernier des employés, trouvant pour chacun un mot aimable, une parole d'encouragement.

Comme Elle avait remarqué, à la répétition générale de la *Valkyrie*, que Mlle Litvinne avait beaucoup de peine à conduire son cheval, Elle daigna, le jour de la « première », indiquer elle-même à Brunehilde la manière de tenir les rênes...

A peine rentrée dans sa loge, elle y réunissait Reyer, Massenet, Delibes et Chabrier, qu'elle avait aperçus dans la salle, et qu'elle s'était empressée de faire appeler.

Tout dernièrement, pour *Richilde*, à l'acte de l'incendie de Messine, elle est venue sur la scène avec ses dames d'honneur et son officier d'ordonnance, afin de se rendre compte du *truc* des flammes.

La Reine nourrit un tel culte pour la musique, qu'elle arrive parfois, à l'improviste, pendant une répétition, et qu'elle a fait installer un appareil téléphonique reliant Laeken au théâtre. On a même appliqué le système à longue distance de Van Rysselberghe, pour arriver jusqu'à Ostende !

Sa Majesté peut écouter ainsi tout ce qui se passe sur la scène, et, pendant la journée, suivre les répétitions, ce qui l'expose à certaines mésaventures...

Une simple anecdote qui, pour être très invraisemblable, n'en est pas moins, paraît-il, authentique :

Le jour même où l'appareil téléphonique fut installé définitivement, la Reine voulut en faire l'essai, et, du Palais, téléphona elle-même. La répétition venait de se terminer. Il ne restait sur la scène que le pompier de service et un machiniste achevant le placement des décors pour la représentation du soir. A l'appel de la sonnerie électrique, celui-ci se précipite vers l'appareil, ne se rendant pas exactement compte de ce qu'il allait faire. Instinctivement, il place le cornet acoustique à son oreille et, tout émerveillé d'entendre un son qui se rapprochait de la voix humaine — il engage une conversation avec l'autre bout du fil :

« — Oï! oï! ça est drôle — j'entends tout de même !

— Qui est là ?

— Ça est Zoseph... le grand Zoseph... et là-bas, qu'est-ce que ça est ?

— C'est la Reine.

— La Reine? je dois rire — Eh bien! ça marche très bien, Majestëï, tu vas t'amuseï avec ça s'tu ? Tu peuï entendre chanteï tous les pièces.....

. . . . , ...

Et, quelques jours après, Sa Majesté racontait elle-même, en riant aux larmes, cette bizarre aventure — tout en déclarant l'impossibilité dans laquelle elle se trouvait de traduire l'accent *national* du brave machiniste. Ensuite, elle manda le pauvre diable, tout confus, et le félicita du zèle avec lequel, à son appel, il s'était précipité vers l'appareil téléphonique.

*
* *

Il est inutile d'insister pour montrer le respect, l'admiration, le dévouement que la Reine a su inspirer au personnel tout entier du Théâtre de la Monnaie.

Les artistes, dont la plupart se sont exilés de leur sol natal, sont heureux de retrouver une autre patrie, dont ils voient avec orgueil la souveraine les accueillir comme les fils d'une nation, qu'elle aime sans doute pour son caractère enthousiaste et son esprit chevaleresque — se souvenant que « la France est le pays des guerriers hardis et des orateurs élégants ».

Au dire de Démosthène, tout, pour l'orateur, dépend de l'*action*. Celui qui écrit ces lignes espère que Sa Majesté aura l'indulgence de ne pas trop mesurer la distance qui sépare quelquefois l'orateur de l'acteur.

La première de « Richilde »

MATHIEU dormait... il dormait avec le calme d'une conscience pure, — il dormait du sommeil d'un compositeur qui a passé la nuit, en compagnie du fidèle Fiévet, à transcrire pour l'orchestre les changements apportés par les coupures de la dernière heure...

On frappe : — « Monsieur Mathieu ! Monsieur Mathieu ! — Quoi ? » répond un grognement confus. — « Monsieur Mathieu, on vous attend au théâtre à midi. — Pourquoi faire ? — Mais c'est ce soir la « première » de *Richilde !* — Tiens ! c'est vrai... et... alors ? — Eh bien ! il y a un raccord. — Encore ? Pourquoi faire, bon Dieu ! — Pour la mise en scène de ce qui n'a pas été très bien réglé au 3me acte. — Quelle heure est-il ? — Midi. — Je vous suis. »

Une heure plus tard. — Le maëstro est dans toute l'ardeur de sa répétition *in extremis* : — « Monsieur Mathieu, on vous demande au bureau de la direction ; c'est très pressé. — Bien, je descends. »

Changement de décor. — Le cabinet directorial : « Toc ! toc ! — Entrez ! — Bonjour, messieurs. » Lapissida se lève, passe une lettre sous le nez de Mathieu et ajoute ce simple mot : « Voilà ! » de ce ton qui veut dire : « Tenez, misérable ! » Mathieu lit.

Mes chers Directeurs,
Mon enrouement s'aggrave, je ne pourrai pas chanter ce soir.
ROSE CARON.

Il part d'un grand éclat de rire. Fureur de Dupont et de Lapissida. — « Comment? vous trouvez cela drôle ? — Non, mais je ris en songeant à la tête que feront, dans quelques heures, les Louvanistes, les Liégeois, les Anversois, et même les Verviétois, lorsqu'ils vont frapper en vain à votre porte. » Dupont bondit d'indignation devant le sang-froid du compositeur, et d'épouvante devant cette conséquence imprévue du *relâche*. « — Il faut envoyer des dépêches. — Où? A qui? — A tous ces gens-là ! — Ils sont ici depuis hier, et ils ont des trains spéciaux qui les ramèneront ce soir... »

« Pan! pan ! — Entrez. » Un homme paraît, tranquille, méthodique, boutonné dans sa redingote, habitué à coudoyer le destin. Dupont et Lapissida lui sautent à la gorge : « Eh bien ! docteur, eh bien ! — Eh bien ! elle a un rhumatisme catarrheux de... — Oui, mais... — ... compliqué d'une paralysie de la troisième corde... — Bon ! — ... vocale, et d'un engorgement... — Enfin, chantera-t-elle ce soir? — Je ne puis encore me prononcer. je retourne chez elle, s'il n'y a pas de complication, d'ici... — Oh! je vous en prie, docteur, faites qu'il n'y ait pas complication... nous serions perdus ! » *Exit doctor.*

On revient presque à l'espérance. Mathieu perd un peu de son hilarité.

On frappe de nouveau : c'est la dugazon, amie de la cantatrice. « Eh bien? — Impossible ! elle ne pourra absolument pas chanter ; c'est effrayant... — Êtes-vous bien sûre? — Oui, elle a essayé ; la voix ne sort pas ; elle donne une note... très bien, puis, à côté, il y a un trou. » — Un trou! murmure Mathieu en forme d'aparté. « — Je vous en prie, retournez-y, tâchez de la décider, donnez-lui du courage... merci... notre reconnaissance... à tout à l'heure... »

La porte se referme. Accablement des deux directeurs. La figure de Mathieu s'éclaire d'un nouveau rayon.

Mais le docteur revient: il retire sa pelisse, frotte le verre de ses lunettes, dépose son chapeau, s'assied, et annonce, au milieu de l'anxiété générale, que le catarrhe semble disparaître, mais que, la

paralysie s'accentuant, on est toujours au même point. Lapissida commence à taquiner son coupe-papier, tandis que Dupont dérange sa raie. Mathieu étudie le mécanisme de l'appareil téléphonique. Un silence prolongé.
« Eh bien ? monsieur Mathieu ! » hasarde le docteur sur un ton lamentable. — « J'ai trouvé ! » répliqua le musicien d'un air joyeux. —Vous avez trouvé? — Oui, écoutez : mon premier est un chat... » Tout d'un coup la porte s'effondre. La dugazon reparaît, rayonnante et essoufflée. « Elle chantera ! — C'est sûr ? — Elle chantera, vous dis-je ! » Mathieu, tombant dans ses bras : « Soyez béni, Siébel ! » On se livre à la plus grande joie, on exulte, on s'embrasse, on se donne rendez-vous pour le soir. « Tiens ! si j'allais déjeuner ? » dit Mathieu, « c'est égal, j'aurais voulu voir la tête des Louvanistes... »

*
* *

Il est six heures trois quarts. On descend des loges ; les armes cliquettent, les casques reluisent, les cottes de mailles scintillent ; guerriers, seigneurs, paysans, moines, évèques, bateleurs, toute cette multitude bariolée envahit le théâtre. Dupont et Lapissida en arpentent le plancher, nerveux et inquiets. Le chef des comparses passe ses sujets en revue ; le chef des chœurs donne ses derniers ordres. « On commence, en scène, on commence ! » Au foyer des artistes, des voix, des gammes ; dans celui des chœurs, des sons de... cor ; on essaye un *si* inquiétant qui, à la répétition, a produit un *couac*. « Place au décor ! » Au milieu de ce tumulte indescriptible, dans cette fièvre, un homme paraît calme ; il se promène, indifférent, son habit est irréprochable ; son gilet, bien tiré ; son plastron, immaculé ; il semble étranger à tout ce qui se passe autour de lui. C'est Mathieu.

« Dupont, tu peux descendre, » dit Lapissida, et il frappe les trois coups...

*
* *

On a commencé l'introduction, construite exclusivement avec les thèmes caractéristiques du personnage principal, dont le premier peut être qualifié de « thème de la puissance politique » de l'héroïne, et alterne avec un motif rythmique qui va intervenir dans toutes les situations où la violence du caractère de Richilde se fait jour.

Puis, après la fanfare qui annonce la présence de la souveraine, la sonorité pénétrante et voilée des altos et des violoncelles développe l'idée de l'amour maternel ; les violons attaquent ensuite une phrase chaleureuse qui peint la passion ardente de cette femme audacieuse, fière, indomptable et dominatrice ; comme péroraison éclate une dernière fois le motif initial terminé par le *si* des cors, donné à pleine volée, derrière la toile, et l'action commence.

Des coulisses, on entend peu ; car, pendant que le public est dans un recueillement profond, de l'autre côté du rideau s'agite une foule compacte et bruyante, au milieu de laquelle se profile le même « habit noir », calme et souriant, et qui n'est distrait que par l'arrivée, en coup de vent, d'Odile : « Mon Dieu ! c'est commencé ? Je dis le premier mot et me voilà à moitié habillée ! Ah ! Monsieur Mathieu, soyez donc assez aimable pour agrafer ma ceinture. — Volontiers, mademoiselle ; savez-vous la différence qu'il y a entre un compositeur dont on représente... — Pourvu qu'on n'ait pas oublié les fleurs du buisson ! — Dont on représente l'œuvre et... — Mlle Cagniart ! mais c'est à vous ! Entrez ! » Odile s'élance ; au même instant l'un des cornistes qui viennent de donner le fameux *si* et qui vont reprendre leur place à l'orchestre, met le pied sur la traîne de Mlle Cagniart, et celle-ci entre en scène sans son appendice caudal :

> *Quel plaisir, ô nature sauvage,*
> *De courir libre et seule à l'abri du feuillage !*

La musique de ces deux vers traduit ce qu'il y a de naïf, de frais, d'innocent dans le caractère de la jeune fille — sonorités claires et tendres où le hautbois accompagne fréquemment la mélodie.

Les initiés, seuls, peuvent s'apercevoir d'une contradiction entre l'orchestre et la scène : la *coda* fort développée de l'air d'entrée se trouve hors de proportion avec l'absence totale de *cauda* à la jupe d'Odile.

Cependant la jeune fille court de buissons en buissons pour se faire un bouquet, mais elle s'aperçoit que l'accessoiriste a négligé d'y jeter quelques fleurs, de sorte que la floraison due au pinceau de Lynen et Devis ne pouvant guère se détacher, le geste de la cantatrice est réduit à *faire semblant* de cueillir « la pervenche humide ».

« Ah ! » s'écrie Odile, effrayée, frappée par un éclair !... mais le *truc* a raté, et l'éclair est resté dans l'appareil de l'électricien, ce qui jette une certaine... obscurité sur la cause de l'épouvante manifestée par la chanteuse.

Voici les archers d'Osbern : la rencontre d'Odile et du chevalier normand amène un duo où non seulement est mis en relief la sympathie qui naît immédiatement dans le cœur des deux jeunes gens, mais où sont exposés tous les préliminaires du drame...

Odile est partie avec sa suite; Osbern reste rêveur, au clair de lune; il regarde mélancoliquement le sentier fleuri où le cortège s'évanouit — il est sous le charme de la vision fugitive — toutes les chanterelles vibrent — l'orchestre atteint les hauteurs les plus poétiques — la sonnette électrique annonce le baisser du rideau — Osbern fait un dernier geste d'adieu; le mouvement dérange sa coiffure, — et la toile tombe sur cette exclamation sourde d'Engel : « Bon! la perruque à présent; il n'y a que dans ce théâtre que ça arrive! » Mais, cette fois, il n'y a pas de contradiction : la chute de la perruque coïncide avec celle du rideau : Engel, rappelé par d'unanimes applaudissements, vient saluer, sa perruque à la main.

*
* *

Le premier tableau est à peine achevé, que la toile se lève de nouveau sur le second. Danses de bohémiennes et chansons de soudards. Le public, qui a semblé — du théâtre, du moins — assez calme pendant la période idyllique, paraît s'animer maintenant. Les scènes se succèdent, rapides : querelle entre Médéric et Béthune — fuite des Bohémiens — entrée de Robert le Frison — tout cela prépare à merveille l'effet imposant de la réunion des Etats de Flandre et du Hainaut.

Pendant ce temps, dans la coulisse, une grande femme, pâle, l'œil vague, dans un long vêtement sévère, se promène; elle ne parle à personne, personne n'ose la distraire de sa « concentration »; — c'est Caron, c'est Richilde. Elle n'a pas encore paru. Le petit Arnold accourt tout sautillant, et demande, avec cette tranquillité de l'inconsciente jeunesse : « Ce n'est pas encore à nous? — Savez-vous la différence qu'il y a... » Mais le compositeur — vous l'aviez reconnu — est tout à coup interrompu par un déchaînement de ta ra ta ta, appelé fanfare, qui précède l'apparition de Richilde.

Elle arrive, entre ses deux fils, sur le terre-plein qui forme l'entrée du bourg. Caron est magnifique. Elle domine toute la scène, et, au milieu d'un silence religieux, fait entendre aux barons assemblés sa protestation contre le testament qui la dépouille de la tutelle de ses fils et de la régence du Hainaut et de la Flandre.

Fureur concentrée de Robert le Frison — les paroles de provocation et de défi se croisent. Un véritable frémissement parcourt l'auditoire, lorsque, après la phrase où Robert réclame ses neveux, et que soutiennent les formidables accords des cuivres, Richilde, ramenant d'un geste ses deux enfants contre elle, s'écrie :

Viens lors, et prends-les moi!

Plus d'un est tenté de s'élancer avec Osbern, en s'écriant :

C'est bien dit, noble dame!
A ta cause, j'enchaîne et mon glaive et mon âme!

Tumulte — appel au jugement de Dieu — mouvement de Richilde — Osbern interdit l'entrée du château avec son épée — le rideau tombe.

Les artistes sont rappelés frénétiquement. « Place au théâtre ! », et dans la course échevelée des guerriers, des moines, des paysans qui regagnent leurs foyers, on peut apercevoir l'éternelle silhouette de « l'habit noir », heureux de n'avoir rien à faire, « quand tout s'agite autour de lui ».

* * *

On frappe déjà les trois coups pour le second acte.

Le décor *fermé*, cette fois, représente une salle du château de Lessines. On ne peut pas voir les mouvements scéniques; l'orchestre, du reste, contraste, par des motifs doux et intimes, avec le tumulte de l'acte précédent.

Odile chante à ses jeunes frères la « ballade de Lydéric », avec ses harmonies archaïques et son instrumentation berceuse de « vieilles tapisseries »...

. . . .

A ce moment précis, le témoin, auteur de ce récit fidèle, reçoit sur la tête, une coulisse de trois mètres (plus exactement, de 2^{m}95), qu'un machiniste déplaçait, afin de préparer le décor du tableau suivant.

On le conduit, tout étourdi, chez le pharmacien, et, de là, à son domicile, où son retour inattendu lui cause une nouvelle surprise : celle de se trouver nez à nez avec un sous-officier mélomane qui, pendant l'absence du maître, venait essayer le piano de la maison et cultiver la gamme chromatique avec la cuisinière...

Toutes ces émotions empêchèrent notre homme de dormir. Il voulut se lever, retourner au théâtre, pour avoir au moins des nouvelles de la représentation.

La rue Léopold était déserte, noire, silencieuse ; un jet de lumière, seul, passait à travers la fermeture d'un restaurant. De ce côté arrive tout à coup un bruit prolongé de battements de mains. — « Tiens ! ce doit être Mathieu qui offre un souper, et qu'on acclame. » Aux bravos succède une accalmie ; et, alors, une voix étrange s'élève, la sonorité en est vibrante, le triomphe en a raffermi le timbre : « Savez-vous », s'écrie-t-elle, « la différence qu'il y a entre un compositeur... »

La pauvre victime ne voulut pas en entendre davantage. Elle s'enfuit, en proie au plus affreux cauchemar, et quelques enjambées la ramenèrent de nouveau chez... lui : le malheureux habitait place des Martyrs !

Profils et Silhouettes [1]

[1] Ces chapitres ont été écrits en septembre 1888. (Note de l'éditeur).

Joseph Dupont

C'est un Parisien de Liége. Le regard fin, perspicace et vif, — la bouche un peu désabusée, avec, quelquefois, au coin de la lèvre, un pli sceptique ; — la moustache juvénile se retrousse fièrement aux extrémités et, par un affinement de coquetterie, a voulu être bien blonde, pour changer moins en blanchissant. Tout ce visage — sur un corps sec, nerveux — est pâli comme par les veilles ; il respire une originelle distinction, une finesse native.

Et c'est une force chez Dupont qui, dans les passages les plus difficiles du métier périlleux de directeur, demeure toujours l'homme du monde qu'il est, sachant placer une observation ou repousser une requête, sans se départir un seul instant de sa courtoisie.

On sait du reste qu'il est un artiste d'élite, musicien de grande valeur, chef d'orchestre de premier ordre. Je voudrais pouvoir le montrer surtout comme directeur, mais la plume de l'humble écrivain est impuissante, et le cœur reconnaissant du pensionnaire pourrait plutôt dire tout ce qu'il doit à sa bonté, à son talent, à son aménité.

. . . .

C'est bien l'associé qu'il fallait à Lapissida, ils se complètent l'un l'autre. Et, dans les cas embarrassés, Dupont répond invariablement :

« Voyez Lapissida ; c'est lui que ça regarde. »

Lapissida

La figure pleine, la barbe abondante et blonde, — rousse même — les yeux souriants, le nez s'étalant sans façon, comme quelqu'un qui n'a pas besoin de se gêner, la bouche gourmande, les lèvres épaisses, l'air bon, — de cette bonté du marin dont le cœur bat tendrement sous une rude écorce ; le rire ouvert, large et doux, accueillant. Son règne sera celui de « Lapissida le Débonnaire ».

Sa vie est toute de travail, de probité, de droiture ; successivement troisième ténor, second régisseur, premier régisseur, et enfin directeur, — il est arrivé à force de volonté. Aujourd'hui, c'est un metteur en scène de premier ordre, connu, cité partout — un administrateur entendu — un directeur savant, habile, généralement aimé. Il connaît le personnel du théâtre : il en a fait partie lui-même. Pas un mouvement de faiblesse, pas un cri d'orgueil ! Il est demeuré l'égal, le camarade de tous, — demandant presque comme une faveur ce qu'il pourrait exiger comme un droit, dédaignant l'autorité et n'agissant qu'avec bienveillance, ayant pour le dernier les mêmes égards que pour le premier.

On obtient tout de lui. Il obtient tout de tous. Et je voudrais pouvoir proclamer bien haut le respect et l'admiration qu'il m'inspire, — puisque j'ai l'heureuse occasion de lui offrir ce petit témoignage d'une grande reconnaissance.

. . . .

C'est bien l'associé qu'il fallait à Dupont. Ils se complètent l'un l'autre. Et, dans les cas embarrassés, Lapissida répond invariablement :

« Voyez Dupont ; c'est lui que ça regarde. »

Mme Caron

Voici venir lady Macbeth. L'œil tantôt bleu, tantôt noir, tantôt vert, a — par intervalles — l'étrange reflet de toutes ces couleurs à la fois. Il a la beauté froide, cruelle, tamisée par la ligne tendrement bleuâtre des cils et adoucie par l'ombre du nez et par le cercle de bistre qui l'encadrent harmonieusement. Le regard est profond, mystérieux, tour à tour terrible et doux; la bouche impérieuse, dominatrice. Sur la face éclate une intelligence faite aussi de malice, fouettée par une volonté suprême. Et tout cela, sur un corps de haute taille, droit, majestueux.

Mais il y a plus étrange chez Caron : la voix, — cette voix troublante comme son œil, pénétrante comme son regard, — qui prend et charme irrésistiblement, rendant toutes les nuances de la déclamation, propre aux tendresses de l'élégie aussi bien qu'aux emportements des scènes tourmentées. Puis, c'est l'ampleur du geste, la mobilité et l'expression de la physionomie, la chaleur, l'exubérance scénique, la puissance dramatique, tout ce qui annonce une grande tragédienne lyrique.

A la ville, la déesse descend de l'Olympe, redevient mortelle; la flamme est éteinte. Son ombre pâle glisse, se profilant, amaigrie, avec un air énigmatique.

Voyez passer lady Macbeth !

Chappuis

C'EST le doyen. — Il est à Bruxelles depuis vingt-cinq ans — au théâtre, depuis quarante — au monde, depuis..... C'est le plus jeune des artistes de la Monnaie. Toute une vie de coulisses, le caprice des directeurs, la haine des envieux, le travail, les ennuis, l'atmosphère empoisonnée de la scène, — rien n'est parvenu à le vieillir.

Les artistes — au défilé desquels il a assisté — sont partis ; les directions ont changé ; le répertoire a disparu... Chappuis est resté. Eternellement jeune, vif, alerte, allant de ci de là, toujours prêt à rendre un service, quittant la répétition pour courir à une leçon en ville, revenant, vite, pour faire *repasser* son rôle au ténor qui ne l'a pas joué depuis longtemps, dînant à la hâte et s'habillant de même — juste au moment d'entrer en scène, où on le retrouve fidèlement et invariablement impeccable, sachant ses rôles sans broncher, comédien correct, excellent musicien, costumé avec soin, grimé avec art, très amusant par ses airs ahuris et son comique *à froid*.

A la ville, mis irréprochablement, avec recherche même, il sait dire un mot aimable, et prendre le diapason de chacun, toujours rasé, les cheveux à peine grisonnants, l'œil inquiet de celui qui craint toujours de se découvrir un ennemi, la lèvre demeurée naïve et sans aigreur. Il a plutôt l'air d'un ecclésiastique.

Chez lui, rangé, méthodique, ordonné, se mettant au lit à heure fixe, et ne consentant pas à changer le moment de ses repas pour plusieurs empires.

Il est investi — à juste titre — de la confiance des directeurs. Il a été le camarade de Lapissida, il est parfois son confident : Chappuis est la discrétion, la prudence même.

Il restera longtemps à Bruxelles — tant qu'il voudra. — Peut-on se faire à l'idée de la Monnaie sans Chappuis ?

Faignaert frères

Au théâtre, tout le monde reconnaît, d'un coup d'œil, le costume qui sort des ateliers Faignaert, à l'élégance de la coupe, au choix des étoffes, à l'harmonie des couleurs, à la vérité des recherches archaïques, en un mot, à ce qui fait la supériorité d'une œuvre d'art sur un objet de fabrication.

Les frères Faignaert sont des costumiers artistes — savants même, ou tout au moins chercheurs.

Très vivants, affables, recevant aimablement dans leur *hôtel*, friands des conversations artistiques, ils sont charmants tous deux, avec leurs cheveux longs — l'aîné, ayant un faux air de Théophile Gautier — l'autre, le profil adouci de Méphistophélès. De plus — et ceci les complète — je me suis laissé dire qu'ils faisaient volontiers crédit...

Bardin

Un coiffeur avec la tête de Liszt — moins le romantisme de la perruque. Bardin a pensé qu'il avait assez de cheveux dans son magasin pour se dispenser de laisser pousser les siens. Il les porte courts, mais ils sont encore vaillants, d'une blancheur de lait.

Et c'est merveille de voir ce vieillard, courant d'une loge d'artiste à l'autre — apportant un flacon à celui-ci, une boîte de poudre à celui-là — montant prestement deux étages, pour prendre une perruque oubliée — posant, sans trembler, une barbe au vernis — et tout cela, sans « perdre la tête » un seul instant, menant de « front » trois histoires différentes, qu'il raconte dans trois loges successives, sans cesse interrompu par l'appel d'un artiste qui s'impatiente, et reprenant, chaque fois, à son retour, le récit, juste au point où il l'avait laissé.

Mlle Legault

PIQUANTE beauté brune avec des airs de grande dame. L'œil noir, velouté, vif — le nez très aquilin, à la bosse spirituelle — les pommettes saillantes, ce qui, dit-on, est le signe d'une âme inassouvie — la bouche aux lèvres rouges, montrant des dents régulièrement rangées, éclatantes de blancheur, enchâssées dans des gencives vermeilles — la main aristocratique — la taille droite et mince — la cheville fine — le pied très cambré.

Elle était née pour être marquise. Peut-être avait-elle rêvé, en se mettant au théâtre, de porter des robes à traîne, et de ne représenter que les grandes dames ; mais les vocations proposent, et le répertoire dispose. Celui de dugazon consiste surtout en des rôles de soubrettes accortes, pimpantes, aux jupes courtes, aux bras nus. Elle se rattrape en les jouant avec distinction, ce qui n'est pas déplacé dans l'opéra comique.

Sa biographie artistique est des plus simple. Elève de Duprez, elle n'a guère chanté qu'à la Monnaie, et on lui entend souvent dire qu'elle ne veut chanter que là. (Bruxelles est la ville attractive pour les artistes.) Renoncera-t-elle, le jour où un nouveau directeur voudra inaugurer sa gestion avec une troupe neuve? Elle se retirerait alors au fond d'un vieux castel, se poudrerait les cheveux, s'agenouillerait sur un immense prie-Dieu, et conserverait dans quelque coin un reliquaire où seraient rangés précieusement ses costumes de théâtre, qu'elle mettrait les jours de fête, et auxquels elle ajouterait une queue et des manches.

Engel

Un artiste. — A voir cette tête, on devine un travailleur acharné, ardent, obstiné. Le front est large et haut; — l'œil vif, clair, révèle une volonté de fer; — le regard fier, perçant, perspicace, est d'une hardiesse malicieusement enveloppée de caresses; — la lèvre, après examen, décèle, presque imperceptiblement, au coin, un tout petit point d'amertume; et, si elle sourit, ce sourire renferme souvent de l'ironie, et montre, désenchanté, l'homme d'intelligence et de clairvoyance qui a vécu longuement dans le monde des théâtres.

L'intelligence est réflétée sur toute cette face : le visage, élégant; la taille... Il y a des artistes dont on dit qu'ils paraissent grands, à la scène. Engel ferait plutôt dire qu'il semble petit à la ville — tant il a de chaleur et d'ampleur en face du public — tant il est grandi, transformé, devant la rampe — tant il donne raison à ce que répliquait Lekain aux attaques de ses détracteurs : qu'on a toujours la taille d'un rôle, quand on en a l'âme !

Aussi quelle force d'interprétation, quel art dans la déclamation, quel talent, quelle science — et encore, que de finesse dans ce tempérament, que de sang sous ces ongles ! Et combien il est complet — travaillant un rôle sous toutes ses faces, le fouillant sans relâche, en recherchant tous les effets, ne laissant rien au hasard, s'attachant aussi bien au dessin d'un costume qu'à l'émission d'un son ; instruit, musicien, homme d'éducation. — Un artiste.

Léon Herbaut

En scène pour le deux! Madame Melba est prête? Bien. « Monsieur Rouyer, dépêchez-vous! vous n'entrez qu'à » la fin de l'acte, mais ce n'est pas long, et vous êtes tou- » jours en retard. Bien. On commence! Mesdames des chœurs, on » a commencé! » — C'est Léon qui fait sa tournée dans les corridors. Léon, c'est le deuxième régisseur; le deuxième régisseur, c'est l'adjudant de semaine. Son métier consiste à faire tout ce qui est désagréable. Constamment entre chèvre et choux, c'est lui qui transmet aux artistes les ordres fâcheux de la direction, recevant les rebuffades des uns et les reproches de l'autre. Il inflige les amendes, les inscrit au tableau; il est responsable des entrées manquées, des absences dans les chœurs, de la mauvaise tenue du ballet, du retard dans le service, — de tout enfin.

Et au milieu de cela, il reste aimable et souriant. Brave Léon! il faut qu'il soit merveilleusement doué. Il va, il court, il vole — les larges poches de sa veste encombrées d'une multitude de documents, — avec son chapeau de feutre qui ne le quitte jamais, — le préservant des courants d'air — sa figure ronde, ses yeux étonnés, sa moustache tenue courte aux ciseaux, comme celle d'un comédien qui entre en vacances.

Comédien? mais il l'est! C'est lui qui fait le guide dans *Carmen*. Le rôle a une dizaine de lignes; mais, comme, pendant le temps qu'il faut pour les dire, Léon manquerait partout, il en a supprimé la moitié. Le pauvre homme ne peut pas tout faire à la fois.

Mlle Sarcy

VENUE au monde en dansant. Cette vocation précoce tient sans doute à son origine espagnole.

Sur les conseils de sa nourrice — qui s'y connaissait — on se décida, bien peu de temps après, à demander son admission au cours de danse de l'Opéra.

Plus tard, elle remplaça Mauri... au pied levé. A cette représentation qui lui servit de début, assistait Lapissida. On sait le reste.

Sarcy — la petite Eva, comme on l'appelait à l'Opéra — est une Parisienne. Elle a le caractère fantaisiste, gentil, espiègle des filles de Montmartre.

Légère comme un oiseau — avec les mouvements vifs et capricieux d'une biche amoureuse — elle charme ou inquiète dans le vertige de ses pirouettes, et fait éclater l'inexorable solidité de ses *pointes* dans un de ces pas qui ressemblent à des airs constellés de vocalises ou dans la maëstria d'une polka triomphale.

Elle s'agite — le diable la mène.

« Une vision de paillettes envolées follement dans le tourbillon de la danse — un frisson — un éclair. »

Gandubert

On dirait que l'embonpoint assiège volontiers les chanteurs. Ce résultat serait-il dû à leur état forcément sédentaire, ou le chant et l'usage plus fréquent de la respiration développeraient-ils le thorax, *et cætera?*

Si la deuxième hypothèse était plus probable, il faudrait en conclure que Gandubert respire bien *diaphragmatiquement* — ce qui est une appellation bizarre, — mais la bonne, la vraie, la seule manière classique. Et ce souffle passe sur le plus gracieux petit instrument qu'il soit permis d'entendre — souple d'un bout à l'autre de l'échelle vocale — d'un timbre jeune, plein de fraîcheur.

Tels devaient être les sons que Daphnis tirait de son pipeau, lorsqu'il initiait aux mystères de l'amour naissant la naïve Chloé, assise à ses côtés, sur les bords du ruisseau.

Est-il utile de dire que Gandubert est de Toulouse?

Il a débuté à la Monnaie. Il n'a jamais chanté que là. Il sortait du Conservatoire, où il avait travaillé à se faire une situation et... une famille. Il n'avait pas — à cette époque — son double menton d'abbé, et ses joues ne s'étaient pas encore élargies. Il chantait des duos d'amour; Mlle Pernin, élève de la même classe, lui donnait la réplique avec ardeur. Ils en chantèrent tant et tant, qu'ils finirent tous deux par y croire, et que la fiction devint la réalité. Mlle Pernin est aujourd'hui Mme Gandubert.

Léon Jehin

Un jeune. — Des yeux de myope, protégés par un lorgnon. Les cheveux châtain foncé se portent bien ; mais il ne serait pas impossible qu'ils dessinassent, un jour, une toute petite tonsure — très élégante. Jehin le prévoit ; il a commencé déjà à ramener, d'un peu loin, sur le crâne, une mèche légèrement folâtre, qu'il a le soin de ne pas déranger trop lorsqu'au pupitre il s'éponge le front, les soirs... où le souffleur a demandé un congé. La moustache est mince et presque irrégulière ; la barbe du menton, mal plantée ; elle n'a pas eu le temps de pousser, ou bien il a arraché la moitié des poils dans la fièvre du travail.

Car Jehin est un travailleur, un convaincu. Il conduit les répétitions du théâtre, la plupart des représentations, et dans le temps que lui laissent le Conservatoire, les concerts, l'administration du Waux-Hall, les leçons, il remonte rapidement dans son donjon de la rue d'Arenberg, vient s'isoler dans ce petit cabinet encombré de musique, de paperasses, de livres de toutes sortes, véritable capharnaüm, très au-dessus du sol, pour élever davantage la pensée, et l'abriter mieux du bruit de la rue. C'est là qu'il « œuvre ».

Au théâtre, — galant avec les dames, familier avec les artistes qui sont ses camarades, sincère, ne dissimulant pas son appréciation artistique, mais l'émettant sous une forme cordiale qui ne blesse pas la susceptibilité connue des chanteurs.

Au pupitre — toujours en éveil, — il soutient l'artiste, l'encourage, ne s'effarouche guère d'une tonalité douteuse, d'un départ anticipé ou d'un retard dans la mesure, rassure tout le monde d'un sourire sympathique qui dit : « Ne vous inquiétez pas, je suis là », — il tient sous son bâton les exécutants de la scène aussi bien que ceux de l'orchestre, — prenant part à l'action scénique, — riant volontiers aux passages comiques, — échangeant un regard d'intelligence avec l'acteur, s'il se trompe, si un accessoire indispensable vient à manquer ou à l'un des mille incidents qui peuvent marquer une représentation, — mais réprimant vite tout cela pour se donner un air de gravité, qu'il n'a pas — heureusement.

Vinche

Un *ut* grave — mais un *ut* comme on en a peu ou pas entendu — un vrai, un véritable *ut* — un *ut* qui résonne, dont les ondes sonores vibrent d'un bout de la salle à l'autre, qu'on entend des 4mes galeries, qui fait pâlir le basson lui-même — enfin un *ut* grave.

Encore, il n'y a pas que l'*ut* dans cette voix, dont le timbre, bien caractérisé, a la sonorité large de la véritable basse profonde, et il n'y a pas que la voix en cet artiste. Tout est *grave* chez Vinche. La barbe, en forme de fer à cheval, et les cheveux taillés en brosse, donnent à sa tête un caractère d'austérité qui convient bien à Marcel, le vieux et fidèle Huguenot.

Mais il ne faut pas le juger par ce premier examen; Vinche est le type du bon enfant, un peu gouailleur, de l'atelier; avant d'être au théâtre il appartenait à une manufacture d'ameublements, une branche de l'art... industriel; il en a conservé le caractère cordial et débonnaire.

Il a travaillé la voix avec Puget.

Cette basse si profonde est élève d'un ténor léger.

Gardoni

PRESQUE toute la majesté de Louis XIV était dans sa perruque. Il le savait. Le soir — après qu'on l'avait déshabillé — il entrait dans son lit, fermait les rideaux, et seulement alors, retirait sa perruque qu'il passait, à bout de bras, à ses domestiques. Le lendemain, ceux-ci lui donnaient sa nouvelle coiffure par le même procédé. Après l'avoir mise lui-même, il ouvrait les rideaux, et se livrait aux mains de ses habilleurs. Louis XIV n'a jamais été vu sans perruque.

Gardoni non plus ; — seulement les cheveux sont moins longs, et ils ont poussé sur sa tête. Puis, il a voulu les compléter par une barbe, pour ajouter quelque chose encore à cette majesté, et ne pas demeurer en reste avec son « chef de file », auquel il ressemble par plus d'un côté. Comme Vinche, il a, en effet, cette gravité dans la démarche, dans l'allure générale qui contraste si singulièrement avec son caractère. Comme lui, il a une voix très caractérisée, avec moins de timbre dans les notes basses et plus d'aisance sur le registre élevé — comme lui, il est élève d'un ténor — comme lui, il est de Paris.

Gardoni ressemble à Louis XIV, et à Vinche.

Mlle Magliani

REGARDEZ cette mignonne tête — ce front bombé — ces yeux noirs rapprochés de la racine du nez, tout petit — ces lèvres rouges, malicieuses —, cet air vague d'enfant volontaire — ces mains délicates — ce buste souple et ondoyant — ces jambes affinées. C'est la petite Magliani.

Sa danse est faite toute de mignardise, de charme, comme son caractère. L'une la fait aimer en deçà de la rampe, l'autre, au delà. Et c'est charmant de l'entendre répondre à une taquinerie : « *Mâ, laissez-mi tranquillé, zé voi prie !* »

Mme Walter

VOICI la duègne. Ses cheveux noirs, sa jeunesse, sa voix protestent contre le parti que l'embonpoint lui a fait prendre de jouer cet emploi. Une nature de Bordelaise simple, franche, ouverte et gaie, très estimée de tous, — mère de famille qui s'empresse, la répétition finie, de rentrer chez elle pour s'occuper de son intérieur. Artiste consciencieuse et sûre, ne faisant pas de bruit. Modeste, sympathique.

Ne déteste pas, au foyer, le petit mot pour rire.

Lombaerts

Le roi du théâtre, pendant les entr'actes. Le chef machiniste commande à toute une armée envahissante de démons en bourgerons bleus qui, dès que la toile est tombée, se ruent sur la scène, en poussant des cris sauvages : « *Attention! Gare dessous! Place au décor!* — Ces véritables *cannibales* sont toujours prêts à écraser quelqu'un ; ils ne se soucient guère des jambes dans lesquelles ils viennent d'engager une coulisse, ils poussent toujours droit devant eux, plantent leur décor, et transforment en quelques minutes un somptueux palais en une forêt profonde, avec le calme que donne la satisfaction du devoir accompli. Le machiniste est tout au théâtre... libre.

Lombaerts se tient au milieu de la scène, contre le rideau, le dos tourné à la salle ; il commande la manœuvre, donne les signaux avec un petit instrument dont le son est aigu : le seul sifflet qui soit de ce côté de la rampe.

Parfois, à la vue d'un machiniste qui met trop de temps ou pas assez d'adresse à poser un *plan*, il court prendre cette partie du décor, et la place lui-même à l'endroit voulu : avant d'avoir le commandement, il a été dans les rangs.

Aujourd'hui, c'est un artiste — un artiste précieux avec la variété du répertoire, le nombre toujours croissant des pièces jouées d'origine à Bruxelles, et les progrès considérables de la décoration. Il connaît son théâtre depuis les cintres jusqu'au cinquième dessous ; se démène à travers des mondes de cordages comme l'Indien engagé dans les lianes d'une forêt vierge, et se plaît à faire visiter ce côté curieux et ignoré des coulisses.

Les étages inférieurs sont peuplés de souris. Loin de leur faire la chasse, Lombaerts a l'exquise politesse de les laisser vivre en paix pour donner à croire qu'il n'y a jamais de *chats* sur le théâtre.

Saracco

IL fut un temps où je ne supportais pas les ballets, je n'aimais pas la danse. C'est un sens qui me manquait, si vous voulez, mais il me manquait absolument. Aujourd'hui, ce sens m'est venu, entier, profond, intime, mais peut-être un peu à sa façon ; — à la diable. J'adore ce que j'ai brûlé ; j'éprouve un charme pénétrant à la vue de ces belles statues blanches, déshabillées de gaze, sous les reflets de la lumière électrique : les *battements* d'une ballerine me donnent des sensations délicieuses ; ses attitudes, ses déhanchements harmonieux me plongent dans un monde de voluptés, et, si je parvenais à m'isoler, me feraient pencher sur les gouffres attirants de l'Inconnu et du Rêve... Mais hélas ! il arrive presque toujours, dans ces démons de ballets, que la minute sensationnelle est interrompue par l'entrée d'un groupe de danseurs... et tout l'ancien profane reparaît en moi. Je m'en accuse humblement, mais ces mièvreries masculines m'énervent ; la vue d'un homme qui danse me produit l'effet d'un grincement...

Eh bien ! malgré tout, j'aime Saracco. J'aime sa danse rythmée, cadencée, puissante et souple à la fois ; j'aime ses *pas* bien masculins, ses sauts audacieux ; son allure mâle ; j'aime son physique dur, déterminé ; j'aime surtout en lui l'heureux mélange du danseur et du mime.

Une seule chose me le gâte : le bandeau sur le front, pommadé, luisant. Mais pour être homme, en doit-il moins être danseur ?

Nerval

Trois saluts — un temps — avec un sourire : « *Mesdames* » — d'une voix plus grave : « *Messieurs* » — un temps : « *Madame Landouzy se trouvant subitement indisposée, je suis chargé par l'administration de faire appel à votre bienveillante indulgence, dans le cas où les forces de notre charmante prima-donna viendraient à trahir sa bonne volonté et le désir qu'elle a de vous plaire.* »

Et Nerval salue et se retire, espérant que la *charmante prima-donna* chantera mieux que jamais, convaincu que son annonce aura été inutile, mais heureux de l'avoir faite, heureux surtout de l'occasion rare de paraître devant le public, sans perruque ni grime, avec sa tête à lui et non celle d'un personnage.

Sa tête ? intelligente et désabusée, avec la lèvre amère — un nez aquilin qui a dû être fin et, plus bas, une moustache blonde toujours en train de repousser. Le front et le crâne ont pu être, autrefois, une forêt de cheveux, mais ils sont, aujourd'hui, parsemés de clairières, son teint, ne voulant pas tomber dans la pâleur du cabotin, a pris le parti d'être franchement rouge.

L'esprit est vif, acerbe, avec la philosophie ironique d'un enfant de la balle. Le caractère, toujours jeune, a bien les faiblesses propres à l'homme de théâtre ; mais, s'il est parfois capricieux ou volontaire, le cœur est demeuré bon et généreux.

Nerval est l'artiste universel. Régisseur à la Monnaie, professeur en ville, poète à ses heures, conférencier, maître d'armes, administrateur de Casino, ou directeur de tournées pendant la saison estivale, il excelle à la *manille* et culotte une pipe par semaine : E PLURIBUS UNUM.

P. S. Entre-temps, il tient l'emploi créé par Trial — les ténors comiques.

Mme Melba

Une beauté anglaise. Le nez droit, long et délicat, — le col fin, bien attaché, — l'œil a dédaigné d'être grand, il est étonné, chercheur, — la bouche ingénue, aimante. Toute la construction de la tête, du cou, des épaules, révèle bien la race. A la scène, cet ensemble se poétise ; le profil, idéalisé, s'harmonise avec l'enchantement frêle de sa démarche.

La voix est une merveille ; elle a toutes les finesses, toutes les inflexions. Charmeresse, elle trouve mille ressources dans le timbre qui se plie — argentin — aux nuances les plus délicates, et arrive à l'oreille comme une caresse.

On dit qu'elle est élève de Mme Marchesi. Elle faisait partie de cette école cosmopolite où les cantatrices de tous pays viennent puiser à une source vivifiante. Elle songeait à tout autre chose qu'à la Belgique, et ne croyait guère s'y réveiller, un beau matin, étoile au Théâtre de la Monnaie, lorsqu'un ami (qui habite Bruxelles), — un nommé Crésus, je crois, — grand amateur d'art, la découvrit, et c'est grâce à la perspicacité de cet astronome qu'elle est arrivée, qu'elle a été vue, entendue, et qu'elle a vaincu — triomphalement.

Le naturel est ouvert, gai, d'une franchise *anglaise*, le caractère enfantin. Souvent, au milieu d'une scène, elle interrompt l'action pour céder à une folle envie de rire ou pour se plaindre de sa voix au régisseur, dans la coulisse, au souffleur dans son trou, — avec ce léger accent qui lui donne encore une originalité. Vous me direz que le public l'applaudit dans ces moments. Il a raison, et tout est pour le mieux : Melba *for ever!*

Rotiers

Voici le secrétaire. Joli garçon, aimable, connaissant sa littérature; on voit qu'il n'est pas commun. « Quel charmant secrétaire ! » s'écrient les dames ; et, quand on a les femmes de son côté, la bataille est gagnée.

Son bureau précède le cabinet de la direction. Il assiste au défilé des auteurs, des acteurs, des fournisseurs, des protecteurs, des quémandeurs. Une dame arrive — il se lève, salue avec respect, avec empressement, ou d'une tape sur la joue, selon que son œil a deviné une abonnée, une chanteuse ou une petite actrice. Et, s'il faut attendre, la dame ne trouve pas le temps long.

Il est chargé de distribuer les billets de faveur. C'est lui qui compose les services de presse ; plaçant tel critique tout près, à cause de sa myopie, un autre dans le fauteuil où il n'y a pas de courants d'air, par déférence pour ses rhumatismes ; le feuilletoniste indulgent à côté du sévère, dans l'espoir que les appréciations du premier influeront sur le jugement du second.

Avec quelle grâce et de quelle plume il écrit en travers d'une demande de places : « *Impossible, mille regrets.* » Que de délicatesse dans ses rapports avec les journaux ! Que de tact pour faire passer un entrefilet, qui n'ait pas l'air d'une réclame ; pour annoncer les *dernières représentations*, quand il y en aura encore une série ; pour accuser le *maximum*, lorsqu'on a eu une demi-recette ; pour préparer l'affiche du lendemain, qui portera en lettres de feu ces noms :

MELBA	CARON
Lakmé.	*Faust.*

Pendant la représentation, le secrétariat est fermé. Rotiers vient alors au foyer, aimable, empressé, souriant, lire les articles parus dans les journaux du soir, et qui sont favorables aux artistes, se gardant bien de leur montrer... les autres. Puis, il demande la permission de se retirer, parce qu'il doit faire la conduite à un personnage de marque qui a demandé à visiter les petits coins du théâtre. Et il s'en va, comme il était venu, aimable, empressé, souriant... Je vous le dis, en vérité : Rotiers est le plus charmant des secrétaires, et il a les dames avec lui.

Duchamp

C'est le danseur de légèreté et de souplesse, avec une « pointe » d'afféterie; deux choses tirent l'œil : la moustache blonde mais forte, les jambes très musclées.

Habillé, grimé bien avant l'heure, il descend au foyer, pour étudier ses attitudes devant la glace et *faire ses jambes*, bousculant parfois le baryton qui *fait sa voix;* toujours agité, ému, jusqu'au moment d'entrer en scène — un convaincu, un passionné.

Mlle Robino

Encore une danseuse. L'agriculture manque de bras, mais on ne dira pas que la chorégraphie manque de jambes. Celles-ci ont des contours suaves, sous le fragile maillot aux pernicieux reflets de chair soyeuse.

Magliani petille, tricotant comme avec des aiguilles. Robino ondule dans sa grâce orientale — indolente.

Renaud

LE bon Dieu venait d'achever son travail quotidien de création — un jour de l'an de grâce 1861 après Jésus-Christ — lorsqu'il s'avisa de vérifier la nouvelle couvée de mortels ; il s'aperçut bien vite que l'une de ses créatures était incomplète : il avait oublié de lui donner la voix. Comme il aspirait à un repos bien gagné, et pour ne pas perdre de temps, il réfléchit un peu — un tout petit peu — et, prenant un parti extrême, il lui donna la sienne.

Or, on sait que la voix du bon Dieu est merveilleusement belle, puissante et douce à la fois — qu'elle se prête à toutes les inflexions, habituée qu'elle est, depuis longtemps, à prononcer des paroles de paix et d'amour, ainsi qu'à traduire les colères les plus redoutables.

Le Créateur, prenant alors ce mortel fortuné : « Va, lui dit-il, et
» comme l'euphonie de ton nom contrasterait avec la voix que tu
» auras désormais, changes-en la première syllabe. — Appelle-toi...
» Renaud. »

Nous avons omis de dire que le Tout-Puissant, en veine de prodigalités, ce jour-là, avait probablement voulu créer ce privilégié *à son image*, car il lui avait donné une tête aux traits réguliers et purs — ce que nous appelons aujourd'hui un profil de médaille antique.

On croirait qu'avec un assemblage de physique et de voix aussi invraisemblable, Renaud eût eu le droit d'être un imbécile... C'est, parfois, un causeur à l'esprit vif, prêt à la riposte, lançant volontiers le trait... empoisonné souvent, avec cette sûreté de main et ce brio particulier à certains Méridionaux... Car il est né à Bordeaux — il y a vécu son extrême jeunesse, puis, à l'âge des bourrasques, un naufrage l'amena à Bruxelles, où il pensait faire un séjour de peu de durée. Mais il comptait sans la Monnaie. — Il est resté.

Bullens

Ah ! le joli métier
Que celui de caissier !

es beaux vers, qu'on a mis en musique, montrent — d'un coup — le fonctionnaire privilégié. Quel homme heureux ! comme il est sûr d'être bien vu dans la maison ! que de figures souriantes et de visages joyeux il voit lui-même !

Bullens est aimé, non seulement parce qu'il est chargé de distribuer les appointements, mais parce qu'il s'acquitte de ce soin en homme aimable, bien élevé, sachant qu'on peut donner de l'argent autrement qu'en ayant l'air de jeter un os, payant avec le même sourire, la *marcheuse* qui gagne trente francs par mois et le ténor qui en touche sept mille.

Un robuste tempérament de caissier. Il excelle dans la tenue des livres, établit merveilleusement une balance de budget par l'actif et le passif, ne se trompe jamais dans ses reports ni dans ses totaux. Et, si sa probité à toute épreuve n'était très rassurante, on serait encore tranquille à l'idée... qu'il ne pourra filer en Belgique.

Jean Cloetens

outes les années, lors de la représentation donnée à son bénéfice, la salle est comble...

A-t-on remarqué comme le contrôleur en chef reflète l'esprit de son théâtre ? On doit pouvoir juger l'un par l'autre. Il représente en quelque sorte le directeur, au moment de l'ouverture des portes, et en prend fatalement le caractère. Jean a la tâche fort difficile, ayant deux directeurs à refléter. Mais il se tire si adroitement de ses fonctions ! Il connaît si bien son public, qu'il sait le nom, l'adresse de tous les abonnés ou habitués, leurs places préférées, et, à la location, peut citer, de mémoire et sans sourciller, tout ce qui reste à prendre.

Signe très particulier : Cloetens fait bonne figure aux personnes munies de billets de faveur. Ces contrôleurs-là sont plus rares que les ténors.

Mme Gandubert

MINCE, longue, elle a une tête amusante, non pas belle de la beauté classique et pure, mais jolie avec ses grands yeux bleus, son nez au vent et sa bouche qui rit volontiers — moqueuse.

C'est une Parisienne de Montmartre.

Un petit air d'autorité qui lui sied bien, mais que personne ne peut prendre au sérieux, pas même son jeune bébé avec lequel on croirait qu'elle joue à la poupée. C'est en jouant qu'elle chantait, au Conservatoire, des duos d'amour avec son camarade Gandubert, et c'est en jouant, sans doute,... qu'elle les chante encore aujourd'hui.

Elle a débuté à Bruxelles, et y est restée. Elle tient très agréablement l'emploi de *dugazon*, qu'elle partage avec Mlle Legault et Mlle Falize. Le berger Pâris trouverait trois pommes sur le mont Ida pour leur en donner une à chacune, s'il ne craignait que les pommes ne fussent désagréables aux déesses de la scène, — même lorsqu'elles ne sont pas cuites.

Rouyer

S A peau a un peu le reflet d'un bronze florentin, et ce teint brun est bien accompagné par la ligne des sourcils épais qui se rejoignent et semblent, comme dans le *Juif errant*, lui « rayer le front d'une marque fatale ». La bouche est sensuelle, car les lèvres sont épaisses, l'inférieure avançant sur l'autre, comme dédaigneuse. Quand la moustache est rasée, le profil fait songer à celui d'un *torero;* il ne manque plus à cette face que les favoris et la *coleta*. La taille est petite — ouvrez la parenthèse — les jambes un peu courtes — fermez la parenthèse — comme il suffit à un artiste d'opéra comique, appelé à interpréter le genre essentiellement français, si charmant, fait d'esprit et de grâce.

La voix — qui pourrait se prêter à l'ampleur du chant large — est souple, étendue, facile dans la vocalisation, d'un grand charme dans la demi-teinte. Rouyer est un véritable chanteur : il s'applique au *legato*, phrasant, l'archet toujours à la corde, faisant *chanter* la voix. Le style a ce cachet d'élégance, de haut goût, si particulier à son maître Saint-Yves Bax. Le comédien est adroit, expérimenté déjà pour un jeune artiste. Il a débuté à la Monnaie. Il est encore un de ceux qui y sont venus directement du Conservatoire de Paris.

Il avait eu préalablement le soin de naître à Arcachon, le pays des... perles, comme on voit.

Mlle Rocher

ÉE au Conservatoire — elle y a été élevée. De la cour où on la laissait jouer, elle entendait les gammes des grandes demoiselles qu'elle avait vues passer, avec un regard d'admiration et de convoitise. Un jour, elle s'approche tout doucement, tout doucement, d'une salle d'étude, et, l'oreille tendue contre la porte, elle écoute, en extase. Tout à coup, la porte cède brusquement, la pauvre petite se trouve, confuse, de l'autre côté du seuil — en pleine classe...

Il advint que, à l'âge où d'autres s'amusent encore à la poupée, elle commença à se gargariser de vocalises et d'exercices chromatiques. Il y a de cela... quelques années. Depuis, elle a beaucoup — beaucoup grandi.

Avec ses traits imposants et calmes, sa bouche royalement sculptée, aux lèvres épaisses et bonnes, ses abondants cheveux de jais, ses bras de statue, elle semble faite pour se draper dans le péplum.

Cette superbe Romaine est fille de Paris. Pour la deuxième fois, les Latins ont conquis la Gaule.

Blondeau

Il est de la création. De quoi ? de quelle création ? — On n'en sait rien. Au théâtre, on dit : « Il est de la création », comme on dit à Marseille : « Il a cent dix ans », pour parler d'un homme qui a passé la cinquantaine. Blondeau est donc de la création. Tout le monde le connaît dans la salle, tout le monde l'aime sur la scène. Ce vieillard frais, rose, joufflu, avec sa tête d'enfant, a vu défiler plusieurs générations de chanteurs, et doit être fixé sur l'instabilité des gloires humaines et, plus particulièrement, des triomphes scéniques. Il se plaît à conter aux artistes ce qu'il trouvait de particulier à leurs devanciers, ayant toujours dans son sac quelque anecdote piquante à placer. Sa voix de basse lui eût permis de devenir un sujet ; il a mieux aimé demeurer dans sa sphère modeste. Il se rattrape, en jouant de temps en temps un bout de rôle. Ces soirs-là il ne paraît pas dans les chœurs. Il se repose — il fait sa voix. Et au dernier acte du *Barbier de Séville*, l'inévitable notaire se promène, agité, dans la coulisse, attendant son entrée avec inquiétude ; parlant peu, pour ne pas *user le timbre ;* suçant pendant trois quarts d'heure des morceaux de réglisse de toutes dimensions, des bonbons de toutes marques. Puis, sa réplique arrive, il pousse une espèce de grognement : « Hum ! » qui veut dire : *alea jacta est!* Il entre, et — tout ému — chantonne, de cette voix caverneuse qu'on connaît bien : « Ces demoiselles sont apparemment deux sœurs qui portent le même nom ! »

Quel brave homme !

Pother

JE ne sais pourquoi j'avais la manie, dans les premiers temps que je le connaissais, de l'appeler *Potier* au lieu de *Pother*, ou, mieux encore, de *Pothre?* Est-ce que sa grande ombre évoquait en moi le souvenir vague d'une chose qui se serait rattachée à la poterie? Dans tous les cas, ce ne pouvait être qu'un pot de bière ou un pot à tabac...

Le temps est passé des grandes gloires, mais aussi des fièvres dévorantes. Pother, qui a fait une assez longue carrière comme *première basse*, a eu la prudence rare de garder un peu de ses appointements, et, aujourd'hui, revenu des grandeurs, il tient un emploi qui lui donne des loisirs et dans lequel il veut finir, calme, heureux, paisible — entre un verre de bière et une bonne pipe flamande.

Boon

FERA ce qu'a fait Pother. Il ne prodiguera pas son argent et se retirera un jour dans quelque petit coin de la Belgique; il se mariera, aura beaucoup d'enfants, sera bon père et bon époux, et mourra bourgmestre de son hameau, honoré de tous, emportant les regrets de ses administrés. Comme il a une voix de ténor, ce qui est coté à un taux plus élevé que les autres, comme cette voix offre de grandes ressources pour l'avenir, comme il est un bon élève du Conservatoire de Bruxelles, plein d'ardeur, il y a fort à parier qu'il gagnera davantage, et se retirera plus riche. Mais cela ne changera rien à cette sagesse, et il n'échappera pas à sa destinée. Ainsi soit-il.

NOTE DE L'ÉDITEUR. — Le 19 avril, l'auteur adressait à M. Rotiers, directeur du journal *l'Éventail*, la lettre suivante :

Mon cher Ami,

Vous me demandez le chapitre que j'ai consacré à Mauras, dans l'Histoire du Théâtre de la Monnaie.

Je vous l'envoie, sans le corriger. Ce que j'ai écrit, il y a six mois, alors que mon pauvre camarade était en pleine jeunesse, je n'aurais pas la force de le relire, maintenant que la mort vient de le faucher impitoyablement.

N'est-ce pas qu'il y a quelque chose de particulièrement attristant dans la perte d'un artiste? On ne s'imagine guère, étendu dans le cercueil, froid et immobile, celui qu'on a applaudi, la veille, aux feux de la rampe, sous le rayonnement des lustres. La mort d'un comédien produit l'impression du théâtre même, quelques instants après le spectacle : à cette place qui resplendissait de lumières, il ne reste qu'un trou noir, silencieux, effrayant...

On peut dire que le pauvre Mauras est mort à la tâche ; il a lutté jusqu'au dernier moment. Et pendant son agonie, quelle énergie, quelle force! Comme il essayait de se rattacher à la vie! Le malheureux faisait pitié. Lorsque le délire s'emparait de lui, il entonnait d'une voix éteinte les refrains de Carmen, *sa pièce de prédilection. Mais, une fois la crise passée, il prévoyait bien qu'il ne chanterait plus cet ouvrage... il ne se faisait même pas illusion...*

Mauras était mon compatriote, mon camarade de l'Opéra-Comique et mon partenaire dans le répertoire de la Monnaie. Je lui avais voué une amitié d'autant plus sincère qu'à ces titres il joignait des qualités aimables qui l'avaient rendu sympathique à tous.

Vous voyez, mon cher Rotiers, dans quelle profonde tristesse me trouve votre lettre de ce matin. Prenez donc son « portrait ». Je n'y ai peut-être pas dit tout le bien que je pensais de lui, mais je n'ai pas la force de le modifier.

Recevez, etc.

J. ISNARDON.

Mauras

UNE voix *pénétrante*. On pourrait comparer son « organe » à celui de Mme Caron. Quelque invraisemblable que puisse paraître un tel rapprochement, nous maintenons qu'il y a une certaine similitude entre ces deux timbres chauds, vibrants, émus, qui prennent l'auditeur, et donnent tant de force au récit et de puissance à la musique dramatique. Aussi Mauras réussit-il mieux les rôles poussés vers la passion ardente que ceux, plus légers, de l'ancien répertoire. C'est le ténor de la nouvelle école...

Il possède encore une qualité irrésistible pour un artiste de théâtre : le physique. Grand, élancé, élégant, d'une physionomie agréable, en dépit d'une vague dureté qui le sert souvent, il a ce qu'on appelle une jolie *ligne*.

Un chanteur ainsi doué peut compter généralement sur la sympathie spontanée du public devant lequel il se présente.

Mauras est affligé d'une implacable et précoce calvitie, et quand Lakmé effleure d'un geste alangui la chevelure aimée de Gérald... c'est un *toupet* de la maison Bardin que presse sa main caressante.

Mon excellent ami pourrait-il m'en vouloir de divulguer cette particularité, lorsque, parfois, elle lui sied à merveille ? En effet, quand il interprète Shakspeare dans *le Songe d'une Nuit d'été*, Mauras retire simplement son toupet, et aussitôt il a la tête, ou tout au moins, le front de son héros, qui — comme nul ne l'ignore — avait, bien jeune, laissé sa toison d'or aux buissons épineux de la vie.

Flon

C'est le second chef d'orchestre. Second! que de modestie renferme ce qualificatif, — au théâtre. Combien il faut de philosophie pour accepter un tel rang, dans un monde où chacun veut être au premier. A-t-on consulté un tableau de troupe? A-t-on lu sans effroi ces formidables noms d'emploi : *directeur* de la scène — *fort premier* ténor — régisseur *général* — *grand* coryphée — *chef* d'accessoires? La deuxième basse ou le second ténor, se trouvant humilié, s'empresse de faire connaître au public qu'il est digne d'occuper une place meilleure, et nous voyons alors cette appellation barbare : *second ténor des premiers*.

Eh bien! Flon est le second chef, tout simplement. Il est jeune, vivant, et le chanteur se sent à l'aise lorsqu'il le trouve au pupitre. Il ajoute à ces fonctions celle de chef des chœurs — premier chef, cette fois. Il fait répéter les choristes, et pendant la représentation — s'il ne *conduit* pas — les soutient, les stimule, masqué par un *portant*.

Avec son visage apollonien, le duvet blond et vierge qui ombrage son menton, sa lèvre féminine qui semble avoir tous les appétits — il est bien à sa place, pour diriger les dames du chœur... et le cœur des dames.

Mme Landouzy

ETTE fois, c'est Colombine. On devine que le corps doit être mignard, souple, rien qu'à voir la frimousse. Cette petite femme alerte, sautillante, a une tête exquise : les yeux tout de flamme, — le regard curieux a l'air de s'étonner que les rues ne soient pas peuplées de fauvettes, — la bouche, qu'on prendrait volontiers pour une cerise, est spirituelle en diable. Son sourire ? Que de choses elle y met! comme elle montre ses petites perles, quand elle décoche le coup d'œil de Virginie à Michel, dit *Puits d'Amour;* et quel curieux mélange contrasté de malice et de réserve, dans sa réplique à l'eunuque :

... Vous ? Laissez donc, vous n'êtes bon à rien!

Son inexpérience, sa gaucherie même, tout concourt à lui donner de la grâce. Il y a tant de finesse et d'à-propos dans ce qu'elle fait. Et elle se joue si audacieusement de toutes les aspérités musicales, avec cette voix perlée, au timbre cristallin, lançant une gamme comme elle ferait une espièglerie, — qu'elle semble ne vocaliser qu'au gré de sa capricieuse fantaisie.

Dans la rue, on s'étonne de voir à cette frétillante soubrette des costumes modernes; et on la voudrait en Louis XV, maniant l'éventail de quelque grande dame.

Chez elle, Javotte passe son temps à rêver, à lire, ou bien encore elle apprend à sa perruche les rôles du répertoire. Cette perruche douce, tendre, coquette, pourrait bien être la même qui — s'étant enfuie des petits appartements — fut ramenée à Versailles par le marquis de Moncontour, sur le fusil duquel elle s'était allée jucher, et elle a sans doute baisé les lèvres roses de Mme de Maintenon.

Le chef de claque

IL n'y en a pas. Le Théâtre-Français, l'Opéra-Comique, l'Opéra ont le leur — la Monnaie, non. — Elle a peut-être tort.

L'institution de la claque ne date pas d'hier : Les Romains avaient des statuts qui concédaient le privilège d'applaudir à une compagnie particulière. Les claqueurs, nommés *juvenes*, étaient dirigés par des *curatores* et — sous Néron — ils étaient enrégimentés dans un bataillon, au nombre de cinq mille ! Les applaudissements étaient divisés en trois catégories : *bombus* pour les succès d'estime, *testœ* pour les vrais succès, *imbrices* pour les grands enthousiasmes ; c'était réglé, comme on le voit.

Les Romains s'y entendaient fort bien ; ils savaient que les applaudissements animent une soirée, *chauffent* le public, encouragent les comédiens, et que tout le monde y gagne. Mais, dira-t-on, les spectateurs se rendent bien compte de l'origine de ces succès. — En effet, le public ne s'y trompe pas, — l'artiste, non plus ; mais, comme on est au théâtre pour l'illusion, à un moment donné, ils y croient tous deux. C'est comme dans certains journaux de théâtre, où il suffit d'être abonné pour *avoir du talent*. Tout le monde le sait, et chacun s'y laisse prendre. « La claque », disait Elleviou, « est aussi nécessaire au milieu du parterre, que le lustre au milieu de la salle. » Il est vrai qu'Elleviou ne prévoyait pas les modifications apportées dans la construction des nouveaux théâtres, ceux d'Allemagne notamment, où le lustre est supprimé.

Donc, le chef de claque de la Monnaie devrait être un homme entre les deux âges, correct, avec une barbe soignée, toujours mis irréprochablement, en redingote noire, — chauve, pour ne pas se faire remarquer. Il disperserait son personnel dans la salle, se placerait lui-même au parquet, suivant sur une brochure les passages annotés, et... les abonnés le laisseraient faire !

Fidès

'EST le souffleur. Il figure, dans la nomenclature de la troupe, sur le tableau de l'administration ! Si nous avons gardé pour la fin ce fonctionnaire original et peu connu, c'est qu'il n'est pas un souffleur ordinaire.

Et d'abord, Fidès ne s'appelle pas Fidès. Son véritable nom est Devriès : Un jour, dans la rue, il est accosté par un monsieur qui lui serre affectueusement les deux mains, et qui, mal renseigné, le croyant parent de la cantatrice Fidès-Devriès, lui demande, avec le plus grand intérêt des nouvelles de *sa cousine*. Devriès ne se déconcerte pas ; il ne connaît pas du tout Mme Fidès, il n'a pas de nouvelles, mais il en donne quand même, des plus précises, des mieux détaillées, et quitte le monsieur, enchanté. Depuis ce jour, on ne l'appelle plus que Fidès...

Comme il y a fagots et fagots, il y a souffleurs et souffleurs : Nous avons le souffleur *blasé* qui *envoie le mot* avec dédain, ayant toujours l'air de dire à l'acteur : « Misère ! si tu avais vu Couderc dans ce rôle-là ? » — Il y a le souffleur *philosophe* qui, dès que la partie de poème est débitée, sait que la cavatine dure trois minutes et s'empresse de tirer de sa boîte les œuvres de Voltaire ou... d'un autre ; — puis, le souffleur *somnolent*, vieux, gras, la figure bourgeonnée ; il dort jusqu'au moment où l'artiste *reste en plan*, et arrive trop tard pour le *repêcher ;* — le souffleur *illettré* qui fait des *cuirs ;* — le souffleur *grincheux*, un artiste incompris le plus souvent.

Fidès, lui, est le souffleur *convaincu*. Il est jeune, gai, bon enfant. Il prend part à l'action autant que le public, rit aux mêmes moments, pleure comme lui aux passages attendrissants, et... oublie de souffler. Cependant, quand la pièce a été jouée souvent et qu'il la sait par cœur, les *effets* ne *portent* plus. Il se désintéresse alors, et s'amuse à entretenir des conversations avec les artistes en scène, leur disant : « *La voix est dure ce soir, ne forcez pas* » ou bien « *Vous avez trop de rouge, et votre barbe est mal collée* », ou encore « *Prenez garde ! votre culotte est décousue* », ce qui fait passer un frisson glacé dans le dos du pauvre chanteur. Si la pièce est en vers, il prend plaisir à remplacer le dernier mot d'un alexandrin par un synonyme :

Ne changeant rien au sens, mais retranchant la rime.

Le plus souvent, il n'est pas seul dans son *box* ; cette petite coquille dorée contient une personne... et demie. — La demie, c'est Fidès, car il a une condition essentielle pour un souffleur de son genre : la maigreur. Donc, il arrive que Monsieur *reçoit*. Sa famille entière a vu jouer, de la boîte, tout le répertoire de la Monnaie. Quelquefois, la mère d'une chanteuse ou la femme d'un ténor lui demande asile, ou encore c'est un artiste qui ne paraît pas en scène de tout un acte, et qui va le voir jouer, — et, chez Philine, Mignon éplorée aperçoit à ses pieds la barbe fluviale de Lothario...

Mais il arrive parfois à notre souffleur une bonne fortune inespérée ; c'est quelque danseuse qui lui demande une place à ses côtés. Alors... alors, il ne reste plus aux malheureux artistes que cette perspective effroyable d'avoir de la mémoire ou de mourir : Fidès ne souffle plus !

Cela nous fait songer à son exactitude pour les ballets. — On souffle donc les ballets ? dira-t-on. — Que non pas, mais on n'a jamais rêvé un spectacle comparable à celui qu'on peut s'offrir dans ce petit poste d'*observation*. Les fumeurs d'opium ont-ils jamais eu de telles extases paradisiaques ? Songe-t-on à ce défilé de jambes rondes, de pieds cambrés, de maillots exquis ? Oh ! les maillots... demandez au souffleur.

Pourtant il ne faudrait pas s'imaginer Fidès moins sérieux qu'il ne l'est en réalité. Il souffle parfois très bien, et il a sauvé plus d'une situation compromise, tant dans la partie parlée que dans le chant : Il souffle même les *intonations !* c'est-à-dire qu'aux passages qu'il entend autrement que l'acteur, il impose à celui-ci son inflexion de voix préférée, et lui fait dire inconsciemment ce qu'il veut.

Fidès est l'ami des artistes. On adore son caractère jovial, et il a un couvert mis — en permanence — à la table de tous les sujets de la Monnaie. Après cela, on pourrait supposer qu'il est heureux. Non, Fidès est ambitieux, il caresse le rêve de monter sur les planches et de quitter le dessous du théâtre, pour le dessus.

Comme quoi, on n'est jamais content !

(1889-1890)

oici le tableau de troupe publié par MM. Stoumon et Calabresi pour le premier exercice de leur nouvelle direction :

MM. Edouard BÆRWOLF, premier chef d'orchestre.
    Franz Servais, premier chef d'orchestre, spécialement engagé pour les œuvres de Wagner.
    Ph. Flon, chef d'orchestre.
    Gravier, régisseur général.
    Nerval, régisseur, parlant au public.
    Léon Herbaut, régisseur.
    Lafont, maître de ballet.
    Louis Maes, } pianistes-accompagnateurs.
    Beauvais, }
    Louis Bærwolf, bibliothécaire.
    Feignaert, costumier.

Artistes du Chant.

Ténors :

MM. Sellier.   MM. Delmas.
    Bernard.   Isouard.
    Ibos.   Gogny.
              M. Nerval.

Barytons :

MM. Bouvet.
Renaud.

MM. Badiali.
Peeters.

Basses :

MM. Bourgeois.
Sentein.

MM. Challet.
Chappuis.

Coryphées :

MM. Léonard.
Van Brempt.
Vanderlinden.
Markx.

MM. Simonis.
Krier.
Roulet.
Vandeneynden.

Cantatrices :

Mmes Caron, en représentations à partir du 1er décembre.
Merguillier.
Fierens-Peeters.
Samé.
Carrère.
De Nuovina.

Mmes Durand-Ulbach.
Doloska.
Marcy.
Falize.
Neyt.
Wolf.
Walter.

Coryphées :

Mmes Colard.
Zoé.

Mmes Baets.
Wothier.

Artistes de la danse.

Danseurs :

MM. Lafont.
Duchamps.

MM. Ph. Hanssen.
Desmet.

Danseuses :

Mmes Sarcy.
Cannès.
Huit coryphées.

Douze danseurs.

Mmes Pastore.
Dierickx.
Trente-deux danseuses.

Chœurs.

16 premiers dessus, 16 deuxièmes dessus, 8 enfants de chœurs, 15 premiers ténors, 10 seconds ténors, 8 premières basses et 13 secondes basses.

Orchestre.

Quatre-vingt-un musiciens.

12 premiers violons, 11 deuxièmes violons, 8 altos, 8 violoncelles, 8 contrebasses, 8 flûtes, 3 hautbois, 3 clarinettes, 1 saxophone, 6 cors, 3 bassons, 4 trompettes, 1 tuba, 4 trombones, 1 grosse caisse, 1 triangle-tambour, 1 timbalier, 1 cymbalier, 2 harpes.

Musique de scène :
Un chef et vingt musiciens.

On annonce, en outre, deux « premières », la *Salammbô*, tant attendue, de Reyer, et l'*Esclarmonde*, de Massenet.

Ces puissantes attractions, une troupe composée d'éléments si intéressants, l'association de deux artistes, que leur valeur met absolument hors de pair, dont la critique fut unanime à reconnaître le mérite, qui, durant neuf années consécutives, ont dirigé l'Opéra de Bruxelles, sans une défaillance et presque sans un insuccès, qui ont imprimé à l'entreprise une si louable impulsion, qui, enfin, ont contribué à élever cette scène au rang qu'elle occupe aujourd'hui, voilà qui permet de fonder sur l'avenir les plus hautes espérances.

Le public, d'ailleurs, attend beaucoup de MM. Stoumon et Calabresi. Eux-mêmes l'ont rendu exigeant, et il forme des vœux pour que se continue la série des triomphes qui furent le partage des deux directeurs.

*
* *

Ici prend fin notre modeste rôle d'historiographe.

Nul n'ignore combien, au théâtre, les artistes tiennent à la dernière scène; les annales dramatiques comptent des querelles, où le sang coula presque, et qui s'étaient allumées touchant la prérogative du « dernier mot à dire ». C'est qu'aussi l'avantage d'imposer sa personnalité n'est pas à dédaigner. Il n'est pas de serre chaude où le *moi* s'épanouisse mieux en fleur luxuriante que dans une salle de spectacle surchauffée. Tous les comédiens sont susceptibles, par excès de sensibilité, et présomptueux, par excès d'individualité. Ils savent que l'impression définitive est la plus durable, que le beau monde n'arrive qu'aux derniers actes, et que la mode s'est maintes fois répandue d'aller *voir mourir* M. Vedette ou Mlle Etoile.

Bien qu'un si long ouvrage, pour lequel — une fois de plus — je réclame l'indulgence, ait pu me rompre au calme travail des limeurs de mots, je n'ai pu secouer tout à fait le vieil homme ni dépouiller entièrement le comédien ; je sens qu'il *va être minuit*, que la représentation se termine, et, sous vos yeux, je voudrais *mourir* BIEN...

Avant donc de rentrer dans l'ombre (et puissé-je ne pas franchir trop tôt le seuil de l'oubli, ces coulisses de la vie !), qu'il me soit permis de m'écrier :

« Salut, Bruxelles ! Ville immense par l'art ! tu m'as donné bien
» des moments de joie, et mon cœur espère que du Théâtre de la

» Monnaie continueront à s'envoler vers l'Europe, comme de blancs
» oiseaux, des bulletins de victoire. »

J'invoque comme preuve de la sincérité de ce vœu, et comme témoignage des liens qui m'ont attaché longtemps au Théâtre de la Monnaie, ce volume aussi gros que la cassette de Lothario. Il ne contient pas de *pièces fausses;* très rares y sont les bijoux ; mais, pour *user* d'une métaphore *usée*, si j'ai fourni le *poids*, d'autres songeront au *titre*.

1er Septembre 1889.

Table des Matières

	PAGES
Dédicace à S. M. la Reine.	
Avant-propos.	1
Préface	VII
Origine de l'Opéra à Bruxelles de 1531 à 1700	1
Octroi Bombarda, 1700 à 1725. Fonpré, 1705; Pestel, 1706; Angelis et Grimbergs, 1709; Mme Dujardin, 1712; Molin, 1715.	5
Octroi Meeus, 1725 à 1743. Meeus père, 1725 à 1730; Perruzi-Landi	18
Meeus sœurs, 1730 à 1743. Durard et Bruseau De la Roche, 1730 à 1733 ; Francisque Molin, 1734; Huot, 1735; Ribou, Plante, Fierville et Deschamps, 1739; Plante et la demoiselle Belhomme, 1743 à 1745	20
Favart et le Maréchal de Saxe, 1745 à 1749. D'Hannetaire, Le Clair.	24
Octroi d'Arenberg, d'Ursel, Deynse, 1749 à 1763. Grosa, Hus frères, M. et Mme Durancy, Gourville, d'Hannetaire	29
Octroi Guillaume Charliers, 1763 à 1766.	37
Les Comédiens ordinaires de S. A. R. le Prince Charles de Lorraine. Gestion des Sociétaires, 1767 à 1771. Dazincourt	39
Vitzthumb et Compain Despierrières, 1771 à 1777	48
Pin et Bultos, 1777 à 1782.	61
Alexandre et Herman Bultos, 1782 à 1787	63
H. Bultos et P. Adam. La Montansier, 1787 à 1796. Les Comédiens Belgiques. Les Comédiens réunis des Républiques Française et Belgique. Les Comédiens de la République Française sous la direction de la citoyenne Montansier, réunis aux Comédiens de la République de Belgique	73
Comédiens de Son Altesse Royale.	85
Galler aîné. Les Artistes en société, 1796 à 1798	88

	PAGES
Oberny et de Champmeslé, 1798 à 1799	93
Direction Ribié. Les Artistes en société, 1799 à 1801	96
Association d'actionnaires, 1801 à 1818. Régie Dubus, 1801 à 1810; régie Lecatte-Folleville, 1811 à 1815 ; régie Dubus, 1815 à 1818; Théâtre Royal : Les Comédiens ordinaires de S. M. le Roi des Pays-Bas.	99
Direction Gavaudan, 1818-1819	162
Direction Bernard, 1819 à 1823	169
Direction Langle, 1823 à 1830.	189
1830-31. Les Artistes sociétaires du Grand-Théâtre de Bruxelles sous la gestion de M. Bernard	235
1831-32. Direction Laffilé	244
1832-33. Direction Cartigny	250
1833-34. Id. id.	257
1834-35. Id. id.	264
1835-36. Direction Bernard	271
1836-37. Id. id.	277
1837-38. Artistes réunis.	284
1838-39. Direction Lemoigne	289
1839-40. Id. id.	295
1840-41. Administrateurs : Ch Hanssens oncle, Janssenne et Guillemin.	302
1841-42. C. Hanssens, Paul Philippon, Guillemin et Van Caneghem	310
1842-43. Id. id. id. id.	319
1843-44. Id. id. id. id.	325
1844-45. Id. id. id. id.	331
1845-46. Id. id. id. id.	339
1846-47. Hanssens, Van Caneghem, Valmore	345
1847-48. Direction Auguste Nourrit	351
1848-49. Direction Massol	357
1849-50. Direction Quélus.	363
1850-51. Direction Ch. Hanssens	371
1851-52. Id. id.	377
1852-53. Direction Letellier	387
1853-54. Id. id.	393
1854-55. Id. id.	401
1855-56. Id. id.	412
1856-57. Id. id.	419
1857-58. Id. id.	424
1858-59. Direction Quélus	433
1859-60. Id. id.	438
1860-61. Id. id.	446
1861-62. Direction Letellier	452
1862-63. Id. id.	458
1863-64. Id. id.	464
1864-65. Id. id.	471
1865-66. Id. id.	477
1866-67. Id. id.	484
1867-68. Id. id.	490
1868-69. Id. id.	496
1869-70. Direction Vachot	505
1870-71. Id. id.	513
1871-72. Id. id.	519
1872-73. Direction Avrillon	527

				PAGES
1873-74.	Direction Campocasso			534
1874-75.	Id.	id.		541
1875-76.	Direction Stoumon et Calabresi			551
1876-77.	Id.	id.	id.	558
1877-78.	Id.	id.	id.	565
1878-79.	Id.	id.	id.	572
1879-80.	Id.	id.	id.	578
1880-81.	Id.	id.	id.	583
1881-82.	Id.	id.	id.	589
1882-83.	Id.	id.	id.	595
1883-84.	Id.	id.	id.	600
1884-85.	Id.	id.	id.	606
1885 86.	Id.	id.	id.	613
1886-87.	Direction Dupont et Lapissida			625
1887-88.	Id.	id.	id.	634
1888-89.	Id.	id	id.	642

Le Théâtre de la Monnaie en 1888.

La répétition générale de *le Roi l'a dit*	653
Propos de foyer	659
Les dessous du Théâtre de la Monnaie	663
La Loge Royale	667
La « première » de *Richilde*	671

Profils et Silhouettes.

Joseph Dupont	681
Lapissida	682
Mme Caron	682
Chappuis	683
Faignaert frères	684
Mlle Legault	685
Engel	686
Léon Herbaut	687
Mlle Sarcy	688
Gandubert	689
Léon Jehin	690
Vinche	691
Gardoni	692
Mlle Magliani	693
Mme Walter	693
Lombaerts	694
Saracco	695
Nerval	696
Mme Melba	696
Rotiers	697
Duchamp	698
Mlle Robino	698
Renaud	699
Bullens	700
Jean Cloetens	700

	PAGES
Mme Gandubert	701
Rouyer	702
Mlle Rocher	703
Blondeau	704
Pother	705
Boon	705
Mauras	707
Flon	708
Mme Landouzy	708
Le chef de claque	709
Fidès	710
1889-90. Tableau de la troupe (Stoumon et Calabresi)	712

Plans, Portraits, Fac-similés, Autographes.

Portrait de l'auteur	vi
Théâtre de la Monnaie	3
Armoiries de d'Hannetaire, sa signature et celles des *Trois Grâces*	32
Portrait de d'Hannetaire	32
Portrait de Vitzthumb	48
Fac-similé d'une affiche de 1772	52
Fac-similé d'un *Réglement*	75
Portrait de J.-Engl. Pauwels	110
Portrait de Mlle Michelot	165
Portrait de Darboville	166
Portrait de Mlle Lesueur	170
Fac-similé d'affiche	172
Théâtre royal en 1819	172
Fronton du Théâtre royal, d'Eugène Simonis	174
La Place de la Monnaie en 1819	174
Fac-similé d'une pièce de vers imprimée pour Mmes Lemesle et Lesueur	186
Médaille frappée à l'occasion de *la Muette de Portici*	222
Les héros de la Révolution : Jenneval, Campenhout et Lafeuillade	239
Fac-similé d'une action de la Société pour l'exploitation des théâtres royaux de la capitale	280
Fac-similé d'un bulletin de service hebdomadaire	281
Fac-similé d'une affiche du théâtre royal de la Monnaie (2 septembre 1841)	316
Portrait de C.-L. Hunssens	370
Autographe de Déjazet	385
Le trio belge : Carman, Wicart, Depoitier, d'après les dessins humoristiques de l'*Uylenspiegel*	396
Autographe d'Auber	427
Autographe de Castil-Blaze	428
Autographe de G. Roger	467
Portrait de Mme Caron	682
Portrait de Mme Melba	696
Portrait de Mme Landouzy	708

Corrections, Additions

Page 31, ligne 27, lire : *1816* au lieu de 1806.
  Id.   ligne 36, *Cinese* et non *Binese*.
Pages 35 et 36, au bas des notes, Monsigny et non Montigny.
Page 55, ligne 18, Regnard de Pleinchesne et non Reynard.
Page 57, ligne 2 de la note, *Salency* et non *Sabucy*.
Page 61, ligne 30, *Midas* et non *Vidas*.
Page 122, ligne 1 de la note, Berton et non Bertou
Page 151, ligne 13, Mme Desbordes Valmore, née à Douai, le 20 juin et non le 24 février (1786).
Page 348, ligne 12 de la note : Pugny et non Gugny
Page 462 : *La Fleur du Val Suzon*, musique de G. Douay et non Donay.
Année 1863-64, ajouter : Janvier 1864. Mme Mayer-Boulart, tombée malade est remplacée par Mme Muret-Mezeray. Cette chanteuse sortait de l'école Duprez; elle eut le sort d'une élève remplie de bonne volonté, mais aussi d'inexpérience.
Page 474 : *Le Docteur Mirobolan*, de Cormon et Trianon et non Tanon.
  Id.   *Bouchard d'Avesne*, musique de Miry et non Nirg.
Page 536, ligne 5, Mme Ganetti et non Garcetti.

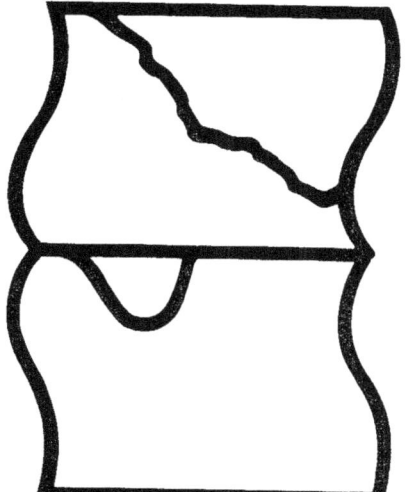

Texte détérioré — reliure défectueuse

NF Z 43-120-11

www.ingramcontent.com/pod-product-compliance
Lightning Source LLC
Chambersburg PA
CBHW070055020526
44112CB00034B/1283